한국사

22

조선왕조의 성립과 대외관계

국사편찬위원회

한국사 간행취지

우리 겨레가 앞으로 어떻게 살아갈 것인가 하는 문제는 우리들은 물론 우리와 더불어 살아가는 세계인들의 관심사일 것이다. 이에 대한 해답은 과거에 어떻게 살아왔는가 하는 우리 역사에 대한 인식을 통해 찾을 수 있을 것이라고 생각된다.

본 위원회에서는 이미 1970년대에 『한국사』 25권을 간행하여 해방 이후 한국사의 연구성과를 집대성함으로써 한국사에 대한 인식을 새롭게 한 바 있다. 그 이후 한국사회는 놀라운 성장과 발전을 이루었고 역사학계도 상당한 연구성과를 축적하였다. 이러한 변화에 발맞추어 한국사학계는 새로운 『한국사』 편찬의 필요를 느끼게 되었다.

이에 본 위원회는 일차적으로 한국사 연구지원비를 마련하여 역사학계로 하여금 1980년대 중반까지 연구성과가 미진하다고 생각되는 분야를 연구할 수 있도록 하였다. 이어서 1989년부터 1990년까지의 준비를 거쳐 1991년에는 '신편 한국사 편찬위원회'를 따로 구성하고 총 60권에 달하는 새로운 『한국사』를 편찬하기로 하였다. 그리고 다음과 같은 『한국사』 편찬의 목표를 세웠다.

① 한국의 역사와 문화에 대한 객관적 인식의 토대를 제공할 수 있는 한국사를 편찬한다.

② 민족의 창조적 문화활동과 민족사의 내재적 발전을 드러내는 한국사를 편찬한다.

③ 최근까지의 연구성과를 체계화하고 새로운 영역을 개척함으로써 한국사 연구의 지평을 넓힌다.

④ 한국사 연구와 관련하여 고고학·인류학·사회학·경제학 등 인접학문의 연구성과를 수용하여 한국사 인식의 폭을 넓히는 데 기여한다.

새로운 『한국사』를 펴내면서 우리 모두가 바라는 바는, 민족의 통일에 대비해야 하고 급격히 변화하는 시대상황 속에서, 한국사 연구자의 깊이 있는 연구를 도와주고 독자들의 역사인식을 드높일 수 있는 길잡이 구실을 할 수 있었으면 하는 것이다.

국사편찬위원회 위원장

목 차

Ⅱ. 조선 초기의 대외관계

개 요

I

조선왕조의 개창은 다만 易姓革命에 그치는 것이 아니라 정치·사회·경제·문화·사상 등 여러 방면에 걸쳐 큰 변혁을 가져오게 한 중대한 사건이었다.

고려왕조는 武臣執權 이후 왕권은 이름뿐이었다. 무신집권시대에는 무신에 의해서 왕위의 폐립이 이루어졌고 元 간섭하에서는 원에 의해서 왕위가 결정되었다. 공민왕 이후에도 臣權에 의해서 왕위의 폐립이 좌우되었다. 국정의 운영은 구심점을 잃고 무궤도하게 이루어졌다. 국가경제의 기반인 토지는 권문세족·사원세력·권신에게 점유되어 국가재정은 고갈을 면할 수 없었으며 다수의 민은 가혹한 착취로 빈궁에 허덕였다. 더구나 몽고의 침입, 홍건적과 왜구의 침입 등 계속되는 전란으로 백성들의 고통은 더욱 가중되었다.

불교는 고려 후기로 내려오면서 많은 폐단을 드러냈다. 寺院田의 확대로 인한 세수감축, 有役者의 사원으로의 도피에 따른 생산력·군사력의 약화, 사찰의 남설과 빈번한 불교행사로 인한 국력의 낭비, 승려들의 세속화 등으로 불교는 더 이상 국가의 지도이념으로서 설 수 없는 지경에 이르렀다. 궁극적으로 고려사회는 큰 변혁이 요청되는 상태였던 것이다. 李成桂일파의 威化島回軍은 개혁을 유리하게 반전시킨 개혁파의 거사였다.

이성계일파는 위화도회군을 통하여 정권·병권을 장악하였으나 그들의 개혁이 성공하려면 공·사의 군사를 유지하기 위한 軍資 및 신진관료들의 녹봉을 확보하는 일과 농민들을 수탈과 빈궁의 고통에서 구제하는 일이 함께 이루어져야 했다. 민중의 호응 없는 개혁은 성공할 수 없는 것이다. 개혁파들은 그 길을 私田改革에서 찾았다. 즉 권문세족의 私田을 몰수하여 농민에게 급여하고 농민들로부터 法定의 전세(1/10)를 수취하면 군자·재정도 해결되고 민생도 구제할 수 있는 것이었다. 개혁은 이성계일파의 지상과제였고 趙浚에 의하여 私田改革案이 제기되었다. 결국 공양왕 3년(1391) 정치·군사적 실권을 장악한 개혁파에 의하여 科田法의 실시를 보았고 그것은 개혁파의 경제적 기반을 확립해 준 것이었으나 처음 그들이 이상으로 했던 완전한 개혁은 되지 못했다. 결국 구귀족의 토지를 빼앗아 이성계일파와 신진관료 등에게 분배하여 농민들은 배제되었다.

이성계일파는 이제 정권과 군권을 장악했고 경제기반을 확보했으며 이데올로기로서도 구귀족을 눌렀다. 마지막으로 구귀족에 대한 처단을 둘러싸고 鄭夢周일파와 대립을 벌여 결국 그들을 제거하는 데 성공하였고, 마침내 이성계는 그 일파와 都評議使司의 추대를 받아 1392년 7월 17일 새 왕조의 왕으로 즉위하였다.

새 왕조는 이성계를 중심으로 한 개혁파 유신과 이에 동조한 세력의 승리로 이루어진 것이었다. 따라서 새 왕조의 정치지도이념은 숭유억불이 될 수밖에 없었으며 과전법 체제와 대명사대관계는 이미 정해진 방향이었다. 또한 고려말 가혹한 착취와 억압을 받던 백성들의 고통을 덜어주는 일도 새 왕조의 과제였고 또 백성들은 그것을 기대하였다. 그러한 정책방향과 기대는 태조 원년(1392) 7월 28일에 반포된 태조의 卽位敎書에 상당부분 반영되었다.

새 왕조가 건립된 후 나라의 기틀을 세우기 위한 작업이 신속하게 진척되었다. 즉위 직후 이성계의 즉위사실을 명에 알렸고 이어 즉위교서와 함께 문무백관의 제도가 공포되었다. 즉위한 지 한 달만에 康氏소생 芳碩을 서둘러 세자로 책봉하였다. 태조 3년 2월 15일에는 국호를 朝鮮이라 결정하였고, 태조 3년에는 새 국도를 漢陽으로 정하였다. 태조 원년에 개국공신 52명을 책봉하였고 원종공신은 원년부터 6년 10월까지 10여 차례에 걸쳐 1,400여 명이 선정되었다. 태조 3년에는 고려 왕족(王氏)들을 제거했다. 이러한 조처들은 새 왕조의 정치적 안정을 위한 것들이었다.

태조 이성계는 고려말 무장 출신으로 유력한 정치적 지위에 올라 있었고 위화도회군을 감행할 수 있을 정도의 세력기반을 확보하였다. 大小臣僚·閑良·耆老 등의 추대를 받아 즉위한 이성계의 왕권은 처음부터 강력한 것이었다. 개국공신·원종공신의 선정은 태조에 의하여 이루어졌다.

문하부·삼사·중추원 고위관료들의 합좌기구인 도평의사사(도당)는 국초 최고국가기관이었다. 하지만 도당의 정치권력이 왕권을 압도할 정도는 아니었다.

도당의 기능은 크게 ① 국정의 상달과 ② 왕명의 봉행이 중심이었으며 국정 전반을 도당에서 심의·결정한 것은 아니었다. 그리고 도당에서 상달한 사안 이외에도 왕은 수시로 도당에 명령을 내려 국초 정치적으로 필요한 현안들이 즉각 시행될 수 있도록 조치하였다. 태조대에는 도평의사사나 개국공신 등 많은 관료들이 직접 국정에 참여한 것이 아니라 태조가 총신하는 소수의 재신을 중심으로 국정이 운영되었던 것이다. 그런데 소수의 재신을 중심으로 한 태조의 정치는 많은 개국공신과 종친을 소외시켰고, 이에 대한 불만과 불평은 결국 芳遠이 주도한「제1차 왕자의 난」을 초래했으며, 태조시대를 속히 끝내게 하였다.

태종은 두 차례의 쿠데타를 통하여 왕위를 쟁취하였으므로 그의 왕권은 무단적인 것으로 이해하게 된다. 그러나 태종은 명분과 정통성·도덕성에 취약점이 있었으므로 왕위와 왕권을 유지하는 데 부담이 있었고 이를 극복하기 위하여 왕위의 정당성확보와 왕권강화를 위한 노력을 계속하였다. 태종은 왕권을 강화·유지하기 위하여 왕권을 위협할 수 있는 공신세력·척족 민씨계세력·관료세력 등이 강력한 정치세력으로 성장하는 것을 견제·억제하였으며 때로는 가혹하게 숙청하였다.

국정운영체제도 도평의사사에서 議政府署事制로, 다시 六曹直啓制로 고친 것도 왕권강화책과 관계가 있다. 의정부서사제에서 6조직계제로의 개혁은 의정부의 과대한 정치권력을 약화시키기 위한 의도가 있었다. 실제로 의정부의 정치력은 약화되고 6조의 그것은 강화된 것이 사실이나, 그렇다고 6조가 의정부를 대신하여 정치권력의 중심이 된 것은 아니었다. 태종 14년(1414) 4월 6조직계제 이후 태종은 어떤 특정한 기관에 정치권력이 집중되는 것을 막고 의정부·6조·대간·승정원 등 중요한 기관에 정치권력을 분산시키는 정책으로 왕권을 강화하였다. 국정논의에 의정부나 6조의 대신들 뿐 아니라 대간·승지·공신 등 많은 사람들이 참여할 수 있도록 한 것은 왕권을 강화하는 데 효과적이었으며, 아울러 정치적 발전이었다고 평가할 수 있다.

II

조선왕조는 유교를 정치이념으로 표방했으나 유교정치의 실현은 표방만으로 실현되기는 어려웠다. 조선 개국초《朝鮮經國典》·《經濟六典》등 국가의 법제적인 틀은 대강 갖추었으나 유교국가의 필수인 유교적인 의례·제도를 갖출 겨를이 없었다. 태조대에는 정치적·사회적 안정이 급선무였으므로 유교정치의 기틀을 잡을 수 없었다. 태종대에도 정치적 안정과 왕권강화에 급급하였으므로 유교정치의 실현은 기대할 수 없었다.

유교정치를 실현하기 위하여 국가의 문물제도를 유교적인 것으로 재정비해야 했고 유교정치를 담당할 많은 유신을 필요로 했다. 대명관계를 원만히 유지하기 위하여도 학자적 관료가 필요했다. 그러므로 인재의 양성과 학문의 진흥은 조선이 대명사대관계를 유지하면서 유교국가로 발전하기 위하여 불가결한 요건이었다. 조선 개국초에는 많은 인재들이 개국에 동참하였으므로 인재난은 없었다. 태종 10년(1410)이 되면 개국초의 인재가 대부분 사라지게 되어 인재의 양성과 학문의 진흥은 국가적 과제가 되었다. 세종 2년(1420) 3월 集賢殿은 그러한 국가적 요구에 부응하여 설치된 것이었으며, 그것은 세종대의 문화와 정치의 수준을 높여준 원동력이 되었다.

세종은 젊고 유능한 학자들을 뽑아 집현전을 채웠으며 그들로 하여금 학문에 전념할 수 있도록 배려하고 학술적인 직무를 수행하게 하였다. 집현전관은 經筵·書筵·知製敎·史官·試官·古制硏究·편찬사업 등 학술적인 직무를 수행하였고, 賜暇讀書制를 두어 학문에만 전념할 수 있는 기회를 주기도 하였다. 그 결과 수많은 쟁쟁한 학자들이 양성되었고 이들에 의하여 유교적 의례·제도의 정리작업과 편찬사업이 전개되었다. 유교정치를 할 수 있는 기틀이 여기서 만들어졌고 세종대의 문화를 높은 수준으로 끌어올렸다.

유교정치를 위하여는 먼저 유교정치에 적합한 정치체제와 제도가 마련되어야 하지만, 유교적 소양을 갖춘 군주와 신하가 서로 만남으로써 실현될 수 있다. 태종 14년 이후의 6조직계제와 권력 분산적인 국정운영체제는 세종 18년에 이르러 의정부서사제로 바뀌었다. 그러나 6조직계제에서 의정부서사제로의 변동은 왕권의 약화로 보기보다 왕권을 유지하면서 왕권과 신권의 균형하에 더욱 유교정치에 적합한 체제로 발전한 것으로 볼 수 있다. 실제 6조직계제라 하여 6조 중심으로 국사가 처리된 것이 아니었고 의정부서사제가 실시되었다 하여 6조가 국사에서 소외된 것은 아니었다.

상왕 태종이 薨去한 세종 4년 이후에도 중요한 국사를 의정부와 6조로 하여금 논의하여 보고하게 하였고 그러한 국정운영방법은 의정부서사제 실시이후에도 계속되었다.

세종대를 일관하는 국정운영의 특징은 세종이 의정부대신뿐 아니라 많은 관료들과 끊임없는 대화와 의논을 통하여 국정을 풀어갔다는 데 있다. 세종 26년 貢法을 반포하기까지 15, 6년 동안 중외의 관료는 물론이고 많은 농민들의 의견까지 수렴한 것은 세종대 정치의 중요한 한 면이다. 이러한 국정운영은 세종대의 유교정치의 수준을 반영하는 것이며 그 바탕 위에서 유교적 민본정치가 펼쳐지게 된 것이다.

Ⅲ

32년간의 세종시대는 끝나고 1450년 2월 문종이 즉위했다. 문종은 세종 20년대 후반에 세자로서 섭정에 경험을 가진 바 있고 즉위 후의 정치적 분위기도 세종대와 크게 변하지 않았으므로 세종대와 같은 정치가 계속될 것이라는 기대를 갖게 했으나 재위 2년 남짓에 승하하였다.

1452년 단종이 12세의 어린 나이로 즉위하자 정치분위기는 일변하였다. 문종은 皇甫仁·金宗瑞 등 의정부대신들에게 단종을 보필해 줄 것을 遺命하였으므로 황보인·김종서 등은 의정부서사제하에서 막강한 정치권력을 장악하게 되었고, 왕권은 상대적으로 허약했다. 이와 같은 정세를 왕실의 위기로 생각한 단종의 숙부들은 왕권의 강화, 나아가 정권의 장악을 위한 준비를 서두르게 되었다. 특히 首陽大君과 安平大君은 야망과 수완이 출중하고 비범한 인물들로서 경쟁적으로 세력확장을 꾀하였다. 안평대군에게는 文士들이 모여들었으나 수양대군에게는 權擥·韓明澮와 洪達孫·楊汀 등 많은 무인들이 모여들었다. 이들은 황보인·김종서 등 의정부대신들이 막강한 정치권력을 장악하여 정치를 천단한다고 보았고 종친들의 생존을 위해서도 왕권의 회복이 필요하다고 인식하였다. 癸酉靖難은 왕권강화를 명분으로 내세웠으나 결국 수양대군의 정권장악과 나아가 왕권쟁취에 장애가 되는 황보인·김종서를 비롯한 반대세력을 제거하기 위한 것이었다. 단종 원년(1453) 10월 계유정난으로 수양대군은 정권과 병권을 독차지하였고, 단종 3년 윤 6월 양위의 형식을 취하였으나 실제로는 단종의 왕위를 찬탈한 것이었다.

계유정난을 통한 수양대군의 왕위찬탈은 세조 왕위의 명분과 정통성에 흠이 되었고 도덕성에도 큰 허물을 남겼다. 세조 2년(1456) 6월의 死六臣事件은 명분·정통과 도덕성에 흠이 있는 세조를 제거하고 단종을 복위하기 위한 운동이었다.

세조가 왕위를 지키는 길은 왕권을 강화하는 일이었다. 따라서 세조 재위 14년간의 정치와 정책은 왕권강화와 떼어놓을 수 없다. 세조 원년 8월 의정부서사제를 폐지하고 6조직계제를 강행한 일, 직접 銓注에 관계하여 측근을 임용한 일, 종친과 공신들을 중용하고 측근세력화한 일, 內禁衛·別侍衛 등 친위군을 증원하고 중앙군의 지휘관을 종친과 공신들로 임명하여 군사권을 강화한 일 등을 통하여, 세조는 왕권을 강화하였고 왕권에 저항하는 세력을 무자비하게 제거하였다. 세조 즉위 초부터 착수한《經國大典》의 편찬도 왕권강화의 제도적 틀을 마련하기 위한 것이었다. 세조의 왕권강화책과 무단적인 왕권은 명분과 정통성의 결여라는 세조 왕위의 취약성에 근거한 바 있으므로 近臣들의 사소한 언사에도 과민한 반응을 나타내어 군신간에 항상 불안하고 경색된 분위기를 떨칠 수 없었다. 말년에 가면 전제적 왕권에 대한 비판의 분위기가 조성되고 李施愛亂이 일어나는 등 정치의 한계를 드러냈다.

그러나 세조가 왕위에 있는 동안 치적은 적지 않다. 중앙과 지방의 통치기구를 재정비한 일, 재정제도의 개혁, 職田法의 단행, 五衛制의 확립 등 큼직한 치적을 이루었고《경국대전》의 편찬도 그가 남긴 업적의 하나로 꼽지 않을 수 없다.

예종은 재위 1년 2개월만에 승하하였으므로 예종대는 세조대에서 성종대로 넘어가는 과도기라 할 수 있다. 1469년 성종이 13세로 즉위한 이래 7년 동안은 尹大妃(세조비)의 수렴청정과 院相制가 계속되었으나 정치적인 분위기는 크게 변하였다. 원상들은 훈신세력의 핵심으로서 세조의 승하 후 강력한 정치주도세력으로 떠올랐으므로 성종의 왕권은 상대적으로 약화될 수밖에 없었다. 훈신들은 세조공신들로서 靖難·佐翼·敵愾·翊戴·佐理 등의 공신으로 거듭 책록되어 직전 이외에도 막대한 공신전을 받아 막중한 재력을 소유하였고 막강한 정치세력을 장악하고 있었으므로 그들의 세력은 왕권을 압도하는 것이었다. 성종으로서는 왕권을 강화하기 위하여 훈구대신들의 과대한 정치력을 약화시켜 왕권과 균형을 이루게 하는 것이 필요했다. 金宗直을 위시한 사림세력의 정계진출은 훈구세력을 견제하려는 성종의 의도가 내재한 것이었다.

성종의 신임을 받은 김종직은 그의 문인들을 정계로 이끌었고 이에 따라 사림세력이 하나의 정치세력으로 대두되었다. 그들은 소장학자들로서 주로 三司에 발령을 받았고, 경연과 언론을 통하여 훈구대신들의 비리를 공격함으로써 훈구세력과 사림세력의 대립을 가져왔다.

성종대에는 집현전제도를 이은 弘文館의 설치, 讀書堂制度 운영, 유생교육의 장려 등 인재양성에 힘썼고, 《東國輿地勝覽》·《東文選》·《東國通鑑》·《五禮儀》·《樂學軌範》 등 큰 편찬사업, 문화정리사업이 이루어졌으며 《경국대전》을 완성·반포하는 등 문풍이 진작되니 조선 초기의 문화·제도의 정리사업이 완료된 셈이다. 그러나 성종대에는 훈구대신들간에 고리대행위가 일어나고 뇌물이 성행하였으며, 사치와 퇴폐의 풍조가 풍미하게 되었으며 왕도 점차 유흥에 빠지고 후궁에는 분규가 생겼다. 연산군대의 士禍의 꼬투리도 여기서 비롯한 것이었다.

Ⅳ

조선 초기 대륙에 접해 있는 북방경역은 정해지지 못한 상태였다. 그러나 정치·외교·사회가 안정되는 세종 말년에는 明이나 女眞族과의 협정없이 압록강과 두만강이라는 자연경계선으로 국경이 획정되었다.

조선은 개국 전후 압록강·두만강 연안일대에 흩어져 살던 여진족에 대하여 태조대부터 세종대에 이르는 동안 초유와 진무를 함께 하며 4郡과 6鎭을 설치하였다. 북쪽 경계를 침입·약탈하려는 여진족과 이를 밀어내고 지키려는 조선의 공방전은 계속되었고 북방개척을 위한 정부의 노력은 대단하였다. 특히 세종의 적극적인 북방개척 의지와 김종서·崔閏德 및 많은 군사들의 피와 땀으로 4군·6진이 설치되어 압록강과 두만강을 국경으로 하는 계기가 되었다. 그러나 그 후에도 여진족의 침입은 그치지 않았고 조선정부의 방어 노력도 끊이지 않았다. 함길도·평안도로의 사민정책도 여진족에 대한 정책의 일환이었다.

북변으로의 사민은 태조대부터 있어온 것이지만 세종 16년(1434)부터 본격적으로 실시되어 도내와 남도로부터 여러 차례에 걸쳐 사민이 이루어졌다. 그러나 이러한 사민정책은 국가의 입장에서는 연변을 충실히 하고 국방을 위한 것이었으나 入居人의 입장에서는 강제적 사민의 성격을 띠는 것이었고 참기 힘든 고역이 따랐으므로 도망자가 속출할 수밖에 없었다. 그러나 세조 이후에도 下三道民의 사민은 계속되었다. 北邊을 지키기 위한 국가의 노력도 계속되었고 이에 따른 백성들의 고통도 심하였던 것이다.

V

조선은 국초부터 주변국가와의 관계를 원만히 유지하기 위한 외교정책을 세웠다. 14세기 후반 중국대륙은 원의 지배에서 명의 지배로 바뀌었으므로 조선의 외교적 관심은 명과의 외교관계 수립에 있었다. 또한 삼국시대 이래 있어 왔고 특히 고려말에 극심했던 왜구의 침입으로 고통을 받아왔던 터이므로 일본과의 적절한 외교관계 수립도 필요한 것이었다. 만주 일대 및 압록강·두만강 남쪽에까지 들어와 살던 여진족에 대하여도 그들을 위무하기 위한 적당한 외교관계의 유지가 필요하였다. 琉球와 동남아시아 여러 나라와도 교류가 이루어졌다. 이들 국가 중 명과는 사대관계를 맺었고 그 밖의 나라들과는 교린관계를 유지하였으므로 흔히 조선의 외교정책을 사대교린정책이라고 하였다.

명은 역대 중국의 주변국가에 대한 외교정책에서 보인 바와 같이 조선에 대하여 사대의 예를 행할 것을 요구하였고 조선은 이를 인정하면서 정치적·문화적·경제적인 실리를 얻고자 하였다. 그러나 조선 개국초에는 명과의 사대관계를 유지하기 위하여 상당한 긴장과 부담을 감수해야 했다. 명은 태조 3~4년(1394~1395) 조선에서 요청한 조선국왕의 印信과 誥命을 들어주지 않았고 태조 5~6년에는 表箋文의 내용을 가지고 트집을 잡는 등 조선과의 관계를 매우 긴장되게 만들기도 하였다. 금은의 歲貢, 宗系辨誣, 환관·처녀의 진헌 등의 문제도 해결하는 데 오랜 세월이 걸렸다. 그러나 사신의 왕래를 통하여 공적·사적 무역이 이루어지는 과정에서 조선은 명의 선진 문물을 수입하는 효과를 얻을 수 있었다.

200여 년간 계속된 명과의 관계가 때로는 긴장관계에 있기도 하였고 때로는 경제적·정치적으로 큰 부담이 되기도 하였으나 큰 충돌 없이 평화적인 관계를 유지할 수 있었던 것은 동양적 외교질서를 지키려는 양국간의 노력의 소산으로 볼 수 있다.

고려말부터 심해진 왜구의 침입은 당시 국가의 어려운 문제 중의 하나였다. 왜구들의 약탈은 그들의 물질적·경제적 욕구에 의한 것이었으므로 그들의 침입을 막는 방법은 그들을 회유하고 그들의 경제적 욕구의 일부를 충족시켜주는 것이었다. 그러나 그들의 욕구를 무한정 충족시켜 줄 수는 없었으므로 때로는 강경하게 때로는 회유하며 왜인의 왕래와 교역을 허락하기도 하였고, 단교하기도 하였으며 토벌하기도 하였다. 대마도 정벌, 三浦開港, 歲遣船·歲賜米豆의 한정, 왜인의 왕래와 거류왜인의 제한 등의 조치는 조선의 일본에 대한 교린정책의 성격을 보여주는 것이다.

조선 개국 전부터 압록강·두만강 연안일대에 흩어져 살던 여진족은 조선정부를 계속 괴롭혀 온 존재였다. 조선정부는 이들에 대한 초유와 진무를 계속했다. 북쪽 경계를 침입·약탈하려는 여진족과 이들을 밀어내고 지키려는 조선의 공방전은 계속되었다.

조선은 여진족에 대하여 교린책으로 일관했다. 여진족은 조선에 대하여 정치적·외교적으로는 종속관계에 있으면서 경제적·문화적으로 이익을 취하였다. 여진족은 조선국왕에게 肅拜進獻하고 回賜品을 후하게 받아 갔다. 조선은 그들을 위무·회유하여 국경지방의 소요를 미리 막고자 하였다. 때로는 군사력으로 정벌하여 굴복시키려고 노력하였다. 경제적 회유책으로는 식량과 토지를 주기도 하였고, 가옥과 노비를 내려주어 경제적 안정을 도와주었다.

한편 鏡城·慶源 등지에 貿易所를 설치하여 물물교환의 편의를 주기도 하였다. 이처럼 조선은 여진족에 대하여 정치적·경제적 회유책을 썼고, 때에 따라서 무력으로 정벌하기도 하면서 북변의 소요를 억제하여 나라의 평안을 유지하였다.

〈崔承熙〉

Ⅰ. 양반관료국가의 성립

1. 개국초 왕권의 강화와 국정운영체제
2. 유교정치의 진전
3. 왕권의 재확립과 제도의 완성
4. 4군 6진의 개척
5. 《경국대전》의 편찬과 계승

Ⅰ. 양반관료국가의 성립

1. 개국초 왕권의 강화와 국정운영체제

1) 조선 개국의 배경

1392년 7월 17일 永興 출신의 무인 李成桂는 개경 壽昌宮에서 새 왕조의 왕으로 즉위하였다. 그러면 어떻게 고려의 변방인 영흥 출신의 무인이 새 왕조의 왕으로 즉위할 수 있게 되었는가. 이 해답을 얻으려면 먼저 고려말의 국제관계와 국내의 여러 사정을 살펴보아야 할 것이다. 즉 고려와 원·명과의 관계, 요동공격을 위한 起兵과 威化島回軍, 田制改革運動, 斥佛運動 등 고려말의 국내외 정세변동과 고려내의 신구 정치세력의 대립·투쟁과정에서 개혁파가 우세해지고 그 가운데 이성계가 부각되어 새 왕조의 왕으로 추대되는 과정을 살펴보아야 할 것이다.

먼저 고려말 고려의 원·명과의 관계와 이성계가 부상하는 과정을 살펴보자. 고종 18년(1231)에 고려는 몽고의 침입을 받았고, 강화로 피란한 고려정부는 약 40년간 항쟁하다가 원종 11년(1270)에 개경으로 환도한 후 원의 간섭을 받게 되었다. 특히 慈悲嶺 이북에 東寧府(西京)가 설치되어 원종 11년부터 충렬왕 16년(1290)까지 원의 직접적인 지배를 받았고, 鐵嶺 이북에도 雙城摠管府(永興)가 설치되어 고종 45년 이후 14세기 중반까지 원의 직접적인 지배를 받았다. 충렬왕 7년 고려에는 일본정벌을 하려는 원에 의해 征東行中書省이 두어졌고, 일본정벌이 실패한 후에도 정동행성은 존속되어 고려는 내정을 감시당하였다.

14세기 중엽, 원의 세력이 점차 쇠퇴하여 그 지배하에 있던 중국 각지에서 군웅이 봉기하자 공민왕 3년(1354)에 원은 고려에 원병을 요청할 정도가 되었다. 즉위 초부터 원의 지배로부터 벗어나려는 의지를 강하게 갖고 있던 공민왕은 이러한 정세를 이용하여 排元政治를 펴서 부원세력인 奇轍·權謙 등 친원파 귀족을 제거하였고, 征東行省理問所를 혁파하였다. 또 원의 연호사용을 중지하였으며, 원의 지배하에서 격하되었던 정치기구를 그 이전의 三省·六部체제로 복귀하였고, 동북면·서북면 방면의 옛 영토 회복운동을 벌였다. 이와 같은 공민왕의 개혁정치는 원의 지배에서 벗어나 고려의 자주성을 회복하고 집권체제의 정비를 위한 것이었다.

소위 北疆回收運動 때 두각을 나타낸 사람이 李子春이니 바로 조선을 개국한 이성계의 父이다. 공민왕 5년(1356)에 이자춘은 원의 총독부가 있던 쌍성의 千戶로서, 고려에서 密直副使 柳仁雨를 東北面兵馬使로 삼아 쌍성총관부를 공격하게 하였을 때 이에 내응하여 이 지역을 회수하는 데에 공을 세웠다. 그 공으로 이자춘은 大中大司僕卿이 되었고, 공민왕 10년에 朔方道萬戶兼兵馬使가 되었으나 이 해에 병사하였다.

이성계는 공민왕 5년에 22세의 나이로 부친과 함께 고려에 仕宦하여, 유인우가 쌍성총관부를 공격하였을 때 내응하여 고려가 이 지역을 회수하는 데 공을 세웠으며, 父職을 이어 金吾衛上將軍東北面上萬戶가 되었다. 또 그는 공민왕 10년 원이 쌍성을 다시 차지하려고 침입하였을 때 동북면병마사로서 이를 격퇴하였고, 공민왕 12년 원에 아부하고 있던 崔濡가 원과 결탁하여 공민왕을 폐하고 德興君(충숙왕의 동생)을 세울 목적으로 원의 군사 1만을 거느리고 압록강을 건너왔을 때에는 都巡慰使 崔瑩을 도와 이를 격퇴하였으며, 이 때 동북면에 침입한 여진족을 철령에서 격퇴하였다. 이와 같은 과정을 거쳐 이성계는 무장으로서의 지위를 굳혀 갔다.

한편 공민왕 17년 金陵(南京)에서 일어난 朱元璋의 군사가 元京(北京)을 함락시키니 元順帝는 上都(開平府)로 피해갔고, 주원장은 명나라를 개국하고 帝位에 올라 明太祖가 되었다. 이후 원·명간의 공방이 계속되었으나 공양왕 3년(1391)에 북원은 멸망하였다. 이 시기를 소위 원·명교체기라고 한다. 이 시기 고려 조정은 원·명에 대한 외교방향을 둘러싸고 대립과 갈등이 계속되었다.

명이 개국하자 공민왕은 친명적 노선을 취하였다. 명이 개국한 다음해인 공민왕 18년 4월에 사절을 고려에 보내 명의 건국을 알려오자 고려는 그 해 7월부터 원의 연호였던 「至元」의 사용을 중지하고 명의 연호 「洪武」를 썼고, 명에서도 고려에 호의를 보였다. 그러나 공민왕 23년에 왕이 시해된 이후 양국 관계는 악화되어 갔다. 특히 공민왕의 뒤를 이어 우왕이 즉위한 직후 명의 사신 蔡斌이 고려사람 金義에게 살해된 사건이 발생한 후로 더욱 어렵게 되었다. 이 사건 이후 고려에서는 명과 친선관계를 유지하려고 노력하였으나 명의 고려에 대한 자세는 매우 강경해져, 관계개선이 쉽게 이루어질 수 없었다.

이와 같은 상황하에서 고려조정내에는 종래와 같이 원과의 관계를 계속해야 한다고 주장하는 事元·親元派와, 그래도 명과의 관계를 개선해야 한다는 向明·親明派의 대립이 계속되었다. 친원파의 대표적인 사람은 李仁任을 들 수 있고 친명파로는 鄭夢周·鄭道傳 등이 있었다. 당시 명의 국력은 날로 융성해지고 고려의 해안에는 왜구의 위협이 계속되었으므로 명과의 국교정상화는 필요한 것이었으나 잘 풀리지 않았다. 우왕 4년(1378)에는 잠시 관계개선이 이루어질 듯하였으나, 우왕 5년에 명은 고려조정의 명에 대한 태도를 시험해볼 겸 공민왕대에 명에 약속한 공물인 매년 금 100근, 은 1만 냥, 良馬 1백 필, 細布 1만 필을 공납할 것과 요동유민 수만 명을 돌려보낼 것을 요구하였다. 이와 같은 요구는 고려의 재정형편으로는 매우 과중한 부담이었는데, 명은 이에 더하여 5년간 미납한 공물을 추가하여 요구해 왔다. 고려에서는 나라 재정의 어려움을 무릅쓰고 명과의 관계를 개선하기 위하여 우왕 10년 공물의 일부를 보내고 또 정몽주를 사절로 파견하여 고려의 명에 대한 정책을 이해시켰다. 이후 명은 고려에 대하여 상당한 양보를 하기도 하였다. 즉 우왕 11년에는 공민왕의 시호를 보내왔고 우왕의 왕위계승을 인정하였으며, 우왕 12년에는 이후 공물을 3년에 한 번 보내되 공물의 수량도 양마 50필로 정함으로써 歲貢문제를 둘러싼 명과의 문제는 상당한 해결을 보는 듯했다. 그러나 명은 또다시 고려에서 세공으로 보낸 말이 모두 불량한 것이라고 문책하고 또 확실한 근거도 없이 지난 공민왕 8년에 고려에 들어간 瀋陽지방의 군민 4만 호를 다시 돌려보내라는 등 고려에 강압적인 태도를 보였고, 우왕 13년·14년에는 고려사절의 입경을 거절하였다.

이와 같은 명의 강압적 태도는 고려의 강한 반발을 유발시켜 당시 무장이며 실력자였던 최영은 요동정벌을 계획하기에 이르렀다. 최영은 요동공격에 앞서 이성계와 함께 조정내부에서 부패와 횡포를 일삼던 林堅味·廉興邦·이인임 일파를 제거하였다. 이성계는 앞서 왜구와 여진족 토벌의 공과 이인임 일파를 숙청한 공으로 守門下侍中이 되어 문하시중인 최영과 함께 정권의 중심에 자리 잡게 되었다. 그런데 명에서는 우왕 14년(1388) 2월 貢馬의 불량을 이유로 통교를 거절하고, 원의 간섭하에 있었을 때 일시 원이 직접 지배하던 철령 이북을 명에 환속하도록 한다는 소위 鐵嶺衛문제를 제기하였다. 이로써 최영 등의 명과의 결전의지는 더욱 높아졌다. 그러나 朝臣들의 상당수는 명과의 화의를 바라므로 명과의 현안을 해결하기 위하여 趙琳을 파견했으나 요동에서 입경을 거절당하였다. 최영은 최후의 결단을 위하여 백관들과 철령이북의 할양 여부를 논의한 바, 불가하다는 의견이 지배적이었으므로 최영은 우왕과 의논하여 요동정벌을 확정하였다. 요동정벌의 확정은 이처럼 백관들의 의견을 수렴하고 왕의 허락을 받은 것으로 되어 있으나 그 결정과정에서는 당시 실력자였던 최영의 의지가 강하게 작용했을 것이라는 사실은 쉽게 짐작된다.

우왕 14년 3월 명은 고려에 철령위 설치를 통고해 왔고, 이 해 4월 우왕은 최영과 이성계에게 출사명령을 내렸다. 그러나 이성계는 요동공격의 불가함을 네 가지 이유를 들어 반대하였다.1) 첫째 작은 나라로서 큰 나라에 거역하는 것, 둘째 여름철에 전쟁을 일으키는 것, 셋째 온 나라가 원정을 떠나면 왜구가 그 허를 타게 되는 것, 넷째 시기가 마침 덥고 비가 올 때이므로 弓弩의 아교가 풀리고 군사들이 질병에 걸리게 되는 것 등이었다. 첫번째 이유의 사대적 태도는 반대의 명분으로 내세운 것이었다. 그것으로써 이성계를 사대주의자로 매도하기 어려운 것은 즉위 후 요동정벌계획을 추진한 일이 있기 때문이다. 또 여름철에 전쟁을 일으키는 것이 불가하다고 함은 군량조달과 농사에 큰 지장을 줄 수 있을 뿐 아니라 당시 중요한 무기였던 궁노의 아교가 풀려 쓸 수 없게 되고 군사들에게 질병이 퍼질 가능성이 많은 것이었으므로 매우 타당성 있는 반대였다. 또한 당시 왜구의 위협이 계속되었던 때였으므로 나라의 군사력이 모두 요동으로 빠지면 왜구의 침입에 대처할 수 없게 될 것도 분명한 것이었다. 이성계의 반대이유는 매우 타당성이 있었고, 우왕도 인정하였으나 최영의 요동공격결의는 확고한 것이어서 우왕도 이를

1) 《高麗史》 권 137, 列傳 50, 신우 14년.

따르지 않을 수 없었고, 이성계도 뜻에 없는 出師를 하지 않을 수 없었다.

고려군의 지휘부와 병력규모를 보면, 八道都統使에 최영, 左軍都統使에 曺敏修, 右軍都統使에 이성계가 임명되었으며, 병력은 좌우군을 합하여 38,830여 명, 傔 11,000여 명, 馬 21,682필로써 10만 대군이라 호칭했으나 실제 전투병력은 4만 명이 되지 못하였다. 우왕 14년 4월 우왕과 최영은 평양까지 출진하였고, 같은 해 5월 좌우군은 위화도에 도착하였다. 그러나 이성계는 마침 압록강물이 불어 건너기도 어려울 뿐 아니라 사기가 떨어진 장졸을 거느리고 요동을 공격하는 일은 무모한 것임을 깨닫고 회군을 단행하였다. 회군의 명분은 '상국을 침범하면 나라와 백성에게 화를 초래하게 된다' '임금 곁에 있는 악한 신하들을 제거하여 백성을 편히 살 수 있도록 해주겠다'[2]는 것이었다.

이성계로서는 요동공격보다는 국내의 산적한 문제를 해결하는 것이 선결과제라고 판단했을 것이다. 정치·경제·사회·종교 등의 말세적인 폐단의 개혁과 도탄에 빠진 민생문제의 해결이 당시의 절실한 과제였고, 명에 대한 사대의 표방은 국내정치의 개혁과 안정을 위하여 필요한 것이었다. 고려에 대한 명의 불신과 위협이 계속되는 상태에서 고려의 정치개혁이나 안정은 획득하기 어려운 것이었다.

이성계의 회군에 당황한 우왕과 최영은 개경으로 돌아와 회군에 저항했으나 이성계의 군세를 당할 수 없었고, 최영은 高峰縣에 유배되었다가 곧 攻遼罪로 개경에 압송되어 참형되었다. 우왕은 폐위되어 강화에 안치되었고, 우왕의 아들 창이 그 뒤를 이었으나 재위 1년 6개월에 그쳤으며, 이성계의 실권은 확고하게 되었다. 이즈음 명도 고집하여 오던 철령위 문제를 포기하였고, 이성계일파는 친명정책을 펴게 되었다.

다음 고려말 국가재정과 민생문제에 직결되었던 전제개혁문제를 살펴보자. 원의 간섭을 받던 시기의 權門世族과 사원은 토지를 널리 점거하여 농장을 설치하였다. 따라서 국가에서 수조할 수 있는 공전은 계속 감소되고 국가재정은 고갈되어 갔다. 국가에서는 새로 진출한 관료들에게 줄 토지도 녹봉도 부족하였고 軍資도 모자랐다. 국가재정의 개선을 위해서는 전제개혁이 불가

2) 위와 같음.

피한 과제였다. 그러나 전제개혁문제는 토지를 광점한 권문세족 및 사원과 이해관계가 상충되는 것이었으므로 쉽게 제기될 수 없었다.

전제개혁운동은 이성계일파가 점차 실권을 잡아가던 창왕 즉위년(1388) 7월에 大司憲 趙浚이 올린 私田改革에 관한 상소를 시작으로 李行·趙仁沃 등의 상소가 이어져 활발히 추진되었다. 이성계일파의 전제개혁은 舊臣世族들의 강력한 반대와 저항에 굴하지 않고 추진되었는데, 이는 그들의 이해와 직결된 문제였기 때문이었다. 이성계일파는 그들의 전제개혁을 당시 권문세족에게 가혹한 수탈을 당하던 농민을 구제하기 위한 것이라고 하면서 仁政을 표방하였으나 그들의 관심과 목적은 신진관료의 녹봉과 국가재정의 개선, 군량을 비롯한 군사비의 확보에 있었다. 그것은 바로 그들의 이해관계와 직결된 절박한 문제였다. 그런데 국가재정 및 군자의 결핍을 타개하는 일과 농민을 구제하는 일은 서로 결부되는 문제였다. 즉 권문세족의 사전을 몰수하여 농민에게 급여하고 농민으로부터 규정된 전세를 수취하면 국가재정과 군자도 해결되고 농민도 구제된다고 보았다. 따라서 사전개혁은 이성계일파의 지상과제가 되었다.

사전개혁에 반대한 대표적인 사람은 이성계의 정적이라 할 수 있는 조민수였으며, 이성계일파의 뜻과 다르게 우왕의 아들 창왕을 세우게 된 것도 조민수의 주장과 李穡의 후원 때문이었다. 창왕 원년 7월 조민수는 조준의 탄핵을 받아 유배되었고, 8월에는 이색이 門下侍中이 되었다. 이성계는 次相職인 守門下侍中이 되고 중외의 군사권을 장악하게 됨으로써 정치·군사적으로 최고의 권력을 장악하게 되었다. 한편 사전개혁을 반대하는 구신들을 강력하게 탄핵하였고, 11월에는 구신들에 동조하는 창왕을 폐위시키고 공양왕을 영입하였으며 邊安烈·이색·禹玄寶·王安德 등 반대세력을 귀향보내고 계속 전제개혁을 추진하였다. 그러나 공양왕이 즉위하고 이색·변안열 등이 다시 고위직으로 재임명된 것을 보면 조정에는 아직 구신세력이 무시할 수 없을 정도로 존재했음을 알 수 있다. 이성계일파는 이색 등 반대파 구신들을 여러 가지 죄목을 붙여 파직·유배를 보냈다. 특히 공양왕 2년(1390) 5월에는 尹彝·李初의 獄을 계기로 이색·李琳·禹仁烈·李崇仁·權近·李鍾學·우현보·權仲和 등 구세력의 거물 대부분을 하옥시켰고, 같은 해 9월에는 公·私田籍을 시가에서 소각시키기에 이르렀으니, 이성계일파의 사전개혁은 상당한 진전을 보게 된 것이다.

공양왕 3년 정월 군제가 「五軍」에서 「三軍都摠制府」로 바뀌면서 이성계는 都摠制使, 조준은 左軍摠制使, 정도전은 右軍摠制使가 되어 정권과 병권이 모두 이성계일파에 돌아갔다. 이 해 5월 마침내 科田法의 실시를 보게 되었다.

과전법의 실시는 조선왕조가 개창되기 1년 2개월 전에 이루어져 새 왕조의 토지제도·조세제도의 기간이 되었다. 이성계일파는 과전법의 실시로 그들의 경제적 기반을 확립하기는 했으나, 처음에 그들이 이상으로 했던 전제개혁은 되지 못하였다. 결국 구귀족의 토지를 빼앗아 이성계일파와 신진관료들에게 재분배한 것이었고, 농민은 토지분배에서 제외되었다.

다음 척불운동에 관하여 살펴보자. 고려시대의 불교는 왕실과 귀족의 보호와 장려를 받아 융성하였다. 그러나 후기로 내려오면서 불교와 관련하여 여러 가지 폐단이 노정되고 있었다. 그 내용을 보면, 첫째 寺社田과 寺社奴婢가 지나치게 확대·증가되어 국가 조세수입을 크게 감축시켰다. 즉 사원은 국가의 賜與, 귀족의 寄進, 사원노동력을 이용한 개간, 피역을 위한 농민들의 投託 등으로 사사전을 무한히 확대시켜 갔다. 그것은 국가의 조세수입의 감소, 재정의 악화를 초래하는 하나의 요인이 되었다. 또한 사원인구에 대한 면역의 특혜는 有役者의 사원으로의 도피를 가중시켰고, 그것은 농업생산력과 군사력의 약화를 초래하였다.

국가의 불교에 대한 비호와 장려로 사찰이 남설되고 불교행사가 계속되어 국가재정과 국력의 낭비를 가져왔다. 후기로 오면서 불교와 승려의 타락으로 종래 불교가 유지하였던 정치와 사회에 대한 정신적 지도력이 약화되었다. 불교는 무격신앙·음양도참설과 결부되어 저급한 미신적인 경향마저 띠게 되었다. 승려들은 세속화되고 정치권력과 결탁하여 불법을 자행하여 윤리적으로도 타락하였다. 辛旽의 경우도 권귀와 결탁한 俗僧의 예가 될 것이다.

고려 후기에 부패하고 타락한 불교와 승려에 대한 비판과 배격의 기운이 일어나게 된 데에는 朱子學을 수용한 신진세력의 대두와 관계가 있다. 즉 불교사원과 밀착되어 있고 정치적·사회경제적 이권을 독점하고 있던 권문세족, 구귀족에 대한 신진세력의 비판과 공격이 불교배척운동으로 발전하였다고 해석 할 수 있을 것이다.

주자학, 程朱學 또는 性理學이라고도 불리는 신유학의 유입은 충렬왕 때의 安珦과 그 제자 白頤正에서 비롯하였고, 또 백이정의 제자 李齊賢의 문인으로 그 학통이 이어지고 있다. 그러나 이색에 이르기까지는 불교자체에 대한 배척이 아니라 사찰의 남설, 승려의 과다와 세속화 등 불교를 둘러싼 말폐를 비판하는 수준이었다. 이색은 불교배척보다는 유학의 진흥에 힘썼으니, 공민왕 16년(1367)에 성균관이 중건되면서 大司成이 되었다. 金九容·정몽주·朴尙衷·朴宜中·이숭인 등도 그 學官을 겸하여 주자학의 교육에 힘썼으니, 이때부터 성균관에서 주자학교육이 이루어지고 유학자가 양산되었으며 척불운동이 성균관을 중심으로 전개되었다. 원·명관계의 진전에 따라 친명노선을 따른 정몽주·박상충·정도전·김구용·이숭인·권근 등은 당시 斥佛揚儒의 선봉자들이었다.

위화도회군 이후 정치적 실권을 잡은 이성계일파의 신진관료들에 의하여 정치개혁이 강력히 제기되고 추진되면서 척불운동도 점차 본격화하였다. 즉 공양왕 3년(1391) 5월 과전법실시 전에는 대부분의 유자들의 척불운동이 소극적이었으나 이후 이성계일파인 정도전·대사성 金子粹·성균박사 金貂·이조판서 鄭摠 등에 의하여 적극적인 불교배척이 이루어졌다. 특히 정도전은 가장 강력한 척불운동가였으니 그는 불교의 사회·경제적 폐단뿐 아니라 불교교리에 대한 비판을 가한 이론적 척불운동의 대표적 인물이었다. 정도전은 척불과 동시에 우현보·이색 등 반대파 구신들의 숙청을 목표로 삼았다. 당시 불교배척운동이 일방적인 우세를 유지할 수 있었던 것은 아니었으며 이에 대한 반격도 만만치 않았으나 결국 척불운동 노선이 조선왕조 개창의 주체가 되었으므로 새 왕조의 이데올로기는 崇儒斥佛로 결정되었던 것이다.

공양왕 3년이 되면 이성계일파는 정권·병권도 장악하였고 경제적 기반도 세웠다. 그러나 아직도 반이성계파의 구신들을 제거하는 과제가 남아 있었다. 마지막으로 반이성계파 구신을 처리하는 문제를 둘러싸고 온건론의 정몽주일파는 강경론의 이성계일파와의 대립을 초래하게 되었다. 정몽주는 이성계일파에 동조하는 부분도 있었으나 신·구 어느 세력에도 편향하지 않고 중립적인 입장을 취하였다. 친명정책, 조민수배척, 공양왕옹립 등에는 이성계일파에 동조하였으나, 윤이·이초의 옥사와 관련 여부가 불명한 자들에 대한 이성계일파의 강경처리에 반대하였고 전제개혁에는 중립적인 입장을 취하였다. 마침내 정몽주일파는 이성계일파의 구신처단에 대한 강경론에 반발하여 이성계일파와 적대적 관계로 대립하게 되었다.

공양왕 4년 3월, 이성계는 명에 갔다가 귀국하는 세자 奭의 출영을 마치고 돌아오는 길에 海州에서 사냥하던 중 낙마하여 중상을 당하였다. 정몽주일파는 이 때를 이성계일파를 제거할 기회로 생각하고 左散騎常侍 金震陽 등으로 하여금 이성계일파의 조준·정도전·南誾·尹紹宗·南在 등을 탄핵하여 4월초에 이들을 유배하도록 계획하였다. 이성계일파로서는 위기에 봉착하게 된 것이다. 정몽주는 이성계 주변의 동정을 살피기 위하여 문병을 칭탁하고 이성계의 집을 방문하였다. 李芳遠은 이 때를 정몽주를 제거할 절호의 기회로 생각하고, 문병을 마치고 돌아가는 정몽주를 趙英珪 등과 함께 善竹橋 부근에서 살해하였다. 정몽주가 암살된 후 정몽주일파는 제거되고 이성계일파가 정권을 완전히 장악하게 되었다. 이성계는 수상인 문하시중, 裵克廉은 수문하시중이 되었고 그 일파가 내외의 중직을 모두 차지하였다. 이제 남은 것은 이성계를 왕으로 추대하는 절차뿐이었다.

이성계를 왕으로 추대하려는 기운은 위화도회군 때에 있었다. 당시 남은은 趙仁沃 등과 함께 추대를 密議한 바 있었으며, 회군한 후 이방원에게 말하였으나 방원은 신중을 기하여 추진하지 않았다.[3] 그러나 이 때에 이르러 여론이 이성계추대로 기울었고, 사람이 모인 곳에서도 내어놓고 '天命과 인심이 이미(이성계에게) 돌아갔는데 어찌 빨리 추대하지 않는가'[4]라고 말할 정도로 대세가 무르익었다. 방원은 남은과 이성계추대를 작정하였고, 남은은 조준·정도전·조인옥·趙璞 등과도 협의하였다. 그러나 이성계가 진노할까 두려워 감히 고하지 못하므로, 방원은 康氏(康妃)에게 부탁하여 이성계에게 아뢰도록 해보았으나 강씨도 감히 아뢰지 못하였다. 결국 방원이 결단을 내려 남은 등과 추대하도록 결정한 것으로 되어 있다. 당시의 정세는 이성계추대로 기울었고 선봉에서 이 일을 추진한 것은 방원과 남은이었던 것이다.

---

3) 《太祖實錄》 권 1, 總書, 공양왕 4년 6월.

4) 위와 같음.

이즈음 공양왕은 이성계의 위세에 눌려 있었고, 왕위의 위협을 느껴 이성계와 相保를 내용으로 하는 동맹을 맺기를 원하였다. 그리하여 공양왕은 방원과 司藝 趙庸에게 盟書를 기초하게 하였고 7월 12일 이성계와 동맹하기 위하여 이성계의 저택으로 떠날 차비를 하였다. 한편 배극렴 등은 王大妃(공민왕비 安氏)에게 공양왕을 폐하기를 주달하여 공양왕을 폐한다는 내용의 敎書를 받아냈다. 남은은 門下評理 鄭熙啓와 함께 폐위교서를 가지고 공양왕이 있는 궁궐로 가서 폐위를 선포하였고 공양왕은 원주로 쫓겨갔다. 왕대비로부터 받아낸 공양왕 폐위교서는 이성계일파의 공양왕 폐출의 명분을 확보하기 위한 절차였을 뿐이다. 공양왕을 폐한 후 國璽는 일단 왕대비에게 두고 서정을 왕대비에게 취품하여 결재를 받는 형식을 취하였으나 이 역시 이성계정권의 명분을 위한 것이었다. 7월 13일 왕대비는 이성계를 「監錄國事」로 선포하였다.

7월 16일, 배극렴·조준·정도전·金士衡 등 50여 명의 대소신료와 閑良·耆老 등이 國寶를 받들고 이성계추대를 위하여 이성계의 저택으로 몰려갔다. 이 때 이성계는 대문을 잠그고 그들을 들이지 않으므로 늦도록 기다리던 배극렴 등은 부득이 문을 밀치고 들어가 왕이 될 것을 간곡히 권하였다. 그러나 이성계가 굳이 거절하므로 대소신료와 한량·기로 등도 물러서지 않고 더욱 간절히 권하였다. 7월 17일 이성계는 하는 수 없이 壽昌宮에 나아가 즉위하였다.[5] 이처럼 이성계가 군신들의 추대를 거절하다가 마지못하여 즉위한 것으로 기록되어 있는 것은 이성계의 즉위가 찬탈이 아니라 天命에 의한 것임을 드러내기 위한 것이며, 새 왕조의 명분을 세우기 위한 것임을 알 수 있다. 하여간 이성계는 군신들에 의하여 새 왕조의 왕으로 추대되어 즉위하였고, 새 왕조가 개국하게 된 것이다.

2) 개국과 그 기초작업

1392년 7월 17일 이성계는 개경 수창궁에서 새 왕조의 국왕으로 즉위하였다. 이 새 왕조는 이성계를 중심으로 한 개혁파유신과 이에 동조한 세력의 승리로 이루어진 것이었다. 따라서 새 왕조의 정치이념은 억불숭유가 될 수밖에 없었으며 과전법체제와 대명 사대관계는 이미 정해진 방향이었다. 또한 고려

5) 《太祖實錄》 권 1, 태조 원년 7월 병신.

말 권문세족과 국가로부터 가혹한 착취와 억압을 받았던 백성들의 고통을 덜어주는 일도 새 왕조의 과제였고 또 백성들은 그것을 기대하였다.

그러면 개혁의지와 희망을 가지고 출발한 새 왕조는 그 기초를 마련하기 위하여 어떤 일들을 펼쳐갔는가.

개국 직후 가장 긴급한 일은 반대세력으로부터 왕위와 정권을 지킬 군사권의 장악이었다. 이성계는 그 일파의 추대를 받아 새 왕조의 왕이 되었으나 정적들로부터의 반격 위협은 언제나 있었던 것이다. 태조가 즉위한 다음날 義興親軍衛를 설치하고 종친과 대신들에게 각 도의 군사를 영솔하게 한 것은 반대세력으로부터 정권을 보위하기 위한 조처였다.[6]

태조 원년 7월 28일 태조는 온 국민에게 교서를 반포하였다. 이 교서에서 태조는 그가 왕위에 오르게 된 경위를 밝히고 우선 급격한 변혁으로 초래될 정치적·사회적 불안을 줄이기 위하여 "국호는 그대로 고려라 하고 儀章과 법제는 전조의 것을 모두 그대로 따른다"라고 선언하고, 구체적으로 정치·사회의 현안문제 해결과 백성들의 고통을 덜어줄 것을 선언하고 있다. 그 내용을 보면, ① 종묘·사직제도를 정하는 일, ② 왕족·왕씨에 대한 처리문제, ③ 문무과의 실시, ④ 관혼상제를 정하는 일, ⑤ 수령의 엄선, ⑥ 忠·孝·義·烈의 旌閭, ⑦ 鰥·寡·孤·獨에 대한 賑恤·除役, ⑧ 外吏의 上京從役 폐지, ⑨ 궁중 창고의 회계 출납에 대한 감찰, ⑩ 驛館의 사사로운 이용 금지, ⑪ 騎船軍의 부담감축, ⑫ 호포 폐지, ⑬ 國屯田 폐지, ⑭ 형률은 大明律을 적용, ⑮ 토지제도는 과전법에 의함, ⑯ 경상도 載船貢物의 폐지, ⑰ 우현보·이색 등 반이성계세력에 대한 징계, ⑱ 범죄자에 대한 사면령 등으로 되어 있다. 이 내용을 다시 정리하면, 국가와 왕실의 위상정립(①), 민심의 안정(②), 인사제도의 확립(③·⑤), 유교윤리의 수립(④·⑥), 피지배층에게 고통과 부담을 주었던 각종 제도의 폐지(⑧·⑪·⑫·⑬·⑯), 형률의 일원화(⑭), 토지·재정제도의 정립(⑨·⑮), 반이성계파의 제거(⑰) 등으로서 새 왕조의 정치방향을 보여주고 있다. 이 즉위교서를 지은 사람은 정도전으로서 개혁파유신들의 개혁정치의 방향을 엿볼 수 있다.

교서를 선포한 7월 28일에 문무백관의 제도가 정해졌다. 관직제도는 대체로

6)《太祖實錄》권 1, 태조 원년 7월 정유.

고려의 제도를 따랐으나 명칭이나 내용은 필요에 따라 조정되었음을 볼 수 있다. 그 내용을 보면 먼저 東班(文班)에는 정1품에서 종9품에 이르는 18품계의 散階와 그 명칭이 정해졌는데, 산계의 명칭은 고려시대의 그것과 크게 다르다. 문반의 핵심이 되는 정치기구로는 都評議使司·門下府·三司·中樞院이 있다. 도평의사사는 합좌기관으로 문하부·삼사·중추원의 2품 이상으로 구성되었으며 관직의 명칭·직품·인원수 등은 재조정되었다. 이 밖에 예문춘추관·경연관·세자관속·사헌부·개성부·6조·상서원·성균관 등을 비롯하여 40여 개의 부서가 있으나 대개 고려말의 관제를 따른 것이다. 西班(武班)에는 정3품 折衝將軍으로부터 종8품 修義副尉에 이르는 12품계의 산계가 정해졌는데 武散階의 명칭도 고려의 것을 따르지 않고 새롭게 정하였다. 무반직으로는 義興親軍左右衛를 비롯한 10위를 두고, 이에 속한 무반직을 정하고 있다. 이 밖에 문무반직과 구별하여 內侍府·掖庭署·典樂署·雅樂署 등을 별도로 두고 있다.

태조 원년(1392) 7월의 관제는 방원(태종)이 세자로 있었을 때 그리고 그가 왕으로 즉위한 후에 이루어진 수차의 관제개혁을 통하여 議政府·六曹 중심의 관직체계·정치체계로 바뀌어 가지만 이 때에 정해진 산직체계와 관직은 상당 부분 그대로 존속되었다.

다음 태조와 그를 추대한 관료들이 해야 할 일은 그들의 개국 사실을 명으로부터 인정받는 것이었다. 대명관계는 계속 난제였던 바 새 왕조를 개창한 이성계와 그 신료들로서는 명이 새 왕조와 이성계의 즉위를 인정하느냐 여부가 매우 중요하고 조심스러운 일이었다. 그리하여 이성계가 즉위한 다음날인 7월 18일 도평의사사와 대소신료·한량·기로 등의 요청을 받아들여 知密直司事 趙胖을 명에 보내 역성혁명의 불가피성과 이성계 추대사실을 알리게 하였다.[7] 이어 8월 29일에 다시 전 密直使 趙琳을 명에 보내 이성계의 즉위를 인정해 줄 것을 요청하였다.[8] 조반은 10월 22일에, 조림은 11월 27일에 새 왕조의 개창과 이성계의 추대 사실을 명으로부터 인정받고 돌아왔다.[9] 일단 이웃 강대국인 명으로부터 역성혁명 사실과 이성계 추대 사실을 인정받은 것은 새 왕조의 정치적 안정에 큰 도움이 되었을 것이다. 그것이 바로 조반·조림

7) 위와 같음.
8) 《太祖實錄》 권 1, 태조 원년 8월 무인.
9) 《太祖實錄》 권 2, 태조 원년 10월 경오·11월 갑진.

을 명에 파견한 목적이었다. 명에서는 새 왕조를 독립적인 나라로 인정하였다.[10]

다음 국호문제를 살펴보자. 태조의 즉위교서에 보이듯이 국호를 그대로 「고려」로 쓴다고 했고, 태조 원년 8월 조림을 사절로 명에 파견했을 때에도 외교문서에 이성계의 직함을 權知高麗國事라고 썼다. 고려라고 국호를 그대로 쓴 것은 급격한 변혁에서 초래될 수 있는 정치·사회적 불안정을 피하기 위한 뜻이 있었을 것이다. 그런데 조림이 귀국하면서 가져온 명 예부의 咨文안에 "국호는 어떻게 고쳤는지 급히 보고하라"라는 내용이 있어 국호제정을 서두르게 되었다. 조림이 귀국한 날 기로와 백관을 都堂에 모아 국호를 의논하여 「朝鮮」·「和寧」 두 개의 후보를 정하였고, 그 이틀 후에 藝文館學士 韓尙質을 명에 파견하여 이 가운데 하나를 택해 줄 것을 청하였다.[11] 「조선」은 우리 나라의 오래된 국호였던 단군조선·기자조선에서 취한 것이고, 「화령」은 태조 이성계의 고향인 영흥의 옛 이름이었다. 태조 2년 2월 15일 奏聞使 한상질이 귀국하면서 가져온 예부의 자문에는 "동이의 국호는 오직 조선이라 칭한 것이 아름답고 또한 그 유래가 오래니 그 이름을 따르는 것이 좋겠다"라는 명 태조의 뜻이 전달되었다. 태조는 즉각 교서를 내려 국호를 「조선」으로 선포하였다.[12] 이처럼 새 왕조의 국호는 태조 2년 2월 15일에 조선으로 결정된 것이다.

조선이라는 국호가 명 태조의 선택으로 정해졌다는 사실은 개국초 조선의 자주성을 의심케 하는 문제이다. 그러나 조선이 명에 대하여 이와 같은 자세를 취한 것은 조선의 외교정책의 일면으로 해석할 수 있다. 새 왕조를 개창한 이성계일파는 아직 나라의 기틀과 정치기반을 확립하지 못하였으므로 명의 인정을 받는 일은 나라와 정치의 안정을 위하여 필요한 일이었다. 그들이 정신적으로도 명에 대하여 사대주의에 빠진 것이 아니었음은 조선이 개국한 직후부터 태조와 정도전 등에 의하여 요동정벌계획이 계속 추진된 사실로써도 확인할 수 있다.[13]

10) 《太祖實錄》 권 2, 태조 원년 11월 갑진.
11) 《太祖實錄》 권 2, 태조 원년 11월 병오.
12) 《太祖實錄》 권 3, 태조 2년 2월 경인.
13) 崔承熙, 〈朝鮮太祖의 王權과 政治運營〉(《震檀學報》 64, 1987), 153~159쪽.

다음 國都의 新定문제이다. 개성은 왕씨와 권문세족의 뿌리가 깊이 박혀있는 곳이어서 새 왕조를 개창한 이성계일파로서는 구도를 벗어나서 새 국가의 면목과 인심을 일신할 새 도읍을 건설할 필요가 있었을 뿐 아니라, 고려 전 시대를 풍미하던 음양도참설에도 구도가 불길하다 하였으므로 태조로서는 개성을 벗어나는 일이 급선무였을 것이다. 이에 태조는 즉위한 지 26일밖에 되지 않은 8월 13일에 도평의사사에 漢陽으로 도읍을 옮길 것을 명령하였다.[14] 그러나 한양천도에 대한 이의가 있었음인지 그대로 추진되지 못하고 일단 중단된 것 같다. 태조의 중신들은 이미 모두 개성에 자리를 잡고 있었으므로 천도의 의지가 약하였던 것으로 보인다. 따라서 태조가 친히 새 도읍 자리를 찾아 나섰다. 태조 2년(1393) 정월 태조는 공주 계룡산 아래를 신도 자리로 예정하고 친히 계룡산의 형세를 보기 위하여 출발하였다.[15] 도중에 태조는 중신들이 천도의 의지가 약한 것을 느끼고 이르기를 "천도는 경들 역시 하고자 하지 않는다. 예로부터 역성으로 천명을 받은 왕은 반드시 도읍을 옮겼다. 지금 내가 급히 계룡을 보는 것은 친히 신도를 정하고자 함이다"라고 하고, "세자가 비록 뜻을 이어 천도하려 해도 대신이 저지하면 어찌 할 수 있겠는가"[16]라고 하였다. 대신들 중에는 천도를 바라지 않는 사람이 상당히 있었으나 태조는 천도를 자신이 이루어야 할 과제로 생각하였던 것 같다.

태조 2년 2월 계룡산에 이르러 신도의 산수를 살피고 漕運과 교통의 편부와 종묘·사직·궁전·朝市가 들어설 자리를 측량하게 하였고, 金湊와 同知中樞 朴永忠, 前密直 崔七夕 등에게 신도의 건설을 감독하게 하였다.[17] 이렇게 공주 계룡산 신도의 역사는 시작되었다. 그러나 태조 2년 12월 京畿左右道都觀察使 河崙의 상언에 따라 신도의 역사가 혁파되었다. 상언의 요점은, "도읍은 마땅히 나라 가운데 있어야 하는데 계룡산은 남쪽에 치우쳐 있고 동북면과도 막혀 있으며, 풍수지리상으로도 좋지 못하여 천도하기에 마땅치 않다"는 것이었다. 태조는 이 상언을 정도전·남재 등으로 하여금 검토하게 한 후에

14)《太祖實錄》권 1, 태조 원년 8월 임술.
15)《太祖實錄》권 3, 태조 2년 정월 을축.
16)《太祖實錄》권 3, 태조 2년 2월 병자.
17)《太祖實錄》권 3, 태조 2년 2월 계미·갑신·을유·무자.

신도의 역사를 중지하라는 명령을 내린 것이다.[18)]

다음 천도 예정지로 삼은 것은 毋岳(현재 서대문구 신촌동·연희동 일대)이었다. 태조 3년 8월 태조는 무악을 친히 보기 위하여 도평의사사와 臺省·刑曹 각 1명을 거느리고 갔다.[19)] 무악에 이르러 정도할 땅을 살피는데 書雲觀의 관원 尹莘達, 劉旱雨 등이 아뢰기를 '풍수지리의 법으로 보건대 이 땅을 도읍으로 삼는 것은 좋지 않습니다'라고 하여 결정을 짓지 못하였다.[20)] 태조는 다시 여러 재상들에게 천도할 만한 곳을 의논하여 올리라고 명령하였다. 이에 정도전·成石璘·정총·하륜·李稷 등이 의견을 개진하였으나 의견이 분분하고 오히려 천도를 바라지 않는 경향이 많아 태조의 심기는 매우 불편한 가운데 南京(漢陽)에 이르렀다.[21)] 태조는 남경의 지세를 살피고 그가 尊信하던 王師 自超(無學)에게 자문을 구하니, 자초가 대답하기를 "이 땅은 사면이 높고 수려하며 중앙은 평평하고 넓어 성읍으로 마땅합니다. 그러나 중의를 따라 정하십시오"라고 하였다. 태조가 여러 재상으로 하여금 의논하게 하니 모두 "반드시 천도하고자 하시면 이 곳이 좋겠습니다"라고 하였다. 하륜이 홀로 반대하였으나 태조는 일단 중의에 따라 한양으로 도읍을 결정한 셈이 되었다.[22)] 대부분의 중신들은 천도를 원치 않았으나 태조는 자초의 자문을 받아 한양으로 도읍을 결정하면서 재상들의 동의를 받았다. 천도는 국가의 중대사이고, 국가의 재정적 부담은 물론이고 그 역사에 동원될 백성들의 고통이 따르게 되는 것이므로 중신들의 동의를 받을 필요가 있었기 때문이다.

태조는 3년 9월 1일 新都宮闕造成都監을 두었고 곧 이어 權仲和·정도전·沈德符·김주·남은·이직 등 중신을 한양에 보내 廟社·궁궐·朝市·도로의 터를 정하게 하고 그 지도를 만들어 올리게 하였으며, 심덕부·김주는 한양에 머물면서 도읍의 건설을 관리하게 했다.[23)] 그리고 아직 신도의 기초공사도 이루어지기 전인 10월에 한양으로 천도하였다.[24)] 궁궐이 이루어지기 전이

18) 《太祖實錄》 권 4, 태조 2년 12월 임오.
19) 《太祖實錄》 권 6, 태조 3년 8월 을해.
20) 《太祖實錄》 권 6, 태조 3년 8월 무인.
21) 《太祖實錄》 권 6, 태조 3년 8월 기묘.
22) 《太祖實錄》 권 6, 태조 3년 8월 경진.
23) 《太祖實錄》 권 6, 태조 3년 9월 무술·병오·경신.
24) 《太祖實錄》 권 6, 태조 3년 10월 신묘.

었으므로 옛 한양부의 객사를 이궁으로 삼았다.[25] 11월에 태조는 도평의사사와 서운관의 관원들을 거느리고 종묘·사직을 건설할 땅을 살폈고, 다음날 工作局을 설치하였다.[26] 12월부터 공사가 본격적으로 시작되어 태조 4년 9월에 일단 종묘·사직·궁전이 준공되었고,[27] 5년 정월부터 9월까지 도성과 4대문 4소문이 준공되었다. 태조 4년 6월 한양부를 한성부로 개칭하였고[28] 5년 4월에는 5部 52坊으로 구획하고 방의 명칭을 정하였다.[29] 이처럼 신도 한성의 규모가 대략 갖추어졌다. 그러나 태조 7년(1398) 8월에 「제1차 왕자의 난」을 겪은 후 정종은 그 원년(1399) 3월에 구도 개성으로 환도하였다. 태종 5년(1405) 10월에 한성으로 재천도한 후 한성의 시설은 더욱 정비되었고, 이후 한성은 조선왕조 500년간 도읍으로서 정치·문화의 중심지가 되었다.

다음, 개국공신을 책봉하였다. 조선이 개국되고 이성계가 왕으로 즉위할 수 있었던 것은 수많은 사람들의 협력과 지지가 있었기 때문이었다. 그들이 바로 조선개국의 원동력이었다. 따라서 태조가 그들에게 일정한 정치·사회·경제적 특전을 내리는 것은 군신간의 단결과 화합을 위해서도 필요한 것이었으며 개국초 정치기반의 안정을 위해서도 필요한 일이었다.

태조는 개국공신의 책봉에 앞서 개국주도세력에 대해 封爵하였다. 문무백관의 관제가 정해진 원년 7월 28일에 裵克廉은 翊戴補祚功臣門下左侍中星山伯으로, 조준은 佐命開國功臣門下右侍中平壤伯으로, 李和는 佐命開國功臣商議門下府事義興親軍衛都節制使義安伯으로, 金士衡은 佐命功臣門下侍郎贊成事判八衛事上洛君으로, 정도전은 佐命功臣門下侍郎贊成事義興親軍衛節制使奉化君으로 봉작되었고, 이 밖에 鄭熙啓·李之蘭·남은·金仁贊·張思吉·정총·趙琦·조인옥·黃希碩·남재 등이 佐命 또는 補祚功臣으로서 封君되었다.[30] 이들 중 조기·황희석(2등)을 제외하면 두 달 후 개국공신 책봉 때에 모두 1등공신으로 錄勳된 터이지만, 이에 앞서 그를 추대한 중신들에 대한 봉작은

25)《太祖實錄》권 6, 태조 3년 8월 갑오.
26)《太祖實錄》권 6, 태조 3년 11월 무술·기해.
27)《太祖實錄》권 8, 태조 4년 9월.
28)《太祖實錄》권 7, 태조 4년 6월 무진.
29)《太祖實錄》권 9, 태조 5년 4월 병오.
30)《太祖實錄》권 1, 태조 원년 7월 정미.

그들을 안심시키고 대우함으로써 정치적 안정을 찾으려는 태조의 배려에 의한 것으로 보인다. 태조는 그 22일 후인 8월 20일에 그를 추대한 공로를 3등급으로 나누어 개국공신 44명을 결정하여 도평의사사에 내렸다.[31] 9월 16일 공신도감에서는 태조의 명에 따라 3등급의 공신호와 그에 따른 특전의 규모를 정하여 왕에게 올려 윤허를 받았고 태조는 공신들에게 토지와 노비를 차등있게 내렸다.[32] 25일 후에 태조는 개국공신들에게 잔치를 베풀고 공신교서와 錄券을 각각 내려 주었다.[33] 이 때 책봉된 개국공신에는 1등공신에 문하좌시중 배극렴·문하우시중 조준·문하시랑찬성사 김사형·정도전 등 16명, 2등공신에 判三司事 尹虎 등 11명, 3등공신에 都承旨 安景恭 등 16명이었고, 공신책봉 전에 죽은 김인찬은 특별히 1등공신에 넣어 44명이 개국공신으로 결정되었다. 그런데 그 11일 후인 9월 27일에 태조는 上將軍 趙狷(2등), 韓尙敬·任彦忠·黃居正·張思靖·韓忠·閔汝翼(이상 3등) 등 7명을 개국공신으로 추록하였고,[34] 11월에 황희석을 개국공신 2등으로 추록하였다.[35] 이리하여 개국공신은 52명이 되었다. 태조 원년 9월 28일 개국공신들이 모여 국왕에게 충성하고 공신간에 화합·협력·단결할 것을 천지신명에 맹세하였다.[36] 공신을 책봉하는 목적은 바로 여기에 있는 것이다. 태조로서는 그를 추대한 자들에 대하여 경제적 또는 경제외적 특전을 주어 충성스러운 신하로 묶어놓고, 공신들 간에는 서로 화합·단결하게 함으로써 왕권의 확립과 정치의 안정을 꾀할 수 있었던 것이다.

그러나 태조가 즉위하기까지 그에게 협력한 사람은 개국공신 52명으로 그친 것이 아니었고 수없이 많았다. 그들에 대한 보답을 위하여 태조 원년 10월부터 6년 10월까지 10여 차례에 걸쳐 原從功臣으로 책봉된 사람이 1,400여 명에 이르고 있다.[37] 이들에 대한 특전은 개국공신의 그것과 비교하면 적은 것이기는 했지만 이들도 정치적으로 불안한 개국초에 정치적 안정세력으로

---

31) 《太祖實錄》 권 1, 태조 원년 8월 기사 및 李和開國功臣錄券 참조.
32) 《太祖實錄》 권 2, 태조 원년 9월 갑오 및 위의 錄券 참조.
33) 《太祖實錄》 권 2, 태조 원년 9월 을해.
34) 《太祖實錄》 권 2, 태조 원년 9월 을사.
35) 《太祖實錄》 권 2, 태조 원년 11월 병신.
36) 《太祖實錄》 권 2, 태조 원년 9월 병오.
37) 崔承熙, 앞의 글, 139~143쪽.

확보할 수 있었던 것이다. 그리고 개국공신과 원종공신이 태조에 의해서 선정된 것이었으므로 태조와 공신간에 굳은 군신관계가 성립될 수 있었고 그것은 개국초의 정치안정에 크게 기여한 것으로 보인다.

고려왕족 왕씨의 존재는 조선을 개국한 이성계일파로서는 큰 부담이었으며 왕씨의 제거는 정치적 안정을 위하여 불가피한 것으로 보았다. 앞서 살핀 즉위교서에서 태조는 "王瑀(7男 芳蕃의 장인)에게 麻田郡을 주고 歸義君으로 봉하여 왕씨 선대의 제사를 받들게 하고, 그 나머지 자손들은 외방에서 편한 대로 살게 하며, 그 처자와 僮僕들은 옛날처럼 모여 살게 한다"고 선언하고 그들에 대한 보호를 약속했다. 이 조처는 왕씨세력의 반항과 민심의 동요를 완화하기 위한 것이었다.

왕씨세력 제거의 기회는 태조 3년(1394) 정월에 포착되었다. 東萊縣令 金可行·鹽場官 朴仲質 등이 새 왕조의 안위와 왕씨의 운명을 密陽에 사는 맹인 李興茂에게 점친 사실이 드러나고 여기에 參贊門下府事 朴葳가 관련된 사건이 일어났다.[38] 이 일은 당시 정치적으로나 사회적으로 불안한 상태였음을 전해주고 있다. 박위를 제외한 김가행·박중질·이흥무 세 사람은 모두 邊郡에 杖流되었으며, 이를 구실로 대간은 즉각 왕씨제거를 청하였다.[39] 그러나 즉위교서에서 왕씨의 보호를 약속한 태조는 대간의 요청을 받아들이지 않았고, 대간과 형조의 왕씨제거를 위한 상소는 계속되었다. 그러한 상황에서 태조 3년 2월 王和·王琚·僧 釋能 등의 모역협의를 잡고 더욱 강력하게 왕씨제거를 강청하였다. 태조 3년 4월까지 대간·형조는 10여 차례의 상소를 통하여 왕씨제거를 위한 여론을 고조시켰고, 태조는 중신의 의견을 수합하는 절차를 거쳐 중의에 따라 마지못하여 왕씨를 제거하는 방식을 취하였다. 왕우 3부자는 이씨와 혼인관계를 맺고 있었으므로 왕씨 선세의 제사를 위하여 살려두었으나 공양왕과 그 두 아들은 교살하였고 그 밖의 왕씨들은 모두 색출하여 죽이도록 하였다.[40] 이처럼 새 왕조의 정치적 안정에 장애요소로 생각했던 왕씨의 제거를 언론·여론·중의에 따른 것처럼 처리했다. 이성계일파의 고도한 정치술수

---

38) 《太祖實錄》 권 5, 태조 3년 정월 병진.
39) 崔承熙, 《朝鮮初期言官·言論硏究》(서울大 出版部, 1976), 106~109쪽.
40) 崔承熙, 위의 책, 107~109쪽.

로 이루어진 잔인한 왕씨제거작전이었다.

즉위교서에서 '儀章法制 一依前朝故事'라고 하였으나 새 왕조는 새 왕조로서의 정치구조·법제의 정리가 불가피하였다. 태조 3년에 정도전이 찬진한 《조선경국전》은 새 왕조의 이상적인 정치체제·법제를 제시한 것이며, 태조 6년 조준 등에 의해서 《經濟六典》이 편찬되어 새 왕조의 법제의 틀이 대강 갖추어졌다. 반이성계파 인사들에 대한 숙청은 즉위교서 끝에 기재된 56명으로써 대개 마무리되었으나, 반이성계파의 숙청은 계속되었다. 태조 2년 정월 李行의 숙청은 그가 고려말에 藝文春秋館學士로 있을 때에 기록한 史草에 이성계에게 불리한 기사를 썼다는 사실때문이었다.[41] 새 왕조에 대한 유언비어도 철저히 단속되었다. 태조 원년 9월 李扶와 許晐 등이 이성계에게 불리한 요언을 퍼트려 衆心을 현혹했다는 죄로써 대간의 탄핵을 받아 유배된 사실은 그 한 예이다.[42]

태조 원년 8월 태조가 즉위한지 한 달만에 康氏소생 芳碩을 서둘러 세자로 책봉한 것은 태조나 중신들로서는 장차 일어날 수 있는 왕자들 간의 왕위계승 분쟁을 예방하여 나라의 기틀을 안정시키려는 의도에서였다. 그러나 방원 등 강력한 실력의 韓氏소생 왕자들을 소외시키려는 정치적 의도가 깔려 있었기 때문에 그것은 태조 7년의 「제1차 왕자의 난」의 씨앗을 뿌려놓은 것이 되었고, 태조시대의 종말을 속히 오게 한 실마리의 하나가 되었던 것이다.

3) 태조·태종대의 왕권강화

왕정시대에 국왕으로서의 권위와 권력의 강약 여부는 그 시대에 따라 또는 국왕의 인물 여하와 즉위과정 여하에 따라 혹은 군신관계에 따라 차이가 있을 수 있다. 그러나 동·서양을 막론하고 국왕의 존엄성이 강조되고 있으며, 천명사상·왕권신수설 등은 이를 뒷받침하고 있다.

왕권의 내용은 매우 다양할 수 있다. 전제적·무단적·절대적·패도적인 왕권도 있고, 왕권과 신권이 조화를 이룬 왕도적 왕권도 있고, 신권에 눌려 허약

41) 《太祖實錄》 권 3, 태조 2년 정월 무오.
42) 《太祖實錄》 권 2, 태조 원년 9월 갑오.

한 왕권도 있다. 왕권과 신권이 조화를 이룬 정치가 이상적이지만 그러한 시대는 흔하지 않다. 그러나 왕조시대에는 그 시대를 다스리기 위하여 일정한 왕권의 유지가 필요하다. 특히 새 왕조를 개창한 군주에게는 나라의 기틀을 바로잡기 위하여 강력한 왕권이 필요한 것으로 이해된다.

종래에는 개국초 정치권력이 개국공신과 도평의사사에 집중되어 있었다고 하여 태조 이성계의 왕권은 허약했다고 인식하는 것이 통설화되어 있었다.[43] 그러나 고려말 난국에 무장으로 위명을 떨쳤고 위화도회군 이후에는 군·정의 실권자로서 정국을 주도했으며 마침내 도평의사사와 대소신료들의 추대를 받아 즉위한 이성계의 왕권은 허약할 수 없다. 태조는 강력한 왕권을 가지고 다사다난한 초창기의 정치를 적극적으로 펼쳐갔다. 태조의 왕권이 강력한 것이었음을 개국공신 및 원종공신의 선정과정과 도평의사사의 정치기능을 살펴봄으로써 확인해 보겠다.

공신에게는 정치적인 지위뿐 아니라 사회·경제적으로도 막대한 특전이 주어졌으므로, 공신들은 그 시대 정치적 지배층이 될 수 있었고 중요한 정치세력집단이 될 가능성이 있었다. 그러나 공신이라 하여 모두 강력한 정치권력을 장악할 수 있었던 것은 아니다. 중요한 것은 공신선정을 장악한 주체의 소재에 따라 왕권·공신권의 강약이 좌우되었다. 즉 ① 국왕이 단독으로 공신을 선정했을 경우 강력한 왕권을 예측할 수 있으며, ② 국왕과 공신·중신의 합의로 선정되었을 경우 왕권과 공신권력의 균형적인 상태를 상정할 수 있으며, ③ 일부 공신의 주도하에 공신이 선정되었을 경우 공신세력이 왕권을 압도하는 상태에 이르게 되었을 것이다. 靖國功臣(中宗反正功臣) 朴元宗·成希顔·柳順汀 등이 ③의 경우가 될 것이다. 개국공신과 원종공신의 선정은 어느 경우에 해당할 것인가 살펴보자.

우선 개국공신의 선정은 어떻게 정하여졌는가. 태조 원년 8월 2일에 개국공신책봉과 관련된 제반 행정적인 업무를 담당할 공신도감이 설치되었다. 8월 20일 태조는 개국공신의 位次를 정하고, 공신에 대한「褒賞之典」을 유사에서 거행하라는 왕명을 우승지 한상경을 통해 도평의사사에 내렸다. 도평의사사에서는 그 왕명을 받고 '왕명을 받들어 시행하라'는 出納(태종초부터는 關

43) 崔承熙, 앞의 글(1987), 133~134쪽.

으로 바뀜)을 공신도감에 내려보냈다. 이 때에 내린 왕명에는 배극렴·조준 등 17명은 「決疑定策 推戴寡躬」한 공으로, 윤호·李敏道 등 11명은 「參謀與議推戴寡躬」한 공으로, 안경공·金稛 등 16명은 「亂政之時 注意寡躬」한 공으로 공신의 칭호를 내리니 그 포상하는 법과 절차는 유사에서 정하여 거행하라는 것이었다. 공신의 위차를 구분하는 기준은 태조 자신에 대한 공로의 정도에 따른 것이다. 공신의 선정과 등급은 태조의 판단·기준에 의해서 이루어진 것이었다. 이 왕명을 轉載한 도평의사사의 출납을 받은 공신도감에서는 태조의 뜻에 따라 1·2·3등 공신으로 칭할 것과 이에 따른 제반 특전을 정하여 보고하였고, 9월 16일 태조는 공신도감의 보고를 그대로 받아들이고 공신에게 내려줄 토지 결수와 노비 구수를 공신의 등급에 따라 차등있게 정하여 내려 주었다. 이처럼 개국공신의 선정은 태조의 뜻과 기준에 의하여 이루어졌다.44)

만약 개국공신의 선정을 태조가 공신·도평의사사와 의논하여 결정하였다면, 왕자들 가운데 적어도 방원만은 공신에 들었을 것이다. 주지하는 바와 같이 방원은 반이성계파인 정몽주를 제거한 元勳이었고 이성계추대를 위하여 남은과 함께 가장 적극적으로 활약하였으며, 당시 정치적으로도 상당한 실력을 갖고 있었다. 개국공신이 되기에 충분한 공로가 있었다. 그러나 개국공신의 선정을 태조 단독의 뜻으로 결정하였기 때문에 방원 등의 공은 인정되나 친자이기 때문에 공신선정에서 제외시킨 것이었다.45) 방원은 개국공신으로 선정해 주지 않은 태조에 대한 불만이 컸을 것이다. 결국 방원이 주도하여 「왕자의 난」이 일어났고, 정종의 즉위 후 방원의 정치권력이 막강하게 되면서 비로소 방원이 개국 1등 공신으로 추록되었다는 사실은, 당초 방원은 공신이 되기를 원했으나 되지 못하였고 그 이유는 태조가 그 선정을 단독으로 결정했기 때문이라는 것을 전해준다. 태조 원년 9월 27일에 조견 등 7명을 개국공신으로 추록한 것, 11월에 황희석을 개국공신으로 추가한 것도 태조의 뜻에 의하여 결정되었던 것이다.

개국공신의 선정이 배극렴·조준·정도전 등과 같은 공신·중신 등과 합

44) 崔承熙, 위의 글, 135~138쪽.
45) 《太祖實錄》 권 15, 태조 7년 12월 정사.

의하여 이루어진 것이 아니고 태조의 의지와 기준에 의해서 정해졌다는 사실은 개국공신의 출신지역·신분·직업의 다양함에서도 확인할 수 있다.[46] 즉 개국 공신의 출신지역은 전국에 골고루 분포되어 있으며, 문인·무인·평민·잡직인·승려 등 잡다하다. 이성계의 친인척과 고려 권귀출신이 있는가 하면 향리·평민·서자 등 그 출신성분도 다양하며, 女眞人·漢人·元人의 귀화인도 있다. 만약 사대부 출신 또는 중신들의 합의로 공신이 선정되었다면 공신들의 출신지역과 신분·직업이 한정될 수밖에 없었을 것이다. 그러나 30여 년을 무인·무장·재상을 겪었고 추대되기까지 출신지역과 신분·직업이 다양한 사람들이 이성계를 따르고 협력하고 동조했기 때문에, 이성계가 선정한 개국공신의 성분이 다양할 수밖에 없었다고 이해된다. 또한 개국공신의 성분이 다양했다는 사실은 이들이 하나의 정치세력으로 집단화할 응집력이 결여될 수밖에 없음을 의미한다. 즉 개국공신들이 하나의 정치세력으로 결집하여 왕권을 견제 또는 압도할 수 있는 상태는 상정하기 어려운 것이다.

원종공신은 태조 원년 10월부터 태조 6년 12월까지 10여 차례에 걸쳐 약 1,400여 명이 선정되었다.[47] 이들에 대한 정치적, 사회경제적 특권은 개국공신에 비길 바가 못되나 개국의 동조세력으로서, 지배신분으로서의 신분적 보장을 해준 것이다. 원종공신록권과 《태조실록》에 의하면 원종공신 선정의 주체는 태조였으며, 선정의 기준은 이성계가 즉위하기까지 자신에 대한 공로의 유무에 두고 있으며, 원종공신 선정을 위하여 도평의사사나 공신·중신들과 논의했다는 기록은 찾아볼 수 없다.[48] 이들 원종공신의 신분·직업·출신을 보면, 군관직·왕실의 인척·동북면 출신의 태조휘하·동북면 여진인·내료잡직·공신가족·고려관인·동서반 전현직 등 다양하다.[49] 이들은 이성계가 무인·무장·재상을 거쳐 즉위하기까지 30여 년간, 그를 따르고 협력하고 동

46) 韓永愚, 〈朝鮮開國功臣의 出身에 대한 硏究〉(《朝鮮前期社會經濟硏究》, 乙酉文化社, 1983), 117~180쪽.

47) 崔承熙, 앞의 글(1987), 139~143쪽.
朴天植, 《朝鮮建國功臣의 硏究》(全南大 博士學位論文, 1985).

48) 예외로 태조 6년 12월 權近과 偰長壽가 상서하여 원종공신에 넣어줄 것을 간청하므로 도평의사사에 내려 의논하여 보고하게 한 후 원종공신의 끝에 넣어준 일이 있다(崔承熙, 위의 글, 142쪽 참조).

49) 朴天植, 앞의 책, 157~198쪽.

조해 준 사람들이었고, 태조는 자신의 기준으로 선정하고 등급을 매겼던 것이다. 이처럼 개국공신과 원종공신을 태조가 직접 그의 기준에 의하여 선정했다는 사실은 그의 왕권이 결코 개국공신에 눌릴 수밖에 없는 허약한 것이 될 수 없음을 분명히 보여주고 있는 것이다.

다음 都評議使司의 정치권력은 왕권을 압도할 정도로 강력한 것이 아니었다. 태조 원년 7월의 문무백관 제도를 보면, 도평의사사는 문하부·삼사·중추원의 2품 이상(28명)으로 구성되는 합좌기관으로서 국가최고기관으로 되어 있다. 그러나 도평의사사가 강력한 정치권력을 가진 기구였는가를 살피려면, 실제 정치상의 활동을 살펴보는 것이 필요하다. 도평의사사의 정치활동의 중심이 된 것은 '국정의 상달'과 '왕명의 봉행'으로 구분할 수 있다. 국정을 상달하는 형식은 ① 上請하는 경우 ② 啓聞 또는 上言하는 경우 ③ 각 관부와 지방관의 보고에 의거하여 계문하는 경우 등으로 구분할 수 있다. 상달의 내용은 국정 전반에 걸친 것으로서, 태조는 그의 판단에 따라 상달한 것을 재결하였고 그 가운데 쉽게 결정하기 곤란한 중요한 문제는 다시 도평의사사에 내려 심의하여 보고하도록 명하고 있다. 각 관부와 지방관의 보고가 도평의사사를 경유하여 상달된 것은 당시 정치의 한 관행이었으며, 상달된 것이 대부분 그대로 재가되었다고 하여 그것을 왕권과 결부시킬 성질의 것은 아니다.[50)]

都堂의 '왕명의 봉행'을 보면, 태조는 당시 정치상의 문제점을 잘 알고 있었으므로 도당의 상달에 대한 재가만으로 그치지 않고 수시로 도당에 왕명을 내려 국정을 이끌어 갔다. 태조는 도당에서 상달한 것보다 더 많은 일을 도당에 명령을 내리고 있으며, 그 내용은 공신선정, 赴役·축성문제, 군사문제, 천도문제, 형벌문제 등을 비롯하여 개국초에 해결해야 될 중요한 문제들이었으며, 그 왕명은 강력한 왕권이 뒷받침된 것이었다. 도당은 그러한 왕명을 받들어 시행한 것이다. 즉 태조는 강력한 왕권을 가지고 당시의 당면과제를 찾아 이의 시행을 도당에 하명하는 적극적인 정치를 하였던 것이다.[51)]

다음, 태종의 왕권강화에 대하여 살펴보자. 태종은 군주로서 명분·정통성에 취약성이 있었으므로 왕위·왕권을 유지하는데 부담이 있었으며, 이를 극

50) 崔承熙, 앞의 글(1987), 144~145쪽.
51) 崔承熙, 위의 글, 145~147쪽.

복하기 위하여 왕위의 정당성 확보와 왕권강화를 위한 노력을 계속하였다.

태종 왕권의 취약성은 그의 왕위의 비정통성과 도덕성의 결여와 관계있다.[52] 우선 방원이 태종으로 즉위하기까지의 과정을 살펴보자. 그는 공민왕 16년(1367) 이성계의 다섯째 아들로 태어나 우왕 9년(1383) 17세에 문과에 급제하였고, 우왕 14년 위화도회군 이후 이성계일파가 실권을 장악하면서 그 배경으로 공양왕 2년(1390)에 密直司代言이 되었고, 1392년 26세로 정몽주를 제거하는 데 앞장섰다. 또 이성계를 새 왕조의 국왕으로 추대하는 일을 선두에서 추진한 것도 그였다. 그 시대의 거물이었던 정몽주를 살해할 수 있었고 이성계를 추대하는 데 앞장설 수 있었던 잔인성·비도덕성·과단성은 그 이후에도 목적을 달성하기 위하여는 수단과 방법을 가리지 않은 그의 행동 성향을 예측할 수 있게 하는 것이다. 그와 같은 방원의 기질과 성향은 태조와 康妃, 개국공신 모두에게 두려워하고 기피하는 생각을 갖게 하였을 것이다. 가장 어린 芳碩을 세자로 책봉하는 데 태조와 중신들의 합의가 이루어진 것도 방원의 왕위에 대한 야욕을 미리 포기시키기 위한 의도가 있었을 것이다.

방원은 방석이 세자로 책봉된 이후 계속 소외되었다. 특히 태조는 조준·정도전·남은 등 몇몇 재신중심의 정치를 했기 때문에 대부분의 개국공신과 종친들은 정치권력에서 소외되지 않을 수 없었으며, 태조와 정도전 등에 대한 방원의 불만은 증폭되어 갔다. 결국 태조 7년(1398) 8월 방원이 앞장서 「제1차 왕자의 난」을 일으켰다. 거사 당일 현장에 있던 사람은 芳果·芳毅·芳幹·李和·李伯卿·李良祐·李天祐·沈悰·李居易·李叔蕃·閔無咎·閔無疾·李茂·趙英茂·馬天牧·趙璞·辛克禮·徐益·文彬·沈龜齡 등이었다. 그 구성을 보면, 한씨소생 왕자와 종친, 방원의 처남과 인척, 방원계 무인 등이었다. 그러나 거사를 주도한 것은 방원이었고 방과·방의·방간 세 형들은 소극적 내지 방관적이었다. 이 난으로 정도전·남은·李濟·沈孝生·張至和·李懃 등 개국공신과 방석·방번 등 강씨소생 왕자들이 살해되었다. 방원의 위세는 대신들을 압도하였고, 당시의 고관들은 방원을 세자로 삼을 것을 태조

52) 태종왕권의 취약성에 관한 것은 崔承熙, 〈太宗朝의 王權과 政治運營體制〉(《國史館論叢》 30, 國史編纂委員會, 1991), 2~10쪽 참조.

에게 청했으나 사양하였고, 방과가 세자로 정해졌다. 태조 7년 9월 태조는 세자에게 전위하였다. 이렇게 즉위한 정종의 왕권은 무력하였고 실권은 방원에게 있었다. 따라서 제1차 왕자의 난과 관련된 定社功臣의 선정은 실제 방원의 의사에 의하여 결정되었던 것으로 보인다.

방원은 그의 위세가 정종의 왕권을 압도하고 있다는 사실을 알면서도 일단 장차의 그의 위상을 확고히 하기 위하여 그의 개국의 공을 공식화할 필요를 느꼈던 것으로 보인다. 정종이 즉위한 지 3개월 후인 12월에 방원은 방의·방간 두 형과 함께 개국 1등공신으로 추록되는데, 이는 그를 개국공신으로 책봉하지 않은 태조에 대한 불만의 표시이며, 공식적으로 개국공신으로서의 위치를 확보한 것이었다.

정종 2년(1400) 정월「제2차 왕자의 난」으로 방간을 兎山으로 쫓아낸 후로 방원의 진로를 방해할 아무 것도 없었다. 2월 방원은 세자로 책봉되었고 동시에 軍國重事를 맡아 다스리게 되었으니 방원에게 정치실권이 넘어간 것이다.[53]

세자가 된 이후 방원은 머지않아 올 그의 시대를 위한 개혁에 착수했다. 그 하나가 사병의 혁파였다. 개국초 종친과 공신에게 허락된 사병은 당시 불안한 정치·사회적 상황에서 예측할 수 없는 사태에 대비하기 위한 것이었으나 그것이「왕자의 난」과 같은 정변에 이용되었고, 왕권을 강화하는 데 장애요소가 되었다. 방원으로서는 장차 그의 왕권을 강화하기 위하여 사병의 혁파가 필수적이었다. 사병혁파의 건의는 대간에 의하여 제기되었으나, 그것은 방원이 뜻한 바였다. "정종과 세자가 의논하여 곧 시행하게 하였다"[54]라고 하였으나 실제로는 방원의 의지에 의한 것이 분명하다.

사병혁파와 동시에 이루어진 정치기구의 개혁도 방원의 의지에 의한 것이었다. 도평의사사를 개혁하여 의정부를 설치하고, 중추원을 고쳐 三軍府로 하고, 삼군부의 직을 가진 자는 오직 삼군부에만 근무하게 하고 의정부에는 합좌하지 못하게 하였다.[55] 이는 정부와 군부의 분리를 의미하며, 의정부의

53)《定宗實錄》권 3, 정종 2년 2월 기해.
54)《定宗實錄》권 4, 정종 2년 4월 신축.
55) 위와 같음.

기능이 도평의사사보다 축소·약화되었음을 뜻한다. 방원은 장차의 왕권을 강화하기 위한 중요한 과제를 그가 즉위하기 전에 마쳤던 것이다.

정종은 더 이상 실권 없는 자리를 유지하고 있을 필요가 없었다. 정종 2년 11월, 방원이 세자로 책봉된 지 10개월만에 정종은 방원에게 선위하였고, 이틀 후에 방원은 수창궁에서 즉위하였다. 그런데 방원에 대한 세자책봉과 정종의 선위는 상왕(태조)과 의논 없이 이루어졌다. 국가의 가장 중대한 왕위계승 문제가 태조를 소외시킨 가운데 이루어진 것은 정종의 뜻이라기보다는 방원과 친방원계의 의지에 의한 것으로 보아야 할 것이다.

이처럼 태종의 왕위는 두 차례의 정변을 일으켜 골육상잔의 비극을 연출하고 비상한 방법으로 획득한 것이므로 명분·정통성·도덕성에 하자가 있는 것이다. 그러므로 즉위 후에는 왕위의 정당성과 왕권의 취약성을 극복하기 위한 노력이 계속되었다. 태종의 왕위와 왕권의 취약성으로 인한 사건들을 살펴보는 것도 그 사정을 이해하는 데 도움이 될 것이다.

태조는 정종 2년 7월에 그의 공신(開國·原從) 가운데 방원의 거사(왕자의 난)에 협력하여 정사공신이 된 趙溫·趙英茂·李茂를 배은·불충한 죄로 처벌할 것을 방원에게 요구하여 일단 그들을 유배보내게 했다.[56] 태조는 그가 개국공신에 책봉하고 卿相의 지위까지 내려준 조온·조영무가 「제1차 왕자의 난」 당시 禁兵을 장악하고 있으면서 난을 일으킨 방원에게 내응한 것을 배은망덕한 행위로 질책했다. 또 이무는 원종공신을 내려주었고, 정도전·남은 등과 한파였다가 난이 일어났을 때 「中立觀變」하다가 방원파가 승리하자 방원에 붙은 불충한 자로 질책하고 있다. 태조의 조온·조영무 등에 대한 질책은 두 차례의 정변을 통해 세자의 자리에 오른 방원에 대한 질책이 포함된 것이며, 방원의 세자위에 대하여 태조의 심기가 불편했음을 전해주고 있는 것이다.

정종 2년 11월, 정종의 방원에 대한 선위를 정종의 신하 가운데 상당수는 부당한 것으로 보았다. 태종 원년(1401) 2월 그들은 선위반대운동을 벌이다가 31명이 사헌부의 탄핵을 받았고 그 중 26명은 외방에 自願安置되었다.[57] 탄

56) 《定宗實錄》 권 5, 정종 2년 7월 을축.
57) 《太宗實錄》 권 1, 태종 원년 2월 신묘.

핵된 사람들의 일부를 들어보면, 判恭安府事 鄭南晋·檢校參贊門下府事 金仁貴·前密直提學 盧龜山·戶曹典書 裵仲倫·禮曹典書 盧弼·前典書 李臣彦·判司僕寺事 鄭漸·前大將軍 盧元湜·前將軍 張仁悅·崔石 등 전현직 문무고관들이었다. 이처럼 다수의 사람들이 태종의 즉위를 반대하는 움직임을 보여 처벌을 받았다는 사실은 이들 외에도 많은 관료들이 정종의 선위, 태종의 즉위를 부당하게 생각했을 것으로 추측케 한다. 이 사건도 태종 왕위의 명분·정통·도덕성의 결여와 관계있는 것으로 보인다.

태종 2년 2월에 내린 申聞鼓 설치에 관한 교서의 서두에는 민원을 해결하기 위한 것으로 표명했으나, 그보다 근본적인 목적은 반왕세력을 색출·제거하는 데 있었던 것으로 보인다. 따라서 모역자를 고한 자에게 내리는 상으로 전 200결·노비 20구를 주고, 유직자에게는 3등을 올려 錄用하고 무직자에게는 곧바로 6품을 주며, 公私賤口에게는 '許通爲良'하여 곧바로 7품을 주며, 범인의 가옥·재산·노비·우마를 모두 주겠다고 하였다.[58] 이와 같은 상은 佐命 1등공신을 능가하는 것으로, 이는 태종의 반왕세력에 대한 불안의 정도를 보여주는 것이며 왕위의 취약성과 관계있는 것으로 보인다.

태종 2년의 趙思義亂은 친태조세력의 반태종난이라 할 수 있다. 이 난을 평정한 후 安邊大都護府는 監務로, 永興府는 知官으로 격하되었고 조사의·康顯·趙洪 등 많은 사람이 복주되었다.[59] 이 난은 태종의 왕위·왕권이 불안한 것임을 나타내는 것이며, 태종 왕위의 명분·정통성의 결여와 관계있는 것으로 이해된다.

태종 4년 10월 李居易와 그 아들 佇가 鎭州로 유배되고 廢庶人된 사건이 있었다.[60] 이거이와 저는 정사·좌명 1등공신이었으며, 저는 태조의 맏사위였고 거이의 둘째 아들 伯剛은 태종의 맏사위였으므로 이거이는 왕실과 연혼을 한 태종의 가장 가까운 공신이라 할 수 있다. 그러한 이거이가 태종 원년에 태종과 그의 왕자들을 제거하고 정종을 다시 세우려는 모역을 했다는 사실을 태종이 들춰내어 문제를 삼은 것이다.[61] 태종의 사돈이요 공신인 이거이가 태종

58) 《太宗實錄》 권 3, 태종 2년 2월 기유.
59) 《太宗實錄》 권 4, 태종 2년 12월 을축·정묘.
60) 《太宗實錄》 권 8, 태종 4년 10월 병술.

을 제거할 역모를 꾀하였다면 그것은 결국 태종 왕위의 명분·정통성의 결여와 태종의 도덕성에 대한 불신에 기인한 것으로 생각된다.

태종 6년과 9년에 있었던 전위 표명도 그의 왕권·왕위의 취약성, 명분·정통성의 결여와 관계있는 것으로 보인다.[62] 태종 6년 8월 태종은 자못 완강하게 선위를 관철하려는 모습을 보였으나, 이것은 군신의 禪位挽留進言을 계산에 넣은 것이었고, 이를 통하여 그의 왕위의 정당성을 확보하는 한편 그의 선위를 바라는 반왕세력을 노출시켜 제거하려는 목적이 있었던 것으로 보인다. 선위표명 동기가 '災異屢見'인데 이는 선위의 충분한 이유가 될 수 없다. 또한 당시 태종은 40세의 장년이었고, 太上王(태조)과 上王(정종)이 모두 살아 있었으며, 세자는 나이 13세로서 행동거지가 불민하였으므로, 선위에 필요한 조건이 갖추어지지 않았을 뿐 아니라 가능성도 없다는 것을 태종은 이미 헤아리고 있었을 것이다. 태종은 선위의 뜻을 閔霽(태종의 장인)·하륜·조영무·이숙번 등 측근에 알리고 그들로 하여금 선위반대 여론을 일으키도록 유도하였고, 한편으로는 국새를 세자궁에 가져다 놓는 등 자못 확고한 의지를 보이다가 문득 모후 한씨가 꿈에 나타난 것을 구실로 9일 만에 선위의 뜻을 철회하였다. 태종의 선위표명은 선위를 반대하는 여론을 유도할 수 있었고 이로써 그의 왕위를 계속 유지하는 데 대한 정당성을 확보하는 데는 성공한 셈이다. 선위파동의 부산물로서 태종의 처남 민무구·무질(모두 정사 2등, 좌명 1등공신)과 신극례(정사 2등, 좌명 1등공신)가 반왕세력으로 노출되어 탄핵을 받고 제거되었다.[63]

태종 6년 9월 前護軍 李云界의 옥사, 태종 10년 7월 鄭仁壽·韓龍의 옥사도 태종 왕위의 명분·정통성의 결여와 관계있는 것으로 보인다.[64] 태종은 이후에도 전위에 대한 정신적 강박을 받으면서까지 그가 왕위를 계속 유지하는 데 대한 정당성을 세자의 失行과 품위손상에서 구하고 있으며, 반왕세력의 위협으로부터 사직을 지킨다는 구실로 왕위보존의 정당성을 찾고 있다.

태종대에 보이는 이러한 일련의 일들은 태종의 왕위·왕권의 취약성과 관련

---

61) 崔承熙, 〈太宗末 世子廢立事件의 政治史的 意義〉(《李載龔博士還曆紀念韓國史學論叢》, 1991), 307~308쪽.

62) 崔承熙, 위의 글, 303~304쪽.

63) 崔承熙, 위의 글, 305쪽.

64) 崔承熙, 앞의 글(1991a), 9쪽.

있는 것으로 보이며, 이를 극복하기 위하여 왕권강화를 위한 노력이 계속되었다.

태종이 왕권을 강화·유지하기 위하여 한 첫 번째 일은 그의 왕권을 위협하는 정치세력을 억제·제거하는 일이었다. 당시 정치세력으로서는 공신세력, 척족 閔氏系세력, 관료세력, 친세자세력 등을 상정할 수 있다.

첫째, 공신세력에 대하여도 억제하였다. 開國·定社·佐命功臣 등 조선개국의 공신은 정치세력으로 발전할 가능성이 있는 집단이었다. 그러나 태종은 공신집단이 왕권을 위협할 수 있는 정치세력으로 성장하는 것을 원하지 않았으므로 그들을 견제·억압·제거하는 방법으로 나아갔던 것으로 보인다.

태조대 개국공신 가운데 정계에서 중요한 역할을 담당한 자는 조준·정도전·남은 등 일부에 지나지 않았으며 그 중 정도전·남은 등은 「제1차 왕자의 난」으로 살해당하였다. 그러나 개국공신으로서 방원에 협력하여 그 난 이후에 정사공신이 된 자가 13명이나 되었고, 다시 「제2차 왕자의 난」을 거치고 방원이 즉위한 후에 좌명공신이 된 자가 6명이었다. 즉 태조의 공신으로서 두 차례의 왕자의 난을 거쳐 태종의 공신(정사·좌명)이 된 자는 趙英茂(정사 1등, 좌명 1등), 李和(정사 1등, 좌명 2등), 黃居正(좌명 3등), 李之蘭(정사 2등, 좌명 3등), 趙璞(정사 1등, 좌명 4등), 趙溫(정사 2등, 좌명 4등) 등 6명이다. 그들의 성분을 보면 이화(종친)·조박(문신)을 제외하면 대개 무인계로서 태종대에 이들이 하나의 정치세력으로 발전할 가능성은 없었으며 이 밖에 개국공신들의 상당수는 살해되었거나 권력체계에서 밀려났다.

태종의 공신들도 하나의 정치세력으로 성장할 수 없었다. 그것은 공신의 정치세력화를 꺼려 미리 억제·제거한 때문으로 생각된다. 앞에서 언급한 이거이·이저 사건은 공신의 정치세력화를 억제하려는 태종의 의도가 있었던 것으로 해석할 수 있을 것이다.[65] 이 사건은 태종에 의하여 제기된 것이었고, 이거이의 진술은 묵살되었으며 조영무의 증언만 사실로 인정되었다. 그러나 이거이는 끝까지 그의 역모사실을 부정하였으므로, 그 사건이 태종과 조영무에 의한 조작일 가능성도 완전히 배제할 수 없다. 결국 이거이와 같이 왕실과 연혼관계를 맺은 공신을 거세함으로써 다른 유력한 공신들에 대하여도 경계·근신

65) 崔承熙, 위의 글, 11~12쪽.

의 효과를 가져올 수 있었을 것이다.

둘째, 척족 민씨계의 제거이다. 閔無咎·無疾 형제는 태종비인 靜妃의 동기요 정사·좌명공신이었으므로 다른 공신들보다 유력한 정치세력으로 부상하였다. 민무구 형제의 정치세력은 태종 즉위 직후부터 드러나고 있다. 태종 원년(1401) 정월 초하루 태종이 朝賀를 받고 康安殿에서 연회를 베풀 때 상장군 李膺(좌명 4등공신)이 반열의 차례를 어겼다고 사헌부의 탄핵을 받았는데, 태종이 이를 듣고 말하기를 "이는 필시 민무구가 憲司를 사주하여 한 것이다"[66]라고 하였다. 즉 민무구 등은 사헌부를 사주하여 그들이 꺼리는 자를 탄핵할 수 있을 정도로 정치적으로 상당한 세력을 갖고 있었음을 알 수 있다. 그런데 태종초부터 있어 온 태종과 정비간의 불화관계는 민씨형제들의 태종에 대한 불만·혐오의 마음을 품게 하였을 것이며,[67] 태종으로서는 민씨세력을 반왕세력으로 의심하고 두려워하기에 이른 것으로 보인다.

태종 6년 8월에 태종이 內禪을 표명했다가 철회한지 1년이 지난 태종 7년 7월 민무구·무질 형제와 辛克禮 등이 반왕세력으로 탄핵을 받았다.[68] 그 당시 領議政府事 이화 등이 민무구·무질 등에게 죄를 주도록 청한 상소는 다음과 같다.

> 지난해 전하께서 내선하고자 할 때 온 나라 臣民이 痛心해 마지 않았으나 무구 등은 다행으로 생각하여 기뻐하는 안색을 보였고, 전하께서 여망을 좇아 복위한 후에 온 나라 신민이 忻慶하지 않음이 없었으나 무구 등은 도리어 걱정하였습니다. 대개 어린 세자를 끼고 威福을 부리고자 한 것이니 불충한 자취가 분명히 나타나고 있습니다(《太宗實錄》 권 14, 태종 7년 6월 신유).

그리고 계속하여 무구 등이 일찍이 세자를 제외한 왕자들을 제거할 것을 기도하였고, 또 태종이 끝내 그들을 살려두지 않을 것이라고 생각하고 두 마음을 품고 있었다고 탄핵했다.

중앙은 물론 지방에도 민무구 형제와 연결된 세력이 있었던 것으로 나타

66) 《太宗實錄》 권 1, 태종 원년 정월 신유.
67) 金成俊, 〈太宗의 外戚除去에 대하여〉(《歷史學報》 17·18, 1962), 573쪽.
68) 金成俊, 위의 글, 581~594쪽.
崔承熙, 앞의 글(1991b), 305쪽.

나 있다. 태종 8년 9월 대간은 交章하여 무질 등에 朋比한 자들의 죄를 청하고 있는데 그 서두에 '자고로 逆亂之臣은 반드시 먼저 그 당을 심은 후에 반역을 했다'[69]라 하고 前鷄林府尹 李殷·星州牧使 尹臨·知善州事 尹愷·知淸道郡事 康海珍과 8명의 영남지방 수령들이 무질에게 붕비·아부했다고 탄핵되었다. 당시 민무질은 대구에 유배되어 있었는데, 영남지방의 수령들까지도 무질에게 붕비·아부한다고 생각할 정도로 민씨계 세력을 위험한 세력으로 인식하고 있었던 것이다. 결국 민무구 형제와 관련된 정치파동은 태종 10년 3월 민무구 형제가 賜死될 때까지 거의 3년을 끌었고, 趙瑚·趙希閔·李茂·李之誠·尹穆·李彬·柳沂 등 많은 희생자를 냈다.[70] 척신·공신의 강력한 정치세력을 억제·제거하여 왕권을 강화하기 위한 노력의 일환이었다.

태종 9년 9월에 외척에게 봉군하지 못하게 명령한 것[71]도 그 정책의 일환이었다. 외척이 권력을 부리는 데서 오는 폐단을 방지하는 길은 외척세력의 싹을 제거하는 것이라고 태종은 믿고 있었다.[72] 민무구 형제와 이에 黨附한 세력에 대한 제거는 그의 의지의 실천으로 이해된다.

민무구 형제와 그에 연계된 세력에 대한 숙청이 있은 지 5년 후인 태종 15년 4월에 그들의 아우인 閔無恤·無悔의 옥사가 일어났고, 다음해 정월에 무휼형제는 각각 貶所에서 自盡하였다.[73] 이 옥사의 발단은 태종 15년 4월 무회가 廉致庸의 노비소송사건에 개입한 데서 시작되었고, 그 해 6월 세자가 무휼형제에게 치명적인 일을 태종에게 고함으로써 무휼형제를 사지로 몰고 갔다. 세자가 태종에게 고한 것은, 2년 전에 무회가 세자에게 '무구·무질 두 형은 모반하여 죽은 것이 아니라 죄 없이 죽었다'[74]라고 했다는 것이다. 이후 무휼형제가 자진할 때까지 대간은 물론이고 3공신(개국·정사·좌명)·의정부·6조에서 그들의 불충한 죄를 계속 탄핵·청죄하였다. 태종은 무휼형제를 불러 그들이 그러한 발언을 한 사실이 있는지를 물었으나 두 사람은 부정하

---

69) 《太宗實錄》 권 16, 태종 8년 9월 경오.
70) 金成俊, 앞의 글, 581~594쪽.
71) 《太宗實錄》 권 18, 태종 9년 9월 무인.
72) 《太宗實錄》 권 22, 태종 11년 12월 무오.
73) 金成俊, 앞의 글, 594~602쪽.
74) 《太宗實錄》 권 29, 태종 15년 6월 신미.

였다. 당시 태종은 세자를 불신하고 있었는데,[75] 무휼형제에 대한 세자의 말은 인정하고, 이를 부정하는 무휼형제의 증언은 무시되었다. 세자의 보고가 없었더라도 태종은 이들 형제를 머지않아 제거할 뜻을 갖고 있었던 것으로 짐작된다. 결국 태종은 척족 민씨 형제와 그 동조세력을 제거함으로써 왕권을 강화하는 효과를 얻었다.

셋째, 관료군의 정치세력화를 억제하였다. 태종조의 관료들은 개국공신계·고려구신계·태종공신계·종친계·척족계 등 다양한 계파로 구성되어 있었다. 태종은 이들이 강력한 정치세력 집단으로 성장하는 것을 억제하는 방책으로 이들 계파 가운데 유력한 자들을 균형있게 탁용하여 상호 견제하게 함으로써 강력한 정치세력이 되는 것도 억제하고 왕권도 강화하였다. 태종은 같은 그의 공신이라도 그 출신·계파가 다른 사람들을 함께 정승에 임명하여 서로 견제하게 함으로써 국정이 지체되는 폐단이 있었으나, 정치세력화를 방지하고 왕권을 유지하는 데는 효과가 있었던 것으로 보인다.

태종 7년 5월말에 태종은 형조·사헌부·사간원 등 3성에 국정의 문제점을 숨기지 말고 진언하라는 명령을 내렸고, 이에 따라 사헌부에서는 좌정승 하륜과 우정승 조영무가 매사에 대립하는 데서 오는 폐단을 해결할 방법을 다음과 같이 상소하고 있다.

> 좌정승 하륜·우정승 조영무는 매번 議事하는 때를 당하면 양자의 의견이 같지 않아 드디어 전하께서 재상을 임명한 뜻을 저버리고 있고 … 바라건대 전하께서 '同寅協恭'의 뜻을 생각하고 '四時代序之道'를 본받아 교대로 재상에 임명하여 함께 재직하지 못하게 하면, 정사를 의논함에 모순이 없어질 뿐 아니라 각기 익힌 바를 다 하게 되어 정사가 이루어질 것이며 체통이 바르게 되고 조정이 높아질 것입니다(《太宗實錄》 권 13, 태종 7년 6월 계미).

하륜과 조영무는 모든 정치논의에 의견이 대립되어 일이 이루어지지 않으므로 양 정승을 동시에 쓰지 말고 교대로 쓰도록 하자는 것이다. 하륜은 고려구신계요 태종공신이며, 조영무는 개국공신이요 태종공신이다. 전자는 문신인데 후자는 무인출신이다. 계파·출신이 다른 사람들을 함께 재상으로 임명하여 그들간의 대립을 적절히 조정함으로써 왕권을 유지할 수 있었던 것으로 생각된다.

---

75) 崔承熙, 앞의 글(1991b), 313~315쪽.

李叔蕃(정사 2등, 좌명 1등)은 태종공신이지만 민무구 형제와는 평소 꺼리는 사이였고[76] 고려 구신계인 이무·하륜과도 대립하였다.[77] 그런데 이숙번의 고려 구신계 또는 민씨 형제에 대한 공격은 태종의 뜻에 따라 움직였다고 보는 것이 옳을 것이다. 태종이 선위한 직후 이숙번에 대한 술회 중에 "叔蕃承我意攻無咎等甚力"[78]이라 한 것은 이숙번이 태종의 뜻에 따라 민무구 등을 제거하는 데 앞장섰다는 사실을 전해주는 것이다. 그러나 태종은 이숙번이 정치세력으로 성장하는 것은 막았다.[79] 이숙번의 정치적 역할은 태종의 뜻에 따라서 하륜 등 고려 구신계를 견제하고 민무구 형제 등을 제거한 것으로 끝났다. 결국 태종 16년 6월 이숙번은 불충·무례의 죄를 쓰고 농장으로 출거하게 되었고, 공신·대신·대간 등의 탄핵을 받아 공신녹권과 직첩까지 수취당하였다.[80] 이숙번이 거세된 것은 태종 16년 6월, 가뭄으로 왕과 대신들이 매일 '弭災之議'를 올리고 있었으나 이숙번은 병을 칭탁하고 여러 달 동안 대궐에 나오지 않은 것을 단서로 하고 있다. 태종은 이를 구실로 이숙번의 불경·무례한 여섯 가지 일을 들어 책망하였고 이에 따라 탄핵이 빗발치듯했고 마침내 거세되었다.

태종 16년에 이르러 이숙번이 거세될 수밖에 없었던 것은 이숙번이 태종에게 더 이상 이용될 가치가 없어졌고 오히려 부담이 되었기 때문으로 생각된다. 당시 태종이 꺼리던 민무구 등 민씨척족과 그 동조세력은 제거되었다. 그리고 이숙번이 태종에게 큰 부담이 된 것은 태종 9년 8월 태종이 두번째로 內禪을 표명했을 때 이를 만류한 이숙번은 선위 시기를 묻는 태종에게 50세(태종 16년)에 선위해도 늦지 않겠다고 답변한 바 있다.[81] 결국 이숙번은 태종의 재위기간을 태종 16년까지로 한정시켜준 셈이 되었다. 태종 16년에 세자의

76) 《太宗實錄》 권 18, 태종 9년 9월 임신.
77) 金成俊, 앞의 글, 604~607쪽.
78) 《世宗實錄》 권 2, 세종 즉위년 10월 갑진.
79) 《太宗實錄》 권 18, 태종 9년 9월 임신조에 보면, 태종은 尹柢가 이숙번을 가까이하는 것을 알고 그를 불러 이르기를 "경은 어찌 이숙번에 당부하는가"라고 경계하고 있는데 이는 이숙번이 붕당을 조직한 것이 아니라 朋比의 조짐을 미리 막기 위한 것으로 이해된다.
80) 《太宗實錄》 권 31, 태종 16년 6월 갑자·기사·경오·신사.
81) 《太宗實錄》 권 18, 태종 9년 8월 임자.

나이 23세가 되었으니 태종으로서는 계속 왕위에 있을 명분이 약해졌고, 이숙번이 부담스러워졌던 것이다. 태종은 그의 왕위를 계속 유지할 명분을 세자의 失行에서 찾았고,[82] 「50세 선위」라는 이숙번증후군에서 벗어나기 위하여 이숙번을 거세해 버렸던 것으로 이해된다.

하륜은 정치세력화하지 않았기 때문에 천수를 다 할 수 있었다. 하륜은 고려말 반이성계파의 거물인 이색의 제자이나 閔霽(태종의 장인)와의 친분으로 방원에게 인도되었고, 또 태종공신이 되어 태종대 정치와 제도정비에 기여하였다. 그는 민무구 형제 탄핵이 계속되는 동안 민씨의 당여로 탄핵되기도 했으나 정승직을 계속하였다. 그가 천수를 누릴 수 있었던 것은 태종의 신망을 받았고 또 민씨세력에 대하여 동정은 하면서도 당여는 되지 않았으며, 뚜렷한 당여도 거느리지 않았기 때문으로 보인다. 하륜은 어떤 정치세력에도 가담하지 않았고 정치세력을 거느리지도 않았다. 태종 2년에 민제는 하륜이 자주 제도개혁에 관여하는 것을 꺼려하여 아들 무구·무질과 말하는 가운데 "나라사람들이 하륜을 정도전에 비교한다. 사람들이 하륜을 꺼림이 이와 같으니 오래지 않아 환을 당할 것이다"[83]라고 하였다. 그러나 하륜은 천수를 다했고 민제의 네 아들과 고려 구신계의 많은 사람들은 희생당하였던 것이다.

넷째, 친세자세력도 반왕세력으로 억제·제거하였다. 세자가 장성하자 세자 주변에 사람들이 모여들었다. 머지않아 왕위에 오를 것이 약속되어 있는 세자에 대한 관심은 당연한 것이지만, 태종으로서는 세자에게 접근하는 사람들을 그의 퇴위를 바라는 반왕세력으로 인식한 것 같다.

태종 13년 정월 우정승 조영무·完原府院君 李良祐·完山君 李天祐·都摠制 李和英·趙涓·閔無恤·花山君 張思靖·同知摠制 柳殷之 등 대신·공신·종친 등 유력자들이 세자에게 몰래 매를 바친 것을 태종은 알고 있었다.[84] 태종은 유력자들이 자신 몰래 세자에게 환심작전을 쓰는 데 대하여 배신감과 왕위에 대한 위협을 느꼈을 것이다. 점차 태종은 친세자세력을 반왕세력으로 경계하게 된 것 같다.

82) 崔承熙, 앞의 글(1991b), 310~321쪽.
83) 《太宗實錄》 권 3, 태종 2년 정월 경자.
84) 《太宗實錄》 권 25, 태종 13년 정월 정유.

태종 15년이 되면 세자에게 출입하는 사람들에 대한 태종의 경계가 더욱 심해지고 있다. 태종 15년 정월에는 세자전에 출입하는 사람들을 규찰하지 못했다는 죄로 敬承府의 少尹과 丞을 파직·좌천시켰다.[85] 곧 이어 태종은 세자 賓客 李來와 卞季良을 경연청에 불러 세자가 근래 憸小와 가까이하고 있으나 이를 막지 못한 것을 힐책하면서 "서연의 小儒들은 (세자가) 장차 그들의 임금이 될 것이므로 畏縮되어 간하지 못하고 대간 역시 그러하다"[86]라고 하였다. 이와 같은 분위기를 태종은 그의 왕위·왕권에 대한 위협으로 인식하였을 것이며, 세자 주변에 모여드는 사람들도 그의 왕위를 위협하는 존재로 인식하였을 것이다.

태종은 동왕 16년 9월, 具宗秀를 杖 100을 치고 鏡城郡으로 유배하였고 李五方을 장 100을 치고 공주관노에 속하게 했는데, 세자궁을 넘어 들어간 죄였다.[87] 구종수가 유배된 이후에도 대간의 청죄는 계속되었고 세자의 실행도 계속 들춰졌다. 태종 17년 2월 실행을 계속하던 세자가 개과천선하겠다는 뜻을 보이기 위하여 사실대로 고함에 따라서 태종은 구종수 등의 세자와의 交結관계를 자세히 알게 되었고, 구종수의 두 형인 宗之·宗猷 등도 의금부에 하옥시켜 죄를 다스리게 하였다.

한편 구종수 등이 이숙번과 安置處에서 사통하였다는 사실이 드러나 이숙번을 延安府에서 압령하게 하였고, 며칠 후 이숙번과 구종수를 의금부 옥에 가두고 그들이 사통한 죄를 심문하였다. 그 결과 이숙번은 외방에 자원 안치하게 하였고, 구종수·종지·종유 세 형제와 이오방은 참하고 가산을 적몰하였다. 세자와 교결한 이들의 목적은 즉위한 후 덕을 보기 위한 것이었으나 태종의 입장에서 보면 그들의 죄는 모반·대역에 해당하는 것이었다.

태종은 세자의 실행을 들춰내고 친세자세력을 억제·제거함으로써 그의 왕위를 정당화시키고 왕권을 강화하는 효과를 함께 얻었다고 하겠다.

---

85) 《太宗實錄》 권 29, 태종 15년 정월 을축.
86) 《太宗實錄》 권 29, 태종 15년 정월 정묘.
87) 具宗秀 등의 옥사에 대하여는 崔承熙, 앞의 글(1991b), 315~319쪽 참조.

4) 태조·태종대의 국정운영체제

왕정시대의 정치운영은 왕권·신권·정치체제·정치세력·시대성 등이 상호 연관을 갖고 이루어졌다. 그렇다면 태조대의 국정운영은 어떻게 이루어졌는가.

앞서 도평의사사의 정치활동이 태조대 국정운영에 중요한 것이었으나 모든 정치가 도평의사사 중심으로 이루어진 것은 아니었음을 살핀 바 있다. 이 시대의 중요한 정치방법의 하나는 국왕이 직접 왕명으로 정치를 펴는 것이었다. 또한 이 시대의 정치는 도평의사사나 개국공신 등 많은 관료가 직접 국정에 참여한 것이 아니라 국왕과 소수의 재신을 중심으로 이루어졌다. 그 밖에 각 관아에서 직접 국왕에게 주달하고 국왕의 재결을 받아 시행하는 방법이 있었고, 대간의 언론활동도 국정운영의 중요한 일부였다.

먼저 왕명에 의한 정치를 살펴보자. 태조는 국가의 대소사를 왕명으로 처리했다. 왕명이란 왕의 권위를 상징하는 것이며, 왕명의 빈도와 내용에 따라서 왕권의 강약을 가늠할 수 있다. 도평의사사에 내린 왕명에 대하여는 앞서 살핀 바 있고, 관원의 임명·정직·좌천·면직 등 인사관계의 왕명은 생략한다.[88] 《太祖實錄》에서 왕명을 뽑아 내용별로 분류한 결과 교서(2회), 제사(2), 相地·축성·영선(12), 양천·노비쟁송(1), 사면령(1), 군사(8), 진휼(1), 사초입납(2), 천거(5), 인사규정(1), 금령(3), 농정(1), 海稅(1), 講書·製撰·校正(11), 불사(3), 기타(12) 등으로 나타났다. 모든 것이 중요한 국정에 대한 태조의 直命이었으나 특히 도읍의 택정(相地)과 축성문제, 군사관계(병권의 부여, 병선의 점고·군적의 개수, 군사훈련 등)와 불사관계(왕씨를 위한 水陸齋 설행, 興天寺에 舍利殿 설치 등) 등의 왕명은 강력한 왕권의 뒷받침에서 나올 수 있는 것이었고, 신하들의 반대를 받지 않고 시행될 수 있었다. 이처럼 태조는 개국 초의 중요한 국정은 물론 사적인 관심사까지도 왕명으로 풀어간 것을 볼 수 있다.

태조는 능력 있고 신뢰할 수 있는 소수의 재신을 중심으로 정치를 폈다. 조

---

88) 태조의 국정운영체제에 관해서는 崔承熙, 앞의 글(1987), 148~164쪽 참조.

준·정도전·남은 등이 중용된 재신들이었다.

앞에서 언급한 바와 같이 개국공신은 52명, 원종공신은 1,400여 명에 이르며, 이들의 출신과 능력도 각양각색이었다. 학문적·정치적 능력에 있어서도 큰 차이가 있었다. 태조 원년(1392) 7월 도평의사사의 위원 29명 가운데 개국공신이 17명, 원종공신이 9명으로 확인되고 있고, 도평의사사의 위원 수는 42명으로 증가되었고 태조 7년에는 56명에 이르고 있다.[89] 이처럼 많은 공신들이 모두 정치에 직접 참여할 수는 없는 일이며, 개국초에 폭주하는 국정을 도당의 위원이 모두 모여 모든 국사를 의논할 겨를도 없었을 것이다. 그러므로 태조조의 국정운영체제는 도당의 합좌에 의하기 보다 국왕으로부터 신뢰받는 유능한 몇몇 재신을 중심으로 한 것으로 보인다. 도당에서 상달할 경우에도 도당 합의에 의하기보다는 몇몇 위원이 중심이 되었고 왕명을 받아 擬議·시행할 때에도 소수의 재신위원이 중심이 되었다. 즉 태조대 정치에서 주도적인 역할을 한 것은 도당위원 가운데서도 극히 소수에 지나지 않는 것이었다. 조준·정도전·남은 등은 개국공신이며 도당의 위원으로서 또한 태조의 신임받는 재신으로서 정치를 주도했던 것이다.

그러나 조준과 정도전·남은 간에는 요동정벌계획 추진을 둘러싸고 틈이 벌어졌다. 정도전·남은은 그 계획 추진에 적극적이었으나 조준은 반대하는 입장이었다. 태조대의 요동정벌계획에 대하여는 여러 가지 견해가 있다. 태조 5년 表箋문제로 난처해진 정도전이 명에 대한 반감에서 태조 6년에 갑자기 세운 것으로 보기도 하였고, 정도전 등이 사병혁파의 명분을 세우기 위한 제스처로 보는 견해도 있다. 반면 그 계획은 실제 추진되었으나 조준의 반대로 좌절되었다고 보기도 하였고, 태조초부터 정도전 등에 의하여 추진되었던 것이 조준의 반대로 중단되었다가 표전문제 이후 대명관계의 악화와 더불어 태조 7년부터 정도전 등 강경파에 의하여 적극적으로 추진된 것으로 보는 견해도 있다.[90] 그러나 태조의 의사에 반하는 요동정벌계획을 정도전 등이 독단으로 정할 수는 없는 일이다.

요동정벌계획은 태조초부터 태조의 의지에 따라 정도전을 앞세워 추진한 것

89) 崔承熙, 위의 글, 150쪽.
90) 崔承熙, 위의 글, 153~154쪽.

으로 보는 것이 자연스러운 일이다. 그러나 《태조실록》 편찬자들은 정도전과는 정치적으로 대립되는 세력이었으므로 요동정벌계획과 관계되는 모든 책임을 정도전에게 전가시킨 곡필의 결과로 이 문제에 대한 이해에 혼란을 초래케 한 것으로 보인다. 태조는 즉위한 다음해부터 군사훈련과 군비증강에 적극적인 관심을 보였고, 陣圖에 의한 군사훈련에 직접 간여하였다. 태조 3년(1394) 3월 정도전에게 五軍陣圖를 강의하게 하고 節制使들을 소집하여 "전에 이미 각기 陣圖를 익힐 것을 명령하였다. 明日에 만약 익히지 못한 자와 명령을 어긴 자가 있으면 내가 벌하겠노라"[91]라고 하였다. 그 후에도 군사훈련은 태조가 직접 관심을 갖고 강력히 추진하였고, 태조 7년 8월에는 군사훈련에 힘쓰지 않은 자에게는 파직 또는 杖刑을 가하기에 이르고 있다. 공신과 종친들은 곤장은 면했으나 요동정벌을 목표로 한 군사훈련과 관련된 충격은 대단히 큰 것이었다.[92]

이와 같은 소수의 재신을 중심으로 한 태조 때의 정치는 몇몇 재신들에게 정치·군사상의 권력을 집중하게 하는 결과를 초래하였고, 정도전·남은을 앞세운 요동정벌계획의 추진과 이를 위한 대대적인 군사훈련, 절제사의 관군화 논의 등은 당시 대부분의 개국공신과 종친들에게 불안·불평을 증폭시켰을 것이다. 결국 태조와 정도전 등에게 불만을 품어오던 방원이 앞장 선 「제1차 왕자의 난」으로 요동정벌계획을 추진하던 정도전 등은 제거되었고 그 총수였던 태조도 물러날 수밖에 없게 된 것이다.

태조대 또 하나의 정치하는 방법은 各司로부터의 주달을 국왕이 재가하여 시행하는 것이다. 6조와 각 관부에서는 그 직무상의 중요한 일들을 국왕에게 직접 올렸고 국왕의 재결을 받아 시행하였다. 즉 태조는 도당을 통하지 않고 각 사로부터 직접 주달한 것을 재가하여 시행하게 하였던 것이다.

태조대의 또 하나의 정치운영방법은 대간의 언론을 이용하는 것이다. 태조대의 대간의 정치활동 즉 언론활동은 도평의사사 다음으로 활발한 것이었다. 《태조실록》에서 언관의 언론은 123회로 집계되는데 그 중 사헌부 46회, 문하부 낭사 54회, 대간合辭 4회, 3省(대간·형조) 19회로 나타난다.[93] 당시 정치적으

91) 《太祖實錄》 권 5, 태조 3년 3월 경술.
92) 崔承熙, 앞의 글(1987), 154~159쪽.
93) 崔承熙, 앞의 책 (1983), 246쪽. 대간의 언론과 관련된 것은 이 책 105~113쪽

로 중요한 일에 대간의 언론이 미치지 않은 것이 없었다. 그 내용은 ① 국왕의 언행을 바로잡기 위한 간쟁언론, ② 관료의 정치기강을 바로잡기 위한 탄핵언론, ③ 時政의 득실을 논박하는 시정언론, ④ 관리의 인사를 바로잡기 위한 인사언론 등으로 구분할 수 있다. 특히 새 왕조의 정치적·사회적 안정을 위하여 왕씨의 제거, 반이성계파의 제거를 위한 언론, 정치기강의 확립을 위한 불법·부정한 관료의 탄핵 등은 이 시기 언관의 중요한 몫이었다. 그리고 그러한 언론은 태조의 왕권확립과 정치적·사회적 안정에 기여하는 것이었다. 그러나 태조의 왕권에 저촉되는 언론은 용납되지 않았고 강력한 언관탄압이 따랐다.

태조 재위기간 왕권에 저촉되는 언론으로 파직·유배된 경우는 빈번하였다. 태조 2년 6월에 內豎 李萬을 사형에 처하고 세자빈 柳氏를 사제로 쫓아낸 사건[94]이 있었는데, 그 내막을 규명할 것을 요청한 3성의 관원이 모두 유배되었다.[95] 태조는 왕실의 私事를 3성에서 망론한 것이라고 진노하고 강경한 대응을 하였는데, 이는 왕권의 저촉으로 인식한 때문으로 생각된다. 또 하나의 예로서 태조 5년 7월 도성의 축성역을 정지할 것을 청한 간관들을 모두 정직시켰다. 그 10일 후에 태조는 도평의사사로 하여금 각 도의 군인을 징발하여 축성을 마칠 것을 명령하는 한편 그 가부를 물었을 때 모두 흉년을 이유로 반대하였으나, 태조는 이에 구애받지 않고 강행하여 같은 해 9월에 축성을 마쳤다. 그 동안 대간들은 待命상태에 있다가 12월에야 복직을 명령받았다. 그간 언관의 언론은 정지상태였고 그 후에도 언관의 언론은 크게 위축되었다. 태조 7년 5월에 知中樞院事 李至의 상서에 "지금 간신은 소외되어 전하의 득실과 民情의 휴척을 상달할 수 없습니다"[96]라고 한 것은 그간의 사정을 전해준다.

태조대의 언관의 언론은 국정운영의 한 방법이었으며, 왕권의 강화와 정치적 안정에 기여하였으나 반면 태조에게 거슬리는 언론, 또는 왕권에 손상을

과 168~172쪽 참조.

94) 《太祖實錄》 권 3, 태조 2년 6월 계사.

95) 崔承熙, 앞의 책, 162~163쪽.
11명이 유배되고 6명은 공신으로서 유배는 면하고 파직되었다.

96) 《太祖實錄》 권 14, 태조 7년 윤 5월 병술.

주는 언론은 용납되지 않았다. 그러한 언관에 대하여는 정직·파직·유배 등 강경한 조처를 취하였던 것이다. 태조대의 이와 같은 국정운영체제는 왕권강화와 관계있는 것이며 또한 태조의 강력한 왕권을 반증하는 것이기도 하다.

정종의 재위 2년간은 태조에서 태종으로 넘어가는 과도적 시기로서, 이 시기에 실세가 된 방원에 의하여 국정운영체제의 중요한 개혁이 이루어지고 있었다. 정종 2년(1400) 4월 사병의 혁파와 함께 도평의사사를 개혁하여 의정부로 고쳤고 중추원을 삼군부로 고치면서 삼군부의 관원은 삼군부에만 근무하고 의정부에는 합좌하지 못하게 하였다.[97] 즉 도평의사사체제에서 의정부체제로의 개혁이 이루어진 것이다. 이 개혁은 방원이 장차 자신의 왕권을 강화하기 위한 조처였다.

태종대의 국정운영체제는 태종의 왕권안정·강화를 위한 방향으로 나아갔다. 종래에는 태종대의 정치체제를 의정부 중심체제에서 6조직계체제로의 전환으로 보았고 또 그것을 태종의 왕권강화와 연관하여 이해했으나, 태종대의 정치 운영체제가 그처럼 단선적인 것은 아니었다.

태종 원년(1401) 7월의 관제개혁으로 의정부제의 체제를 갖추게 되었다. 즉 門下府를 폐지하고 그 재신을 의정부에 귀속시켰고 三司를 司平府로 개칭하고 합좌에서 제외시킴으로써 의정부는 합좌기관이 아니라 서정을 총괄하는 관부가 되었다. 의정부는 도평의사사보다 그 관원수가 크게 축소되었고 宰樞합좌의 기능도 제거되었으나 정치권력은 강대하였다. 따라서 태종대에는 의정부의 정치권력을 약화시키는 노력이 계속되었고 그것은 왕권강화와 관련있는 것이었다.

정치체제의 변혁은 제도개혁만으로 즉각 이루어지는 것은 아니다. 태종 원년 7월의 관제개혁으로 의정부제가 성립되었으나 실제 정치에 있어서는 도평의사사적인 합좌의 관행이 상당기간 계속되고 있었다. 그 예를 보면, 태종 2년 4월 태종은 內書舍人 李之直, 左正言 田可植이 올린 상소를 三府에 내려 擬議하게 하였다.[98] 3부는 의정부·사평부·承樞府를 지칭하는 것이며 '下其疏于三府 擬議'라 한 것은 도평의사사체제하의 문하부·삼사·중추원의 합좌

97) 《定宗實錄》 권 4, 정종 2년 4월 신축.

98) 《太宗實錄》 권 3, 태종 2년 4월 계축.
태종대의 정치운영체제에 관하여는 崔承熙, 앞의 글(1991a), 32~34쪽 참조.

와 같은 형태이다. 3부합좌는 태종 4년까지 계속되고 있다. 태종 4년 4월 3부대신이 모여 號牌制 실시의 가부를 논의하였고 동년 7월에는 도읍에 관한 일을 3부와 기로에게 논의할 것을 명하였다.

태종 5년 정월의 관제개혁에서 사평부는 호조에, 승추부는 병조에 귀속시키고, 정부의 서무를 6조에 분속시킴으로써 제도상으로는 3부의 합좌가 사라졌고, 3부라는 용어도 없어졌다. 그러나 합좌의 관행이 완전히 사라진 것은 아니었다. 태종 5년 4월에 호조판서 李至 등이 올린 상서를 의정부에 내려 6조·諸君·三軍摠制와 합의하여 보고하게 하였고, 태종 6년 윤 7월에 時弊제거 등 현안문제를 의정부와 前銜耆老·재추가 합좌하여 논의·보고하게 하였다.[99] 이와 같이 합좌제적 운영을 계속한 것은 강력한 의정부의 정치권력을 견제·약화시키려는 태종의 의도가 있었을 것으로 보인다.

왕조시대에 있어서 국정운영의 중요한 방법의 하나가 왕명에 의한 정치였음은 당연한 것이므로 태종대의 정치운영에서 왕명에 의한 것은 생략한다.

태조대의 소수 재신중심의 정치관행은 태종대에도 계속되었다. 그 예를 보면, 태종 2년 4월에 西北面都巡問使 李彬의 飛報가 도착되자 태종은 그 대책을 義安大君 이화·判承樞府事 趙英茂·朴錫命 등과 의논하였다.[100] 같은 해 9월에 태종은 좌정승 김사형·우정승 이무·판승추부사 조영무와 더불어 동·서북면의 量田문제를 의논하였다.[101] 그 이후에도 그러한 형태는 계속되고 있다. 시기에 따라 총신하는 중신·근신은 약간 변화를 보이는데 하륜·조영무·이숙번·남재·성석린·황희 등이 그러한 인물이다.

태종도 그 시대의 정치가 자신과 소수의 재신 중심으로 운영되었음을 말하고 있다. 태종 13년 8월 좌정승 하륜·우정승 조영무·이조판서 이천우·병조판서 이숙번을 인견하였을 때, 하륜 등이 각 사로 하여금 도성수축문제의 가부를 논의하게 하는 것이 좋겠다고 말하자, 태종은 "나라를 다스리는 것은 나와 두세 명의 대신이다. 어찌 각 사에 묻는 것이 옳겠는가"[102]라고

99) 《太宗實錄》 권 9, 태종 5년 4월 갑술 및 권 12, 태종 6년 윤 7월 무오.
崔承熙, 위의 글, 24쪽.
100) 《太宗實錄》 권 3, 태종 2년 4월 을묘.
101) 《太宗實錄》 권 4, 태종 2년 9월 신묘.
102) 《太宗實錄》 권 26, 태종 13년 8월 정미.

하였다. 나라의 정치를 일일이 각 관부에 물어서 처리한 것이 아니라 왕과 몇몇 재신을 중심으로 국정을 운영하였음을 전하고 있는 것이다.

다음은 의정부·6조·대간 및 기타 관부에서 계·상소에 의하여 상달하고, 국왕이 이를 재가하여 시행하는 방법이다. 그런데 태종대의 정치운영체제의 핵심은 태종 14년(1414) 4월까지는 議政府署事制였고, 그 이후는 六曹直啓制였으며 이에 따라 의정부·6조·대간 및 각 관부의 계·상소의 빈도가 다르게 나타났다고 이해되고 있다. 그러나 태종 14년을 전후로 의정부서사제와 6조직계제를 설정한 설명에는 문제가 있다.

우선 태종조 의정부의 계·상소를 통한 정치활동을 보자. 의정부는 태종 14년 4월 6조직계제가 확실히 실시되기 이전에는 서정을 총괄하는 정치권력의 핵심기관이었다. 의정부 대신들은 공식적으로나 비공식적으로 국왕을 대하여 크고 작은 국정을 직계할 수 있었으므로 상소를 올리는 경우가 극히 드물었다. 그러므로 태종 14년 4월 이전까지의 의정부의 계는 국정을 망라한 것으로서 그 내용은 크게 ① 입법·定制를 위한 계와 ② 시무·시정을 위한 계로 구분할 수 있다. 그러한 계는 대부분 국왕의 재가를 받아 시행되었다. 또한 의정부에서는 각 관부로부터 보고를 받고 이를 啓聞하기도 하였다.[103) 태종 14년 4월 이후, 의정부의 계는 그 빈도가 크게 감소되고 있으나, 의정부의 최고관부로서의 법제적 위치는 계속 유지되었다. 따라서 의정부는 국가에 중대한 일이 있을 때에는 백관을 거느리고 그 대책을 진언하였으며, 그 정승들은 국왕의 측근에서 계속 국정에 참여할 수 있었으므로 태종 14년 4월 6조직계제 이후에도 의정부의 위상은 계속 높은 것이었다.

다음 6조의 계를 통한 정치활동을 보자. 태조 원년 7월의 관제에서 6조의 관직과 職掌이 정해졌으나 태조대에는 6조의 정치기관으로서의 위상은 뚜렷하지 못하였고 활동도 미약하였다. 그러한 상태는 정종 2년(1400)에 도평의사사를 개혁하여 의정부를 설치한 후에도 큰 변동이 없었다. 태종 5년 정월의 관제개혁에서 6조를 정3품아문에서 정2품아문으로 승격시켰고, 의정부의 서무를 나누어 6조에 귀속시켰다.[104) 그 해 3월에는 6조의 직무분장

103) 韓忠熙, 〈朝鮮初期 議政府硏究〉 上(《韓國史硏究》 31, 1980), 113쪽 〈표 8〉에 의하면, 태종 14년까지 의정부의 啓는 434회로 나타나고 있다.

104) 《太宗實錄》 권 9, 태종 5년 정월 임자.

과 속아문이 정해졌다. 이와 같은 관제개혁은 태종의 왕권강화를 위한 의도와 관계있는 것이지만, 이로써 의정부의 정치권력이 하루아침에 약화되고 6조의 정치적 지위가 급격히 상승될 수 있는 것은 아니었다. 태종 8년 정월에 좌정승 成石璘 등의 상언을 좇아 '始以議政府庶務 歸之六曹'[105]라고 한 것은 그간 의정부서무가 6조에 귀속되지 못하였음을 전해주는 것이다. 그러나 태종 8년 이후에도 의정부의 서무가 6조에 완전히 귀속되지 못하였음은 태종 14년 4월에 이르러 다시 '分政府庶務 歸之六曹'[106]라고 한 사실로써 알 수 있다. 태종 5년 정월에 6조 중심체제의 개혁을 기도한 지 10년이 지나서야 온전히 실현을 보게 된 것이다.

그러면 이러한 정치체제의 개혁과 6조의 정치활동은 어떤 관계가 있는가. 태종 5년 정월 이전의 6조의 정치활동은 미미하였다.[107] 각 조의 장관인 典書(정3품)는 朝啓·啓事에 참여하여도 국왕에게 직계할 기회를 얻기 어려웠다. 따라서 태종 5년 정월 이전에는 각 조에서는 그 조에 관계되는 일을 상소로 올렸고 그것도 드물게 볼 수 있다.

태종 5년 정월 이후에도 6조의 활동은 이전보다 약간 증가되기는 했으나 아직 활발하지 못하였다. 그러나 그 이전과 구별되는 것은 그 조의 일을 의정부를 거치지 않고 바로 국왕에게 계할 수 있게 된 것이다. 태종 5년 4월에 태종은 병조에 대하여 기밀한 일, 친품할 일이 있으면 의정부에 보고하지 말고 직계할 것을 명하였다.[108] 이는 6조직계가 태종 5년 4월부터 이루어지고 있음을 전해주고 있는 것이다. 태종 8년 이후는 그 이전에 비하여 6조의 활동이 증가하고 있으며, 6조에서는 대부분 의정부를 통하지 않고 직계하고 있다. 6조직계는 태종 14년 4월부터 시작된 것이 아니라 태종 5년 4월부터 시작되었고 8년 이후에는 더욱 진전되었음을 알 수 있다.

그러나 태종 14년 4월까지는 의정부에서 6조에 대한 감독권을 장악하고 있었고[109] 대간 및 각 사에서 올린 상소·계도 대개 의정부에 내려 심의하

105) 《太宗實錄》 권 15, 태종 8년 정월 임자.
106) 《太宗實錄》 권 27, 태종 14년 4월 경신.
107) 韓忠熙, 앞의 글, 119쪽 〈표 11〉 참조.
108) 《太宗實錄》 권 9, 태종 5년 4월 계미.
109) 《太宗實錄》 권 15, 태종 8년 정월 임자.

게 하였으므로 의정부는 정치권력의 핵심기관이었다. 태종 14년(1414) 4월 이후 의정부는 그 서무를 실제로 6조에 분속시켰으므로 그 정치권력도 상대적으로 약화될 수밖에 없었으며, 반면 6조는 그 직사가 확대되었고 완전한 6조직계제가 이뤄져 정치력도 강화되었다. 이로써 6조는 국정 전반에 걸쳐 활발한 정치활동을 할 수 있게 되었다.

6조직계제하에서 6조의 계는 중요한 정치활동의 하나였다. 6조는 각각 관장사무를 국왕에게 계하고 재결을 받아 시행하였다. 태종 14년 이후 의정부의 계는 현저하게 감소하였고 6조의 계는 급격하게 증가하였다. 계의 내용은 국정 전반에 걸친 것이었음은 물론이다.

대간의 상소는 태종대 국정운영의 중요한 일부였으며 정치체제의 변동과 관계없이 계속되었다. 이 시기 대간의 언론은 사헌부와 사간원이 따로 하기도 하였고 臺諫合辭 또는 대간·형조(3성)합사로 하기도 하였다.

태종대에는 언관에 대한 탄압, 언론에 대한 봉쇄가 잦았다. 그러나 모든 언론이 탄압된 것은 물론 아니었고, 왕권에 저촉되는 언론에 해당되는 것이었다. 국정을 위한 건설적인 언론, 왕권강화에 도움이 되는 언론이 충분히 수용되었음은 물론이다. 태종은 반왕세력을 제거하는 데 대간을 이용하였으므로 대간의 상소는 왕권을 강화하는 데 기여하기도 하였던 것이다.

태종대 대간의 언론활동은 총 875회에 달하며 그 내용은 크게 간쟁(98회)·탄핵(581회)·시정(184회)·인사(8회)·척불(4회) 등으로 구분할 수 있다.[110] 간쟁은 사간원이 중심이 되었으나 사헌부에서도 하였고 양사가 함께 하기도 하였다. 그 내용은 왕권에 저촉되는 경우가 많았고 따라서 대간은 많은 탄압을 받기도 하였다. 탄핵은 사헌부에서 주도하였으나 때로 사간원에서도 가담하였고, 대간 합사도 적지 않았다. 탄핵은 관원의 부정·불법을 제거하기 위한 것이었으며, 탄핵의 내용은 반역·모반·불충·불경·부정·불법·과실·월직·패상·간통·범장·수뢰·분경·위조 등 다양하였다. 탄핵언론은 이 시기 관료체제의 기강을 바로잡고 왕권을 강화하는 데 기여하였다.

시정에 관한 언론은 중앙정치·지방정치·인사제도·관직제도·재정경제·

110) 태종대 臺諫의 上疏에 관하여는 崔承熙, 앞의 책, 115~127·174~184·252~254쪽 참조.

군사·사법·과거·교육·의례·토목영선·사회민생 등 국정 전반에 걸쳤다. 인사에 관한 언론은 부당한 인사에 대한 시정을 요구하는 것으로서 그 언론은 많지 않았으나 관료제도를 확립하는 데 필요한 것이었다. 척불언론은 당시 억불정책을 시행하고 있었으므로 그 언론은 많지 않았다.

태종대 대간의 상소는 그 시대의 정치의 내용과 성격을 가늠하게 하는 것이다. 의정부서사제하에서도 대간의 상소는 의정부의 논의의 중요한 대상이 되었고, 태종 14년 이후에 6曹擬議의 중요한 문제가 되었던 것은 국정운영에 있어서 대간언론의 중요성을 전해주고 있는 것이다.

그 밖에 중외의 각 사와 使星의 啓聞도 태종대 국정운영에 있어서 중요한 일부였다. 尙瑞司·巡禁司·辨正都監 등에서 그 관부와 관계되는 일을 직접 계하여 재가를 받아 시행하였고, 한성부·각 도의 관찰사도 그 관장하는 일이나 개혁해야 할 일 등을 계문하여 재가를 받아 시행했다. 지방에 파견된 巡問使·敬差官 등도 그들에게 부과된 사명에 따라 그 문제점과 해결방안을 계문하고 있다.

태종대 국정운영의 중요한 방법의 하나는 각 사에서 올린 상소·상언을 의정부에 내려 심의하게 한 후 이를 왕이 재결하여 시행하게 하는 것이다. 의정부서사제가 그것이며, 이 제도는 태종 14년 4월 6조직계제 실시 이전까지 계속되면서 의정부에 정치권력이 집중되게 하였고 반면 왕권 강화에는 불리한 제도였던 것으로 이해되고 있다. 태종 14년 이후 의정부 단독의 擬議는 없어졌으나 그 대신 ① 6조의의 ② 의정부·6조의의 ③ 의정부·6조·대간 동의가 이루어지고 있다.

그러면 우선 의정부의의를 보자. 태종은 의정부·6조·대간 등의 계·상소 가운데 상당부분을 직접 재결하였으나 중요한 문제는 일단 의정부에 내려 의의하게 한 후 시행 여부를 결정하였다. 의정부의 의의는 태종 원년 4월부터 보인다. 태종은 즉위년 12월 하순에 '中外大小臣僚閑良耆老'에게 求言敎書를 내린 바 있는데, 이에 따라 올린 진언을 의정부에 내려 의의하여 보고하도록 명하였다.[111] 그 채택여부를 의정부의 의의를 참작하여 결정하기 위한 것이었다. 그 후 대간이나 그 밖에 관부에서 올린 시정·시무관계의 상소 가

---

111) 《太宗實錄》 권 1, 태종 원년 4월 무오.

운데 중요한 문제는 의정부에 내려 논의·심의하게 하고 그것을 참작하여 실시여부를 결정하였던 것이다. 번다한 국정을 국왕이 모두 파악할 수 없는 일이므로 신하들의 자문을 받아 결정하는 것은 당연한 일이었다. 태종 14년 4월 이전에는 그 자문을 의정부에서 전담하는 체제였고, 태종 14년 4월 이후에는 의정부 단독의 의의가 아니라 6조 또는 6조·대간과 함께 논의하는 방식으로 존속되었으니 의정부의 정치권력은 그만큼 저하되었다고 하겠다.

의정부의 단독 의의 대신 새로 시작된 것이 6조의의이다. 6조의의는 태종 14년 4월 이후에 시작되었으며, 각 관부의 상소 가운데 중요한 문제를 6조에 내려 논의·심의하게 한 후 참작하여 그 문제의 채택·실시여부를 결정하였던 것이다. 6조의의는 6조판서(또는 6조당상)의 합좌에 의한 의의로 이해된다. 의정부의의 대신 6조의의가 이루어졌다는 사실은 일단 6조의 정치권력은 강화되고 의정부의 그것은 상대적으로 약화된 것으로 이해된다.

의정부의 단독 의의는 태종 14년 이후 사라졌으나 의정부는 계속 최고관부로서 존속하였으므로 그 대신들이 국정논의에 전혀 참여하지 않을 수는 없는 일이다. 의정부는 6조와 함께 국정에 대한 의의에 참여하였다. 즉 당시의 정치현안을 의정부·6조에 내려 심의하게 하고 채택여부에 참고하였던 것이다. 태종 14년 이후 의정부 단독 의의에서 6조와의 동의가 이루어진 것은 의정부의 위상이 상대적으로 약화되었음을 의미한다.

나아가 의정부·6조·대간의 동의도 이루어지고 있다. 이와 같이 정치의 핵심기관들이 합의하는 체제는 태종 14년 이후 의정부의 정치적 권한과 위상이 약화된 상태에서 나타났다. 태종 7년 2월에 의정부·6조·대간에 '屯田煙戶米'의 편부를 논의하게 한 일이 있다. 이 경우는 모든 관원이 시행이 불가하다고 하였는데 오직 정승 하륜만이 시행을 고집하였기 때문에 다시 논의시킨 것이었다.[112] 의정부·6조·대간에게 국정문제를 함께 논의하게 한 것은 대개 태종 14년 이후의 일이었다. 그뿐 아니라 여기에 공신, 摠制, 承政院까지도 동의하게 하는 경우가 나타났다. 이는 그 이전보다 국정논의에 참여하는 관부와 관원의 수가 확대된 것을 의미한다. 태종 14년 이후 의정부를 비롯하여 6조·대간·승정원·공신·총재 등 정치의 중심이 되었던 여러 관부와

112) 《太宗實錄》 권 13, 태종 7년 2월 임진.

그 관원들이 국정논의에 함께 참여할 수 있게 되었다는 것은 매우 중요한 사실로 보아야 할 것이다. 이와 같은 국정운영체제의 변화는 이전에 정치권력이 의정부에 집중되었던 체제에서 여러 관부로의 권력분산을 의미한다. 태종은 의정부 또는 6조 등에 의하여 정치권력이 천단되는 것을 원하지 않았으므로 의정부·6조·대간·승정원·공신·총재 등에 정치권력을 분산시키는 정책을 통하여 왕권을 강화 유지할 수 있었던 것으로 해석된다.[113] 이와 같은 국정운영방식은 왕정에 있어서 발전적인 방향이라고 할 수 있을 것이다. 종래 태종이 왕권을 강화하기 위하여 태종 14년 6조직계제를 시행하여 의정부의 정치권력을 약화시켰고 반면 6조의 정치권력이 강화되었다고 이해한 것은 문제가 있는 것으로 생각된다.

〈崔承熙〉

2. 유교정치의 진전

1) 유교정치의 표방

유교는 삼국시대 이래 정치지배층의 기본적인 교양이 되어왔고 정치적으로나 문화적으로 중요한 역할을 담당해왔다는 사실은 주지하는 바이다. 그러나 유교가 국가정치의 지도이념으로 정착된 것은 조선시대부터였다.

13세기말 元으로부터 신유학인 朱子學(宋學·程朱學·性理學으로도 부름)이 전래되기 이전의 우리 나라의 유학은 소위 漢唐儒學으로서 당시 유학의 목표는 첫째 유교경전과 역사를 밝게 익히고, 정치·법률의 제도를 잘 배워서 그것을 정치에 적용할 만한 훌륭한 관리가 되는 일과 詞賦와 문장을 능하게 하는 데 있었다.[1] 그러나 13세기말 安珦(1243~1306)이 당시 원에서 성행하던 주자학을 들여와 연구한 이후 白頤正·李齊賢을 거쳐서 李崇仁·李穡·鄭夢周·吉再·鄭道傳·權近 등 쟁쟁한 주자학자들이 배출되었다. 따라서 여말선초 유학의 경

113) 崔承熙, 앞의 글(1991a), 31~34쪽.

1) 玄相允, 《朝鮮儒學史》(民衆書館, 1949), 14쪽.

향은 漢·唐流의 학풍과 주자학을 연구대상으로 하는 宋學流의 학풍을 아울러 갖고 있었다고 하겠다. 공민왕대에 成均館과 과거제도가 부흥되면서 주자학은 하나의 관학으로서의 지위를 차지하게 되었고 새로운 정치철학으로 각광을 받게 되었으며, 공민왕 이후 과거를 통하여 주자학을 학습한 신진관료들이 관계에 진출하게 되었다.

주자학이 고려에 처음 수용될 때에는 유학자들은 불교에 대하여 전면적인 배척을 하지 않았을 뿐 아니라 오히려 교리상 서로 통하는 점을 들어 유·불 양립의 가능성을 내세우기도 하였으나 유학자들은 점차 불교사원의 폐단과 승려들의 비행을 공격하기 시작하였다. 공민왕 원년(1352)에 이색(1328~1396)은 사찰의 남설과 승려의 과다 등을 들어 상소로 논란한 바 있으나 이는 사원과 승려의 폐단을 지적했던 것이며 불교 자체에 대한 배척은 아니었다. 이색의 공적은 척불운동에서보다 揚儒운동에 있었다. 이색은 공민왕 16년에 성균관 大司成이 되자 金九容·정몽주·朴宜中·이숭인 등 쟁쟁한 인물들로 하여금 學官을 겸하게 하여 성균관을 중심으로 주자학이 크게 일어나게 한 계기를 마련하였다. 그리하여 고려말 척불운동은 항상 성균관을 중심으로 전개되었던 것이다.

元·明 교체기에 있어서 친명의 노선을 따른 정몽주·朴尙衷·정도전·김구용·이숭인·권근 등은 사상적으로는 斥佛揚儒의 선봉이었다. 정몽주(1337~1392)는 당시 儒者들의 존경을 받던 큰 유학자로서 향교를 새로 세우고 처음으로 《朱子家禮》에 따라 士庶로 하여금 家廟를 세울 것을 권하는 등 유교진흥에 공이 큰 인물이지만 척불운동에는 적극적으로 나서지 않았다. 강력한 척불운동은 공양왕 3년(1391) 4월 공양왕이 求言敎書를 내린 것을 계기로 시작되었다.[2] 구언에 따라 5월부터 大司成 金子粹·成均館博士 金貂·政堂文學 정도전 등 이성계일파는 상소를 올려 불교가 민폐의 최대 원인이라 주장하고 군량과 국가재정의 궁핍이 심각하였던 당시에 불교사원의 경제적 비대와 전횡, 승려의 과다와 비생산성이 문제라고 불교를 공격하였다. 이 때 가장 활발히 척불을 주장한 사람은 정도전(1342~1398)으로서 그는 척불의 실제적 근거를 정치·경제적인 면에서 굳게 파악한 척불운동의 제일인자라고 할 수 있다.

2) 《高麗史節要》 권 35, 공양왕 3년 4월·5월.

유학자·신진사대부들이 새로운 관료세력으로 등장하게 되었고 그들은 고려사회의 사상적 배경이었던 불교를 비판·부정하게 되었다. 그러나 신진관료들 사이에도 분열이 일어났으니 그것은 그들이 차지한 처지의 차이에서 연유되기도 했고 다른 한 면에서는 주자학이 지닌 모순에서 기인한 것이기도 하였다. 주자학에서는 인륜, 특히 명분을 절대시하였으며 한편으로 정치현실을 바로잡아야 한다는 정치인으로서의 실천을 중요시하였다. 그리하여 고려말의 유학자·관료 중에는 고려왕조에 충성을 고수하려는 자들과 고려왕조의 정치·사회질서를 부정하고 새로운 왕국의 건설에 적극 참여하려는 자들 사이에 대립을 보게 되었다. 정몽주·길재 등은 전자의 대표적인 인물이었고 정도전·趙浚 등은 후자의 대표적인 인물들이었다. 그와 같은 대립은 있었으나, 고려말의 신진관료들은 주자학으로 교양되었고 불교를 배척하였으며 權門勢族이나 구세력과는 이해관계가 상반되었으므로 구사회·구질서를 부정하는 새로운 정치세력이 되었다. 이들에 의하여 李成桂가 왕으로 추대를 받아 조선왕조가 개국되었으므로 조선왕조는 유교를 정치지도이념으로 삼는 유교국가로서의 앞날이 전망되었던 것이다.

1392년 7월 17일 이성계는 새 왕조의 왕으로 즉위하였고 그 12일 후에 즉위교서를 내렸다.[3] 즉위교서의 서두에서 이성계는 그가 왕으로 즉위할 수밖에 없었던 사정을 설명하고 국호를 그대로 고려라 하고 儀章과 법제는 모두 전조(고려)의 故事를 그대로 따른다고 밝히고 있다. 이는 급격한 변혁으로 인한 정치적·사회적 동요를 방지하기 위한 목적에서 나온 것이라 할 수 있다. 즉위교서는 17조목으로 되어 있는데 그 내용에는 새 왕조의 기본적 정치방향과 백성의 편익을 위한 약속이 있고, 禹玄寶·李穡 등 56인의 반이성계파 인물에 대한 처벌과 死罪를 제외한 범죄자들에 대한 특사령이 있다. 그 중 네번째 조목은 "冠婚喪祭는 국가의 큰 법이니 예조에 명하여 경전을 詳究하고 고금을 참작하여 법(著令)으로 정하고 이로써 인륜을 후하게 하고 풍속을 바로잡도록 하겠다"라는 것이었다. 여섯번째 조목은 "忠臣·孝子·義夫·節婦는 풍속에 관계되니 권장하는 바가 있다. 그 곳의 官司에서 詢訪하여 申聞하면 우대하여 뽑아쓰고 門閭에 旌表하겠다"라는 것이었다. 전자는 《주자가례》와

3) 《太祖實錄》 권 1, 태조 원년 7월 정미.

관련있는 조목으로 보인다. 당시 士庶의 가례는 재래의 방식과 불교식이 함께 내려왔을 것인데 갑자기 《주자가례》에 의한다고 선언하면 이에 대한 거부·저항·마찰·충돌이 예상되었으므로 이를 피하여 완곡하게 경전과 고금을 참작하여 관혼상제의 의례·제도를 정하겠다고 했으나 결국 《주자가례》, 유교적 의례에 의할 것임을 표명한 것이다. 후자는 유교의 도덕에 있어서 기본이 되는 三綱을 권장하기 위한 것이었다. 즉 사서의 일상 의식을 《주자가례》에 의하고 사회의 도덕규범을 삼강으로 삼는 유교사회, 유교정치를 지향할 것을 즉위교서에서 표명한 것이다. 그런데 즉위교서는 정도전이 製進한 것을 태조가 검토한 후 반포한 것이므로 유교사회의 건설은 태조의 의지이기도 하지만 정도전 등 유신들의 열망이 담겨 있는 것이라고 할 수 있다.

조선개국과 태조대 정치에서 중요한 역할을 담당했던 정도전은 새 왕조의 이상적인 정치·사회를 이룩하기 위한 목적에서 태조 3년(1394)에 《朝鮮經國典》을 私撰하여 태조에게 올렸다. 《조선경국전》에서 정도전은 그가 이상으로 생각하는 정치체제와 제도를 구체적으로 제시하고 있는데 그 방향은 유교정치·유교사회의 건설을 위한 것이었다.[4] 유교정치는 德治·仁治·王道政治의 실현을 이상으로 한다. 정도전은 《조선경국전》에서 정치의 근본을 「仁」이라 강조하고 있으며, 仁政은 人君의 마음을 바로잡은 후에야 실현할 수 있다고 생각하였다.[5] 그가 이상으로 생각하는 정치체제는 周代의 冢宰 즉 재상중심의 제도였다. 이 제도에서는 총재에게 정치의 실권이 부여된다. 총재의 직책은 위로는 인군을 받들어 올바른 인군으로 인도하고 아래로는 백관을 총괄하고 만민을 다스리는 무거운 책임이 있는 것이었다. 그러므로 정치의 성쇠여부는 총재의 賢否에 달려 있고 賢君 여부는 총재를 잘 선택하였는가에 달려있다고 보았다. 그리하여 정도전은 '人主之職 在擇一相'[6]이라고 논하고 있다. 이는 군주의 覇道·獨裁政治를 방지하고 자신과 같은 재상들에 의하여 주도되는 정치를 유교정치의 이상적인 체제로 생각했기 때문이었다. 태조 4년에 정도전이 《經濟文鑑》을 찬진한 것도 그가 이상으로 생각하는 정치체제

4) 鄭道傳, 《三峰集》 권 7, 朝鮮經國典.
5) 鄭道傳, 《三峰集》 권 7, 朝鮮經國典, 定國本.
6) 鄭道傳, 《三峰集》 권 7, 朝鮮經國典, 宰相年表.

를 실현하기 위한 목적이 있었던 것이며,《경제문감》상을 「재상」만으로 구성한 것을 미루어 보더라도[7] 그의 재상중심정치에 대한 집착이 얼마나 강하였는가를 짐작할 수 있다.

정도전을 비롯하여 이성계를 추대한 유학자적 관료들의 학문·사상의 경향과 그들의 유교정치 실현을 위한 계속적인 노력으로 조선왕조는 국초부터 유교를 정치의 지도이념으로 삼게 되었던 것이다.

2) 집현전의 설치와 유학자군의 성립

유교정치는 德治·仁治·禮治를 근본으로 하는 王道政治를 이상으로 한다. 유교정치를 실현하기 위하여는 왕과 신하가 유교에 깊은 교양을 갖는 것이 우선 조건이고 유교정치를 할 수 있는 정치체제의 마련이 필수조건이 된다. 다음으로 국가의 모든 의례와 제도는 유교적으로 정비되고 왕으로부터 서민에 이르기까지 유교에 대한 교양·유교윤리(삼강오륜)가 일반화·생활화되는 것이 유교정치의 이상이고 목표이다. 다시 말하면 유교의 교양을 갖춘 국왕과 儒臣들이 유교정치를 할 수 있는 정치체제하에서 유교적 민본사상에 근거한 덕치·인정을 베풀고, 나라의 모든 의례는 예치에 입각하여 5례(吉禮·嘉禮·賓禮·軍禮·凶禮)에 의하는 것이다. 士庶의 가례는 4례(冠禮·婚禮 喪禮·祭禮)에 따라 행하며 유교윤리가 사서 모두에게 생활화되는 상태에 이르는 것이 이상적인 유교정치·사회라고 할 수 있을 것이다. 따라서 이상적인 유교정치·사회의 실현은 어려운 일이었다.

조선왕조는 유교를 정치이념으로 내세웠으나 유교정치의 실현은 표방만으로 실현될 수 없는 것이다. 조선 개국초《조선경국전》과《經濟六典》(태조 6년 ; 1397)으로 국가의 법제적인 틀은 대강 갖추게 되었으나 유교국가의 필수인 유교적인 의례를 갖출 겨를이 없었다. 개국초에는 정치적·사회적 안정이 급선무였다. 정치체제는 고려말의 상태를 벗어날 수 없었고, 태조대의 정치는 강력한 왕권을 갖출 수 있었던 태조와 그의 신임을 받은 조준·정도전 등 소수 재신을 중심으로 이루어졌으나 유교정치의 기틀은 아직 잡히지 못

7) 鄭道傳,《三峰集》권 5, 經濟文鑑 上, 宰相.

하였다. 태종대에도 정치적 안정과 왕권강화에 급급하였으므로 유교정치의 실현은 기대할 수 없었다.

유교정치를 실현하기 위하여는 먼저 국가의 문물제도를 유교적인 것으로 재정비하는 작업이 따라야 하고 유교정치를 담당할 많은 유신을 필요로 하는 것이다. 대외관계에서도 학자적 관료가 필요했다. 조선왕조는 국초부터 명나라에 대하여 사대관계를 맺어 왔는데, 사대관계에서는 반드시 事大文書(表·箋·咨文)와 사행 그리고 明使의 접대가 따르기 마련이다. 까다로운 사대문서의 작성을 위해 상당한 수준의 유자적 관료(儒臣)가 필요했음은 태조 5·6년의 表箋문제로써 알 수 있다. 명에서 조선에서 보낸 표전문 가운데「輕薄戱侮」한 문구가 있다 하여 표전문을 작성한 사람을 압송하라고 강압하고 트집을 부린 일이 있었다. 사행에도 사신의 학문이 비천하면 그 사신이 받는 모멸은 차치하고 그 영향이 나라에까지 미치게 되었던 것이다. 명사가 왔을 때에도 그들을 접대하는 우리 유신들의 학문과 문장이 그들을 압도할 만한 높은 수준에 있어야만 그들을 쉽게 다룰 수 있었던 것이다. 그렇지 못하면 그들의 태도는 오만불손해지고 조선을 경시하게 되는 것이었다.[8] 그러므로 인재의 양성과 학문의 진흥은 조선왕조가 명과 외교관계를 유지하면서 유교국가로 발전하기 위하여 절대 불가결한 조건이었던 것이다.

조선 건국초에는 이성계를 추종하던 많은 유신들이 있었기 때문에 인재문제는 그리 심각하지 않았다. 즉 정도전·조준·韓尙質·권근·趙璞 등 많은 인물이 있었다. 그러나 정도전은 태조 7년에「제1차 왕자의 난」으로 죽임을 당하였고 한상질은 정종 2년(1400)에, 조준은 태종 5년(1405)에, 조박은 태종 8년에, 권근은 태종 9년에 차례로 세상을 떠나게 되자 사정이 심각해졌다. 고려에서 조선으로 넘어온 큰 유신들이 태종 10년 이전에 거의 모두 사라지게 되자 정치적으로나 학문적으로 큰 위기에 봉착하게 되었던 것이다. 그리하여 태종은 인재가 전과 같지 못함을 한탄하게 되었으며 유학을 진흥시키기 위한 시책의 하나로 성균관 유생에 대한 강의를 더욱 충실히 할 것을 성균관 學官들에게 명령하였다.[9]

---

8)《成宗實錄》권 67, 성종 7년 5월 정사.
9)《太宗實錄》권 18, 태종 9년 12월 갑진.

태종 10년 이후 인재의 양성과 유학의 진흥은 국가적으로 중대한 과제가 되었다. 그러나 성균관의 교육만으로는 이 과제를 해결할 수 없었다. 유능한 유신들은 성균관에서 교육을 담당하기보다는 정계에서 활동하는 것을 희망하였고, 또한 성균관의 집단교육으로써는 국가의 기둥이 될 큰 학자·정치가를 기를 수 없었다. 그것은 성균관의 체제와 목적이 학자를 양성하기 위한 것이 아니라 주로 과거에 응시할 수 있는 관리후보생을 일정기간 교육하는 데 있었기 때문이다. 그러므로 인재를 양성하고 학문을 진흥시키기 위하여는 학문적 기초가 잡힌 학자들이 한 자리에 모여 행정실무가 아닌 학문에만 전념할 수 있는 학술적인 기관이 필요하였다.

개국초에 文翰과 관련있는 명칭을 가진 기관으로서 고려의 제도를 이어받아 修文殿·集賢殿·寶文閣을 두고 大提學·提學을 2품 이상으로 삼고 直提 學·直殿·直閣을 3·4품으로 삼았으나 관서와 직임이 없이 문신에게 관직명만 더해준 것이었으므로[10] 아무 효과가 없었다. 정종 원년 3월에 藏書와 경서의 강론을 그 직무로 하는 집현전을 설치했으나 유명무실했다. 인재의 양성과 학문의 진흥이 시급한 과제로 제기되기 시작한 태종 10년 11월 司諫院에서는 집현전을 개설하고 儒士를 선발하여 이들로 하여금 經史를 강론하게 할 것을 상소로 청하였으나[11] 시행되지 못하였다. 태종 17년 정월에도 사간원에서 올린 治道의 여러 조목에서 인재양성의 필요성을 강조하면서 집현전을 설치하고 유능한 문신을 뽑아 그 곳에서 경사를 강론하고 시·문을 짓게 하여 文風을 진작시킬 것을 청하였으나 그 설치를 보지 못하였다. 태종대에 있었던 집현전 설치 요청이 이루어지지 못한 데에는 당시의 정치적 분위기와 이에 대한 태종의 기피에 원인이 있지 않았을까 한다. 태종대에는 계속 왕권강화에 힘을 기울여 신권이 많이 위축되어 있었으며, 또한 그 왕위는 명분과 정통성에 하자가 있었기 때문에[12] 유신과 경사를 강론하는 자리인 經筵을 기피하

10) 《世宗實錄》 권 7, 세종 2년 3월 갑신.
11) 《太宗實錄》 권 20, 태종 10년 11월 계미.
이후 집현전과 관계되는 서술은 崔承熙, 〈集賢殿硏究(上·下)〉(《歷史學報》 32·33, 1966·1967)에 의한 것임.
12) 崔承熙, 〈太宗朝의 王權과 政治運營體制〉(《國史館論叢》 30, 國史編纂委員會, 1991), 2~10쪽 참조.

여 태종대에는 거의 경연을 폐지하다시피 하였다. 그러므로 태종에게는 경사를 강론하는 것을 중요한 직무로 삼는 집현전제도가 절실하지 않았을 것이다.

유교정치를 위하여 불가결한 유학자의 양성과 유학의 진흥을 위한 시책은 세종이 즉위한 후에야 이루어졌다. 세종 원년(1419) 2월에 좌의정 朴訔이 집현전에 문신을 뽑아 문풍을 진작시킬 것을 啓請하니 세종은 이를 기꺼이 받아들였다. 그러나 그 후 이에 관한 구체적인 논의나 계청이 없었으므로 세종은 그 해 12월에 "일찍이 집현전을 설치하자는 논의가 있더니 어찌 다시 계하지 않는가. 儒士 10여 명을 뽑아 매일 모여 강론하는 것이 좋겠다"[13]라고 친히 제의하였다. 그 후 세종 2년 3월에 이조에서 집현전에 祿官을 두자고 계청하여 허락을 받았고 곧이어 집현전이 새로이 설치되고 직제와 직장이 마련되고 관원이 임명되었다.[14] 이 때의 집현전이 세종대의 정치와 문화가 있게 한 원동력이 되었음은 재언할 필요가 없다. 이 때 마련된 집현전의 직제는 다음과 같다.

> 領殿事(정1품)·大提學(정2품)·提學(종2품)·副提學(정3품)·直提學(종3품)·直殿(정4품)·應敎(종4품)·校理(정5품)·副校理(종5품)·修撰(정6품)·副修撰(종6품)·博士(정7품)·著作(정8품)·正字(정9품)

위의 관직에서 제학 이상은 대신들의 兼官이고 부제학 이하는 녹관(전임직)이다. 녹관으로서 申檣·金赭는 직제학으로, 魚變甲·金尙直은 응교로, 偰循·兪尙智는 교리로, 兪孝通·安止는 수찬으로, 金墩·崔萬理는 박사로 임명되었다. 녹관의 모든 관직을 채우지는 않았으나 녹관으로 임명된 위의 10명은 모두 경연관을 겸하였다. 세종은 재주와 덕행이 있고 연소한 문신을 택하여 집현전의 녹관으로 임명하고 오로지 經史를 강론하는 일에 종사하도록 했으니 유능한 젊은 학자들을 장차 유교정치에 요긴하게 쓸 인물로 크게 키우기 위한 원대한 계획이 있었기 때문이다. 따라서 세종의 집현전관에 대한 관심과 대우는 특별한 것이었다. 집현전에 결원이 생기면 집현전당상·이조당상과 의정부 대신이 의논하여 천거하였고, 집현전관은 각 품의 班頭(首席)에 두었고, 사헌부의 규찰을 받지 않게 하였으며 서적을 인쇄하면 먼저 집현전학자들에

13) 《世宗實錄》 권 6, 세종 원년 12월 임오.
14) 《世宗實錄》 권 7, 세종 2년 3월 갑신.

게 내려주었다. 이처럼 집현전관은 여러 가지 특전과 신분의 보장을 받는 가운데 학문에 전념할 수 있는 분위기가 조성되었다. 뿐만 아니라 賜暇讀書를 내려주었다. 세종 8년에 세종이 權採·辛石堅·南秀文 등 젊은 집현전 학자들을 불러 사가독서를 내리면서 이르기를 "내가 너희를 집현전관으로 임명한 것은 젊고 장래성이 있어 그 독서(학문)가 좋은 성과가 있을 것이라고 기대했기 때문이다. 그러나 각기 직사에 얽매어 독서에 전념할 겨를이 없었다. 이제부터는 本殿에 출근하지 말고 집에서 전심으로 독서하여 좋은 성과를 내서 나의 뜻에 부응하도록 하라"[15]고 하였다. 이 후에도 종종 젊은 집현전 학자들에게 사가독서를 내렸으며 그것은 후에 讀書堂 제도가 되었다.[16] 여기서 세종의 인재양성의 원대한 계획의 일단을 볼 수 있으며, 그가 집현전 학자에 대하여 얼마나 큰 관심과 기대를 갖고 있었는가를 알 수 있다.

집현전은 학자양성·학문연구를 위한 기관이었기 때문에 일단 집현전관으로 임명되면 장기근속이 상례로 되어 있었다. 즉 집현전관은 박사·저작·정자 등 하위직으로 임명되면 다른 관서로 전직되는 일이 거의 없이 직제학·부제학에 이르렀던 것이다. 세종 10년대 후반부터 집현전 학자 가운데 政曹·臺諫으로 나아가기를 희망하는 경향이 생기자 세종은 '專業學術 期以終身'[17]하라고 강경하게 말하고 있다. 그리하여 10년~20년 집현전에만 근속하는 학자가 많았다. 최만리도 20년 이상 집현전에 근속한 학자 가운데 한 사람이었다. 그들은 집현전의 최고의 녹관인 부제학 또는 직제학에서 수년이 경과된 후에야 6조·의정부·승정원·대간 등으로 나아갔던 것이다. 이처럼 집현전관을 오랫동안 근속시킴으로써 집현전은 학자양성·학문연구기관으로서의 사명을 다할 수 있었으며 그 동안에 그들은 당대 최고수준의 학자로 성장하였던 것이다.

집현전은 학자양성·학문연구기관으로서의 사명을 다할 수 있도록 많은 인원을 확보하고 있었다. 세종 2년 처음 집현전을 설치했을 때에 10명이었던 것이 4년에 15명으로, 8년에 16명으로, 17년 초에 22명으로, 17년 7월에 32명으로 계속 증원되었다가 너무 많다는 여론이 있어 18년 윤 6월부터는 20명

15) 《世宗實錄》 권 34, 세종 8년 12월 경오.
16) 金庠基, 〈讀書堂考〉(《震檀學報》 17, 1955).
17) 《世宗實錄》 권 63, 세종 16년 3월 정유.

으로 고정되었다. 당시 의정부의 관원이 영의정을 비롯하여 12명이었고 각 조의 관원은 직사가 많은 호·병·형조를 제외하면 9명에 지나지 않았으며, 사헌부도 監察을 빼면 6명, 사간원은 5명에 불과했던 것을 감안하면 집현전관의 정원은 당시의 정치체제로서는 특례적인 것임을 알 수 있다.

집현전을 학자양성·학문연구기관이라고 했는데 그러면 집현전의 직무는 어떠한 것이었는가. 집현전의 학술적인 기능은 설치 초기부터 정해졌고 집현전이 혁파될 때까지 계속되었다. 그 중 가장 중요한 것이 經筵과 書筵의 담당이었다. 경연은 왕과 유신이 경서와 사서를 강론하는 자리로서, 국왕으로 하여금 유교적 교양을 쌓고 사서를 통하여 역대 治·亂의 역사를 익혀 올바른 정치를 할 수 있도록 하기 위한 것이었다. 서연은 장차 왕이 될 세자의 교육을 위한 것이다. 군주의 유교적 교양과 역사에 대한 지식은 유교정치를 펴는 데 불가결한 것으로 경연과 서연의 중요성은 재언할 필요도 없는 것이다. 세종 2년 집현전이 처음 설치되었을 때에는 집현전관 10명 전원이 경연관을 겸하였고 정원이 32명이었던 때에는 22명이 경연관을, 10명은 서연관을 겸했으며, 정원이 20명으로 고정된 후에는 경연과 서연에 각각 10명씩 배정되었다. 경연에서는 주로 유교경서와 사서가 강의되었으나 때로 중요한 정치문제도 의견이 교환되었으므로 경연은 일종의 학술과 정치 세미나의 성격을 띤 것이었다. 따라서 경연관은 학문과 정치에 대하여 상당한 수준의 식견을 갖고 있지 않으면 안되었다. 세종의 입장에서 보면 경연은 자신의 학문과 정치에 도움이 되었을 뿐 아니라 경연을 전담하다시피한 집현전관들의 학문적 능력을 파악할 수 있고 그들의 학문을 격려하고 자극을 주는 자리가 되기도 했다.

집현전관은 명과의 외교관계에 불가결한 외교문서(表·箋·咨文)의 작성과 명사의 접대도 담당하였고, 과거에 시험관으로도 참여하였다. 또한 春秋館職을 겸하였을 뿐 아니라 나라와 궁중에서 일어나는 모든 일을 기록하는 史官도 겸하였고 왕명을 작성하는 知製敎도 겸하였다. 위에서 든 일들은 모두 문신·학자로서 할 수 있는 일이었다. 또한 세종 10년대부터는 古制연구와 편찬사업 등 학술적인 사업을 주도하였다. 이처럼 집현전관들의 직무가 학술과 관계있는 것이었음에도 세종은 집현전관이 직무에 얽매어 학문에 전념할 수 없다고 염려하여 사가독서를 내리기도 하였던 것이다. 이와 같은 과정을 거쳐 집현전

출신들은 큰 학자로 성장했고 이들에 의하여 유교정치의 기틀이 마련되었으며 세종대 문화의 수준을 그 전보다 한 단계 높은 수준으로 끌어올릴 수 있게 되었다.

세종 20년대부터 집현전은 학술적인 기관이면서 정치적으로도 중요한 위치를 차지하게 된다. 세종은 일찍부터 신병으로 고통을 받아오다가 세종 19년(1437)에는 건강을 이유로 세자로 하여금 서무를 재결하게 하려 하였다. 이 때의 의도는 신하들의 강력한 반대에 부딪혀 이루지 못하였으나 동 24년에는 많은 신하들의 반대에도 불구하고 詹事院을 설치하였다. 첨사원은 세자로 하여금 서무를 처결하게 하기 위하여 설치한 왕자의 관부이다. 그런데 첨사원의 관원인 詹事·同詹事의 후보로는 서연관이 가장 유리하였는데 당시 서연관 10명은 모두 집현전관이 겸하고 있었으므로 자연히 집현전관이 대개 첨사를 겸하게 되었다. 따라서 집현전관은 직접 정치에 참여할 기회를 갖게 된 것이다.

세종 25년 이후 세자의 섭정이 이루어졌다. 즉 세자로 하여금 모든 신하들이 한 달에 네 번 正殿에서 임금께 문안드리고 정사를 아뢰는 朝參을 받게 하였다. 또 세자가 南面해서 조회 받게 하고 1품 이하 모든 신하로 하여금 稱臣하게 하였으며 서연에서 진강할 때에 4품 이상의 문무관을 매일 돌려 가며 참여케 하였다.

세종 27년 정월 세종이 內禪의 뜻을 표한 후에 세자의 본격적인 섭정이 시작되었다. 세자는 繼照堂에서 조참을 받았고 서무를 재결하였으며 정사를 돌보게 되었다. 3품 이하의 제수에는 세자의 圈點을 받아야 했다. 이와 같이 세자의 섭정이 이루어지면서 세자와 가장 긴밀한 관계를 가졌던 첨사·서연관 즉 집현전관은 자연히 정치적으로 중요한 위치를 차지하게 되었다. 이에 따라 집현전의 언론·정치상의 활동이 활발하게 되었다. 세종 25년 이후 집현전은 언론을 통해서만이 아니라, 의정부·6조·사헌부·사간원과 함께 국정논의에 직접 참여할 수 있게 되었다. 학술적인 기관이었던 집현전은 정치적으로도 중요한 기관으로 변모하였다. 그러나 세종의 재위기간 동안에는 집현전관의 정조·대간으로의 전출은 억제되었다. 세종이 세상을 떠나고 문종이 즉위하면서 사태는 일변하여 집현전관의 대간 또는 다른 정치기관으로의 전출이 크게 늘어났고 집현전도 정치 기관화되어 갔다.

집현전의 역사적 공훈의 중요한 하나는 많은 학자적 관료(유신)를 배출하여 세종대는 물론 그 이후의 정치와 문화를 이끌어 갈 수 있는 동력을 마련해준 데 있다. 세종 2년부터 집현전이 혁파된 세조 2년(1456)까지 37년 동안 집현전에 재직한 경력을 가진 학자는 90여 명에 달한다.[18] 그 중 저명한 인물들의 생몰 연대와 대표되는 경력을 간단히 적어보면 다음과 같다.

> 姜希孟(1424~1483, 좌찬성)·權擥(1416~1465, 권근의 손자, 靖難功臣, 좌의정)·權採(1399~1438, 좌승지)·金墩(1385~1440, 예조판서)·金禮蒙(1406~1469, 이조판서)·金壽寧(1437~1473, 이조참판)·南秀文(1408~1443, 집현전직제학)·盧思愼(1427~1498, 영의정)·盧叔仝(1403~1464, 청백리, 지사간원사)·朴仲林(?~1456, 박팽년의 부, 이조판서)·朴彭年(1417~1456, 사육신, 형조참판)·徐岡(?~1461, 대사성, 세조의 숭불을 논란하다가 사형됨)·徐居正(1420~1488, 대제학, 좌찬성)·成三問(1418~1456, 사육신, 좌부승지)·辛石祖(1407~1459, 대사헌)·申叔舟(1417~1475, 靖難·佐翼功臣, 대제학·영의정)·申檣(1376~1433, 신숙주의 부, 대제학)·安止(1377~1464, 대제학·영중추원사)·梁誠之(1415~1482, 대제학·지중추부사)·魚孝瞻(1405~1475, 이조판서·판중추부사)·柳誠源(?~1456, 사육신, 사예)·柳義孫(1398~1450, 예조참판)·尹子雲(1416~1478, 윤회의 자, 우의정)·尹淮(1380~1436, 대제학)·李塏(1417~1456, 사육신, 직제학)·李季甸(1404~1459, 이색의 손자, 대제학·영중추부사)·李克堪(1427~1405, 형조판서)·李思哲(1405~1456, 정난·좌익공신, 좌의정)·李石亨(1415~1477, 지중추부사)·鄭麟趾(1396~1478, 정난·좌익공신, 대제학·영의정·원상)·鄭昌孫(1402~1487, 좌익공신·영의정·원상)·曺錫文(1413~1477, 영의정)·崔萬理(1390~1445, 청백리, 부제학)·崔恒(1409~1474, 정난·좌익공신, 대제학·영의정)·河緯地(1387~1456, 사육신, 예조참판)·韓繼禧(1423~1482, 좌찬성)·洪應(1428~1492, 좌의정)

위의 인물 가운데 정승(相臣)이 된 사람은 정인지·이사철·정창손·신숙주·권람·조석문·최항·윤자운·홍응·노사신 등 10명에 달하고 文衡(대제학)으로 기록된 사람도 윤회·정인지·안지·신장·신숙주·최항·양성지·이계전·서거정 등 9명에 이르고 있다. 당대의 대학자·정치가는 모두 집현전출신 학자였다고 하여도 과언이 아니다. 이들이 세조 이후 官學派·勳舊派의 중심을 이루게 되며, 당대의 정치와 문화가 이들에 의하여 주도되었음을 알 수 있다.

---

18) 崔承熙, 앞의 글(1967), 附表 2.
鄭杜熙, 《朝鮮初期政治支配勢力研究》(一潮閣, 1983), 128쪽, 〈表 3-1〉.

3) 유교적 의례·제도의 정비

유교정치에서 형식적이면서 중요한 내용이 되는 것이 禮·樂이다. 유교정치에서는 의례를 대단히 중요시하는데 국가의 의례(5례)에는 반드시 음악이 따르게 되어 있다. 그러나 음악관계는 별도로 서술되겠으므로 여기서는 유교적인 의례·제도의 정비과정만을 살피기로 한다.

유교정치를 표방한 조선왕조에 있어서 가장 시급한 문제는 유교적인 의례·제도의 정비작업이었다. 고려시대에도 정치에서 5禮가 행하여졌음은《高麗史》志 권 13부터 23까지 11권이 禮志로 되어 있는 사실로써 분명하다.[19] 즉 고려시대에도 그 나름대로 유교적 의례인 5례가 행해졌다. 그러나 유교정치를 표방한 조선왕조에서 고려시대에 행하던 5례를 그대로 사용할 수는 없는 일이었다. 고려시대의 문헌으로《古今詳定禮》·《周官六翼》등이 참고되었고 중국의 문헌으로는《禮記》·《周禮》·《儀禮》·《洪武禮制》등이 예학의 기본 자료로 이용되었으며,《唐書》·《宋史》·《元史》·《通典》·《文獻通考》·《冊府元龜》·《事林廣記》등 사서와 類書類가 참고되었다.[20] 그러므로 조선 초기 의례·제도를 마련·정리할 때에「稽古制」라 할 때의 고제는 고려시대의 예서와 중국의 예서·사서·유서류 등이 포함되는 것이다.

조선 초기 유신(유학자적 관료)들은 3대(夏·殷·周)의 제도를 이상적인 것으로 생각하였다. 정도전이《경제문감》에서 周官을 중요하게 다룬 것은 이를 나타낸다. 또한 한·당·송의 제도에 큰 비중을 두고 있는 것은 당·송의 제도가 거의 완비된 상태에 도달해 있었기 때문이다. 따라서 조선 초기 관직제도의 정비과정에서는 중국 역대의 제도가 모두 참고자료가 되었던 것이다.

그러면 조선개국 후 유교적인 의례·제도의 정비를 위한 작업인 고제연구는 언제부터 어떤 관서에 의하여 이루어졌으며 그 내용은 어떠한 것이었는가 살펴보자.

정도전의《조선경국전》이나《경제문감》은 고려와 중국의 고제에 대한 연

19)《高麗史》권 59~69, 志 13~23.
李範稷,《韓國中世禮思想硏究》(一潮閣, 1991), 46~170쪽.
20) 李範稷, 위의 책, 195~203쪽.

구성과라 할 수 있다. 그러나 태조·정종대에는 개국초여서 겨를이 없어 고제연구에 힘을 기울일 수 없었다. 태종초부터는 의례·제도에 대한 고제의 연구가 나타나고 있다. 고제연구의 중심이 된 기관은 예조였지만 때로는 의정부·이조·병조 등에서도 행하였다. 또한 어느 관서를 막론하고 의례·제도에 관한 啓와 상소에 고제에 관해서 언급이 없는 경우는 거의 없었다. 특히 예조의 의례·제도에 관한 계는 거의 모두가 고제연구의 결과라고 할 수 있으나 대개 태종 8년(1408) 이후 볼 수 있는 것이며, 그 내용은 5례에 관한 것과 정치·제도에 관한 것이었다. 태종 10년 8월에는 유교적 의례·제도를 마련하기 위하여 儀禮詳定所가 설치되었다. 그러나 태종대에는 의례·제도의 정리를 위한 예조의 고제연구나 의례상정소의 활동도 활발하지 못하였다.

세종이 즉위하면서 의례·제도의 정비를 위한 고제연구가 본격적으로 전개되었다. 그 중심은 예조·의례상정소와 집현전이었다. 이 세 기관의 고제연구의 대체적인 동향을 보면 다음 〈표 1〉과 같다

〈표 1〉 예조·의례상정소·집현전의 고제연구 동향

기관 / 횟수 / 내용	예 조		의례상정소		예조·상정소		집 현 전	
	횟 수	%	횟 수	%	횟 수	%	횟 수	%
五 禮	61	73	14	29	11	61	27	40
四 禮	11	13	9	18	2	11	8	12
制 度	11	13	15	31	5	28	12	18
施 政	0	0	11	22	0	0	17	25
기 타	1	1	0	0	0	0	3	5
계	84	100	49	100	18	100	67	100

* 崔承熙, 〈集賢殿研究(上·下)〉(《歷史學報》 32·33, 1996·67) 참조.

위의 표에서 5례는 국가의 의례인 吉禮·嘉禮·賓禮·軍禮·凶禮를 뜻하며, 4례는 士庶의 冠·婚·喪·祭禮를, 제도는 관제를 비롯한 국가의 제도를, 시정은 실제 정치에 관한 또는 이에 참고하기 위한 것을 의미한다. 위의 표는 완전한 것이라 할 수는 없으나 대개 당시 유교적 의례·제도를 마련하기

위한 세 기관의 고제연구의 동향은 살필 수 있을 것으로 생각된다.

먼저 예조를 보면 5례가 61회로 가장 많고 4례·제도가 모두 11회로 합계 84회나 되어 세 기관 중 가장 많으며, 예조·의례상정소 공동분을 감안하면 100회 이상이 되는 것을 볼 수 있다. 그 내용으로 볼 때에도 유교적인 의례·제도를 정비하기 위한 근본적인 문제가 다루어진 것을 알 수 있다.

의례상정소는 태종 10년 8월에 설치되어 세종 17년(1435)에 폐지되었다. 그 提調는 의례에 밝은 정승·판서급에서 겸하였으며, 특히 許稠는 태종대부터 상정소가 폐지될 때까지 단골로 제조를 겸한 의례에 정통한 학자적 관료였다.[21] 그 해 상정소가 폐지된 이유는 더 이상 존치할 필요가 없기 때문이었다. 상정소가 없어도 예조와 집현전에서 의례·제도의 정리를 위한 임무를 무난히 수행할 수 있었던 것이다. 의례상정소의 활동을 보면 총 49회 가운데 5례에 관한 것이 14회, 4례 9회, 제도 15회, 시정 15회로 되어 있다. 상정소에서는 유교적 의례뿐 아니라 제도에 관한 것과 실제 정치와 관련 있는 문제를 많이 다룬 것을 볼 수 있다.

예조와 의례상정소가 공동으로 행한 것은 총 18회에 지나지 않으나 그 가운데 5례에 관한 것이 11회로 가장 많고 제도·4례의 순으로 되어 있다. 그리고 내용으로 볼 때 예조와 의례상정소에서는 유교적 의례·제도의 큰 줄기가 되는 문제를 많이 다루고 있었음을 알 수 있다.

집현전의 고제연구는 세종 10년부터 시작되었다. 이 때부터 집현전의 학술적인 활동이 활발해지고 있다. 그것은 이 때에 집현전 학자들이 학술적인 활동을 할 만한 능력과 준비가 갖추어졌음을 의미하며 세종의 인재양성을 위한 노력이 상당히 성공적이었음을 뜻한다. 집현전의 고제연구는 총 67회인데 그 중 5례가 27회로 가장 많고 시정(17회)·제도(12회)·4례(8회) 순으로 되어 있으며 예조의 활동과 확연히 구별되는 것은 시정관계의 고제연구가 예조에는 없는 반면에 집현전에 집중되어 있다는 사실이다.

예조·의례상정소·집현전은 모두 유교적 의례·제도의 정비를 위한 활동을 했다는 점은 공통되지만 집현전의 고제연구는 위의 두 기관과는 구별되는 점이 있다. 예조와 상정소에서는 유교적인 의례·제도의 큰 테두리, 큰

---

21) 李範稷, 위의 책, 206~229쪽.

줄기를 세우기 위한 것이었고 집현전의 활동은 의례·제도를 시행할 때 나타나는 세부적이고 기술적인 문제를 밝히고 해결하기 위한 것이었다. 큰 테두리와 줄기를 마련하는 일도 중요하지만 어떤 의미에서는 의례·제도의 세부적이고 기술적인 문제를 밝히는 일이 더욱 학문적·기술적 작업이라 하겠고, 의례·제도의 정비와 시행에 있어서 절대로 필요한 일이라 할 것이다.

집현전의 고제연구의 또 하나의 특징은 수시로 당면하는 정치·제도상의 문제를 해결하기 위한 것이었다는 데 있다. 세종은 해결하기 어려운 일이 있으면 일단 집현전으로 하여금 그 문제에 관한 고제를 연구하게 하고 이를 참고하여 문제를 해결했다. 물론 세종은 고제연구의 결과가 우리 나라의 현실과 그의 의지에 맞지 않으면 채택하지 않았다.

이처럼 세종은 예조·의례상정소·집현전 등으로 하여금 고제를 연구하게 하여 유교적인 의례·제도를 정비해 갔다. 실제로 조선왕조의 유교적 의례·제도의 틀은 세종시대에 마련되었다고 보겠다. 세종 26년(1444)에 집현전학자를 중심으로 편찬된《五禮儀注》와 세조 2년(1456)에 편찬된《世宗朝詳定儀注》와《세종실록》5례가 바로 이 사실을 전해 준다. 그 후 미비한 것을 보충하여 성종 5년(1474)에《國朝五禮儀》가 완성됨으로써 일단 국가의 의례는 정비된 셈이다. 이와 같은 유교적인 의례·제도의 정비는 조선왕조 유교정치의 중요한 기반이 되었던 것이다.

4) 편찬사업의 성행

한 시대의 문화수준은 그 시대에 이루어진 편찬물(도서)의 질과 양으로써 가늠할 수 있을 것이다. 세종시대의 찬란했던 문화는 그 시대에 활발했던 편찬사업에 근거를 두고 있다 하여도 좋을 것이다. 편찬사업을 통하여 문화적·사상적인 정리가 이루어졌으며 정치·제도의 기틀이 잡혔던 것이다. 당시 편찬사업의 주체는 세종이 육성한 집현전과 그 관원들이었다. 집현전을 중심으로 한 편찬사업은 집현전이 학술적 기관으로 정착되고 그 학자들의 학문적 수준이 제고된 세종 10년경부터 본격적으로 이루어지고 있다. 그러면 당시 편찬사업의 내용이 어떠한 것이며 그 의의는 무엇인가. 이를 살피기 위하여 먼저 중요한 편찬물을 연대순으로 열거하면 다음과 같다.

①《孝行錄》	(세종 10년 : 1428, 〈집현전〉)
②《農事直說》	(세종 11년 : 1429, 〈鄭招 등〉)
③《太宗實錄》	(세종 13년 : 1431, 〈17 : 2〉)
④《三綱行實》	(세종 14년 : 1432, 〈집현전〉)
⑤《八道地理志》	(세종 14년 ; 1432, 〈尹淮 등〉)
⑥《無寃錄註解》	(세종 15년 : 1433, 〈崔致雲 등〉)
⑦《鄕藥集成》	(세종 15년 : 1433, 〈3 : 1〉)
⑧《資治通鑑訓義》	(세종 16년 : 1434, 〈53 : 22〉)
⑨《將鑑博義所載諸將事實》	(세종 19년 : 1437, 〈집현전〉)
⑩《韓柳文註釋》	(세종 20년 : 1438, 〈4 : 3〉)
⑪《國語補正》	(세종 22년 : 1440, 〈집현전〉)
⑫《明皇誡鑑》	(세종 23년 : 1441, 〈3 : 2〉)
⑬《絲綸全集》	(세종 24년 : 1442, 〈집현전〉)
⑭《杜詩諸家註釋》	(세종 25년 : 1443, 〈집현전〉)
⑮《韻會諺譯》	(세종 26년 : 1444, 〈9 : 5〉)
⑯《五禮儀注》	(세종 26년 : 1444, 〈7 : 2〉)
⑰《七政算內外篇》	(세종 26년 : 1444, 〈2? : 1〉)
⑱《治平要覽》	(세종 27년 : 1445, 〈집현전〉)
⑲《龍飛御天歌》	(세종 27년 : 1445, 〈鄭麟趾 등〉)
⑳《龍飛御天歌註解》	(세종 27년 : 1445, 〈8 : 6〉)
㉑《醫方類聚》	(세종 27년 : 1445, 〈10 : 5〉)
㉒《訓民正音》	(세종 28년 ; 1446, 〈8 : 6〉)
㉓《東國正韻》	(세종 29년 ; 1447, 〈9 : 5〉)
㉔《四書諺解》	(세종 30년 : 1448, 〈집현전〉)
㉕《高麗史》	(세종 31년 : 1449, 문종 원년완성 〈28 : 12〉)
㉖《大學衍義註釋》	(문종 원년 : 1451, 〈집현전〉)
㉗《高麗史節要》	(문종 2년 : 1452, 〈18 : 8〉)
㉘《歷代兵要》	(단종 원년 : 1453, 〈집현전〉)
㉙〈朝鮮全圖〉〈道・州郡圖〉	(단종 원년 : 1453, 〈1 : 1〉)
㉚《世宗實錄》	(단종 2년 : 1454, 〈57 : 11〉)
㉛《世宗實錄地理志》	(단종 2년 : 1454, 〈위와 같음〉)
㉜《貞觀政要註》	(세조 원년 : 1456, 〈2 : 2〉)
㉝《文宗實錄》	(세조 원년 : 1456, 〈48 : 9〉)
㉞《世宗朝詳定儀注》	(세조 2년 : 1457, 〈1 : 1〉)
㉟《曆象集》	(세종 연간 : 〈李純之〉)

*〈집현전〉은 집현전에서 편찬한 것을, 〈 〉안의 성명은 편찬자를, 〈 〉안에 대비한 숫자는 편찬에 참여한 전체인원수 대 집현전 관원수를 표시한 것임.

위의 도서들은 편찬·주해하여 간행한 것으로서 그 내용이 매우 다양하였음을 쉽게 알 수 있다. 그 내용은 ㉮ 역사서, ㉯ 유교경서, ㉰ 유교윤리·의례, ㉱ 중국법률, ㉲ 중국문학, ㉳ 중국정치귀감서, ㉴ 병서관계, ㉵ 훈민정음·음운·언역관계, ㉶ 지리관계, ㉷ 천문·曆數관계, ㉸ 의약관계, ㉹ 농업기술관계 등으로 분류할 수 있다.

㉮ 역사서는 중국역사에 관한 것과 우리 나라 역사에 관한 것으로 나누어 볼 수 있다. 먼저 우리 역사에 관한 것으로는《고려사》·《고려사절요》·《태종실록》·《세종실록》·《문종실록》의 편찬을 들 수 있다. 역대실록은 왕이 죽은 후에 편찬하는 것이 상례였으므로 따로 언급할 필요가 없으나《고려사》의 편찬은 매우 중요한 뜻이 있다.《고려사》는 조선 개국초에 정도전·조준 등에 명하여 편찬하게 하였으나 곡필이 많아 改修가 불가피하였다. 태종대에 개수를 시도했으나 이루지 못하고 세종 6년에《讎校高麗史》가 柳觀·尹淮에 의하여 이루어졌으나 그 내용이 소략하고 탈루가 많아 또 개수를 명하여 세종 24년에《高麗史全文》이 權踶·安止 등에 의하여 완성되었다. 그러나 또 왜곡한 사실이 드러나 세종 31년에 金宗瑞·鄭麟趾 등에게 개찬을 명하여 문종 원년(1451)에 완성을 본 것이《고려사》이다. 세종이《고려사》편찬에 얼마나 신중을 기하였는가를 짐작할 수 있으며, 특히《고려사》편찬이 대부분 집현전관과 그 출신들에 의하여 이루어졌기 때문에 그 문장이나 내용이 훌륭해질 수 있었다.《고려사》의 편찬은 다만 전 왕조의 역사·정치·제도·문화의 정리에 그치는 것이 아니라 조선왕조의 그것을 정리하기 위해서도 필요한 중요한 과제이기도 하였다.《고려사》를 편찬한 직후 왕의 열람의 편의를 위한다는 명분으로 새로 편년체로 편찬한 것이《고려사절요》인데, 두 사서는 정치귀감서로서의 성격을 지니며 오늘날에는 고려사연구의 기본사료로서 쌍벽을 이루고 있다.

중국역사에 관한 것으로는《자치통감훈의》와《국어보정》이 있다. 세종은 사서를 대단히 중하게 여겼으나 방대한 중국의 사서를 모두 읽을 시간도 없으려니와 그럴 필요도 없다고 생각하였으므로 중국의 통사인《자치통감》의 열람으로 만족할 수밖에 없었다. 중국사서의 필요는 중국 역대의 '治亂之迹'을 박람하여 정치의 귀감으로 삼고 후세에도 귀감이 되도록 하기 위한 것이었는데 《자치통감》이 가장 적당한 것으로 생각한 듯하다. 《자치통감훈의》의 편찬을 위하여 집현전학자들은 모두 동원되었고 또 이를 위하여 집현전에 6명을 증원하였으며 다른 관아의 학자(관원)들까지 동원하였다(총 53명). 3년이나 걸쳐 완성한 이 사업을 위하여 세종은 밤이 깊도록 친히 교정을 보았으며 경연까지도 중지하였다. 훌륭한 유교정치를 펴기 위하여는 훌륭한 귀감서가 필요하였던 것이다.

㉯ 유교경서에 관한 것으로는 《사서언해》와 《대학연의주석》이 있다. 세종이 경연에서 강독한 책에는 4서(論語·孟子·大學·中庸)와 5경(詩經·書經·周易·禮記·春秋)이 모두 포함되어 있다. 특히 《대학연의》와 《성리대전》 등도 완독한 서목에 들어 있는 것을 보면[22] 신·구의 유학을 모두 중요시한 것을 볼 수 있다. 4서와 5경은 유자의 필독서이지만, 연해와 주석을 편찬한 것을 보면 세종은 4서와 《대학연의》를 더욱 중요하게 생각한 듯 보인다.

㉰ 유교윤리·의례에 관한 것으로는 《효행록》·《삼강행실》·《오례의주》·《세종조상정의주》 등의 편찬이 있었다. 이러한 편찬사업은 유교사회·유교정치를 지향하는 조선 초기에 있어서 당연한 사업이었다. 《효행록》과 《삼강행실》은 백성들에게 유교윤리를 깨우쳐주기 위한 것이었고 그 밖의 것들은 국가의 유교적 의례의 정리사업이었다. 이와 같은 유교윤리서의 편찬·보급과 의례의 정리는 유교정치의 기초작업이 되는 것이었다.

㉱ 중국법률에 관한 것으로는 《무원록주해》와 《사륜전집》의 편찬이 있다. 《무원록》은 1341년 원나라 王與의 저작으로, 崔致雲이 주해하여 간행한 것이며, 그 목적은 백성들이 원통한 일이 없도록 형률·법률을 선용하게 하기 위한 것이었다. 《사륜전집》은 진·한으로부터 명에 이르는 동안의 制誥·詔勅을 集錄한 것이다. 이러한 중국 법률서의 편찬·간행은 정치의 참고자료로서 또는 억울한 사람이 없는 형정을 위하여 필요한 것이었다.

㉲ 중국문학관계로는 《한유문주석》과 《두시제가주석》이 있다. 세종은 韓愈·柳宗元의 文과 杜甫의 詩와 같은 시·문이 중국문학을 이해하는 데 필요하며 유신들의 교양에 유익한 것으로 생각한 것으로 보인다.

---

22) 南智大, 〈朝鮮初期의 經筵制度〉(《韓國史論》 6, 서울大 國史學科, 1980), 170쪽.

㉥ 중국정치귀감서로서는《명황계감》·《치평요람》·《정관정요주》 등의 편찬이 있다.《명황계감》은 당 玄宗의 治亂之迹을 엮은 것이었고,《치평요람》은 주에서 원에 이르는 중국역사와 기자조선에서 고려에 이르는 우리 나라 역사 가운데 국가의 흥망과 군신의 邪正과 정교·풍속·윤리 등 각 방면에서 권장하고 징계할 만한 것을 발췌하여 엮어놓은 것이다.《정관정요》는 당 태종이 신하들과 정치를 의논한 것을 40편으로 분류하여 엮은 것으로서 정치의 교과서라 할 만한 정치귀감서이다. 모두 정치의 참고서·귀감서로서 바른 정치를 하기 위한 노력의 일단이라 할 수 있다. 특히《치평요람》은 학자 수십 명을 뽑아 집현전에 모여 5년이나 걸려 완성한 큰 사업이었다.

㉦ 병서관계로는《장감박의소재 제장사실》과《역대병요》를 편찬하였다. 軍談·武勇·兵略에 관한 지식은 국방·군사상 중요한 것이었다.

㉧ 훈민정음·음운·언역관계로《운회언역》·《사서언해》·《용비어천가》 및 그 주해·훈민정음 창제·《동국정운》 등이 있다. 이러한 편찬·주해·언역사업은 모두 훈민정음 창제와 관련된 사업으로 거의 집현전 학자들에 의하여 이루어진 것이었다. 주목되는 일은 이 일련의 사업에 동원된 집현전 학자들은 교리 崔恒·부교리 朴彭年·부수찬 申叔舟·成三問·李善老·李塏 등 소장학자들이었고 부제학 崔萬理·직제학 辛碩祖·직전 金汶·응교 鄭昌孫 등 상위 직위의 중진학자들은 세종 26년(1444) 2월에 훈민정음의 제정을 반대하는 상소를 올렸다는 사실이다. 훈민정음 창제와 관련 있는 여러 사업은 소장 집현전 학자들을 동원하여 이루어진 것이라 할 수 있다. 훈민정음의 창제는 우리 민족문화 발전에 초석이 되었고 우리 문화유산 가운데 가장 자랑할 만한 것임은 재언할 필요도 없다.《운회언역》과《동국정운》은 훈민정음의 창제와 관련하여 세종의 음운에 대한 깊은 연구와 관심의 소산이었다.《용비어천가》와 그 주해의 편찬은 훈민정음의 반포에 앞서 그 실용화의 가능성을 시험하는 동시에 왕실 조상들의 업적을 칭송하여 개국의 정당성과 왕실의 전통과 권위를 세우기 위한 목적도 포함되어 있었다.

㉨ 지리관계로는《팔도지리지》·〈朝鮮全圖〉·〈各道別圖〉·〈州郡別圖〉와《세종실록지리지》의 편찬이 있다. 지리지와 지도의 편찬·제작은 나라를 다스리는 데 중요한 참고자료가 된다. 각 지방의 지세·특성·물산·인적 자원 등

을 정확하게 파악하는 것은 정치의 기본이다. 국력을 정확하게 파악하고 수취체제를 확립하여 국가의 정치적·재정적 기반을 확고히 하기 위하여 지도와 지리지의 편찬은 필요한 사업이었다.

㉶ 천문·역수관계로는 《칠정산내외편》과 《역상집》이 있다. 세종이 농업과 밀접한 관계가 있는 천문기계의 제작에도 힘을 써 大簡儀·小簡儀·渾儀·日晷 등과 측우기를 제작하게 한 사실은 주지하는 바이다. 천문·역수에 관하여 관심이 컸던 것은 그것이 농업과 밀접한 관계가 있었을 뿐 아니라 천문의 변화가 왕정과 직접 관계가 있는 것으로 생각했기 때문이다. 당시 위정자들은 천재지변을 왕정의 잘못을 견책하는 징후로 생각했기 때문에 선정을 펴고자 하는 군주로서는 천문의 변화에 대하여 관심을 갖지 않을 수 없었다. 위의 편찬은 천문·역수의 연구와 정리를 위한 것이었으며, 조선시대 천문학의 수준을 높이 올려놓은 성과였던 것이다.

㉷ 의약관계로는 《향약집성》과 《의방유취》가 있다. 당시 질병이 성행하여 정치적으로나 사회적으로 대단히 큰 문제였다. 백성들이 당하는 질병의 고통을 덜어주는 일은 선정을 베풀고자 하는 군주로서 관심을 갖지 않을 수 없는 중요한 문제였다. 《향약집성》은 85권 30책, 《의방유취》는 265권 264책이나 되는 방대한 편찬물로서, 광범위하게 자료를 수집하여 투약·치료기술을 집대성한 것이며 조선의 의·약 수준을 한 단계 끌어올린 획기적인 편찬사업으로 평가할 수 있다.

㉸ 농업기술관계로는 《농사직설》이 있다. 이 책은 세종이 각 도 관찰사로 하여금 경험이 많은 독농가들로부터 농업기술을 수집하게 하여 그 자료를 편찬한 것이며 우리 나라에 현존하는 가장 오래된 농서이다. 국가의 경제가 완전히 농업에 의존하던 당시에 농업기술의 발전은 국가의 부강 여부가 달려있는 중요한 문제였다. 이 책은 세종의 농업진흥을 위한 노력의 산물이라 할 수 있다.

위에서 주로 세종시대에 이루어진 편찬물을 내용별로 분류하여 간략하게 살펴보았다. 그 내용은 정치·법률·역사·유교·문학·어학·천문·지리·의약·농업 등 각 분야에 걸친 것이었다. 이 방대하고 수준 높은 편찬사업을 통하여 정치·문화·사상이 총정리되었으며 그 과정을 통하여 그 시대의 문화가

한 단계 높은 수준으로 올라갔다. 국가의 정치적 기반이 이 사업을 통하여 더욱 다져졌고 문화의 황금시대를 초래했다. 특히 국가의 유교적 의례의 정리와 경서의 언해,《삼강행실》·《효행록》의 반행은 유교사상·유교윤리를 더욱 널리 보급하여 유교사회를 이룩하는 데 크게 기여하였다.

위와 같은 중대한 과업을 담당한 주체는 집현전과 그 학자들이었다. 위에서 열거한 35개의 편찬물 가운데 집현전 현직학자가 참여하지 않은 것은《농사직설》·《무원록주해》·《역상집》등에 불과하고 나머지는 집현전에 의하여 또는 집현전 학자가 중심이 되어 이룩한 것이었다. 세종이 집현전을 설치하여 인재양성과 학문진흥을 위하여 쏟은 노력이 결실을 본 것이다. 그 후 성종대에 이루어진《경국대전》·《국조오례의》·《동국통감》·《동문선》등도 그 편찬을 주관한 인물들이 모두 집현전출신의 학자관료였다는 사실은 우연한 일이 아니다.

5) 유교적 국정운영체제의 성립

유교정치는 표방만으로 이루어질 수 없다. 유교정치를 위하여는 먼저 유교정치에 적합한 정치체제나 제도가 마련되어야 하고, 유교적 교양을 가진 군주와 관료가 있어야 하며, 정치적 안정과 왕권의 강화도 불가결하다. 왕권이 지나치게 강대해질 수 있는 정치체제하에서 왕도정치·유교정치의 실현은 어려우며 반면 신권이 과대하여 왕권을 압도하는 상태도 이상적인 것이 될 수 없다. 왕권과 신권이 조화를 이룬 가운데 신하는 왕의 권위를 존중하고 왕은 신하의 의견을 존중할 수 있어야 소위 유가에서 이상으로 하는 왕도정치의 실현을 기대할 수 있다. 이상적인 유교정치가 실현되기 위하여는 이에 적합한 정치·제도 위에 유교의 교양을 갖춘 올바른 군주와 신하가 서로 만남으로써 이루어질 수 있을 것이다.

조선 개국 당시 이성계를 새 왕조의 왕으로 추대·지지해준 것은 都評議使司와 그 임원들이었다. 도평의사사는 고려 충렬왕 5년(1279)에 기존의 都兵馬使를 개칭한 것으로서, 문무고관들의 합좌기관이었다. 조선 태조 원년(1392) 7월 문무백관의 제도를 정할 때 도평의사사는 門下府·三司의 정2품 이상, 中樞院

의 종2품 이상 고관(29명)들이 겸하는 국가의 최고기관으로 정해졌다. 비록 고려시대의 제도를 이어받은 것이라고 하나 문무고위관원들이 합좌하여 국정을 논의하도록 되어 있는 도평의사사 제도는 그 운영 여하에 따라서 유교정치에 적합한 정치체제가 될 수도 있는 것이었다.

태조 이성계의 왕권은 개국의 군주답게 확고한 것이었으나[23] 당시의 형편으로는 유교정치를 펼 준비도 겨를도 없었다. 우선 시급한 것은 왕조 교체에 따른 정치적・사회적 안정의 확보였다. 개국 초창기여서 발생하는 크고 작은 일들이 산적해 있었다. 당시 도평의사사는 최고의 정치기관으로서 국정을 상달하기도 하고 왕명을 받아 시행하는 등 정치적으로 중요한 역할을 수행하였음은 인정되지만, 태조로서는 대소 국정을 모두 29명이나 되는 도평의사사의 임원들이 모여 의논하여 처리하는 것은 비효율적이라고 인식하였던 것으로 생각된다. 따라서 태조는 국정을 도평의사사를 중심으로 끌어나간 것이 아니라 조준・정도전・남은 등 소수 재신 중심의 정치를 행하였던 것이다.[24] 정도전은 주나라의 冢宰(재상) 중심의 정치를 이상적인 것으로 강조하였는데, 그는 자신과 같은 재신이 정치권력을 장악하는 정치체제를 총재의 제도에 가까운 것으로 생각했는지 모른다. 그러나 당시 도평의사사의 임원 29명 가운데 17명이 개국공신, 8명이 원종공신으로 구성되어 있고, 52명의 개국공신과 1,400여 명의 원종공신이 있는 가운데 소수의 재신중심의 정치는 다수의 문무관료・종친・도평의사사 임원 및 공신들이 불평과 불만을 갖게 할 수밖에 없었으며, 유교정치를 펼 수 있는 이상적인 정치체제가 될 수 없었다.

「제1・2차 왕자의 난」을 주도한 芳遠이 실세가 되고 그의 의지에 따라 정종 2년(1400) 4월 도평의사사가 議政府로 개편되고 또 그가 즉위(太宗)하여 그 원년(1401) 7월에 의정부관제를 개편한 이후 태종 14년까지 의정부가 최고의 정치기관으로서 정치권력의 중심이 되었다. 그것을 소위 議政府署事制라고 한다. 의정부대신들이 국정을 논의하고 왕의 재가를 받아 정치가 이루어지는 의정부서사제는 주나라 총재의 제도에 가까운 정치체제로서 유교정치에 바람직한 것일 수 있었다. 그러나 의정부는 그 직장과 직제로 보아 강력한 정치권력

23) 崔承熙, 〈朝鮮太祖의 王權과 政治運營〉(《震檀學報》 64, 1987).
24) 崔承熙, 앞의 글(1991), 28쪽.

을 가진 최고의 관부였으므로 태종으로서는 의정부의 정치권력을 축소시키는 것이 왕권강화를 위한 중요한 방향이었다. 태종 5년 정월의 관제개혁에서 6조를 승격시키고 의정부의 서무를 나누어 6조에 돌리려 한 조치는 의정부에 집중된 정치권력을 분산시키기 위한 것이었다. 그러나 그 시도는 실효를 거두지 못하여 태종 8년(1408) 정월에 '始以議政府庶務 歸之六曹'라고 하였고 태종 14년 4월에도 '分政府庶事 歸之六曹'라고 한 것을 보면, 태종은 개혁을 기도한 지 10년이 지나서야 비로소 六曹直啓制의 실현을 보게 되었음을 알 수 있다. 그리하여 6조는 정치권력이 강화되기는 했으나 과거 의정부서사제하에서의 의정부와 같이 정치권력의 핵심기관은 되지 못하였다.

태종 14년 4월까지는 국정의 대부분이 의정부의 擬議를 거쳐 시행되었으므로 의정부의의는 의정부에 정치권력이 집중되는 데 기여하였다. 그러나 태종 14년 4월 이후는 의정부 단독의 의의는 거의 사라지고 6조의의가 의정부의의를 대신하여 나타났다. 또한 의정부·6조의의, 의정부·6조·대간 동의가 이루어졌으며 때로는 여기에 承政院·공신까지도 함께 정사를 논의하는 체제로 변화하였다. 이처럼 국정을 의정부·6조뿐 아니라 대간·승정원·공신 등 중요한 정치기관과 그 관원들이 함께 논의하게 된 정치운영체제의 변화는 과거 정치권력이 의정부 또는 몇몇 재신들에게 집중되던 체제에서 여러 관부로의 권력분산을 의미한다. 태종은 권력분산적 국정운영을 통하여 그의 왕권을 강화·유지할 수 있었던 것으로 보인다.

의정부·6조와 대간·승정원 등 중요한 정치기관이 국정을 함께 의논하는 국정운영체제라면 유교정치를 펴는 데 적합할 수 있다. 그러나 그와 같은 운영체제는 유교적 민본정치, 덕치·인정·예치를 내세우는 이상적인 유교정치를 위한 것이 아니라 태종의 왕권을 강화·유지하기 위한 것이었다. 왕권강화와 정치적 안정에 급급한 태종대에 유교정치의 실현은 기대하기 어려운 것이었다.

태종은 왕권을 강화하기 위하여 그의 치세 동안 계속 왕권을 위협하는 세력을 제거하는 데 힘을 기울였으며[25] 그의 뜻을 거스르는 언론은 용납하지 않았다. 때때로 대간의 언론은 그의 무단 앞에 완전히 봉쇄되었고 대간이 유

25) 崔承熙, 위의 글, 10~22쪽.

배되는 일이 흔하였다.[26] 태종 12년 3월 대간이 누차 朴蔓 등의 죄를 청하였으나 윤허하지 않으므로 모두 사표를 제출하였고 태종은 이를 서슴지 않고 수리해버렸다. 이에 의정부에서 대간의 복직을 청하자 태종의 답변은 '此間에 不必臺諫'[27]이라 하였다. 의정부에서 계속 대간의 복직을 청하였으나 태종은 "무릇 조종하는 권한은 나에게 있는데 어찌 의정부가 간여하는가. 이제부터 대간의 직을 혁거하겠다. 내가 전일 대간의 자리를 모두 채우지 아니한 것은 이와 같이 번거롭고 시끄러운 것을 싫어했기 때문이다"[28]라고 하였다. 이와 같이 관료들에게 무단적인 왕권을 행사한 태종대에 이상적인 유교정치를 기대할 수 없는 일이다. 유교정치의 실현은 정치체제의 적합 여부보다는 유교정치를 할 수 있는 기반의 조성과 君臣의 유교적 교양의 실천의지 여하에 달린 것이다.

정치지도자의 자질과 교양이 그 시대 정치에 큰 영향을 미치는 것은 고금이 같으나 전근대사회에서 군주의 영향은 절대적이었다. 태종 18년 6월 태종이 세자 禔(讓寧大君)을 폐하고 새 세자를 결정할 때 忠寧大君(세종)이 형 孝寧大君을 제치고 세자로 책봉될 수 있었던 것은 충녕이 효령보다 군주로서의 자질・학문・독서량에서 우월했기 때문이었다.[29] 세종은 즉위 전에 학문을 좋아하여 폭넓은 독서를 하였고 군주가 갖추어야 할 유교적 교양을 쌓았으며, 세종 2년(1420)에는 집현전을 설치하여 학자의 양성과 학문의 진흥에 힘썼다. 뿐만 아니라 자신도 경연에 힘써 학문과 교양을 넓혀 당시의 학자들도 미치기 힘들 정도로 높은 수준의 학자적 군주가 되었다. 세종재위 32년간 이루어 놓은 유교적 의례・제도의 정비, 유교정치에 기초가 되는 각종 편찬사업과 문화정리사업, 민본적 유교정치의 실현 등은 결코 우연히 이루어진 것이 아니었다.

국정운영방법은 체제가 완전히 바뀌지 않는 한 갑자기 변할 수 없다. 고려에서 조선으로 왕조가 교체되었을 때에도 고려의 정치체제가 거의 그대로

---

26) 崔承熙, 《朝鮮初期 言官・言論硏究》(서울大 出版部, 1976), 116~127쪽.
27) 《太宗實錄》 권 23, 태종 12년 3월 무술.
28) 《太宗實錄》 권 23, 태종 12년 3월 경자.
29) 《太宗實錄》 권 35, 태종 18년 6월 임오.
崔承熙, 〈太宗末 世子廢立事件의 政治史的 意義〉(《李載龒博士還曆紀念韓國史學論叢》, 1990), 329쪽.

이어졌고, 태조가 물러나고 태종이 즉위한 후에도 얼마 동안 태조대의 정치운영체제가 남아 있었던 것과 같이[30] 정치운영체제에는 관성이 있는 것이다. 세종이 즉위했으나 태종이 上王으로서 엄존하였고, 특히 군사관계는 상왕이 직접 장악하고 있었으므로 세종 4년 5월 상왕이 사망하기까지는 태종말의 국정운영방식이 거의 그대로 행해졌다. 태종은 세종에게 전위한 후에도 병권을 장악함으로써 상왕으로서의 권위와 신변의 안전을 확보·유지하려 하였다. 태종이 세종 즉위년(1418) 11월에 朴習·姜尙仁 등과 세종의 장인 沈溫 등을 그의 병권 장악에 반대하는 세력으로 몰아 제거한 사건은 상왕으로서의 권위를 확보하기 위한 것이었다. 따라서 세종은 상왕이 생존한 동안 상왕의 정치적 영향을 벗어나기 어려웠다. 왕명(敎旨·傳旨)과 별도로 상왕명 (宣旨)이 나왔고[31] 군사문제는 상왕이 의정부·6조에 동의하여 보고하라는 명령을 내리기도 하였다.[32] 또한 태종 14년(1414) 4월 이른바 6조직계제 실시 이후부터 나타나는 의정부·6조동의의 국정운영 관행이 상왕의 생존기간 계속되고 있고[33] 의정부·6조가 함께 계하기도 하였다.[34] 그러나 태종 14년 이후 의정부·6조에 대간·승정원까지 동의하게 하던 국정운영방식은 세종 즉위 이후에는 나타나지 않는다. 세종 4년 5월 상왕이 薨去하기까지는 태종의 국정운영방식에서 세종 독자적인 것으로 넘어가는 과도기였다고 보겠다.

그러나 세종 4년 5월 태종이 흉거한 이후에도 의정부·6조의 동의는 변함없이 계속된다. 세종 4년에도 '政府六曹同議'[35] '召三議政六曹參判以上議'[36] 라고 하여 국사를 의정부·6조에 논의하게 하였고, 세종 5년 이후에도 각 조에서 계한 것을 의정부·6조에 내려서 심의하게 하고 이를 숙의하여 계하도록 하였다.[37] 세종 11년 3월에는 병조에 명하여 군사관계를 의정부·諸曹와

---

30) 崔承熙, 앞의 글(1991), 23~25쪽.

31) 《世宗實錄》 권 1, 세종 즉위년 9월 갑술 및 권 4, 세종 원년 5월 기미.

32) 《世宗實錄》 권 1, 세종 즉위년 9월 무진.

33) 《世宗實錄》 권 1 세종 즉위년 9월 임신·권 7, 세종 2년 정월 무술·권 9, 세종 2년 9월 병인·권 10, 세종 2년 11월 기사 및 권 15, 세종 4년 2월 경인 등 참조.

34) 《世宗實錄》 권 8, 세종 2년 7월 정축 및 권 13, 세종 3년 8월 임진.

35) 《世宗實錄》 권 16, 세종 4년 6월 계묘.

36) 《世宗實錄》 권 18, 세종 4년 10월 임진.

37) 《世宗實錄》 세종 5년 2월 임신·권 27, 세종 7년 3월 기묘·권 41, 세종 10년

더불어 논의하게 하였다.[38] 이와 같이 중요한 국정을 該曹와 의정부·諸曹가 동의하여 계하게 하는 국정운영방법은 세종 18년 4월 이른바 議政府署事制가 실시된 이후에도 계속되었다.[39] 즉 중요한 국사를 의정부와 6조에 동의하게 한 것은 태종 14년 6조직계제 실시 이후부터 시작되어 세종 18년 의정부서사제 실시 이후에도 국정운영의 중요한 방식으로 계속된 것을 볼 수 있다. 즉 세종대에도 국정운영의 중요한 방법의 하나는 현안문제를 의정부·6조에서 논의하게 하여 이를 보고 받아 국왕이 결정하는 것이었다.

다음은 국왕이 영의정, 좌·우의정 등 대신들을 불러 국정의 중요한 문제를 의논하여 결정하는 방법이다. 세종 6년 5월에 영돈령 柳廷顯·영의정부사 李稷·좌의정 李原·우의정 柳觀과 호조의 3당상을 불러 '錢幣興用策'을 의논하게 하였다.[40] 세종 11년 7월에는 좌의정 黃喜·우의정 孟思誠·판부사 卞季良·許稠·예조판서 申商 등을 興德寺에 모이게 하고 知申事 鄭欽之를 보내 명에 보내는 金銀貢을 면제할 것을 청하는 일을 의논하게 하였다.[41] 세종 14·15년 경부터는 승정원의 知申事·代言(세종 15년 이후 승지)들을 잘 이용하였는데 특히 지신사 安崇善을 신뢰하여 자주 의정부에 보내 의정부 대신들과 국정을 의논하여 오게 하였다.[42] 이처럼 세종은 정승과 6조의 당상들을 불러 국정을 논의하게 하고 이를 참작하여 결정하는 것을 또 하나의 중요한 국정운영방식으로 이용하였다.

또한 세종의 중요한 국정방법은 많은 관료를 자주 만나 의견을 듣고 논의하여 결정하는 것이었다. 《세종실록》에서 자주 보이는 '受常參·視事·輪對·經筵'[43]이라는 기사는 세종이 얼마나 열심히 정치를 하였는가를 보여준다. 상참·시사·윤대·경연 등에서 만나게 되는 대신, 대소관료·侍臣들과 대화하고 의논하여 크고 작은 국정을 풀어갔던 것이다. 세종 26년에 貢法을 반포하기까지 15~16년 동안 중외의 관료와 많은 농민의 여론을 수렴하고

7월 신해.

38) 《世宗實錄》 권 43, 세종 11년 3월 무진.
39) 《世宗實錄》 권 72, 세종 18년 5월 신묘.
40) 《世宗實錄》 권 28, 세종 6년 5월 무인.
41) 《世宗實錄》 권 45, 세종 11년 7월 임술.
42) 《世宗實錄》 권 58, 세종 14년 2월 정유 및 권 62, 세종 15년 10월 기사.
43) 《世宗實錄》 권 51, 세종 13년 2월 경신 및 권 55, 세종 14년 정월 갑신.

수차의 시험을 거친 사실을 보면 세종이 얼마나 대소관료와 백성들의 의견을 들으려 노력하고 또 이를 정치에 반영하는 데 힘썼는가를 짐작하게 한다. 세종 13년 이후 활발해진 승정원관원의 정치활동은 세종의 적극적인 정치에 기반을 둔 것이다. 즉 비서기관인 승정원의 적극적인 이용, 지신사(都承旨)·대언(승지)과의 국정의논, 빈번한 하명(傳旨) 등으로 승정원과 그 관원의 정치적인 위상과 영향력이 높아질 수 있었다.

세종 18년(1436) 4월 소위 의정부서사제로 바뀐 것으로 되어 있다.[44] 이때에 내린 왕명(敎)의 내용이 실제 국정운영과 맞지 않게 표현되어 태종 14년(1414) 소위 6조직계제 실시 이후의 정치사 해석에 큰 혼선을 가져오게 되었다. 의정부서사제 실시를 선언한 이 왕명에서는 태종 14년 6조직계제 실시 당시 군국의 중대사는 의정부에서 회의하여 보고하게 한다고 하였으나 국정의 경중·대소 없이 모두 6조에 귀속되고 의정부에서는 국정에 전혀 관계하지 못했던 것으로 기록되어 있으나 이는 앞에서 밝힌 바와 같이 당시의 실제 국정운영상황과 크게 어긋난 것이다. 이와 같이 어긋나게 된 것은 소위 6조직계제에서 의정부서사제로 전환시키기 위하여 6조직계제의 폐단을 과장한 데서 생긴 것으로 보인다. 태종 14년 이후 의정부와 그 대신들이 국정에서 완전히 소외된 일이 없었다는 것은 앞에서 언급한 바와 같으나 왕권을 강화하기 위한 태종의 정치적 의도에 의하여 의정부·6조·대간·승정원 등 중요 정치기관의 권력을 분산시킨 상태였던 것이다.

위와 같은 국정운영체제는 유교정치를 불가능하게 하지는 않겠지만 유신들이 이상으로 생각하는 주대의 총재제와 다르다는 것은 인정할 수 있다. 세종 18년경이면 유교정치를 담당할 유신들도 충분히 배양되었고 유교적인 의례·제도도 상당 수준 정비된 상태였으므로 국정운영체제도 유신들이 이상으로 하는 총재제로 돌아갈 만한 단계에 이르렀다고 할 수 있다. 또한 당시 세종은 건강이 좋지 않았으므로 크고 작은 국정이 모두 국왕에게 폭주되는 6조직계제를 계속하는 것은 고통스러운 일이 아닐 수 없었을 것이다. 신병을 이유로 庶事를 세자에게 맡기려 한 것도 바로 이즈음이라는 사실은 우연한

44) 《世宗實錄》 권 72, 세종 18년 4월 무신.
末松保和, 〈朝鮮議政府考〉(《朝鮮學報》 9, 1956).

일이 아니다.

세종은 세종 18년 4월의 의정부서사제를 주대의 총재제에 부합하는 것으로 생각하였다. 이 때 왕명에서 보이는 국정운영체제는 다음과 같다. "6조는 각기 그 직사를 모두 먼저 의정부에 보고하고, 의정부에서는 가부를 헤아려 의논한 후 啓聞하여 재가를 받아 다시 6조에 내려 시행한다. 다만 이·병조의 제수, 병조의 用軍, 형조의 死囚 외의 刑決은 그대로 본조에서 직계하여 시행하되 곧 의정부에 보고한다. 만약 마땅치 않은 것이 있으면 의정부에서 살펴 논박하여 다시 계하여 시행한다"는 것이다. 이와 같은 국정운영은 의정부로 하여금 국정을 總領하게 하여 폭주하는 6조의 직계에서 벗어날 수 있고 인사·군사·형사 등 중요한 일들은 직접 보고 받음으로써 왕권의 유지·확보에도 유의 할 수 있는 것이다. 재상에게 국정을 위임하면서 왕권을 유지할 수 있는 이와 같은 의정부서사제를 세종은 '庶合古者專任宰相之意'[45]라고 하여 마치 주대의 총재제를 실현한 듯 得意한 모습을 보였다. 세종대와 같이 정치적으로 안정되고 왕권이 확립된 시기의 의정부서사제는 왕권과 신권이 조화를 유지하면서 유교정치를 펼 수 있는 체제였고, 고제인 총재제에도 부합되며 건강이 좋지 않은 세종에게도 부담을 덜어주는 효과도 있었다. 또한 의정부를 국정최고기관으로 하는 의정부·6조체제는 주나라 관제의 3公 6卿(3정승·6판서)과 일치하여 유교정치에 이상적인 정치체제로 이해되기도 하였다. 이와 같은 체제하에서 유자적 소양을 가진 세종과 유자적 관료들이 만남으로써 유교정치가 꽃피울 수 있었다. 이러한 정치적·문화적 분위기는 문종대에도 계속되었다.

그러나 의정부서사제는 정치가 불안해지고 왕권과 신권의 균형이 깨지면 계속 유지할 수 없었다. 단종이 12세의 어린 나이로 즉위하면서 皇甫仁·金宗瑞 등 의정부 대신들의 정치권력은 왕권을 압도하는 감을 갖게 하였으며 왕권의 회복을 명분으로 한 首陽大君의 쿠데타(癸酉靖難)와 왕위의 찬탈로 의정부서사제는 그 설 곳을 잃어버렸다. 수양대군(세조)은 즉위하자마자 왕권강화를 위하여 의정부서사제를 폐지하고 6조직계제로 개혁하였다. 이 때 대부분의 6조 당상들이 반대하였고 특히 예조참판 河緯地는 주나라의 총재제(의정부서사제)를 따를 것을 강력하게 요구하였다. 이에 세조는 하위지의 冠을 벗기고 "冢宰의

---

45) 《世宗實錄》 권 72, 세종 18년 4월 무신.

制는 君이 죽은 제도이다. 너는 나를 죽은 것으로 생각하는가"[46]라고 호령하고 杖을 치게 하고 사형에 처하려 하였다. 여러 신하들의 만류로 사형집행은 하지 않았으나 6조직계제는 그대로 강행하였다. 왕권의 일방적인 강화를 목적으로 한 세조의 6조직계제 강행은 이상적인 유교정치의 구현과 역행하는 것으로 평가할 수 있다.

세종 18년 4월 의정부서사제 이전의 국정운영체제가 유교정치를 펴는 데 전혀 합당치 않은 것이라고는 할 수 없으나 유교정치의 실현은 체제보다도 군·신의 유교정치를 위한 준비와 노력 여하에 있다고 할 수 있다. 그러나 모든 것이 준비되어 있다면 유신들이 이상으로 하는 주대의 관제, 총재의 제도 또는 그에 대신할 수 있는 제도를 채택하는 것은 바람직한 일일 것이다. 세종 18년의 의정부서사제로의 개혁은 유교정치를 위한 모든 준비가 이루어졌고 또한 세종의 개인적 필요(건강문제)가 더해 실현되었다. 따라서 이 체제로의 전환에는 어떠한 반대도 없이 시행할 수 있었다. 그러나 유교정치를 펴기에 적합하고 옛 제도에도 맞는 체제라도 정치적 불안정과 국왕의 자질·성향에 따라서는 존립할 수 없음을 볼 수 있다.

6) 유교적 민본정치의 전개

유교정치에서는 민본(民惟邦本)을 기본으로 하고 德治·仁政·禮治·愛民을 강조한다.「민본」의 민은 주로 피치자층을 의미하며 민본사상은 치자의 피치자에 대한 지배·통치를 위한 안전판적인 것이다. 그러므로 유교적 민본사상은 근대의 민본주의와는 구별되는 것이다. 그러면 조선 초기 유교정치가 실현되었다고 보이는 세종대에 민본사상이 어떻게 나타나고 있는가를 세종과 관료층의 대민의식을 통해 살펴보고 다음에 그러한 의식을 가진 정치지배층에 의한 민(백성)에 대한 정치는 어떻게 나타나고 있는가를 살펴보자.

유교의 교양을 쌓은 세종의 백성에 대한 의식은 민본을 기본으로 하여「爲民」·「愛民」·「恤民」의 정신이 나타나고 있다. '백성이 나라의 근본이다'라

---

46)《世祖實錄》권 2, 세조 원년 8월 신해.

는 말은 尙書의 '民惟邦本 本固邦寧'[47]에서 비롯하며 유교정치사상의 기본으로 되어 있다. 백성이 없으면 나라도 군주도 있을 수 없으므로 당연한 말이다. 따라서 유교정치를 표방한 국가의 위정자들이 흔히 내세우는 말이기도 하다. 그러나 세종의 민본·위민의식은 표방으로 그친 것이 아니라 그것을 정치에서 실현하려 노력했다는 사실이 중요하다. 그러면 세종의 민본·위민·애민·휼민의식이 어떠했는가를 보여주는 몇몇 사례를 들어본다.

세종 원년(1419) 2월에 내린 王旨는, 흉년이 계속되어 굶주리는 백성이 있는 것을 애석하게 생각하여 호조에 명하여 창고를 열어 賑濟하게 했으나 수령 가운데 백성들의 고통을 덜어주지 못하는 자가 있음을 유감스럽게 생각하면서 감사와 수령들에게 그 경내에 굶주리는 백성이 없도록 하라고 엄명을 내리는 것이다. 그 안에서 세종은 "만약 한 사람의 백성이라도 굶어죽는 자가 있으면 감사와 수령은 모두 '敎旨不從'의 형률로써 논죄하겠다"[48]라고 하였다. 굶주림의 고통에서 백성을 구제하는 것은 정치에서 가장 먼저해야 할 일이며, 세종의 이 왕지는 민본·위민의식에 입각한 것이었다.

세종은 신병치료를 위하여 자주 온천에 갔다. 그런데 왕의 온천행에는 막심한 민폐가 따랐다. 乘輿가 지나가기 위하여는 길을 닦아야 했고, 승여를 메는 인부만도 500여 명이 필요했으며 욕실과 거처를 지어야 했다. 수백 명에 이르는 수행인원의 숙식을 해결해 주어야 했고 그들이 저지르는 민간에 대한 작폐도 적지 않아 그 민폐는 심각한 것이었다. 세종 24년 3월 강원도 平康방면으로 온천행을 했을 때 세종은 황보인·김종서 등에게 이른 말 가운데 "내가 오는 때에 도로가 극히 평탄하여 여기에 이르렀다. 궁전 역시 장대하다. 이와 같이 큰 폐를 끼치고 여기에 편안히 앉아 있으니 마음이 편치 않다"[49]라고 하였다. 도로가 평탄한 까닭은 백성들이 길을 닦았기 때문이고 승여를 메는 인부들의 수고로 편안히 도착할 수 있었으며 수많은 사람들의 수고로 궁전까지 장대하게 지어 놓았으니 민본·위민의식이 강하였던 세종의 마음이 편할 리 없었다. 또한 지나는 길에 보이는 백성들의 굶주리고 고통스러워

47) 《尙書》 夏書, 五子之歌.
48) 《世宗實錄》 권 3, 세종 원년 2월 정해.
49) 《世宗實錄》 권 95, 세종 24년 3월 경진.

하는 모습에 세종의 마음은 편치 못하여 조섭할 일정을 앞당겨 돌아왔다.

세종은 민폐 때문에 온천행을 중단하려고 했다. 그러나 다리 병이 심해지자 세종 25년 2월 대신들의 간청에 못 이겨 온천행을 허락하면서 승지들에게 폐단이 없도록 하라고 일렀다.[50] 결국 세종은 3월에 충청도 온양온천에 행차하였고 온천욕을 마친 후에는 근방의 농민 남녀 923명에게 음식을 베풀게 하였고 인마가 밟아 손상을 입힌 온천 근방의 보리밭에 대한 손해배상도 해주도록 했다.[51] 이후 온천행에서도 세종이 경비절감과 민폐를 줄이기 위해 고심하였던 것은 그가 지닌 민본·위민의식에서 우러나온 것으로 생각된다.

세종의 민본·위민의식을 가장 절실하게 보여주는 것은 貢法의 논의와 그 결정과정으로 생각된다. 조세제도는 백성의 생활과 직결되는 것으로, 세종은 국초 이래 시행되어 온 踏驗損實法의 폐단을 절감하고 즉위초부터 새로운 세제인 공법을 모색했던 것으로 보인다.[52] 세제라는 것은 일차적으로 국가의 재정을 확보하는 데 그 목적이 있는 것이지만 세종의 공법 구상은 국가재정의 확립과 동시에 백성을 위한다는 데 의도가 있었다. 공법에 관한 논의가 본격적으로 시작된 세종 12년(1430)부터 공법이 확정된 세종 26년까지 끊임없는 논의와 연구, 중외 관료와 농민에 이르는 여론조사, 시험적 실시 등을 거친 것을 보면 세종의 민본·위민의식의 깊이를 짐작할 수 있다. 세종 19년 8월에 세종은 일단 공법의 시행을 결정하고 다음과 같이 의정부에 명령하였다.

> 지금 공법을 행함은 본래 백성에게 편하게 하고자 함이다. 생각해보면 금년 각 도의 풍겸이 고르지 않으니 신법을 시행하는 처음부터 만약 일률적으로 행하면 愁歎이 생길까 두렵다. 그러므로 금년의 전세는 경상·전라 양도는 공법에 의하여 시행하고 그 나머지 충청도는 4분의 1을 감하고 경기·강원·황해·평안 등 4도는 3분의 1을 감하고 함길도는 반을 감해준다(《世宗實錄》 권 78, 세종 19년 8월 갑자).

공법의 시행은 백성을 위한 것임을 단언하고 있다. 그런데 시행하는 처음부터 각 도의 풍흉의 정도가 각각 달랐으므로 작황에 따라 적당히 전세를 감하도록

50) 《世宗實錄》 권 99, 세종 25년 2월 갑인.
51) 《世宗實錄》 권 99, 세종 25년 3월 을유 및 권 100, 세종 25년 4월 병술.
52) 金泰永, 《朝鮮前期土地制度史硏究》(知識産業社, 1983), 265~267쪽.
李載龒, 《朝鮮初期社會構造硏究》(一潮閣, 1984), 246~260쪽.

하였다. 세종의 민본·위민정신은 여기서도 분명히 드러나고 있는 것이다.

세종의 민본·위민정신이 돋보이는 사례로 訓民正音 창제를 빼놓을 수 없다. 잘 알려진 바이지만 훈민정음 서문을 보면 漢字를 알지 못하여 자신의 뜻을 펴지 못하는 어리석은 백성을 불쌍히 생각하여 그들이 쉽게 익히고 사용하는 데 편리하게 하기 위하여 훈민정음을 창제했음을 알 수 있다. 훈민정음 창제의 중요한 동기가 백성을 위한 것이라고 한 것은 빈말이 아니라 진심으로 생각된다. 세종 26년 2월 집현전 부제학 최만리 등이 올린 훈민정음 창제 반대상소를 본 세종이 최만리 등에게 상소의 내용을 들어 따져 묻는 첫번째 대목에서 노기 어린 질책을 가하고 있다.

> 또 (설총이) 吏讀를 제작한 본뜻은 백성을 편하게 하기 위한 것이 아닌가. 만약 (이두가) 便民을 위한 것이라 한다면 지금의 諺文도 편민을 위한 것이 아닌가. 너희들이 설총은 옳다고 하고 너희 임금인 내가 하는 일은 그르다고 하는 것은 어찌 된 일이냐(《世宗實錄》 권 103, 세종 26년 2월 경자).

세종은 훈민정음 창제가 백성을 편하게 하기 위한 것임을 분명히 밝히고 있으며, 그것은 세종의 민본·위민의식에서 출발한 것으로 이해해도 좋을 것이다.

군주의 애민·휼민의식은 민이 천재지변이나 곤경에 처하게 될 때 발로되는 것이다. 그러면 세종의 애민·휼민의식은 어떻게 나타나는가 몇몇 사례를 통하여 살펴보자.

세종 19년 정월 세종은 흉년을 이유로 하3도의 進膳을 면제해 주었다. 또 경기도에 굶어죽는 자들이 많다는 소식을 듣고 경기도의 진선도 면제해 주면서 승정원에 이르기를 "인군의 직은 오로지 애민하는 것이다. 지금 백성들이 굶어죽는 것이 이와 같은데 차마 제도의 進膳을 받겠는가"[53]라고 하였다. 세종은 분명히 임금의 직은 애민하는 것이라고 하였고, 백성들이 굶어 죽는 가운데 올려보내는 반찬을 차마 먹을 수 없어 대부분의 진선을 감면해 주었다.

굶주림의 고통에서 백성을 구제하는 것은 정치에서 가장 먼저 해야 할 일이다. 조선 초기 義倉·還上·常平倉·社倉 등의 제도와 賑濟·賑恤事業은

---

53) 《世宗實錄》 권 76, 세종 19년 정월 임자.

모두 굶주림에서 백성을 구제하기 위한 것이었다. 그러나 구제책과 그 성과는 군주의 애민·휼민의식이 어떠하였는가에 따라서 다르게 나타날 것이다. 세종의 애민·휼민의식이 높이 평가되는 것은 그것이 실제 정치에서 실현되었다는 데 있다. 세종 12년(1430) 12월 세종은, 한 남자가 추위와 굶주림으로 빈사상태에 있으나 아무도 구제해주는 사람이 없다는 소문을 듣고 活人院으로 하여금 救療하게 하였고 이 일을 계기로 중앙은 한성부에서, 지방은 감사와 수령이 힘을 다하여 진제하여 혹시라도 굶주려 죽는 일이 없도록 하라고 호조에 지시하였다.54) 애민·휼민의식의 실천이라 하겠다.

또한 백성을 질병의 고통에서 구제하는 일은 정치의 중요한 과제가 된다. 군주의 애민·휼민의식의 정도는 이 과제를 대하는 군주의 조처 여하로 알 수 있다. 세종은 즉위초부터 질병에 시달리는 백성에 대한 구료에 적극적인 관심을 보여 그 해 5월에는 다음과 같은 명령을 내렸다.

> 지금 들으니 각 도에 질역이 성행하나 수령들이 힘써 구료하지 아니하여 夭死하게 한다 하니 내가 심히 불쌍하게 생각한다. 香蘇散十神湯·升麻葛根湯·小柴胡湯 등의 약을 제도 감사에게 내리니 처방에 의하여 구료하라(《世宗實錄》 권 4, 세종 원년 5월 을사).

질역으로 고통을 당하고 일찍 죽는 백성들을 딱하게 생각하여 친히 약방문을 지어 감사들에게 내려 구료하도록 한 것이다. 세종은 그 1년 전에 아우 誠寧이 瘡疹으로 위태할 때 밤낮으로 성녕 곁에서 方書(의약서)를 연구해 가면서 친히 약을 먹여 구료한 경험이 있었으므로 의약에 관해서도 상당한 조예가 있었던 터였다.

세종의 애민·휼민의식은 죄수에게도 미치고 있다. 일단 옥에 갇히면 관리들의 가혹한 고문을 받게 되고 옥리들의 불찰로 죄의 유무가 가려지기 전에 옥에서 병들고 죽는 경우가 자주 있었다. 세종은 그러한 사정을 딱하게 생각하여 죄수들의 옥중 복역조건을 개선해 주는 데까지 마음을 썼다. 다음은 세종 7년 5월에 왕이 형조에 내렸던 傳旨다.

> 옥을 두는 까닭은 죄를 징계하기 위함이지 사람을 죽이기 위한 것이 아니다.

54) 《世宗實錄》 권 50, 세종 12년 12월 병오.

> 司獄官이 마음 써 살피지 아니하여 囚人이 혹독한 추위와 무더위에 혹은 질병에 걸리고 혹은 얼고 굶어 비명에 죽는 일이 없지 않으니 참으로 불쌍하다. 중외의 관리들은 나의 지극한 마음을 따라 수시로 친히 살피고 감옥을 닦고 소제하여 항상 정결하게 하고 질병에 걸린 죄수는 약을 주어 구료하고, 옥바라지를 할 사람이 없는 자는 관에서 衣糧을 주어 구호하라. 그 중 마음 써 봉행하지 않는 자는 서울은 사헌부에서, 외방은 감사가 엄히 규찰하여 다스리라(《世宗實錄》 권 28, 세종 7년 5월 경오).

죄수에 대한 애민·흠휼 정신은 세종대에 일관되고 있어 형정에 欽恤政策이 펼쳐졌다.[55]

세종은 자신이 더위를 넘긴 경험을 죄수에게 베풀기도 하였다. 세종 30년 7월 왕은 더운 때에 동이에 물을 가득히 담아 옥중에 두고 자주 그 물을 갈아주어 죄수들이 손을 담글 수 있게 해줌으로써 더위를 먹지 않도록 하는 그러한 사례가 있는지 집현전으로 하여금 조사하게 하였다.[56] 세종은 자신이 더위를 푸는 데 사용한 방법을 죄수들에게까지 똑같이 베풀려 했으니 세종의 민본·애민의식의 실체가 어떠한 것이었는지 알 수 있다. 결국 세종의 이와 같은 뜻은 다음 달에 죄수들이 감옥에서 병들어 죽는 일을 방지하기 위한 일종의 위생관리법을 각 도의 감사에게 유시하는 것으로 나타났다. 그 첫째 내용은 앞에서 본 더위먹는 것을 방지하기 위한 것으로 '매년 4월부터 8월까지 새로 길은 냉수를 자주 갈아 옥중에 둔다'는 것이었다. 세종의 뜻은 곧바로 실천되고 있으니 세계 형정사상 이와 같은 조처는 찾아볼 수 없을 것이다. 그 밖에도 이 유시에서는 죄수들의 위생을 위하여 머리감고 몸을 씻도록 하는 일과 겨울에는 냉기를 막기 위하여 볏짚을 두껍게 깔아주는 일 등을 규정하고 있다.[57] 義禁府三覆法(원년, 2년)·笞背禁止(12년)·노비私刑禁止(12년)·빈민에 대한 收贖金 감면(21년), 濫刑禁止(21년) 등 세종대 흠휼정책은 세종의 애민·휼민의식에서 나온 것으로 생각된다.

노비는 당시 가장 낮은 신분으로서 인권이 거의 무시된 존재였다. 그러나 세종의 애민의식은 노비에게도 미치고 있다. 다음은 세종 12년 10월 왕이 代

---

55) 朴秉濠, 〈法制度面에서 본 世宗朝文化의 再認識〉(《世宗朝文化의 再認識》, 한국정신문화연구원, 1982), 120~122쪽.

56) 《世宗實錄》 권 121, 세종 30년 7월 병술.

57) 《世宗實錄》 권 121, 세종 30년 8월 무인.

言들에게 유시한 말이다.

> 옛날 公處奴婢는 반드시 아이 낳고 7일 후에 立役하였는데 아이를 두고 입역하여 어린아이를 상하게 하는 것이 불쌍하여 100일을 더 주도록 명하였다. 그러나 産日이 임박할 때까지 입역하여 몸이 피로하면 그 집에 도착하기 전에 낳는 자가 혹 있다. 산월에 임박해서 역을 한 달 면제해주는 것이 어떠하겠는가. 저들이 비록 속인들 어찌 한 달이 넘겠는가. 詳定所로 하여금 이 법을 입안하도록 하라(《世宗實錄》 권 50, 세종 12년 10월 병술).

세종은 관비의 분만휴가가 산후 7일이던 것을 100일을 가급해 주었던 데서 나아가 분만전 휴가를 1개월 더 줄 의사를 밝히면서, 분만전 휴가가 2개월이 되는 것까지 용인할 수 있다는 뜻을 전하고 있다. 즉 분만휴가로 137일(7일+100일+30일)을 제시했고 167일까지도 줄 수 있다는 것이 세종의 뜻이었다. 관비에게 이와 같은 분만휴가를 줄 생각을 한 군주는 인류역사상 그 예를 찾아볼 수 없는 일이며, 세종의 민본·애민정신의 실체가 어떠한 것인지를 웅변으로 전해 주는 것이다. 세종의 분만휴가에 대한 지시가 있은 6일 후에 상정소에서는 분만할 달과 산후 100일을 관비의 분만휴가로 할 것을 啓請하였고 그대로 결정되었다.[58]

관비의 분만휴가가 결정된 4년 후에 그 婢夫에 대한 동반휴가가 결정되었다. 즉 세종 16년(1434) 4월에 왕은 형조에 다음과 같이 교서를 내려 비부에게도 휴가를 주도록 하였다.

> 경외의 婢子는 산월과 산후 100일을 휴가로 주는 것을 이미 일찍이 입법하였으나 그 남편(婢夫)에게는 전혀 휴가를 주지 아니하고 사역하여 구호할 수 없게 하니 다만 부부가 서로 도와주는 뜻에 어긋날 뿐 아니라, 이로 인하여 혹 죽기까지 하니 진실로 불쌍하다. 이제부터 유역인의 처가 아이를 낳으면 그 남편은 30일 후에 일을 시키도록 하라(《世宗實錄》 권 64, 세종 16년 4월 계유).

관비가 분만하면 그 남편에게 30일간의 동반휴가를 주도록 하였으니 그 처의 산후 뒷바라지를 위한 것이었다. 관비에게 130일의 분만휴가를 준 사실도 놀라운 일인데 그 비부에 대한 동반휴가 조처는 세종이 아니면 생각조차 하기 어려운 일이었다.

---

58) 《世宗實錄》 권 50, 세종 12년 10월 임진.

그러면 세종대 관료층의 대민의식은 어떠했는가. 세종의 민본·위민·애민·휼민의식에 제고되었음인지 당시 관료층의 의식에도 민본·위민·휼민의 정신이 나타나고 있다. 그러한 사례를 들어보도록 하자.

세종 즉위년 10월 사간원에서 상소하여, 백성이 나라의 근본이요 식량문제 해결이 백성에게 가장 중요한 정치과제임을 전제하고, 재생산을 위한 종자의 확보와 실농한 주·군에 대한 조세의 면제를 청하였다.[59] 사간원의 상소는 민본·위민의식에 입각한 것이었다.

講武는 춘추로 거행되는 군사훈련을 겸한 수렵행사였는데 왕의 거둥으로서는 가장 많은 인원이 동원되고 민폐가 심한 것이었다. 그러나 당시 강무는 폐할 수 없는 국가행사였으므로 행하되 민폐를 줄이는 것이 군신간의 관심사였다. 세종 13년 정월 持平 許翊이 실농으로 고통받는 강원도민이 강무로 인하여 더욱 고통을 받지 않도록 啓請하였다.[60] 이 대관의 언론은 민본·위민의식에 입각한 것으로 볼 수 있다. 흉년·실농을 이유로 강무를 정지할 것을 청하는 관료들의 계청은 계속되었고[61] 그것은 백성의 고통을 덜어주기 위한 것이었다.

수령은 군주를 대신하여 직접 백성을 다스리는 관원이므로 민본·위민정치의 성취 여부는 수령에 대한 인선에 크게 좌우된다. 세종 원년 정월 경연에서 卞季良은 백성을 위한 정치에 있어서 가장 중요한 것은 수령에 대한 인선에 있다고 하였고 鄭招도 계하여 다음과 같이 아뢰었다.

> 원컨대 지금부터 수령으로 새로 제수되는 자는 전하께서 반드시 친히 인견하시어 현부를 살피신 연후에 부임하게 하면 수령은 올바른 사람을 얻게 되고 백성은 실제의 혜택을 받게 될 것입니다(《世宗實錄》 권 3, 세종 원년 정월 을해).

변계량·정초 등 대신들도 민본·위민정치의 성취 여부는 수령에 대한 인선의 적부 여부에 달린 것으로 생각하였다.

세종 7년 2월 좌사간 柳季聞 등이 상소하여 "치민의 근본은 수령보다 중

59) 《世宗實錄》 권 1, 세종 즉위년 10월 기묘.
60) 《世宗實錄》 권 51, 세종 13년 정월 계묘.
61) 《世宗實錄》 권 63, 세종 16년 정월 무술·권 111, 세종 28년 정월 갑신 및 권 123, 세종 31년 정월 신축.

요한 것이 없습니다. 수령을 적임자를 얻으면 백성이 복을 받으나 적임자가 아니면 백성이 화를 입게 되니 廉吏를 택하지 아니하고 쓰는 것이 옳겠습니까"[62]라고 하였다. 민본·위민정치를 위하여는 수령에 대한 신중한 선택이 중요함을 강조하고 탐오한 수령을 징계하여 민생을 보호할 것을 청한 것이다. 세종 22년(1440) 5월 의정부에서는 직무에 태만하여 백성에게 고통을 주는 수령에 대한 징계를 계하고 있다.[63] 이처럼 민생의 휴척과 직결된 수령의 인선을 신중히 하고 탐오하고 태만한 수령들에 대한 징계를 요청하는 관료들은 민본·위민의식에 입각하였던 것으로 생각된다.

조세·역·공물은 백성들의 가장 큰 부담이며 고통의 근원이었으므로 국왕이나 관료들에게도 관심의 초점이 되는 것이었다. 세종대의 관료들은 이 문제를 둘러싸고 생기는 백성들의 고통을 덜어주는 데 힘을 모았으며, 빈민에 대한 구제에도 관심을 쏟았다. 형정에 있어서도 관료들은 형벌을 신중히 하고 濫刑·혹형을 금지하는 데 관심을 모았다. 이러한 것들은 이 시대 관료들의 위민·휼민의식에 근거하는 것으로 생각된다.

위에서 살핀 바와 같이 세종과 그 시대 관료들이 유교정치를 성취할 수 있는 호기를 맞아 유교적 민본·위민정신과 애민·휼민의식을 지니고 유교적 민본정치를 실현할 수 있게 된 것으로 이해된다. 유교적 민본정치라는 것은 유교정치사상의 민본·덕치·인정·애민을 바탕으로 하여 백성을 위한 정치, 백성의 고통을 덜어주는 정치를 의미한다.

세종은 즉위년 11월에 중외신료들에게 유시를 내렸다.[64] 이 때의 유시 내용을 요약하면, ① 흉년중인데 營繕을 일으켜 농민을 私役하는 수령이 없도록 감사가 단속할 것, ② 교육진흥책을 강구하여 보고할 것, ③ 30년 이래 수령의 치민성적을 사실대로 보고할 것, ④ 鰥·寡·孤·獨과 疲癃·殘疾者를 구호할 것, ⑤ 수령들은 굶주리는 자가 없도록 진제에 힘쓸 것, ⑥ 가난하여 혼기를 넘겼거나 葬期를 넘긴 자는 비용을 보조할 것, ⑦ 탐관오리가 위법으로 거듭 거둬들여 민생을 괴롭히는 일이 없도록 감사는 고과에 철저

62) 《世宗實錄》 권 27, 세종 7년 2월 임인.
63) 《世宗實錄》 권 89, 세종 22년 5월 무오.
64) 《世宗實錄》 권 2, 세종 즉위년 11월 기유.

를 기할 것, ⑧ 감사는 수령이 비법으로 무고한 백성을 枉刑·濫刑하는 일이 없도록 주지시킬 것, ⑨ 鄕愿品官과 元惡鄕吏에 의한 백성들의 피해가 없도록 단속할 것, ⑩ 義夫·節婦·孝子·順孫을 널리 조사하여 포상할 것, ⑪ 水陸戰亡士卒의 자손은 復戶·敍用할 것, ⑫ 초야의 인재를 발굴·보고할 것 등이다. 위에서 ②, ⑫를 제외하면 모두 백성을 위한 것임을 알 수 있다. 세종은 즉위초부터 백성의 고통이 어디에 있는지를 정확히 알고 있었으므로 백성을 위한 정치를 할 수 있었던 것으로 이해된다.

求言은 천재지변이나 나라의 어려운 일이 있을 때 이를 해결하기 위하여 내리는 것이며 군주의 미덕으로 여겼다. 세종 원년 6월 한재가 심하여 이를 극복하기 위하여 대소신료와 한량·기로에게 구언교서를 내린[65] 이래 자주 구언하였고 구언에 대한 陳言을 일일이 열람하고 타당한 것은 채택하여 시행하게 하였다. 세종 7년 6월의 구언에 따른 진언 가운데는 예조판서 申商 등 2인이 올린 것으로, 각관 수령이 공부·요역 등의 일을 친히 처리하지 않고 下吏들에게 위임함으로써 부역이 불균등해지고 민원을 사는 폐단을 없애기 위하여 수령의 직임을 다하지 않는 자는 감사가 고찰하여 논죄하자는 것이 있다. 병조판서 趙末生 등 9인의 진언 중에는 경기의 백성들이 각종 요역에 시달려 실업할 형편에 있음을 들어 그 부담을 줄여줄 것을 청한 것이 있다.[66] 물론 이 진언은 채택되었다. 세종의 구언은 가뭄이나 재변이 있을 때 修省한다는 의미로 형식적으로 내린 것이 아니라 진정 나랏일에 어떤 문제가 있는가를 알아보고 이를 바로잡으려는 의지에서 나온 것이다. 세종의 백성을 위한 정치는 여기서부터 시작되었던 것이다.

그러나 중외신료에 대한 유시나 구언으로써 민본·위민정치가 펼쳐지는 것은 아니다. 국왕을 대신하여 방면(도)과 고을을 맡을 관찰사와 수령이 그 사명을 다할 때 유교적 민본정치가 백성에게 미칠 수 있게 되는 것이다. 따라서 감사·수령에 대한 인선에 신중을 기하였음은 물론이고 그들이 그 사명을 충실히 수행해 줄 것을 격려·당부하였다.

감사를 임명할 때에는 그 도의 중요성과 문제점을 일러주고 감사로서의

65)《世宗實錄》 권 4, 세종 원년 6월 을해.
66)《世宗實錄》 권 28, 세종 7년 6월 신유.

사명을 충실히 수행할 것을 훈유하는 교서를 내려주었다. 세종 12년(1430) 윤 12월에 예문제학 윤회가 감사에게 내리는 교서를 지어 올렸는데 그 서두는 다음과 같다.

> 왕이 이렇게 말씀하셨다. 백성은 나라의 근본이요 정치는 백성을 기르고 민생을 후하게 하여 나라의 근본을 굳게 하는 것이니 나라에서 제일 먼저 할 일이다(《世宗實錄》 권 50, 세종 12년 윤 12월 을사).

새로 임명한 감사에게 백성이 나라의 근본임을 강조하고 백성을 위한 정치를 하도록 일러주는 것이었다. 그리고 왕이 직접 그 도에 와서 다스리는 것처럼 다스리라고 당부하였다. 이처럼 간곡한 부탁을 받은 감사로서는 백성을 위한 정치에 소홀할 수 없었을 것이다. 또한 현지의 관찰사들에게 때때로 유시를 내렸는데 그 내용 중의 하나가 굶주리는 백성이 없도록 진휼에 힘쓰라는 것이었고 그 밖에 백성들의 고통을 덜어주기 위한 것들이 있기 마련이었다.

수령이 새로 임명되어 임지에 떠나기 앞서 辭陛할 때 왕이 친히 인견하게 된 것은 세종 7년경부터였다.[67] 백성에 대한 정치의 성패는 수령에게 달렸고 백성의 휴척이 수령의 현량 여부에 달려 있는 것이니 왕을 대신하여 그 고을 백성을 다스리는 수령을 왕이 친히 인견하여 선정을 당부하는 것은 당연한 일이었다. 세종 7년 12월 세종은 京畿都事 裴權·文化縣令 洪汝恭·青陽縣監 尹常·鎭川縣監 金永倫 등을 편전에서 인견하고 그 임지의 어려운 일들을 일러주고 민생을 위하여 모든 노력을 경주할 것을 당부하고 있다.[68] 이후 세종의 수령에 대한 인견은 계속되었고 세종이 당부한 내용은 시기와 지역에 따라 다르게 나타났지만 대개 흉년·실농으로 굶주리는 백성에 대한 진휼·진제와 還上斂散문제, 권농, 愼刑政(남형·혹형의 금지), 애민, 輕徭·薄賦 등의 내용이 주를 이루고 있다.

위에서 살폈듯이 세종이 관찰사와 수령이 임지로 떠나기 전에 인견하고 훈유·당부한 것은 그의 민본·위민·애민·휼민의식에 근거를 둔 것이며

---

67) 《世宗實錄》 권 30, 세종 7년 12월 을해.
68) 《世宗實錄》 권 30, 세종 7년 12월 갑술.

세종의 민본정치에 대한 확고한 의지와 이의 실천으로 백성을 위한 정치, 백성의 고통을 덜어주려 힘쓰는 정치가 실현되었다. 그 내용은 ① 조세부담의 蠲減, ② 요역의 견감, ③ 공물의 견감, ④ 진상의 減省, ⑤ 還上[환자]·진제의 시행, ⑥「欽恤之典」의 勵行 등으로 나누어 살펴볼 수 있을 것이다.

① 조세부담의 견감 ; 조세제도와 그 운영은 백성의 생활과 직결된 중대한 문제이며 또한 국가재정이 여기에 크게 의존하고 있었다. 조선은 국초 이래 租率은 수확량의 10분의 1로 하였고 조액의 산정은 踏驗損實法에 의하였다. 그런데 손실을 답험하는 관리가 공정·신중하게 정하지 못하고 또한 향리들의 작간으로「실」이「손」이 되기도 하고「손」이「실」이 되기도 하여 결국 농민들에게 지나친 부담과 고통을 줄 뿐 아니라 국고수입의 감축을 초래하였다. 세종이 즉위초부터 새로운 조세제도로서 공법에 관심을 갖게 된 것도 답험손실법에 의한 농민의 고충을 덜어주고 동시에 국고를 충실히 하기 위한 목적이 있었던 것이다.

세종은 즉위 직후부터 답험손실이 공정하게 이루어지지 않음으로써 받는 백성들의 고통을 염려하였다. 세종은 즉위년 8월에 호조에 명하여 수령과 그 委官이 행한 불공정한 손실평가를 바로잡기 위한 답험경차관이 수확 전에 도착할 수 있도록 하여 손실의 평가가 잘못 내려짐으로써 당하는 백성의 고통이 없도록 하였다. 또 私田主들의 손실평가가 작황 이상으로 매겨짐으로써 당하는 사전 佃民들의 고통도 함께 덜어주고자 하였다.[69)]

세종대에도 해마다 흉년이 많았고, 흉년이 들면 농민들은 조세를 부담할 능력이 없을 뿐 아니라 굶주리고 굶어 죽는 일까지 생겼다. 그러한 상황에서 농민들로부터 정해진 조세를 거둬들이기 어려웠다. 하지만 위정자들의 입장에서는 조세징수를 강요하지 않을 수 없었고 조세징수의 책임을 맡은 수령과 향리들에 의한 늑징과 횡포가 자행되어 농민들은 큰 고통을 당하기 마련이었다. 그러나 세종대에는 조세 감면조처가 자주 있었다. 세종 원년 정월에 江原道行臺監察 김종서가 원주·영월·홍천을 비롯한 12개 지역에 기민이 729명이 있다고 보고하면서 조세를 감면해 줄 것을 청하니 세종은 이를 허락하였다. 더구나 이러한 조치에 대하여 卞季良이 극구 반대하였으나 세종은

---

69)《世宗實錄》권 1, 세종 즉위년 8월 무술.

다음과 같은 이유를 들며 자신의 소신을 관철시켰다.

> 인군이 된 자가 백성이 굶어 죽는다는 소식을 듣고도 조세를 징수하는 것은 진실로 차마 할 수 없다. 하물며 지금 舊穀이 이미 떨어져 창고를 열어 진제를 해도 오히려 미치지 못할까 두려운데 도리어 기민에게 조세를 징수하겠는가. 또한 감찰을 보내 백성이 굶주리는 것을 보고도 조세를 덜어주지 않으면 다시 어떤 일이 백성을 위하여 혜택이 있겠는가(《世宗實錄》 권 3, 세종 원년 정월 신해).

세종 즉위초부터 보이는 이와 같은 조처는 세종의 민본·위민의식에서 나온 것이며 세종대 정치의 성격과 방향을 결정지은 것으로 생각된다. 세종 4년 11월에는 실농한 각 도 영세농민들에게 환자의 환수를 독촉하지 못하게 하였고 강원도 영서지방의 영세농민들에게는 조세를 면제해 주었다.[70] 세종 14년 7월에는 호조에 전지하여 함길도 전세의 3분의 1을 감면해 주었다.

세종은 즉위초부터 답험손실법의 폐단을 알고 있었고, 새로운 조세제도로서 구상한 공법은 결코 더 많은 조세를 부담시켜 농민을 고통스럽게 하기 위한 것이 아니었다. 세종 26년(1439) 11월 공법을 확정할 때까지 중신·근신들과 수없는 토론을 거쳤고, 세종 12년 8월에는 전·현직관료로부터 농민에 이르는 98,657명의 여론을 수렴하기도 하였고, 집현전으로 하여금 연구도 시켰으며 시험적 시행과정을 거치는 등 하나의 제도를 확정하기까지 기울인 세종의 관심과 노력은 대단하였다. 그리고 그 관심과 노력은 농민을 위한 것이었고 농민의 조세부담을 줄이기 위한 것이었다. 세종 26년에 확정된 공법의 내용은 전분 6등, 연분 9등으로 하고 조세율은 수확량의 20분의 1로 하였다. 이것은 그 실질적인 내용이 과거 10분의 1에서 그 반으로 감축된 것은 아니라 해도 농민의 조세부담을 덜어준 것은 분명하다. 공법이 확정되어 실시된 이후에도 공법의 문제점이 없지 않았으나 제도적으로는 농민의 조세부담을 경감해 주는 방향에서 공법이 추진되고 확정되었다는 점은 인정할 수 있을 것이다.

② 요역의 견감 ; 요역은 국가를 유지하기 위하여 불가피한 것으로서 백성들의 고통스러운 부담 중의 하나였다. 특히 요역에 동원되는 백성들은 식량

---

70) 《世宗實錄》 권 18, 세종 4년 11월 계미.

과 연장까지 지참해야 했고 규정된 요역 일수를 초과하는 것이 보통이었으며 성곽의 수축에는 안전사고의 위험이 컸다. 그러므로 유교적 민본정치를 표방하고 민본·위민·애민을 자주 거론하던 당시의 위정자들은 요역으로 인한 백성의 고통을 덜어주는 데 관심을 갖지 않을 수 없었다.

요역의 경중은 요역동원의 기준과 日限에 관계된다. 개국초에는 대개 인구수와 토지면적을 기준으로 요역에 차출할 사람의 수효를 산정했으나 요역에 동원하는 계절과 일한은 규정하지 못하였다. 세종 10년경부터 토지를 기준으로 5결에 1명을 넘지 않게 하였고, 일한과 동원하는 계절도 정하였다. 그 계기는 세종 12년 11월 세종이 좌의정 黃喜·우의정 孟思誠을 불러 "본국은 지금까지 役民에 定限이 없어 혹 旬月에 이르니 백성들이 심히 고통스럽다. 고제를 살펴 일수를 한정하여 순월에 이르지 않게 하는 것이 어떻겠는가"[71] 라고 한 것이었다. 결국 세종 12년 12월에, 고제에 의하여 10월에 始役하여 20일을 일한으로 하되 풍년에는 10일을 더하고 흉년에는 10일을 감하며 춘절(농사철)에는 민을 요역에 동원할 수 없도록 결정하였다.[72]

《경국대전》에는 요역의 기준과 일한을 전 1결에 '出一夫'하고 1년에 '役六日'을 넘지 않는다고 규정되어 있으나,[73] 이 규정과 실제는 크게 차이가 나고 있는 것을 알 수 있다. 《경국대전》 이후 요역의 부담이 백성들에게 무겁고 고통스러운 역으로서 이를 피하여 代立·流移하는 경우가 허다하였음은 주지하는 바이다. 그러므로 세종대의 요역부담이 《경국대전》 반포 이후의 그것보다 무거웠다고 보기는 어렵다.

세종대에는 흉년이 들면 백성들의 고통을 덜어주기 위하여 풍년을 기다려 요역을 잠정 보류할 것을 청원하였고 대개 허락되었다. 세종 27년 9월 사간원에서 흉년을 이유로 藍浦와 전라·경상도의 築城役을 풍년을 기다려 할 것을 계청하였을 때 세종은 "축성하는 까닭은 백성을 위한 것인데 흉년이 들었으니 이 역을 정지하는 것이 좋다"[74]라고 쾌히 승락하였다.「役民」은 신중히 해야 하고 백성들의 고통은 덜어 주어야 한다는 의식이 세종이나 관료

71) 《世宗實錄》 권 50, 세종 12년 11월 임자.
72) 《世宗實錄》 권 50, 세종 12년 12월 신미.
73) 《經國大典》 권 2, 戶典, 徭賦.
74) 《世宗實錄》 권 109, 세종 27년 9월 계유.

층에 모두 있었던 것이다. 그런데 요역을 강행하지 않을 수 없는 경우도 있었다. 세종 24년 6월 사헌지평 權技가 흉년을 이유로 會寧城의 축조를 잠정 정지하고 풍년을 기다려 행할 것을 계청하였을 때 세종은 흉년에 축성역에 동원되는 백성의 고통을 모르는 바는 아니나 국방을 위하여 축성역은 미룰 수 없는 일임을 토로하고 있다.75)

세종대는 세종과 관료들이 모두 요역의 고통을 덜어주려는 의식과 의지가 있었으므로 굶주리는 백성을 요역으로 몰아내는 일을 하지 않으려 하였으며, 흉년에는 축성역과 같은 고역을 잠정적으로 정지시키는 일을 군신이 합의하여 처리하였다.

③ 공물의 견감 ; 공물은 조세 다음으로 국가재정에서 큰 비중을 차지하는 것으로서 백성에게 큰 부담과 고통을 주는 것이었다. 공물은 耕田의 다소에 따라 민호에 부과되는 土産物貢으로서 풍흉에 관계없이 정부의 경비를 감안하여 그 액수를 정해 놓았고 정해진 공물의 수량은 변경할 수 없었다. 따라서 흉년으로 인하여 流移戶가 발생하면 남아있는 민호가 유리호의 부담까지 져야했으므로 큰 고통이 아닐 수 없었다. 거기에 奸吏의 작간이 있게 되면 이로 인한 민폐는 심각했다. 그리고 공물의 감면조치는 백성에 대한 특별한 은혜로서 국왕만이 내릴 수 있는 것이었으므로 그 시대의 군주와 관료층의 의식에 공물로 인한 백성들의 고통의 경중이 달려 있었다.

세종은 흉년으로 백성이 고통을 당할 때, 그들의 고통을 덜어주기 위하여 공물의 견감조치를 자주 내렸는데 다음은 세종 4년(1422) 9월 호조에 내렸던 명령이다.

> 지금 흉년을 당하여 각 사에 들이는 공물을 이미 견감토록 했으나 거둬들일 때 혹 백성을 고통스럽게 할까 두렵다. 수령들로 하여금 絲毫라도 더 걷지 못하게 하라(《世宗實錄》 권 17, 세종 4년 9월 을해).

왕이 공물의 견감조치를 취했어도 관리들이 그 뜻을 따르지 않고 백성을 괴롭히는 일이 있기 때문에 내린 명령이었다. 이 해 12월에도 기근이 심한 강원·황해·평안·함길 4도의 각 사 공물을 모두 견면해 주었다.76) 세종 8

75) 《世宗實錄》 권 100, 세종 25년 6월 갑진.
76) 《世宗實錄》 권 18, 세종 4년 12월 임진.

년 4월에는 가뭄이 심하자 세종은 호조에 "국용의 부족을 말하지 말고 견감할 수 있는 공물을 마감하여 보고하라"[77]고 명하였다. 세종 9년 4월 강원도 감사의 계에 따라서 세종은 염세는 반감해 주고 공물은 5년 동안 견감해 주었다.[78] 이후에도 흉년이 들면 그 지역의 공물을 견감해 주는 일이 계속되었다.

공물이 백성들을 더욱 고통스럽게 한 것은 그 징수과정에서의 관리들의 倍徵행위였다. 세종 12년 12월에 사헌부에 전지하기를 "수령들이 人吏·관노로 하여금 그 관의 공물을 倍數徵價하여 備納케 하니 관에서 침어함이 막심하다. 이제부터 엄히 살피라"[79]고 하였다. 공물을 정량보다 배나 징수하는 폐단을 단속하기 위하여 내린 왕명이었다. 세종 22년 8월에는 공물의 대납과 배수 수가의 폐단이 거론되었다.[80] 이처럼 공물의 징수를 둘러싼 문제들이 거론된 것은 결국 세종과 관료들이 백성들의 부담을 경감시켜 주고자 하는 의식에서 나온 것임을 알 수 있다.

④ 진상의 감생 ; 진상은 각 도의 관찰사와 兵使·水使가 그 지방의 특산물을 왕에게 올리는 것이지만 실제 부담은 백성에게 돌아가는 것이었다. 진상물품은 시기와 지방에 따라 다르며 그 가운데 중요한 것으로서 육류·어류·조류·채소 및 과일류 등 식품과 약재와 일용잡품 등이 들어 있다. 잡다한 진상 물품을 때맞춰 진상하는 일은 관찰사·병사·수사에게도 부담이 되었으나 진상품을 거두는 수령과 향리들의 횡렴과 작간으로 인해 백성들의 고통이 컸다. 그러나 국왕이 자신과 왕실을 봉양하기 위한 物膳의 진상을 減省하도록 조처한다면 그 혜택은 백성에게 돌아갈 것이다.

세종은 즉위한 다음달 흉년을 이유로 遠道에서 諸殿에 올리는 진상을 한 달에 두 차례 올리던 것을 한 차례로 줄이도록 명령하였다.[81] 세종 3년(1421)에는 수재로 인하여 제도의 진선을 못하게 하였고, 세종 7년 6월 가뭄이 심하여 진상을 줄여 주었다. 세종 22년 5월 예조참의 任從善은 당시 가뭄으로 제도의 진

77) 《世宗實錄》 권 32, 세종 8년 4월 임신.
78) 《世宗實錄》 권 36, 세종 9년 4월 임오.
79) 《世宗實錄》 권 50, 세종 12년 12월 기축.
80) 《世宗實錄》 권 90, 세종 22년 8월 을유.
81) 《世宗實錄》 권 1, 세종 즉위년 9월 무오.

상을 모두 정지시킨 조처에 대하여, 경상·전라도는 가뭄이 심하지 않으므로 예전대로 진상하게 할 것을 계청하였는데 이에 왕은 다음과 같이 일렀다.

> 진상하는 물선은 모두 백성에게서 나오는 것이나 지금 농사철인데 폐가 백성에게 미치는 것을 내가 차마 할 수 없으니 오는 가을을 기다려 예전대로 진상하도록 하라(《世宗實錄》 권 89, 세종 22년 5월 경신).

가뭄으로 고통을 당하는 백성들에게 물선진상의 부담을 덜어주려는 세종의 배려였다. 세종 25년 9월에도 함길도에 흉년이 들자 文昭殿(太祖妃 韓氏 奉安殿)의 素膳과 薦新 외에는 진상하지 말 것을 함길도 관찰사에게 명하였다.[82] 의정부·6조의 대신들이 물선진상 감생명령을 거두기를 계청하였을 때에도 세종은 가뭄으로 고통받는 농민에게 진상의 부담을 덜어주려는 배려에서 거절하였다.[83]

그러나 진상감생은 명령만으로 백성의 부담이 덜어지는 것이 아니라 그 명을 받아 시행하는 관리들의 의식과 자세에 크게 관계된다. 진상물을 거둬들이는 수령과 향리의 정직성·공정성 여부와 자세에 따라서 백성들의 고통의 정도가 정해지는 것이다. 세종도 그러한 문제점을 알고 있었으므로 세종 25년 7월에 각도 관찰사에게 전지하기를 "소문에 듣건대 각 관의 수령들이 진상을 청탁하고 민간에 취렴하여 원망이 생긴다 하니 경은 이를 엄히 금하되 만약 범하는 자가 있으면 법으로 엄중히 다스려라"[84]고 하였다. 이 전지는 진상을 빙자한 관리들의 횡포로부터 백성들을 보호하기 위한 것이었다. 진상으로 인한 백성들의 고통을 덜어주려는 세종의 배려와 노력은 세종대에 계속되었던 것을 볼 수 있다.

⑤ 환자·진제의 시행 ; 굶주리는 백성을 구제하는 제도로는 고구려에도 賑貸法이 있었고 고려시대에도 義倉을 설치한 바 있으며 조선초에도 그 제도가 계속되었다는 사실은 주지하는 바이다. 그러나 기민·궁핍자를 충분히 진제할 의창곡의 확보는 항상 어려운 일이었다. 백성이 굶주림의 고통을 당

82) 《世宗實錄》 권 101, 세종 25년 9월 임신.
83) 《世宗實錄》 권 108, 세종 27년 5월 경진.
84) 《世宗實錄》 권 101, 세종 25년 7월 갑자.

할 때 이를 구제하는 일은 국가의 책임이요 임무이다. 그러나 기민에 대한 충분한 진제·진휼이 베풀어지기 위하여는 충분한 비축과 지배층의 의지가 필요했다.

세종대에도 계속되는 흉년으로 의창곡만으로는 진제하기 어려워 군자곡이 이에 보충되었으며 의창곡에 의한 진제방법은 환자가 중심이 되었다.[85)]

세종은 즉위 직후부터 기민에 대한 진제에 강한 의지를 보였다. 그는 원년 2월에 王旨를 내려, 감사·수령들이 기민에 대한 진제에 철저를 기할 것을 명하고 만약 한 사람의 백성이라도 굶어 죽는 자가 생기면 해당 감사·수령은 '敎旨不從'의 죄로 엄단하겠다고 하였다.[86)] 이 왕지가 있은 4일 후에 호조에서는 감사·수령이 효과적으로 빈궁한 백성을 진휼할 수 있도록 그 지역의 유력한 인물을 택하여 수령과 함께 힘써 진휼하게 하고 그 잘하고 잘못하는 것을 감사와 首領官(經歷·都事)이 순회·조사하여 보고하도록 하되 진휼을 잘못하는 수령은 처벌하고 잘하는 수령은 포상하도록 할 것을 계청하여 윤허받았다.[87)] 세종 즉위초부터 기민·궁핍자에 대한 진휼의 의지는 세종과 관료간에 확고하였음을 알 수 있다.

세종 4년 7월에는 전국에 기근이 들어 8도에 경차관을 파견하여 의창을 열어 진제토록 하였고, 수령이 힘써 살피지 아니하여 백성이 굶주린 자가 생기면 3품 이상 수령은 왕에게 보고하여 논죄하게 하고 4품 이하 수령은 직접 처벌하도록 하였다.[88)] 이와 같은 조처는 당시 수령 중에는 진제에 힘쓰지 않는 자가 있음을 전해주며 그러한 수령을 제재할 수 있는 권한을 경차관에게 부여하면서까지 철저한 진제가 이루어질 수 있도록 노력하고 있음을 볼 수 있다. 그러나 진제경차관의 파견만으로 만족할 만한 진제가 이루어질 수 있었던 것은 아니었다. 경차관의 순찰도 형식적인 수준에 머물어 별 효과를 얻지 못하였으므로 세종은 이 해 10월 기근이 매우 심한 강원·평안 양도에 새로 경차관을 파견하였고[89)] 12월에는 각 도 관찰사에게 도내 기민의 수효

85) 金勳埴, 《朝鮮初期 義倉制度硏究》(서울大 博士學位論文, 1993), 50~133쪽.
86) 《世宗實錄》 권 3, 세종 원년 2월 정해.
87) 《世宗實錄》 권 3, 세종 원년 2월 신묘.
88) 《世宗實錄》 권 16, 세종 4년 7월 갑자.
89) 《世宗實錄》 권 18, 세종 4년 10월 정해.

를 갖추어 보고할 것을 명하였다.[90] 군신간의 초미의 관심은 「救荒之政」에 있었던 것이다.[91]

기민에 대한 환자・진제는 해당도 감사의 기민수에 대한 계문과 호조의 계를 통해 왕의 허락을 받고 시행되었다. 그리고 기민에게 지급되는 곡식을 추수 후 본곡을 환수하는 환자로 할 것인가 아니면 무상으로 지급되는 賑濟로 할 것인가는 국왕의 결정에 의하였다. 세종 5년 2월 황해도 경차관이 실농한 遂安・谷山・瑞興 등지의 기민에게 지급한 미・두 408섬을 환자로 시행하여 추수 후 환수할 것을 계청하였을 때 세종은 진제로 시행하라고 명하였다.[92]

환자가 지급되는 한 환자곡의 환수문제도 계속될 수밖에 없었다. 그러나 실농한 백성으로부터 여러 해 밀린 환자곡을 일시에 모두 징수하려 하면 그 백성들은 유리할 수밖에 없게 되므로 세종은 그 백성의 형편을 보아 징수하라고 전지하였다.[93] 환자곡을 환납하기 어려운 백성들의 고통을 생각하면 '蠲減之命'을 내리고 싶었으나 그렇게 하면 백성들이 요행을 바라 환납하지 않는 자가 많아질 것이므로 그리할 수도 없었다.[94] 당시 환자곡의 체납이 얼마나 심하였는가는 세종 17년(1435) 11월에 호조에 내린 전지를 보면 짐작할 수 있다.

> 갑진년(세종 8년) 이전의 환자를 다 거둔 후에 그 이후의 환자를 거두도록 이미 입법하였으나 積年 환자가 자못 많아 만약 本色(米穀)으로 거두면 비록 풍년이라도 필납하기 어려우니 갑진년 이전의 환자는 자원에 따라 포화로 거두고 을사년(세종 9년) 이후의 환자는 오래된 것부터 거두는 것을 항식으로 한다. 위반하는 자는 解由를 주지 않는다(《世宗實錄》 권 70, 세종 17년 11월 을해).

10년 묵은 환자가 쌓여 있었으나 환자를 먹은 백성들에 대한 세종의 배려가 어떠하였는가를 알 수 있다. 환자곡의 지급과 환수는 민생과 직결된 중요한 문제였으므로 이를 둘러싸고 군신간의 의논이 많았다. 세종도 환자의 환수는 불가피한 것으로 인정했으나 환자곡을 먹은 백성의 형편을 고려하지

90) 《世宗實錄》 권 18, 세종 4년 12월 병술.
91) 《世宗實錄》 권 18, 세종 4년 12월 정해.
92) 《世宗實錄》 권 19, 세종 5년 2월 기묘.
93) 《世宗實錄》 권 50, 세종 12년 11월 임인.
94) 《世宗實錄》 권 70, 세종 17년 11월 임신.

않고 일률적으로 독징하여 원망을 사는 일이 없도록 빈궁한 백성에 대하여 배려할 것을 의정부에 전지하고 있다.[95] 그러나 환자의 독징은 없을 수 없었고 환자를 먹은 백성들의 고통도 계속될 수밖에 없었다. 세종 31년 6월 가뭄을 이유로 세종 26년 이전 환자의 5분의 1을 감해준 조처는 빈민들에게 5년 이상 묵은 환자의 부담을 덜어주기 위한 것이었다.[96]

기민에 대한 무상 구제인 진제는 해당 도의 감사의 보고가 있은 후에 시행하는 것이 원칙이나 감사의 구체적인 보고가 있을 때까지 진제를 늦추면 기민이 굶어 죽을 가능성이 있었다. 세종 9년 8월 세종은 평안·황해도에 실농한 기민에 대한 진제를 국고로써 하되 감사의 보고 이전에 조금씩 분급하여 굶지 않도록 하고 진제를 시작한 날짜와 기민의 수효를 추후에 갖추어 보고하라고 전지하였다.[97] 이미 세운 규정에 구애받지 않고 우선 기민의 진제를 명할 수 있었던 것은 세종의 민본·애민의식의 소이로 이해된다. 그러나 모든 기민에 대한 진제는 의창과 국고의 사정상 불가능하여 진제의 대상은 선별하지 않을 수 없었으므로 세종 18년 9월에는 의지할 토지나 친척이 있는 사람은 다만 환자를 지급하고 의지할 바가 없는 자에게만 진제를 주도록 하였다.[98]

진제·진휼을 시행함에 있어 수령과 감사가 관할지역의 기민을 두루 살펴 고르게 진휼하기란 불가능하였다. 따라서 세종 26년 윤7월에는 그 관내의 기민에 대한 진휼을 수령 혼자서 살피기 어려우므로 4품 이하 6품 이상 적격자를 매 90호에 1명을 택정하고, 관내에 그러한 사람이 없으면 下番한 甲士와 別侍衛 등을 차출하여 진휼하는 일을 돕도록 하였다.[99] 또 도내의 기민을 감사와 수령관이 나누어 순시한다 해도 궁벽한 촌락까지 제때 살펴 진휼할 수 없으므로 朝官을 경차관으로 파견하여 진휼하는 일을 돕도록 하였다.[100] 기민을 기아의 고통에서 구제하려 한 위정자들의 노력은 적어도 세종대에 있어서는 현저하게 나타나고 있는 것을 볼 수 있다.

⑥「欽恤之典」의 勵行 ; 형정의 공정성 여부는 그 시대 정치의 수준을 가

---

95) 《世宗實錄》 권 79, 세종 19년 12월 갑자.
96) 《世宗實錄》 권 124, 세종 31년 6월 경술.
97) 《世宗實錄》 권 37, 세종 9년 3월 정묘.
98) 《世宗實錄》 권 74, 세종 18년 9월 정유.
99) 《世宗實錄》 권 105, 세종 26년 윤 7월 무술.
100) 《世宗實錄》 권 115, 세종 29년 12월 기유.

늠할 수 있게 하는 잣대가 되며 민생의 휴척과 관계되는 것이다. 형정이 공정·신중하지 못하면 무고한 백성이 죄수가 되고 혹독한 고문으로 억울하게 사망하는 일이 생길 수 있다. 유교사상으로 교양을 쌓은 당시의 위정자들은 형벌이 맞지 않아 억울한 사람이 생기면 천지의 화기를 상하게 하여 천재지변이 나타나게 되는 것으로 믿었다. 따라서 형정을 공정·신중하게 펴는 것이 그 시대정치의 중요한 일부였던 것이다.

형정에서 가장 중요한 일은 백성이 죄를 짓지 않도록 하는 것이다. 백성 중에는 몰라서 죄를 짓는 경우도 있는 것이다. 세종 14년(1432) 11월에 세종이 중신들에게 이르기를 "비록 백성에게 律文을 모두 알게 할 수는 없으나 대죄의 條科를 따로 뽑아 吏文으로 번역하고 민간에 頒示하여 愚夫愚婦로 하여금 알아서 피하게 하는 것이 어떠하겠는가"라고 하니 이조판서 許稠는 율문을 알고 弄法하는 폐단이 있을 것을 걱정하였다. 이에 세종이 이르기를 "그러면 백성으로 하여금 알지 못하고 범하게 하는 것이 옳은가. 백성이 법을 알지 못하는데 그가 범한 것을 죄주는 것은 朝四暮三의 術과 가깝지 않은가. 조종께서 讀律之法을 세운 것은 모두 이를 알게 하고자 함이다. 경들은 고전에서 살펴 의논하여 보고하라"[101]고 하였다. 백성으로 하여금 법을 알게 하고 죄를 짓지 않도록 해야 한다는 세종의 법 정신은 세종대의 법 운영의 수준을 짐작하게 하는 것이다.

세종대에도 10악에 해당하는 중죄인과 절도범에 대하여는 엄중히 다스렸으나 일반 범죄에 대하여는 寬典을 베풀었다. 세종 4년에 흉년이 들어 금주령을 내린 바 있는데 이에 따라 금주령을 범한 자는 '制書有違'의 형률이 적용되었다. 그런데 豪强한 자들은 금령을 피하고 무식하고 힘없는 백성들만 걸려들었으므로 범금자에 대하여 '制書有違'의 중형에서 '違令'의 경형으로 관전을 베풀게 하였다.[102]

죄수 중에는 진범도 있고 혐의자도 있으며 억울하게 갇힌 사람도 있을 수 있다. 어떤 경우이든 감옥의 시설부실과 관리소홀로 죄수의 건강을 해치거나 사망하는 일이 있어서는 안될 것이지만 당시에는 흔히 있는 일이었다. 세종 7년 5월에 형조에 내린 전지에서는 죄수들의 고통이 되는 추위·더위·음식·

---

101) 《世宗實錄》 권 58, 세종 14년 11월 임술.
102) 《世宗實錄》 권 18, 세종 4년 12월 무술.

위생문제까지 배려하고 이를 개선하도록 명령하고 있다.[103] 세종 21년 2월에 여름에는 시원하고 겨울에는 따뜻한 감옥의 설계도를 각 도에 보내 관찰사들이 그 설계도를 참작하여 감옥을 짓도록 한 것과[104] 세종 30년 8월에 죄수들이 더위를 피하고 위생적으로 복역할 수 있도록 한 것이[105] 옥수들을 위한 구체적인 조처였다.

형정에서 가장 중요한 문제는 판결의 공정성 여부이다. 무고한 사람이 죄인이 되고 경범자가 중벌을 받게 되는 경우는 고금을 막론하고 얼마든지 있다. 위정자의 선정 여부는 형정의 공정성 여부로 가늠할 수 있는 일이며 형정의 운영 여하가 백성에게 미치는 영향은 큰 것이다. 세종은 동왕 12년 12월에 상정소에 내린 교서에서 다음과 같이 중죄인에 대한 공정한 판결을 위한 절차를 제시하였다.

> 형옥의 일은 애매하고 분명하지 않아 한두 사람이 辨析할 수 있는 것이 아니다. 외방의 死刑은 따로 差使員을 정하여 본관수령과 함께 추핵하고 감사가 친문한 후에 형조에 이관하는 것이 이미 성헌되어 있다. 그러나 관리가 추핵할 때에 혹 소견이 같지 않고 혹 시행하는데 어려워 生을 死로 하고 사를 생으로 하는 자가 간혹 있다. 이제부터 차사원은 본관수령과 함께 추고하여 감사에게 보고하면 감사는 타관에 移囚하여 다시 다른 차사원 2인을 정하여 고핵케 한 후에 감사가 친문하고 형조에 이관하는 것을 항식으로 삼는다(《世宗實錄》 권 50, 세종 12년 12월 경오).

생사가 달린 死罪에 대한 재판은 지방에서도 3심을 한 후에 형조에 이관하도록 하여 억울하게 사형을 당하는 일을 예방하려 한 것이다. 세종 13년 5월 세종은 知申事 安崇善에게 중외관리의 오판이 많아 생·사가 바뀌는 일이 있음을 이르고 집현전으로 하여금 역대 오판사례를 초록하게 하고 안숭선에게도 江湖紀聞 안에서 오판사례를 초하여 보고하라고 하였다.[106] 그 4일 후에 세종은 역대 오판사례를 중국과 우리 나라의 예를 들어 재판을 공정·신중히 처리할 것을 하교하였다.[107]

---

103) 《世宗實錄》 권 28, 세종 7년 5월 경오.
104) 《世宗實錄》 권 84, 세종 21년 2월 신해.
105) 《世宗實錄》 권 121, 세종 30년 8월 무인.
朴秉濠, 앞의 글, 121쪽.
106) 《世宗實錄》 권 52, 세종 13년 5월 경인.
107) 《世宗實錄》 권 52, 세종 13년 5월 갑오.

공정한 재판을 하기 위하여 필요한 것은 범죄사실을 밝히기 위한 신문이다. 그런데 당시의 신문은 바로 고문을 의미하며 형틀과 笞杖부터 준비되었다. 그리하여 신문과정에서 죄의 유무와 관계없이 병신이 되거나 사망하는 경우가 생겼으므로 남형금지의 왕명이 자주 내려졌다. 세종 12년 10월에 형조에 내린 교지는 그 한 예이다.[108] 세종 12년 11월에 죄인에게 등을 때리는 형벌을 官門이든 私門이든 금지할 것을 전지하였다.[109] 이는 등을 상하게 하여 사망하는 자가 자주 생겼기 때문이다. 세종 13년 12월에는 죄의 경중과 관계없이 태장을 함부로 치지 못하도록 형조에 전지하였다.[110] 백성들이 억울하게 당하는 형장의 고통을 덜어주기 위한 것이었다. 세종의 합리적인 법운영 정신을 엿보게 하는 것이다. 세종 21년 2월 의정부에서도 남형·혹형을 일체 금지시킬 것을 계청하여 윤허되었다.[111] 이처럼 군신간에 남형·혹형을 금지시키려는 노력이 계속되었음에도 불구하고 일체 근절시킬 수는 없었다. 세종 27년 11월 형조에 내린 전지에 "비록 사형수라도 삼가 함부로 형장을 가하지 말며 栲訊할 때마다 힘써 긍휼을 다하여 나의 뜻에 부응하라"[112]고 한 것은 세종대 형정이 欽恤에 힘써온 것을 한마디로 전해주고 있는 것이다.

조선은 개국초부터 유교정치를 표방했으나 유교정치는 표방만으로 실현될 수 있는 것은 아니었다. 태조대에는 개국초창기였으므로 우선 정치적·사회적 안정이 필요했고 국가의 기틀을 갖추기에도 겨를이 없었다. 태종대에는 정치적 안정과 왕권의 강화에 급급하였으므로 유교정치의 실현은 세종대를 기대할 수밖에 없었다.

세종은 재위 32년 동안 유교정치의 기틀을 확립했고 또 꽃피웠다. 집현전을 설치하여 많은 유학자적 관료들을 양성했고 그들을 동원하여 유교적 의례·제도를 정비하였으며, 유교정치의 기반을 다지는 각종 편찬사업과 문화정리사업을 펼쳤다. 실로 유교정치의 기반이 확고해졌고 민족문화를 한 단계 높은 수준으로 끌어 올렸다. 특히 세종대의 민본정치는 이 시대 유교정치의

108) 《世宗實錄》 권 50, 세종 12년 10월 을미.
109) 《世宗實錄》 권 50, 세종 12년 11월 무오.
110) 《世宗實錄》 권 54, 세종 13년 12월 신해.
111) 《世宗實錄》 권 84, 세종 21년 2월 신해.
112) 《世宗實錄》 권 110, 세종 27년 11월 정해.

참모습이 어떤 것이었는가를 보여주는 것이었다. 군신이 민본·위민·애민·휼민의식을 지니고 백성을 위한, 백성의 고통을 덜어 주기 위한 노력은 돋보이는 것이었다. 세종과 세종시대의 역사를 높이 평가할 수 있는 근거가 또 여기에 있는 것이 아닌가 한다.

〈崔承熙〉

3. 왕권의 재확립과 제도의 완성1)

1) 수양대군의 왕위찬탈과 그에 대한 반발

(1) 수양대군의 왕위찬탈

세종은 태종이 薨逝한 동왕 4년(1422)부터 친정을 행하면서 강한 의지력, 호학과 근면한 정사를 통하여 왕권을 안정·강화하였으며, 정치·경제·사회·문화 등 문물을 크게 정비하고 발전시켰다. 그렇지만 세종 18년에는 강력한 국왕 중심의 국정운영에서 의정부의 국정참여를 확대하는 방향으로의 전환이 있게 되었다. 즉 세종은 건강의 악화로 정사가 국왕에게 폭주하는 六曹直啓制를 감당하기가 어렵게 되었는데, 이 때 의정부에는 黃喜·孟思誠·許稠 등의 경륜과 재덕을 구비한 인물이 재직하고 있었다. 세종은 議政府署事制를 부활시켜 의정부대신으로 하여금 6조의 정사를 통괄하게 하였고, 이로써 자신의 정사에 대한 부담은 크게 줄어들었다.

의정부서사제하의 의정부는 처음에는 국왕과 6조의 중간에서 원만하게 국정을 통괄하였고, 세종의 정사 부담도 경감시키는 효과를 거두었다. 그러나 세종 25년경을 전후하여 왕은 신병이 악화되어 정사를 직접 재결하기가 어렵게 되었고, 왕세자로 하여금 정무를 대행시키기에 이르렀다. 세종 24년에 왕세자로 하여금 서무를 재결시키기 위하여 詹事院을 설치하고, 27년부터는 왕세자로 하여금 서무를 재결하게 하였다. 그런데 왕세자 또한 질병으로 정

---

1) 이 논제를 다룬 선행연구로 韓永愚, 〈王權의 確立과 制度의 完成(世祖-成宗)〉(《한국사》 9, 국사편찬위원회, 1973)이 참고된다.

사를 제 때에 처결하지 못하는 경우가 많았고, 특히 세종 28년(1446) 5월과 세종 31년 11월부터 32년 윤 정월까지는 세종이 다시 서무를 재결하여야 하였다. 이러한 상황에서 의정부는 세종의 신임이 두텁고 능력이 출중한 皇甫仁·金宗瑞 등의 재직에 힘입어 정치력을 크게 강화시켰다.

문종은 37세로 등극하여 왕세자 때에 쌓은 정치력과 학문을 바탕으로 언로를 확대하고 문·무신을 병용하며 병제개편을 도모하는 등 신망 받는 정치를 베풀었다. 그러나 건강상 의정부를 중심으로 정치를 행할 수밖에 없었고, 이에 따라 의정부는 기능이 더욱 강화되었다.

단종은 12세의 나이로 즉위하였기 때문에 문종의 고명을 받은 황보인·김종서 등 의정부대신의 국정전단을 불가피하게 하였다. 그리하여 단종초에는 의정부가 이·병조를 지휘하면서 인사를 전횡하는「黃標政事」가 자행되었다. 史官 李承召는 의정부의 국정전단에 대해 다음과 같이 기술하였다.

> 人主는 손하나 움직일 수 없는 괴뢰적인 존재로 전락되고, 백관은 왕명을 거들떠보지도 않았으며, 의정부가 있는 것은 알겠으나 군주가 있는 것은 알지 못한 지가 오래되었다(《世祖實錄》 권 2, 세조 원년 8월 임자).

단종초의 이와 같은 왕권실추와 의정부 기능의 극대화는 왕위에 욕심을 가진 首陽大君을 격분시키고, 그가 정변을 일으키게 하는 계기를 제공하였다.

단종 즉위초의 의정부는 유약한 국왕의 보호를 표방하면서 왕의 숙부인 수양대군과 安平大君의 정치개입을 금지하고, 集賢殿과 臺諫의 언론활동을 억압하였다. 또 왕 측근에 포치된 內禁衛의 개편을 추진하고, 內侍府의 정사 참여를 금지하였다.

단종초 왕실의 사정을 보면, 모후 顯德王后 權氏는 세종 23년에 사거하였고, 문종은 정비를 들이지 않고 세종의 후궁인 惠嬪楊氏로 하여금 궁중의 일을 관장하게 하였다. 또한 단종의 누이인 敬惠公主도 20여 세에 불과하였으므로 단종을 후원할 세력이 없는 상황이었다. 이에 반하여 종친들 중에는 장년으로 유능하며 야심이 큰 수양·안평대군 등이 있었다. 수양대군은 세종대에 內佛堂의 설치, 불서의 번역, 향악의 악보편찬 등의 일을 감독하였고, 문종대에도 병서와 진법의 편찬을 지휘하였다. 또 문종 원년에 범법승려를 임의로 解枷하여 사저로 데리고 가는가 하면, 단종초에는 權擥·申叔舟 등의 문신을 포섭하고 韓明澮·洪達孫·楊汀 등 무신과 내금위 무사를 규합하는 등 기회를 엿보고 있었다. 안평대군도 김종서·집현전학사와 교유하는 등 세력을 강화하였다. 의정부대신은 수양대군·안평대군 등에 대하여 정치의 참여를 금지하고, 奔競금지 대상에 포함시켰다. 분경금지는 두 대군의 강력한 반대로 곧 철회하였지만, 정치참여는 계속 억제되었다. 그리하여 두 대군은 의정부에 반발하면서 정치참여를 도모하고, 그 추종자의 규합을 확대하여 나갔다.

집현전(출신)관과 대간은 문종의 그들에 대한 중용책에 힘입어 많은 중견 인물이 대간으로 진출하면서 영향력을 강화하여 나갔다.[2] 이러한 경향은 단종초로 이어져 집현전(출신)관인 趙峿(直提學에서 執義)·金禮蒙(직제학, 집의)·李塏(직제학, 집의)·河緯地(直殿, 집의)·신숙주(직제학, 집의)·李克堪(檢詳, 持平)·柳誠源(副校理, 지평)·成三問(직제학, 右司諫)·尹起畎(부교리, 지평) 등이 대간으로 진출하였다. 또 대간인 조어(집의, 부제학)·하위지(집의, 직제학)·유성원(지평, 교리)은 대간을 거쳐 집현전에 복귀하였다. 이들 대간과 집현전관은 언론활동을 통해 의정부대신의 정치권력을 축소하고 그 전횡을 견제하고자 하였다. 犯贓者인 郭保民의 告身還給, 문종 薨逝와 관련하여 피죄된 典醫監聽直(前典醫監正) 全循義의 放役 등을 시행한 의정부를 강력히 탄핵하였다. 그러나 대간의 언론활동은 단종이 일방적으로 의정부를 옹호하고, 의정부에서 대간의 국왕면대를 차단하고 의정부에 비판적인 대간을 체직하는 등 탄압을 받아 좌절되었다.[3] 그리하여 집현전과 대간은 하위지가 "늙은 여우(김종서)가 죽으면 내가 다시 관직에 돌아올 것이다"[4]라고 하였듯이 공공연히 집정자를 배척하였고, 성삼문과 유성원도 황보인·김종서의 인사전횡을 비판하는 등 의정부를 비판하고 배척하였다. 이에 癸酉靖難이 일어나자 상당수의 집현전관과 대간은 이에 직접 참여하거나, 중립적인 태도를 취하게 되었다.

2) 대간으로 진출한 인물에는 崔恒(직제학에서 좌사간)·하위지 (?, 장령)·宋處儉(?, 우헌납)·朴彭年(직제학, 집의)·金淡(지승문원사, 장령)·魚孝膽(직전, 집의)·신숙주(응교, 장령)·尹子雲(수찬, 좌헌납)이 있었다. 대간을 거쳐 집현전으로 돌아간 인물은 김담(장령, 직제학)·하위지(장령, 직전)·신숙주(장령, 직제학)·윤자운(좌헌납, 응교)이 있었다.

3) 《端宗實錄》 권 7, 단종 원년 7월 경오.

4) 《端宗實錄》 권 7, 단종 원년 7월 기묘.

내금위는 국왕이 직접 장악하여 왕권을 뒷받침하게 하는 군사적 기반이 되었는데, 단종초에는 의정부대신인 김종서 등이 내금위의 지휘에 간여함은 물론, 공공연히 그 인원의 감축 등 개편을 도모하였다. 이러한 상황에서 내금위(출신) 무사는 의정부에 반발하여 정변 당일에 楊汀·柳洙·洪順孫이 수양대군을 수종하여 김종서를 격살하는 행동대원으로 참여하는[5] 등 계유정난 당시에 군사력을 제공하였다.

내시부는 왕권이 강력한 시기에는 상당한 영향력을 발휘할 수 있었지만, 단종초에는 왕권이 미약하고 의정부의 전횡으로 그 기능이 위축되고 억압되었다. 이에 내시부관인 嚴自治·田畇 등은 제신의 국왕면대는 반드시 승정원을 경유하도록 한 의정부의 지시를 어기고 수양대군의 단종 상견을 주선하고, 단종이 수양대군에게 호감을 갖도록 작용하는 등 의정부에 반발하였다.

집현전과 대간·내금위·내시부의 의정부에 대한 반발은 이들과 수양대군의 결합을 촉진하는 계기가 되었고, 수양대군에 의한 계유정난이 성공하는 토대가 되었다.

수양대군은 의정부의 종친정치 배제에 대한 반감과 의정부의 전횡에 대한 내외의 비판여론을 기화로 먼저 권람·한명회 등을 심복으로 삼고, 내시부·내금위관을 포섭하여 단종의 호감을 얻고 군사력을 구축하였다. 단종 원년(1453) 10월에는 정변을 일으켜 안평대군을 추대하려는 역모를 꾀한다는 죄목으로 집정대신인 김종서·황보인을 살해하였으며, 이들을 보좌한 李穰·趙克寬 등을 궐내로 불러들여 살해하고 정권을 잡았다. 이 직후에 안평대군을 유배하였다가 사사함으로써 정권의 기반을 굳혔다.

수양대군이 정변을 일으킨 단종 원년 이후는 황보인·김종서 등에 의한 전횡은 종결되었지만, 새로이 수양대군 일파에 의해 전횡이 행하여졌다. 수양대군은 정변과 함께 領議政府事로서 判吏·兵曹事를 겸하고 이·병조의 인사 등 국정 전반을 총괄하였고, 李澄玉이 난을 일으키자 內外兵馬都統使가 되어 군사까지도 총령하였다.

이에 이르러 단종의 왕권은 더욱 약화·고립되고, 유교적 군신관에 입각하여 왕위를 유지하기에 급급하였다. 수양대군 일파는 유교적 명분의 저촉을

5) 李肯翊,《燃藜室記述》권 4, 端宗朝故事本末 世祖靖難.

극복하기 위해 단종의 선위를 강요하였고, 급기야 단종 3년 윤 6월에 단종의 양위를 받아 수양대군이 즉위하였다.

(2) 수양대군의 왕위찬탈에 대한 반발

수양대군의 집권에 대한 최초의 반발은 계유정난 직후 咸吉道兵馬都節制使인 이징옥에 의해 일어났다. 이징옥은 세종 4년(1422)에 慶源鎭僉節制使가 된 이후 세종 25년까지 그 대부분의 시기에 걸쳐 평안·함길도의 병마도절제사 이하 각급 관직을 역임하면서, 김종서와 쌍벽이 되어 6진을 개척하고 야인을 방어하였다.[6] 이어 문종 즉위년(1450) 8월에는 다시 함길도병마도절제사가 되었고, 계유정난 때에는 崇政大夫判中樞府事兼咸吉道兵馬都節制使로서 동북지방을 진무하고 있었다.

수양대군과 그 일파는 이징옥이 김종서의 당이라 하여 그의 제거를 도모하였다. 그리하여 정변 당일 비밀리에 이징옥을 파면하고 朴好文을 함길도병마도절제사에 임명한 후 그로 하여금 이징옥을 경사로 압송하여 처단하려 하였다. 이징옥은 자신의 제거계획을 눈치채고 박호문을 참살한 후 두만강을 건너가 야인을 규합하여 독립할 것을 도모하였다. 북으로 진군하여 종성에 머무르면서 도읍을 五國城에 정하고 大金皇帝를 자칭하였으며, 여진족에 격문을 보내 후원을 요청하였다. 그러던 중 그를 수종한 護軍 李行儉과 鐘城判官 鄭種의 야습을 받고 피살되었다.

성삼문·박팽년·하위지 등은 계유정난 이후 세조 2년(1456)에 걸쳐 세조의 집현전관 융화책에 따라 공신에 책록되고 승지와 6조의 참판 등에까지 오르는 우대를 받았다. 그러나 비판의식이 예리하고 유교적 명분론이 몸에 배인 이들로서는 계유정난은 방관하였지만, 단종의 양위와 세조의 즉위는 수긍할 수 없는 일이었다.

성삼문·박팽년·하위지·이개·유성원 등의 집현전 출신 관인과 군권을 관장한 成勝·兪應孚·金文起 및 단종의 외숙인 權自愼 등은 단종의 양위 직후부터 세조를 제거하고 단종을 복위할 것을 모의하고, 단종의 내락을 받았다. 이어 세조 2년 6월에 상왕·왕·세자가 창덕궁에 입석하여 세조의 誥

---

6) 金成俊, 〈李澄玉과 六鎭〉(《史叢》 12·13, 高麗大, 1968), 473~493쪽.

命을 가지고 온 명사 尹鳳 등을 위한 환영연 자리에서 왕과 세자를 죽이고 단종을 복위시키기로 하였다. 그런데 거사 당일에 직접 세조를 참살하기로 된 別雲劍이 폐지되고 세자가 불참함에 따라, 거사의 완전한 성공을 위하여 일단 후일로 연기하였다. 그러나 이 직후 金礩이 거사의 성공에 회의를 품고 그 내용을 장인인 議政府左贊成 鄭昌孫에게 고하였고, 정창손이 이를 세조에게 고함으로써 성삼문 등이 伏誅되고 이 거사는 좌절되었다. 이 사건을 「死六臣事件」이라 하며 이 여파로 상왕은 魯山君으로 강봉되었고, 곧 '폐서인' 되어 영월에 유배되었다.

세조 3년에 다시 錦城大君 등의 단종복위기도가 있었다. 금성대군은 세종의 6남으로 수양대군과 대립하면서 단종의 왕권을 보호하기 위하여 노력하였다. 이로 인해 그는 계유정난 직후 수양대군의 배척을 받고 경기도 朔寧에 유배되었고 성삼문 등의 단종복위사건으로 경상도 順興에 이배되었는데, 이곳에서 순흥부사 李甫欽과 품관 安順孫 등 영남유생과 단종복위를 모의하였다. 즉 고을군사와 향리를 모으고 도내의 사족들에게 격문을 돌려 의병을 일으켜 세조를 몰아내고 단종을 복위시키고자 하였다. 그러나 거사 준비 중에 순흥관노의 고발로 말미암아 사건이 드러났고, 금성대군 등은 사사되었다. 아울러 이에 연루되어 단종과 단종의 국구였던 宋玹壽도 사사되었다.

세조는 2차에 걸친 단종복위사건을 계기로 왕권을 크게 위협하였던 단종 및 자신에게 비판적이었던 유신과 단종 측근들을 제거하였고, 이러한 기반 위에서 국왕 중심의 강력한 정치를 행할 수 있었다.

2) 세조의 왕권강화와 정치

(1) 세조의 왕권강화

세조는 단종초 극단적인 의정부 중심의 정치로 인한 왕권의 쇠미와 실추를 시정하기 위하여 계유정난을 일으킨 후 단종을 강제로 퇴위시키고 즉위하였다. 이에 세조가 당면한 시급한 정치과제는 왕권을 안정·강화하고 국왕 중심의 정치를 실행하는 것이었다.

세조는 이미 단종 원년(1453) 계유정난 직후에 한명회·권람·鄭麟趾 등

43명을 靖難功臣에 책록하였고, 명망 있는 다수의 관료들을 포용하여 세력기반을 공고히 하였다.[7] 즉위 초에는 다시 자신의 등위에 공헌한 인물과 명망이 있는 관인·군사 등을 佐翼功臣과 原從功臣에 책록하여 관인층을 포섭·융화하면서 왕권을 안정시켰다. 즉 세조 원년(1455) 9월에 한명회·권람·신숙주·정인지 등 46명을 좌익공신에 책록하였다.[8] 또 동왕 원년과·3년 및 6년에는 전·현직 정1품으로부터 종9품에 이르는 관인과 녹사·노비 등 2,000여 명을 원종공신에 책록하였다.[9]

다음으로 국정운영체체를 국왕중심체제로 개편하였고, 자신의 뜻을 받들어 정치를 담당할 측근 관료집단과 왕권을 보호할 군사집단을 구축하였다. 또 자신에게 순종하는 자는 우대하고 거역하는 자는 가차없이 처단하며, 유교를 억압하고 대간의 활동을 탄압함으로써 왕권을 강화하였다.

세조는 국왕 중심의 국정운영을 위하여 동왕 원년 8월에 의정부서사제의 폐지와 6조직계제의 실시를 천명하고, 이에 반대하는 6조당상에 대하여 다음

---

7) 정난공신에 책록된 인물은 다음과 같다(《端宗實錄》). 공신의 성분과 그 상호관계에 대하여는 鄭杜熙, 〈世祖-成宗代 功臣集團의 政治的 性格〉(《朝鮮初期政治支配勢力硏究》, 一潮閣, 1983), 197~209쪽 참조.
1등(12명) ; 수양대군, 정인지, 韓確, 朴從愚, 金孝誠, 李思哲, 李季甸, 朴仲孫, 최항, 홍달손, 권람, 한명회.
2등(11명) ; 權蹲, 신숙주, 尹士昀, 양정, 유수, 유하, 奉石柱, 洪允成, 郭連城, 엄자치, 전균.
3등(20명) ; 李興商, 李禮長, 성삼문, 金處義, 權軀, 薛繼祖, 柳泗, 康袞, 李自蕃, 柳子煥, 權擎, 宋益孫, 洪順孫, 崔潤, 柳淑, 안경손, 韓明溍, 韓瑞龜, 李蒙哥, 洪順老.

8) 좌익공신에 책록된 인물은 다음과 같다(《世祖實錄》). *은 정난공신이기도 함. 공신의 성분과 그 상호관계에 대하여는 鄭杜熙, 위의 책, 209~222쪽 참조.
1등(7명) ; 桂陽君 璔, 翊峴君 璭, 한확*, 尹師路, 권람*, 신숙주*, 한명회*.
2등(12명) ; 정인지*, 이사철*, 尹巖, 李季疄, 李季甸, 姜孟卿*, 尹炯(단종 원년 졸), 최항*, 전균*, 홍달손*, 양정*, 權攀.
3등(27명) ; 權恭, 李澄石, 정창손(세조 2년 추록), 黃守身, 朴薑, 권자신, 朴元亨, 具致寬, 윤사균*, 성삼문*, 曺錫文, 이예장*, 元孝然, 韓終孫, 李徵, 黃孝源, 尹子雲, 李克培, 李克堪, 權愷, 崔濡, 曺孝文, 韓繼美, 鄭守忠, 趙得琳, 김질(세조 2년 추록), 홍윤성*.

9) 《世祖實錄》 권 2, 세조 원년 12월 무진·권 8, 세조 3년 8월 계묘 및 권 20, 세조 6년 5월 경자. 여러 병종의 군직자가 800여 명이고, 의정부·돈령부·중추원·6조·대간 등이 200여 명이고, 시·감·창·고·서가 500여 명이며, 외관이 210여 명이었다. 그 외에 내시부가 50여 명이고, 산관이 80여 명이며, 아전과 노비 등이 200여 명이었다.

과 같이 언명하고 6조직계제를 강행하였다.

> 의정부서사제는 임금이 죽은 제도이다. 너희들은 내가 죽었다고 생각하느냐. 아니면 어려서 정치를 재결하지 못한다고 생각하느냐(《世祖實錄》 권 2, 세조 원년 8월 임자).

이것은 그가 단종 원년 이래로 정치·군사·인사 등 모든 국가권력을 장악한 것과 같이 즉위한 후에도 6조를 직접 장악하면서 국정을 운영하려는 조치였고, 세조의 왕권에 대한 의지가 단적으로 나타난 것이었다.

세조는 왕권강화와 그 실행을 위하여 직접 銓注에 참여하고 측근세력을 부식하였으며, 친위병을 강화하고 군권 관장에 유념하였다. 즉위와 함께 이·병조의 당상과 함께 전주(親臨銓注)를 행하였는데, 相避制를 무시하고 신임하는 인사를 중용하였다. 세조 11년(1465)에는 拔英試·登俊試를 시행하여 깊이 신임하는 인사를 발탁하였고, 세조 12년에는 세종 8년(1426) 이래로 계승된 5~9품 관인에 대한 대간의 署經을 폐지하였다.

또 세조는 종친·공신과 승정원승지를 중용하고 파격적으로 발탁하여 측근세력화하였다. 종친의 정치참여는 원래 금지되었지만, 세조는 법과 절차를 무시하고 이들을 파격적으로 중용하였다. 세조 13년과 14년에는 龜城君 浚(臨瀛大君의 아들)을 都摠管에 임명하였다가 李施愛亂이 일어나자 토벌군 최고사령관인 咸吉江原平安黃海四道都摠使에 발탁하고, 이어 28세인 그를 영의정에 발탁하는 등 20여 명의 종친을 6조와 군직에 기용하였다.[10] 종친인 임영대군 璆·永順君 溥·구성군 준·銀山副正 徹과 태종의 부마인 河城尉 鄭顯祖 등 10여 명을 內宗親 또는 兒宗이라고 칭하여 측근에 두면서 傳命을 맡기고, 중요 정사에 참여시켰다.[11]

그리고 세조는 공신을 발탁하여 의정부·6조·승정원과 고위 군직에 포진시켰다. 세조 초기와 중기에는 단종 원년 계유정난 때에 각각 右副承旨, 校理, 敬德宮直이었던 신숙주, 권람, 한명회를 수년 사이에 승지·판서를 거쳐 의정에까지 승진시키는 등 정난·좌익공신을 정치의 토대로 삼았다. 세조 13

---

10) 세조대에 기용된 종친의 가계와 역관은 金成俊, 〈宗親府考〉(《史學研究》 18, 1964), 32~33쪽 표 참조.

11) 韓忠熙, 〈朝鮮初期 承政院研究〉(《韓國史研究》 59, 1987), 91~93쪽.

년 9월 이후는 구성군 준·康純·尹弼商·金國光·南怡 등 敵愾功臣을 의정부·6조·都摠府 등에 제수하여[12] 한명회·신숙주 등을 견제시킴으로써 강력한 왕권을 행사하고자 하였다.

세조 원년부터 13년까지 이·병조를 分房한 승지는 이·병조의 판서·참판과 함께 문·무관의 인사에 참여하였다. 왕과 주요국정을 의논하고 처리하였으며, 6조·의정부에 진출하면서 왕권의 토대가 되었다.[13]

세조는 내금위·別侍衛·甲士 등을 크게 증액하고, 최상층 군직에는 깊이 신임하는 인사를 제수하여 왕권의 토대를 삼았다. 세조 4년에 별시위가 3,000명에서 5,000명으로 증액되었다. 동왕 6년에는 내금위가 100명에서 200명으로 증액되고, 그 입직인원도 34명에서 68명으로 증가하였다.[14] 중앙군인 五司·五衛와 이들을 지휘하는 三軍鎭撫所·五軍鎭撫所·五衛都摠府, 兼司僕·내금위 등을 지휘하는 도총관(정2품)·副摠官(종2품), 兼司僕將·내금위장(종2품)에 종친과 공신 등을 제수하였다.

세조는 왕권에 저항하는 자는 가차없이 처단하고, 자기에게 순종하는 자는 잘못을 범하여도 용서하는가 하면, 上命下達의 정치를 구사하여 왕권을 전제화하였다. 단종의 복위를 도모한 성삼문 등과 동생인 금성대군 등을 가차없이 처단하였다. 또 세조는 동왕 4년에 잠저에 있을 때의 사부로서 당시 가장 위망과 학식이 높고 영의정부사에 재직하고 있던 정인지를 功臣仲朔宴 중 취중에 崇佛을 비판한 일로 파직하였다. 세조 12년에 楊山君 양정은 정난·좌익 2등공신이었고 세조 원년으로부터 12년까지 함길도도절제사와 평안도도절제사로서 북변진수에 공이 있었지만, 그의 귀환을 위로하는 연회석상에

12) 구성군은 세조 14년 7월에 도총관에서 영의정이 되었다. 강순은 세조 13년 9월에 지중추부사에서 우의정이 되고, 익년에 山陽君兼都摠管이 되었다. 윤필상은 세조 13년 8월에 도승지에서 우참찬겸도총관이 되었다. 김국광은 13년 8월에 우참찬에서 우찬성겸판병조사가 되고, 다음달에 도총관을 더하였다. 남이는 13년 11월에 동지중추에서 공판겸도총관이 되고, 이듬해 8월에는 병조판서가 되었다.

13) 金昌鉉, 〈朝鮮初期 承政院에 관한 研究－承旨의 銓注機能과 任用實態를 중심으로－〉(《韓國學論集》 10, 漢陽大, 1986), 13~25쪽.
韓忠熙, 앞의 글, 85~86쪽 및 40~41쪽 〈표 6〉 참조.

14) 李成茂, 《朝鮮初期 兩班研究》(一潮閣, 1980), 234~235쪽 〈표 37〉 및 239쪽 〈표 38〉.

서 그가 "퇴위하여 편안하게 지내라"[15]고 한 말을 빌미로 사사되었다. 이와는 반대로 仁山君 홍윤성은 세조 12년과 13년에 강압적으로 양가의 여자를 축첩하고, 가신이 收租하면서 正兵 羅季文을 살해까지 하였지만 주의를 받는데 그쳤다. 또 세조 2년에 집현전을 혁파하고 경연을 정지하였으며, 대간의 인원을 축소하고 왕권을 침해하는 대간활동을 탄압하였다.[16]

세조는 이러한 여러 정책과 함께 《經國大典》의 편찬을 통하여 강력한 왕권과 국왕 중심의 정치체제를 고착시키려고 하였다. 그러나 이러한 의도는 《경국대전》이 성종 15년(1484)에 완성되어 다음 해에 반행되고, 그 작업이 세조의 지나친 국왕 중심의 정치를 비판하던 훈구대신에 의해 주도되면서 왕권과 신권이 조화와 균형을 이루며 국정을 운영하는 방향으로 개수됨에 따라 좌절되었다.

이처럼 세조 11년(1465)경까지는 세조의 국왕 중심의 국정운영체제가 실효를 거두어 왕권이 강화되고 국왕중심의 정치가 운영되었다. 그러나 세조 11년 이후에는 신병이 악화되어 세자와 院相으로 하여금 서무를 재결하게 하고, 한명회 등 원로대신들 사이에서 세조의 지나친 왕권전제화에 대한 비판의 분위기가 조성되고, 이시애란이 일어나는 등 변화의 조짐이 나타났다. 또 강압적인 무단정치로 왕권은 크게 강화되었으나, 정국운영상 경색을 초래하였고 사회도처에서 비리가 만연되면서 관료의 기강이 이완되었다.

(2) 세조대의 정치

세조는 국왕 중심의 정치운영을 위하여 즉위와 함께 의정부서사제를 혁파하고 6조직계제를 실시한 바 있지만, 재위기간을 통해 6조 중심의 국정체제를 강화하고 중앙과 지방의 정치·군사제도를 대대적으로 개편하여 통치체제를 크게 정비하였다.

먼저 세종대 이래의 중앙과 지방의 정치기구를 계승하여 서울의 당상아문(관원)과 지방관아는 부분적으로 보완하는 데 그쳤지만, 서울의 정3품 이하 아문은 관직명과 관원의 수를 크게 고치면서 정비하였다. 중앙정치기구는 세

15) 《世祖實錄》 권 39, 세조 12년 6월 정미·신해.
16) 崔承熙, 《朝鮮初期 言官·言論硏究》(서울大 出版部, 1976), 141~147쪽.

조 6년에 直啓衙門인 종친부·병조·한성부·사헌부·사간원·仁壽府와 6조 속아문인 繕工監·軍器監·承文院 등 40여 아문의 관원 90여 명을 감원하였고, 慶昌府를 혁파하였으며, 導官署 등을 司膳署 등에 합속하고 典農寺 등을 사선서 등으로 개칭하였다. 또 奉常寺·內資寺·內贍寺·군기감·濟用監의 모든 관원과 인수부 등 25관아의 少尹 등 100여 관원을 久任官으로 조정하였다.[17] 동왕 12년에는 駙馬府·中樞院·五衛鎭撫所·尙瑞司 등을 儀賓府·중추부·오위도총부·尙瑞院 등으로 개칭하였다. 의정부의 영의정부사를 영의정으로 개칭하고, 여러 寺·監·倉·庫·署 등의 정3품 당하관 이하의 명칭을 正·副正·僉正·判官·主簿·奉事·副奉事·參奉으로 일원화하였다. 병조·掌隷院·승문원 등 30여 관아의 60여 명을 증치하고, 한성부·辨定院·成均館 등 30여 관아의 60여 명을 혁거하였다. 호·형조에 算士·明律 등 本業人(전문직업인)을 두고 구임관을 확대하였으며, 여러 아전을 錄事와 書吏로 통일하였다.[18]

지방정치기구는 세조 12년에 開城府를 경관(留守府)에서 지방관(府尹府)으로 격하하고, 양주도호부와 영변도호부 및 대구·구성지군사를 목·대도호부 및 도호부로 승격하였으며, 인산군을 혁거하고 웅천현을 설치하였다. 都觀察黜陟使와 知郡事를 都觀察使와 郡守로 개칭하고, 병마도절제사 이하 육·수군의 군직을 개정하였다.[19] 또 함흥·평양부에는 소윤을 혁거하고 판관 각 1명을 두었고, 성주·광주·수원·남원도호부에 판관 각 1명을 두었으며, 양계의 병마도절제사 經歷所都事를 혁거하고 評事 각 1명을 두었다.[20] 그 외에 전국의 驛路를 조정하고, 察訪과 丞을 두어 道驛과 驛을 관장하게 하였다.

두번째로 중앙과 지방의 군사기구와 지휘체계를 개편하였다. 중앙군사기구는 세조 3년에 문종 원년(1451) 이래로 운영된 義興·忠佐·忠武·龍驤·虎賁司의 司를 衛로 개칭하였고, 5사의 25領에 소속된 여러 병종을 모두 5위에

17) 《世祖實錄》 권 20, 세조 6년 5월 정유·기해 및 권 21, 세조 6년 8월 기미.
18) 《世祖實錄》 권 38, 세조 12년 정월 무오.
19) 병마도절제사를 병마절도사로, 수군도안무처치사를 수군절도사, 병마도절제사도진무를 병마우후, 수군도안무처치사도진무를 수군우후, 도만호를 수군첨절제사, 병마단련사를 某鎭도병마절제사, 병마단련부사를 모진도병마동첨절제사, 병마단련판관을 모진도병마절제도위로 각각 개칭하였다.
20) 《世祖實錄》 권 38, 세조 12년 정월 무오.

소속시켜 의흥위에 甲士·近仗, 용양위에 別侍衛·攝六十, 호분위에 忠順衛·防牌, 충좌위에 忠義衛·受田牌·銃筒衛, 충무위에 忠贊衛·京侍衛牌·別軍을 각각 분속시켰다. 이로써 문종대의 3군진무소—5사(25령) 체제가 5위진무소—5위(25부) 체제로 개편되고, 부대편성과 진법체제가 일치되었다. 이어 세조 12년에 5위진무소를 5위도총부로 개칭하고 5위도총부에 5위에 대한 군령권을 부여함으로써 5위도총부—5위체제를 확립하였다.21)

지방군사기구는 세조 원년(1455)에 남방의 왜구에 대한 대비를 위하여 세종대에 평안·함길도에 운영된 某道—中翼·左翼·右翼과 獨鎭의 軍翼道體制를 전국적으로 실시하였다. 또 이와 함께 중·좌·우익은 각 읍의 수령으로 하여금 모두 병마절제사나 병마첨절제사(중익)·병마단련사(좌·우익)를 겸직시키고, 번상군사, 현지 營·鎭·浦의 入番군사, 下番 習陣군사, 雜色軍을 각 익에 소속시켰다. 이리하여 종래까지 별도로 조직·운영되던 남·북방의 군사와 각종 군사가 군익도체제로 통일되고 일원화되었다. 세조 3년에는 군익도체제를, 주요한 지역을 巨鎭으로 하고 주변의 여러 진을 그에 속하도록 하는 巨鎭-諸鎭의 鎭管體制로 개편하여 상하의 지휘체계를 보다 강화하였다. 이어 세조 4년에 중앙과 지방의 모든 군사를 진에 소속시키고, 세조 12년에 도절제사 이하 진관책임자의 명칭을 개정하였다. 이리하여 지방의 군사지휘체계는 다음과 같이 도관찰사를 정점으로 병마절도사의 지휘를 받는 육군과 수군절도사의 지휘를 받는 수군으로 정립되었다.

	주 진	거 진	제 진
관찰사	(육)병마절도사	병마절제사(부윤), 병마첨절제사(대도호부사·목사)	병마동첨절제사(부사·군수), 병마절제도위(현령·현감)
	(수)수군절도사	수군첨절제사(전임)	만호(전임)

그 외에 군지휘관의 명칭은 태종초 이래의 攝護軍·攝司直·攝副司直·攝司正·攝副司正을 부호군(종4품)·부사직(종5품)·副司果(종6품)·부사정(종7품)·副司猛(종8품)으로 각각 개칭하고, 세종 18년(1436) 이래의 攝司勇을 副司勇(종9품)으로 개칭하여 정3품 상호군으로부터 종9품 부사용에 이르는 명칭을

21) 閔賢九,《朝鮮初期의 軍事制度와 政治》(韓國硏究院, 1983), 144~165쪽.

확립하였다. 병종은 근장·섭육십·방패·수전패·경시위패·별군·총통위를 혁거하고, 忠贊衛·破敵衛·壯勇衛를 새로이 설치하고 시위패를 正兵으로 개칭하여 갑사·별시위·친군위·충의위·충찬위·충순위·정병·파적위·장용대로 정리하였다. 관계는 文散階는 그대로 계승되었지만, 武散階는 정3품 당하계의 折衝將軍을 당상계로 승격하고, 정3품 果毅將軍 이하를 크게 개칭하였으며, 서반잡직계의 展力都尉와 效力徒尉를 勵力徒尉와 彈力徒尉로 개칭하였다.[22)]

이러한 정치체제, 관제개편을 통하여 조선왕조 통치의 근간이 되는 행정·군사체계가 정립되었고, 이것이 세조말까지 행해진《경국대전》편찬에 반영되었다가 성종대에 반행된《경국대전》에 정착되었다.

세조는 조선 개국 이래의 잡다한 條例·條令 등을 집성할 법전을 편찬하여 통치체제를 확립하고, 아울러 강력한 왕권과 국왕중심의 정치체제를 고착시키고자《경국대전》의 편찬을 시작하였다.《경국대전》편찬은 세조 원년(1455) 집현전에 명하여 국초 이래의《經濟六典》·《續六典》·《元六典》·《六典謄錄》등의 법전과 조령·조례를 종합·체계화한 永世不變의 법전을 수찬한다는 취지 아래 시작되었다. 세조 2년 6월에 집현전이 폐지됨에 따라 六典詳定所를 설치하고 여기에 6전상정관을 소속시켜 이 사업을 계승시켰다.《경국대전》의 편찬은 상정관이 상정하여 올린 내용을 세조가 친히 검토·수정하는 가운데 진행되었다. 또 상정관은 문안을 작성함에 있어서 세조의 뜻을 받들어 행하는 경향이 현저하였다. 이리하여《경국대전》에는 세조의 뜻이 전적으로 반영되었다.

《경국대전》의 수찬은 순조로이 진행되어 세조 6년과 7년에 호전과 형전이 반행되었다. 이어 이·예·병·공전도 작업을 서둘러 세조 11년까지는 초안이 작성되고, 다음해부터 수정에 들어가 마무리를 서둘렀다. 그러나《경국대전》은 세조 12년 이후에 세조의 신병악화, 이시애란, 세조의 신중한 편찬방침에 따라 세조 때에 마무리되지 못하였으며, 예종·성종대로 이어져 완성되었다.[23)]

22)《世祖實錄》권 38, 세조 12년 정월 무오.
23) 朴秉濠,〈經國大典의 編纂과 頒行〉(《한국사》9, 국사편찬위원회, 1973), 250~258쪽.

세조대에는 保法을 실시하여 군액을 확대하였고, 서북방의 야인을 정복하여 북변을 안정시켰으며 진관체제를 실시하여 전국적인 방어체제를 구축하였다.

먼저 해이해진 군역제도를 전면적으로 정비하면서 군액을 확보하고, 이를 토대로 군사력을 강화하였다. 군역은 법적으로는 16세 이상 60세 이하의 양인 중 현직관인·2품 이상 퇴직관인, 각급 학교 학생 등을 제외한 모두가 의무적으로 지는 국역이었다. 그런데 세종말 이래로 집권체제가 해이해짐에 따라 군역을 져야 할 퇴직관리·冒稱학생·고관자제 등이 군역을 회피·면제받고, 힘없는 농민이 전담하는 경향이 촉진되었다. 이에 따라 군액이 크게 감소되고, 군역에 토대한 국방체제도 약화되어 갔다. 이를 시정하기 위하여 세조 5년(1459)과 9년·13년에 걸쳐 전국적으로 호적을 개수하고, 號牌制度를 실시하여 호적에 탈루되고 군적에 누락된 자들을 색출하였다. 여기에서 색출한 인구를 호적에 등재시키고, 이 호적에 따라 3품 이하의 퇴직관리와 산관(影職·檢校 등)으로서 군역을 회피한 자, 校生으로서 40세 이상의 열등자와 시험에 불합격한 자, 음직의 혜택을 받을 수 있는 공신·관인자제, 그리고 일반양인으로서 군적에 누락된 자 등을 군적에 편속하였다.[24] 세조 10년에는 동왕 5년·9년에 행해진 人丁搜括과 호패법 실시의 토대 위에 '2정을 1보로 하고, 전 5결은 1정에 준하도록 하며, 奴도 奉足수로 계상하는' 보법을 실시하였다. 이에 따라 군역부과 단위가 자연호를 중심으로 한 「3丁 1호」에서 인위적인 「2丁 1保」로 개편되어 농민의 군역부담이 증가되었으나 토지·노도 봉족화되어 유력자도 군역을 부담하는 등 군역의 평준화가 이루어지면서 군액이 크게 증대되었다.

다음으로 세종대의 대왜·야인책을 계승하여 실시하고, 전국적인 군사방어체제를 구축하였다. 왜인에게는 물자·관직을 주어 회유·무마하였다. 그러나 야인에게는 물자와 관직을 주어 회유하는 정책과 함께 군사를 보내 토벌하는 강경책을 병행하였다. 세조 5년에는 교통의 불편, 여진과의 빈번한 충돌, 수비의 곤란 및 건주좌위도독 童倉의 조선접근에 대한 明의 강압 등과 관계되어 단종 3년(1455) 4월의 虞芮郡·閭延郡·茂昌郡 폐지에 이어 慈城郡

24) 李光麟, 〈號牌考－그 實施 變遷을 中心으로－〉(《庸齋白樂濬博士還甲紀念國學論叢》, 1956), 570～586쪽.

을 폐지하였다. 이로써 압록강변의 조선국경은 4군 이남으로 축소되었다. 세조 6년에는 연초부터 시작된 야인의 침구를 징계할 자체의 사정과 명의 협공요청에 따라 신숙주 지휘하의 建州衛 정벌군을 출동시키고, 두만강을 건너 毛憐衛 추장 李滿住와 그 아들을 잡아죽이는 등 야인을 소탕하였다. 세조 13년에는 강순·남이·魚有沼 등의 지휘하에 서정군을 다시 출동시켜 건주야인을 소탕하여 북변을 안정시켰다.[25]

국방에 있어서는 세조 원년·3년에, 세종대에 함길·평안도에 실시된 군익도 체제를 전국적으로 실시한 토대 위에 진관체제를 실시하였다. 연해와 내륙의 요새지마다 거진을 설치하고 그 주변 고을을 몇 개의 진(諸鎭)으로 편성하여 이를 거진이 관할하였다. 그 지역의 수령으로 하여금 군사지휘를 담당케 하는 거진 중심의 전국적인 방위체제가 편성된 것이었다. 동시에 북방의 정군과 남방의 시위패를 정병에 합칭시켜 군사를 赴防정병(북방)과 番上정병·요새부방 영진군(남방)으로 조정하고(세조 5년), 남방의 정병·영진군을 합속하여 일반 양인은 선군으로 충차하는 외에는 모두 정병에 소속시켜 번상과 부병을 교대로 담당하게 하였다(세조 10년). 이리하여 진관별로 시위군을 뽑아 중앙에 번상하도록 하고 영진군을 뽑아 각 도 병영이나 여러 진에 부방하도록 하는 체제에서 각 관의 정병이 거주지 방위를 담당하거나 番次에 따라 상경 숙위하게 되었다. 또 진법과 병서를 보급하여 전술이론을 발전시켰고, 이를 토대로 무예와 전술훈련을 향상시켰으며, 화차·화포 등을 개량하였다.

이리하여 세조대에는 군액이 확대되고 전국적으로 조밀한 방어체제가 구축되었으며, 병종과 군역체계가 체계화되었다. 전술과 무기가 개량되었고, 북변이 안정되면서 군사·국방이 크게 강화되었다.

세조는 국용을 줄여 국민의 부담을 경감하고, 토지사유의 진행과 과전지급 대상자의 증가로 인한 과전부족난을 타개하기 위하여 획기적인 재정절감책과 과전개혁책을 실시하였다.

세조 10년에는 재정제도를 개혁하여 수입을 고려하여 지출을 책정하는 「計入量出制」를, 지출을 고려하여 수입을 책정하는 「計出量入制」로 전환하였다. 즉 먼저 經費式例(橫看)를 제정하여 국가경상비를 사정하면서 지출계획표를

25) 李鉉淙, 〈女眞關係〉(《한국사》 9, 국사편찬위원회, 1973), 428~433쪽.

작성하고, 이에 의거하여 공부세입장부인 貢案을 작성케 하여 공부를 징수하였다. 이로써 세입과 세출이 균형을 이루었고, 종래까지 지출을 고려하지 않고 과도하게 수입을 책정함으로써 야기된 백성의 부담이 크게 경감되었다.[26]

과전은 개국초에 그 지급의 불균형이 논란되기는 하였으나 운용에 큰 어려움은 없었다. 그러나 왕조의 이행과 함께 관료의 수가 계속 증대하고 각종 공신전과 別賜田의 지급이 크게 확대되어 과전의 부족현상이 심화되었다. 과전부족을 타개하기 위하여 태종대에는 閑良官의 과전지급액을 10결 또는 5결로 제한하였으며, 守信田과 恤養田의 지급액수를 감소하였다.[27] 세종대에는 대군 등의 과전지급을 수십 결씩 줄이고, 과전의 혁파를 논의하기도 하였다.[28] 그러나 세종말에는 과전을 받지 못하는 사대부의 수가 상당히 많은 형편에 이르렀다.[29] 세조가 즉위하면서는 정난·좌익공신의 책록에 따라 80~500결씩 총 10,600여 결의 공신전과 상당한 별사전이 지급되는[30] 등 과전의 부족이 더욱 심화되었다.

과전의 부족문제를 타개하기 위하여 먼저 세조 7년으로부터 11년까지 수신전·휼양전을 조사하고, 전국적인 양전사업을 실시하여 과전세습지를 조사하였다.[31] 이어서 세조 12년(1460)에 조선 개국 이래로 실시되어온 과전법을 폐하고 현직자에게만 과전을 지급하는 職田法을 실시하였다. 지급액도 세종 22년(1440) 이래의 대군 250결, 군 200결, 정1품 150결에서 정·종9품 15결까지와 品外 權務 10결, 令同正·학생 5결을 대군 225결, 군 180결, 정1품 110

26) 田川孝三, 《李朝貢納制の硏究》(東洋文庫, 1964), 21~22쪽.

27) 韓永愚, 〈太宗·世宗朝의 對私田施策〉(《韓國史硏究》 3, 1969), 57~58쪽.

28) 《成宗實錄》 권 32, 성종 4년 7월 을미.

29) 《世宗實錄》 권 112, 세종 28년 5월 신묘.

30) 정난공신에게는 1등 12명에게 500결(수양대군)과 200결(11명)을, 2등 11명에게 150결을, 3등 20명에게 100결을 각각 지급했고, 좌익공신에게는 1등 7명에게 150결을, 2등 12명에게 100결을, 3등 25명에게 80결을 각각 지급했다. 또 한명회·신숙주·정인지가 170결·90결·50여 결의 별사전을 각각 받았다(韓永愚, 〈王權의 確立과 制度의 完成(世祖-成宗)〉, 《한국사》 9, 국사편찬위원회, 1973, 219쪽).

31) 《世祖實錄》 권 28, 세조 8년 6월 신유·권 24, 세조 7년 4월 을유·권 33, 세조 10년 4월 정유 및 권 37, 세조 11년 12월 기축.

결에서 정·종9품 각 10결까지로 감액하였고 품외는 폐지하였다.[32] 이 직전법은 직접적으로는 과전의 지급대상과 지급액을 축소한 과전개혁책이었지만, 간접적으로는 그 지급대상이 현직자에게 국한되어 왕권을 강화하는 효과를 거두었다. 한편 직전법은 세습이 인정되던 수신전·휼양전은 물론 퇴직자에게 주어지던 전지의 지급이 폐지되어 모든 관인의 경제난을 야기시킬 것이 예상되었다. 그러나 당시의 정치를 주도한 한명회 등 의정부·6조의 2품관 이상자는 대개 공신으로서 200~500여 결의 공신전 등 막대한 토지를 소유하고 있었고,[33] 현직관인도 일단 과전을 받았으며, 당시의 분위기상 그 실시를 강력히 반대하기 어려웠으므로 직전법이 시행될 수 있었다. 또 이 점에서 직전법은 예종·성종초에 세조의 전제왕권과 지나친 집권화정책에 대한 반발에서 세조대에 실시된 국왕 중심의 정치구조, 보법 등 많은 정책이 변개되었던 것과는 달리 그대로 계승되었다.

또 지방재정과 군자의 부족을 보충하기 위하여 각종 둔전을 증설 또는 신설하였다. 세조 3년에 역둔전을 평안도에 새로 설치하여 廩田의 부족을 보충하게 하였다. 세조 4년에 전국 관둔전의 면적을 종전의 두 배로 증액하여 牧官 이상 20결, 知官 이상 16결, 縣官 12결로 각각 정하였다. 세조 6년에 전국 각급 포·진에 둔전을 설치하여 절제사·處置使營 20결, 첨절제사·都萬戶營 15결, 만호영 10결을 각각 지급하였다. 세조 7년부터 11년까지 세종 8년에 혁거된 국둔전제를 부활하여 평안도의 郭山·安州·三和 등의 荒閑地·屬公田·絶戶田에 총 15처를 설치하였다. 여러 둔전은 모두 소재지 군인이 경작하였다.[34]

그 외에도 농업생산의 증대 등 민생안정을 위한 시책을 실시하였다. 세조 4년 이래로 황해·강원·평안도의 개척을 위해 대대적인 徙民을 실시하고, 이중 농우가 없는 자에게는 농우를 지급하고 한전도 우선적으로 분급하였다. 대군과 의정 이하 종친과 조관에게 토지개간량을 할당하고 그 성과에 따라 陞職

32) 李景植, 〈朝鮮初期 職田制의 運營과 그 變動〉(《韓國史硏究》 28, 1980), 73쪽.
33) 이 시기 의정부·6조 역임자에 대해서는 鄭杜熙, 앞의 책, 220~221쪽 〈표 4-10〉 참조.
34) 李載龒, 〈朝鮮初期 屯田考〉(《歷史學報》 29, 1965), 104~109쪽.

을 약속하는 등 토지개간도 장려하였다.[35] 또 상평창제도를 부활하여 춘궁기의 농민을 구제하였고, 민정에 유의하여 공물대납의 금지를 천명하였으며, 蠶書를 번역하여 보급하였고 농우보급책을 계몽하였다. 군사용 화살촉을 겸한 八方通寶를 유통시켰다.

세조대에는 세조의 자주적인 국가·문화의식과 함께 제천의례와 단군숭앙이 고양되고 불교가 숭신되었으며, 이에 따라 유교정신이 쇠미되기는 하였으나 여러 분야의 많은 서적이 편찬되었다.

제천의례로서 고려시대에 행해진 圜丘祭는 제후국의 명분에 맞지 않다는 성리학적 의례관으로 인해 조선 개국과 함께 폐지되었다. 그러나 태종·세종대에는 성리학적 명분상으로는 원구제를 지낼 수 없었지만 전통적으로 제천을 행하였고, 현실적으로도 기우·祈晴 등을 위한 제천이 요청되어 수시로 원구제를 행하였다. 세조 3년(1457)에 원구단을 세워 태조를 배향하고 원구제를 행하였으며, 이후 祀典에 재록되지는 않았으나 치세를 통하여 계속되었다. 민족시조인 단군에 대한 숭앙은 태조 원년(1392) 8월에 처음으로 단군의 제사를 지내면서 시작되었다. 단군에 대한 제사는 태종 12년(1412) 평양의 기자묘에 合祀(主祀는 기자, 從祀는 단군)하면서 제도화되었고, 세종 11년(1429) 평양에 단군 사당을 별립하고 단군을 주사로 받들며 신위명도 종래의 「朝鮮侯壇君之位」를 「조선단군지위」로 고치면서 정비하였다. 세조 2년에 다시 「조선단군지위」를 「조선시조단군지위」로 고치고, 동시에 「후조선시조지위」와 「고구려시조지위」를 「후조선시조기자지위」와 「고구려시조동명왕지위」로 각각 고쳤다.[36] 또 세조 4년에 단군조선으로부터 고려까지를 통관하는 최초의 통사인 《東國通鑑》의 편찬이 시작되어 단군이 민족시조임을 역사적으로 천명하였다. 이리하여 세조대에는 조선은 중국의 제후국이 아니고 중국과 대등한 천자국이며, 중국과 같은 유구한 역사를 가진 민족·국가라는 민족·국가의식이 고양되었다.

세조대에는 세조가 왕권의 보호를 위하여 유교와 유신을 억압하고, 불교를 숭신하였기 때문에 유교정신이 쇠퇴하였고 유교정치의 발전이 둔화되었다.

---

35) 李景植, 〈朝鮮初期의 農地開墾과 大農經營〉(《韓國史硏究》 75, 1991).
——, 〈朝鮮初期 北方開拓과 農業開發〉(《歷史敎育》 52, 1992) 참조.

36) 金泰永, 〈朝鮮初期 祀典의 成立에 對하여－國家意識의 變遷을 中心으로－〉(《歷史學報》 58, 1973), 109～134쪽.

그러나 왕권이 안정되고 치국을 위한 유학자 양성이 요청됨에 따라 유학이 진흥되고 역사편찬이 행해졌으며, 각 분야의 편찬사업이 활발히 추진되었다. 세조 2년에 집현전을 혁거하고 경연을 정지함에 따라 유교정신이 크게 쇠미해졌으나 이 시기에도 집현전에 장치된 서적을 예문관으로 옮겨 관장하게 하였다. 세조 3년부터는 유생을 친강하였으며, 세조 5년에는 李永垠·鄭孝常·金宗直 등 문신 10여 명을 閑官으로 삼아 독서에 전념하게 하였다. 세조 중기 이후에는 치국을 위한 유신 양성의 필요성이 높아지면서 유학이 진흥하였다. 세조 10년에 兼藝文館職制를 실시하여 李淑瑊·李陸 등 18명의 문신을 겸예문관직에 제수하여 유학에 전념시켰다. 한편 세종 이래의 집현전출신 관인은 일부가 단종복위사건으로 복주되거나 은거하였을 뿐, 대다수는 세조의 우대를 받아 고위관직에 오르면서 정치력을 상당히 발휘하였다.[37] 이리하여 세조대에는 정치·윤리·역사·역학·윤리 등 여러 분야의 많은 서적이 편찬될 수 있었다. 그러나 이러한 유학진흥과 많은 유학자의 양성에도 불구하고 세조의 유학과 유신에 대한 인식은, 동왕 12년에 유생들의 경서를 강경할 때 공자와 맹자의 인물됨을 논하는 중에 丘從直이 "맹자는 현인이 아니다"라고 하고 金宗蓮이 "주자의 말에도 틀린 점이 있다"고 하였듯이[38] 세조초와 큰 차이가 없었다.

세조는 세종 29년에 모후인 昭憲王后의 명복을 빌기 위해《釋譜詳節》을 지은 바 있고, 즉위와 함께 승려의 권익을 옹호하고 사찰을 중수·신축하였으며, 각종 불경을 간행하는 등 불교를 숭상하였다. 승려를 심문할 때는 반드시 왕의 사전 허가를 받도록 하고, 관속의 사찰침입을 엄금하였다. 度僧을 選試하는 법을 정하여《경국대전》에 명기하였다. 세조 5년에는 세종 30년에 혁파된 淨業院을 중창하고, 세조 10년에서 13년에 걸쳐 孝寧大君과 영의정 신숙주 이하 10여 중신에게 명하여 도성내의 興福寺(태조 때 창건) 옛터에 민가 200여 호를 철거하고 圓覺寺를 중창하는 등 10여 개의 사찰을 중창·조성·

37) 집현전출신으로서 세조대까지 생존하며 사환한 인물은 정인지 등 40여 명이었는데, 이 중 정인지 등 33명이 재상에까지 올랐고, 정인지 등 10명이 공신에 책록되었다. 그 인물과 세조대에 역임한 최고관직에 대해서는 崔承熙, 〈兩班儒敎政治의 進展〉(《한국사》 9, 국사편찬위원회, 1973), 131~132쪽과 鄭杜熙, 앞의 책, 129~132쪽 〈표 3-1〉 참조.

38)《世祖實錄》권 38, 세조 12년 4월 을묘 및 권 39, 세조 12년 8월 무진.

수리하였다. 이와 병행하여 세조 4년에는 해인사에 소장된《大藏經》50질을 간행하여 명산대찰에 분장하였다. 세조 7년에 刊經都監을 설치하고 信眉·守眉·弘濬·學祖·學悅 등 고승과 尹師路·黃守身·金守溫·韓繼禧 등 유신들에게 명하여《楞嚴經》(8년)·《法華經》(9년)·《金剛經》(10년)·《圓覺經》(11년) 등을 국역하였다. 또 세조 13년 원각사 중창 후의 경찬회에서 外護僧 2만 명에게 飯僧을 행하고, 왕과 왕세자의 祝壽齋와 기병을 위한 孔雀齋, 왕세자나 전몰자의 명복을 비는 水陸齋, 기우제 등 큰 불사를 빈번히 개최하였다.[39] 이리하여 지금까지 억불정책에 밀려 쇠퇴하였던 불교가 크게 융성하였다.

세조대에 편찬된 서적은 역사서로는《文宗實錄》(원년, 정인지 등 찬),《國朝寶鑑》(3년, 신숙주·권람 등 찬),《동국통감》(4년~, 미완)이 있었다. 유교경서로는《易學啓蒙要解》(11년, 세조)가 있고, 유교윤리의례서로는《世宗朝詳定儀註》(2년),《五倫錄)(11년, 양성지)이 있다. 정치서로는《貞觀政要註》(원년, 세조),《국조보감》,《訓辭(十章)》(4년, 세조),《功臣誡鑑》(원년, 정인지)이 있고, 병서관계서로는《五衛陣法》(문종 2년, 세조),《武經七書註解》(단종 즉위년, 세조),《兵將圖說》(원년, 세조 찬),《歷代兵要》(2년, 이석형 등 편),《兵將說》(2년, 세조찬, 신숙주 주해),《兵政》(5년, 신숙주 등 찬),《兵鏡》(7년, 세조),《兵書大旨》(11년, 세조)가 있다. 또《易學啓蒙圖解》·《周易口訣》·《大明律直解》, 예문관의 장서와 태조·태종·세종·문종의 어제시문을 편집하여 발간하였다.

세조의 왕권강화책은 세조 12년(1466)까지는 순조롭게 이루어졌다. 이에 보법과 직전제가 실시되고, 중앙과 지방의 정치·군사제도도 정비되었다. 그러나 이러한 왕권강화와 부국강병책을 실행하기 위하여 실시한 직전법과 보법의 여파로 중앙관료는 경제력이 취약해졌고, 일반 양인과 같이 군역을 지게 되었다. 지방세력가들은 군역의 부담이 크게 늘어났고, 일반농민도 가족질서가 파괴되고 지세 등의 부담이 증가되었다. 이에 따라 중앙관인·지방세력가는 물론 농민도 정부에 대해 불만을 갖게 되었다.

관료와 지방세력가는 세조의 왕권이 강력할 때에는 불만을 표면화하지 못하였다. 그러나 세조 12년 이후에 세조의 신병으로 왕세자가 代理聽政하고, 한

39) 韓㳓劤,《儒敎政治와 佛敎》(一潮閣, 1993), 208~226쪽.

명회 등이 원상으로서 정치를 주도하게 됨에 따른 왕권의 동요와 함께 이들의 불만이 서서히 표면화되기 시작하였다. 중앙의 관인들도 불만을 가졌지만, 특히 지방세력가의 반발이 강력하였다. 세조 10년경부터 지방세력가는 반자치적인 성격을 가진 留鄕所를 중심으로 저항하였는데, 토착세력이 강한 충주·청주지방과 함길도지방이 심하였다. 이러한 가운데 세조 13년 5월에 李施愛亂이 일어나게 되었다.

이시애는 祖 原京과 父 仁和가 僉節制使·檢校門下府事와 判永興大都護府使·첨절제사를 역임한 길주지방의 토호로서, 세조 4년 慶興鎭兵馬節制使가 되고 이후 行知中樞府事와 判會寧府事를 역임하면서 함길도의 대표적인 세력가가 되었다. 함길도는 조선의 발흥지이고 북방 야인지역과 접한 관계로 지방관은 그 곳 호족 중에서 임명하여 대대로 다스리게 하였고, 남방민을 이주시켜 방어를 도모하였다. 그런데 세조대에는 중앙집권을 강화하여 북도 출신의 수령을 점차 줄이고 서울에서 관리를 파견하였는데, 특히 난이 일어나기 직전에 함길도병마절도사인 康孝文과 그 당여가 불법·탐학을 자행하여 민중의 원성이 높았다. 또 전국적으로 실시된 호패법과 보법으로 군정이 搜括되고, 군역의 부담이 증대되었으므로 함길도의 세력가와 민중 모두 중앙정부에 불만을 갖게 되었다.

이러한 상황에서 세조 13년 4월 이시애는 동생 施合·매부 李明孝 등과 함께 "하3도 군병들이 수륙으로 함길도로 진격하고 있다. …조정에서 평안도와 황해도 병사를 보내어 雪寒嶺으로부터 북도에 들어와 장차 본도 사람을 모두 죽이려 한다"[40]는 말로 민중을 선동하면서 반란을 일으켰다. 길주에 와 있던 절도사 강효문과 길주목사 薛丁新, 부령부사 金益壽 등 중앙에서 파견된 지방관을 모두 살해하고, 조정에 대해서는 "강효문이 한명회·신숙주 등의 중신과 결탁하여 모반하려 하였기 때문에 그들을 먼저 죽였다"[41]고 하면서 거병의 정당함을 주장하였다. 이후 이시애는 도내 각지의 유향소 토호들과 농민들의 호응을 받으면서 端川·北靑·洪原으로 진격하여 중앙에서 파견된 수령을 모두 죽였다. 또 스스로 왕명을 받은 절도사라 칭하면서 함흥을 점령하고, 함길도

40) 《世祖實錄》 권 42, 세조 13년 5월 경진.
41) 위와 같음.

관찰사 申溮을 죽이고 體察使 尹子雲을 사로잡는 등 삽시간에 함홍 이북지역을 석권하였다.

조정에서는 구성군 준을 함길·강원·평안·황해도 도총사, 호판 曺錫文을 부총사, 허종을 함길도절도사, 강순·어유소·남이 등을 대장으로 삼아 3만의 군사를 동원하여 반군을 진압케 하였다. 처음에는 반란이 기세를 떨치고, 조정내부에서도 반란군이 한명회·신숙주 등 중신들이 자신들과 내응하고 있다고 한 이간책에 말려들어 이들을 하옥시키는 등 차질을 초래하였다. 그러나 관군은 먼저 반군의 고립을 도모하고 반란지역 주민들을 회유하여 반군의 세력을 약화시켰다. 이어 동년 8월에 홍원·북청·利原 등지의 싸움에서 반군을 대파하고 이시애 형제를 체포·참수함으로써 난을 진압하였다.[42]

이 난이 진압된 후 조정은 반군토벌에 공을 세운 구성군 준·조석문 등 45인을 敵愾功臣에 책봉하였다.[43] 지방반란의 재발을 방지하기 위하여 전국의 유향소를 폐지하고, 함길도를 남북으로 양분하여 통제를 강화하였다. 한편 정치운영에 있어서도 적개공신을 중용하여 세조집권 이래로 정치력이 컸던 한명회 등 정난·좌익공신세력을 견제함으로써 왕권의 안정을 되찾았다.

3) 예종·성종대 대전체제의 수정과 정치

(1) 예종·성종조 대전체제의 수정

세조가 도모하고 시행한 왕권강화, 국왕 중심의 국정운영체제는《경국대전》의 편찬이 거의 완료된 세조 12년경부터 동요하기 시작하였다. 세조는 신병으로 인해 세자에게 서무를 재결하게 하였고, 한명회·신숙주·具致寬 등의 원로대신을 원상으로 삼아 승정원에 출근하여 국정을 협찬하게 하였다.[44] 그리하여 그 이전에 강력한 왕권을 중심으로 이루어졌던 왕—6조체제가 왕—원상—6조체제로 변질되었다. 또 이러한 분위기는 세조가 주도하여 실시한 직전

42) 이상 이시애란에 대해서는 金相五, 〈李施愛亂에 對하여(上·下)〉(《全北史學》 2·3, 1978·1979) 참조.

43) 적개공신에 대해서는 鄭杜熙, 앞의 책, 222~231쪽 참조.

44) 金甲周, 〈院相制의 成立과 機能〉(《東國史學》 12, 1973).

법, 군액확장, 종친중용책과 숭불시책 등에 대한 비판을 야기하였다. 그러나 세조치세에는 비록 원상의 기능이 의정부서사제 때의 의정과 유사하기는 하여도 세조가 표방한 국왕 중심의 국정운영체제 등은 고쳐지지 않았다. 그러나 예종이 재위 1년만에 훙서하고, 13세의 성종이 계위하면서 왕권의 안정을 위해 원로대신이 중용되고, 원상을 중심으로 한 국정운영이 계속되었다. 그리하여 속개된 《경국대전》의 편찬을 원상 등 원로대신이 주도하게 되었고, 세조대의 대전체제 중 원상 이하 관료들의 이익과 상치된 조항들이 고쳐지게 되었다.

예종은 즉위와 함께 《경국대전》 편찬을 속행하여 예종 원년(1469) 9월에 마무리짓고, 다음해 정월에 반행코자 하였다. 그러나 그 직후에 급서하였기 때문에 반행을 하지 못하였다. 이 《경국대전》에 세조대의 대전체제가 어떻게 변질되면서 수용되었는지는 알 수 없지만, 성종대의 경향과 비슷하였으리라 추측된다.[45]

《경국대전》은 성종 원년(1470) 2월에 편찬을 속개하여 동왕 15년까지 수차에 걸쳐 수정·보완하면서 완료되었고, 다음해에 반행되었다(을사년대전). 《경국대전》의 편찬이 진행된 기간의 정치는 성종 6년까지는 세조비 貞熹王后가 섭정을 하고 한명회·신숙주 등 원상이 주도하였다. 성종 7년 이후는 성종이 친정을 행하고 원상제가 폐지되기는 하였으나, 한명회 등이 여전히 강력한 정치력을 발휘하였다. 이리하여 성종 16년에 반행된 《경국대전》에는 6조가 국왕에게 직접 보고하고 지시를 받으면서 서무를 분장하게 하면서도, 의정부에 백관과 국정통령권을 부여하여 왕의 6조지배가 약화되어 있다. 또 보법이 개정되면서 군액이 크게 축소되었고, 내금위 등의 인원이 크게 축소되었으며 종친의 정사참여가 금지되었다. 그러면서도 을사년대전에는 원로대신이 승정원에 출근하여 승지와 6조를 지휘하면서 국정을 협찬하는 원상제와 판사로서 해당 조를 지휘하였던 6조의 판사제[46] 등이 수록되지 않았다.

---

45) 예종은 국왕 중심의 국정운영을 도모하였으나 세조말 이래로 한명회·신숙주 등을 견제하면서 왕권을 옹호하였던 구성군 준·강순·남이 등이 제거되고, 익대공신이 책록되어 한·신 등 원로대신의 세력이 더욱 강화되면서 좌절되었다. 이 점에서 예종대에 완료된 《경국대전》은 세조가 의도한 지나친 국왕 중심의 국정운영과 군액확장·시위군 강화·종친중용 등이 변개되었을 것이라고 생각된다.

46) 韓忠熙, 〈朝鮮初期 判吏·兵曹事硏究〉(《韓國學論集》 11, 啓明大, 1985).

따라서 예종·성종대의《경국대전》은 세조대의 그것과는 달리 관료권을 제약하는 지나친 왕권강화와 국왕 중심의 국정운영이 수정되고, 동시에 지나친 재상중심의 국정운영체제도 피하는 방향으로 개찬되었다. 즉 극단적인 왕권과 신권을 배제하고, 국왕과 재상이 조화와 균형을 이루면서 국정을 운영하도록 규정되었다.

(2) 예종대의 정치

예종이 19세로 계위하였을 때 모후인 정희왕후가 섭정을 하고, 한명회·신숙주 등의 원상이 중심이 된 정치가 행해졌다. 그러나 예종은 세조 12년(1466) 이래의 대리청정한 경험을 토대로 왕권을 강화하고 자신을 중심으로 하여 국정운영을 모색하였다.

예종은 원로대신을 견제하고, 대간을 억압하면서 왕권강화를 도모하였다. 즉위와 함께 판병조사를 폐지하면서 친정체제를 강화하고,[47] 재상가를 감시하여 신숙주·김질·구성군 준·朴仲善·成任에게 奔競하는 자를 적발하게 하였다. 또 왕권에 저촉되는 대간활동을 억압하고,[48] 과전수급자가 전조를 규정 이상으로 걷을 경우 佃夫로 하여금 고소하게 하고 전조원액과 濫收額을 몰수하는 등 전조남수를 금지하여 수조권자를 제약하였다.

그러나 예종의 왕권강화책은 정희왕후와 원상 등을 중심으로 한 국정운영 및 남이옥사로 인한 원로대신의 세력 강화로 인해 어려움을 겪다가 재위 1년만에 훙서하면서 좌절되었다. 분경을 적발하였어도 이에 대한 원로대신들의 반발로 분경자를 처벌하지 못하였고, 오히려 이를 알고도 고발하지 않았다 하여 대간을 힐책하였다. 남이의 옥사가 일어나면서 왕권강화보다는 오히려 왕권의 안정을 위해 원로대신을 우용해야 했다. 남이는 태종의 외증손으로서 세조 6년과 12년에 무과와 발영시에 급제하였고, 세조 13년에 이시애란 토벌에 공헌을 세우고 세조의 총애를 받으면서 적개 1등공신에 책록되고 곧이어 동지중추와 工曹判書兼五衛都摠管에 제수되더니, 이듬해에는 24세의 나

47)《睿宗實錄》권 1, 예종 즉위년 10월 을사.
《成宗實錄》권 1, 성종 즉위년 12월 기유.

48)《睿宗實錄》권 4, 예종 원년 윤 2월 갑자·을축·병인 및 3월 을미.

이로 일약 병조판서에 발탁되는 등 위명을 떨쳤다. 남이는 이미 세조에게 구성군 준을 중용하지 말 것을 청한 바도 있지만, 예종이 즉위한 후에는 예종의 왕권강화 방침에 호응하여 훈신들을 비판하였다.[49] 이러한 남이에 대하여 한명회 등 세조초 이래의 훈신들이 크게 분노하였고, 반면에 예종은 왕권의 안정을 도모하기에 급급하였던 만큼 남이를 옹호할 입장이 되지 못하였다. 예종 원년 8월 남이가 역모를 꾀한다는 柳子光의 고변을 계기로 남이옥사가 야기되고,[50] 그 결과 당사자인 남이는 물론 영의정 강순·鄭崇魯 등 적개공신인 무인이 대거 제거당하였다. 남이옥사를 주도한 한명회 등 원로대신은 거의 翊戴功臣에 책록되어[51] 그 지위와 영향력이 증대되었다. 따라서 예종이 사초를 개서한 閔粹를 문초하면서 "대신은 두렵고 왕은 두렵지 않느냐"[52]고 묻고 있듯이 예종이 의도한 왕권강화는 실현될 수 없었다.

예종대에는 《경국대전》의 개수와 함께 정치·군사제도가 부분적으로 개정되었다. 예종 원년(1469)에 한성부의 판사를 判尹, 윤을 좌·우윤, 소윤을 庶尹으로 각각 개칭하고 參軍을 3인으로 증치하였으며, 개성(부윤)부를 유수부로 승격하고 경관으로 편입하였다. 예종 원년 5월과 9월의 2차에 걸쳐 군제를 개편하면서 의흥위에 갑사·보충대, 용양위에 별시위·대졸, 호분위에 족친위·친군위·팽배, 충좌위에 충의위·충찬위·파적위, 충무위에 충순위·정병·장용위를 각각 분속하였다.[53] 이로써 세조 3년에 성립된 5위제도의 25부에 소속된 군대의 수가 병종별로 소속되어 고르지 못하였고, 세조 5년에 시위패가 개칭된 정병이 5위에 소속되지 못한 것 등이 시정되면서 5위체제가 정립되었다. 이것이 당시의 《경국대전》에 반영되었다가 법제화되었다.

---

49) 鄭杜熙, 앞의 책, 237쪽.

50) 崔永浩, 〈「南怡(1441~1468)의 獄」再考〉(《高柄翊先生回甲紀念 史學論叢》韓國史篇-歷史와 人間의 對應-, 한울, 1985), 132~136쪽.

51) 익대공신은 다음과 같다(1은 정난, 2는 좌익, 3은 적개공신《睿宗實錄》).
1등(5명) ; 유자광 3, 신숙주 1·2, 한명회 1·2, 申雲, 韓繼純.
2등(10명) ; 밀성군 침, 德源君 曙, 영순군 부 3, 구성군 준 3, 沈澮, 박원형 2, 하성군 정현조, 居平君 復, 李克增, 박지번 2.
3등(24명) ; 정인지 1·2, 정창손 2, 조석문 2·3, 韓伯倫, 盧思愼, 박중선 3, 洪應, 강곤 1, 조득림 2, 愼承善, 權瑊, 魚世謙, 尹繼謙, 鄭孝常, 權攢, 趙益貞, 安仲敬, 徐敬生, 金孝江, 李存命, 柳漢, 韓繼禧, 姜希孟, 李存.

52) 《睿宗實錄》 권 5, 예종 원년 4월 정축.

53) 千寬宇, 《近世朝鮮史研究》(一潮閣, 1979), 76쪽 〈표 D〉.

또 즉위와 함께 세조대에 정지된 경연을 개설하였으며, 3포에서의 왜와의 사무역을 금지하고, 각 도·각 읍에 있는 둔전을 일반 농민이 경작하는 것을 허락하여 민생을 도왔다. 《天下圖》와 《武定寶鑑》(신숙주 등)을 편찬하였고, 세조대의 숭불정책을 계승하여 낙산사를 중건하고 봉선사를 조성하였으며, 세조의 명복을 위한 金泥寫經과 기재·공불반승 등 각종 불사를 설행하였다.[54]

(3) 성종대의 정치

성종은 13세의 나이로 세조의 유명과 세조비 정희왕후, 한명회 등 원로대신의 추대를 받아 숙부인 예종의 뒤를 이어 왕위를 계승하였다. 따라서 성종초 정책의 급선무는 왕권을 안정시키는 문제였다. 그리하여 즉위와 함께 정희왕후가 수렴청정을 하고, 한명회·신숙주 등 원상이 국정을 협찬하였다. 성종 원년(1470)에 정희왕후와 원상들의 주도로 세조 등위의 교훈을 참작하여 구성군 준을 유배시키고, 성종 2년에는 개수한 《경국대전》에 「宗親不任以事」를 규정하여 종친이 왕권에 위협이 되는 것을 근절하였다. 성종 2년에는 한명회 등 75명과 烏山君 澍 등 1,059명을 佐理功臣과 원종공신에 책록하여[55] 왕권의 토대로 삼았고, 생부인 孝敬世子를 懿敬王에 추봉하고 신주를 종묘에 봉안하여 왕권을 안정시켰다.

성종 6년까지는 세조비 정희왕후가 수렴청정하고 한명회 등 원상이 정국

---

54) 韓㳓劤, 앞의 책, 280~308쪽.

55) 《成宗實錄》 권 11, 성종 2년 9월 을해 및 권 11, 성종 2년 8월 을축.
좌리공신은 다음과 같다(1은 정난, 2는 좌익, 3은 적개, 4는 익대공신).
1등(9명) ; 신숙주 1·2·4, 한명회 1·2·4, 최항 1·2, 홍윤성 1·2, 정현조 4, 윤자운 2, 김국광 3, 권감 4.
2등(12명) ; 月山大君 婷, 밀성군 침 4, 정인지 1·2·4, 정창손 2·4, 심회 4, 김질 2, 한백륜 4, 尹士昕, 한계미 2·3, 한계희 4, 宋文琳, 구치관 2(추서).
3등(18명) ; 成奉祖, 노사신 4, 강희맹 4, 任元濬, 박중선 3·4, 이극배 2, 홍응 4, 徐居正, 梁誠之, 김겸광 3, 강곤 1·4, 신승선 4, 이극증 4, 한계순 4, 정효상 4, 윤계겸 4, 韓致亨, 李崇元.
4등(36명) ; 金守溫, 李石亨, 윤필상 3, 허종 3, 황효원 2, 유수 1, 어유소 3, 咸禹治, 李塤, 金吉通, 선형 3, 우공 3, 김교 3, 吳伯昌, 朴居謙, 李鐵堅, 韓致仁, 具文信, 이숙기 3, 鄭蘭宗, 鄭崇祖, 李承召, 韓致義, 韓堡, 金守寧, 韓致禮, 韓嶬, 李克墩, 李壽男, 李鉉, 申瀞, 김순명 3, 柳輕, 沈瀚, 申浚, 李永垠.

을 주도함에 따라 왕권이 미약하였다. 성종 7년부터 15년경까지는 왕권강화를 위한 弘文館의 설치, 대간의 중용 등이 시행되었고, 비록 훈구재상인 정난·좌익·적개·익대·좌리공신들이 의정부 6조당상을 차지하면서 정치를 주도하기는 하나[56] 왕권이 크게 신장되었다. 훈구재상들 중에서 성종초까지 원상으로서 정치를 주도하였던 원로대신들은 성종 7년에 영의정 한명회가 의례적인 대비환정 반대로 대간의 집요한 탄핵을 받고 해직되고, 이 시기를 전후하여 최항·신숙주·홍윤성·조석문·정인지 등도 대개 사망함으로써 퇴조하고, 새로이 의정부·6조의 당상직에 진출한 尹弼商·李克培·盧思愼·許琮·尹壕·愼承善·鄭佸·魚世謙·韓致亨·李克墩·鄭文炯 등이 등장하였다.

성종 15년(1484)경 이후는 김종직의 제자를 대거 홍문관과 대간에 등용하고 언론활동을 장려함으로써 훈구재상을 견제하였다. 성종 17년부터는 特進官制를 운영하여 경연관이 아닌 문무재상을 차례로 경연에 참여시키고, 경연이 끝난 후에는 특진관·경연관(사림출신의 홍문관관이 중심)과 함께 당시의 현안사와 정치일반에 관한 것을 광범히 논의함으로써 의정부·6조의 기능을 견제하였다.[57] 이와 같이 성종은 의정부·6조를 주도한 훈구재상(勳舊派)과 삼사를 주도한 사림출신 관료(士林派)가 균형을 이루는 가운데 왕권을 안정시키고 강화하였다.

성종대에는 《경국대전》의 개수와 관련하여 정치·군사제도가 부분적으로 보완되었다. 성종 원년에 공신의 府院君號를 복구하였고, 사간원에 正言 1명을 증설하고 예문관에 부제학 이하 참상관 15명을 증치하였으며, 敦寧府를 다시 두어 당상 5명과 당하관 14명을 두었다. 성종 2년에 提調 수를 대폭 감소시켰고, 성종 5년 1월 이전에 도성내 도적의 토벌·치옥과 궁성수비·궁궐호위를 위하여 捕盜廳을 두고 捕盜將 이하의 관원을 두었다.[58] 성종 15년에 典校署를 校書館으로 개칭하고 兼判校 1인과 교리 1인을 증치하고, 의빈부관중 의빈이 제수되는 관직을 尉(정1－종2)·副尉(정3당상)·僉尉(정·종3)로 개칭하였다.

56) 鄭杜熙, 앞의 책, 242~244쪽 〈표 4－17〉 및 249~250쪽 〈표 4－24〉 참조.
57) 權延雄, 〈朝鮮成宗朝의 經筵〉(《世宗朝文化硏究》 1, 博英社, 1982), 62~66쪽·79~87쪽.
58) 李相寔, 〈捕盜廳의 設置에 대한 考察〉(《歷史學硏究》 7, 1977), 26~30쪽.

세조의 직전제실시·시위군증대·군액확장에 대한 비판이 제기되면서 제군사가 크게 감소되고, 보법이 완화되면서 군액이 크게 감소되었다. 성종 원년에 내금위 이하 정병에 이르는 正軍(수군제외)을 116,500명에서 18,860명을 줄인 97,640명으로 조정하였고, 성종 3년에도 하3도의 정병 9,690명을 감액하였다.[59] 그러나 갑사는 오히려 성종 6년에 14,800명으로 증가되었다. 성종 23년(1492)에 서얼신분층으로 구성되는 羽林衛를 설치하였다. 보법은 성종 15년《경국대전》이 편찬되기 이전에 「2정 1보」의 원칙은 계승하나, 자연호를 고려하여 정군으로 나가는 호내에 지정된 보수를 넘는 정인이 있더라도 2정까지는 餘丁으로 인정하였으며, 土地準丁의 규정을 폐지하고 奴도 준정한 수의 반만을 보로 계산하도록 하였다. 이러한 보법의 완화에 따라 성종 8년의 군액은 정군 146,399명과 奉足 362,105명 등 508,504명으로 감소되었다.[60] 그런데 직전법에 있어서는 성종 일대를 통하여 지속적으로 수조권의 세습요구가 개진되고 성종 8년·11년에는 찬반이 반반이 되기도 하였다.[61] 그러나 새로이 사환하는 관료의 직전지급을 위한 직전의 감축, 재정난을 극복하기 위한 직전·공신전 등의 전조지급 중지 등은 훈구재상들의 반대로 변동되지 못하고 준행되었다.[62]

세조·예종대의《경국대전》편찬사업을 계승하여 수차의 개정 끝에 성종 15년에 완성하고 이듬해에 반포하였고(을사대전), 이어 성종 23년에는《大典續錄》을 완성하여 통치의 전거가 되는 법전을 완비하였다.

성종은 즉위와 함께 경연을 개설하고, 이후 재위기간을 통하여 하루에 3번 경연에 참석하였고 때로는 夜對도 했다. 경연에서는 四書五經·《資治通鑑》·《通鑑綱目》·《性理大全》·《高麗史》등을 두루 섭렵하였으므로 그 학문 수준이 높았다. 성종 17년 이후는 당시의 제반 정치문제도 논의하는 등 경연이 활성화되었고 정치가 논의되는 장소가 되었다.[63] 또 성종 9년에 예문관에서 집현전 후신으로서의 홍문관을 분립시켜 경연을 전담하게 하였다. 여

59)《成宗實錄》권 3, 성종 원년 2월 기묘 및 권 15, 성종 3년 2월 무진.
60) 閔賢九, 앞의 책, 86쪽(강원·영안도는 성종 원년 2월의 군액).
61)《成宗實錄》권 75, 성종 8년 정월 임자 및 권 117, 성종 11년 5월 무술.
62)《成宗實錄》권 32, 성종 4년 7월 기미·권 75, 성종 8년 정월 임자 및 권 117, 성종 11년 5월 무술.
63) 權延雄, 앞의 글, 61~87쪽.

기에 나이가 어리나 기예가 출중하고 학문이 탁월한 인물을 소속시키고 그들을 총애하는 등 홍문관을 학문의 중심기관으로 육성하였다.[64] 그 외에 성종 2년부터 讀書堂制를 운영하여 젊은 문신들의 학문연구를 고취하고,[65] 성균관에 尊經閣을 짓고 경적을 소장시켜 이용에 편리를 도모하고 養賢庫를 충실히 하였으며(6년), 성균관과 향교에 토지와 서적을 반급하였다(15년·20년). 재위 25년에 29회의 문과시험을 실시하였다. 이와 동시에 세조대로부터 만연된 불교풍을 억제하고 淫祀를 금하였으며, 효자와 열녀를 표창하고 유교적 喪禮를 권장하였다. 이리하여 성종대에는 유학이 홍성하고, 유학자가 대거 배출되면서 문물이 성하게 되었다. 그러나 경연의 활성화와 홍문관의 우대는 유교정치의 토대가 되기도 하였지만, 대간 중용과 함께 사림세력을 중심으로 한 사림파와 공신·재상을 중심으로 한 훈구파의 대립을 초래하였다.

한편 불교는 정책적인 억불정책에 따라 성종 원년에 세종말 이래로 궁중에 설치된 불당(내불당)을 궐외(장의동 화약고 옛터)에 이전하였다. 이어 세조대 이래의 간경도감을 혁파하였고(2년), 사족부녀가 尼僧이 되는 것을 엄금하였고(4년), 성내의 尼舍를 성외로 철거하였으며(6년), 度僧法을 폐지하는(23년) 등 승려를 엄격히 통제하였다. 그러면서도 성종의 조모 정희왕후와 생모인 소혜왕후의 숭불과 관련되어 대간의 논박이 계속됨에도 불구하고 성종 3년의 신륵사 중창을 시작으로 20여 사찰이 중수·중창되었고, 각종 추복·기병불사 등이 성행하였다.[66]

유학의 진흥과 함께 여러 분야의 많은 서적이 편찬되었다. 역사서로는 《端宗實錄》(원년, 정인지 등), 《世祖實錄》(2년, 신숙주·한명회 등), 《睿宗實錄》(3년, 신숙주·한명회 등), 《三國史節要》(7년, 노사신 등), 《東國通鑑》(16년, 서거정 등)이 있다. 유교윤리의례서로는 《國朝五禮儀》(5년, 신숙주·정척 등), 《樂學軌範》(24년, 성현·유자광 등), 《內訓》(6년, 소혜왕후)이 있다. 법률서로는 《경국대전》(16년, 최항 등), 《대전속록》(22년, 이극증 등)이 있다. 문학서로는 《東文選》(9년, 서거정·노사신 등)이 있다. 지리관계서로는 《東國輿地勝覽》(12년, 노사신

64) 崔承熙, 〈弘文館의 成立經緯〉(《韓國史硏究》 5, 1970), 106~110쪽.
65) 金庠基, 〈讀書堂(湖堂)考〉(《震檀學報》 17, 1955), 4~22쪽.
66) 韓㳓劤, 앞의 책, 281~310쪽.

등)이 있다. 이 중에서도《국조오례》·《악학궤범》·《경국대전》·《동국통감》은 당시까지의 예·악·법률·역사를 집대성한 것으로서, 조선왕조의 유교정치 발전에 크게 이바지하였다.

성종 원년(1470)에 직전제 실시에 따른 토지의 겸병 및 관리들의 수탈을 방지하기 위하여 국가에서 경작자로부터 직접 조를 받아들여 관리들에게 현물을 지급하는 관수관급제를 실시하였다. 이리하여 수조권자의 토지에 대한 직접적인 권리행사를 차단하고 국가의 과전지배를 강화하였다. 그러나 이마저도 직전의 부족현상이 심화되면서 성종 6년 이후에는 새로이 관직에 진출하는 자에게 직전을 지급하기가 어렵게 되었다. 그리하여 6품 이상 관료들이 소유하고 있는 직전을 감축하고 여기서 얻은 전결로써 지급했으며 軍資米까지 절급하였다.[67] 또 심화된 국용부족을 해결하기 위하여 성종 15년부터 19년까지에는 직전의 전액과 공신전·별사전 반액의 전조지급을 중단하기까지 하였다.[68] 성종 22년에는 寺社田도 관수관급제로 변경하였다. 이로써 모든 사전의 수조권이 부정되면서 국가의 강력하고도 획일적인 사전지배가 실현되었다.

국방에 있어서는 성종 10년에 좌의정 윤필상을 도원수로 삼아 압록강 북방에 있는 건주위 야인의 본거지를 소탕하였다. 성종 22년에는 다시 함길도 관찰사 許琮을 도원수로 삼아 두만강 이북의 兀狄哈[우디캐] 야인을 정복하여 북변을 안정시켰다.[69]

그 외에 민생에 유의하여 수령과 변장의 파견에 앞서 이들을 불러들여 만나보고 선정을 당부하였고, 백성들의 원성과 고통을 고려하여 형벌을 가볍게 하였으며, 직전·공신전·별사전의 草價도 경작농민이 京倉에 스스로 납부하게 하였다. 국초 이래로 엄격히 시행된 贓吏자손의 등용금지를 완화하였다. 또 성종 16년에는 풍속을 교화하기 위하여 재가녀자손의 관리등용을 제한하는 법을 공포하였고, 형제·숙질간에 다투는 자는 변방으로 내쫓았다. 성종 18년에 鄭夢周와 吉再의 후손을 임용하여 충효를 권장하였다.

사림은 고려말에「不事二君」을 표방하며 초야에 은거하여 후진 양성에 주

---

67)《成宗實錄》권 84, 성종 8년 9월 정해 및 권 96, 성종 9년 9월 정사.

68)《成宗實錄》권 160, 성종 15년 5월 무자 및 권 215, 성종 19년 4월 신묘.

69) 李鉉淙, 앞의 글, 432~433쪽.

력한 성리학자와 그 제자들이었다. 이들은 국초에는 사환하지 않았지만, 세조 5년(1459)에 金宗直이 정계에 진출한 것을 시작으로 점차로 사환하기 시작하였다. 성종 14년까지는 사림의 진출이 미미하였다. 그러나 성종 15년 이후는 그 이전의 홍문관 설치·경연에서의 정사논의, 성종이 왕권을 안정·강화하기 위한 사림중용에 따라 김종직의 제자가 대거 정계에 등장함으로써 사림파가 성립되었다.70)

사림파를 중심으로 한 신세력은 인원수나 재직관직상 세조 이래의 공신·재상이 중심이 된 구세력(훈구파)과 비교가 되지 못하였지만, 주로 경연·언론을 전담한 홍문관과 대간에 재직한 까닭에 훈구세력과 경쟁할 수 있는 정치력을 구축하여 나갔다. 신세력의 정치활동은 처음에는 성종의 의도대로 훈구재상을 견제하면서 왕권의 안정과 강화에 기여하였다. 그러나 성종 20년경 이후에는 빈번히 훈구재상과 의정부·6조 등을 탄핵하고 비판함에 따라 신구세력의 대립이 본격화되었다.

신구세력의 대립은 사림파가 성립되기 이전부터 이미 시작되었다. 성종 9년에 朱溪副正 李深源이 시정과 세조공신에 대하여 광범하게 비판하고, 유학 南孝溫이 이에 추가하여 昭陵(현덕왕후)의 복위를 주장하자, 훈구파인 任士洪·李瓊仝·鄭昌孫·沈澮·洪應 등이 양인을 漢末의 黨錮와 宋代의 朋黨에 비유하면서 강렬히 비판하는71) 등 대립하였다.72) 사림파가 성립된 성종 15년경부터 점차 신구세력의 대립이 증대되고 격화되었다. 사림파는 성종 15년에 유향소를 다시 세우는 안을 제시하고 이후 19년까지 훈구파와의 논쟁을 거쳐 이를 실현하였다. 그러나 사림파는 성종 21년부터 부설된 각지 유향소의 대부분이 훈구파에 의해 장악되었기 때문에 오히려 훈구파를 공박하면서 그 혁파를 주장하였다.73) 성종 19년과 21년에 3사가 주축이 된 사림파가 국왕·

70) 성종대에 의정부·6조·사헌부·사간원·홍문관·승정원에 재직한 사림파 관인에 대해서는 李秉烋, 《朝鮮前期 畿湖士林派硏究》(一潮閣, 1984), 35~36쪽 〈표 2-3〉 참조.

71) 《成宗實錄》 권 91, 성종 9년 4월 기해·병오·신해.

72) 그 외에 대간을 중심으로 한 신세력과 공신·재상을 중심으로 한 구세력이 대립한 대표적인 정사에는 다음과 같은 사항이 있었다(《成宗實錄》).
성종 2년 ; 좌리공신 책록사, 3·5년 ; 원상제운영, 7년 ; 영의정 한명회의 대비수렴청정 철회반대상소사, 8·11년 ; 직전법개정사, 12년 ; 한명회논죄사.

73) 李泰鎭, 〈士林派의 留鄕所 復立運動〉 下(《震檀學報》 35, 1973), 11~16쪽·25~

의정부·6조재상과 대립하면서 외척인 임사홍(자 光載와 崇載가 예종과 성종의 부마)·林元濬(임사홍의 부)·尹殷老(매 성종계비 貞顯王后)·尹湯老(윤은로 제)를 탄핵하여 유배시키고 파직시켰다. 성종 23년에는 禁僧法의 철폐를 지지하는 윤필상·노사신 등을 탄핵하였다. 성종 24년에 외척 윤은로 및 윤탕로의 복직과 加資제수를 논핵하고, 서북야인 정벌을 지지하는 윤필상·이극배·허종·이극돈 등을 탄핵하였다.[74] 그리하여 성종말에는 대간의 언론공세로 의정부·6조(재상)가 대간을 꺼리어 정사를 논의할 때에 분명한 의견의 진술을 기피할 정도가 되었다.[75] 또 대간 등은 인사문제를 두고 빈번히 이조를 탄핵하였고, 이판 李克均은 인사로 인한 대간의 탄핵을 피하기 위해 사헌부집의에 홍문관 직제학을 강수할 정도였다.[76]

이와 같이 사림을 중심으로 한 신세력과 공신·외척·재상 등 구세력간의 대립이 심각해지면서, 의정부·6조의 정상적인 정치기능이 제약되었다. 그리하여 성종 20년경 이후는 과격한 언론을 행하는 대간을 외관으로 체직하거나[77] 책망하였고, 대간과 의정부·6조가 대립될 때에는 대개 후자를 옹호하고,[78] 원로대신을 중용하면서 대소 정사를 이들과 논의하여 결정하는[79] 등 양파와 대립을 조정하였다. 동시에 언관이 언사로 인해 훈구재상들의 비판을 받았을 때에는 사림파를 옹호하여 이들의 처벌을 막았다.

이와 같이 성종대에는 조선 초기의 문물제도가 정비되었고, 유교정치 문화가 발전하였다. 그러면서도 훈구파를 견제하면서 왕권을 안정·강화하려는 성종의 의도에 따라 정계에 진출한 사림파가, 훈구재상에 대한 탄핵과 과도한 언론으로 의정부·6조의 정상적인 국정운영을 제약함에 따라 사림파를 중심으로 한 신세력과 훈구재상·의정부·6조 등 구세력과의 대립이 격화되었다. 이

29쪽.

74) 鄭杜熙, 〈朝鮮 成宗代 臺諫의 彈劾活動〉(《歷史學報》 109, 1986), 6~17쪽.
申奭鎬, 〈朝鮮 成宗時代의 新舊對立〉(《近代朝鮮史硏究》 1, 1944), 319~380쪽.

75) 《成宗實錄》 권 290, 성종 25년 5월 을사.

76) 《成宗實錄》 권 290, 성종 25년 5월 을사 및 권 254, 성종 22년 6월 임술.

77) 《成宗實錄》 권 280, 성종 24년 7월 신유.

78) 《成宗實錄》 권 278, 성종 24년 윤 5월 기해·권 290, 성종 25년 4월 을사 및 권 294, 성종 25년 9월 무자.

79) 《中宗實錄》 권 19, 중종 9년 정월 경인.

러한 훈구파와 사림파의 대립은 연산군대 사화의 단서가 되었다.

〈韓忠熙〉

4. 4군 6진의 개척

1) 개척 이전의 개황

조선 초기 대륙과 접해 있는 북방경역은 미획정상태였다. 그러나 태조·태종을 거쳐 점차 정치·외교·사회가 안정되는 세종 말년에는 접경 상대국과의[1] 협정 없이 국경이 두만강과 압록강이라는 자연경계선으로 획정되었다. 이에 대한 논리적 근거는 역사적 연고권과 '朝宗舊地 不可縮'이라는 祖宗舊地意識에 두고 있었다.

먼저 서북지방으로 압록강 중하류지역까지는 이미 고려 성종대에 접경 상대국인 거란과 상호 협정하에 국경획정이 이루어졌다.[2] 그리하여 고려말까지는 昌城·碧潼·江界지역까지 고려의 영역이었고, 그 이상의 압록강 상류유역은 미획정 상태였다. 공민왕대에 들어와서 江界萬戶府가 설치되고 공양왕 3년(1396) 甲州(현 甲山)에 만호부를 둔 이래로 조선시대에 들어와 이 방면의 개척이 크게 진척되었으나 강계만호부 이동, 갑산만호부 이서의 압록강 상류 이남지역은 여진족의 활동무대가 되고 있었다. 따라서 이 방면에서도 조선은 압록강의 자연경계선을 따라 일방적으로 국경선을 획정한 것이다.

조선의 동북지방 영토개척의 내력을 살펴보면, 고려말 雙城摠管府 지역의 수복(공민왕 5년 ; 1356)으로부터 거론하는 것이 타당하다. 즉 쌍성총관부 관할지역의 수복 이후 조선 초기까지, 쌍성총관부지역 이북으로부터 길주 이남, 여기에서 다시 길주 이북에서 두만강 이남까지 단계적으로 영토를 개척해감에 따라, 이 지역들은 일단 군사지역으로 설정된 다음 행정지역으로 전환되

1) 아직은 조선과의 접경 상대국을 明이라고 할 수는 없을 것이다. 아울러 만주지역에 흩어져 살고 있던 女眞族 역시 상대국으로 취급할 수 없을 것 같다.

2) 方東仁, 〈高麗前期 北進政策의 推移〉(《領土問題硏究》 2, 高麗大 民族文化硏究所, 1985).

었다. 그리하여 그때마다 군사지역의 핵심은 永興→吉州→慶源府로 바뀌었다.

이처럼 조선의 영토개척사업은 두만강 유역까지 확장되어 군사지역의 핵심인 경원부가 설치되었다. 이것은 두만강의 天險의 지리적 조건이 외적방어에 유리하다 하여 자연경계를 국경선으로 고정시키는 결과를 가져왔다. 그리하여 두만강 유역으로 진출해 오는 여진족과 조선 사이에 길주 이북 두만강 이남지역을 두고 공방전이 일어나 경원부가 여러 차례 옮겨졌다. 僑置州로서 경원부의 이와 같은 이동은 군사적 핵심지의 이동을 뜻하며 곧 영토개척의 전진기지를 이동한 것이었다.

요컨대 조선정부는 국경이 획정되지 않았던 두만강 유역이나 압록강 상류지역의 野人들에 대하여 회유와 정벌을 병행하면서 두만강과 압록강을 자연경계로 하여 국경획정의 의지를 굳혀 나간 것으로 파악되고 있다. 즉 태조대부터 세종 말년에 이르는 약 60여 년 동안, 두만강과 압록강 상류유역에는 6鎭과 4郡이 설치되었는데, 이들은 모두 변경 군사기지로서의 기능을 담당하였다. 이에 따라 남방 民戶를 이주시켰고, 두만강과 압록강 연변에 장성을 축조하여 국경을 획정하였다. 조선정부가 국경을 정할 수 있었던 것은 明이 아직 만주방면을 확실히 파악하지 못한 상태였기 때문이다.

2) 압록강 중상류방면 영토개척

(1) 압록강 상류유역의 개척과 4군의 설치

압록강 상류유역은 공민왕대에 강계만호부가 설치되고, 공양왕 3년 甲州에 만호부를 둔 이래 조선왕조에 들어와서 이 방면의 개척이 크게 진척되었다. 그러나 강계만호부 이동 갑산만호부 이서의 압록강 상류 이남지역은 여진족의 활동무대가 되어 있었다. 서북방면 영토개척의 전초기지를 이루었던 강계와 갑산에 대해 살펴보면, 江界都護府는 공민왕 10년(1361)에 禿魯江萬戶라 칭하고 동왕 18년에 강계만호부를 두었다. 또 鎭邊·鎭成·鎭安·鎭寧의 4군을 설치하고 上副千戶를 보내어 그곳을 관장하게 하였다. 태조 3년(1394)에 만호를 바꾸어 都兵馬使를 설치했다. 태종 원년(1401)에 立石과 古哈怪 등지의 땅을 합쳐서 1개 주를 만들어 石州라 하였다가 동왕 3년에 江界府로 승격시켰으며, 동왕 13년에는 통례대로 都護府로 고쳤다.[3] 고려말에 강계도호부에 군사중심지를 두고 진변·진성·진안·진녕의 군사체계에 의해 관할하였는데 이들은 점차 행정적 지역단위로 이행되었던 것이다. 그런데 태종 원년에 설치되었다고 하는 석주는《太宗實錄》에서는 昌城郡·理州 등과 함께 태종 2년에 처음으로 설치되었다고 되어 있다.

> 처음으로 창성군·석주·이주를 설치했다. 의정부가 受判하기를, 泥城道右翼에 속하는 泥城伊彦·昌州·碧團·陰童·大小波兒·亐農庫 등 각처 伊彦을 합쳐 1개 주를 만들어 昌城郡이라 호칭하고, 右翼團練使가 이를 겸하게 했다. 江界道中翼에 속하는 立石·古哈外怪 등 각처 이언을 합쳐 1개 주를 만들어 石州라 호칭하고 中翼團練使가 이를 겸하게 했다. (강계도) 우익에 속하는 豆木里·山羊會·都乙漢·烽火臺 등처 이언을 합쳐 1개 주로 만들어 理州라 호칭하고 우익단련사가 이를 겸하게 하였다(《太宗實錄》 권 2, 태종 2년 4월 정축).

석주는 강계만호부 인근지역의 입석·고합·외괴(혹은 乯怪) 등의 伊彦을 합친 것이었다. 이언이라는 것은 하나의 작은 지역단위일 것으로 생각된다. 이리하여 석주는 태종 3년에 강계부로 승격되었으며, 그 사이에 치소도 滿浦鎭 부근으로부터 지금의 강계로 옮겨진 것으로 짐작된다.[4]

창성군은 니성·창주·벽단·음동·대소파아·오농고 등의 이언을 합친 것이었고, 이주도 두목리·산양회·도을한·봉화대 등의 이언을 합친 것이었다. 이로써 보면 이들 지역은 압록강 중류 연안에 위치하는 지역들인데, 이언이라는 지역단위를 묶어 보다 체계적인 행정단위로 파악하려고 하였음을 알 수 있다. 따라서 행정단위로서 창성군·석주·이주를 설치하고, 군사명령체계로서 창성군은 泥城道左翼團練使가, 석주는 江界道中翼團練使가, 이주는 江界道右翼團練使가 겸하게 하였다. 이러한 기반 위에서 태종 3년 6월에는 창성군의 벽단과 음동을 합하여 碧潼郡을 설치하였다. 이는 행정체계의 정비로 해석된다.

갑주는 본래 虛川府인데, 오랫동안 胡人들이 차지하고 있으면서 여러 차례 병화를 일으켜 거주자가 없었다. 그러다가 공양왕 3년(1391)에 처음으로 甲州

---

3) 《世宗實錄地理志》·《新增東國輿地勝覽》·《輿地圖書》 등의 강계도호부조를 종합함.

4) 李仁榮, 〈廢四郡地理考〉(《韓國滿洲關係史의 硏究》, 乙酉文化社, 1954).

萬戶府를 설치하였고,[5] 태조 2년(1393)에 동북면안무사 李之蘭이 축성하였으며, 그 뒤 태조 6년 도선무순찰사 鄭道傳이 동북면의 州府郡縣의 경계를 정할 때 갑주의 행정구역도 정비하였다. 다시 태종 13년(1413)에 갑주만호부를 갑산군으로 개칭하고, 같은 시기에 강계부도 강계도호부로 승격시켰다.

이렇게 보면, 서북방면 영토개척의 상한선은 마치 강계와 갑산을 잇는 선인 것처럼 파악하기 쉽다. 그러나 갑산부 이서 압록강 상류 이남지역은 행정단위로서는 함길도 갑산군 閭延村이었는데, 갑산군과는 거리가 너무 멀기 때문에 태종 16년에 小薰頭 이서지역을 떼어서 閭延으로 하고[6] 태종 17년 함길도에서 평안도로 옮겨 강계도호부에 소속시켰다.[7] 그렇다면 이미 태종대 이전에 압록강 상류 이남에까지 진출하였음을 알 수 있다. 태종대에 압록강 연변과[8] 그 상류 이남의 군사적 관할은 다음과 같이 강계부를 중심으로 중익 및 우익단련사에 연결되어 있었음을 알 수 있다.

江邊防禦緊要處 ┬ 理山·閭延은 江界道에서
├ 昌城·碧潼은 朔州道에서
└ 麟山·龍川은 義州道에서

江界道中翼——石州(뒤에 江界府)·閭延郡[9]
右翼——理州

그러나 지금의 중강진 부근에 설치된 여연군(현 慈城郡 閭延面 下長洞)은 압록강 건너편에 살던 여진족이 조선을 침입하여 살상하는 일이 잦아짐에 따라, 이에 대한 대책이 시급한 실정이었다. 이리하여 세종 13년(1431)에는 여진의 침입을 자주 받는 여연에 석성을 쌓는 등 방비를 한층 튼튼히 하였지만, 방비체제상 강계와 여연(여연-자작리, 여연-우예구자, 여연-상무로보 등)은 서로 멀리 떨어져 있어서 효과적으로 대응하지 못하였다.

---

5) 《世宗實錄地理志》 권 155, 咸吉道 甲山郡.
6) 《太宗實錄》 권 32, 태종 16년 7월 갑인.
7) 《世宗實錄地理志》 권 154, 平安道 閭延郡.
《太宗實錄》 권 33, 태종 17년 5월 무술.
8) 《太宗實錄》 권 35, 태종 18년 3월 무오.
9) 당시의 閭延郡의 관할 범위는 虞芮口子(뒤에 虞芮郡으로 분리되어 승격)·上無路堡(뒤에 茂昌郡으로 분리되어 승격)·慈作里(뒤에 慈城郡으로 분리되어 승격) 등이었다.

더욱이 이 무렵 압록강의 큰 지류인 婆猪江(佟佳江 ; 渾江) 방면으로 남하 이주하여 온 兀良哈[오랑캐]族이 李滿住를 추장으로 하여 建州本衛를 세우고 요동지방을 자주 노략질하였다. 그 軍民으로서 조선으로 도피하는 자가 세종 5년 이후 560여 명에 달하여 이들을 모두 명으로 쇄환했더니, 여진은 이에 대한 원한을 품고 조선에 침입하였다. 세종 14년 12월에도 이만주가 400여 기를 거느리고 여연의 서남부로 침입하여 많은 군민을 살해하고, 남녀 인민과 우마·재산 등을 노략질해 갔다.

이만주의 내침은 조선이 건주위를 정벌하는 직접적인 동기가 되었거니와 慈城郡 설치의 중요한 계기가 되기도 하였다. 세종 15년 3월에 조선정부는 崔閏(潤)德을 평안도도체찰사로, 金孝誠을 도진무로 삼아 황해·평안 양도의 병력 15,500여 명으로 이를 정벌케 하였다. 최윤덕의 군대는 압록강을 건너 여진 땅으로 깊숙이 들어가 200여 명을 사로잡고, 170여 명을 척살하는 승리를 거두었다.[10)]

그러나 이 지역은 여연·강계와 너무 멀리 떨어져 있기 때문에 위급할 때에 대비하기가 어려웠다. 그래서 세종 15년 6월 여연과 강계 사이의 요충지인 慈作里(현 慈城)에 성을 쌓고 따로 군읍을 설치하여 자성이라 이름하고, 여연의 남촌과 강계부 북촌의 민호를 떼어 붙이고 강계부 중익에 소속시켰다.[11)] 나아가 북방개척 영토의 내실 있는 경영을 위해서 여연군을 府로 승격시키고 진을 설치하였다. 이것은 여연군이 요해지에 해당하지만, 거주자가 적으므로 장차 민호를 이곳으로 이주시키고자 한 때문이다.[12)]

그 뒤에도 이 방면에는 여진족의 내습이 빈번하였다. 그 중에서도 趙明干口子(현 자성군 長上面 長城洞)를 끼고 흐르는 압록강은 물굽이의 굴곡이 심하여 斗入地를 형성하였기 때문에 적의 기습을 받기 쉬웠고, 虞芮堡(현 土城洞)나 下無路堡(현 胡芮)와도 멀리 떨어져 있어서 방수가 매우 곤란하였다. 때문에 평안도관찰사·절제사 등은 조명간구자의 戍兵을 파하여 우예·하무로보의 선으로 철퇴할 것을 청하였고, 조정에서도 이에 동조하는 신하들이 적지

10) 宋炳基, 〈東北·西北界의 收復〉(《한국사》 9, 국사편찬위원회, 1973), 164쪽.
11)《世宗實錄地理志》 권 154, 平安道 慈城郡.
《世宗實錄》 권 60, 세종 15년 6월 임오.
12)《世宗實錄》 권 69, 세종 17년 8월 경자.

않았다. 이처럼 변경관리 방책이 확정되지 못하자, 세종은 "조종의 강역은 마땅히 삼가 지킬 것이지, 가볍게 퇴축할 수 없다. 이제 趙明干을 퇴축한다고 하면, 沿邊口子도 반드시 이를 원용하여 퇴축코자 할 것이니 그 폐단은 금하기 어려울 것"[13]이라 하여 퇴축론을 일축하고, 조명간을 유지하기 위한 여러 가지 방책을 강구하였다.

적극적인 대응방안으로, 우선 평안도 도절제사 李蕆으로 하여금 병력 8,000명으로 재차 여진족을 정벌케 하였다. 세종 19년 9월에 이천이 이끄는 군사는 3로로 나뉘어 이산·강계 등지로부터 압록강을 건너 兀剌山城(懷仁縣 ; 현 五女山)·五彌府(현 懷仁縣) 등의 여진 소굴을 공략하였다. 소극적으로는 이 외에도 城堡를 石堡로 개축하는 한편, 만호를 뽑아 파견한다든지 군마 150필을 추가하고, 민호 50호를 성보에 들이고 방비를 건실하게 하였다. 조명간에서 가장 가까운 성보는 우예보인데, 閭延府治로부터 너무 멀리 떨어져 있었으므로 이곳에 읍을 설치하여야 한다는 의견이 제기되었다.

우예군의 설치 배경을 좀더 부연한다면, 본래는 여연군 虞芮口子로서 처음에는 만호를 설치하여 방수했다. 그러나 여연군과 너무 멀리 떨어져 있었기 때문에 세종 25년(1443)에 여연군의 榆坡·조명간·소우예 및 자성군의 泰日 등지의 민호를 떼어 우예군을 설치하고, 강계부의 소속으로 삼았다.[14] 이리하여 여연과 강계 사이에는 자성과 우예의 2군이 설치되어 북방개척을 위한 효율적인 영토 관할체계가 갖추어지고 있었다.

한편 여연과 갑산을 잇는 압록강 상류 연변은 관할하기에 거리가 너무 멀어 비록 적변이 있다 하더라도 구원이 미치지 못한다는 문제가 있었다. 그뿐 아니라 三水로부터 無路의 땅까지는 지대가 높고 험하고 척박해서 농사를 지을 수가 없기 때문에 민호가 살 만한 곳이 못되었다. 그러므로 읍을 설치하느니보다 삼수 이하를 여연군에 떼어 붙이고 그대로 구자를 설치하고 목책을 배설해서 강에 얼음이 얼 때 나가 지키는 것이 어떠냐는 논의도 있었다.[15]

---

13) 《世宗實錄》 권 76, 세종 19년 2월 임술.
14) 《世宗實錄地理志》 권 154, 平安道 虞芮郡.
《世宗實錄》 권 101, 세종 25년 8월 무신.
15) 《世宗實錄》 권 66, 세종 16년 12월 무오.

세종 16, 17년경부터 여연과 갑산의 중간 지점에 읍을 설치하여야 한다는 의논도 제기되었다. 후보지는 여연군 동쪽 압록강 연안의 上無路堡(현 厚昌郡 東新面 河山堡)였다. 상무로보는 본래 여연군 소관이었으나 여연과의 거리가 너무 멀기 때문에 성원이 미치지 못하였다. 세종 21년에는 石堡를 쌓고, 다음해에 여연의 孫梁·厚州 등지의 민호를 떼어 현을 설치하여 茂昌이라 하였다.[16] 이어 세종 24년에 군으로 승격되었고 강계부중익에 소속되었다.

이와 같이 압록강 상류연안의 영토개척과 그 관할 체계는 태종 16년 여연군 설치로 비롯되어 세종 15년에 자성군, 세종 24년에 무창군, 세종 25년 우예군을 설치함으로써 완성을 보게 되어 무릇 27년이 소요되었다.

(2) 4군 철폐와 군사지역화

가. 철폐론과 조종구지의식

4군 설치의 의미는 여진 내습에 대한 적극 대응책에서 찾아진다. 그리고 국초 이래 세종대까지는 압록강 상류지역의 국토 경영도 일단락되었다고 할 수 있다. 그러나 4군 설치지역은 본래 벽지여서 교통이 불편하였고 방위하기에도 매우 어려웠으며, 토지가 척박한 데다가 여진과의 충돌이 그칠 사이가 없는 접경지역이었다.

4군의 연변구자 중에서도 유지하기 가장 어려운 곳은 조명간구자라고 할 수 있지만, 4군 전체가 지형적으로 북계 중 가장 깊숙이 적지에 들어가 있었다. 그래서 여진의 침입 요해처가 되는 곳이 무려 24개소나[17] 되었다. 이 점으로 보아 4군지역은 여진에서는 침입하기가 쉬웠던 데 비해 방어하기에는

---

16) 《世宗實錄地理志》 권 154, 平安道 茂昌郡.

17) 《輿地圖書》 平安道江界府에서는, 彼邊賊路로 다음 24개처를 명기하고 있다.

大食鹽洞·門巖洞 …… 兩路渡江入豆之洞把守境
城洞·三洞·直洞·北水洞 …… 四路渡江入竹田把守境
大北水洞·小食鹽洞 …… 兩路渡江入中江把守境
會養洞·伐草嶺·大巖洞·小巖洞·板乃洞 …… 五路渡江入麻轉嶺境
田尙祿接戰洞·羅仕立接戰洞·河加乙應接戰洞·李順接戰洞…四路渡江入梨嶺境
拒柴項洞 …… 渡江入滿浦境
介也之洞 …… 渡江入伐登境
仇郎哈洞·古道水洞·細洞 …… 三路渡江入高山里境
野土里·長洞 …… 兩路渡江入甘湯嶺

매우 곤란한 위치라고 할 수 있다.

한편 당시 4군 연변의 수비는 강계부진관 소관의 神光·平南·馬馬海·楸坡·從浦·上土·紇恠·滿浦·伐登·高山里鎭 중에서 신광·평남진을 제외한 진에서 담당하였다. 각 진의 군사들은 주로 남도지방으로부터 파견되었다. 이들은 赴防 길에 이미 지쳐 버리기 일쑤여서 적의 예봉과 맞닥뜨리기도 전에 기세가 꺾이게 마련이었고, 지형상 군량미를 운반하는 우마를 중도에서 잃는 경우가 많았다. 그러므로 한때 군량미 운반의 어려움을 덜고자 대사헌 李叔疇가 압록강을 이용한 수운을 건의한 바도 있지만,[18] 여진의 약탈이 염려되어 실현되지 못하였다.

또한 연변지방 거주 인민들도 고역에 시달렸다. 축성과 입보, 그 밖의 노역부과는 물론이지만, 가장 큰 고통은 여진인들에게 인민·우마·양식을 약탈당하는 것이었다. 그리하여 마침내는 땅을 버리고 유리하는 자들이 생겨 평안도 전역으로 확산되었고, 세종 말년에는 평안도의 연속되는 기근과 함께 인민들의 고통이 극심하였다.

이와 같이 현실적으로 어려운 상황과 세종의 적극적인 북방개척 의지 사이에는 괴리가 있었다. 사실 세종의 당초 계획은 "변두리로 떨어져 있는 땅을 버리고 방어가 편리한 곳으로 入守코자 한 바 있다"고 하였듯이 방수가 편리한 곳이었으나 "조종의 강역은 가벼이 버릴 수 없는 곳이므로, 募兵賞職함으로써 연변 방비를 충실히 하도록 시도할 것"[19]이라고 하여 연변 수비를 지지하여 개척의 성과를 온전히 하려는 의지를 나타내 보이기도 하였다.

분명한 것은 전시대의 영토의식이란, 영토를 왕실 재산의 한 형태와 같이 파악하였다는 사실이다. 그리하여 이러한 의식은 '祖宗舊地는 不可縮'이라는 데로 연결되고 있음을 살필 수 있다. 한편 연변지방에 거주하는 둔전병적인 거주민으로서도 실효를 보장할 수 없었으므로, 이제 募兵賞職의 변통론이 제기되고 있음을 주목할 필요가 있다. 어쨌든 이런 의지 때문에 세종 재위기간 중에는 4군 철폐 주장이 없었으며, 다만 防守가 곤란한 점을 들어 연변 한 두개의 口子를 철폐하는 데 불과한 제안만이 있었다.

---

18) 《世宗實錄》 권 67, 세종 17년 3월 갑술.

19) 《世宗實錄》 권 117, 세종 29년 7월 정사.

4군 철폐문제가 크게 대두되기 시작한 것은 문종이 즉위하면서부터이다. 문종 즉위년(1450) 8월, 평안도 연변구자 민호와 군병의 혁파를 의논하는 자리에서 우예 이북의 3군을 폐지하자는 주장이 나왔다. 그 논리적 근거는 다음과 같다.[20]

첫째, 지리적으로 적지에 깊숙이 자리잡고 있을 뿐만 아니라, 토지가 척박하여 백성들이 살기 어렵다.

둘째, 군사적으로 남도 군사의 부방에 따른 폐단이 많다.

셋째, 3군을 폐지한다 해도 압록강을 끼고 있기 때문에 여진족이 입거하지 못할 것이므로 우리 국토임에는 변함이 없다.

이러한 근거는 현실적 상황에 두고 있었다. 그러나 이 상황논리는 당시의 확고한 '舊地'의식의 벽에 부딪혔다. 즉 도체찰사 皇甫仁의 종사관으로서 북방 개척에 종사한 바 있는 좌승지 鄭而漢은 "北境의 邊備는 오로지 세종의 聖謨에서 나온 것이다. 비록 국토를 넓히지는 못할지언정 어찌 조종의 봉강을 줄일 수 있겠는가. 비록 촌토라고 줄일 수 없다"는 주장을 폈다. 당시의 국토는 왕실의 소유지로서 파악되어 조종구지의식이 강하였던 것이다. 문종도 "일찍이 세종이 布置한 일인데, 그 고수책을 의논하지 않고 도리어 폐지책을 주장하는가"라고 하여, 3군 폐지론은 철회되었다.[21]

3군 철폐론이 제기되었던 배경을 살펴보기로 하자. 먼저 3군 철폐문제에 대해 북방영토 개척에 공적이 큰 金宗瑞가 가담한 사실이 주목된다. 이는 대륙정세의 변동과 관계 있는 것으로 지적되고 있다.[22] 이 무렵 몽고족의 瓦剌[오이라트]部가 북방에서 맹위를 떨쳐 그 세력이 여진족에 미치게 되고, 또 그 여파가 조선에도 미치게 될 위험이 있었다. 즉 오이라트의 여진족 공략의 영향으로 建州衛 추장 이만주·童昌·童凡察 등이 대거 조선으로 몰려 올 위험이 있었다.

압록강 연변 경영에 있어서 군읍과 小堡의 설치는 행정과 군사적 체계를 최소한으로 조직화한 것이라고 할 수 있다. 그러나 오이라트의 활동이 알려

---

20) 《文宗實錄》 권 3, 문종 즉위년 8월 정유.
21) 위와 같음.
22) 李仁榮, 〈廢四郡問題의 管見〉(《韓國滿洲關係史의 硏究》, 乙酉文化社, 1954).

지자 압록강 연변의 방어책은 크게 바뀔 수밖에 없었다. 즉 세종 29년(1447)에 연변의 군읍을 江界道와 朔川道로 나누어 2품 이상의 절제사를 두고, 도절제사지휘체제로써 연변구자를 통합 방수하는 명령체계를 채용하게 되었다.[23]

이러한 군사 명령체계는 소규모의 방어체제인 만호－구자체제를 그보다 상위단위인 이른바 중익·좌익·우익의 3익체제로 개편한 것으로서 적의 대거침공에 대해 공동 대처하는 방어체제이다. 세종 30년 자성군의 西鮮口子의 만호, 문종 즉위년 태일·滿浦口子의 만호 폐지는 바로 이러한 방어체제의 전환을 의미하며, 동시에 4군을 철폐하는 시원이 되었다고 할 수 있다.

문종 즉위년 7월, 명으로부터 이만주·동범찰 등 15,000여 명이 요동으로 침입하였는데, 이들이 곧 조선으로 쳐들어올 가능성이 있음을 통보해 왔고, 대내적으로도 평안도는 축성·방수·기근 등으로 극도로 피폐된 상태였다. 이같은 대내외적 상황을 감안할 때, 평안도 방면의 방비계획은 급박한 현안문제로 대두되었다.

이같은 당시의 대내외적 상황을 반영하여 3군의 철폐론이 강하게 제기되었던 것이다. 문종 즉위년 8월, 河演 등은 우예 이북 3군의 철폐를 주장하였고, 김종서도 이 철폐 주장에 가담하였다. 동년 9월에는 판중추부사 韓確이 여연·무창의 철폐를 주장하였으나 薰豆堡의 만호를 철폐하는 데 그쳤고, 이듬해에는 예조참판 朴以昌이 철폐할 것을 상소하였지만 優納하는 데 그쳤다. 당시 상황에 대처하는 3군의 철폐론은 '寸土라도 줄일 수 없다'고 하는 강한 영토 계승의식에 부딪혀 결행되지 못한 것이다.

나. 4군의 철폐

세조대에 압록강 상류유역에 설치했던 4군을 철폐하여 주민을 강계부와 구성군으로 이주하였다. 이를 두고 이 지역 명칭을 흔히 '廢四郡 지역'이라 하거니와 4군 철폐와 동시에 비어두었다고 해서 영토의 포기라든가, 군사상 국경방어선의 임시적인 후퇴였다든가, 법제상 4군의 폐군에 지나지 않는다는 등의 논의가 있어 왔다.

---

23) 이를 도표화하면 다음과 같다.

都節制使營(寧邊) ┬ 江界道(節制使)－渭原·慈城·虞芮·閭延·茂昌
　　　　　　　　 └ 朔川道(節制使)－理山·碧團·昌城·定寧·義州·麟山

4군 철폐의 직접적 요인은 대내적으로 평안도가 축성·방수·기근 등으로 극도로 피폐되어 있었다는 점과 대외적으로는 이만주·동범찰 등이 쳐들어 오리라는 점 등이었다. 그리하여 문종대에 이미 적극적인 논의가 있었지만, 조종구지의식 때문에 결말을 얻지 못했다.

단종 원년(1452)에 檢討官 梁誠之가 재차 여연·무창·우예 등 3군의 철폐를 주장하자, 雲城府院君 朴從愚로 하여금 마땅한가를 직접 가서 살피게 하였다. 그 결과 압록강 상류유역의 3군은 단종 3년 4월에 철폐되었다. 이에 따라 자성군이 북방 방위를 위한 최북방이 되었는데, 세조 5년(1459)에 그것마저 철폐하고 주민을 강계로 이주시킴으로써 4군은 완전히 철폐되었다.

조선초에 4군 설치과정이 매우 적극적이었던 데 비하면, 4군의 철폐는 매우 소극적으로 이루어졌다. 그리고 4군 철폐에 대해 영토권이라는 차원이 아니라 조종구지의 보존이라는 의식에 의해 봉강의 축소가 아니라는 점이 강조되고 있다. 가령 문종 즉위년(1450) 8월 하연이 "우예 이상을 혁파한다 하더라도 압록강으로 경계가 생겨 여진족이 입거할 수 없으므로 땅을 줄이는 예와는 다르다"고 한 말이나, 단종 원년 11월에 양성지가 "3읍을 버린다고 하더라도 큰 강으로 경계를 삼으므로 우리의 봉강이 옛과 같다"고 한 말 등은 조종구지의식의 한 표현이라고 할 수 있다. 태종 16년에 여연군의 설치를 필두로 4군이 설치된 이래, 세조 5년 자성군이 철폐되기까지는 40여 년이 경과되었던 것이다.

다. 폐4군의 관할형태

태조~세종대에는 여진족의 침입에 적극적으로 대응했으나, 점차 이러한 영토의식도 미약해져 갔다. 그리하여 '폐4군지역'이 마치 경역에서 제외된 듯한 표현을 흔히 보게 된다. 또 한편으로는 4군을 철폐한 조처는 영토의 포기가 아니라, "첫째 군사상 국경 방어선의 후퇴이며, 둘째로 법제상 4군 관제의 폐지이다"[24]라고 지적되기도 한다. 전자의 구체적인 실례로 《新增東國輿地勝覽》(이하에서 《輿覽》으로 약칭)을 들 수 있다. 《여람》에 실려 있는 평안도 지도를 살펴보면, 강계 동북단으로는 薛罕嶺, 북단으로는 黃靑洞山, 서남단으

24) 李仁榮, 앞의 글, 84~85쪽.

로 獨山을 표기하고 있을 뿐이다.

물론《여람》에 실려 있는 지도들은 약도에 불과하여, 관읍 이름과 그 관읍의 鎭山을 주로 표기하고 있다. 그렇더라도 이 지도에서는 '폐4군지역'에 대한 관심이 나타나는 표현을 찾아보기 어렵다.《여람》지도상에서 제외됨으로써 영역을 내버린 것처럼 인식되는 면도 없지 않다고 생각된다. 조선시대에 제작된《여람》계통의 여러 지도에서도 한결같이 강계 북단으로는 황청동산이 위치하고 있고, 동으로 설한령(薛列罕嶺·雪寒嶺)이 위치하고 있다.

그런데《여람》강계부 산천조의 기록에는 '폐4군지역'의 지명을 다음과 같이 나열하고 있다.

茂昌—何眼洞·呼丹·立巖洞·羅漢德·時介·元時德·都乙恨洞·家舍洞·大薫豆
閭延—小薫豆·墨洞·那里川·甘音洞·漏屯洞·奉天臺·夫乙毛洞·朱沙洞
虞芮—所弄怪洞·趙明干洞·於用怪洞·申松洞·時時乃洞·南坡洞
慈城—小浦里·古道洞·波場洞

이와 같은 내용들은《여람》의 도별 지도가 매우 간략한 약도임을 말해 주는 것이며, 志의 기록이 상세할 수밖에 없는 地理便覽書로서의 성격을 알게 한다. 그렇기 때문에《여람》의 지도를 가지고 '폐4군지역' 및 조선 초기 서북지방경역을 논할 수는 없다.

《여람》지도의 표현은 다분히 오해를 불러일으키기에 충분하다. 그러나 이후에 제작된 지도들은[25] '폐4군지역'이 자연경계선인 압록강으로 둘러싸여 있음을 명확하게 드러내고 있으며, 주요 강과 재 이름 몇 개만을 표기하고 있을 뿐이다.

그러나 이 지역에 대한 행정구역의 복설과 의식의 변전은 지도상에도 명료하게 나타나, 압록강을 경역의 한계선으로 표시하고 있다. 가령 金正浩의《靑邱圖》·《大東輿地圖》등은 압록강을 국경으로 하고 있고 魏源의《海國圖志》가운데 朝鮮圖(북부지방 부분)의 국경선 구분은 압록강, 두만강의 彼邊을 점선으로 하고 있다. 이 지도의 표현대로라면, 압록강·두만강 건너까지 우리 영역이라고 할 수 있다. 그러나 이와 같은 표현은 국경 개념에 대한 확실

25) 鄭尙驥의《東國地圖》형식을 갖춘《海東地圖》·《我東輿地圖》·《東域圖》등의 지도를 말한다.

한 근대적 인식이 없었던 데 연유한 것으로, 다만 압록강과 두만강을 구분한 것으로 보아야 할 것이다.

어쨌든 4군이 폐지되면서 여연과 무창군의 주민은 龜城府로, 우예와 자성군의 주민은 강계부로 이주되었다. 이에 따라 이 지역은 空地化되어 '폐4군'이라 하는데, 논자 중에는 4군이 폐기된 후 여진인이 이곳을 장악하였으므로, 이곳은 조선의 강역 밖이라는 논리를 펴기도 했다.[26] 그러나 이 지역은 다소 허술하긴 하지만, 군사지역으로 관할되고 있다. 그 근거를 하나하나 살펴보기로 한다.

첫째 《신증동국여지승람》 江界都護府 建置沿革條에 "세조조에 우예·자성의 2군을 혁파하고, 그 주민을 강계부로 옮기고, 후에 진을 두었다"고 하였다.

둘째 《輿地圖書》 江界都護府 烽燧條 중 把守處에, 이른바 압록강연변 파수처로 약 126개소가 밝혀져 있다(괄호 안 里數는 다음 파수처까지의 거리임).

① 厚州江邊 五統洞把守(10리)
② 冬乙應洞把守(15리)
③ 板幕把守(15리)
④ 駕馬都郎把守(15리)
⑤ 煮之嶺把守(15리)
⑥ 水碓洞把守(15리)
⑦ 厚州上把守(10리)
⑧ 鴨綠江邊厚州下把守(5리)
⑨ 厚州獐項把守(7리)
⑩ 朴鐵上仇非把守(15리)
⑪ 朴鐵下仇非把守(10리)
⑫ 大羅信洞把守(5리)
⑬ 羅信上仇非把守(5리)
⑭ 羅信下仇非把守(10리)
⑮ 小羅信洞把守 (10리)
⑯ 竹岩上仇非把守(7리)
⑰ 竹岩中仇非把守 (10리)
⑱ 竹岩下仇非把守(10리)
⑲ 三兄弟洞把守(5리)
⑳ 小三洞把守(15리)
㉑ 大茂昌把守(15리)
㉒ 小茂昌把守(15리)
㉓ 茂昌仇非把守(10리)
㉔ 葡萄洞把守(10리)
㉕ 葡萄上仇非把守(5리)
㉖ 葡萄中仇非把守(5리)
㉗ 葡萄下仇非把守(10리)
㉘ 莫從洞把守(10리)
㉙ 河山堡把守(10리)
㉚ 豆之洞把守(10리 ; 馬馬海權管留防處)
㉛ 豆之上仇非把守(5리)
㉜ 豆之中仇非把守(8리)
㉝ 豆之下仇非把守(8리)
㉞ 吾郎哈洞把守(7리)
㉟ 吾郎哈仇非把守(10리)
㊱ 竹田把守(80리 ; 楸坡萬戶留防處)
㊲ 金倉仇非把守(7리)
㊳ 金倉洞把守(15리)

26) 瀨野馬熊, 〈遺稿〉(《東洋學報》 12·13, 朝鮮總督府, 1918).

㊴ 東乭上仇非把守(10리)
㊵ 東沙洞把守(10리)
㊶ 東沙仇非把守(10리)
㊷ 東乭下仇非把守(10리)
㊸ 淵洞把守(13리)
㊹ 三洞把守(10리)
㊺ 葛田上仇非把守(8리)
㊻ 葛田中仇非把守(10리)
㊼ 葛田下仇非把守(10리)
㊽ 金同洞把守(10리)
㊾ 楸上仇非把守(10리)
㊿ 楸下仇非把守(10리)
51 上獐項把守(10리)
52 中獐項把守(10리)
53 下獐項把守(10리)
54 梨坡把守(10리)
55 上立岩把守(10리)
56 下立岩把守(10리)
57 上長氷崖把守(10리)
58 中長氷崖把守(10리)
59 下長氷崖把守(7리)
60 上德仇非把守(10리)
61 下德仇非把守(10리)
62 中江把守(10리 ; 從浦萬戶留防處)
63 中江仇非把守(10리)
64 乾浦把守(10리)
65 乾浦獐項把守(10리)
66 胡芮仇非把守(10리)
67 胡芮下仇非把守(7리)
68 胡芮洞口把守(10리)
69 胡芮下邊把守(10리)
70 于屹洞把守(10리)
71 早粟上口非把守(10리)
72 早粟中口非把守(10리)
73 早粟下口非把守(10리)
74 所儀德把守(15리)
75 早粟田把守(15리)
76 伐洞把守(15리)
77 蘆洞把守(15리)
78 乾浦把守(15리)
79 慈城上口非把守(15리)
80 慈城下口非把守(15리)
81 慈城洞口把守(10리 ; 乶怪萬戶留防處)
82 李仁洞把守(15리)
83 西海坪口非把守(10리)
84 獐項把守(10리)
85 西海坪把守(10리)
86 加木德把守(10리)
87 照牙坪把守(10리)
88 瓮巖把守(10리)
89 知弄怪把守(10리)
90 所乙三洞把守(10리)
91 三江上口非把守(15리)
92 三江中口非把守(10리)
93 三江下口非把守(10리)
94 玉洞把守(20리)
95 林土把守(10리)
96 崔用洞把守(10리)
97 乾浦把守(10리)
98 加羅地把守(10리)
99 狄洞把守(10리)
100 餘屯把守(10리)
101 宰臣洞把守(10리)
102 別外坪把守(10리)
103 淸海亭把守(5리)
104 東臺把守(5리)
105 未他洞把守(15리)
106 分土烟臺底把守(5리)
107 分土把守(5리)
108 許隣浦把守(5리)
109 馬實里把守(10리)
110 兩江把守(10리)
111 傳牌栢子洞把守(15리)
112 牛項嶺底把守(15리)

⑬ 洞牙致把守(15리) ⑭ 掛印峰嶺底把守(10리)
⑮ 鷹岐里把守(10리) ⑯ 眞木坡把守(15리)
⑰ 五家山洞口把守(10리) ⑱ 玄鳥洞把守(15리)
⑲ 正木坡把守(15리) ⑳ 竹田嶺底把守 (15리)
㉑ 泉川把守(15리) ㉒ 阿山洞口把守(15리)
㉓ 雲洞把守(15리) ㉔ 小雲洞把守(15리)
㉕ 蘆灘把守(15리) ㉖ 檜洞把守(15리)

이들 가운데 ㊱번의 죽전파수는 도로의 분기점을 이루고 있다. 즉 죽전은 강가에 있는데, 이 곳에서 두 길로 갈라지게 된다. 하나는 위쪽으로 후주강변 오통동파수(①)로 통하게 되고, 다른 하나는 아래쪽으로 압록강변의 옥동파수(94)로 통한다. 그리고 옥동에서 兩江(110)에 이르는 16개 파수는 단지 邊報만 전한다고 하였고, 두지동파수(㉚)는 馬馬海權管留防處, 죽전파수(㊱)는 楸坡萬戶留防處, 중강파수(62)는 從浦萬戶留防處, 자성동구파수(81)는 乫怪萬戶留防處 등 1개의 權管留防處와 3개의 萬戶留防處를 두고 있었다.

주목할 만한 일은 이 지역 入防에 대한 것이다. 후주 오통동파수(①)로부터 옥동파수(94)까지의 93개 파수처는 여름철인 5월부터 가을철인 8월까지만 입방하고 양강파수(110)에서 옥동파수까지의 16개 파수는 4계절 12월 내내 守直한다고 하였다. 그런 면에서 본다면, 강계진관 소속의 10개 진보(神光鎭·平南鎭·馬馬海堡·楸坡鎭·從浦鎭·上土鎭·乫怪鎭·滿浦鎭·伐登鎭·高山理鎭) 가운데 4개 진보(馬馬海堡·楸坡鎭·從浦鎭·乫怪鎭)는 폐4군 지역에 유방처가 설치되어 있어서 체류하면서 방수하는 곳이다. 방수기간은 앞에서 제시한 바와 같다.

어쨌든 주민을 구성과 강계로 철수시켜 700리나 되는 이 지역의 기름진 땅이 한낱 무심히 버려진 땅이 되었지만, 지금은 採蔘場이 되었다고 했다.[27) 그리고 3군의 폐기에 대해 영토의 축소가 아니라는 논의가 전개되었다. 하연은 "우예 이상을 지금 비록 혁파하여 압록대강으로 경계를 한정한다 하더라도 여진인들이 이곳에 들어와 살 수는 없습니다. 진실로 영토를 줄이는 예가 아닙니다"[28)라고 하였다. 또 "만약에 大黨賊變이 생기더라도 임기응변으로 자성

27) 《文宗實錄》 권 3, 문종 즉위년 8월 정유.
28) 《文宗實錄》 권 5, 문종 원년 정월 무신.

이상의 각 관을 철수시켜 강계읍성으로 물러 들어가게 하고, 힘을 합쳐 고수한다면 누가 이곳에서 소요할 수 있겠습니까"[29]라고 하는 주장도 나왔다. 또 "비록 3읍을 폐기하고 大江으로 경계를 한정하더라도 우리의 봉강은 옛날과 같습니다"[30]라고 하는 주장도 나왔다. 경계선을 압록강으로 설정하여 3읍은 폐기하고 적변이 있을 때는 힘을 합쳐 고수한다면 영토의 축소는 없다는 것이다.

논리는 더욱 발전하여 평안도 도체찰사 朴從愚는 3읍의 주민을 법도 밖으로 놓아 둘 수 없으므로 자성군에 探候兵을 파견하고, 강계절도사가 1년에 두 차례씩 순찰케 해야 한다고 주장하였다. 이러한 주장은 폐4군 지역을 군사지역으로 파악함을 의미한다고 하겠다.

셋째, 《元永胄日記》를 들 수 있다. 이것은 그가 高山里僉使로 있었던 정조 18년(1794)에 폐4군지역을 순찰했을 때의 일기이다. 다음은 일기 첫머리이다.

> 正宗 계축(정조 17 ; 1793)에 강계 제진에 문무의 지체와 명망에 따라 모두 택함을 받게 되었는데, 翰林 洪樂游를 乷怪萬戶로, 前正言 鄭履綏를 馬馬海權管으로, 前府使 梁梡을 上土僉使로, 前府使 元永胄를 高出里僉使에, 前府使 李謙會를 楸坡萬戶로, 前校理 鄭尙愚는 전에 이미 神光僉使로 補했다. 갑인 봄, 모두 4군의 지형을 자세히 살피고 돌아왔다. 이 일기는 그 때에 적은 것이다.

일지 형식의 이 일기에 의하면, 1794년 4월 7일 원영주는 욋괴만호 홍낙유 등과 함께 瓜花鎭(욋괴)에서 하룻밤을 지내고, 다음날 아침에 출발, 정오에 上土鎭에 도착했는데, 여러 鎭將들도 일제히 도착하였다. 4월 9일 상토진을 출발하여 麻田嶺을 넘어 三川→紫作嶺→慈城舊基→皮木嶺→乾浦→乷怪留防所→伐谷→早粟坪→卞屹洞→虞芮舊基→中江從浦留防所→項岩→上中長氷崖→梨坡→獐項→金同洞→三洞→葛田下上仇非→淵洞→(閭延)舊堡→金倉洞을 거쳐 동월 17일에 竹田(楸坡)萬戶留防所에 도착하였다.

이와 같은 폐4군 지역의 현지답사는 여진인의 시세 변화에 따른 대응의 필요에서 이루어진 것이다. 즉 청이 건국됨에 따라 조선 북쪽 변경에 살던 많은 여진인들이 중원으로 이동하였다는 점과, 폐4군 지역에 대한 개척의 기운이 활발하게 일고 있었던 데 연유하는 것이다.

---

29) 《端宗實錄》 권 9, 단종 원년 11월 갑인.

30) 위와 같음.

그러므로 지체와 명망이 높은 인물들을 새로이 邊將으로 임명하고 곧바로 변계답사를 실행케 한 것은 강계 인민을 위한 일이었을 뿐 아니라, 여진족과의 교린관계, 국방수어책에 유의하여 4군의 복구가 가능한가, 민폐를 회생시킬 수 있는가 등 변경 요새의 사정을 살피기 위한 것이었다.[31] 군사지역화되어 있는 폐4군 지역을 행정구역으로 복구하기 위한 사전답사였던 것이다.

넷째, 〈李汝節手本〉의 검토이다. 이여절에[32] 대해서는 앞에서 인용한《원영주일기》말미에 "을묘(정조 19) 겨울에 渭原郡 정배죄인 李汝節이 江界馬馬海土兵으로 充定되어 폐4군을 살피라는 명을 받았다"고 하여, 이여절의 신분과 조사연대, 원영주 등의 답사시기와 거의 때를 같이하고 있음이 확인된다. 또 그가 토병으로 충정된 사실이 매우 비중 있는 일로 취급되고 있다.

이여절의 답사지역은 앞에서 인용한 바 있는《여지도서》의 압록강변 파수처와 동일하다.[33] 즉 그는 정조 19년 12월 13일에 강계부를 출발하여 압록강 연변을 답사하고, 이듬해 정월에 복명서를 조정에 제출하였다.[34] 그의 답사 일정은 옛 자성·우예·여연·무창군 등의 4지역이었고 주된 답사 내용은 지형·道里의 원근·민호·賊路·城邑基址·留防所 등이었다.

거주민의 철거로 空地化정책을 쓴 것은 사실이지만, 폐4군 지역의 압록강 연변에 93개소(또는 94개소)의 파수처를 두어 방수케 한 것은 이 지역을 군사지역으로 파악하였음이 분명하다. 그리하여 조선의 서북방면 국경선은 압록강의 자연경계선으로 자연스럽게 획정되었고, 압록강 연변 파수시설이 국경

---

31) 《承政院日記》 정조 18년 3월 8일.

32) 이여절의 출신에 관하여는 자세히 알 수 없으나 정조 16년(1792)에 함경도 富寧府使를 지냈고, 뒤에 경상도 昌原府使에 전임되었으나 정조 19년 6월에는 嶺南暗行御史 柳畔의 탄핵을 받아 刑具違制, 用刑濫酷의 연고로 9월 평안도 渭原郡에 유배되었다. 뒤에 사면을 받아 함경도 長津府使가 되고, 순조 원년(1801) 黃某를 拷問에 붙여 천주교도 黃嗣永으로서 誣服시킨 죄에 의하여 함경도 穩城府에 유배되고, 다시 전라도 南海縣의 軍卒로 충당되었으나 뒤에 다시 석방, 전라도 全州府使에 부임되었다.

33) ＊舊慈城郡地域에서는 玉洞에서 乾浦까지의 노정(94~78)
＊舊虞芮郡地域에서는 蘆洞에서 中江仇非까지의 노정(77~63)
＊舊閭延郡地域에서는 中江(從浦萬戶留防處)에서 金倉仇非까지의 노정(62~37)
＊舊茂昌郡地域에서는 竹田(楸坡萬戶留防處)에서 厚州江邊五統洞까지의 노정(36~1)

34) 《備邊司謄錄》 183책, 정조 20년 정월 11일.

지대의 경계선을 분명하게 하였다.

3) 두만강 하류방면 영토개척

(1) 고려말 동북방면의 경역

고려말 동북방면의 영토개척 요인은 14세기말 대륙에서 원의 세력이 쇠퇴하고 한족인 명이 새로이 발흥하여 원·명의 교체가 진행되고 있었던 사실과, 한반도에서는 고려에 대신하여 조선이 건국되는 시세에 말미암는 것이었다.

그리하여 여말 선초 동북지방으로의 영토개척은 공민왕 5년(1356) 동북면 병마사 柳仁雨에 의한 쌍성총관부 관할지역의 수복으로부터 비롯되었다.[35] 원의 羈縻지역으로서의 쌍성총관부 지역에서는 반고려분자들인 趙暉·卓靑의 후예들에게 摠管과 千戶의 직이 세습되었으나 이들 후예들 중에는 고려에 벼슬하기도 하고 관직을 수여 받은 자도 있었다. 쌍성총관부를 공파하고 이 지역을 수복할 수 있었던 것은 趙暾·趙都赤과 같은 친고려적 세력이 있었기 때문이다.

이러한 지역에 李氏 족단이 두만강 하류유역의 斡東지방으로부터 수많은 사람들을 이끌고 남하하여 咸州(함흥)일대에 정주하였고 그들은 쌍성총관부의 기존 세력과 대립하였다. 따라서 유인우는 이성계의 父 李子春의 내응을 얻어 쌍성총관부를 함락시킴으로써 함주 이북까지도 회복할 수 있었다. 이후 공민왕 9년 이자춘은 朔方道萬戶兼兵馬使에 임명되어 동북지방을 진무하였다.

이 지역에로의 진출은 영토의 확대뿐 아니라 동북면 남부일대의 중심세력의 교체를 가져왔다. 동북면에서 구축당한 조씨세력은 드디어 원의 遺將 納哈出[나하추]을 끌어들여 동북면 일대에 큰 혼란을 가져왔다.

나하추의 침입은 공민왕 11년부터 여러 차례 계속되었으나 이성계에 의해 모두 격퇴되었다. 그 밖에 공민왕 11년의 홍건적 격파, 공민왕 13년 여진족

35) 《高麗史節要》 권 26, 공민왕 5년 7월. 수복한 땅은 和州(永興), 登州(安邊), 定州(定平), 長州(定平), 豫州(豫原), 高州(高原), 文州(文川), 宜州(德源) 등 8주와 宣德鎭, 元興鎭(이상은 豫原땅), 寧仁鎭, 耀德鎭, 靜邊鎭(이상은 永興땅) 등 5진이다. 원에 정복당한 지 99년만에 수복한 것이다.
方東仁, 〈雙城總管府考(上)〉(《關東史學》 1, 關東大, 1982) 참조.

인 三善·三介의 대파, 공민왕 19년의 汚羅山城 공파 등은 이성계의 대표적인 전공이다. 이성계의 여진족 삼선·삼개의 대파로 고려의 동북지방 영토는 伊板嶺(현 磨天領)을 넘어 海陽(현 길주지방) 지방에까지 미치게 되었고 여진의 추장으로 투항하거나 복속해 오는 자들이 앞뒤를 이었다.

그 후 우왕 8~9년(1382~1383)에 이성계가 吉州平에서 胡拔都를 대파한 사건은 동북지방 영토개척사에서 특히 큰 의미를 갖는다. 당시 호발도와 高鐵頭 등은 동북면에 침입하여 이 일대에서 큰 세력기반을 가진 이씨를 몰아내고 제패하려 했으나 이성계에 의해 격퇴되었다. 이성계가 동북면 일대의 땅을 회복한 후 올린 獻議를 보면, 당시 해양에는 고려의 인구가 무수히 이입하여 점차 고려의 영토로 편입될 소지가 마련되어 있었는데 호발도의 침입으로 많은 인민이 잡혀갔다.[36]

드디어 공양왕 2년(1390) 길주만호부가 西之委(현 臨溟驛)에 설치되었다. 길주만호부의 성격은 변경에서의 전초기지 역할을 담당하는 군사중심지라 할 것이다. 공양왕 3년 이성계는 동여진의 여러 부락을 招諭하여 두만강 연안의 2대 여진부족이라 할 오랑캐와 吾都里[오도리]가 來朝하는 성과를 거두었다. 이 여진족들은 이성계가 즉위한 후에도 자주 내조하였다.

이와 같이 고려말 동북지방 영토의 경계선은 군사핵심지로서의 길주만호부가 설치되어 있었고, 길주 이북으로는 미한정 경계지역으로서의 군사지역이 확대되어 가고 있었다.

(2) 6진의 설치와 국경선의 획정

태조는 원년(1392)에 아들 芳遠(뒤에 태종)을 孔州(현 慶興 남쪽 古邑)로 보내 德陵(穆祖陵)과 安陵(穆祖妃 李氏陵)을 조성하고, 이듬해 8월에는 동북면안무사 이지란을[37] 보내 갑주와 공주에 성을 쌓아 진무토록 하였다. 이러한 조치는 군사지역

36) 胡拔都가 노략질해 간 인민은 대략 17,141명 정도로 추산되고 있다. 그리고 이때 剽掠을 면한 여진족들은 그 본거지를 버리고, 동북면의 남부 해안지대로 이주했는데, 대략 1,020여 호로 추정되고 있다(金九鎭, 〈尹瓘九城의 範圍와 朝鮮六鎭의 開拓〉, 《史叢》 21·22, 高麗大, 1977).

37) 李之蘭은 胡拔都의 동북면 침입과 거의 같은 시기의 女眞酋長 중의 하나인데, 그가 거느린 가호가 500여 호나 되어 전체의 반수를 차지할 만큼 세력이 막

인 동북면에 있는 민호의 안정을 위한 군사시설의 충실을 기하는 것이라 하겠다.

이지란이 갑주와 공주에 축성한 지 5년 뒤인 태조 7년에는 동북면의 군사적 행정적 체계와 관할구역이 획정되었다. 즉 주·부·군·현의 지역경계를 정하기 1년 전에 東北面都宣撫巡察使 鄭道傳을 동북면에 보내어 소위 便民條劃을 살펴 보고토록 하였다. 주요 보고내용은 城堡를 개축하여 주민을 안정케 한다든지, 站戶를 적절히 설치하여 왕래에 편하게 한다든지, 주군의 경계를 구획하여 분쟁을 없앤다든지, 군민의 호칭을 정연하게 하여 등급을 정해준다는 것 등이었다.[38] 이 보고에 근거하여 태조 6년 2월에 주부군현의 이름을 분정하였다. 안변 이북, 청주(북청) 이남은 永興道라 칭하고, 端州(端川) 이북, 공주 이남은 吉州道라 칭하며, 동북면도순문찰리사가 이를 통괄하였다. 또 단주 이북의 주부군현 및 站路의 명칭을 정하고 관리를 배정하였다.[39]

그리하여 공주의 옛 토성을 석성으로 개축하고 경원도호부로 승격시켰으며 같은 해에 처음으로 鏡城郡을 설치하고 만호를 두었다. 이러한 사실을 두고 흔히 두만강 하류의 6진 개척사상 최초의 관방이라고 부르고 있다. 즉 단주 이북, 두만강 이남의 군사지역에 대하여 명령 체계화를 시도한 조치로 생각되며,[40] 경성 이북, 경원 이남 지역을 하나의 군사지역 단위로 형성한 것으로 해석된다. 이처럼 조선 초기 동북지방의 영토 개척은 명실공히 두만강안에까지 미쳤다.

구체적으로 輸城 이북의 땅을 경원부에 예속시켜 삭방도 관하에 두게 한

강하였다. 당시 이성계 역시 家別抄를 500가나 소유하고 있었다. 세력 분포상 이성계와 이지란의 결합은 동북면 일대를 제패하기에 충분하였다. 따라서 이성계의 동북면일대에서의 세력기반 구축은 이지란과의 결합과 불가분의 관계였다고 하겠다.

38) 《太祖實錄》 권 12, 태조 6년 12월 경자.

39) 《太祖實錄》 권 12, 태조 6년 12월 경자 및 권 13, 태조 7년 2월 경진.

40) 동북면의 통괄 명령체계를 보면 다음과 같다(《太祖實錄》 권 13, 태조 7년 2월 경진).

- 東北面都巡問察理使
  - 永興道
  - 吉州道
    - 吉州牧(官)
    - 端　州
    - 鏡城郡
    - 慶源府
    - 靑州府
    - 甲　州

일이라든지, 단주 이북의 군량 1,000석을 경원으로 이송하고, 두만강에 병선 10여 척을 정박케 한다든지 하는 일련의 조처는 두만강 연안에 최초로 관방 시설을 갖춘 것으로, 동북지방의 변방 경계에 존재하는 군사지역의 설정이라 할 것이다. 당시의 직관을 보더라도 慶源等處兵馬使 겸 경원부사는 변계의 군사책임자임을 알 수 있다.41)

따라서 두만강안까지 개척한 사실은 조선·명·여진의 상호관계 속에서 살펴야 한다. 하지만 이들 관계가 안정세를 이룰 때까지는 명과 조선이 여진에 절대적인 영향을 끼쳤고, 이에 남만주지역에 산거하던 여진족들의 이동과 변화가 무상하였다.

가령 조선에 귀순·복속하였던 동북지방의 여진족은 태종대에 들어와서 점차 반기를 들기 시작하였다. 즉 태종 9년(1409)에 貝州(현 寧古塔지방) 지방으로부터 남하한 嫌眞兀狄哈[혐진우디캐]족이 경원 동쪽의 蘇多老(所多老)에 침입하였고, 이듬해 2월에 우디캐와 그 동류인 葛多介 등이 오도리족·오랑캐족과 합세하여 경원부를 재침함으로써 병마사 韓興寶를 비롯하여 15명이 전사한 일이 발생하였다

이에 東北面察理使 趙涓은 태종의 명에 따라 길주를 출발, 우디캐를 추격하여 豆門(土門 ; 현 慶源의 북쪽 江外의 땅)에 이르렀으나 그들이 이미 멀리 퇴각한 상황이었으므로 우디캐와 함께 내침하였던 오랑캐의 추장급 4명과 관하군병 160여 명을 잡아죽이고 개선하였다.

조연의 토문 정벌은 동북지방 여진족에게 커다란 충격을 주었고 그들은 그 뒤에도 각 부 연합으로 경원을 자주 내습해 왔다. 태종 10년 4월에 오랑캐의 遺種이 오도리와 협력하여 步騎 150여로 경원부 雍丘站에 침입하였고, 같은 달에 혐진우디캐·오도리·오랑캐 족이 연합하여 경원부 아오지(현 古阿吾知堡)로 침입하였다. 이 때 경원병마사 郭承祐는 대패하여 전사하였다.

곽승우의 패전을 계기로 조정은 攻守가 곤란하다는 점을 들어 공주의 덕릉과 안릉을 함주로 옮기고, 민호를 이사시켰으며 경원부를 경성에 합속시켜 경성으로 僑置하였다.42) 이로써 경원부 땅은 비게 되었고, 이후 얼마 동안

41)《太宗實錄》권 16, 태종 8년 7월 을묘.

42) 태종 10년 8월에 경원부를 所多老營基로부터 경성으로 僑置하고, 덕릉과 안릉을

경성이 야인 방어의 전초기지 역할을 담당하게 되어 龍城(현 輸城 ; 古鏡城을 말함)에 목책을 설치하여 경성의 전위로 삼아 왔다. 그리하여 태종 14년에는 영길도도순문사에게 교지를 내려 길주 이남 병마가 경성 赴鎭 때문에 길도 막히고 곤욕도 당하므로 길주 北村 朱禾嶺을 경계로 경성에 옮기도록 하였다.[43] 이는 명실공히 경성의 전초기지로서의 중요성을 말해 주는 것이다. 그 후 태종 17년에는 용성 목책을 석성으로 개축하여 방비를 굳건히 하고, 경성 豆籠耳峴 이북을 떼어 富家站(현 富居)에 경원도호부를 다시 설치하였다. 따라서 富寧(본래는 경성군 石幕上平을 말함) 石幕 이북은 여진인에게 내맡겨지는 셈이 되었고, 경성 이북, 부령 이남은 군사지역의 최전방이 되었다.

이 해에 명은 여진족을 회유할 목적으로 건주위에 僧綱司를 설치하여 여진승려를 都綱으로 삼는 한편, 內官 張信을 백두산에 보내어 사원을 창건케 하였다. 장신을 비롯한 많은 군병들은 이 해 3월말에 요동으로부터 羅延에 이르러 목책을 설치하고 창고를 만들어 양식을 저장하였으며, 농사를 준비하였을 뿐만 아니라 南羅耳에 사원을 창건하기 시작하였다.[44]

이러한 보고에 접한 조정에서는 명이 孔州에 衛를 설치하여 그 지방을 약취하려고 한다고 판단하고, 이 해 8월에 함길도안무사 李之實에게 명하여 경원부를 다시 옛 땅(공주)에 설치케 하고, 부가참에 목책을 설치해서 중계지로 삼게 하였다. 이리하여 옛 경원의 성터를 修葺하고 이민을 추진하기도 하였지만 끝내 그 실현을 보지는 못하였다.[45] 세종 3, 4년경에는 府治를 부거로 물러서 배치하였다. 이는 명에서 파견한 장신 일행의 거동이 옛 경원의 약취에 있지 않다는 확신에서 취해진 조처로 생각된다.

경원부를 부거로 이동한 지 얼마 안되어 다시금 여진족의 침입이 잦아졌다. 세종 4년 9월에 혐진우디캐 100여 명이 경원부 阿山과 高郎岐에 침입하였고, 같은 해 10월에 오랑캐 200여 명이 경원부 釜回還에, 다시 세종 6년 5월에는 혐진우디캐 100여 명이 아산에, 같은 해 9월에는 300여 명이 고랑기

함주로 遷葬한 후에도 경원병마사는 존재했다. 그 이듬해 3월에 이르러 이를 招喚하고 罷鎭했으므로, 이 때 경원부가 공식적으로 폐지되었다고 할 수 있다.

43) 《太宗實錄》 권 28, 태종 14년 8월 계축.

44) 池內宏, 〈朝鮮の東北境と女眞との關係(二)〉(《滿鮮地理歷史報告》 4, 1918).

45) 宋炳基, 앞의 글, 155쪽.

에 침입하였다.

이처럼 경원부 주변지역에 야인의 침입이 끊이지 않게 되자, 세종 8년 이래 조정 신하들 사이에는 경원부를 용성으로 옮기자는 논의가 강력하게 대두되었다. 그러나 영토 경영에 대단히 진취적 의지를 보이고 있던 세종은 조종의 옛 강토를 寸土라고 줄일 수 없다면서 慶源退排論에 찬성하지 않았을 뿐만 아니라, 도리어 방어지를 전진시키고자 하였다. 여러 해 동안 심의한 결과 세종 14년(1432) 6월에 이르러 경원부의 서쪽 석막(현 부령)에 寧北鎭을 설치하고, 경성을 도호부로 승격시켜 북방 경략에 적극적인 태도를 보였다. 즉 경원부는 그대로 두고 경성군을 석막으로 옮겨 도호부로 승격시키고 용성으로부터 雲加衛(委) 大川大路 이동까지는 경원에, 이서는 경성에 속하게 한 것이다. 이러한 배치는 阿木河(斡木河 ; 吾音會, 현 會寧) 東良 北狄人들이 오가는 요해로를 차단하는 의미를 갖기도 한다.[46]

그리하여 영북진을 설치한 다음해에 이 지역 여진족들 사이에 커다란 분쟁이 발생하였다. 이를 기화로 세종은 그의 평생의 포부라 할 수 있는 북방 영토개척을 과감하게 추진해 갔다. 세종 15년에 吾音會[옴회] 지역에서 우디캐족과 오도리족간에 충돌이 일어나게 된 배경을 살펴보면 다음과 같다. 즉 요동의 開陽(현 開原) 지방에 살고 있던 여진족 추장 楊木塔兀은 그 지방관헌이 저지르는 횡포에 반감을 품고 반란을 일으켜 개양의 많은 중국인 남녀를 노략하여 옴회로 이동하였다가 뒤에 다시 우디캐들이 살고 있던 貝州(혹은 古州, 현 寧古塔 부근)로 이주하였다. 세종 4, 5년경 명은 사신을 자주 보내어 도망한 양목탑올을 불러 타이르고 被擄人들을 추쇄하였다.

한편 訓春 오도리에 있는 오도리족 추장 童猛哥帖木兒[퉁멍거티무르]나 그 동생 凡察 등은 조선에 귀순하여 藩併으로서 자처하였을 뿐 아니라, 명으로부터 建州左衛都督 혹은 都指揮 등의 직함을 받고 있으면서 명사의 피로인 추쇄에 협력해 왔다. 이 때문에 양목탑올로부터 원한을 사게 되었다. 세종 15년 10월에 양목탑올은 우디캐족과 연합하여 약 800명의 병력을 이끌고 옴회로 침입하여, 퉁멍거티무르와 그 아들 權頭(管禿 혹은 管領)를 죽이고 部民

46)《世宗實錄》권 56, 세종 14년 6월 계사.

을 약탈 도주하였다.[47] 이로써 번속관계를 지켜온 오도리의 세력이 무너지고 옴회는 다시 공허한 지대가 되었다.

세종은 이와 같은 여진족 내분을 옛 영토를 회복하는 기회로 포착하여 두만강의 천험으로써 강계를 삼고자 하였다. 두 차례에 걸친 중신회의에서 세종은 석막에 설치한 영북진을 伯顔愁所(현 行營)로 옮기고, 경원부는 두만강 유역으로 옮길 것을 결정하고, 병조에 교지를 내려 合行條件을 실시하도록 지시하였다.

이에 따라 병조에서는 새로 옮기는 경원과 영북진에 우선 성벽을 쌓고 토관을 설치하되 본도 민을 추쇄하여 영북진과 경원부에 옮기도록 하였으며, 부거참의 석성(옮기기 전의 경원부)과 석막의 목책(옮기기 전의 영북진)에 군인을 배정하고, 토관과 천호를 시켜 지키게 할 것을[48] 보고하여 세종의 승인을 받았다.

세종이 경원부와 영북진의 군사 핵심지를 북방으로 옮긴 것은 여진족의 분쟁을 기화로 공주지방을 수복함은 물론, 두만강의 천험으로써 강계로 삼고자 한 것이다. 이는 공주지방은 祖宗舊地로서 촌토도 축소시킬 수 없다는 구지수복의식이 내재되어 있는 것이다. 즉 세종은 군신회의에서 "공주지방은 초목만이 무성하여 胡騎들이 짓밟고 사냥하는 곳이 되어 버렸다. 이를 생각하면 늘 마음이 통절해진다. 옴회는 두만강 남쪽 우리 경계 안에 있어서 耕牧에 적당하고 요충에 알맞은 자리이므로 巨鎭을 합설하여 북문(북쪽의 관문)을 壯하게 하여야 할 것"이라고 하고, 경원부와 영북진을 이설함으로써 "조종의 천험의 봉강을 삼가 지켜야 할 것"이라고 하였다.[49]

두만강 하류 유역의 옛 영토에 대한 수복이 결정되자, 세종 15년(1433) 12월에 좌승지 김종서를 함길도도관찰사에 임명하여 이 지방 경영을 맡겼다. 김종서는 세종 22년 12월 형조판서에 임명될 때까지 7년 동안 함길도관찰사로서 혹은 함길도도절제사로서 북방개척에 주력하였다.

세종 16년 2월, 김종서는 임지에 부임하자 도체찰사 河敬復·부사 沈道源·

47) 《世宗實錄地理志》 권 155, 咸吉道 慶源都護府.
48) 《世宗實錄》 권 62, 세종 15년 11월 무술·경자.
49) 위와 같음.

兵馬節制使 成達生・경원절제사 宋虎美・영북진절제사 李澄玉 등과 더불어 경원・영북진의 城基布置條件을 장계하였다.[50] 당초 세종은 영북진을 옴회로, 경원을 蘇多老로 옮기기로 하고 이를 추진해 왔다. 그러나 막상 성터를 돌아본 김종서의 장계에 접하게 되자, 계획을 변경하여 석막의 영북진을 백안수소에 옮겼다. 그리고 이 해 여름에 따로 회령진을 옴회에 설치하고 영북 본진에서 첨절제사를 뽑아 방어케 했다. 그 해 겨울에 영북부 회령진을 회령도호부로 하였다. 그리고 이듬해 7월에 회령부로부터 400호를 떼어 영북진을 鐘城郡으로 독립시키고, 경원으로부터 300호를 떼어 孔城縣을 설치하였다.

한편 세종 16년 부거에 있던 경원부를 會叱家(현 경원)로 옮기고, 공주 古地에는 성을 수축하여 海道萬戶 겸 孔州等處管軍僉節制使를 두고, 200명의 정군을 배치하여 수륙의 방비를 담당케 하였다. 공성현은 세종 19년에 慶興郡으로 승격되었고, 세종 25년에 다시 慶興府가 되었다.

그 뒤 경원과 종성의 읍치가 강변에서 거리가 너무 멀다 하여 세종 22년 종성군치를 백안수소로부터 愁州(현 종성)로 옮기고, 古城 자리에 도절제사 행영을 두는 한편, 같은 해에 多溫平(현 온성)에 군을 신설하여 穩城郡으로 하고, 경원 및 길주 이남 안변 이북의 각 관 민호로 이를 채웠다.

종성과 온성에 대한 일련의 조처는 세종 22년 7월 평안, 함길도도체찰사 병조판서 皇甫仁의 두만강변 방비에 관한 헌의에 따른 것인데, 이미 설치한 4읍(경원・회령・종성・경흥)과 기타 군사 요충이 되는 곳에 만호를 설치하여 이들과 연결함으로써 두만강변의 방비를 완성시키고자 한 것이었다. 이어 세종 23년 정월 도체찰사 황보인을 함길도로 보내어 종성・회령・온성・경원・경흥 등지에 많은 小堡를 설치하여 방어를 더욱 충실하게 하였다.[51] 이리하여 세종 23년 5월에 종성군과 온성군은 종성도호부와 온성도호부로 각각 승격되었다. 특히 종성에는 남도민을 이주시켜 이를 채웠다. 7월에는 의정부의 계에 따라 경원도호부가 "祖宗興王의 땅임에도 지금 도리어 종성에 소속시키는 것은 실

50) 《世宗實錄》 권 63, 세종 16년 2월 임술.

51) 이 때 설치된 堡들은 鐘城－童關・東豊・西豊・鷹谷・防垣, 會寧－高嶺・和豊・雍熙, 穩城－豊川・周原・樂土, 慶源之地－訓戎鎭・北安定・撫夷堡 등이다(《世宗實錄》 권 92, 세종 23년 정월).

로 불가하다"고 하여 경성을 吉州道에 소속시키고, 경원을 북계의 首官으로 하여 회령·경흥·종성·온성·부거 등의 관을 이에 소속시켰다.[52)]

이와 같이 두만강의 천험으로써 국경획정의 의지를 실현시키고자 한 영토의식의 바탕에는 역사적 연고에 근거하는 구지의식이 깔려 있고 "조종구지는 촌토라도 축소할 수 없다"고 하는 영토의식이 배어 있었다. 세종 21년(1439) 세종이 함길도도절제사 김종서에게 명하여 "동북경은 公嶮鎭으로 경계를 삼았다는 전언이 오래 전부터 있었으므로 尹瓘이 공험진에 세운 비석을 조사케 하고", "두만강 밖에도 많은 고성이 있다고 들리는데, 그 고성에도 비석이 있지 않겠는가. 만약 비문이 있다고 하면 이를 조사하라"고 한 것은 두만강 안쪽은 물론, 강외지방까지도 상당한 관심을 내보인 것이고 옛 영토에 대한 수복의식의 한 표현이었다. 그 후 경흥도 선왕의 '肇基之地'라 하여 다른 4읍과 마찬가지로 세종 25년 8월에 도호부로 승격되었다.

이상의 5진 이외에도 세종 31년에는 석막의 옛땅에 부령부를 설치함으로써 6진의 완성을 보았다 이에 따라 東良北(동량뒤 ; 茂山)을 제외한 두만강 이외의 지역을 수복하게 되었다.

〈方東仁〉

4) 함길·평안도에의 사민입거

(1) 사민입거의 역사적 배경

北境개척으로 영토가 넓어짐과 함께 徙民入居策이 적극적으로 추진되었다. 북방개척은 처음에는 군사력을 동원하여 守禦의 범위를 넓히고, 다음에는 鎭을 설치하여 보다 남쪽의 군병을 교대로 징집하여 방어근무하게 하였다. 넓은 땅에 비하여 거주인구가 적었으므로 개간의 여지는 많았다. 그러나 적의 침략에 쉽게 노출되었고, 오랜 생활 터전을 버리고 새로운 개척을 하기란 쉬운 일이 아니었다. 국가적으로는 이 지역을 영구히 영토화하기 위하여 농지를 확보하고 民戶를 충실히 하지 않으면 안되었다. 또한 조선왕조의 방어정

52)《世宗實錄》권 93, 세종 23년 7월 임술.

책은 지역방어는 그 지역에 토착한 민호가 담당토록 하는 것이 기본이었다.[1] 이런 이유로 국가는 사민입거를 장려·강제하였는데, 특히 북방으로 영토를 크게 넓힌 세종대에 적극 추진되었다.

사민은 이미 통일신라가 북으로 영토를 넓히던 8세기 때부터 있었던 것으로 기록에 보이거니와,[2] 10세기초인 고려 태조 때에도 북방경략의 제일보로 西京(평양)을 중요시하여 남방(지금의 황해도지방)의 많은 민호를 이곳에 이주시킨 바 있었다.[3] 고려왕조 때도 북경개척과 함께 끊임없이 兩界에 남방 민호를 입거시키고 있었다. 고려왕조 때의 북방개척과 사민입거는 조선왕조 때 그것의 역사적 배경이 되었다. 즉 尹瓘이 9성을 축조한 뒤에 많은 민호를 입거시킨 것은[4] 함길도에의 사민입거에 대한 배경이 되었고,[5] 덕종 때 靜州(지금의 의주군)에 성을 쌓고 1,000호를 입거시키고 있는 것,[6] 11세기초인 예종 때 의주를 확보하고 압록강을 경계로 삼고 사민한 것,[7] 공민왕 때 泥城萬戶 金進 등으로 하여금 지금의 평안북도 벽동지방의 여진을 몰아내고 남계의 민호를 뽑아 입거시키고 있는 것[8] 등이 평안도에의 사민입거에 대한 역사적 배경이라 할 수 있다.[9]

고려말에는 국가에 의한 계획적인 사민입거는 물론 자발적 이주도 매우 활발하였다. 공민왕대에 "雙城은 땅이 매우 기름져 恒産이 없는 東南民이 많이 들어가 살았다"든지,[10] 理山郡은 "본래 狄人이 살던 豆木里인데 공민왕 때부터 인물이 점차 충실하여 졌다"[11]라고 한 것은 그것을 잘 입증하여 주고 있다. 정세 변화에 따라 두만강유역으로의 이주도 있었음은 조선왕조의

1) 북방의 국경지대 군대편성은 翼軍體制였다.
陸軍本部, 《韓國軍制史》－近世朝鮮前期篇－(陸士韓國軍事硏究室, 1968).
車文燮, 〈朝鮮前期의 國防體制〉(《東洋學》 14, 1984) 참고.
2) 《三國史記》 권 9, 新羅本紀 9, 경덕왕 7년·21년 5월 및 선덕왕 3년 2월.
3) 《高麗史》 권 1, 世家 1, 태조 원년 9월·5년·15년 5월.
4) 《高麗史》 권 82, 志 36, 兵 2, 城堡.
5) 《世宗實錄地理志》 권 155, 咸吉道.
6) 《高麗史》 권 58, 志 12, 地理 3, 安北大都護府 靜州.
7) 《高麗史》 권 6, 世家 6, 정종 원년 9월 및 권 82, 志 36, 兵 2, 城堡.
8) 《高麗史》 권 58, 志 12, 地理 2, 安北大都護府.
9) 《世宗實錄地理志》 권 154, 平安道.
10) 《高麗史》 권 38, 世家 38, 공민왕 4년.
11) 《世宗實錄地理志》 권 154, 平安道 理山郡.

왕실 선대가 남방지역에서 해로로 이주하여 두만강가에 살다가 함흥지역으로 남하했던 사정을 보아서도 알 수 있다.

이러한 사민정책은 조선왕조에 들어와서 북경개척이 활발하게 전개되면서 더욱 적극적으로 추진되었다. 조선왕조의 사민입거는 본격적으로 시행된 세종대에 함길도지방과 평안도지방에 대한 사민의 실정과 규모, 시기가 서로 다르므로 구분하여 설명하기로 하겠다.

(2) 함길도에의 사민입거

함길도에의 사민입거는 태조대부터 시작되었다. 새로이 영토로 편입된 지역의 重鎭인 孔州에 慶源府를 설치하면서 도내의 富民을 입거시킨 태조 7년(1398)의 조처가 그 시작이었다.[12] 이 첫번째 사민의 규모는 분명한 기록이 없어 알 수 없지만 꽤 많은 민호가 입거하였던 것으로 보인다.[13] 태종대에는 여진족의 침입으로 일시 경원부를 鏡城으로 옮겼다가 다시 경원부를 富居站으로 옮김에 따라, 태조 때 옮겼다가 흩어진 유이민과 安邊 이북의 자원입거자를 합하여 1,100호를 입거시키는 조처가 있었다.[14] 이 계획은 조선왕조가 두만강이남올 확실한 영토로 굳히려는 의지에서 마련한 두번째의 사민입거책이었고, 태종 17년 7월부터 시작하여 세종대 초기까지 계속되었다.[15]

함길도에의 사민입거는 이처럼 초기에 경원과 경성 지역을 중심으로 하였고, 이어 세종대에 두만강 유역에 진의 설치가 완성되는 단계에서도 그 중심은 역시 신설된 진에 대한 사민입거였다. 또 초기에 이어 사민을 위한 推刷의 주된 대상은 입거 대상지에서 보다 남방에 위치한 함길도내의 민호였다.

세종대의 사민입거는《世宗實錄地理志》에 의하면 세종 16년(1434)에 경원, 22년에 穩城, 23년에 鍾城에의 입거가 기록되어 있다.[16] 이는 이들 지역에 각각의 사민입거가 시기를 달리하여 별도로 있었던 것으로 이해될 수도 있으나, 실제의 상황은 그런 것이 아니었다.

---

12)《世宗實錄》권 1, 세종 즉위년 8월 기해.

13)《世宗實錄》권 37, 세종 9년 8월 을축.

14)《太宗實錄》권 34, 태종 17년 10월 계사.

15)《世宗實錄》권 1, 세종 즉위년 8월 기해 및 권 19, 세종 5년 2월.

16)《世宗實錄地理志》권 155, 咸吉道.

함길도에의 사민입거는 새로 설치되는 진에의 사민이 초기에 보다 남쪽의 함길도지방에서 입거되었으므로, 초기와 후기의 양상이 달라지게 되었다. 즉 초기에는 함길도의 보다 후방지역의 민호를 신설 진으로 입거시키는 것이었고, 후기에는 그와 병행하여 허소해진 함길도 후방지역에 대해 보다 남쪽의 타도민을 입거시키는 것으로 변하여갔다.[17] 조선왕조가 함길도지방에 제3차로 결행한 사민입거는 세종 15년(1433)에 경원부의 이동과 寧北鎭의 설치에 따른 것으로서, 세종대의 것으로는 첫번째의 대규모 사민입거였다.[18] 이는 北青 이북의 端川·吉州·경성 등지에서 2,200호를 뽑아 경원과 영북진에 각기 1,100호씩 입거시키는 것이었다. 이 계획은 세종 15년 11월에 마련되었는데, 만약 함길도 후방지역의 민호가 2,200호에 못미칠 경우에는 강원도와 하3도의 자원자를 모집하여 채우고, 자원자는 양민에게는 土官을, 향리나 역리는 역의 면제, 賤口는 양민으로 삼는 우대책을 제시하였다.[19] 이에 따라 작성된 事目에는 고을별로 추쇄될 호수를 지정하고 있는 바, 농사가 풍년이 들고 가까운 지역은 많이 배정하고, 흉년이 들고 거리가 먼 곳은 적게 배정하고 있다.[20] 2,200호는 男丁 4口 이상을 1호로 하였으므로 인구로 보면 12,000~14,000명이나 되었다.

경원부의 옮김과 영북진의 설치에 따른 이민은 세종대에 있어 동북방면에의 제1차 사민입거라 할 수 있다. 이 때의 입거는 그 규모가 가장 컸으며, 태종 때 후퇴하여 북방의 경략거점이던 경성 이남의 민호가 보다 북쪽으로 입거된 것이었다. 그런데 세종 16년 5월경에 길주로부터 200호, 경성으로부터 300호를 뽑아, 경원부 孔城(경원 고읍 즉 태조·태종대의 경원)에 200호, 영북진의 종성에 300호를 추가로 입거시켰다.[21] 이를 계기로 회령에서 200호를 나누고, 길주에서 새로 입거한 200호를 합쳐 종성군이 설치되고, 경원부의

---

17) 深谷敏鐵, 〈朝鮮世宗朝における東北邊疆への第一次の徙民入居について〉(《朝鮮學報 9, 1956). 이하 제4차 사민입거까지는(《朝鮮學報》 14, 19, 21·22, 1959, 1961)참조.

18) 宋炳基, 〈咸吉·平安道 沿邊 및 南道에의 移民〉(《한국사》 9, 국사편찬위원회, 1973).

19) 《世宗實錄》 권 62, 세종 15년 11월 경자.

20) 《世宗實錄》 권 62, 세종 16년 정월 갑신.

21) 《世宗實錄》 권 64, 세종 16년 5월 갑신 및 권 75, 세종 18년 11월 임진.

공성에는 경성에서 300호를 입거시켜 현을 설치하였다.[22]

경원과 영북의 양읍(뒤에 분화되어 경원·회령·공성·종성 등 4읍)의 잇따른 설치로 동북지역 두만강 남안의 방어·경영의 布置는 일단 완성되었으나, 용성을 포함한 경성·길주 등지의 민호를 중점적으로 뽑아내어 변경지역의 4읍으로 이주시킨 결과 자연히 양읍 지역은 허소해 지기 마련이었다. 이리하여 경성·길주 두 후방 중진의 충실을 도모하기 위한 보다 많은 남방민호의 입거가 계획된 것은 세종 17년 6월이었다.[23] 도내의 高原·永興·文川·宜川·안변 등 길주·경성의 배후지역으로부터 500호를 뽑아내어 200호는 경성에, 300호는 길주로 이주시킬 것을 계획하고, 곧 입거인의 선발이 실시되었다. 그러나 입거를 기피하는 현지 주민들이 대거 도산하여 이 해 9월경에 일단 입거를 중단하지 않을 수 없었다.[24] 그러다가 세종 18년 10월경에 이르러 입거계획이 다시 논의되어,[25] 19년 봄에 이르러서야 비로소 실현을 보게 되었다. 이와 아울러 세종 18년부터는 하3도 및 강원도민의 자원입거도 계획되어 약 400호, 6,000여 명의 입거가 이루어졌다.[26] 용성지방에 하3도 및 강원도민을 입거시킨 것은 첫째, 앞서 길주·경성으로의 이민에 즈음하여 대상지역인 고원·영흥·문천·의천·안변 등지의 주민이 대거 도망함으로써 크게 어려움을 겪은 데 대한 대처방안이었다. 둘째로는 함길도의 후방지역 민호를 계속하여 북쪽으로 입거시킬 경우 함길도 자체의 허소를 면할 길이 없었기 때문이다. 이것은 나아가 변경지역에 대한 전반적인 사민계획의 방향이 토지에 비해 인구가 조밀한 충청·경상·전라도 지역의 민호를 입거시켜야 됨을 시사하는 것이어서 주목된다.

세종 16년(1434)에서 21년에 걸쳐 5년간 진행된 사민입거는 축성과 부방의 어려움이 원인이 되어, 주민들 가운데는 다른 곳으로 도망하는 숫자가 늘어났고, 이 사실이 세종 22년 3월에 중앙으로 보고되었다.[27] 이에 따라 도망한 숫자를 채울 목적으로 23년 6월경에 경상도에서 600호, 전라도에서 550호,

22)《世宗實錄》권 68, 세종 17년 6월 을사·7월 무자.
23)《世宗實錄》권 68, 세종 17년 6월 갑진.
24)《世宗實錄》권 75, 세종 18년 11월 임진.
25)《世宗實錄》권 75, 세종 18년 10월 무인.
26)《世宗實錄》권 76, 세종 19년 3월 기유. 자원입거자는 대부분 鄕豪였다.
27)《世宗實錄》권 88, 세종 22년 3월 정사.

충청도에서 450호, 합계 1,600호의 양민을 뽑아 입거시킬 것을 결정하고,[28] 23년 가을에 가서 하3도에 敬差官을 파견하여 입거인을 결정하였다. 그러나 하3도민 사이에는 입거를 기피하거나 반대하는 자가 많아 소요가 대단히 심하였다. 정부에서는 입거자에 대해 관직수여 등의 賞典을 걸기도 하였다. 그래도 사태가 개선되지 않았으나, 4진의 충실을 기하는 것은 시급한 일이었으므로 정군 1,600호를 길주 이남에서 뽑아 4진에 입거시켰다. 그 입거시기는 아마도 세종 24년 봄부터 여름 사이였던 것으로 짐작된다.

길주 이남의 각 고을로부터 1,600호를 뽑아 4군에 입거시킴으로써 4진 도망주민의 보충이라고 하는 입거의 목적은 일단 실현되었다고 하겠으나, 이와 같은 미봉책의 결과 새로이 길주 이남의 정군 1,600호를 보충하지 않으면 안되는 문제가 파생되었다. 그 보충방법으로 당초에는 하3도의 양민을 추쇄하여 입거시킬 방침이었던 듯한데, 현지 주민들의 소동으로 말미암아 1,600호 중 850호는 현지 함길도내의 多丁人戶 중에서 뽑아 충당하기로 하고, 나머지 750호만을 하3도로부터 선발하되, 세종 25년부터 입거시킨다는 방침이 정하여졌다.[29] 그러나 이 750호의 입거도 이 해에 함길도의 흉년으로 실현을 보지 못한 채 다시 계획을 수정하여, 기왕에 함길도로부터 하3도로 옮겨간 인물들을 추쇄하여 입거시키기로 결정하고,[30] 세종 26년부터 31년경까지 약 7,000명이 용성·경성 이남의 각 읍을 중심으로 하여 추쇄·입거되었다.[31]

(3) 평안도에의 사민입거

평안도의 압록강 灣曲지역을 향하여 영토를 넓혀가던 고려 말기부터, 이 지역에 사민입거가 시작되었다. 조선왕조의 태조대부터 세종 초기까지는 함길도에 여진의 침입이 계속되어, 국가적인 사민입거가 동북지방에 집중되었다. 여진의 침입은 세종대에 이르러서 차츰 함길도보다 평안도에 많아졌고, 이에 따라 그 동안 여진족의 침입이 잦아 방어에 더욱 힘을 기울였던 함길

28) 《世宗實錄》 권 93, 세종 23년 6월 경진.
29) 《世宗實錄》 권 100, 세종 25년 5월 병인.
30) 《世宗實錄》 권 109, 세종 27년 8월 병진.
31) 《世宗實錄》 권 112, 세종 28년 6월 계축.
不正稅吏 등의 범죄 입거자 및 유이민의 還本者가 7,630여 인으로 파악되었다.

도에 뒤이어 평안도에 대한 방어조치가 보다 구체화되어 갔다.

평안도에 민호를 입거시키기 위한 제도적 장치는 이미 세종 11년(1429) 8월에 입법화되었다.[32] 이때 세종은 평안도가 명과 접경지역인데도 민호가 희소하므로 충청·경상·전라 지역의 민호를 이주시킴으로써 후환에 대비하고자하였다. 이러한 입법조처에도 불구하고 평안도의 신개척지에 대한 사민은 곧바로 실행에 옮겨지지 않았고, 여러 차례의 논의를 거친 후에야 실행에 옮겨졌다. 그 직접적인 동기는 역시 여진의 대규모 침략이었다. 즉 세종 17년 정월에 오랑캐 2,700騎가 閭延에 침입하여 노략질을 하였다.[33] 이를 계기로 비로소 평안도에의 사민입거가 본격적으로 논의·준비되었으니 그 일차적인 목표이자 궁극적인 목표는 "强壯을 뽑아 모아 邊疆을 채워 土兵을 삼고 그들을 鄕弓手라 부르며, 침구가 있으면 대적해 싸우고 물러가면 경작에 종사케 하는 옛 법을 모방하여, 사민입거함으로써 鄕兵을 만든다"[34]는 것이었다. 이미 같은 해 7월에 皇甫仁을 파견하여 사민입거지를 물색케 하고, 여연군을 부로 승격시켜 진을 두었다.[35]

이듬해 9월에 이르러서야 결정된 사민입거의 규모는 210호로서, 대상은 평안남도의 민호이고, 사민입거 대상지는 여연·江界·理山·碧潼·昌城 등의 압록강 중류 만곡처 변경지대였다.[36] 실제로 사민입거가 실행에 옮겨지기 시작한 것은 세종 19년 정월에 濟用副正 朴根을 보내어 입거민호의 추쇄에 종사케 한 데서 비롯되었다. 민호입거에 이어서 평안남도의 향리들도 변경지역의 고을마다 추쇄되어 여연과 자성 등에 입거케 되었는데,[37] 이를 민호와 합산하면 1차 사민의 규모는 최대 261호에 달하였다.

평안도에의 1차 사민이 있은 이후, 세종 19년 12월에 또다시 야인 3,000기가 벽동에 침입하는 큰 사건이 있었다. 이에 자극되어 세종 20년 5월에는 대규모의 사민입거가 있게 되었다. 이것은 세종대의 평안도에의 제2차 사민입

32) 《世宗實錄》 권 45, 세종 11년 8월 을미.
33) 《世宗實錄》 권 67, 세종 17년 정월 경인·3월 경자·신축.
34) 《世宗實錄》 권 67, 세종 17년 3월 신축.
35) 《世宗實錄》 권 69, 세종 17년 7월 병신·8월 신축.
36) 《世宗實錄》 권 74, 세종 18년 9월 기해.
37) 《世宗實錄》 권 75, 세종 18년 10월 무인·권 76, 세종 19년 정월 정유·2월 을해 및 권 78, 세종 19년 8월 병진.

거로서 추쇄는 연변 6읍(여연·자성·강계·이산·벽동·창성)에 입거키 위해 34읍에서 많게는 200호, 작게는 4호에 이르기까지 뽑혔다. 이 때의 1호는 장정 3~4명 이상의 有實戶를 말하는 것으로, 여기에 부녀자와 노약자를 계산하면 호당 인구는 15인에 달한다. 총 1,000호 약 15,000명의 인구가 8차례로 나뉘어 이주하게 된 것이다.[38)]

이러한 대규모의 사민입거는 세종 20년에 계획되어[39)] 세종 22년까지 이루어졌다. 세종 21년 10월에 700호가 입거되었고, 세종 22년 3월에 이르러 도체찰사 황보인의 사목에 새로 입거한 인물에 대한 언급이 있으며, 세종 20년에 입거계획을 주관하였던 박근이 이 때까지도 여전히 경차관으로 입거사무를 맡고 있었던 것이 확인된다.[40)] 박근은 이 때 입거인에게 元居人의 熟田을 나누어주되 원거인의 경작지가 10결 이상이면 3결, 7~8결 이상은 2결, 5~6결 이상은 1결, 3~4결은 제외하며, 원거인은 자원하는 陳地의 개간을 허가하는 등의 조처를 내렸다. 그런데 세종 19년~세종 20년에 걸친 두 해 동안에 입거한 호에서 도망·유리한 호의 수는 645호(口)나 되어 입거호의 10%에 달하였다. 이는 세종 19년의 211호 및 향리 50호, 20년 5월의 1,000호 등 1,261호에서 연이은 흉년과 축성, 부방 및 대명 외교관계에 따른 고역으로 말미암아 얼마나 많은 인구가 도망쳤는가를 보여준다.

이어서 세종 21년 10월에 평안도의 변경지대보다 남쪽에 사는 민호도 逃匿하여 감에 따라, 더 이상의 추쇄가 불가능한 상황에 이르렀다. 그리하여 보다 남쪽의 타도민을 安州 이북의 閑曠地에 옮겨야 한다는 주장이 나오게 되었고,[41)] 이후 세종도 하3도지역이 인구밀도가 높으므로 富戶를 추쇄하여 북방으로 옮길 뜻을 나타내게 되었다.[42)]

이러한 계획은 세종 25년에 이르러 의정부의 건의를 계기로 적극적으로 논의되었다. 즉 황해도와 하3도의 민호 3,000호를 추쇄하여 안주 이북의 고을마다 입거시킬 것이 결정되었다. 구체적으로는 황해도 550호, 충청도 630

38) 《世宗實錄》 권 81, 세종 20년 5월 임진.
39) 《世宗實錄》 권 80, 세종 20년 정월 갑오.
40) 《世宗實錄》 권 87, 세종 21년 10월 정유 및 권 88, 세종 22년 3월 을사.
41) 《世宗實錄》 권 87, 세종 21년 10월 정유.
42) 《世宗實錄》 권 94, 세종 23년 12월 기유.

호, 전라도 830호, 경상도 1,000호 등 모두 3,000호를 세 차례로 나누어, 거리의 멀고 가까움을 헤아려 차례로 입거시키기로 결정하였다. 특히 이 계획은 막연히 富實戶가 아니라 '鄕曲豪右 流品子弟'를 이주시키되 호주로서 본래 직이 있는 사람은 超資시키고 무직자에게는 처음 8품직을 주어서 下番 甲士職에 充差시키고, 4품 이상에 제수된 사람은 啓聞하여 시행케 하며, 재간을 살펴 쓸 만한 자는 토관에, 특이한 재간이 있으면 계문하여 토관에 충차하고 경중 종사를 원하는 사람은 다른 예에 의해 시행케 하는 등 커다란 장려책을 아울러 제시하고 있다.[43] 이러한 계획에 의하여 세종 24년 7월에는 경차관을 파견할 것을 결정하였다.[44]

그러나 이 3,000호의 이주계획은 현지주민들의 소요와 반대로 말미암아 다시 변경되어 세종 25년에 우선 경기도·개성부·충청도·전라도·경상도·황해도에서 추쇄한 유이민으로 입거시키되, 그래도 그 수가 모자랄 경우에 양민을 추쇄·입거시키는 안으로 결정되었다. 그러나 다시 가뭄이 극심하자 미루어져, 세종 26년부터 유이민의 추쇄·입거가 시행되어 31년까지 계속되었다. 입거된 숫자가 얼마나 되는지는 정확히 알 수 없다.[45]

세종대에는 이와 같이 양민을 입거시키거나 유이민을 추쇄하여 연변에 입거시키는 외에도, 제주도의 牛馬賊이라 불리우던 범죄인과 일반 범죄인 혹은 부정한 세리를 변경지역으로 입거시키기도 하였다. 우마적은 세종 17년부터, 일반 범죄인의 경우에는 세종 18년 이래, 부정한 세리의 경우에는 27년 이래 양계지방으로 입거시켰으나, 그 어느 것도 정확한 숫자를 파악하기는 어렵다.[46]

(4) 세조·성종대의 사민입거와 입거책의 변화

세종대까지 이루어진 평안·함길도에의 사민입거는 새로이 넓혀진 영토를 굳게 지키기 위한 군사력의 확보에 그 목적이 있었고, 이를 위하여 토지의 분급과 신분상의 우대조처가 있었다. 군정과 역정의 확보는 인구의 증가와 농업

43) 《世宗實錄》 권 96, 세종 24년 5월 임신.
44) 《世宗實錄》 권 97, 세종 24년 7월 병술.
45) 《世宗實錄》 권 100, 세종 25년 6월 무자·권 103, 세종 26년 3월 갑인 및 권 105, 세종 26년 7월 계해.
46) 宋炳基, 앞의 글, 40~47쪽.

생산의 확대가 기반이 되어야 했기 때문이다. 국경의 방어에 대한 시설로 邑城과 鎭城, 戍堡가 축조되고 行城까지 축조되었으며, 민호의 입거로 변경지역 鎭堡에의 入保나 교대방수가 이루어짐에 따라 완전한 영토가 되었고, 이제는 생산력을 증대시키기 위한 농지의 개척과 적정 수준의 토착농민이 요구되었다.[47]

평안·함길도에의 사민은 도내에서보다 변방으로의 사민이 우선되었고 하3도의 유이민을 추쇄하여 입거시켰으며, 자원에 의하거나 범죄인의 강제이주 등의 조처도 계속되었다. 세조대에는 평안도보다도 후방지대인 황해도에 사민입거가 불가피했으니, 이는 서북방의 장기간에 걸친 흉년으로 말미암은 기근사태와 명과의 외교교섭의 통로로서 지니는 특수한 고역을 기피하는 현상에서 비롯되었다. 세조대에는 함길도가 이미 수어에 곤란이 없이 충실하다 하여 새로이 그 후방지역인 강원도가 포함되었다. 평안·황해·강원도에 세조 6년(1461)에서 11년까지 세 차례에 걸쳐서 하3도에서 1,700여 호가 사입되었고,[48] 성종대에도 성종 19년(1488)에서 25년 사이에 평안·함길·황해도의 북방 3도에 남방 3도민 1,500호와 범죄인 1,000호가 입거되었다.[49] 세조·성종대로 이어진 북방에의 남방민 사업은 인구 조밀지역의 민호를 인구가 희박하고 개간의 여지가 많은 곳으로의 이동조처였다. 즉 초기의 북방 영토개척에 따른 군병 확보의 차원을 넘어서서 이제는 정착인을 확충하여 개간시킴으로써 농업생산력을 증대시키고자 하는 경제적 목적이 있었다.

입거자에 대한 정부측의 고려는 일찍부터 있었다. 태종대에는 이주 첫 해에 종자와 식량을 국고에서 지급하고 조세를 감면하는 방법이 마련되었다.[50] 이어 자원한 입거자는 3년간의 역의 면제, 토지에 대하여는 六典의 「初墾收租之法」이 적용되어 첫해는 모두 면제하고 다음해엔 1/2, 3년째는 1/3, 4년째는 1/4을 감하다가 5년째에 이르러 全收하며, 된장은 한꺼번에 담그어 나누어주었다.[51] 세종은 평안도에의 입거에 앞서서 10년간의 復戶 및 免租를 하

47) 李景植, 《朝鮮初期의 北方開拓과 農業開發》(《歷史敎育》 52, 1992).
48) 李仁榮, 〈李氏朝鮮世祖때의 北方移民政策〉(《震檀學報》 15, 1947).
金錫禧, 〈世祖朝의 徙民에 대한 考察 Ⅰ〉(《釜大史學》 2, 1971).
———, 〈世祖朝의 徙民에 대한 考察 Ⅱ〉(《釜大史學》 4, 1980).
49) 李樹健, 〈朝鮮成宗朝의 北方移民政策(上·下)〉(《亞細亞學報》 7·8, 1970).
50) 《太宗實錄》 권 34, 태종 17년 9월 정묘.
51) 《太宗實錄》 권 34, 태종 17년 9월 정축.

면 어떨까 하는 의견을 제시한 바도 있었다.[52] 강제적인 사민이 민원을 일으킬 것에 대하여 신중한 대비책을 강구하고 있었으나, 크게 보아서는 자원입거자의 신분적 우대, 강제입거자의 경우 복호와 면조 및 감세의 혜택이 대부분을 차지하였다.[53]

평안도는 인구의 과반수가 유망하였다고 할 정도로 심각하였다. 유망은 평안도의 변경 4군과 그 이남뿐만 아니라 황해도로 이어졌다.[54] 지리적으로 본다면 평안도의 4군 지역은 내륙으로서 가장 추운 지역인데다 산악지대였다.

평안도에의 사민정책은 세조 5년(1459) 12월에 이르러 황해·강원도와 함께 새롭게 수립되었다.[55] 이 때는 자원응모자의 경우 「良職賤良」이라 하여 양민에게는 受職케 하고 천민은 양민으로 신분상의 특전을 주고, 경제적으로도 10년간의 복호와 토지의 우대분급 등 다른 때보다도 우월한 조건을 내세우기에 이르렀다.

세조 6년 4월까지는 강원도에 273호, 황해도에 1,000호, 평안도에 1,000호 등 모두 2,273호를 하3도에서 모집하여 사민키로 되었으나, 이미 농기가 시작되고 가을에는 申叔舟의 북방정벌이 있어서 실현되지 못하였다. 이 해 겨울에 이르러서는 1호 3정 이상의 부실호로서 경상도 2,500호, 전라도 1,500호, 충청도 500호 등 도합 4,500호를 목표로 하고, 「入居條件」을 보다 세분하여 조정한 뒤에 사민이 실행되었다. 그러나 실제로는 이러한 숫자의 사민에 대한 충분한 준비나 官穀의 여유가 없었으므로, 세조 7년 5월까지 이주가 완료된 것은 주로 황해도에 옮겨진 360호였다. 세조 8년에서부터는 5개년 계획으로 추진을 독려하였으나 실제로 세조 12년에 이르기까지 사민된 호수는 1,400여 호 정도에 불과하였다.

(5) 사민입거의 성과

세종대까지의 사민은 새로이 개척한 영토를 지키기 위한 군정의 확보를 위하여 시행되었던 것이다. 그러나 평안도지역으로 사민된 입거인들은 물론 元

52) 《世宗實錄》 권 45, 세종 11년 8월 을미.
53) 《世宗實錄》 권 78, 세종 19년 8월 병진.
54) 《世祖實錄》 권 2, 세조 원년 9월 병술 및 권 5, 세조 2년 11월 임오.
55) 《世祖實錄》 권 18, 세조 5년 12월 병인.

居人까지도 대량으로 유리·도망하는 일이 계속되어 赴防과 迎送의 유지에 어려움을 겪었고, 이러한 현상은 특히 세종 25년 이래 집중되었다. 본래 사민이라고 하는 것은 국가의 입장에서 볼 때는 변방의 방어를 위하여 불가피한 일이었지만, 입거인의 입장에서는 자원자로서 신분의 향상을 꾀한 경우라면 모르나 양민으로서 거의 강제적으로 사입되는 일이었기 때문에 참을 수 없는 고역이었다.[56]

또 사민은 그 본질에 있어서 범죄인을 변방으로 유형보내는 것과 큰 차이를 발견할 수 없는 일종의 형벌이었다. 가령 세종이 각 도 감사에게 내리는 유지가운데 銅의 산지를 알리거나 吹鍊法을 아는 자에게는 변경지역 입거를 면제시켜 주게 한 것이라든지, 강원도감사에 내리는 유지에서 동해의 蓼島를 발견하는 자는 입거자일 경우 향리로 放還시킬 것을 지시하고 있는 것은 입거와 유형이 큰 차이가 없는 것임을 증명하여 준다.[57] 그러므로 국가에서 베푸는 신분상 특전 조항이나 경제적 우대조처가 있음에도 불구하고 입거인의 원망스런 소요는 그치지 않았고, 이 때문에 3,000호의 평안도 입거계획과 1,600호의 함길도 입거계획이 세종 25년에 이르러 돌연 유이민의 쇄환으로 대체되었던 것이다.

소장관원들은 입거인의 입장을 대변하듯 사민을 반대하는 상소를 하기도 하고 사민을 추진하는 대신들을 자주 비난하기도 하였다. 이와 같은 관원들의 사민반대론이나 연기론에 대하여 세종은 "만약 국체를 유지하고자 하는 것으로 만세의 계책을 삼을진대, 어찌 백성들의 원망을 두려워하여 가만히 있겠는가. 사민 또한 중대한 일이니 만큼 시행하지 않을 수 없다"[58]고 하여 굳은 의지를 밝히기도 하였다.

입거의 대상자가 되고, 또 옮겨져서 적응하기 어려움이 있었던데다가 赴防·入保·築城과 飢饉·使節迎送支供에 시달리고, 越江耕田도 금지되는 점 또한 도망의 원인이 되었다. 이 가운데서 부방·입보·축성 등은 함경도 및 평안도민의 일반적인 도망 원인이 되었으며, 사절영송지공과 기근, 압록강을

---

56) 《世宗實錄》 권 112, 세종 28년 5월 경오.
57) 《世宗實錄》 권 109, 세종 27년 7월 갑술.
58) 《世宗實錄》 권 94, 세종 23년 윤 11월 기사·권 111, 세종 28년 정월 계유 및 권 112, 세종 28년 5월 경오.

건너 기름진 농토가 있음에도 국경을 넘지 못하는 월강경전의 금지 등은 특히 평안도민의 도망 원인이 되었다. 이러한 여러 가지 원인들이 복합·상승 작용을 하면서 입거인과 원거인의 도망을 촉진시켰으며, 그것은 함길도보다 평안도에서 더욱 문제가 되었다.

세종 4년부터 30년까지 평안도에서 유리·도망간 인구 가운데 추쇄하지 못한 숫자가 11,258인에 이른다는 보고가 있다. 이들은 세종 31년 4월에야 추쇄되었지만, 이 때까지도 세종 20년부터 30년까지의 유망민 가운데 추쇄하지 못한 자가 2,185명이었다. 이로 본다면 세종대에 유망한 수는 모두 13,400여 명에 달해 평안도의 유망상황의 심각성을 알 수 있다.[59]

이처럼 평안도 입거인이나 원거인이 도망한 곳은 주로 황해도나 하3도 지방이지만, 혹은 도내의 深遠處에 숨거나 나라를 등지고 요동지방으로 도망하기도 하였다. 특히 우리의 주목을 끄는 것은 함길도에 신설된 5진으로 도망하고 있었던 사실이다.[60] 평안도민이 함길도 변경으로 도망하고 있는 것은 함길도에서 사민이 성공하였음을 의미하는 것이기도 하다. 유이민의 속출로 인한 평안도의 虛疎와 凋弊는 자성 이북 4군을 철폐시키는 요인이 되기도 하였다.

5) 행성·읍성·진성의 축조

(1) 평안도·함길도·황해도의 행성축조

세종대에는 압록강과 두만강을 경계로 하여 새로 넓힌 영토를 지키기 위하여 읍성과 진보에 設柵하거나 축성하는[61] 이외에도, 여진족의 빈번한 침입을 막고 이에 따른 부방이나 입보의 폐단을 덜기 위하여 압록강과 두만강 연변에 行城을 축조하였다.[62] 행성이란 적침의 주요한 교통로가 될 만한 평지나 고개를 포함하여 산등성이까지를 연결하여 가로로 지형을 따라 구불거리는 성벽을 쌓아 막은 것이다. 흔히 평지에는 석성을 쌓고 낮고 습한 데는 해자를 파거나

59) 《世宗實錄》 권 123, 세종 31년 정월 경술·권 124, 세종 31년 3월 갑신·4월 신유 및 권 125, 세종 31년 8월 갑술.
60) 《世宗實錄》 권 123, 세종 31년 3월 병신.
61) 《太祖實錄》 권 4, 태조 2년 8월 을유.
62) 宋炳基, 〈世宗朝의 兩界行城築造에 對하여〉(《史學硏究》 18, 1980).

목책을 세우고, 높고 험한 곳은 흙을 깎아 내리고 城堡나 煙臺 등을 요소마다 세워 유사시에 대비하였다. 이와 같이 하여 만든 압록강·두만강 연변의 여러 관방을 행성 혹은 長城이라고 불렀고, 보다 후방지역의 경우 防墻으로도 표현되었다.[63] 이민족의 침입에 대비한 행성의 축조는 이미 삼국시대부터 있었으니, 백제가 고구려의 침입에 대비하여 축조한 靑木嶺－八坤城－西海까지의 관방을 위시하여, 고구려가 쌓은 천리장성, 통일신라가 북방 국경에 쌓았던 浿江長城을 거쳐 고려시대의 천리장성 등이 그 역사적 배경이었다.[64]

조선왕조에서는 일찍부터 명의 遼東長墻이나 만리장성을 알고 있었으며, 여진족에 대비하여 이들 중국식의 관방시설과 비슷한 시설을 만든 사정은 단순하지 않다.[65] 행성을 쌓게 된 직접적인 원인은 여진족의 잦은 국경침입에 있었다. 여진의 침입에 대하여는 역대의 전통적인 방어수단으로서의 淸野入保라는 소극적인 방어가 이루어지고 있었다. 국경지역에서는 평소의 농사를 위하여 읍성이나 진보에서 멀리 떨어진 농경지까지 왕래하였으므로 갑작스런 약탈을 당하기가 일쑤였고, 그만큼 불안함을 항상 느끼고 있었다. 또한 농사철 이외에는 보다 안전한 후방의 읍성이나 진성에 입보하였다가 다시 농사철이 되면 자기의 토지 부근에 있는 진보로 이동하여야 하였으므로, 이로 말미암아 엄청난 노동력과 시간을 낭비하는 폐단이 있었다. 이러한 폐단은 유망을 초래하였으므로 보다 안심할 수 있는 방어시설로서 아예 여진족이 침입할 수 있는 모든 통로를 차단하는 장성을 쌓아 그들과 영구히 차단하자고 하면서 엄청난 토목역사를 주장하는 인물이 나타나게 되었다.

이리하여 입보와 부방에 따른 폐단을 덜어 변방지역 주민들의 도망을 막고, 나아가 보다 방어의 충실을 기하기 위한 조치가 계획·실행되었으니 곧 압록강과 두만강의 南岸에 대한 행성축조였다.

행성의 축조는 세종 22년(1440) 2월에 당시의 우의정 申槩에 의하여 건의되었다.[66] 그는 입보에 따른 폐단을 지적하면서 고려의 북계장성 등이 외적방어

---

63) 《新增東國輿地勝覽》 권 47, 江原道 伊川縣.

64) 車勇杰, 〈朝鮮前期 關防施設의 整備過程〉(《韓國史論》 7, 國史編纂委員會, 1980), 89~90쪽.

65) 車勇杰, 위의 글, 131~134쪽.

66) 《世宗實錄》 권 88, 세종 22년 5월 신묘.

에 효과가 있었음을 예로 들면서, 서쪽은 압록강 하류의 의주로부터 동으로는 두만강 하류의 경원에 이르기까지 장성을 쌓는다면 만세의 이득이 될 것이라고 하였다. 또 적침 요해처만을 가리어 지형에 따라 혹은 해자를 파고 혹은 목책을 세우고 혹은 돌을 쌓고, 원근을 헤아려 연대를 세워 방비한다면 야인이 침입하지 못할 것이므로, 입보의 폐단이 없어져 변방의 주민들이 도망하지 않을 것이고 부방의 폐해도 차츰 없어질 것이라고 주장하였다.

신개의 건의는 즉각 받아들여져서 병조판서 황보인이 평안·함길도도체찰사로 임명되어 변방으로 파견되어서 행성축조의 후보지를 물색하였다. 신개의 건의가 있자마자 이와 같이 급진전을 보게 된 것은 그의 정치적 비중때문도 있었겠지만, 그보다도 여진의 침입과 입보·부방의 폐단에 따른 변방지역 주민의 도망이 당시에 얼마나 중대한 문제였는지를 잘 말하여 준다.

이 해 3월에 황보인은 서울을 나서서 7월에 「沿邊備禦策 13條」를 건의하였다. 그는 제13조에서 의주·창성·벽동·이산·강계·자성·여연·갑산·길주·경성·회령·종성·경원·경흥 등 여러 읍의 防塞요해처, 즉 행성축조 후보지로 124개 처를 들었다.[67] 황보인의 건의는 의정부에서도 긍정적인 반응을 보이고, 세종이 승인함으로써 세종 22년(1440) 가을부터 평안도 趙明干口子行城을 필두로 행성축조의 대역사가 시작되었다.[68] 이로부터 황보인의 주도로 봄에는 평안도의 행성을, 가을에는 함길도의 행성을 축조하여 세종 32년 2월 세종이 서거할 때까지 11년간에 걸쳐 행성축조사업이 계속되었다. 이렇게 해서 축조된 행성으로는 평안도 국경지대의 의주행성·定寧行城·벽동행성·碧團口子行城·昌州口子行城·이산행성·渭原行城·滿浦口子行城·虞芮口子行城·조명간구자행성이 있고, 함경도 국경지대의 온성·종성·회령·갑산·삼수행성 등이 있다.

세종대에 행성축조는 완성되지 못하였는데 그 규모는 다음과 같다.[69]

* 평안도

의주행성 : 義州邑城北～九龍淵　　　　6,720 척

《世宗實錄地理志》권 154, 平安道.

67)《世宗實錄》권 90, 세종 22년 7월 기사.

68)《世宗實錄》권 90, 세종 22년 9월 갑인.

69)《世宗實錄地理志》권 154, 平安道 및 권 155, 咸吉道.

정녕행성 : 玉岡洞口～獐項峯 석축 3,153척
削土 1,500척
벽동행성 : 小波兒松林峴～非所里坪 석축 14,471척
삭토 8,178척 ─ 15리 50보 2척

벽단구자행성 23리
창성 창주구자행성 14리 150보
이산행성 : 央土里 10리 270보
위원행성 : 都乙漢～朱毛老洞 4리 190보
강계 만포구자행성 14리
高山里口子行城 7리 3보
慈城 池寧怪行城 : 西解峴～時反江 1리 108보
泰日～北邊洞口岩石 11리 56보
우예구자행성 6리 295보
여연 조명간구자행성 31리 195보

* 함길도
· 穩城東 立巖에서 두만강을 소급하여 종성을 지나 회령부성 前坪에서 그친 것 200여 리
· 갑산군 池巷浦洞口東峯에서 古軍營基까지 1리 249보
· 삼수군 魚面江東口～桑土坪 29리 239보

구체적인 행성축조상황은 《세종실록》에 다음과 같이 나타나고 있다.

〈표 1〉 평안도 · 함경도 행성축조 상황

연 대	명 칭	규 모	동원 인부	축 조 기 간
세종 23년 3월	조명간구자행성	(石) 50,947척 (木) 5,807척	평안 8,390	2. 15.～
23년 3월	벽단구자행성	(石) 30,795척 6촌 5,218척 4촌	평안 8,263	2. 15.～
23년 9월	온성행성	(石) 85,205척 46,717척	함길 15,000 강원 8,000	8. 15.～
24년 3월	조명간구자행성	24,110척	평안 10,000	2. 10.～3. 10.
24년 3월	우예구자행성	10,590척	평안 4,200	2. 10.～3. 10.
24년 3월	지령괴구자행성	3,090척	평안 300	2. 10.～3. 10.
24년 3월	만포구자행성	15,675척	평안 9,000	2. 10.～3. 10.
24년 3월	고산리구자행성	12,619척	평안 300 황해 2,000	2. 10.～3. 10.
24년 3월	온성행성	16,970척	함길 5,300	2. 10.～3. 10.

		(土) 2,630척		
24년 3월	종성행성	2,370척	5,300	2. 10.~3. 10
		(土) 2,630척		
25년 3월	창주구자행성	(石) 18,804척	평안 3,000	
		(木) 2,769척	황해 6,000	
25년 9월	온성행성	(石) 380척	함길 8,000	8. 20.~
25년 9월	종성행성	(石) 19,917척		
		(木) 175척		
		(土) 2,219척		
26년 4월	위원행성	3,598척	평안 6,000	
27년 정월	자성행성	5,308척	평안 5,390	2. 10.~3. 10.
		(土) 900척		
27년 7월	종성행성	(石) 24,540척	함길 14,900	8. 15.~9. 15.
		(土) 20,500척	황해 2,500	
		(木) 3,680척		
28년 정월	종성행성	(石) 370척	함길 1,070	1. 11.~2. 10.
		(土) 2,537척		
28년 2월	벽동행성	(石) 37,379척	평안 15,470	2. 10.~3. 10.
		(土) 8,070척	황해 2,000	
28년 2월	정녕행성	(石) 2,999척	정녕 300	
28년 7월	종성행성	(石) 11,834척	함길 10,000	8. 20.~9: 18.
28년 7월	회령행성	(土) 55,133척	10,000	8. 20.~9. 18.
29년 정월	벽동행성	(石) 14,471척	평안 5,740	2. 15.~3. 15.
		(土) 8,178척		
29년 정월	정녕행성	(石) 3,153척	정녕 400	2. 15.~3. 15.
		(土) 1,500척		
29년 7월	회령행성	(石) 8,749척	함길 8,526	8. 15.~9. 14.
		(土) 41,789척		
29년 7월	삼수행성	(石) 3,050척	갑산·삼수 1,000	8. 5. ~9. 5.
30년 7월	회령행성	(石) 12,662척	함길 11,750	8. 15.~9. 15.
		(土) 17,812척		
		(木) 800척		
30년 7월	지항포행성	(石) 3,046척	갑산·삼수 1,000	8. 5~8. 26.
		(土) 250척		
31년 정월	이산행성	(石) 7,478척	평안 12,987	2. 10.~3. 6.
		(土) 11,660척		
		(木) 400척		
32년 윤정월	의주행성	6,720척	평안 6,570	30일간
합 계		672,134척 373리 122보 2척	193,356명	

행성의 총 연장은 평안도가 144리 27보, 함길도가 231리 188보 2척으로서 함길도의 두만강 행성이 압록강 행성보다 훨씬 길었다. 이들의 전장은 376리에 가까워 지금의 길이로는 약 140㎞에 이른다. 행성은 평지는 석축하였으며, 산지의 높은 곳은 삭토하였고, 지대가 낮거나 습지대는 참호를 파거나 나무말뚝을 박은 木栰 혹은 가지 달린 나무의 가지를 날카롭게 만들어 비스듬히 박아 세운 鹿角城으로 만들어졌다.

북쪽 국경지대의 행성축조는 세종이 서거하자 일단 중단되었다가 이후에 보완적인 축조가 계속되었다. 성종대와 중종대에도 행성축조가 논의되고 또한 일부지역은 보완적인 축조가 이루어졌으나, 끝내 강의 남쪽을 따라 전구간이 이어진 완성된 행성은 실현되지 못하였다.[70] 그러나 행성이 완성된 것은 아니더라도 그 성과는 적지 않았다. 우선 여진족의 변방침입이 현저하게 줄어들었다. 축성이 시작된 세종 22년 9월을 중심으로 세종대의 여진족 침입상황을 살펴보면, 평안도에서는 그 이전에 17회나 침입하였던 것이 그 이후에는 3회로, 함길도에서는 그 이전에 8회나 침입하였던 것이 1회로 줄어들었음을 기록을 통해 알 수 있다.[71] 물론 여진족의 세력이 줄어들고 있었던 것도 있어서 전혀 행성축조만이 그 이유가 된 것은 아니었다. 가령 여진족에 대한 회유책이라든지 국방상의 여러 가지 다른 조처 등도 침입이 줄어든 이유이지만 행성축조에 크게 힘입은 바가 있었다고 할 수 있다.

이와 같이 행성이 축조되면서 여진족의 침입이 줄어들게 되자 赴防軍士의 감축도 가능하게 되었다. 그러나 여진의 변경침입 감소나 부방군의 감축이 가능하여졌음에도 불구하고 入保가 여전히 문제로 남아 있었기 때문에 행성축조의 효과가 그렇게 큰 것만은 아니었다. 행성의 축조에도 불구하고 입보문제가 해결되지 못한 것만이 아니라 축성으로부터 받은 두 변경지역 주민들이 겪은 고통은 여간 심각한 것이 아니어서, 축성에 동원되었던 평안·함길·황해·강원 등 북방 제도민 특히 변방지역 주민들이 노인과 어린아이를 끌고 유리 전전하는 경우가 많았다. 이와 같이 축성 그 자체가 원인이 되어 유리 도망을

70) 《新增東國輿地勝覽》 권 48부터 권 55까지에 걸쳐 行城의 양상이 나타나 있음을 참조.

71) 宋炳基, 앞의 글(1980), 192~193·202~206쪽.

유발하였다고 하는 것은, 변민을 안거케 한다는 축성 본래의 목적과는 크게 어긋나는 것이었다.

(2) 연해읍성의 축조

세종대에는 己亥東征(1419년의 대마도 정벌)을 계기로 왜구의 침입에 대비하기 위한 연해읍성의 축조가 시급히 요청되었다. 제한된 무역이기는 하였으나 세종 8년까지 3포가 개항되어 倭商이 경상도의 내이포·부산포·염포에 왕래하였다. 또 입거자의 제한에도 불구하고 恒居倭戶가 점차 증가되어 농사짓기까지에 이르자 이들에게도 수세하였다. 남해의 해도에서 釣魚를 허가하여 전라도의 고초도에 이르러 연안해역에서 어로활동을 하되 知世浦에서 수세하였다. 이처럼 왜인들에 대한 회유책이 정착되면서 이전보다 왜구가 현저히 감소하였고, 연해지역은 모처럼 평안한 나날이 계속되었다. 그러나 소규모의 왜구는 아직도 간헐적으로 있었으며, 중국과의 무역을 계속하였던 왜인들이 연해해로를 왕래하고 있었으므로 아직 왜구가 완전히 없어지거나 왜구의 위험이 완전히 사라진 것은 아니었다.[72]

이러한 시기에 중앙정부는 만약의 사태에 대비하기 위하여 해안의 포구에 병선과 騎船軍을 배치하여 수상에서 1차적인 방어를 하도록 하였다. 수상방어를 맡은 수군의 진영들은 일정한 留泊處와 分泊處가 규정되어 해안방어와 체제가 갖추어졌으나, 전국의 해안선이 매우 긴 데다가 연해지역에는 유박처나 그 외의 해안으로 상륙할 왜의 대규모 침입에 대비하여 고려시대부터 있어 온 소규모의 불완전한 읍성들이 있을 뿐이었다. 반면에 내륙에는 이전부터 많은 산성들이 있어서 입보할 태세가 되어 있었다.[73] 그러나 세종대에 이르러서는 연해지역과 섬지방의 공지화에서 벗어나 연해지역의 개척이 활발히 이루어졌고, 그에 따라 연해지역과 해도에 거주하는 인구가 증가되었다. 이러한 연해지역의 경제적인 유용성이 커짐에 따라 인구가 증가되었고, 이러한 현상은 중앙정부로 하여금 종래의 방비책인 내륙의 山城入保體制만을 강

72) 車勇杰, 〈世宗朝 下三道沿海邑城築造에 대하여〉(《史學硏究》 27, 韓國史學會, 1979).

73) 車勇杰, 《高麗末·朝鮮前期 對倭關防史硏究》(忠南大 博士學位論文, 1988).
車勇杰·沈正輔, 《壬辰倭亂前後關防史硏究》(文化財硏究所, 1989).

요할 수 없도록 만들었다. 즉 연해지역의 주민이 많아지고 농경지가 착실히 개척되었으므로 새로이 정착한 사람들을 왜구의 위협에서 보호해야 할 정책적인 전환을 보게 되었다. 이러한 추세로 내륙보다도 연해군현들에 대하여 1차적인 안전보장을 위한 관방시설을 만들지 않으면 안되었다. 이러한 점에서 세종대 전반기에는 막연한 연해읍성의 축조를 위한 入保處의 변화가 이루어졌다. 그리하여 내지의 산성과 읍성, 연해의 산성과 읍성이 입보처로서 공존하게 되었다.

그러나 세종 11년(1429) 이후로는 연해지역의 읍성들에 대해 일정한 기준에 의한 축성을 강요하였다. 또 축성의 기본방향도 연해긴요읍을 1차적 대상으로 하고, 다음에 점차 내륙의 읍으로 축성을 진행시키도록 계획하였다. 이러한 정책은 전국의 대왜 관방시설의 상태를 점검·확인하고 매년 축조될 읍성의 기지와 규모를 심의·결정하며, 여기에 투입될 축성을 위한 인력동원까지를 결정하는 책임자로서 충청·전라·경상도 전체를 통할하는 도순문사 혹은 도순무사나 도체찰사를 두고 그의 보조자로서 종사관을 둠으로써 착수되었다. 이들은 연해지역을 차례로 돌아보면서 감사·도절제사 등과 상의하여 지형적 조건과 성의 규모, 성내의 水源, 입보의 편의 등을 고려하여 축성지점을 전과 같이 할 것인지, 신축할 것인지 혹은 넓히거나 좁혀 쌓을 것인지를 결정하여 시행하도록 건의하였다. 이들의 건의는 대개 전적으로 받아들여졌다. 이러한 정책은 세종 11년 병조판서 崔閏德이 도순무사로 임명된 이후 본격화되기 시작했다. 최윤덕은 연해의「各官城子造築條件」을 정하여 종사관 朴坤과 함께 연해읍성 축조의 사명을 수행해 나갔는데,[74] 이 때는 도마다 몇 개 읍의 축성에 징발된 인부가 집중적으로 동원되었다.

세종 16년에는 5년 동안 연해읍성의 수축을 완료하려던 당초의 계획이 이루어지지 못하자,[75] 형조판서 鄭欽之와 한성판윤 朴坤이 대임을 맡아 각기 하3도와 강원도의 성터를 점검하고 인부사역의 방법도 주민이 자신들의 읍성을 축조토록 바꾸어 10년을 기약하고 완공을 서두르게 되었다. 다시 세종 20년에는 판중추부사 趙末生이 하3도의 도순문사가 되어 최윤덕과 정흠지의

74) 《世宗實錄》 권 43, 세종 11년 정월 임신.
75) 《世宗實錄》 권 65, 세종 16년 7월 임인.

뒤를 이었는데,[76] 이 때는 〈築城新圖〉를 각 읍에 나누어 주어 성벽과 敵臺·옹성·해자까지 완성하려고 하였다.[77]

이 3차에 걸친 축성은 세종 26년(1444)에 이르러 대략적인 완성국면을 보일 정도로 대단한 성과가 있었다.[78] 세종 27년에는 읍성뿐만 아니라 읍성에서 멀리 떨어진 요해처의 柵堡까지 축조하고자 하여 병조판서 安崇善을 파견하여 성터를 점검하였다.[79]

세종대의 읍성축조는 이처럼 세종 11·16·20·27년의 4단계를 거쳐 진행되었으나 완성된 것은 아니었다. 세종의 뒤를 이은 문종·단종대에는 다시 정비를 필요로 하여 문종 즉위년에는 우찬성 鄭苯을 도체찰사로 임명하고, 金淳과 辛永孫을 종사관으로 하여 마지막 완성을 목표로 하3도의 읍성을 점검하였다.[80] 그리하여 정분은 문종 원년(1451) 8월과 9월에 하3도의 읍성을 구분하여 당초의 계획대로 완성시킬 것으로 27개 읍성을, 성내가 좁거나 지세가 불충분한 경우 성벽을 연장해서 쌓아야 될 것으로 7개 읍성을,「改築」할 것으로 8개 읍성을 지정하는 한편 경상도의 6개 성과 충청도의 3개 성은「隨後可築」으로 지정하였다.[81] 이 때의 축성은 하3도에 머물지 않았다. 단종 즉위년(1452)에 강원도 연해의 7개 읍성의 축조가 시작되어 전국에서 왜구의 위험이 있는 중부이남 연해 군현들이 거의 읍성을 가지거나 유사시 입보할 가까운 곳의 산성을 가지게 되었다. 그러나 세조의 단종 폐위에 뒤이은 정세의 변동으로 사업이 일단 정지되었다가 정세가 안정된 세조·성종대에 지속되게 되었다. 이와 같이 진행된 세종대 이래의 축성은 우선적으로 연해거민이 쉽사리 입보할 수 있는 읍성의 마련에 있었으며, 성내로 입보하기 위해 적당한 성내공간과 충분한 식수원, 관사와 군자창고의 설치, 방어능력의 제고를 위한 적대·女牆·옹성·해자 등이 필수요건이 되었다.[82]

세종 11년 2월에 마련한「각관성자조축조건」에 의해 수축되거나 개축된

76)《世宗實錄》권 82, 세종 20년 8월 정사.
77)《世宗實錄》권 102, 세종 25년 11월 갑인.
78)《世宗實錄》권 105, 세종 26년 7월 병진.
79)《世宗實錄》권 107, 세종 37년 2월 갑인.
80)《文宗實錄》권 3, 문종 즉위년 9월 경신·갑자.
81)《文宗實錄》권 9, 문종 원년 8월 병술·기축·경자.
82) 車勇杰·沈正輔, 앞의 책, 108~135쪽.

연해읍성들은 방어에 가장 긴요한 지역들이었다. 이들 읍성들의 축조목적은 침입자가 있으면 성문을 굳게 닫고 지키며, 평상시에는 모두 들판에 나가 농사를 짓기 위한 것이었으므로 사방과의 거리가 평순하고 광활한 평지에 쌓는 것이 기본이었고, 그보다는 좀더 방어의 편의와 거민입보가 가장 이상적으로 조화된 야산이나 구릉지를 끼고 있거나 해수나 천류가 휘둘러진 곳으로 자연적인 지형조건이 방어능력을 제고시킬 수 있는 곳들이 택정되었다. 따라서 넓은 평야일 경우 읍성은 네모꼴로 쌓여질 수 있었으나, 대부분 지형조건을 이용함으로써 네모꼴보다는 不定形을 이루는 경우가 많았다.

지형적 조건이 아무리 훌륭한 방어력을 가졌다 하더라도 성내가 넓고 평평하여 관사와 군자고가 설치되고, 수원이 충분하여 많은 주민이 입보하여 오래도록 견딜 수 있는 조건이 구비된 곳이어야 하였다. 기존의 성터가 가지고 있던 조건들이 다시 조사되었으며, 경제력의 증가와 그에 따른 인구의 증가로 말미암아 종래의 읍성이 '주민의 입보에 알맞은가'의 여부도 역시 築城役과 함께 성의 형태를 변형시킬 수밖에 없었다. 따라서 옛 읍성의 입지조건이 새로운 계획에 맞지 않는 경우에는 아예 새로운 읍성터를 선택하여 새로 쌓거나 아니면 입지조건상의 미비점을 보완하였고, 민호가 증가하면서는 종래의 성터를 보다 넓게 평지까지 확장시켜 나가는 추세였다.

세종대에 이르러 본격화된 연해지역 고을들의 읍성축조는 종래의 산성입보체제를 근본적으로 변화시킬 수 있는 것이었고, 또 그렇게 추진되고 있었다.[83]

15세기 전반기에는 연해지역의 읍성축조가 계획되어 5년 혹은 10년의 기한을 두고 완성을 서둘렀으나, 흉년이나 규식이 맞지 않는 등의 이유로 진척이 늦어졌다. 그리하여 연해읍성은 15세기 전반기에 이르러서도 미완성의 상태에서 완축을 도모하고 있었다. 세조는 축성에 많은 관심을 보여 2년(1456)에는 문과의 殿試科題로도 축성을 다루게 하기도 했으며[84] 그 해 7월에 방어체계의 정비를 위해 도순찰사를 파견할 사목을 정함에도 「沿海諸鎭 賊路最緊處築城」의 항목이 있었다.[85] 그리하여 하3도 도순찰사로 朴疆과 具致寬

83) 車勇杰, 앞의 책, 77~91쪽.
84) 《世祖實錄》 권 3, 세조 2년 2월 갑자.
85) 《世祖實錄》 권 4, 세조 2년 7월 임오.

을 보내면서 諭旨를 내려, 경상도의 군사거점인 창원과 울산이 성벽으로 둘러싸인 곳인데도 불구하고 읍성을 따로 쌓는 것이 좋을지, 또 기타의 연변 군현에 성보를 설치할 것을 검토하도록 하였다. 또 이미 축조된 읍성들 가운데 방어가 가장 긴요한 읍성에는 더욱 많은 기마병을 배치하여 지키도록 했다. 이 때 가장 긴요한 연해읍은 경상도의 김해·고성·곤양·하동과 전라도의 낙안·보성·장흥·해남·함평·영광, 그리고 충청도의 서천 등 11개 지역이었다.86)

세조·성종대에 읍성의 축조지역도 확대되었다. 내륙의 주요도시인 개성의 내성이 수축되고 청주읍성과 남원읍성이 수축되는 정도로 내륙까지 축성이 확대되어 갔다. 한편 연해읍성의 완성을 위한 노력은 계속되어 멀리 제주도의 읍성까지 보완되었다. 특히 강원도의 동해안에 있는 연해고을들은 축성계획에 의해 점차 축성될 단계에 이르렀으나 완성을 보지는 못하였다. 15세기 후반기에 읍성축조에서 두드러진 현상은 三浦倭人의 상경로 연변에 있는 주요 읍에 대한 축성계획이었다. 3포왜인의 상경로는 일정하게 지정되어 있었는데 낙동강을 이용하는 노선은 일차적으로 왜구침입의 염려가 있는데다가, 왜인이 오가면서 내륙의 읍에 읍성이 없음을 알면 침입할 마음이 생길지 모른다는 염려에서 비롯된 것이었다.87) 계획에는 크게 미흡했으나 양산·밀양·진주·경주 등 큰 고을의 읍성이 축조되고, 漆原 등 3포에 이웃한 연해읍성들이 크게 보완되었다. 왜구가 직접 침입하는 지역은 아니나 큰 하천인 금강의 경우에도 강을 따라 올라오는 연강지역인 한산·임천에 읍성을 쌓으려 하였다. 그러나 이들은 읍성의 입지조건이 맞지 않고, 또한 왜구침입의 우려가 가라앉으면서 중지되었다.

15세기 후반기의 읍성축조는 성종 8년(1477)과 17년부터 23년까지의 두 차례에 걸쳐 크게 추진되었다. 성종 8년은 신숙주의 사후, 왜의 사정에 정통한 사람이 없고 왜가 내란으로 소란스러운 분위기여서 통신사의 파견이 필요하던 때였다. 뿐만 아니라 이 때에 왜구가 빈번히 침략을 자행하였기 때문에 조선왕조로서는 연해지역의 방어태세를 강화하지 않을 수 없었다. 그 후 왜가 5, 6척 규모로 상륙하거나 교전하면서 읍성의 축조는 급속히 진전을 보았

86) 《世祖實錄》 권 5, 세조 2년 12월 경신.
87) 《世宗實錄》 권 80, 세종 20년 2월 기사·3월 을유.

다. 이러한 사정은 이 시기에 연안지역의 수군이 지키는 포구에도 집중적인 축성이 진행된 것과 상관된다고 보여지며,[88] 15세기 전반기에 평상시에 유사시를 대비하여 계획적인 축성을 하였던 것과 달리, 응급적인 대응조치의 성격을 나타낸다고 할 수 있다. 이 때는 호구수에 따른 행정등급이 대체로 이루어졌던 시기였으므로, 호구수에 따라 읍성의 크기가 결정되었다는 것은 하나도 이상할 것이 없다. 왜냐하면 읍성은 주변의 거주민이 입보하기 위한 것이었고, 따라서 인구가 많으면 그만큼 넓은 읍성이 필요하였기 때문이다. 인구가 적은데도 큰 읍성을 가지면 오히려 방어밀도가 낮아지는 폐단이 있었던 것이다. 15세기 후반기의 읍성 가운데 둘레가 3,000척 이상인 것은 대규모에 속하였는데, 하3도의 연해읍성 65개처의 약 1/3이 이에 해당된다. 다음으로는 2,000~3,000척 크기가 13개 읍성, 1,000~2,000척 규모가 15개 읍성, 1,000척 이하의 경우는 매우 소규모라 할 수 있으며 진해읍성·광양읍성·장흥읍성의 3개가 있었다. 고을에 사는 주민수에 비례하여 읍성의 크기가 정해졌던 것은 아니며, 읍성이 평지에 있었던 것보다는 아직도 험한 성격의 것을 넓힌 경우에 있어서 상대적으로 척수가 크게 나타났다고 보여진다.

이렇게 조선 전기에 추진된 읍성의 축조는 연해지역이 중심이 되었는데, 행정구역 330개 가운데 읍성은 160개, 그리고 성곽으로서의 기능을 발휘하고 있었던 것은 190개로 파악된다.[89] 경상도·전라도의 모든 연해읍과 충청도의 대부분의 연해읍에 읍성이 축조되어, 하3도에만도 61개의 연해읍 가운데 58개로

〈표 2〉

구분 / 도별	읍 수	읍성이 있는 읍수	축성률(%)	연 해 읍	읍성이 있는 읍수	축성률(%)
경 기	39	4	10.3	9	2	22.2
충 청	54	24	40.7	14	11	78.6
경 상	66	41	62.1	23	23	100.0
전 라	57	33	57.9	24	24	100.0
강 원	26	10	38.5	8	8	100.0
황 해	24	8	33.3	14	6	42.9
계	266	120	45.1	92	74	80.43

88) 車勇杰, 〈朝鮮 成宗代 海防築造論議와 그 樣相〉(《白山學報》 23, 1977).

89) 申榮勳, 〈建築〉(《한국사》 11, 국사편찬위원회, 1974), 378쪽.

95%의 축조율을 보였다. 이를 알기 쉽게 나타내면 앞의 〈표 2〉와 같다.

(3) 연해책보와 진성의 축조

세종 24년(1442)에 이르러서는 雜色軍과 沿海柵堡에 대한 규정이 마련되었다.[90] 이 때에 마련된 내용을 요약하면 다음과 같다.

① 각도의 연해에 흩어져 사는 주민들을 마을마다 모여 살도록 하여 10인을 1統으로 하고, 10家를 1隊로 삼으며, 弓矢와 槍劍은 각각 재질대로 마련하도록 한다.
② 연해지역의 주거자를 되도록 읍성 가까이에 모여 살게 하고, 통과 대를 정해 놓고 두목을 뽑아 농사일로 출입할 때 각기 병기를 소지하며 부득이한 사정일 때는 빨리 읍성에 입보토록 한다.
③ 바다에 연한 곳으로 읍에서 멀리 떨어진 지역은 토지가 기름지고 풍년이 계속되므로, 읍성 근처에 이주시킬 수 없다. 왜구가 침입할 때 근처에 숲이 우거진 곳이 있어 숨을 수 있으면 그 곳에 숨게 하고, 적변이 염려되나 숨을 곳이 마땅치 않은 곳에는 목책 혹은 석보·토축의 보를 쌓아 밤에는 모두 입보하고 낮에는 두목과 색장의 영솔하에 농사짓게 한다.

이것이 알려주는 바는 연해책보가 설치되어야 할 조건은 읍치에서 멀리 떨어진 해변으로 토지가 비옥하고 인구가 모여 살면서도 인근에 피난할 곳이 없는 곳이었다.《世宗實錄地理志》에 보이는 연해지역의 책보는 다음과 같이 나타나 있다.

① 경주 하서지목책(경주 동쪽 60리) : 둘레 730척, 小池 1, 우물 2
② 함평 해제목책도니성 : 둘레 143보 2척
③ 장흥 두원목책도니성 : 둘레 80보
④ 순천 여수목책도니성 : 둘레 143보
⑤ 보성 남양양강역목책도니성 : 둘레 83보
⑥ 옹진 회산목책(서쪽 25리) : 둘레 136보, 우물 1
⑦ 장연 웅심리목책(서쪽 30리) : 둘레 122보, 우물 2

세종 26년경에 연해읍성의 1차적인 축성이 끝나고, 이어서 이듬해 2월에는 병조판서 안숭선을 경상도와 전라도에 보내어 연해지역의 책보를 돌아보게

90)《世宗實錄》권 97, 세종 24년 8월 신묘.

하였다.[91] 그 결과 경상도와 전라도에 각각 한 군데씩 석보를 쌓자고 하였는데, 구체적으로 어디인지 불명확하나 후일의 축보사실로 보아서는 울산 柳浦石堡와 순천의 麗水石堡를 말하는 듯하다. 연해지역의 小堡설치는 중국 요동지역의 예가 참고된 듯하니 요동에 소보를 많이 설치하여 오랑캐의 침략을 막는 이점을 《遼陽誌》를 통해 알고 있었으며, 당시 사정으로는 大城과 小堡의 동시 축성이 매우 힘든 것이었다.[92] 그 후 세종 29년에는 우찬성 김종서를 충청도에 보내어 태안반도 지역의 책보를 자세히 조사하여 정하도록 하였고, 다음달에 태안 長命淵의 책보, 柿洞 소보의 축조를 중단하고, 그 대신 태안의 영지산·대소상 및 남면 잠문이에 연대를 쌓아 信砲를 설치하도록 조처하였다.[93] 이리하여 세종대에 연해의 책보시설은 계획만 있었을 뿐 하나도 완성을 보지 못하였다.

세종대의 석보축조계획은 문종대로 이어졌다. 문종은 즉위하면서 우찬성 정분을 충청·전라·경상도도체찰사로 삼고 김순·신영손을 종사관으로 임명하여 연해성보를 돌아보게 하였다. 그 주된 목적은 연해읍성을 조사하여 정하는 데 있었으나 수어의 요충에 책보를 만드는 것도 포함되어 있었다.[94] 석보는 분명히 읍성이나 진과는 동일한 목적과 의도에서 만들어진 것이 아니며 읍성의 역할에 가깝되, 지키는 군사는 진에서 파견되었다.

15세기 후반의 석보는 앞에서 언급했듯이 이전의 목책과 같은 임시적·응급적 시설물이 석축으로 바뀐 것이었다. 그리고 이들 석보는 영진의 보조적 방어시설이어서 본진의 군사가 파견되었다. 규모에 있어서는 읍성과 다를 바 없이 2,000척이 넘는 규모가 있었으나, 1,000척 미만의 작은 규모도 있었다. 물론 다른 陸鎭의 성보다는 규모가 작았다.

육군에 의한 방어시설로서 읍성과 책보가 설치된 뒤에는 수군에 의한 방어시설이 갖추어지는 단계로 이어졌다. 수군은 대부분 원칙적으로는 병선에 승선하여 해상에서 왜적을 막아야 하였다. 이러한 수군의 '長在船上守禦'의 원칙은 왜구가 점차 소멸되면서 잘 지켜지지 않게 되었는데, 해변에 만호·

91) 《世宗實錄》 권 107, 11종 27년 2월 갑인.
92) 《世宗實錄》 권 112, 세종 28년 4월 정묘.
93) 《世宗實錄》 권 115, 세종 29년 3월 을축 및 권 116, 세종 29년 4월 병신.
94) 《文宗實錄》 권 4, 문종 즉위년 10월 무술 및 권 5, 문종 즉위년 12월 임진.

천호들이 營舍를 두는 폐단이 이미 15세기 전반에도 나타나고 있었다. 수군의 진영에는 군량을 감추어 두거나 어염을 보관하는 작은 규모의 막사 이외엔 두지 못하게 하였고, 다만 군기와 화약 등을 보관하기 위한 성보·목책·土壘 등은 허락되었다. 그렇다고 하여도 사적으로 영사를 마련하는 폐단이 적지 않게 나타나더니,[95] 왜구가 점차 소규모화되고 평화로운 나날이 계속되자 船軍은 해상에 있으면서 작전하는 그 자체가 고역이 되어 갔다.

선군의 '船上守禦'가 무너지고 대부분의 만호들이 초막을 가지게 된 성종대에 이르러서는 아예 현실을 인정하자는 주장이 공공연하게 등장하였다. 이러한 논의는 성종 5년(1474) 10월 대사헌 李恕長의 주장을 국왕이 받아들인 것에서 당시의 실정을 알 수 있다.[96] 성종 13년 12월에 이르러 선군의 기지에 성이 없어서 적변이 있으면 만호가 먼저 사로잡히게 될 것이므로, 축성함이 좋을 것이라는 견해가 나왔으나 대부분의 조정대신들은 반대하였다.

이처럼 성종초에 관료 일각에서 만호·천호들의 현실적인 처지를 인정하여 초막을 허락하거나 축성케 하자고 하였으나, 대부분의 여론은 현실을 무시하고 전통적인 '선상수어' 원칙을 고수하려고 하였다.[97] 성종 15년 10월에 사헌부 執義 曺淑沂가 만호 소재의 영처에 성보를 마련하자고 주장하자 洪應이 찬성하고 국왕 또한 대신을 보내 가장 긴요한 곳의 設堡 후보지를 살피게 하였다.[98] 이 때의 水鎭設堡는 그 대상지역이 경상우도와 전라좌도로 한정되어 주로 남해안에 성보를 쌓을 것이었다. 이듬해 3월 홍응의 복명에 의하면 전라도의 6개소와 경상도의 3포 등 9개소에서 이미 축성이 시작되고 있었다.[99] 성종 16년에 1차적으로 이들 19처와 왜인이 왕래하는 부산포·제포·염포를 합하여 22개소의 수군영진에 축보를 위한 계획이 수립되었다.[100] 이 때에 설보처로 계획된 것을 보면 전라우도와 경상좌도의 수군절도사영을 비롯하여 3포와 가장 긴요하다고 생각되는 남해안의 만호영이 망라되어 있었다. 수군영진

95)《世宗實錄》권 50, 세종 12년 12월 기축.
96)《成宗實錄》권 48, 성종 5년 10월 경술.
97)《成宗實錄》권 149, 성종 13년 12월 을축.
98)《成宗實錄》권 171, 성종 15년 10월 임오.
99)《成宗實錄》권 174, 성종 16년 정월 임진 및 권 176, 성종 16년 3월 무술.
100)《成宗實錄》권 176, 성종 16년 3월 병오.

에의 축성은 각 포의 수군병력이 담당하기로 되어 있었으나, 역역의 규모가 커서인지 소재관의 수령들에게도 축성에 병력을 동원하도록 지시되었다.[101] 설보가 촉진된 주요한 계기는 이즈음에 일어난 彌助項에서의 왜변과 성종 19년 5월에 있었던 고성 두도와 加背梁에의 왜구 침입이었다. 이 사건을 계기로 하여 가배량의 방어시설 확충, 미조항과 성고개의 성보축설과 수군병력의 증원이 논의되어 築堡處가 더욱 증가되었다.

이와 같이 수군영진에의 축성 대상지는 성종 16년에 모두 22포소로 계획하였으나 성종 19년에 추가되어 모두 24개처로 늘어났다. 성종 17년(1486)에

〈표 3〉 성종 17~22년간 水鎭築城 상황표

연 대	성 이 름	당초예정둘레	둘 레	높 이
성종 17년 10월	薺浦城		4,316척 3촌	13척
19년 6월	巨濟水營鎭城	4,002척	2,620척	13척
19년 12월	泗川三千鎭城	996척	1,440척	15척
20년 2월	南海城古介鎭城		760척	13척
21년 4월	會寧浦城		1,990척	13척
21년 5월	鹽浦城		1,039척	15척
21년 6월	助羅浦城	2,240척	1,890척	13척
21년 6월	突山浦城	3,600척	1,313척	13척
21년 8월	富山浦城		2,026척	13척
21년 8월	玉浦城	1,440척	1,074척	13척
21년 8월	唐浦城	1,440척	1,445척	13척
21년 8월	加背梁城		883척	13척
21년 9월	平山浦城	1,720척	1,558척	9척
21년 윤 9월	赤梁城	1,500척	1,182척	13척
21년 윤 9월	知世浦城	1,840척	1,605척	13척
21년 윤 9월	固城蛇梁城	1,850척	1,252척	13척
21년 윤 9월	安骨浦城	1,866척	1,714척	13척
21년 윤 9월	鉢浦城		1,360척	13척
21년 10월	全羅左道營城		3,634척	13척
21년 10월	鹿島城		2,020척	13척
21년 11월	多大浦城	1,298척	1,806척	13척
22년 3월	呂島城	1,680척	1,320척	15척
22년 10월	蛇渡城		1,440척	15척

101) 《成宗實錄》 권 178, 성종 16년 윤 4월 신묘.

薺浦城이 축조된 이래 성종 22년까지 6년 사이에 모두 23개처의 水鎭築城이 이루어졌는데, 이 때의 축성처와 규모를 정리한 것이 앞의 〈표 3〉이다.

이 때의 축성은 경상우도 수군진영과 전라좌도 수군진영내의 모든 만호영에서 이루어졌으며, 전라우도는 한 군데서도 축성이 없었다. 경상좌도의 경우는 왜인의 기항지인 부산포·염포와 다대포 등 동해의 최남부에 한정되었다. 따라서 이 때의 수진축보는 남해안에 국한된 1차적인 것이었다고 여겨진다.

성종 22년 10월에 1차로 계획된 남해안지역의 성보축조가 완성된 후 이듬해에 서해안과 동해안까지 축조지역을 확대시키려는 움직임이 보이고 있으나,[102] 이 계획은 성종대에 실현되지 못하고 연산군대를 지나 중종대에 이루어지게 되었으며 그 결과는 《新增東國輿地勝覽》에 나타나 있다.

〈車勇杰〉

5. 《경국대전》의 편찬과 계승

1) 《경국대전》 이전의 법전편찬

(1) 태조대의 《경제육전》[1]

고려는 건국초부터 제반 문물제도를 정비하고 국가의 면목을 일신하고자 唐의 제도를 모방하고 한편으로는 국내 실정에 적응할 실제적 법규와 관례를 제정하였으나, 이들을 종합하여 통치의 기본이 되는 법전을 제정하지는 않았다. 《高麗史》 刑法志에 의하면 당시에 시행된 律文 69개조와 令 2개조 도합 71

102) 《成宗實錄》 권 225, 성종 20년 2월 임진.

1) 《經濟六典》의 편찬경과·편별·체재·내용에 관해서는 다음 글이 참조된다.
花村美樹, 〈經濟六典について〉(《法學論纂》 1－5, 京城帝大 法學會, 1932).
麻生武龜, 〈李朝の法典 1·2·3〉(《朝鮮》 145·146·147, 1927).
―――, 《李朝法典考》(朝鮮總督府中樞院, 1936).
田鳳德, 《經濟六典拾遺》(亞細亞文化社, 1989).
국학연구원 편, 《經濟六典輯錄》(연세대 국학연구원, 1993).
윤국일, 〈경제육전의 편찬과 그 원형〉(《경국대전연구》, 과학·백과사전출판사, 1986).

개조가 수록되어 있어, 이른바 高麗律이라 불리고 있다. 그 내용은 대체로 唐律을 모방한 것인데, 성종초에 고려율이라는 하나의 성문법전으로 제정된 것으로 추정되고 있다. 그러나 형법을 비롯한 제반 법령이 율령적 통치이념에 밑받침이 되고 있었음은 부인할 수 없겠으나 고려율이 성문법전으로서 존재했었는지는 확인할 수 없다.

어떻든 고려는 수시의 법령·판례법·관습법으로 일관해 왔으며 그런대로 특유한 사정에 적응한 규범체계가 있었다. 고려말에 이르러 말기적 현상으로 서정이 퇴폐하고 법령이 문란하게 되자 공양왕 4년(1392) 9월에 鄭夢周가 《大明律》과 元의 至正條格을 참작하여 新律을 만들어 왕에게 바쳤다. 왕은 9일 동안 신률의 강의를 듣고 그 훌륭함에 감탄하여 더욱 깊이 연구 검토하면 법률로서 시행하여도 좋다고 했다. 그러나 고려의 멸망으로 정몽주의 신률은 끝내 법전으로서의 효력을 발휘하지 못하고 私撰法書로 그치고 말았다. 이것은 역사상 명백한 최초의 사찬법서이다

태조는 즉위교서에서 儀章法制는 고려의 것을 따르며, 법률을 정립하여 모두 律文에 따라 처결함으로써 고려의 전폐를 밟지 않을 것을 선포하였다. 통치의 기본방침으로서 혁명적인 급격한 개혁을 하지 않으며 통일적 법률을 정립하여 법치주의를 기본으로 할 것을 밝힌 것이다. 또한 같은 날 문무백관의 관제를 공포하였는데, 都評議使司(후의 議政府) 밑에 부속기관으로서 오늘날의 法制局에 해당하는 檢詳條例司를 설치하고 檢詳 2인, 錄事 3인을 두어 법령의 제정·정리에 관한 사무를 담당하게 했다.

한편 태조 3년(1394) 5월에는 判三司事 鄭道傳이 《朝鮮經國典》을 저술하여 태조에게 바쳤다. 이 《조선경국전》은 《三峯集》에 수록되어 있는데, 序篇으로 正寶位·國號·定國本·世系·敎書의 5항이 있고, 다음에 本篇으로 제1 治典, 제2 賦典, 제3 禮典, 제4 政典, 제5 憲典, 제6 工典의 6전이 있고, 治典 7항, 賦典 18항, 禮典 26항, 政典 14항, 憲典 20항, 工典 10항으로 되어 있다. 이것은 원의 《經世大典》에 의거하였으며, 다만 헌전만은 《대명률》을 그대로 채용하고 있는 것이 특색이다. 종래에는 《삼봉집》에 수록된 《조선경국전》을 全文으로 보아 왔으나,[2] 이에 대하여 전문이 아니라 그 大序·小序만을 채록한

2) 花村美樹, 위의 글, 8쪽.

데 그친 것이며 그 본문은 전해 오지 않는다는 설이 주장되고 있다.[3] 이 설에 의하면 《조선경국전》과 《經濟六典》의 관계에 대해서도 《조선경국전》은 총합적인 법규집인데 대하여 《경제육전》은 수시의 필요에 따라 나온 국부적인 신법규집, 즉 《周官六翼》이나 《조선경국전》과 같은 고려말 이래의 총합적인 법규 중 개정된 조항만의 집성이라고 본다. 따라서 《조선경국전》의 撰進 후 겨우 2년 6개월만에 《경제육전》의 편찬이 있었고, 계속해서 네 번이나 續修되었다고 한다. 《조선경국전》의 가치를 높이 평가하는 주목할 만한 설이다.

정도전의 《조선경국전》 저술과 보조를 맞추어 건국 초창기에 통치의 기본이 되는 새로운 법령들이 점차 개정되자, 법전 제작작업도 진척되었다. 도평의사사는 검상조례사에 대하여 고려말 우왕 14년(1388) 이후 당시까지의 10년간에 걸쳐 공포되어 법령으로 현행되고 있거나, 앞으로 준행해야 할 법령을 수집·분류하여 하나의 법전으로 만들게 하였다 여기에 領議政 趙浚이 적극 주재하였고 완성된 법전을 《經濟六典》이라고 이름지어 태조 6년(1397) 12월 중외에 공포 시행하였다. 《경제육전》은 우리 역사상 최초의 성문통일법전이다. 또 《경제육전》은 조문이 순한문이 아니라 이두와 방언[俚語]을 섞어 소박하고 쉽게 되어 있기 때문에 《方言六典》 또는 《吏讀元六典》이라고도 불리었다.

(2) 태종대의 원·속육전

《경제육전》은 법전으로 시행되기는 했으나 방언과 이두가 섞였고 《대명률》처럼 법전으로서의 체제를 갖추지 못하였을 뿐 아니라 그 중에는 누락되거나 새로 공포된 법령이 있었다. 때문에 정종 원년(1399) 11월에는 사헌부의 상소에 따라 임시로 條例詳定都監을 설치하여 법전의 개수에 착수하였다 도감은 3房으로 나누어 1방은 水戰·陸守·人物差役 등 사항을, 2방은 요역·錢幣·재정·수륙운수 등 사항을, 3방은 제도·禁令·綱紀 등 사항을 관장하고 判事와 屬官을 두었다. 이상 3방의 권한 밖의 사항은 3방이 합의하여 관할을 정한 후 판사에게 상신하고 판사는 그 타당성 여부를 참작하여 가부를

3) 末松保和, 〈朝鮮經國典再考〉(《和田博士還曆紀念東洋史論叢》, 大日本雄辯會·講談社, 1951), 313~328쪽.

결정하도록 하였다. 靖安公(뒤의 태종), 좌의정 조준, 우의정 金士衡, 參贊門下府使 李茂·李居易, 大司憲 全伯英, 中樞院府使 柳觀(寬)을 판사로, 右散騎 尹思修 등 9인을 속관으로 임명하고 백관의 封事도 조례상정도감에서 검토한 후 왕의 윤허를 얻어 시행하도록 하였다. 그러나 정종의 재위기간이 2년밖에 되지 않았으므로 법전개수의 성과는 보지 못하였다.

태종 4년(1404) 9월에 前漢城府尹 尹穆·前鷄林府尹 韓理·戶曹典書 尹思修 등이 태종 즉위 후에 공포된 條令 判旨로서 《경제육전》에 아직 실리지 않은 것 가운데 만세의 법으로 할 것을 수집하여 續六典으로서 頒行할 것을 상언하였다. 태종 7년 8월에 續六典修撰所가 설치되고 晋山府院君 河崙이 편찬책임자로 임명되었다. 星山君 李稷 등도 편찬에 참여하여 함께 고증하고 검토하였다. 태종 12년 4월에 일단 완성하여 《經濟六典元集詳節》 3권과 《續集詳節》 3권을 찬진하였다. 태종은 이 법전시행에 따른 폐단의 유무를 검토한 끝에 법전에 실린 조례가 번잡하여 시행하기 어려울 것이라는 兵曹判書 黃喜의 의견에 따라, 다시 하륜을 시켜 고증·검토하여 착오를 없애도록 하여 중복되거나 번잡한 것을 제거하고 방언을 문어로 바꾸며 재의할 사항이 있으면 교지에 따라 다시 정하는 등 원집·속집을 수찬하였다. 그리하여 태종 13년 2월에 다시 반행되었다. 이 법전도 《경제육전》이라 칭하며 元六典과 續六典의 2부로 되어 있다. 원육전은 조준 등이 편찬한 《경제육전》의 내용을 거의 바꾸지 않고 다만 방언을 문어로 바꾼 데 불과한 것이다. 속육전은 《경제육전》 반행 후인 태조 7년부터 태종 7년까지(1398~1407)의 법령으로서 준행해야 할 것을 편집한 것이다. 그것은 관리들의 편견이나 사사로운 견해에 기인한 때문이고 창업초의 입법이라 조급한 제정, 임기응변적인 법령이거나 혹은 새로운 법령에 익숙하지 못하였기 때문이었다. 영구히 시행하여도 폐단이 없다고 판단될 때에 비로소 입법하여야 하는데도 불구하고 각사 관리들은 각자의 소견에 사로잡혀 즐겨 신법을 제정하였기 때문에 해당관리들이 준행하기 어려웠던 것이다. 더구나 원육전에 실린 법령은 그 후의 실정에 맞지 않아서 법운용에 불편을 가져왔고 원육전과 속육전 사이, 혹은 이들과 신법이 어긋나는 사태조차 생기게 되었다. 그리하여 태종 15년 8월에는 법전편찬의 기본방침을 세워 원육전과 속육전 간의 모순을 해결하기에 이르렀다.

즉 모든 조문은 한결같이 원전을 본위로 하고 원전의 규정과 모순되는 것, 즉 원전의 조문을 개정하는 내용의 속전규정은 모두 삭제하고 부득이 원전을 변경해야 할 경우에는 원전에 실린 조문은 그대로 두고 그 밑에 취지를 각주로 표시하기로 하였다. 이리하여 원전, 즉《경제육전》(이하《육전》으로 줄임)은 祖宗의 成憲이기 때문에 존중하여야 하며 속전으로서 변경할 수 없도록 하는 조종성헌 존중주의가 전시대에 걸쳐 법전편찬의 기본 방침이 되었다.[4]

위와 같은 방침이 수립되자 원전과 모순되는 속육전 규정의 삭제 및 부득이 개정할 경우의 각주작업, 태종 8년 이후에 공포된 많은 법령의 개수작업이 필요하게 되었다.

(3) 세종대의 속전

세종은 즉위하면서부터 법의 기틀을 바로잡고 법에 따른 바른 정치를 하기 위하여 신료들에게 필요한 입법사항을 건의하게 했다. 이에 따라 의정부와 6조에서 논의하여 법으로서 시행할 만한 안건을 건의하였다. 그리하여 동왕 2년(1420) 윤 정월에 16개 조목에 달하는 입법의견이 그대로 시행되었다. 이 중 형조판서 金漸 등은 법령의 개수를 건의하였다. 그것은 국초부터 당시까지 20여 년간의 受敎條例가 복잡하기 때문에 중외의 관직을 두루 역임하여 법령에 매우 밝은 관리들조차 전후 수교의 적용에 미혹하여 혼란을 가져왔기 때문이다. 의정부·6조는 元典에 있는 법과 널리 현행되고 있는 법령을 제외하고, 이들과 모순되는 법령은 모두 참작·삭제하기로 결정하고 예조와 상정소에 대하여 함께 논의하여 분류하도록 하였다.

예조는 각 관청에 산재해 있는 수교를 찾아 모으고, 각 도 수령과 閑散人 등이 사무집행에 편리하다고 여겨 상소한 사항 중 의정부·6조에서 채택한

---

4) 이 방침은《經國大典》이 제정된 뒤에도 철저히 준수되었다. 정조대의《大典通編》, 고종대의《大典會通》 등은 설사《경국대전》의 규정이 후의 수교에 의하여 변개되었더라도《경국대전》의 조문은「原」자로 표시하여 수록하고, 다음에《續大典》의 규정을「續」자로 표시 수록하고,《속대전》 이후의 수교는「增」자로 표시수록하고,《대전통편》 이후의 수교는《대전회통》에서는「補」자로 표시 수록하였다. 따라서《대전회통》에 의하면 하나의 제도 조문이《경국대전》 이후 어떻게 변천되어 왔는지를 명백히 알 수 있게 되어 있다. 그런 점에서 成憲尊重主義는 형식적으로는 준수된 것이다.

18개조와 기존법령으로서《육전》에 실리지 않은 것 및《육전》에 실려 있으나 시행되지 않은 조문 30개조를 초록하여 이들을 시행할 것을 건의하였다. 그것은 이들 법령들이 모두 현재 행해지고 있거나 장래 행해지지 않으면 안 될 수교조례들이며, 元·續六典에 다수가 누락되어 있음이 밝혀졌기 때문이었다. 그리하여 세종 4년(1422) 8월에 완벽한 법전을 편찬할 필요에서 六典修撰色을 설치하고 성산부원군 李稷·좌의정 李原이 都提調로, 찬성사 孟思誠·참찬 許稠가 提調로 임명되어 법전개수에 착수하였다. 수찬색의 육전수찬방법은 수교 중 삭제·개정·증보할 사항이 있는 경우에는 典마다 따로 계문하여 일일이 재결을 받아서 행하며, 고려조의 법이라 할지라도 지켜야 할 것은 원전과 함께 싣도록 하였다. 그 작업과정을 살펴보면, 태종 15년(1415) 8월에 정해진 편찬 준칙에 따라 원전을 개정하는 속전의 조문을 먼저 삭제하고 다음에 태종 8년, 즉 속전편찬 이후에 공포된 조례를 중외에 이첩·수집하여 공포연월을 불문하고 동류의 것을 모아 속전에 수록하였다. 그리고 매해의 수교 중 합하여도 그 뜻이 명료한 것은 1개조로 만들고, 그 밑에 수교연월을 기입하고 세종 6년 이후의 수교조례도 원·속전의 해당하는 조문 밑에 각주하여 원·속전을 증보하고, 다시 수교연월과 관청명을 기입했다. 또 일시의 편의를 위해 시행되고 있는 법령은 따로 모아 기록하여 이를 元典謄錄이라 이름지었다.

여기에서 태종 15년에 정한 법전편찬 준칙과 함께 새로운 준칙이 또 하나 정해졌다. 즉 영구히 시행하지 않으면 안될 법규인 '永世之典'과 일시의 편의에 따라 임시 시행하는 법규인 '非永世之典'을 구별하여 전자는「典」이라 칭하고 후자는「錄」이라 칭함으로써 법전과 법령집을 구분하기로 한 것이다. 이것은 마치 律令格式에 있어서 법전으로서의 율령에 대하여 수시로 공포된 법령을 집성한 것을 격이라 하는 것과 같다. 그리하여 전에 수록한 조문은 영세불변의 조종성헌이 되는 것이다. 후세에까지 법전편찬 준칙으로서 준수되었던「전」과「녹」의 구별은 입법과정의 전진이라고 할 수 있다.[5)]

이와 같이 해서 세종 8년 2월에 이직·황희·허주 등이 수찬한 續六典을

5) 田鳳德, 〈韓國固有法典의 성질과 입법〉(《韓國法制史硏究》, 서울大 出版部, 1968), 240쪽.

세종에게 바쳤으며, 12월에 修撰色은《속육전》 6책과 謄錄 1책을 완성하였다. 세종은 이를 예조에 보내고 예조는 속육전과 원육전 각 800부를 주자소에서 인쇄하여 경·외 각 관청에 반행한 후 舊元·續六典을 회수하고 등록은 영세의 법이 아니고 일시의 편법을 집록한 것이기 때문에 100부를 인쇄하도록 하였다. 그러나 이《속육전》에 대해서도 이견이 많았다. 右代言 許誠은 착오가 매우 많다고 지적하고 예조참의 高若海도《속육전》은 국가만세에 통용할 법이기 때문에 한두 사람이 편집하면 편견이 개입할 폐단이 없지 않으니 여러 대신들의 자문을 들어 중의에 따라 시행할 것을 건의하였다. 세종은 신법을 제정할 경우에는 중의에 따라 결정해야 하나 속전에 수록된 법령은 모두 '祖宗之法'이기 때문에 개정할 수 없다고 하였다. 즉 다시 논의하게 되면 각자가 자기 소견을 고집하여 의견을 집약할 수 없기 때문에 재론하지 못하게 하고, 법전의 편찬과 신법의 제정과는 전혀 그 방법이 다르다는 것을 명시한 것이다. 이직 등은 다시 검토하여 세종 10년 11월에 육전 5권과 등록 1권을 찬진하였다. 세종은 그래도 아직 만족스럽지 않은 점이 있어 河演 등에게 개찬하게 하고 세종 11년 3월에 이들 원·속육전을 인쇄하여 중·외관에 반포토록 하였다. 세종은 12년 3월부터 경연에서 육전을 강론하게 하고, 여러 신하들과 새로 편찬한 육전의 의문점을 논의하였으며 경연관과 함께 강론한 후에 간행하기로 결정하였다. 한편 장래의 개정에 참고하기 위하여 집현전유생들에게도 개정해야 할 사항을 지적하는 六典進講書를 제출하게 하였다.

그런데 세종 12년 4월에 이르러《원육전》의 시행가부에 대한 논의가 대두되었다.《경제육전》은 방언으로 되어 있기 때문에 알기 쉽고 관리들이 보고 익혀서 준행하기가 편하였으나 하륜이 수찬한《원육전》은 방언을 문어로 바꾸었기 때문에 간혹 용어가 생소하고 난삽하여 이해하기 어려웠다. 황희는《方言六典》시행에 찬성하였고 하륜은 이에 반대하여《속육전》이 이미 문어로 편찬하였으니《원육전》도 마땅히 문어를 사용하여야 하며, 난삽하여 해득하기 어려운 대목은 개정할 것을 주장하였다. 세종 자신도《원육전》과《속육전》이 각기 다르니 방언과 문어가 병용되더라도 지장은 없을 것이라는 의견을 제시하였다. 그리하여 세종 13년 5월에 六典詳定所의 계에 의하여 강원도에 있는 方言六典 板子의 결손된 곳을 보수하고 이를 인쇄하여 중외에 반포 시행하며, 詳定元六典

은 모두 회수하기로 결정하였다. 이와 같이 방언육전을 시행하더라도 그것과 상정육전의 내용에 현저한 차이가 없으므로 실제로는 큰 불편이 없었던 것이다.

이직이 찬진한 속육전은 인쇄하여 반포하라는 명령이 있었으나 실행되지는 못했다. 세종 자신도 경연관을 비롯하여 널리 개정 의견을 들은 뒤 반행하기로 하였으며 미진한 점 등을 황희 등에게 검토하도록 하였다. 황희 등은 하륜 등이 찬진한 속육전 및 이직 등이 찬진한 속육전과 이들 2전에 수록되지 않은 각종 법령을 상세히 검토하여 중복을 없애고 번잡 소략한 것을 바로잡고 법령의 취사에 관하여 일일이 왕의 재가를 얻어 편찬하였다. 그리하여 세종 15년 정월에 황희 등이 正典 6권과 일시 시행되는 법령을 따로 수록한 등록 6권으로 된 《新撰經濟續六典》을 찬진하였고 이를 주자소에서 인쇄하도록 하였다. 다시 3월에 세종은 조속히 인쇄·반포하여 관민들에게 주지시킬 것을 명하고, 자신도 이것을 강론하기로 하였다. 이 《속육전》은 그 전의 속육전의 미비점과 결함을 보충하고 바로잡은 것이며, 건국 이래의 많은 편찬 경험의 소산임에 틀림없다.

그러나 시행 직후부터 결함이 지적되었다. 세종 15년 6월에 경연에서 새로 편찬한 육전의 부당한 점이 발견되었고, 安崇善·李蹇 등도 예로부터의 관례에 얽매어 준용되지 않는 조문이 많으며 시행된 지 얼마 되지 않았는데 점차 쓸모 없는 조문이 될 지경에 이른 것을 경고하였다. 또 17년 정월에는 법전에 수록되어야 할 30여 개조가 누락된 것이 발견되어 그 처리문제가 논의되었다. 이는 주자소에서 인쇄하여 속전의 말미에 첨가하는 방식으로 해결하였다. 상당한 준비와 포부를 가지고 전심전력해서 편찬한 법전이 이와 같이 시행 직후부터 결함이 드러나고 논란을 일으키는 이유는 법전편찬에서의 성헌존중주의와 현실에서의 실제적 필요와의 상극에 있었다.

당시 실제상의 불편을 참고 성헌을 따를 것인가, 그렇지 않으면 실제상의 편익을 위해서 성헌이라도 희생하여야 할 것인지의 문제는 위정자간에 커다란 논란을 불러일으켰다. 육전에 규정된 법이라 할지라도 실제로 편익하지 못하면 개정해야 한다는 주장도 있었으나 다수의 의견은 육전에 규정된 것을 경솔히 개정하면 민중의 신의를 잃는다는 것이었다. 혹자는 경·외관리들이 다투어 신법을 만들기 때문에 법을 집행하는 관리들이 적용할 바를 모르니 신법을 만들어서는 안된다고 하여 성헌의 존중을 강조하였다. 세종도 법을 만들기는 어렵지 않으나 법을 행하기는 어려우며, 이미 제정된 법은 부득이한 사유가 있더라도 폐지해서는 안된다고 하여 기존의 법을 존중할 것을 주장하였다. 그러나 현실적으로는 성헌 존중주의에 교착할 수만도 없었다. 건국 초창기에 새로운 정책의 수립과 제도의 개혁을 위하여 때로 원전은 물론 속전의 규정과 당착되는 법령이 나오는 것은 불가피한 일이었다. 이러한 사태에 대처하여 종전의 편찬방법, 즉 원전 이후 여러 해 누적된 법령을 종류별로 증보하는 일은 부적합하게 되었다.

(4)《경제육전》의 체제와 내용

《經濟六典》을 비롯한 각 속전은 오늘날 전해 오지 않는다. 따라서 그 체재와 내용에 관해서는 정확히 알 수 없으며, 다만《朝鮮王朝實錄》에 이들 법전의 조문을 직접·간접으로 인용하는 기사가 적지 않으므로 대체적인 윤곽을 알 수 있다.《경제육전》은 그 명칭이 표시하는 바와 같이「六典」으로서 법령을 편집하여 여섯 부문으로 나눈 것임을 알 수 있고 이 6분법은《周禮》를 본받은 것이다.

《주례》에는 六卿의 직으로 六典이 있고, 각 전의 명목을 治典·敎典·禮典·政典·刑典·事典으로 하고 있다. 정도전의《조선경국전》은 周官六典의 차례를 따라 治典·賦典·禮典·政典·憲典·工典으로 편별하고 있다. 고려의 관제도 원·명의 흥망에 영향을 받아 변천하였으나 공양왕 원년(1389) 이후에는 6부의 명칭을 吏曹·兵曹·戶曹·刑曹·禮曹·工曹라고 하고 있다. 또《삼봉집》중〈조선경국전〉의 말미에 있는 鄭摠의 後序에도 먼저 각 전의 의의를 표시하는《周禮》권 2의 글을 인용하여 다음과 같이 기술하고 治·敎·政·事의 의의를 '治則吏也 敎則戶也 政則兵也 事則工也'라고 풀이하고 있다.

一曰	治典	以經邦國	以治官府	以紀萬民
二曰	敎典	以安邦國	以敎官府	以擾萬民
三曰	禮典	以和邦國	以統百官	以諧萬民
四曰	政典	以平邦國	以正百官	以均萬民
五曰	刑典	以詰邦國	以刑百官	以糾萬民
六曰	事典	以富邦國	以任官百	以生萬民

그런데《조선왕조실록》에 인용된《경제육전》의 각 부문의 명칭은 吏典·禮典·兵典·刑典이며,《주례》의 치·교·정·사,《조선경국전》의 부·헌 등의 명목은 나타나 있지 않다. 태조 원년(1392) 7월에 공포된 관제에도 이조·병조·호조·형조·예조·공조로 되어 있고, 또《대명률》도 吏律·戶律·禮律·兵律·刑律·工律로 되어 있는 것으로 보아《經國大典》의 편별과 같이 吏典·戶典·禮典·兵典·刑典·工典의 6전임이 명백하다. 그 순서는 건국초의 관제와 고려관제의 순서처럼 이·병·호·형·예·공인지, 혹은《경전대전》의 그것과 같은지는 명백하지 않다.

《경제육전》과《속전》은 각 전이 각 항목으로 세분되어 있었음은 확실하나 각 전이 몇 항목으로 구성되어 있었는지, 또《조선경국전》및《경국대전》의 항목과의 차이도 명백하지 않다.《조선왕조실록》에 인용된 것을《경국대전》의 항목규정에 비추어 재생하면, 이전 82개조는 外命婦·京官職·外官職·京衙前·取才·薦擧·諸科·除授·限品敍用·告身·解由·褒貶·考課·追贈·給暇·相避·鄕吏로, 호전 57개조는 戶籍·祿科·諸田·務農·倉庫·解由·收稅·國幣·備蓄·徵債·徭賦·雜令으로, 예전 107개조는 諸科·儀章·五服·朝儀·奉祀·婚嫁·喪葬·奬勸·惠恤·度僧·寺社·京外官迎送·相見·會坐·用文字式으로, 병전 42개조는 京官職·外官職·驛馬·草料·試取·番次都目·武科·行巡·符信·復戶·免役·救恤·城堡·軍器·兵船·廐牧·用刑으로, 형전 160개조는 用律·決獄日限·囚禁·推斷·濫刑·僞造·恤囚·逃亡·才白丁團聚·捕盜·贓盜·元惡鄕吏·告尊長·禁制·訴寃·停訟·賤妻妾子女·公賤·私賤·跟隨·外奴婢·聽理·奴婢決訟定限으로, 공전 3개조는 營繕·度量衡·栽植으로 나타나 있다.[6)]

또《경제육전》은 과거의 受敎 判旨로서 영구히 준행할 것을 찬집하였고 단시일내에 완성하였기 때문에 법조문이 추상화·일반화되어 있지 않고 수교 그 자체를 원문 그대로 수록하였다 따라서 수교의 시행연월일을 나열한 소박한 것이었다.

어떻든《경제육전》은 우리 역사상 명백히 최초로 종합화된 성문법전이며 祖宗

6) 花村美樹, 앞의 글, 33쪽 이하 참조.

成憲으로서 명실상부한 종합법전인《경국대전》에 이르는 과도기적 산물이었다.

(5) 법의 존재형태와 입법

制定法의 기본을 이루는 것은 국왕의 명령이었다. 국왕의 명령은 황제의 명령인 制詔·聖旨·勅旨에 대하여 敎라고 하고, 형식화된 것을 王旨 또는 敎旨라고 하고 각 관청에 하달된 교지를 시행하는 뜻에서 受敎라고 하였다. 또 국왕의 명령은 그 내용의 경중에 따라 敎旨와 傳旨로 구별하였는데, 세부적 사항에 관한 명령을 전지라고 하였다. 그리하여 頒赦를 비롯하여 의정부에 명령하여 중외에 주지시킬 사항은 반드시 교지를 사용하였다. 그러므로 수교는 국왕의 자발적 명령을 뜻한다. 그러나 입법의 대부분은 당해 관청의 상신에 대해서 국왕이 재결함으로써 성립하였다. 태종 4년(1404) 10월에 결정된 입법절차에 의하여 신법을 제정하고자 할 경우에는 반드시 의정부에 보고하고 다시 왕에게 상신하여 그 재결을 받도록 하고 있다. 왕에게 상신하여 재결을 얻어 시행하는 것을 奉王旨施行·啓聞取旨施行·受判施行 또는 啓下行移 등이라 하고, 결재를 얻은 왕지를 判旨라 하고, 당해 관청에서는 이를 受判이라고 하였다. 수판시행은 奉王旨施行과 동일한 것이다. 그러므로 왕명을 대별하여 受敎와 受判으로 구별할 수 있으며, 이를 합하여 모두 수교라고 범칭하고 수교가 법조문화된 것을 條例·條令·條畫·條件 등이라 불렀다.

《경국대전》예전 依牒條에는 입법에 관하여 신법의 제정, 구법의 개정, 부모 상중인 사람이 출사할 경우에 의정부가 심의한 다음 왕에게 계문하고 예조 사간원의 署經을 거쳐 예전의 立法出依牒式에 의거하여 의첩을 내도록 규정하고 있다.

법의 발달에는 啓下行移之事·奉王旨施行之事·啓聞取旨之事가 중요한 역할을 했다. 예전 의첩조의 규정도 행해지지 않은 것은 아니었다. 대간이 신입법의 가부를 논하며 서경을 거부한 사례나 해당 관사가 계문한 조건(법)에 대하여 그것이 신법이라는 이유로 왕이 중신회의에 회부한 사례도 있었다. 그러나 일반적으로는 해당 관사가 사무처리에 필요한 사목이나 조건을 계하고 왕이 승인하면 그것은 해당 관청에 대해서만 유효한 법으로서 성립했다. 6조가 모두 이와 같이 해서 입법을 하기 때문에 입법된 수가 놀라울 정도로 증가·범람하고, 따라서 동일한 사항에 관하여 전후 규정이 다르거나 각 관청 상호간에 법을 달리하는 경우가 생겼다. 이렇게 되면 관리들은 혼란스러워 적용할 법을 알 수 없게 된다. 법전편찬은 이와 같은 사태를 해결하여 안정과 획일·간명을 가져오기 위해 필연적으로 요청되는 일이다. 각 조를 비롯한 각 관청에서는 모든 受敎·受判事項을 謄錄하여 두고 이들을 수집하여 그 중 영구히 준행할 것을 선택·수정·편성하여 법전을 만들었다. 때문에 행정체계가 6조로 구성되어 있는 이상 6조의 명칭에 따른 육전이 편찬됨은 당연한 것이었다. 《경제육전》은 말하자면 이와 같은 작업의 첫 단계로서 이루어진 것이었다.

법은 원칙적으로 민중을 대상으로 하지 않고 해당 관청을 주된 대상으로 하기 때문에 수교나 법전의 규정은 대부분 행정기구와 그 운용에 관한 행정법이며 여러 관청·관리에 대한 직무상 준칙이었다. 물론 민사에 관한 법령이나 규정이 적지 않으나 그것은 오늘날과 같이 私人 상호간의 법적 관계를 조정하는 순수한 私法이 아니라 민중에 대해서 作爲·不作爲를 명령하는 강제법규인 점에서 관리가 준행해야 할 행정법규로서의 민사법에 지나지 않는다. 결국 법전을 제정·공포하더라도 법전 그 자체는 그것을 필요로 하는 각 관청·관리에게만 배포했으며, 수교도 해당 관리에게만 하달되었다. 따라서 민중이 법을 알지 못한 것은 당연하였다.

2)《경국대전》의 편찬

(1) 편찬동기와 경과[7)]

황희 육전의 불완전함과 결함은 세종대에 수정되지 못하고 문종대로 넘어갔다. 문종 원년(1451) 2월에 벌써 사헌부는 續典시행의 실태와 재편찬을 건의하였다. 세종 15년(1433)의 속전제정 이후 동 32년까지 18년간의 傳旨·受敎·嘉謨善政 중에는 영구히 지킬 사항이 많은데, 이들이 일시 준행하는 법규 속에 들어 있기 때문에 그 취지가 널리 알려지지 못하였다. 따라서 관리들은 考閱을 잘못하여 시행하기 곤란하며, 관례로 되어 있는 사항도 속전에

7)《經國大典》의 편찬과정에 관해서는 內藤吉之助, 〈經國大典の難産〉(《朝鮮社會法制史硏究》, 京城帝大法學會論集 9, 1937) 참조.

수록되어 있지 않았다는 이유로 준행하지 않게 됨으로써 良法美意가 잊혀지고 폐기될 지경에 이른 것이다. 그리하여 8월에 속전의 재편찬을 위하여 提調別監을 설치하고 이전의 18년간의 법령을 續謄錄으로 편찬하였으며, 9월에는 집현전에 명하여 감수시켰으나 그 완성을 보지 못하였다.

그러나 이와 같이 成憲 존중주의에 입각하여 元典을 고정시켜 놓고 원전 이후의 수교가 누적된 뒤에는 전후 모순이나 미비점·결함 등이 발견될 때마다 속전 또는 등록으로 증보하는 고식적인 편찬방법은 계속할 수 없었다. 그것이 계속되는 한 혼란은 항상 뒤따르기 마련이며, 성헌으로서의 안정성을 기할 수 없기 때문이었다. 그래서 고식적인 편찬방법을 지양하여 원전·속전을 비롯한 모든 법령을 전체적으로 조화시켜 새로 조직적·통일적인 법전을 편찬하지 않으면 안되게 되었으며 이 요청하에 《경국대전》이 탄생하게 되었다.

세조가 즉위하자 그 해(1455) 7월에 集賢殿直提學 梁誠之가 여러 가지 법칙의 기본적 조사 및 확립의 필요성을 건의하였고, 이어 3년 3월에도 속전이후의 법령을 수집하여 새 법전을 편찬하고 원전·속전·등록·신전 등 4서를 참고하여 元典大成을 만들 것을 건의하였다. 한편 문종대에 완성하지 못하였던 續六典謄錄의 편찬업무도 세조 즉위 당시 이미 집현전에 위임되어 있어 육전수찬작업이 계속되고 있었다.

세조는 이러한 건의를 배경으로 원·속육전 등록을 비롯한 역대 수교가 방대하고 혼잡하여 모순되므로 이를 참작하고 증감하여 조직적·통일적인 會通을 제정·확립함으로써 萬世成法을 이룩하기로 하고 六典詳定所를 설치하고 六典詳定官을 임명하여 편찬작업에 착수하였다. 세조 4년 윤 2월에 육전상정관들이 그 동안 각자 마련한 典을 세조에게 진상했다. 세조는 친히 이것을 검토한 끝에 가필과 첨삭을 하였으며, 그 5년에는 상중에 있는 前兵曹參議 韓繼禧, 前工曹判書 崔恒을 출사시켜 육전수찬에 참여하게 하는 등 수찬사업의 완수에 박차를 가했다. 그리하여 드디어 세조 6년 7월에 戶典을 완성하여 이를 「經國大典戶典」이라고 명명하여 반행하였다. 원·속육전 등록과 기타 법령을 조직적·전체적으로 새로 편성한 것이기 때문에 《경제육전》이라는 이름을 버리고 새로 《경국대전》이라고 명명한 것이다. 여기서 세조의 과감하고 영민하며 비범한 성격을 엿볼 수 있다. 이것이 이른바 「庚辰年戶典」이다. 또한 이 호전의 시행세칙을 수록한 등록이 호전보다 후에 반행되었다. 다시 7년 7월에는 刑典을 완성하여 반행하였다. 형전의 시행에는 시행기일을 정하였는데, 각 도의 거리의 원근과 형전 도착일시를 계산하여 경중은 7월 15일, 충청·황해·강원도는 7월 28일, 전라·경상·평안·함길도는 8월 13일로 하고, 7월 15일에 각 관에 발송했다.

大典 중 호전과 형전이 먼저 완성된 것은 이 두 전이 일반국민에게 직접 관련이 있는 사항을 포함하기 때문이었다. 또 한편으로는 세조 자신이 병사에 관해서는 잘 알고 있었으나 군왕으로서 알지 않으면 안될 호전·형전에 관한 사항에 대해서는 자기의 지식경험이 충분하지 못하였기 때문에 먼저 착수하게 한 것이다. 호조는 국가에 필요한 力役이나 재물을 제공하는 인민, 농작물을 산출하는 토지, 통화·頒祿 등 국가재정에 관한 사항을 관장하였다. 관제나 군제는 확고한 재정제도를 기초로 해서만이 실효를 거둘 수 있었다. 형조는 당시 공사생활의 노역으로써 기초를 제공하고 소송의 태반을 차지했던 노비와 소송·상속에 관한 사항을 관장하였다. 두 기관 업무의 중요성을 미루어 볼 때 6전 중 먼저 호전이, 그리고 다음에 형전이 완성된 것은 당연한 귀결이었다.[8]

대전편찬사업은 나머지 4전에 대하여 계속됨과 동시에 이미 반행된 호전·형전에 대한 검토도 계속되었다. 세조는 10년 2월에 永膺大君 琰·鄭昌孫·朴從愚·申叔舟·黃守身 등을 불러 6전을 의정하고 11년 5월에는 의정된 6전을 다시 고열하게 했다. 姜希孟·金紐는 이전, 李永垠·李克基는 호전, 李承召·李枰은 예전, 金礩·朴叔蓁은 병전, 양성지·魚世恭은 형전, 尹成任·鄭忻은 공전을 각각 담당하게 하고, 최항·金國光·한계희·盧思愼·柳洵 등 법전편찬 전문가들로 都廳을 구성하여 고열작업을 서둘렀다. 그리하여 세조 12년에는 이전을 비롯한 육전편찬이 일단 완료되었던 것 같다. 그러니까 먼저 완성하여 시행했던 호전·형전도 만세통행의 법전으로 확정된 것이 아니라 그것에 이르는 한 단계였기 때문에 계속 수정이 가해졌던 것이다. 어떻든 호전·형전은 그대로 시행하면서 한편으로 다른 4전과 함께 다시 새로운 대전으로 만들어진 것이다. 그러나 이 新制大典은 편찬만 완료되었을 뿐 법률로서 시행되지는 않았다. 세조 왕릉의 誌石文에는 "병술에 왕이 累朝의 立法科條가 번잡

8) 內藤吉之助, 위의 글, 167~169쪽.

하므로 商確損益하여《경국대전》을 定爲하였다"고 하였으나, 이는 대전의 편찬이 세조 12년에 완료하였음을 뜻하는 것이며, 반행되었음을 뜻하는 것은 아니다.9)

세조는 이「丙戌年新制大典」도 아직 반행할 단계가 아니고 더욱 검토할 필요가 있다고 느껴 13년 정월부터 藝文館 유생들에게 육전의 신구조문을 강론하고, 2월에는 申叔舟·韓明澮·具致寬·朴元亨 등을 詳定所에 불러 신제대전을 검토하였다. 7월에 상정소 당상이 초안을 올리자 왕이 직접 축조심의하여 여러 신하와 함께 활발하게 토의·논박을 하기까지 했다. 이러한 작업은 9월에도 계속되어 銀川君 穳·玉山君 躋·牟陽都正 稙·副城副守 穎·鄭麟趾·정창손·구치관·최항·洪允成·尹子雲·李石亨·양성지·丘從直·洪應 등의 중신들에게 명하여 문신 이극기·孫昭·金順命·兪鎭·崔灝元·兪希益·柳允謙·李孟賢·李陸·柳睠·金瓊仝·金紐·金礭·安孝禮·裵敬輿과 함께 新制刑典을 고열하게 하였다. 12월에는 李克墩·김순명·崔延命·李義亨·김유·曺幹·梁震孫·李吉甫 등에게 新刑典·戶典의 오류를 검토하여 보고하게 하였으며 그 달에 상정소의 계에 따라 신찬대전 중 호전·형전을 먼저 간행하여 중외에 반포하고 14년 정월부터 시행할 것을 결정하였다. 그러나 세조는 완전무결하고 자손만대의 성헌을 제정하려는 일념에서 다시 검토를 거듭할 생각으로 간행·반포하지 않았고, 결국 세조 14년 9월 홍거할 때까지 실행하지 못하고 말았다.

그러나 이「丙戌年大典」은 전혀 효력이 없는 것은 아니었다. 특히 중앙관리의 집무상 의거할 일반규준으로서 잠정적·모색적으로 시행되었으며, 조문이 인용될 정도의 권위를 가지고 있었다. 따라서 한편으로는 검토되면서 동시에 한편으로는 법적 효력이 있었다.10)

예종이 즉위하면서도 한명회가 대전의 조속한 詳定을 건의하였으므로「병술년대전」의 검토를 계속하였다. 그 결과 예종 원년(1469) 9월에 상정소 제조인 최항·김국광 등이《경국대전》을 찬진하였으므로 이를 세조의 영전에 고하고 11월에 예조에 명령하여 다음해 정월 초하루부터 시행하기로 했다. 이

9) 內藤吉之助, 위의 글, 222쪽.
10) 內藤吉之助, 위의 글, 237~238쪽.

것이 소위「己丑年大典」이다. 여기에 비로소《경국대전》은 육전이 완비되어, 형식상 법의 효력을 가진 통일법전으로 성립한 것이다. 그러나 예종은 이《경국대전》의 시행을 보지 못하고 11월에 훙거하였다. 성종 원년(1470) 2월에 다시 교정의 필요성이 거론되어 2월에 정창손·신숙주·한명회·구치관·沈澮·曺錫文·윤자운·徐居正·양성지 등에게 호전과 공전의 교정을 명하고, 정창손·신숙주·한명회·구치관·심회·최항·홍윤성·윤자운·김질·한계미·서거정 등에게 호전과 형전의 교정을 명하고, 정창손·한명회·구치관·심회·김질·윤자운·한계미 등에게 다시 이전의 교정을 명하였다. 4월에는 이들이 교정한 新定吏典을 院相과 각 승지들에게 교정하게 하였다. 이렇게 하여 교정된 대전도 또 다시 착오가 있을 것을 우려하여 이극돈·최호원·김유 등에게 교정을 명하여 11월에 완료됨에 따라《新定經國大典》이 탄생하게 되었다. 이를 성종 2년 정월 초하루부터 시행하기로 결정하니 이것이 소위「辛卯年大典」이다.

(2)《경국대전》의 개수와 확정

성종 2년 정월부터 시행된《신정경국대전》도 누락된 조문이 있거나 불완전하므로 증수 개정할 필요가 생겼다. 예조에 명하여 종래부터 행해졌고 또 현재 행해지고 있는 受敎條例로서 대전에 누락된 것을 조사한 결과 2년 5월 校正廳은 130개조가 탈락되어 있음을 보고하였다. 또 각 관청에서도 앞으로 시행해야 할 조항을 계하였으므로 이들을 검토하여 대전을 증보·개정하게 되었다. 그런데 이 때에도 태종 15년에 확립된 편찬준칙인 祖宗成憲 존중주의와 같은 주장이 나왔다. 성종 3년 5월에 동지사 이승소는《경국대전》의 개정은 시의에 적합하나 종전대로 해서 폐단이 없다면 경솔하게 개정해서는 안되며 세종대에 입법할 경우에 원·속육전은 그대로 두고 새로 등록을 만들었던 것과 같이 세조가 제정한 대전은 개정하지 말고 대전과는 따로 등록과 같은 것을 편찬하고, 또 원·속육전도 민간에 산재해 있으면 후에 없어져 버리기 때문에 모두 수합하여 春秋館에 보관할 것을 건의하였다. 또한 성종 4년 10월에 대사헌 鄭佸 등의 상소에서도 불가피한 사태에 대응하여 새로 입법을 하지 않을 수 없으므로 입법이 점점 번잡스러워지는데, 이들 신입법은 元續二

典에 의거한 것이 아니므로 앞으로 대전을 상용함으로써 세조의 貽謀之善을 준수할 것이며, 대전에 없는 사항은 새로 입법하지 말고 원·속전을 통용함으로써 선왕의 제도를 보존하고 법의 번잡함을 제거할 것을 주장하고 있다. 이들의 주장은 모두 조종성헌 존중주의에 입각한 것이다. 심지어 원·속육전을 그대로 통용하면서도 조종성헌을 존중하자는 주장은 지나친 것이며, 이런 의견이 받아들여질 때에 법의 정체는 불가피한 것이다.

대전 수찬작업은 일단 성종 4년 11월에 완료하여 성종 5년(1474) 2월 1일부터 시행하기로 하였다. 특히 이승소의 의견이 받아들여져 누락되거나 새로운 법령 중 일부는 대전 속에 수록하고 대전에 수록되지 않은 조문 72개조는 「續錄」이라고 이름지어 《경국대전》과 《大典續錄》을 5년 정월 중외에 반포하였다.[11] 이것을 「甲午大典」이라고 부르기도 한다.

대전이 개수되고 새로 《대전속록》이 편찬 시행됨으로써 법전편찬은 일단락되었다. 새로 공포된 법령이나 필요한 법령은 왕의 재결을 얻어 속록에 첨록하였고 속록에 수록된 법령수는 점점 증가하게 되었다. 새로운 법령이 증가하면 할수록 대전이나 먼저 법령에 저촉되지 않을 수 없게 될 뿐더러 관리들이 시행하는데 혼란이 따르기 마련이었다. 따라서 조종성헌을 아무리 고수하려 하여도 법전개수는 불가피하였다. 드디어 성종 12년에 다시 대전개수론이 제기되었다. 성종 12년 9월 경연에서 侍讀官 金訢가 대전이 난해한 곳이 많아 관리들이 적용할 바를 모르니 주해를 달아 알기 쉽도록 할 것을 계하자 知事 서거정은 관리가 법의 시행에 현혹하는 원인은 법령이 통일·조화되지 못한 때문이라 하여 법전의 불완전함을 암시하였다. 성종도 수교가 번잡하게 늘어 대전과 저촉되는 것도 있으니 불가불 조사·고증하여 다시 개정하자고 하여 《경국대전》과 《대전속록》의 개수에 착수하게 되었다.[12] 그리하여 勘校廳을 설치하고 감교를 맡은 자가 계문할 사항이 있는 경우에 종전대로 승지

11) 《成宗實錄》 권 38, 성종 5년 정월 무자. 이 「甲午大典」과 함께 반포된 續錄에 대해서 지금까지 언급된 적이 없다. 수교로서 속록에 누락된 것의 첨가에 관해서는 《成宗實錄》 권 48, 성종 5년 10월 신축 및 권 53, 성종 6년 3월 경술로 알 수 있으며, 속록이 법으로서 효력이 있었음은 《成宗實錄》 권 61, 성종 6년 11월 병오 등에 의하여 알 수 있다. 이 속록이 「甲午大典」의 개수시에 함께 처리되었음은 《成宗實錄》 권 150, 성종 14년 정월 무신으로 알 수 있다.

12) 《成宗實錄》 권 150, 성종 12년 9월 무자.

를 통해서 하면 혹 잊게 되는 것이 있을지도 모르니 본인이 왕에게 直啓하도록 하였다.[13] 13년 11월에 홍응·노사신·許琮이 대전 중에서 개수할 곳을 왕에게 진언하였으므로 이것을 수시로 군신과 의논하였으며, 감교청이 대전교정을 끝마친 후에 의정부·6조의 재상들이 모여 그 타당성 여부를 논의하도록 하였다. 그러나 15년 6월에 성종은 대전에 새로 첨록한 법령은 모두 속전에 유래한 '先王已行之法'인데 이를 여러 신하에게 깊이 연구하게 하면 각자 다른 의견 때문에 논의가 분분하여 대전개수가 지연될 것을 우려하여 논의하지 못하게 하였다. 이때 이미 대전의 감교는 거의 완료되었으며,[14] 성종 자신도 감교작업을 속히 끝내고 대전을 확정지을 생각뿐이었기 때문에 구체적인 사안에 대한 여러 신하의 의견을 거의 묵살하였다. 15년 6월에도 승지들이 의문스럽거나 잘못된 조문이 많으므로 각 전을 해당 조로 하여금 재검토하게 하고 6조 소관의 것은 적당한 자를 골라 따로 하나의 局을 설치하여 재심할 것을 건의하였다.[15] 그러나 성종은 대전감교는 신법을 제정하는 것이 아니라 祖宗朝 이래의 수교와 속록에 있는 조문을 대전에 첨록하는 것뿐이며 설혹 개정된 곳이 있기는 하나 많지 않으니 재심할 필요가 없다고 하고 속히 확정지을 것을 명령하였다. 그리하여 12월에 감교를 완전히 끝마치고 16년 정월 초하루부터 시행하게 되었다.[16] 이것이 이른바「乙巳大典」이며 이로써 건국 이래 부단히 수찬을 거듭한 조종성헌인 만세대전이 확정된 것이다. 오늘날 전해오는《경국대전》은「을사대전」이며, 그 이전의《경국대전》과《대전속록》은 전해 오지 않는다

(3)《경국대전》의 편별과 내용

《경국대전》은《경제육전》과 같은 6분주의에 의거하여 이전·호전·예전·병전·형전·공전으로 되어 있고, 각 전마다 필요한 항목으로 분류하여 규정하고 조문도《경제육전》과는 달리 추상화·일반화되어 있어 건국 후 90여 년에 걸쳐 연마한 결정답게 명실상부한 훌륭한 법전으로서의 면목을 갖추었다.

이전에는 통치의 기본이 되는 중앙과 지방의 관제·관리의 종별·관리의

13)《成宗實錄》권 147, 성종 13년 10월 계유.
14)《成宗實錄》권 168, 성종 15년 6월 병술.
15)《成宗實錄》권 168, 성종 15년 6월 정해.
16)《成宗實錄》권 173, 성종 15년 12월 정사.

임면·敍任의 제한·辭令 등에 관한 규정이 수록되어 있다. 호전은 재정경제와 이에 관계되는 사항으로서 호적제도·토지제도·조세제도·봉급·통화·부채·상업과 잡업·창고와 환곡·조운·어장과 염장에 관한 규정이 수록되어 있다. 특히 토지·가옥·노비·우마의 매매계약의 취소기한과 토지·가옥·노비를 매매한 경우 오늘날의 등기 내지 증명에 해당하는 立案에 관한 것, 그리고 채무변제에 관한 것 등 민사적 규정이 포함되어 있다. 예전에는 문과와 잡과의 시험, 조신의 儀章·외교·제례·喪葬과 묘지·官印·각종 공문서 서식에 관한 규정을 비롯하여 喪服制度(친족의 범위)·奉祀(제사상속)·立後(양자제도)·혼인 등 친족법규범이 수록되어 있다. 병전에는 군제와 군사에 관한 규정이, 그리고 형전에는 대명률에 대한 특별형법으로서 형벌·재판·공사노비에 관한 규정이 수록되어 있다. 특히 재판에 관한 규정과 사노비에 관한 규정 중에는 재산상속규범이 포함되어 있는데, 이것이 형전에 들어 있는 이유는 당시 재산의 중요한 부분을 차지하는 노비에 관한 분쟁이 상속분쟁이며 그것이 판결을 통해 판례법이 형성되었기 때문이다. 공전에는 도로·교량 등 교통·도량형·식산에 관한 규정이 수록되어 있다. 각 전의 항목은 다음과 같다.

吏典…內命婦 外命婦 京官職 奉朝賀 內侍府 雜職 外官職 土官職 京衙前取才 薦擧諸科 除授 限品敍用 告身 政案 解由 褒貶 考課 祿牌 差定 遞兒 老人職 追贈 贈諡給暇 改名 相避 鄕吏

戶典…經費 戶籍 量田 藉田 祿科 諸田 田宅 給造家地 務農 蠶室 軍資倉 常平倉會計 支供 解由 兵船載粮 魚鹽 外官供給 收稅 漕轉 稅貢 雜稅 國幣 獎勸 備荒 買賣限 徵債 進獻 徭賦 雜令

禮典…諸科 儀章 生徒 五服 儀註 宴享 朝儀 事大 待使客 祭禮 奉審 致祭 陳弊奉祀 給假 立後 婚嫁 喪葬 取才 用印 依牒 藏文書 獎勸 頒氷 惠恤 雅俗樂 選上 度僧寺社 參謁 京外官迎送 京外官相見 京外官會坐 請臺 雜令 用文字式 文武官四品以上告身式 文武官五品以下告身式 堂上官妻告身式 三品以下妻告身式 紅牌式 白牌式 雜科白牌式 祿牌式 追贈式 鄕吏免役賜牌式 奴婢土田賜牌式 啓本式 啓目式 平關式 牒呈式 帖式 立法出依牒式 起復出依牒式 解由移關式 解由牒呈式 度牒式 立案式 勘合式 戶口式 准戶口式

兵典…京官職 雜職 外官職 土官職 京衙前 伴倘 外衙前 軍官 驛馬 草料 試取 番次都目 軍士給仕 諸道兵船 武科 告身 褒貶 入直 擲奸 行巡 啓省記 門開閉 侍衛 疊鼓疊鍾 符信 敎閱 屬衛 名簿 番上 留防 給保 成籍 軍士還屬 復戶 免役 給假 救恤 城堡 軍器 兵船 烽燧 廐牧 積芻 護船 迎送 路引 改火 禁火 雜類 用刑

刑典…用律 決獄日限 囚禁 推斷 禁刑日 濫刑 僞造 恤囚 逃亡 才白丁團聚 捕盜 贓盜 元惡鄕吏 銀錢代用 罪犯准計 告尊長 禁制 訴冤 停訟 賤妾 賤妻妾子女 公賤 私賤賤娶婢産 闕內各差備 跟隨 諸司差備奴跟隨定額 外奴婢

工典…橋路 營繕 度量衡 院宇 舟車 栽植 鐵場 柴場 寶物 京役吏 雜令 工匠 京工匠 外工匠.

3) 《대명률》의 수용과 형전

태조는 즉위교서에서 儀章法制에 관해서는 급격한 개혁을 피하여 고려조의 것을 그대로 답습한다고 밝히고 便民條件으로 열기한 17항목 중의 하나로서 모든 刑決官은 공사범죄를 처결하는 데 있어서 반드시 《大明律》을 적용할 것을 선언하였다. 이리하여 《대명률》은 법전편찬에 앞서 형법으로서 일반적으로 계수 적용되었다.

《대명률》은 이미 고려말부터 적용의 필요성이 강조되었다. 《高麗史》 刑法志序에는 고려말에 기강이 문란하므로 원의 《議刑易覽》과 《대명률》을 함께 시행할 것을 건의한 자가 있었다고 하였다. 또 우왕 14년(1388) 9월의 典法司의 상소에서도 《대명률》의 수용을 건의하였던 사실 등으로 미루어 보아 고려말에 일부에서는 《대명률》이 연구되고 있었음을 알 수 있다. 태조가 즉위교서에서 위와 같이 밝힌 것도 태조 자신이 고려말에 《대명률》의 필요성을 절감하였기 때문이다. 정도전의 《조선경국전》 헌전은 《대명률》을 그대로 채용하고 있으며, 헌전의 總序와 後書에서도 형사사건의 처결에는 《대명률》을 적용할 것임을 밝히고, 또 《대명률》을 방언으로 번역하여 일반이 알기 쉽도록 할 것을 확인하고 있다.

그리하여 태조 4년(1395)에는 당시 매우 난해한 《대명률》을 일반관리들이 이해하기 쉽도록 이두를 섞어 直解한 《大明律書》가 출간되었다. 이것을 오늘날 다른 類書와 구별하기 위하여 《大明律直解》라고 칭하지만 본래의 서명은 아니다. 《대명률직해》의 발문에 의하면 정승 조준이 檢校中樞院 高士褧과 金祗에게 명하여 《대명률》을 이두로 직해하게 하고 이들이 작성한 초고를 정도전과 공조전서 唐誠이 윤색하여 태조 4년에 출간한 것으로 되어 있다. 직해작업은 이미 공양왕 2년(1390) 이전에 행해진 것으로 추정된다

《대명률직해》는 《대명률》을 문자 그대로 직역한 것이 아니고, 우리 나라의 실정에 맞도록 하였기 때문에 우리의 고유한 용어와 표현이 적지 않다. 예컨대 명률에 있는 관제·관서명·직명·친족호칭을 우리 나라의 명칭·호칭으로 바꾸었고, 贖刑의 동전을 五升布로 환산하여 대납할 수 있게 하고 徒流遷徙地方에 관한 규정을 우리 나라의 실정에 맞도록 고쳤다. 따라서 직해된 《대명률》 그 자체가 법전으로서 시행된 것이었다.

그러나 이와 같이 직해된 법률 조문도 매우 난해하였던 모양으로 태종 4년(1404) 10월의 議政府啓에도 관리들이 법률 조문에 밝지 못하여 형벌이 공정치 못한 사례가 있어 우려스러움을 지적하고 난해한 법률 조문은 방언으로 평이하게 번역할 것을 건의하였다. 이와 같이 《대명률》 적용에 노력을 기울였으나 관리들이 난해한 《대명률》보다는 종래로부터의 관습형법을 적용하거나 원의 형률을 적용하는 사례가 있었다.

한편 《대명률직해》는 조선의 실정에 맞도록 직해된 조문이 적지 않으나 명률은 본래 중국의 사정을 기초로 해서 제정된 것이기 때문에 사정을 달리하는 조선에 법조문 전부를 그대로 적용하게 되면 무리가 생기고 또 명률에도 미비점이 있었으므로 명률 외에 조선의 사정에 적합한 법제를 만들었다. 태조 7년(1398) 3월에는 贖刑이 부자에게는 면죄하고 빈자에게는 가혹하므로 따로 徒·流·贖刑法을 정하여 정상을 참작하여 형을 집행하고, 刑官은 식자들이 맡기 싫어하여 律學을 모르는 무학자가 많아 법률 적용이 공정하지 못하므로 율학을 배운 자에게 맡게 하고 법률에 해당 조문이 없는 범죄에 대해서는 유사한 조문을 비교 적용하고 그 판례를 모아 판결례를 만들도록 하였다. 그리하여 태종 2년 9월에 명률에 준해 형벌을 집행하기 위해서 따로 조선의 사정에 적합한 도·류·속형법을 정하기로 하고 名例律 소정의 贖罪換算率을 2/3로 감하고 세종 7년(1425) 3월에는 가혹하다는 이유로 다시 1/3로 감했다. 그것은 부녀나 공사노비 등 빈곤한 자에게 가혹하였기 때문이었다. 또 세종 12년에는 명률에서 정한 流刑의 3천 리, 2천 5백 리, 2천 리 등은 조선의 실정에 맞지 않으므로 각 도를 기준으로 한 유형지를 정했다. 또 태종 4년에는 각관 수령들이 명률에 규정된 笞·杖·訊杖·枷鐵·索鐐 등을 사용하지 않고 함부로 사용하기 때문에 笞杖으로 인한 치사자가 많으므로 관찰사의 수행원은 법률 조문에 밝은 자를 임명하고 각 관의 품관생도 중에서 율문을 배운 자를 선발하여 律學敎授·訓導로 임용하여 1태 1장이라도 율문에 따라 집행하도록 하는 등 명률과 조선의 실정과의 조화에 노력하였다.

조선에 적용된《대명률》은 네 번의 개정을 거쳐 편찬된 것이다. 먼저 明太祖 朱元璋이 아직 吳王이라 칭하였던 오왕 원년(1367 ; 공민왕 16) 12월에 반포한 율이 최초의 명률이며, 唐律을 본따 吏律 18조, 戶律 63조, 禮律 14조, 兵律 34조, 刑律 150조, 工律 10조, 계 289조로 되어 있고 편별은 당률과 달리 6분주의에 따르고 있다

다음은 오왕이 명황제로 즉위하여 연호를 洪武라고 칭한 홍무 원년(1368) 윤11월에 율의 개정에 착수하여 吳元年律의 6분주의를 버리고 당률에 따라 名例·衛禁·職制·戶婚·廐庫·擅興·盜賊·鬪訟·詐僞·雜犯·捕亡·斷獄으로 하고 홍무 7년 2월에 606조의 율을 완성하고 이를《대명률》이라고 칭하였다.

세번째로는 홍무 9년 10월에 부분적 개정이 있었고, 홍무 22년 8월에 당률의 편목을 바꾸어 다시 名例·吏·戶·禮·兵·刑·工의 7분주의를 채용하여 460조로 개정된《대명률》을 반포했다.

네번째로는 홍무 30년에 개정 반포된 것이다. 이는 22년률에 수정을 가한 것이며 오늘날 전해 오는 것은 이 홍무 30년률이며, 오원년률·홍무 7년률·홍무 22년률은 전해 오지 않는다.

여말선초에 걸쳐 우리 나라에 있던 명률은 우왕 14년이 홍무 22년에 해당하므로 당시 典法司가 말한 명률은 홍무 7년률이며, 공양왕 4년에 정몽주가 新律편찬을 위해 참조하였던 명률과 직해에 이용된 명률은 공양왕 4년이 홍무 25년에 해당하므로 홍무 22년률일 것으로 추측된다.

명 태조는 당율령을 이상으로 여겼기 때문에 명률 중에는 당률의 계통에 속하는 규정이 포함되어 있으며, 동시에 元代의 풍부한 법률경험의 기초 위에 편찬되어 원대의 법률생활을 통해서 성취한 것이다. 삼국시대 이래로 중국율령의 영향 아래 있었고, 특히 고려말에 이르기까지 당률과 원률이 연구적용되었던 사실을 비추어 보면 조선왕조가《대명률》을 수용한 것은 문화사적 관점에서 보아 당연하다.

《대명률》의 수용에 관해서는《경국대전》형전 첫 머리의 用律條에 '用大明

律'이라고 규정하였고, 그 후 《속대전》 형전에도 이 취지를 부연하여 《경국대전》에 의하여 《대명률》을 적용하며, 《경국대전》과 《속대전》에 《대명률》에 해당하는 규정이 있는 경우에는 양전의 규정에 따를 것임을 밝히고 있다. 따라서 《대명률》은 조선왕조 건국초부터 光武 9년(1905) 《刑法大全》이 공포 시행될 때까지 5백여 년 동안 형벌법의 보통법으로서 전반적으로 사용되었다. 형전에 규정이 있는 경우에는 《대명률》의 규정에 우선하여 적용되는 것이지만, 형전의 규정은 조목도 적기 때문에 대부분의 경우 《대명률》이 적용되었다.

4) 《경국대전》 편찬의 사적 의의

《경국대전》은 정치의 요체는 법에 있으며 여말에 문란한 기강을 바로잡는 것은 법률의 정립에 있다고 서약 선명한 태조가 이상으로 하는 종국적 결정이었다. 이것은 태조의 강렬한 의지가 계승 발전된 명실상부한 조종성헌이며, 우리 법사상 최대의 업적이며 영광이 아닐 수 없다.

법치주의를 표방한 태조는 창업군주다웠고 그를 계승하여 법전편찬에 전심전력한 여러 왕도 또한 정치의 요체를 체득한 명군들이었다. 왕에 의한 중앙집권적 전제정치는 법치주의에 의해서만 수행될 수 있으며, 그 정치를 실현하는 최대의 도구, 즉 국가의 정책을 구현하는 수단이 법인 것이다. 따라서 통일적·획일적 법전편찬은 통치의 필연적 요청이다. 《경국대전》의 편찬은 이러한 의미에서 조선왕조 통치의 법적 기초, 즉 통치규범체계가 확립되었다는 데에 커다란 의의가 있다. 《경국대전》의 편찬은 예로부터의 법령·판례법·관습법 등 우리 고유의 법을 성문화 즉 祖宗成憲化함으로써 외국법, 즉 중국법의 무제한적 침투에 대해 방파제의 역할을 한 점에 있어서도 커다란 의의가 있다. 태조의 즉위교서에서 '儀章法制는 高麗故事에 따른다'고 한 것은 급격한 개혁을 피함으로써 민심의 안정을 꾀하는 목적이 있었다. 생소하고 혁명적인 법을 제정하거나 국법을 강제함으로써 법의 실효성이 상실되는 것보다는 전통적이고 현실적인 치자와 민중의 법의식을 존중함으로써 법의 타당성과 실효성을 실현하고자 한 것이다. 그렇기 때문에 우왕 14년(1388) 이후 태조 6년(1397) 12월까지의 현행법령을 편집하여 《경제육전》을 편찬케 한 것이다. 태조의 진취적 기상과 현실타협적 복고적 정책의 사이에는 모순이 있는 듯하지만 이러한 과도조치의 추이에 따라 법정책에도 큰 전환이 있을 것으로 보였다. 그러나 태종대부터《경제육전》에 대해서는 그것이 매우 불완전한 법전이었음에도 불구하고 창업군주의 이념과 의지의 체현인 祖宗之法으로서의 성격과 함부로 변경할 수 없다는 성격이 부여되었다. 이 사실은 우리의 고유법 유지의 결정적 계기가 되었다고 보지 않을 수 없다.

당시의 일반적 법의식은 예로부터의 전통적인 법이 良法美意이며 새로운 법을 제정해서 전통을 깨뜨리는 것은 허용할 수 없다고 생각했다. 따라서《경제육전》을 비롯한 속전, 그리고《경국대전》의 편찬 등 법전의 편찬은 법의 제정, 즉 신법의 정립이 아니라 현존하는 법의 기록이었다. 따라서 영구히 준행할 수 있는 법을 제정하는 것은 기존의 법의 발견이지 엄격한 의미에서 법의 창조가 아니었다. 설사 중국적 요소나 새로운 요소가 포함되어 있더라도 그것에 근사한 예로부터의 법령이나 관습에 가탁함으로써 그러한 명목하에 채택 수록되었다.《경국대전》이 담고 있는 조문은 모두가 당시로서는 소화된 것이며, 民事的 규정들은 우리의 고유한 관습법·판례법 성문화의 대표적인 예이다. 이러한 것들이 모두 조종성헌으로서 유지되었다. 끊임없는 속전의 편찬은 이전의 양법을 발견하는 작업이며《경국대전》완성까지의 편찬작업은 한 마디로 법의 발견작업이었다. 이렇게 해서 우리 고유한 제도·관습·양법미의가 체계화되고 유지될 수 있었던 것이다.

그러나 祖宗之法·國家萬世通行之法·垂世之規=永遠不變之法도 실은 극히 불완전하며 가변적이었다. 사실《경국대전》은 변개할 수 없다고 한 조종성헌인《경제육전》중 변개한 것이 적지 않았다. 그러면서도《경국대전》이 조종성헌이라고 존중되는 까닭은 그것을 조종성헌의 대성이라고 보았기 때문이다.

한편 법전편찬에서의 성헌존중은 법률의 지도적 사명을 빼앗아 버리며 법률의 변개가 의식적으로 저지되면 법률의 진보를 기대할 수 없다. 그런데 조선왕조의 법률 내지 법률학이《경국대전》의 편찬 이래 4백 년을 통하여 침체상태에서 벗어나지 못했으며 그 원인은 성헌존중에 유래하는 점이 적지 않고, 구습의 묵수에 급급하는 현상은 비단 법률학계에 그치지 않고 사회전반에 걸쳐 나타났다고 하는 주장이 있다.[17] 이는 식민사관 내지 정체성이론에 입각한 편견이다.[18] 조종성헌 존중주의는 역사적 경험에 기초하기도 하나 중요한 것은 법률을 경솔하게 개정하면 일반민중이 법에 대한 신뢰감을 잃어 안정된 사회를 기할 수 없으며, 또한 입법은 용이하나 법답게 시행하기는 어려우므로 법의 안정성을 기하자는 데 의의가 있었다.[19] 성헌 존중주의는《경국대전》이후에 형식상으로는 준수되었으나 실질적으로는 무수한 변개가 가해졌던 것이다. 따라서 그것은 법의 타당성과 실효성을 기하기 위한 방편이었다고 보아야 한다.

태조 이래의 제왕을 비롯한 양반관료들은 정치적 권력의 확립을 위해서 중국적 국가체제 내지 사회체제의 수립을 이상으로 하여 중국법을 이어받은 制定法에 의존하였으나, 아울러 고유의 사정에 적응한 조치를 취하였다. 조선왕조는《경국대전》의 완성을 정점으로 말기에 이르기까지 끊임없이 법전편찬에 전력하였으므로 법전편찬의 왕조라고 특색지을 수 있다.《경국대전》의 완성은 바로 조선왕조 존속의 뼈대이며 고유법계승의 주춧돌인 것이다.

5) 초기의 법사상과 법생활

(1) 법사상[20]

조선왕조를 법적으로 본 특징은 明律의 繼受보다도 오히려 독자적 법전편찬, 즉 그 편찬방법과 입법방법에 있었다고 보아야 한다. 태조는 건국과 동시에 즉위교서에서 국가통치의 기본방침으로서 통일법전을 제정하여 법치주의정치를 실현할 것을 표방하고 법제는 급격한 개혁을 하지 아니하고 고려

---

17) 花村美樹, 앞의 글, 116쪽.

18) 그러한 편견이 아니더라도 근대적 법이론으로써 규정지으려는 오류를 범한 것으로도 볼 수 있다.

19) 成憲尊重論을 밑받침하는 주장으로서는 태종 4년 9월 정사 前漢城府尹 尹穆·前鷄林府尹 韓理·戶曹典書 尹思修 등의 陳言, 세종 5년 5월 정미 李稷의 陳言, 문종 즉위년 11월 신유 同知經筵事 安完慶의 啓 등을 들 수 있다. 직접 법의 안정성을 거론한 주장으로서는 세종 22년 7월 임자 영의정 黃喜의 말, 세종 22년 8월 경진 세종의 말을 들 수 있다.

20) 법사상의 구체적인 것은 朴秉濠, 〈朝鮮初 立法者의 法律觀〉(《韓國思想大系》Ⅲ, 政治法制思想篇, 成大 大東文化硏究院, 1979) 참조.

말 이래의 법을 그대로 계승할 것을 선언하였다. 그리하여 제정된《경제육전》과 태종대와 세종대의《속육전》과《육전등록》그리고 세조대부터 성종대에 걸쳐 완성·시행된《경국대전》등은 조선왕조의 법치주의 통치의 초석이 되었다. 건국 초기의 이와 같은 법전편찬과 그 뒤를 이은 법전의 끊임없는 개수·보완은 바로 조선왕조를 법치왕조라고 해도 과언이 아닌 역사적 이유이다.

조선초 입법자들의 법사상 내지 법률관은《경제육전》과《속육전》그리고《경국대전》의 서문과 箋文에서 집약적으로 표현되어 있다.《경제육전》과《속육전》의 전문에서는 조종성헌의 존중, 법의 영원성, 경솔하게 개정할 수 없음을 주장하고 있다.《경국대전》의 서문과 전문에서는 법은, 첫째 天地四時의 자연질서와 같이 어그러짐이 없어야 하고, 둘째 천지사시와 같은 법은 周의 古法에서 찾을 수 있으며, 셋째 조종성헌은 영구히 준수해야 하며, 넷째 법은 민심에 합치된 것이라야 한다는 사상적 바탕에서 제정되었으며 그것을 자랑하고 있다. 즉 법이 자연질서와 일치된다고 함은 古制와 민심에 합치됨을 뜻하며, 따라서 그러한 법은 영구성을 지니고 있으므로 경솔히 개정해서는 안된다는 것이다. 그리고 이러한 법률관은 서문의 미사여구에만 그치지 않고 개별적인 법령의 제정과 개폐과정에서 그 타당성과 실효성이 논의될 때에 예외 없이 판단기준이 되었다. 당시의 법률관을 살펴보기로 하자.

첫째, 법은 古法이어야 한다.

성인이 만든 법은 마치 넓고 큰 천지가 만물을 덮고 실으며 춘하추동의 네 계절은 어김없이 되풀이 운행됨으로써 만물을 생육시키는 질서정연한 자연질서와 같이 만인만물이 즐겨 따르며 우러러보는 것으로 보고 이 천지사시와 같은 성인의 법을 중국의 三代 특히 周代에서 구하였다. 주를 모범으로 한 것은 우선 周官六典이 천지와 춘하추동에 따라 治典·敎典·禮典·政典·刑典·事典의 6분법으로 분류한 것을 본받아서 조선의 법전도 이전·호전·예전·병전·형전·공전으로 분류하여 조문을 수록하였으며 주대의 정치가 천지사시와 같이 이상적이었음을 동경하였기 때문이다. 그리하여 三代聖王의 제도를「古制」,「古訓」이라고 하여 정치의 기준으로 삼았으며 개별적인 立法定制는 일단 이 고제·고훈에 비추어 보고 동시에 時宜에 적중하는지 여부를 참작하였다. 그렇게 함으로써만이 모든 신민의 왕에 대한 소망을 위로하는 것이 되고 만세에 전할「子孫之法」을 세우는 것이 된다고 보았기 때문이다.

그러나 고법이라고 해서 절대적 가치가 부여되지는 않았다. 고법을 준수한 뜻은 역사적 경험을 무시하고 고제에 없는 신법을 제정함으로써 자칫 타당성과 실효성을 상실할 것을 우려하는 한편 고법을 본받음으로써 법의 영구성을 보전할 수 있다는 역사적 교훈을 살리기 위해서였다. 따라서 고법임과 동시에 현재에 적합한 것을 이상으로 여겼던 것이다. 현재에 적합하다는 것은 민심을 따르고 참작하는 것인데 '법이 비록 오래된 것이라 할지라도 백성이 좋아하지 않으면 弊法이다'라고 하여 고법의 타당성의 근거를 민의에 두었다. 물론 중국법사상에서와 같이 자연질서와 사회질서와의 동일성을 두고 고법의 기준으로 삼는 사상이 근본에 깔려 있는 것은 부정할 수 없으나 그것은 운명적 질서, 자연법적 질서라고 하는 의미의 전통적 질서 사상과는 달랐다. 법전편찬에 즈음하여 현재에 알맞고 고제에 어그러지지 않으며 민에게 이로울 뿐 아니라 관에게도 편의한 사항이 법이 되어야 한다는 표현과 같이 지배권력의 신성성만을 강조한 것도 아니며, 민에게 불리하면 고법의 자연법성은 부정될 수 있는 것이었다. 즉 고법은 현재에도 적합하고 민에게 유리할 때 비로소 양법미의라고 규정되었다.

한편 삼대 성왕의 고법의 모범성과 신성성에 대한 신앙적 사상은 조선의 선왕의 법에도 그대로 적용되었다. 선왕의 법은「祖宗之法」또는「祖宗成憲」이라고도 했는데 태조 이후의 왕들이 태조의 법 즉《경제육전》을 지칭할 때 사용되었다. 그래서 후대의 왕이 새로이 법전을 편찬할 때에는 모든 조문이 한결같이 元典을 본위로 하고 원전의 규정과 모순되는 것, 원전의 규정을 개정한 내용의 속전규정은 모두 삭제하고 부득이 원전을 변경해야 할 경우에는 원전조문을 그대로 두고 그 밑에 개정조문을 각주로 표시하도록 하는 원칙이 태종대에 세워지고 이 원칙은 후대에도 예외 없이 지켜졌다.

이와 같이 후대 왕에게 조종성헌이라 함은《경제육전》을 비롯하여 전왕의 법을 모두 가리키는 셈이며 조종성헌의 영구성·불가변성은 그 형식적인 신성존대성을 유지할 수 있었다. 말하자면 삼대 고법이 양법미의인 것과 마찬가지로 조종성헌도 양법미의로 믿었다. 이리하여 고법은 양법미의로서 자연법적 성격을 띠고 설사 개정되더라도 이념으로서, 이상법으로서의 권위를 지니고 있었다.

둘째, 법은 良法美意이어야 한다.

각 법전에 수록된 법뿐만 아니라 제정된 법령들은 양법미의일 것을 이상으로 하고 또 양법미의라고 자처했다. 즉 조종지법이나 신법은 양법미의이어야 했다. 양법은 선법, 즉 좋은 법이며 미의는 아름다운 뜻이며 마음을 즐겁게 해주는 법을 뜻한다. 조종성헌을 집대성한《경국대전》에 대해서 서거정은 그 서문에서《경국대전》을 성인의 제작에 비유했다. 성인의 제작은 만물이 즐겨보지 아니함이 없으니 천지사시와 같이 조화를 이루고 있는 양법미의이며 周의 關睢 麟趾와 같이 文과 質이 잘 조화되어 있는 양법미의라고 자찬하고 있다. 최항 등도 전문에서《경국대전》은 선왕의 뜻을 따른 것으로서 時俗에 알맞고 실용에 적합하게 함으로써 깊이 민심에 합치시킨 아름다운 법이라고 찬양하였다.

양법미의의 기준은「無弊」, 즉 시행하여도 폐가 생기지 않아야 하며, 특히 민정에 합치되는 것, 즉 민폐가 없이「上下相安」하여야 하는 것으로 보았다. '공사가 贍足하고 상하가 相安하는 만세에 전할 양법미의'·'裕國裕民하는 양법'과 같이 표현하고 민폐없는 양법미의는 적극적으로 민정을 살필 수 있는 제도와도 상통하는 것이었다. 또한 유교이념에 입각한 가족제도와 신분제도에 있어서의 존비상하질서도 양법미의이기 때문에 卑下가 尊上을 능욕하거나 部民胥徒가 관리를 고소하는 것을 금지하는 것은 당연한 일이었다.

그리하여 신법의 제정이나 법의 개폐의 정당성을 주장할 경우에는 고법인 양법미의를 모범으로서 제시하거나 고법인 조종성헌에로의 복귀를 주장했는데 그것은 고법이나 조종성헌은 영구히 폐가 없는 양법미의라고 의식했기 때문이다.

셋째, 법은 民信·民志에 따라야 한다.

조선왕조의 정치사상의 근본은 孔孟思想의 실현이었다.《論語》의 顔淵章에서 孔子는 正名主義·덕치주의·예치주의에 입각한 이상정치의 최고목표는 民信이며, 그것은 足食(경제)·足兵(군사)을 달성하되 도덕에 의한 교화가 없으면 민의 신뢰를 기할 수 없게 되어 사회가 무질서해지기 때문에 兵과 食은 버릴지언정 민의 신뢰를 버릴 수 없다고 하였다. 경제·군사보다도 민의 위정자에 대한 믿음이 없으면 국가가 위태롭다고 본 것이기 때문에 정치의 지상목표는「信」이었던 것이다. 맹자의 정치사상의 최대의 특색은 민본주의이다. 맹자는《孟子》盡心章句下에서 민이 가장 귀하고 다음이 사직이며 그 다음이 군주라고 하여 본래의 유가정치사상이「尊君」중심인데 대하여「民貴君輕」설을 주장하였다. 공자의「民信」에서도 위민사상을 엿볼 수 있지만 맹자는 보다 적극적으로 군주가 민의를 자기 의지로 삼지 못하고 保民을 하지 못하면 군주의 자격을 상실한다고 하는 혁명사상으로까지 발전시켰다. 이것은《書經》의 '民惟邦本 本固邦寧'의 정치실천적 전개라고 할 수 있다.

이와 같이 공맹사상은 조선 초부터 정치실천적 이념으로서 강력히 주장되었다. 民信에 관해서는 태조가 즉위한 날로부터 3일 후인 원년(1392) 7월 20일 사헌부가 창업주로서의 정치 준칙을 건의한 상소에 잘 나타나 있다. 즉 군주는 정사의 대소를 막론하고 언제나 자연 사시의 운행과 같이 모순 없는 조화를 이룩해야 하고 그것은 민의 신뢰를 저버리지 아니하는 것이 된다고 하였다. '信者人君之大寶 國保於民 民保於信'은 정치의 최고목표로서 언제나 거론되고 강조되었다. 민에게 신뢰를 잃고 능히 국가를 통치한 예가 없으며 군주가 민에게 믿음을 보이는 것이 더욱 뚜렷해야 민이 군주를 우러러 믿는 것이 더욱 깊어지기 때문에 군주는 한마디 말이라도 소홀히 해서는 안된다고 했다.

법은 목적이나 운용에 있어서 四時와 같이 믿음이 있어야 하므로 법의 제정과 개폐는 언제나 민신을 기본으로 하여야 했다. 민이 만족하고 있음에도 불구하고 법을 경솔히 개폐하는 것은 민에게 믿음을 보이는 것이 되지 못하며 양법미의인 법이 있음에도 불구하고 그대로 운용하지 않는 것은 신뢰를 잃는 것이며 군주뿐만 아니라 관리들이 양법미의를 준수하는 것도 믿음으로써 하지 않으면 안된다고 했다. 특히 형벌은 국가대사 중 가장 큰 일이며 관리들이 형을 자의대로 집행하는 것은 법령이 엄격하지 않고 미덥지 못한 때문으로 보았고 법령이 엄하지 못하면 두려워하지 않게 되며 법령이 믿음이 없으면 행해지지 않는다고 했다.

법의 시행에 믿음이 있어야 함은 군주를 비롯한 모든 관료와 민이 법에 대하여 일정성(항상성)의 의식을 갖고 있음을 뜻하며 그 중에서도 민이 법의 일정성을 믿고 있어야 하며 그것은 법이 민의를 반영하고 있음을 뜻하는 것이다. 따라서 민신은 민의와 같은 뜻이었다. 민의는 당시에 民志·民情·民生·民欲·人心·人情 등으로 표현되었으며 왕이나 관료들도 爲民·泰民·安民·仁民을 강조했다.

위정자는 항상 民志의 소재를 정확히 파악해야 하며 민의 뜻에 따른 법이 양법미의였다. 옛부터 입법창제는 民情을 근본으로 하지 않은 것이 없다고 보고 裕國裕民하는 법이 양법이라고 보았다.

민지에 따르는 것이 민의 이목을 하나로 고정하는 것이며 민지는 변화를 싫어하고 古常(古法)을 편안하게 여기므로 법을 변개할 때에도 민지에 따라 결정해야 한다고 보기 때문에 고법에 타당성과 영구성이 부여될 수 있었다. 고법을 지키는 것만이 민생을 편안히 하는 길이며 비록 양법이라고 해서 제정하였더라도 民怨이 크면 법이 아니라고 보았다. 또한 군주는 保民과 養民을 항상 마음에 간직해야 하고 부국을 우선으로 생각해서는 안되며 만약 부국위주로 하면 반드시 해가 민에게 미치고 고제를 따른 법이라 할지라도 민이 좋아하지 않으면 弊法이라고 단정했다.

그러나 민지의 소재를 정확히 알기는 어려우며 그만큼 법의 타당성과 실효성을 기하기 어려웠다. 모든 것이 믿음에 귀착되는 것과 같이 모든 것이 민지에 조명되지 않으면 안되며 信賞必罰을 옳게 하는 것, 貴賤之分을 고정하는 것, 세자를 세우는 것 등도 하나같이 민지를 안정시키는 것이라고 했다. 모든 事象을 법의 실현이라고 볼 때에 한결같이 법을 준수하는 것이 민지를 안정시키고 믿음을 실현하는 것이라고 본 것은 民信이 민지와 일치함을 뜻하는 것이었다.

주의해야 할 것은 민신·민지라 하더라도 민이 적극적으로 자기 주장을 할 수 있는 제도적 보장장치가 없었다는 점이다. 민은 어디까지나 수동적이고 소극적인 위치에 있었다. 민신·민지는 어디까지나 치자계급, 즉 위로는 군주를 위시한 중앙의 관료층과 지방의 관찰사를 비롯한 수령 등 목민관과 下意上達의 기회가 원칙적으로 보장되어 있는 양반유생들의 문견과 시찰을 통해서만 반영될 수 있었던 것이다. 이와 함께 삼대 성왕의 고법이 민신·민지를 실현한 양법미의라고 보았기 때문에 민지의 현실적·구체적 파악 대신 고법에의 복귀 또는 재현으로써 민신·민지에 대신하기도 하였던 것이다.

이와 같이 볼 때에 민신·민지는 공자의 덕치·예치사상과 맹자의 민본사상의 범주 내에서 이해해야 하며 결국 仁政으로서 파악될 수 있을 것이다. 수많은 교서와 상소 등에서 찾아볼 수 있듯이 인정을 위한 군주의 반성과 관료의 보필이 제반정책에 적중할 때에 민신·민지는 존중되는 것이다.

넷째, 법은 경솔하게 개폐할 수 없다.

고법을 양법미의라고 믿는 것은 고법이 영구불변하다고 믿는 것과 결부되며 그것이 조종성헌이라고 할 때 더욱 명백해진다.《경제육전》은 조종성헌이기 때문에 '永世之典'이며 그 후에 제정된 법령은 일단「錄」이라는 법령집에 수록되고 속전을 편찬할 때에는「녹」중에서 영구히 시행할 '永世之典'을 골라서「典」에 수록하고 일시의 사정에 따라 임시로 시행하는 법인 '非永世之典'은「녹」에 그대로 두거나 폐지하도록 되어 있었다.《경국대전》은《경제육전》과《속육전》또는 등록 중에서 '영세지전'을 골라서 수록한 것이며《속대전》은《경국대전》이후의 법령집인《大典註解》·《大典續錄》·《大典後續錄》·《受敎輯錄》·《新補受敎輯錄》·기타 수교 중에서 '영세지전'을 골라서 편집한「전」이다. 따라서 법의 영세불변성은「전」에 수록된 조문에 부여되었던 것이며 설혹 개정되거나 실질적으로 폐지되었더라도「전」에서 삭제할 수 없었다.

그런데 고법의 영구불변성에 대한 신앙은 필연적으로 새로운 사정에 대응할 법 개정의 필요와 충돌하지 않을 수 없었다. 법의 영구불변성을 고집하면 법의 안정성을 기할 수는 있으나 새로운 사정에 대해서는 타당성과 실효성을 기할 수 없게 된다. 무수히 증가하는 신법의 홍수 속에서 개폐를 둘러싼 찬반의 의논이 일어나면 각자 그 이유를 찾아 상호견제하게 되었다. 그것은 어떤 법이든지 절대로 개폐할 수 없다는 것이 아니라 경솔하게 개폐해서는 안된다고 하는 법의「不可輕改性」이 법률관의 밑바닥에 자리잡게 된 것이다. 따라서 법의 영구불변성은 실질적으로는「不可輕改性」이라고 하는 제한된 법적 안정성으로 바뀐 것이며 이것이 왕조정치의 진전에 대한 功過의 요인이 되었다.

법의「不可輕變性」은 조종성헌이라는 이유와 인심 및 國基의 안정이라는 이유로 주장되었다. 먼저 건국초의 군주들은 국기를 튼튼히 하기 위해서는 조종성헌 고수의 길밖에 없다고 생각했다. 태종은 법개정 주장에 대해서 王安石의 故事를 예로 들고 아울러 고려도 하나의 법이나 관제를 세울 때마다 반드시 臺省

으로 하여금 충분히 연구 검토하게 하여 진실로 義에 합당한 후에 시행했음을 상기시켰다. 이 때문에 신법을 만들기를 좋아하는 무리들이 구법을 바꾸고자 계책을 썼지만 그 뜻을 이루지 못하여 5백 년의 왕조를 유지할 수 있었다고 역사적 경험을 강조하면서 제도나 법을 바꾸고자 할 경우에는 구법을 유지하는 것보다도 개정한 경우의 利가 10배나 되지 않으면 안되며 그렇지 못하면 개정해서는 안된다고 했다. 세종도 즉위 이래 항상 조종성헌을 개정하지 않겠다고 결심했는데 부득이한 사정이 있을 경우에는 자주 개정해왔음을 반성했으며, 법을 개정할 경우에는 현행법이 열 가지의 폐가 있다면 새로 만들 법은 하나의 폐도 없다는 것이 확실한 후에 개정해야 하며 입법은 어렵지 않으나 법의 개정은 어려우니 일단 입법하였으면 부득이 한 사정이 있더라도 폐지해서는 안된다고 했다.

이러한 사정은 관료들도 마찬가지였다. 조종성헌은 그 이유만으로써 당연히 자손만대에 준수함을 이상으로 삼았으며, 구법을 돌보지 않고 꾀를 부려 법을 개정하려는 자는 不守法으로 논죄해야 한다고 하고 일단 법이 제정된 후에는 우려할 만큼 큰 폐가 없으면 반드시 법의 목적이 성취되도록 노력해야 한다고 했다. 따라서 법을 쉽사리 바꾼 경우에는 조정대법을 한낱 서생의 말만 듣고 바꾸는 것은 불가하다고 비난하기도 했다.

또한 법을 경솔히 바꾸면 인심이 쉽게 변하며 국세가 고정되지 못한다고 보았다. 즉 조종지법을 준수하여 자주 바꾸지 않는 것이 인심을 진정시켜 따르게 하고 국맥을 안정시키는 것이었다. 인정은 변화보다는 고법에 안존한다고 보았으며, 고려의 법이 3일이 못 가 바뀌어 백성들의 신임을 얻지 못했음을 교훈으로 내세우기도 하였다.

또한 법의 개정을 억제하고 그 영구성을 유지하기 위해서는 처음에 신법을 제정할 때 신중히 검토할 것이 요구되었다. 날로 증가하는 새 법령은 당해 관사의 사무집행이나 정책구현을 위한 세칙을 정하기 위한 경우가 많았는데 신법이 필요하다고 생각되면 판사가 직접 왕에게 상신하여 결재를 받아 시행하였다. 이들 법령 중에는 기존 법령이나 타부서의 사무와의 연관성을 고려하지 않고 각자의 소견대로 졸속으로 입법하여 그 사이에 모순 충돌이 생기기 때문에 관리들이 준수하기 어려운 것도 있었다. 그래서 태종대에 신법 제정은 반드시 의정부의 심의를 거치도록 했으나 실효성이 없었으며, 세종대에는 모든 관리들이 다투어 신법을 제정하려고 하였기 때문에 법전과 등록 외에 신법을 제정하지 못하게 하자는 건의도 있었다.

그리하여 '不可輕改性'과 신법 억제는《경국대전》이후에 형식적으로는 지켜진 셈이었으나 실제로 법은 무수히 바뀌었고 신법도 제정되었다. 그러면서도 항상 '法立而弊生' 또는 '一法立一弊生'이라는 격언이 법의 안정성과 영구성을 기하기 위한 쐐기로서 기능했다.

다섯째, 왕과 법의 관계가 규정되었다.

왕은 어떠한 인간에게도 종속되지 않으며 오직 천명에 따라 天意를 대신하는 것이며 천의는 民志이기도 했다. 민심의 소재를 정확히 파악하여 천지사시와 같은 조화있는 정치를 하는 것이 왕의 임무이며 그것이 천의에 부응하는 것이다. 입법·사법·행정과 같은 통치권이나 風敎의 종국적 權原은 왕에게 귀속되는 것이다. 위에서 왕이 법을 만들고 아래에서 人臣이 법을 지킴으로써 비로소 기강이 서고 상하가 평안한 것이라고 보았다. 그리고 왕은 스스로 만든 법이라 할지라도 백성과 함께 준수해야 하며 그것이 조종성헌일 경우에는 왕도 인신과 함께 마땅히 준수해야 할 의무가 있다고 보았다. 그러한 의미에서 왕은「紀法之宗」이라고 표현하였다. 즉 왕은 한 나라의 법을 체현하는 근본이 되는 宗主인 것이다.

또한 법은 왕이 천하 국가를 다스리는「公器」, 천하의 모든 사람이 함께 소유하며 관여하는 것, 혹은 영구히 전해서 준수해야 할 공공의 器이기 때문에 비록 왕이라 할지라도 임의로 폐지하거나 굽히는 등 사물처럼 할 수 없다고 보았다. 王土·王民思想과 같이 법도「王法」이라고 표현했는데 왕토·왕민이라고 해서 왕의 사유물이 아닌 것과 같이 왕법이라고 해서 왕의 사적인 법이 될 수 없는 것이었다. 이렇게 본다면 왕도 법 아래 있다고 볼 수 있으며 왕이 법을 만들면 신하가 지켜야 하는 것과 같이 왕도 법을 받들고 스스로도 지켜야 하는 자기구속하에 있다고 하겠다. 그러나 사정은 오히려 반대로 왕은 법에 의한 자기구속에서 해방되어 자의가 감행되기도 했다.

(2) 예주법종사상의 실체[21)]

우리 나라를 포함한 전통적·유교적 중국문화권의 전근대법 내지 법사상의 특성은 한마디로 「禮主法從」이라고 한다. 법은 禮治를 위한 보조수단이며 예는 도덕규범으로, 법은 실정법으로 이해하고 있는 것이 일반적인 상식으로 되어 있다. 그러나 예주법종은 어디까지나 이상이고 실제로는 법주예종으로 발전해왔다. 행정조직법이나 행정작용법, 그리고 형사법은 실정법으로서 규정되었고 예는 다만 이들 법의 바탕에 유교적 가치체계의 일반적 지침으로서 깔려 있었다. 이 일반적 지침이 성문법 속에 구체적·기술적인 규정으로 담겨져 법률을 통해서 작동되는 한, 예주법종사상은 표면화되지 않았고 그렇지 못할 때 항상 이상으로서 주장되었다. 특히 「法」의 주되고 기본적인 뜻은 「刑」이었기 때문에 「예주법종」의 「법」은 「형」의 뜻으로 새겨야 옳고 형 외에 일반적·보편적인 법이라는 뜻이 없는 것은 아니지만 그것은 법을 거론하는 구체적 사안에 따라 판단하여야 함을 주의해야 한다.

예컨대 형법분야에서는 성문법과 선례가 완결적 충족성을 기하고 있었기 때문에 예가 法源으로서 직접 작동되는 경우는 매우 드물었고 私法的 관계에 관해서도 성문법은 거의 공공적 질서에 관련되는 한도 내에서 규정되었기 때문에 매우 드물었다. 따라서 사법관계는 예나 經義나 理에 의하여 규율되었다. 예와 경의는 주로 가족관계에 적용되었으며 성현들의 말씀이나 경서나 예서는 법적 실정성을 지니고 성문 제정법과 동일한 효력이 있었으며 기타의 재산관계나 거래관계는 거의 전적으로 理에 의하여 규율되었다. 理는 천리·도리·인심·정리·경위라고 표현되었는데, 그것은 사물에 내재하는 도리이며 각자의 마음속에 공통적인 법적 확신으로서 내재하는 보편 타당한 일반원칙이었다. 그러므로 이 분야에서는 이가 법이었던 것이며 성문 제정법과 같은 효력이 있는 제1차적 법원이었다. 이와 같이 규율되는 분야에 따라서 법·예·이는 각기 제1차 법원으로서 혹은 제2차 법원으로서 적용되었던 것이다. 史書에는 형법 또는 刑法志가 있는데, 그 뜻은 오늘날과 같은 형벌법을 뜻하는 것이 아니라 형벌과 법이라는 뜻임을 주의해야 한다

---

21) 朴秉濠, 〈韓國에 있어서의 法과 倫理道德〉(《法史學硏究》 12, 韓國法史學會, 1991) 참조.

형이란 법을 위반하는 행위가 발생했을 때 징벌하는 것이고 법이란 위법행위를 저지르지 못하도록 사전에 방지하는 기능을 하는 것이라고 이해되었다. 그러므로 법규정은 거의 예외 없이 위반의 경우에 처벌하는 형벌 내용을 구체적으로 담고 있었으며 설사 순수한 행정법적 규정이라 할지라도 간접적으로는 형벌과 관련을 갖도록 되어 있었다. 그리하여 행위가 저질러진 뒤에는 처벌하는 것을 능사로 함으로써 사람들로 하여금 두려움을 느끼게 하는 것보다는 위법행위가 저질러지지 않도록 사전에 방지하여 사람들로 하여금 미리 피할 줄 알게 하는 것을 목적으로 해야 한다고 확신했던 것이다. 그리하여 형벌이 아니면 법을 행할 수 없다고 생각하게 되니, 법은 일반적으로 형이라고 생각하지 않을 수 없게 되어 있었다. 그리고 형은 반드시 전형적인 형벌에 국한되는 것이 아니라 모든 제재를 뜻하는 개념이었다. 더욱이 학자나 관료들은 법을 논할 경우에 형과 법을 결합시켜 이해하기보다는 법과 예·이를 결합시켜서 이해하고자 하였고, 이를 이상으로 삼았다. 예라는 것은 천리와 인정에 합당한 법이라고 보고 법이란 사람을 위협해서 두렵게 하고 비통하게 만듦으로써 백성으로 하여금 감히 범하지 못하도록 하는 것이라고 생각하여 항상 법의 윤리적 기초, 즉 인간의 자연적 본성에 근거한 예를 문제삼았던 것이다.

즉 법이 예이어야 하고 예가 법이어야 한다고 보고 자연법칙인 천리·인정과의 조화를 무시하고 인위적인 법·형에 의해 통치하는 것을 배격하였다. 그것은 政刑을 부정하고 德禮만으로 통치하는 것을 주장한 것이 아니라 법의 바탕에는 천리·인정이 깔려있어야 하며 그럼으로써 법이 타당성과 실효성을 지닐 수 있다고 믿었던 것이다. 이와 같이 예주법종사상을 이해할 경우에 예에 바탕을 두지 않는 인위적인 형벌로써 백성을 협박하여 공포에 떨게 하는 참혹한 법치정치를 배격하는 것으로 이해해야 한다. 결코 예치주의를 현실적으로 관철한 것이 아니며 법과 형이 예에 바탕을 두고 있는 법치주의를 이상으로 여긴 것이다. 더욱이 예는 윤리·도덕 특히 유교적 윤리·도덕만을 뜻한 것이 아니라 습속적 예, 즉 역사적 문화적 습속도 포괄하는 뜻도 있는 것이므로 그런 점에서 禮法은 理法으로서의 실천적 행동규범이었다.

(3) 법생활[22]

良法美意로 자처하고 공포 시행된 각 법전 그리고 民信·民志에 입각하여 裕國裕民하는 법으로서 시행된 무수한 단일 법령은 그 내용이 대부분 통치 조직과 운용에 관한 헌법·행정법·군사법·형사법이며 직접적으로는 각 관사나 관리에게 하달되는 법이었다. 그것이 정책을 시행하는 과정에서 민에게 시달될 때에 민은 비로소 법령의 존재를 알 수 있었다. 따라서 민은 법의 주체가 아니라 객체였다고 할 수 있다.

일반민은 법전을 읽을 기회가 없고 법전은 관사에만 비치되어 있었다. 다만《경국대전》예전 잡령조에 단행법령이나 금령이 제정되어 하달되는 경우에는 서울은 한성부가, 외방은 각 고을에서 榜을 붙여 널리 보게 하도록 규정하고 있으므로 방이 붙은 법령은 민이 볼 수 있었다.

그런데 법전에는 처벌규정이 수반되지 않은 이른바 민사적 법규가 없었던 것은 아니다. 호전에는 토지·가옥·노비·우마의 매매·임대차·訴權·이자 제한에 관한 규정이 있고, 예전에는 혼인·친족의 범위·제사상속·입양에 관하여 규정하고 있고, 형전에는 재산상속에 관해서 규정하고 있다. 따라서 민이 私法的인 것으로서 국가법과 관계하는 것은 위의 범위에 국한되었다고 할 수 있고 나머지는 관습법·판례법에 일임되어 있었으므로 사적 생활의 대부분은 국가법의 직접적인 규율 대상이 아니었던 것이다.

그러므로 민의 국가법에 대한 인식은 특수한 양상을 띠게 되었다. 즉 민에게 국가법은 거의 모든 경우에 위압이나 형벌을 수반하는 명령으로 받아들여지고 두려움을 갖지 않을 수 없었다. 따라서 법은 형과 같은 뜻으로 민에게 인식되었다.

이 점은 국가법의 내용과 성격에서만 유래하지 않는다. 형사재판에서는 유죄판결이 있은 후에 죄인으로 다루어지는 것이 아니라 피의자로 지목된 때부터 죄인으로 취급되었다. 실제로 위압적인 官司에서는 처음부터 자백을 강요하기 위해 각종 잔인한 고문이 자행되었다. 민사재판은「詞訟」이라고 하여 형사재판과 절차면에서 구별되었지만 오늘날과 같이 완전히 구별된 것이 아

22) 朴秉濠, 〈傳統的 法意識과 現代法의 課題〉(《歷史的 脈絡에서 본 現代韓國文化의 方向》, 韓國精神文化硏究院, 1980) 참조.

니라 사안과 관계되는 한도에서 형사재판적 성격이 가미되었다. 즉 비록 순수한 민사사안이라 할지라도 사건의 발단, 당사자간의 사적 해결과정, 그리고 재판과정에서 사기·문서위조·협박·구타·상해·명예훼손 등 비도의적, 반사회적 언동이 수반되는 것이 상례이므로 그러한 사정이 있는 경우에는 소송 진행 중에 또는 변론을 종결할 때에 부수적 병행적으로 형사처벌을 과했으며 당사자도 訴狀에서 분쟁해결 청구와 동시에 형사처벌도 요구하는 것이 상례였다. 따라서 민사재판이라 하지만 형사재판의 분위기였다고 해도 과언이 아니며 국가법의 경우와 같이 관사나 재판도 두려움의 인상을 주었다.

또한 국가법이 아닌 사법적 영역에서는 통일적·추상적인 법규가 없으므로 관습법과 條理에 따라 규율되었다. 이 영역에서의 행위의 규준은 理·道理·事理·經緯·法理라고 하였다. 이것은 국가에서도 당연한 것으로 규정되고 민사재판을 심리하는 것을 「聽理」라고 하고 이유가 없어 패소하는 것을 「理屈」이라고 하며 당사자는 소장에서 판결을 청구하는 용어를 「論理題給」·「論理處決」이라고 표현하였다. 모든 사물에는 이치 또는 도리가 있어서 소작인에게는 작인도리, 班常에게는 양반도리, 상인도리가 있었다. 도리나 경위는 조리 또는 형평과 같은 말이며 일반적으로 사람들이 가지고 있는 법의 이념적 기초관념이며 보편적 상식이라고 할 수 있다. 사물에 내재하는 보편적 이치인 사리는 모든 사람이 수긍할 수 있는 근거를 가지고 있으므로 도리에 어긋나는 것을 無據道理라고 하고 그것은 억지이어서 非理生臆이라고 했다.

결국 도리에 맞는 것은 염치를 알고 인의에 따른 것이므로 그에 반한 경우에는 事極無廉·無廉無法·不可仁義爭者라고 하였다. 사람들은 사리와 도리에 좇아 생각하고 거래하는데 理는 실정법처럼 통일적이고 명확하지 않으나 양심 속에 깔려있는 것이었다. 일상적인 거래나 행위에서 말미암은 분쟁이 당사자의 理에 따른 사적 해결에 실패한 경우에 분쟁은 관사에 제소되는데, 관사도 이에 따라 재판하므로 聽理에 의하여 쌓인 판례는 객관적인 관사의 理의 집적이었다. 관사의 理의 반복연속에 의해서 법리가 형성되며 그것은 권위 있는 이로써 받아들여지고 사람들은 그 법리를 기준으로 삼았다. 또한 민신·민지에 따른 양법미의인 국가법에 대하여도 민중은 이로써 평가하여 받아들이거나 거부했을 것이다.

민중의 理法은 형사적이거나 위압적이 아니다. 그러나 사리의 다툼이 관사의 공권적 해결에 의존하지 않을 수 없는 이상 결국 이 법의 실현은 관사의 분위기와 결부되지 않을 수 없었다.

6) 법전편찬의 계승과 법사상의 변화

(1) 속록 등 법령집의 편찬[23)]

가.《대전속록》

최종적으로 확정하여 성종 16년(1485) 정월 초하루부터 시행된《경국대전》도 실은 누락·착오된 조문이 있었다. 그러나 따로 속록을 편찬하여 시행하지 못하고 그 위에 새로운 많은 수교가 시행됨으로써 법의 시행에 차질을 빚게 되어 속록의 편찬이 요청되었다. 그리하여 성종 22년 10월초에《경국대전》시행 후의 수교를 모아 간행하도록 하였다. 그러나 모든 수교를 남김없이 印出한다면 신법이 많아져 반드시 후폐가 따르니 영구히 시행할 만한 수교만을 골라 인출하여야 한다는 특진관 李陸의 건의에 따라 수교의 인출이 일단 보류되었다.[24)] 이에 시행해야 할 수교 중에는 동일한 사항에 관하여 諸曹의 수교가 상이한 것이 있으므로 재상과 6조의 당상관 각 1명으로 구성하는 회의체에서 가부를 참작하고 이를 稟旨한 다음 인출하자는 특진관 李克墩의 건의가 받아들여져서,[25)] 성종 22년 10월 17일 우찬성 魚世謙·廣川君 李克增·호조참판 權健·이조참의 李諿·예조참의 安琛·병조참지 李枰·형조참의 尹坦·공조참의 金碔로 하여금 受敎勘校廳을 구성하게 하여 편찬하게 하였다.[26)] 이들의 임무는 대전 후의 수교 중 시행해야 할 것을 선별하는 일이었는데 대전의 勘校에까지도 손대었다. 그 중에는 대전의 조문을 개정한 것도 있었다. 23년 7월에는《大典續錄》의 초안이 완성되어 대신과 성종의 심의를 거쳐[27)] 10월에

23) 朴秉濠,〈朝鮮後期 變法思想과 法令整備事業〉(《素軒南都泳博士古稀紀念 歷史學論叢》, 民族文化社, 1993).
24)《成宗實錄》권 258, 성종 22년 10월 계축.
25)《成宗實錄》권 258, 성종 22년 10월 경신.
26) 위와 같음.
27)《成宗實錄》권 267, 성종 23년 7월 병신.

인출하였으며,[28] 감교과정에서 새로 만든 법령은 24년(1493) 5월 7일부터 시행하도록 하였다.[29] 어떻든 조종성헌 존중을 앞세우고 있었으나 대전 조문을 개폐하자는 주장이 정면으로 표명되어 일부 받아들여졌으며 새로운 조목이 신설된 점에서 주목할 만하다.

나. 《대전후속록》

《大典後續錄》은 《대전속록》의 시행 후 중종 37년(1542)까지의 약 50년간의 현행 법령을 수집 편찬한 법령집이다. 《대전후속록》 편찬에 관하여는 종래 본격적인 연구가 없으며, 현존하는 《대전후속록》은 중종 38년에 비로소 편찬 시행된 것으로 되어 있다.[30] 그러나 《조선왕조실록》에 의하면 중종 8년말에 《대전후속록》이 편찬 완료되고 9년에 간행되었다.[31] 《대전속록》의 편찬 후 연산군의 폭정을 거치는 동안 법령이 너무나 많이 번거롭게 쏟아져 나오고 이것들이 대부분 權姦들에 의한 악법이었기 때문에 법령정비의 필요에서 중종반정 직후부터 후속록의 편찬이 거론되고 실행에 옮겨졌던 것으로 짐작된다. 그리하여 중종 9년 정월부터 이 《대전후속록》의 완성된 초안이 공개된 것으로 보이는데, 후속록 중에는 시행할 수 없는 사항들이 있다는 이견이 있어 정월 24일 그러한 조항들을 대신들로 하여금 의논해서 확정하게 하였다.[32] 대사헌 孫仲暾도 후속록은 금과옥조가 아니며 《대전속록》이 매우 자상하고 세밀한 법전이기 때문에 증보하는 「후속록」으로서 시행할 것이 아니라 단지 「受教集」으로서 사용할 것을 건의하였으나 역시 받아들여지지 않았다.[33] 그 후 중종은 6조로 하여금 검토한 것을 참작하여 署經을 거쳐 간행하도록 명령하였다. 사간원이 다시 9년 9월 29일에 간행할 후속록은 시행할 수 없는 조문이 많아서 治道에 무익하므로 결코 간행해서는 안된다고 건의했으나 이미

28) 《大典續錄》 序 참조.

29) 《成宗實錄》 권 277, 성종 24년 5월 신미.

30) 일제시대 조선총독부 中樞院이 1935년 7월에 校訂飜刻한 《大典續錄》 권두의 「例言」 중에서 당시의 경성제대 교수인 內藤吉之助가 언급한 것이 고작이며, 《中宗實錄》 권 101, 중종 38년 7월부터 12월까지의 기사를 근거로 해서 설명하고 있을 뿐이다.

31) 《中宗實錄》 권 21, 중종 9년 10월 기유.

32) 《中宗實錄》 권 19, 중종 9년 정월 무자.

33) 《中宗實錄》 권 20, 중종 9년 2월 병진.

대신들의 논의를 거쳤기 때문에 더 이상 고칠 수 없다고 하여 10월 20일 이전에 간행되었다.[34] 이렇게 해서 시행하게 된 《대전후속록》에 대해 무익하다는 비판이 이어졌고,[35] 후속록의 全家徙邊律 중 21개조는 삭제되는 등[36] 시행 후 거의 1년 동안에 전조문의 절반 가량이 삭제되어 쓸모 없는 법전이 되었다. 더욱이 각 관사는 각자의 수교를 법으로서 사용하니 후속록과 현실적으로 적용되는 수교가 서로 저촉하여 법의 안정성을 기하지 못하게 되었다.[37] 그리하여 10년 6월부터는 효력 있는 조문으로서 남아 있는 것이 적다고 하여 후속록에 법전으로서의 효력을 부여하지 않고 수교로서의 효력만을 인정하게 되었다.[38]

이와 같이 중종 9년에 간행하여 시행된 《대전후속록》은 시행 후 10개월 사이에 대부분의 조문이 개정되거나 삭제되어 《대전후속록》으로서의 성격을 상실하고, 그나마 효력이 있었던 나머지 후속록의 조문도 단지 수교로서의 지위밖에 주어지지 않음으로써 법전으로서의 생명력을 상실하고 말았다. 그러한 까닭인지 중종 9년의 《甲戌大典後續錄》은 현전하지 않으며 따라서 그 내용은 알 길이 없다.

《갑술대전후속록》이 쓸모 없이 된 후 《대전속록》 후의 법은 오로지 수교의 형태로 존재하게 되고 따라서 수교가 너무나 번거로워 통치의 효과를 기대하기 어렵게 되자 이들 수교 중 필요한 것을 뽑아 영구적 법제로 삼고자 하여 다시 《대전후속록》을 편찬하게 되었다. 그리하여 斤正廳을 설치하고 다시 편찬에 착수하여 중종 38년(1543) 7월초에 그 초안이 만들어졌으며, 동년 11월 14일부터 《대전후속록》으로서 시행되었다.[39]

다. 《수교집록》

《경국대전》이 시행된 후 성종 24년에 《대전속록》을, 중종 38년에 《대전후

34) 《中宗實錄》 권 20, 중종 9년 9월 무자.
35) 《中宗實錄》 권 21, 중종 9년 9월 계유.
36) 《中宗實錄》 권 21, 중종 9년 12월 정유.
37) 《中宗實錄》 권 22, 중종 10년 윤 4월 신사.
38) 《中宗實錄》 권 22, 중종 10년 6월 임신.
39) 內藤吉之助의 《大典續錄》 권두 「例言」 참조. 이 《後續錄》에 대하여도 명종 즉위 직후에 불완전함이 지적되기도 하였다(《明宗實錄》 권 4, 명종 원년 12월 경술).

속록》을 간행하였고, 명종 9년(1554)에는 《經國大典註解》가 이루어짐에 따라 명확한 통치의 기본법제가 완비되었으며, 법조문의 해석·적용상의 疑義도 밝히게 되어 법의 충족성을 기할 수 있게 되었다. 한편 李珥를 비롯하여 인조대의 崔鳴吉, 숙종초의 朴世采 등이 變法更張論을 강력히 주장하였으나 받아들여지지 않았다. 그러나 이러한 주장들은 법의 개혁과 재정비를 위한 동기유발과 깊은 관심을 불러일으키는 계기가 되었음을 부인할 수 없다. 더구나 《대전후속록》의 시행 후 새로운 법이 제정되면서 구법을 변통하는 법 조치가 이루어져 많은 법이 계속 쌓이고 상호 저촉하여 관리들이 법을 해석하고 적용함에 혼란을 가져와 법령집 편찬의 필요성을 절감하게 되었다. 《대전후속록》의 간행 후 150여 년이 지나는 동안 법령의 정비가 없었으니 그간의 사정을 능히 짐작할 수 있으며, 왜란과 호란은 법의 혼란을 더욱 가중시켰다.

이와 같은 사정에서 숙종 8년(1682) 11월 16일 우부승지 徐文重이 비로소 수교집 간행의 필요성을 다음과 같이 건의하였다.

> 수령은 모두 儒生으로서 牧民之任을 맡고 있는데 이들은 법률을 밝게 배울 수 없으며 《大典續錄》이나 《大明律》을 갖고 있는 郡邑이 심히 적은데다가 속록 후의 수교를 갖추어 놓지 않은 營門도 많다. 따라서 공사를 결단함에 있어서 법률을 인용할 수 없으며 대부분 자기 생각대로 결단하기 때문에 외방의 獄訟은 더욱 어지럽다. 이제 宰臣이 주관하여 수교 중에서 번잡하고 문란하여 방해가 되는 것은 이를 바로잡아 간행·반포함으로써 수령들이 법을 올바르게 집행하도록 하여야 한다(《備邊司謄錄》 36책, 숙종 8년 11월 16일).

이 건의에 대하여 그 필요성을 인정하여 廟堂으로 하여금 품처하게 했다. 이렇게 해서 형조판서 李翊으로 하여금 수교집 편찬을 주관하게 하다가 후에 예조판서 尹趾完도 함께 주관하게 하였다.[40] 그 밖에 병조판서 趙師錫·서문중·崔錫鼎도 편찬사업에 참여했으며, 재상인 金壽恒·南九萬이 總裁로서 관여하여 숙종 24년 3월에 완성하여 《受敎輯錄》이라고 명명하고 간행했다. 《수교집록》의 당위성과 편찬경과, 편찬의 의의는 우참찬 李畬의 서문에 간결하게 서술되어 있으며 구체적인 편찬지침은 범례에 나타나 있다.

당시 모든 수교가 한 곳에 수록되어 있지 않았으므로 《수교집록》에는 중

---

40) 《肅宗實錄》 권 14, 숙종 9년 5월 병오.

앙관청과 각 도에 있는 수교를 모아서 수록하였다. 때문에 당시의 모든 현행 법령이라고 할 수는 없으나 동일한 사항에 관하여 전후 수교가 서로 어긋나는 것도 모두 수록하였고 법으로 된 것이 아니라 일시 처분한 사항도 후일을 참고하기 위해 수록하였다. 이러한 편집방법으로 보아《수교집록》은 후일의 법전편찬에 대비하기 위한 기초작업이었음을 알 수 있다.

라.《전록통고》

《경국대전》이 시행된 후 300년 동안 내려오면서 새 법령이 끊임없이 제정되어 그때마다《대전속록》·《대전후속록》이라는 법령집을 편찬하였고 다시 숙종 24년에《수교집록》을 편찬하였으므로 법전은《경국대전》외에 세 가지가 불어난 셈이다. 이들 법령은《경국대전》의 규정을 개정한 것, 전의 법령이 후의 법령에 의하여 개정된 것이 있으므로 관리들이 법률을 적용함에 있어 무엇이 현행법인지 혹은 어떠한 내용으로 개정되었는지 참조하기 어렵게 되었다. 즉 네 가지의 법전을 일일이 참조해야 하는 번거로움이 있었던 것이다. 그러므로《수교집록》을 편찬 시행한 후 숙종은 여러 법전과 병서를 분류·통합하여 하나의 법전을 만들 필요에서 숙종 27년(1701) 가을에 의정부에 그 일을 수행할 것을 명령하였다.[41] 이에 영의정 최석정·좌의정 李世白·우의정 申琓이 협의하여 備局郎廳 李彦經 등에게 편찬 실무를 맡게 하였다. 그리하여 숙종 32년 8월에 완성하여 이듬해 9월에 출간하였다.《典錄通考》의 특색은 어디까지나 조종성헌인《경국대전》을 위주로 하고 그 후의 법령은《경국대전》의 조문 다음에 한 글자를 낮추어 수록함으로써《경국대전》의 조종성헌으로서의 존엄성과 중요성을 재확인하게 하였으며 마치《경국대전》을 경서의 지위에, 그 후의 법령을 傳註의 지위에 비견하였다. 또한 조문을 일목요연하게 볼 수 있도록 하기 위하여, 橫看으로 되어 있는《경국대전》중의 조문을 모두 풀어서 直書하고《경국대전》의 조문 가운데 그 뜻을 명확히 할 필요가 있는 것은 어구를 첨가 보충하고 按·補·減자를 사용하여 표시했으며,《수교집록》의 조문 중 전후 수교가 다른 것은 후의 수교가 유효한 것으로 처리하였다. 이 법전은 校書廳에 명하여 활자로 인쇄하여 반포했으며 양법미의로서 영

41)《典錄通考》의 편찬과정과 내용은 그 序와 凡例를 통해 알 수 있을 뿐이다.

구히 시행하도록 하였으니 《경국대전》 이래 최초로 수정·증보된 종합법전이다. 더욱이 《전록통고》는 후에 《續大典》을 편찬할 때에 저본으로서 이용되어 편찬을 용이하게 하였다.

마. 《신보수교집록》

《新補受敎輯錄》은 《수교집록》 편찬 후 계속 수교가 쌓이므로 숙종 20년(1694)부터 영조 13년(1737)까지의 수교·定奪·節目·事目을 《수교집록》의 편찬 방식에 따라 분류 수록한 것이다. 영조 15년경에 趙顯命이 주관하여 편집한 것으로 추정되며 간행되지는 않았다. 《수교집록》에 누락된 그 전의 수교를 보충하였으며 《수교집록》 후에 나온 수교들이 많고 이들이 하나의 법적 제도를 이루는 것이 적지 않으므로 각 전의 조목을 세분하거나 신설하였다. 법령집으로서 간행되지는 않았으나 현행 법령을 수집한 것이었으므로 그 전에 나온 각종 법령집과 함께 《속대전》 편찬을 위한 기초 자료로 된 것이다.

바. 《증보전록통고》

《전록통고》를 간행한 후 새로 공포된 수교가 증가하여 영조 15년에 《수교집록》 후의 수교를 모아 《신보수교집록》이라는 추가 법령집을 편찬하였다. 《增補典錄通考》는 이 새로운 수교들을 《전록통고》에 추가하여 수록함으로써 새로운 법전을 만들 준비작업으로서 이루어진 것이며 확정된 법전 초안으로 추정된다. 이것이 만들어진 시기는 刊記가 없어 확실치 않으나 영조 15년부터 《속대전》이 이루어진 영조 22년 사이의 5년간으로 추정된다. 《전록통고》 중의 《수교집록》 조문 다음에 「新補受敎」라고 표시하여 수교를 수록했다.

(2) 변법사상[42]

건국초의 법사상은 《경국대전》 시행 후부터 古法墨守에 의한 안정성의 사상보다도 법의 개정에 의한 구체적 타당성에의 지향이 강하게 나타나게 되었다. 그것은 법의 지속지향성과 변동지향성의 상충과정에서 후자가 우세하

42) 朴秉濠, 앞의 글, 1993.
———, 〈韓國法思想의 흐름〉(《公法理論의 現代的 課題》, 房山丘秉朔博士停年紀念, 1991).

게 된 결과라고 하겠다. 그에 따라 법은 변동하나 안정성을 위한 제동장치의 역할을 담당했던 건국초의 지배적인 법사상은 공전의 위험에 직면하지 않을 수 없게 되었다. 이른바 조종성헌 존중주의는 형식적인 명맥을 유지함에 불과하고 실질적으로는 법의 자의적 개정도 가능하게 되었다. 즉 만세불변의 大經大法인《경국대전》이후 영조대의《속대전》편찬에 이르기까지「典」의 편찬은 없었다. 그러나 법의 창설과 개폐는《경국대전》당시까지와는 비교도 안될 만큼 양적팽창을 가져오게 되었다. 물론 건국초의 법사상은 기본적으로 계승되는 가운데서도 법의 변동은 도저히 피할 수 없는 사정이었던 것이다. 그리하여 성종 23년(1492) 10월의《대전속록》, 중종 38년(1543) 8월의《대전후속록》, 명종 10년(1555)의《경국대전주해》, 숙종 24년(1698)의《수교집록》, 숙종 말년의《신보수교집록》등 끊임없이「錄」의 편찬이 계속되었으며, 이들「녹」은 당시의 모든 법령을 망라한 것이 아니라 그 중에서 항구적인 법이 될 만한 것을 취사선택한 것이다.《대전속록》과《후속록》은 각각 그 서문에서 "시대가 다르고 사정이 다르므로 신법과 구법이 서로 저촉하여 관리들이 시행하는데 현혹되며", "법령이 너무 많고 복잡하여 시행의 효과를 기대하기 어려우므로 이를 조화시켜 영구적 법을 모은 것"이라고 그 편찬 동기를 밝히고 있다. 즉 이들 속록은 조종성헌화할 목적으로 편찬된 것이며 그러한 점에서 기본적으로 건국초의 법사상을 견지하고 있음을 부인할 수는 없다.

본격적인 變法論은 선조대에 들어오면서 등장하는 것으로 보인다. 건국 후 200여 년이 지난 이 때는 이미 국가의 기강이 상당히 해이해지고 민생도 피폐해졌으며 법과 현실의 거리감도 더욱 커졌다. 이러한 상황에서 保國安民을 위해 更張之道로서 율곡의 변법론이 제시되었다. 법이 오래되면 폐단이 생기기 마련이며 폐단이 생기면 마땅히 이를 고쳐야 한다고 하는 그의 변법론은, 궁하면 변하고 변하면 통한다고 하는 周易의 변통론에 입각하고 있다. 이는 理의 절대적 우위성과 氣의 종속성을 강조한 퇴계와는 달리, 이가 발전하는 형태는 개인적이고 구체적인 기에 의해 규정받는다고 하는 율곡의 철학사상과 밀접하게 연관되고 있다. 즉 王道·仁政·三綱·五常 등은 언제나 추구해야 할 불변의 가치이지만, 그것을 실현하는 수단인 법제는 시대상황에 따라 변화할 수밖에 없다는 것이다. 이를 바탕으로 율곡은 구체적이고 현실적인 각종 제도개혁안을 제시하고 있다. 물론 율곡의 변법론도 근본적으로는 시의에 합당하고 사정에 적합하도록 하는 방편적인 權義이며 기본적인 원리인 常經, 즉 선왕의 유지에서 벗어나서는 안된다는 것이었다. 그럼에도 불구하고 구체적이고 현실적인 법제개혁 자체에 중점이 주어진 본격적인 변법논의가 등장하였다는 사실은 획기적임에 틀림없다.

임진왜란과 병자호란을 거친 조선사회가 걷잡을 수 없는 혼란 속으로 치닫게 되면서 이러한 변법사상은 더욱 진작된다. 당시에 정치적으로는 당쟁이 격화되고 사회경제적으로도 갖은 모순과 갈등이 심화되어 민생은 도탄에 빠지지 않을 수 없었다. 이러한 현실적 상황을 배경으로 하여 중국의 앞선 학문과 문물을 접촉하면서 이른바 實學이라고 하는 공리주의적·실용주의적 학문조류가 발흥하였다. 이 학문적 조류에 참여한 실학자들이 사회의 누적된 모순에 관심을 갖고 각종 사회제도의 개혁을 주장함으로써 지금까지의 변법사상이 더욱 진작된 것이며, 사회제도 개혁사상 특히 經世致用을 중시한 학자들을 중심으로 상당히 발전되어갔다. 물론 이들의 법제 개혁사상도 기본적으로는 앞선 변법론과 그 이론적 근거를 같이하고 있다. 즉 이들도 부국안민을 중시하여 아무리 훌륭한 법이라 할지라도 오래되어 폐단이 생기면 마땅히 고쳐야 한다는 근거에 입각하고 있다. 그러나 이들에게 있어 두드러진 특징은 통치의 수단으로서의 각종 사회제도 그 자체에 비중을 크게 두었다는 점이다. 그리하여 이들은 세부적인 법령의 개정에 그치지 않고 근본적인 사회제도 자체의 개혁까지 요구하였다. 즉 국가경제의 근간인 토지제도를 전면적으로 혁신하여 均田法·限田法·閭田法 또는 井田法 등을 실시하자고 주장하고 있다. 또한 문벌이나 파벌에 의해 문란해진 과거제도를 개혁하여 능력과 덕행에 의해 관리를 공정하게 선발하고, 심지어는 지역 및 서얼의 차별금지, 점진적이긴 하지만 노비제의 타파 및 양반계급의 부정 등 불평등한 신분제까지 변혁할 것을 주장하고 있다.

《경국대전》 이후 「녹」으로만 수록되어 오던 각종 법령을 영조대에 《續大典》으로 편찬하고, 이어 《大典通編》·《大典會通》 등을 계속 편찬한 사실은 시대적 변화에 따른 이러한 변법론의 요청을 국가가 자체적으로 흡수한 것을 의미한다. 조선 후기의 주류적인 변법사상에 덧붙여 특기할 만한 법사상으로는 欽

恤思想을 들 수 있다. 형정에 대한 신중성을 요구하는 흠휼사상은 유교의 정치사상에 본래 내재하는 것으로 조선 후기에만 특유한 것이 아니지만 영조·정조대를 중심으로 특히 강조되었다.《속대전》편찬시에 각종 악형이 제거된 사실은 이러한 흠휼사상의 구체적인 표현을 의미한다. 또한《審理錄》·《秋官志》등의 관찬 法書와《欽欽新書》를 포함한 일련의 사찬 법서의 출현은 흠휼사상을 더욱 현실화하고 널리 보급시키고자 한 의지의 결실로 볼 수 있다.

〈朴秉濠〉

Ⅱ. 조선 초기의 대외관계

1. 15세기 동아시아 정세
2. 명과의 관계
3. 여진과의 관계
4. 일본과의 관계
5. 유구와의 관계
6. 동남아시아국가와의 관계

Ⅱ. 조선 초기의 대외관계

1. 15세기 동아시아 정세

1) 명의 정치동향

(1) 명 태조의 중앙집권정책

元末의 대동란 속에서 朱元璋집단이 陳友諒·張士誠·方國珍 등의 할거세력을 차례로 병탄한 다음, 마지막으로 원나라를 무너뜨리기 위하여 대거 북벌을 단행하며 明나라를 수립한 해는 공민왕 17년(1368)에 해당된다. 이후 明太祖 주원장은 잔존한 소규모 할거세력을 일소하는 데 힘써, 공양왕 원년(1389) 무렵에는 몽고와 티베트 등의 지역을 제외한 전국의 통일을 이룩할 수 있게 되었다.

명은 처음 원의 정치제도를 그대로 이어받았으므로 중앙에는 中書省이 최고 권력기구였으며, 지방에는 行中書省이 각 省의 민정권·재정권·군사권을 장악하고 있어 지방에 대한 중앙의 통제력이 미약한 편이었다. 원말 할거세력의 발호로부터 교훈을 얻은 명 태조는 강력한 중앙집권체제의 건설에 나서, 행중서성을 承宣布政使司로 고치고 左·右布政使를 두어 민정과 재정만 관장하도록 하였다. 그리고 원래 행중서성에 속해 있던 감찰사법권을 독립시켜 提刑按察使司를 설치하고 안찰사로 하여금 사법을 관장시키는 한편 별도로 都指揮使司를 두어 도지휘사로 하여금 군정을 장악케 하였다. 지방권력을 세 부문으로 나누어 서로 견제시킴으로써 지방에 대한 중앙의 통제력을 크게 강화시켰다.

명의 개국공신들은 농민출신이건 지주출신이건 간에 모두 公侯가 되어 거대한 祿田을 소유하게 되었으나 여러 가지 방법으로 토지소유를 더욱 확대시켜나가 황제를 정점으로 하는 명의 통치질서에 오히려 부담스러운 존재가 되어갔다. 황제권력과 공신집단간의 이러한 모순은 먼저 황제권력과 재상권력의 충돌이라는 형태로 표출되었다. 지주출신의 淮西派 관료집단을 배경으로 한 左丞相 胡惟庸의 독단과 전횡이 거듭되자, 명 태조는 마침내 호유용 일파를 모반죄로 몰아 대대적으로 회서파 문신들을 처형하였다. 이 호유용사건을 통하여 재상권력에 대해 위협을 느꼈던 명 태조는 중서성 자체를 완전히 폐지시켜버리고, 승상제도를 없애버리는 한편 6부의 지위를 높여 황제에 직속시켜 버렸다. 그러나 황제가 6부를 직접 총괄하는 일은 사실상 불가능하였으므로, 이어 설치한 文淵閣·武英殿·文華殿의 大學士들로 하여금 각종 章奏를 관장하고 황제를 시종하며 자문에 응하도록 하는 보완조치를 취하였다.

황제권력에 또 하나의 위협적인 존재는 명을 수립하는 데 무공을 세운 무신들로서, 이들이 군사권에 기대어 저지르는 각종 월권적인 행위는 강화되어 가는 황제권력과 결코 양립될 수 없었으므로 곧 藍玉사건으로 그 모순이 표출되고 말았다. 남옥은 요동의 몽고잔여세력인 納哈出[나하추]을 토벌할 때, 또 15만 대군으로 北元을 정벌할 때 혁혁한 전공을 세운 장군으로서, 자신의 공로를 믿고 다른 공신들과 마찬가지로 민전을 강점하는 등 횡포를 일삼다가 명 태조로부터 철퇴를 맞게 되었다. 역시 모반죄라는 죄목으로 남옥 일파 1만 5천여 명이 처형되었으며, 이후에도 馮勝·傅友德 등 장군들이 속속 賜死됨으로써 명 태조 말기에는 건국에 공로 있는 대부분의 功臣宿將들이 숙청되었다.

명 태조는 대규모의 정치적 사건을 일으켜 공신세력을 모두 제거하는 한편 諸王分封제도를 동시에 추진하였다. 조선 태조 4년(1395)까지는 25명의 親王이 여러 차례 나누어 전국의 군사적 요지에 분봉되었다. 명 태조가 여러 皇子들을 친왕으로 각지에 분봉한 것은 외적의 침략을 방어하며, 동시에 국내의 권신들로부터 황실을 보위하려 데 목적이 있었다. 특히 명제국을 위협하는 최대의 적인 몽고세력의 침입을 막아내기 위해 만리장성을 따라 9왕이 배치되었는데, 「塞王」으로 불리던 이들은 현실적 필요에 의해 강력한 무력을 소유하게 되었다. 제왕들이 분봉된 이후에는 군사권이 무장들로부터 황실에 귀속되게 되고 무신들의 지위도 점차 낮아지는 경향이 생기게 되었다.

(2) 「정난의 역」과 북경천도

건국 초기에 이미 명 태조는 큰아들 朱標를 황태자로 책봉하였으나, 황태자가 조선 태조 원년에 죽자 부득이 16세의 손자를 皇太孫으로 세울 수밖에 없었다. 조선 태조 7년에 명 태조가 죽음에 따라 황태손이 즉위하여 明惠帝가 되었다. 명 혜제는 과거 명 태조의 '以猛治國'의 방침을 풀어 관대한 문인정치를 지향하였다. 그러나 원래 명 태조가 황실을 보위시킬 목적으로 각지에 분봉한 제왕세력이 이제는 오히려 중앙의 황제권력을 위협하는 존재로 성장한 것을 깨닫고는 「削藩정책」을 추진하지 않을 수 없게 되었다.

제왕의 세력을 약화시키기 위한 「삭번정책」의 주된 목표는 北平의 燕王이었다. 명 혜제와 齊泰·黃子澄 등은 연왕을 공략하기 전에 먼저 周王·齊王·代王·湘王·岷王의 불법행위를 이유로 하여 차례로 왕위를 박탈하고 서인으로 만들어 버렸다. 그리고는 연왕에 대한 감시를 강화하고 군사적 압박도 병행하였다. 이렇게 올가미가 점점 조여 들어오자 이전부터 황위에 대한 야심을 품고 있던 연왕은 드디어 명 태조가 남긴 皇明祖訓을 끌어대 '君側의 奸惡을 제거한다'는 명목으로 이른바 「靖難之師」를 일으켜 명 혜제를 상대로 싸우게 되었다.

삭번정책으로 말미암아 황제와 번왕과의 사이에 벌어진 이 내전은 후일 「靖難의 役」으로 이름지어졌다. 「정난의 역」 초기에 연왕은 寧王을 먼저 공략하여 몽고귀부군을 비롯한 8만의 병력을 손에 넣어 군사력을 크게 증대시킨 다음 명 혜제군에 대한 반격에 나섰다. 명 혜제는 이미 명 태조가 功臣宿將들을 철저히 숙청한 다음이라 유능한 장군을 기용하여 이에 적절히 대처하기가 어려웠으며, 숫적으로 우세한 군대를 지니고도 전투경험이 많고 몽고귀부군을 장악한 연왕군에 패퇴를 거듭하였다. 조선 태종 2년(1402) 연왕군은 마침내 南京을 포위하여 함락시키고 명 혜제는 실종되었으며, 연왕이 제위에 올라 明成祖가 되었다.

藩王으로서 반란을 통해 제위를 탈취하며 스스로 황제가 된 명 성조는 제왕분봉제도가 황제권력을 위협하는 요소라는 점을 누구보다도 절실하게 인식하고 있었다. 명 성조는 표면적으로는 제왕분봉제도를 옹호하는 약간의 조치를 취하기도 하였으나, 실제로는 끊임없이 제왕의 군사력을 약화시키며 변방의 장군들도 제왕의 통제를 받지 않도록 함으로써 번왕이 무력으로 다시 황제권력에 도전할 수 있는 길을 막았다.

「정난의 역」에서 명 성조가 성공할 수 있었던 여러 가지 요인 중 명 혜제주위의 환관들로부터 제공되는 정보가 큰 몫을 차지하였다는 사실은 잘 알려져 있다. 이후 명 성조는 관료를 장악하고 통제하는 데도 환관을 활용하기 시작하여 "대개 명대에 出使·專征·監軍·分鎭 및 臣民을 사찰하는 일 등 환관의 대권이 모두 永樂년간으로부터 비롯되었다"[1]는 말과 같이, 황제권력의 강화를 대가로 이후 극심한 환관정치의 길을 열어놓게 되었다. 명 성조는 일시 폐지되었던 악명높은 錦衣衛를 부활시키는가 하면, 새로운 정보기관인 東廠을 설립하며 역시 환관에게 책임을 맡겼다. 환관이 글자를 해독할 수 있다는 사실이 발견되는 경우 사형에 처하며 정치간여를 엄금시켰던 명 태조 이래의 금기도 이후 서서히 무너져 내린 것은 물론이다.

명 태조가 중서성을 혁파하고 6부를 직접 관장하기 시작하며 자문을 받을 필요에서 설치하였던 殿閣大學士의 지위가 상승하기 시작한 것도 명 성조 때의 일이다. 궁성내에 殿閣이 위치하고 있었으므로 차츰 內閣大學士로 불리게 된 이들은, 명 성조가 중대한 정책을 결정할 때 내각의 의견을 자주 구함에 따라 외형상의 관품과는 관계없이 실질적인 권력이 대폭 증대하게 되었다. 내각의 실권이 커지고 閣臣의 지위가 높아짐에 따라 자연히 내각이 중앙정부를 이끌어 가는 모양으로 변모해 갔다.

명 성조는 즉위 직후부터 북경으로 천도할 생각을 가다듬기 시작하였다. 北平을 北京으로 개칭하고 北京國子監을 설치하는 등 조금씩 북경의 지위를 높이는 동시에, 명 성조 자신도 세 차례 北巡할 때마다 북경에 몇 년씩 머물면서 정사를 처리하여 북경의 정치적 비중을 점점 높여갔다. 해상교통과 육상교통이 개선되고 특히 대운하를 준설하여 南糧北運문제가 해결되자, 명 성조는 북경성과 황궁을 대대적으로 신축하고 조선 세종 3년(1421)에 정식으로 천도를 단행하였다. 북경은 원래 명 성조 자신의 세력근거지로서, 북방을 장악할 수 있는 정치적 기지이기도 하였고 명제국의 최대 강적인 몽고의 남침에 적극적으로 대응할 수 있는 군사적 거점이기도 하였다.

(3) 명 성조의 대외확장정책

몽고는 명제국이 수립된 다음 북으로 퇴각하여 한동안 「北元」이라는 국호

1) 《明史》 권 304, 列傳 192, 宦官 1.

로 정권을 유지하였으나, 얼마 후에는 韃靼[타타르]·瓦剌[오이라트]·兀良哈[우량하]의 3대 부족의 형태로 출현하였다. 몽고 3대 부족 가운데 우량하는 평소 명과의 관계가 비교적 밀접하였다. 명 성조도 「정난의 역」 때 우량하의 도움을 받은 적이 있는지라 大寧 이북의 지역을 그들에게 내맡긴 채, 방어선을 내지로 후퇴시켜 오직 북방의 타타르와 서북의 오이라트에게만 국방의 총력을 집중시켰다. 마침 韃靼可汗 鬼力赤이 阿魯台에게 피살되고 원 황실의 후예인 本雅失里가 아노태에 의해 可汗으로 옹립되었다. 명 성조는 타타르에 사신을 파견하여 조공을 촉구하며 우호관계를 수립하고자 희망하였으나, 타타르는 명사를 살해하는 것으로 응답하였다. 이에 격노한 명 성조는 丘福으로 하여금 10만의 병력을 이끌고 북정하게 하였으나 오히려 대패를 당하고 말았다. 명 성조는 친정을 결심하였고 이후 다섯 차례에 걸친 잇따른 몽고친정이 이루어졌다. 명 성조의 타타르와 오이라트에 대한 정벌은 궁극적으로는 명조의 통치를 안정시키고 변방을 공고하게 할 목적에서 시도되었다고 볼 수 있다.

명 성조는 몽고를 동쪽에서 견제할 목적으로 요동의 여진에 대한 경영에도 적극적으로 나섰다. 흔히 遼東都司로 약칭되는 遼東都指揮使司라는 군정기관을 명 태조가 遼陽에 설치한 이래 衛所制度에 입각하여 衛 또는 千戶所를 각지에 설립하여 나갔으나, 조선 태종 3년(1403)부터 명 성조는 여진부족의 조직을 그대로 살려 명의 위소로 만드는 羈縻衛所를 대량으로 만들며 여진을 장악해 나갔다. 조선 태종 9년까지에는 멀리 烏蘇里江[우수리강]과 黑龍江 일대까지 진출하여 수많은 위소가 설립되자, 별도로 奴兒干都司를 흑룡강 어귀에 두어 이들 넓은 지역의 행정과 군사를 관할케 하였다.

또한 명 성조는 명 태조 이래 유지해오던 동남아시아·남아시아·서남아시아 일대에 대한 폐쇄적이고 냉담하였던 대외관계의 틀을 깨어버리고 능동적인 자세로 임하였는 바, 그 결과가 유명한 鄭和의 7차에 걸친 「西洋出使」로 나타나게 되었다. 정화의 원정대는 제1차의 경우 62척의 대선에 인원이 2만 7천여 명이나 되었으며, 항해도와 나침반을 갖춘 당시로서는 세계에서 가장 선진의 항해기술을 보유하고 있었다. 제3차와 제4차 항해 때에는 동남아시아 각국과 인도는 물론, 분견대가 페르시아만과 홍해를 거쳐 아프리카 동해안의 적도 이남 지역까지 항해하기도 하였다. 정화는 중국의 부강함을 과시하고 조공할 것을 촉구하며 동시에 약간의 교역도 행하였으나, 결코 무역 자체가 목적이 아니었으므로 상업적 동기가 결여되어 더 이상 지속되지 못한 채 7차 원정으로 끝나 고립적인 업적으로 남고 말았다.

명 성조는 주위의 여러 나라와도 조공관계를 통한 우호관계를 수립하는 일에 힘을 기울였다.「정난의 역」이 종결되자마자 즉각 조선과의 정상적인 조공관계를 회복하였고, 南北朝 통일이 이루어진 다음 일본 室町幕府의 제3대 장군 足利義滿과도 조공관계를 수립하였다. 그러나 마침 安南은 권신 黎氏가 陳氏王朝를 찬탈하여 왕이 된 다음 廣西와 雲南의 변경을 침입하는 사건이 잇따라 발생하고 명조가 호송해 보낸 진씨 왕손을 살해하는 사건이 일어나자 명과의 사이에 긴장이 높아지게 되었다. 마침내 명조는 조선 태종 6년(1406) 대군을 보내 안남을 정복하고 交阯로 이름을 바꾸어 직속영토로 만들어 버렸다.

(4)「인선의 치」

명초 50여 년을 거치는 동안 명조의 통치체제나 典章제도가 갖추어지고 농업생산력도 크게 향상되었다. 명 성조가 죽은 다음 仁宗이 즉위하였으나 불과 10개월만에 병사하게 되니, 그의 아들이 계위하여 宣宗이 되었다. 인종과 선종의 재위기간은 그다지 길지 않아 10년 남짓에 지나지 않았으나 커다란 정치적 격동과 변혁이 마무리되어 명조의 통치가 정상적인 궤도에 진입하고 정치가 비교적 맑고 깨끗하게 이루어지던 시기였다. 그러므로 谷應泰는《明史紀事本末》에서 "명의 仁宣시대는 周의 成康시대나 漢의 文景시대와 같아 거의 3대를 방불할 정도였다"라고 서술하였다.[2]

그러나 이러한 이른바「仁宣의 治」로의 진입이 처음부터 순조롭게 이루어진 것은 아니었다. 명 인종의 동생이며 명 선종의 숙부가 되는 漢王 朱高煦가 樂安州를 중심으로 동생 趙王 朱高燧와 연결하여 중앙정부를 위협하고 있었기 때문이다.「정난의 역」에서 세운 무공으로 장군들 사이에서도 위망이 높고 강력한 부대를 거느리고 있던 한왕은 명 선종이 즉위한 다음해에 반기를 들었으나, 친정에 나선 명 선종에 의해 진압되었다. 이에 따라 명 태조 이래 번왕의 발호가 종언을 고하게 되었다.

---

2)《明史紀事本末》권 28, 仁宣致治.

이후 조정에서는 제위의 강력한 경쟁자였던 한왕을 따돌리고 명 인종을 옹립하는 데 공로가 있었거나 이어 명 선종을 도와 한왕의 반란을 진압하는 데 공을 세운 인물들이 점차 두각을 나타내기 시작하였다. 그 중에서도 내각대학사 楊士奇·楊榮·楊溥 세 사람은 명 인종·선종 부자와의 관계가 특히 돈독하였고 여러 정책수립에도 참여하여 「仁宣의 治」를 이룩하는 데 공헌이 많았으므로 사람들은 이 세 사람을 「三楊」으로 불렀다고 한다.

이 시기에 내각의 권력이 눈에 띄게 신장되었다. 원래 5품관에 불과하던 大學士가 이 무렵에는 公侯와 尙書의 서열로 뛰어 오르고 이미 6부의 권력을 능가하기 시작하였다. 내각권력의 핵심은 각종 章奏가 황제에게 제출될 때 황제를 대신하여 批文을 기초할 수 있는 직권, 즉 票擬權에 있었다. 그러나 황제는 내각이 기초한 표의에 따라 「批紅」을 하지 않을 수도 있으므로 역시 대권은 황제에게 있었다고 볼 수 있다. 그러므로 재상제도가 없어진 명대에 내각대학사가 사실상의 재상노릇을 하였다고 볼 수도 있으나 漢唐시대의 재상과 같은 실권을 갖지는 못하였다. 내각제도의 완비나 巡撫의 지방파견 등을 통한 정치제도의 변화는 이후 명의 정치체제가 이 틀에서 벗어나지 않고 있다는 점에서 주목할 필요가 있다.

대외정책에서도 명백한 조정이 시도되었다. 타타르와 오이라트의 세력이 약화된 틈을 타서 타타르 등과의 관계회복에 힘을 쏟는 한편 방어위주의 전략을 채택하여 군사행동을 절제하였다. 「정화의 출사」로 대표되는 대규모 해양원정도 경제적 손실이 너무 컸으므로 다시는 시도되지 않았다. 역시 재정적 부담이 되고 있던 안남경영도 명 선종이 양사기·양영 등과 상의한 결과 손을 떼고 철수를 단행함으로써, 백성들의 부담을 덜어주고 사회의 안정을 이룩하는 데 도움이 되었다. 그리고 지속적인 부역의 감면, 吏治의 정돈, 형벌의 완화, 賑災활동 등의 조치는 명제국의 사회경제적 성장을 가져다주는 밑거름이 되었다.

(5) 「토목의 변」과 환관정치

명 인종·선종시대는 가장 안정된 시대였음에는 틀림없으나, 한편으로는 새로운 사회경제적 및 정치적 문제가 배태되기 시작한 시기이기도 하였다.

토지겸병이 눈에 띄게 늘어나며 유민이 발생하기 시작하고, 명대의 유명한 환관정치의 폐해가 드러나기 시작한 것도 바로 이 무렵부터였기 때문이다.

> 처음 태조 때의 제도에서는 內臣이 글자를 알거나 책을 읽는 것이 금지되었다. 후에 선종 때 內書堂을 설치하고 어린 內侍를 선발하여 대학사 陳山으로 하여금 가르치도록 하니 드디어 제도화되었다. 文墨에 통하고 고금을 알게 되니 巧智로써 황제를 모시며 간악한 일을 벌이게 되었다. 몇 대가 지나 세력이 커져 王振으로부터 시작하여 魏忠賢에까지 이르게 되었다. 그 폐해를 살펴보면 한·당보다 훨씬 심하였다(《明史》 권 304, 列傳 192, 宦官 1).

명 선종이 병사하자 겨우 9세의 황태자가 즉위하여 明英宗이 되었다. 명 영종대 초기는 양사기·양영·양부 등이 계속 정무를 집행하였으므로 기본적으로는 인종·선종시대의 각종 정책을 계승하고 있었다. 그러나 환관이 정치에 간여할 수 있는 길이 이미 열린 뒤라 명 영종의 절대적인 신임을 받는 환관 王振의 대두를 막을 수는 없었다.

명 영종의 신임을 배경으로 환관의 조직인 司禮監은 어느덧 내각과 권력을 겨룰 정도가 되었다. 왕진이 자기 사람을 광범위하게 심고 권력을 장악하니 관료들은 왕진에 굴복하여 영합하거나 그렇지 않으면 무고한 죄를 뒤집어쓰고 축출 당하였다. 정치의 부패와 더불어 지방에서는 대규모의 민중반란이 일어나기 시작하였다. 조선 세종 29년(1447)에는 葉宗留가 浙江·福建의 산악지대에서 礦徒를 중심으로 한 유민폭동을 일으켰다. 이에 영향을 받아 다음해 복건에서는 佃戶를 중심으로 한 鄧茂七의 농민반란이 일어나 섭종유의 무리와 호응함으로써, 조선 세종 32년에 진압될 때까지 동남지방을 크게 진동시켰다.

더욱이 이 무렵부터 다시 강성해지기 시작한 오이라트의 내침은 사태를 한층 악화시켰다. 시기가 무르익었다고 판단되자 오이라트의 也先[에센]은 大同으로 대거 남침하여 왔다. 명 영종은 치밀한 작전계획이나 충분한 전쟁준비도 없이 왕진이 부추기는 대로 조선 세종 31년 50만 대군을 이끌고 친정에 나섰다. 왕진의 지휘에 따라 무모하게 만리장성을 넘어 북진을 하던 대군이 사태가 심상치 않음을 눈치채고 퇴각하던 도중 土木堡에 이르렀을 때 추격해 오던 오이라트군에 완전히 포위되고 말았다. 공격해 들어오는 오이라트의 기병 앞에 전렬이 무너진 명군은 철저히 유린당하여 왕진을 비롯한 다수의 대신들이 전사하는가 하면, 명 영종조차도 오이라트군의 포로가 되어버렸다. 명조가 건국 이래 쌓아온 국력을 어이없이 한 번의 전투에서 탕진해버린「土木의 變」이 바로 이것이다.

토목보에서 오이라트에게 대패당하고 황제가 포로가 된 사건은 명나라 조정을 경악시켰다. 황태후의 명령에 의해 監國을 맡게 된 영종의 동생 郕王은 신하들과 대책을 논의하였으나 모두 우왕좌왕하였다. 남경천도론까지 제기되는 가운데, 于謙만이 북경을 굳게 지키며 오이라트의 침입에 정면으로 항전할 것을 주장하였다. 얼마 후 성왕이 즉위하여 景宗이 되자 병부상서 우겸을 더욱 신임하며 의지하였다. 북경까지 다시 남침하여 온 오이라트의 에센은 우겸을 중심으로 한 명의 굳건한 항전에 별 소득이 없자, 명 영종을 귀환시켜 주며 화의를 제의하였다. 경종은 석방되어 돌아온 영종을 太上皇으로 받들어 南宮에 안치시켰으나 사실상으로는 연금과 다름없었다.

오이라트의 위협이 거의 사라지고 난 다음 경종은 영종의 아들인 황태자를 폐하고 자신의 아들을 황태자로 책봉하였다. 그리고 환관 曺吉祥을 신임하여 북경을 방위하는 부대인 京營을 지휘케 하여 환관이 무력으로 북경을 장악할 수 있는 길을 열어 놓았다. 조선 세조 3년(1457) 경종의 병이 위독해지자 연금되어 있던 영종은 조길상 등과 연결하여 정변을 일으키고 復辟에 성공하여 다시 제위에 오르고 연호를「天順」으로 고쳤다. 이후 우겸 등의 관료들이 처형되거나 축출되었고 환관이 북경의 군대를 장악하는 힘이 더욱 강화되었음은 물론이다.

명 영종이 두번째 즉위한 지 7년 만인 조선 세조 10년에 병사하자 16세의 소년황제 明憲宗이 계위하였다. 헌종은 재위 23년간 閣臣을 불러 만난 일이 한 번밖에 없을 정도로 정사를 돌보지 않았으므로, 내외의 정무가 모두 측근의 환관인 汪直에 의해 좌우될 수밖에 없었다. 다음 明孝宗대에 일시적인「弘治中興」을 거치기도 하나, 이후 명조의 정치는 더욱 어둡고 부패한 환관정치의 길을 치닫게 된다.

2) 북방민족의 동향

(1) 북원과 나하추

徐達이 이끄는 명의 북벌군이 大都로 육박하자 元順帝는 공민왕 17년(1368)

마침내 황궁을 버리고 문무백관을 이끈 채 居庸關을 지나 上都로 피란하였다. 이로써 약 백 년에 걸친 몽고인의 중국지배가 막을 내리고, 이후 만리장성 이북에서 북원정권으로서 얼마동안 잔명을 유지하게 되었다. 원 순제가 북쪽으로 패주할 때 당시 원의 군사력은 크게 세 갈래로 나누어 볼 수 있다. 첫째는 원 순제를 따라 상도에 집결한 부대로서 북원정권을 보위하고 있었다. 둘째는 陝西·甘肅 일대에서 작전하고 있던 擴廓帖木兒의 부대로서 사실상 원군의 주력이었다. 셋째는 요동 일대에 주둔하고 있던 諸將의 부대였으나 제대로 통합이 이루어지지 않아 당장 명군에 위협이 되지는 않고 있었다. 그러므로 명은 군사력을 집중시켜 원 순제를 추격하는 한편 확곽첩목아의 세력을 소멸시키는 데 작전의 목표를 두었다.

공민왕 18년 9만의 병력을 이끈 서달이 潼關을 나가서 확곽첩목아를 대파시키니 확곽첩목아는 겨우 몇 사람을 거느리고 和林으로 피신하였다. 常遇春·李文忠은 거용관을 나가 원 순제를 추격하여 상도를 쉽게 함락시켰다. 명군의 계속되는 추격을 피해 원 순제는 다시 북으로 應昌까지 달아났으나 거기서 병사하고 말았다. 황태자인 愛猷識理達臘이 계위하여 元昭宗이 되었으나 명군의 계속되는 추격에 응창은 여지없이 함락되고 다수의 황족과 귀족이 포로가 되었으며, 황제만이 겨우 수십 기로 탈출에 성공하여 화림으로 향하는 형편이 되었다.

화림으로 퇴각한 원 소종과 확곽첩목아가 현지의 세력을 재편하고 반격의 태세를 가다듬자, 명은 공민왕 21년 다시 15만 병력을 3로로 나누어 대거 북벌을 단행하였다. 3로 가운데 감숙으로 나아간 서로의 馮勝만이 승리를 거두어 燉煌까지 이르는 교통로를 장악하였을 뿐, 중로의 서달군은 嶺北에서 패퇴하여 이후 방어에만 전념하였다. 동로의 李文忠軍도 깊숙이 阿魯渾河까지 진격하였으나 뚜렷한 전과를 올리지는 못하였다. 그러나 이 전투 결과 몽고인도 명군의 예봉을 피해 서북으로 숨어들어 간 다음, 화곽첩목아와 소종이 잇따라 죽음으로써 작전을 영도할 중심인물을 잃게 되었다. 명군도 더 이상 사막을 넘어 무모한 공격을 가하기를 삼가하고 전략을 바꾸어 방어에만 전념함으로써, 이후 요동으로 눈을 돌릴 수 있게 되었다.

그 동안 명의 주된 공격목표에서 벗어나 있던 요동의 원나라 잔여세력 중에서는 納哈出[나하추]이 가장 강력하였다. 나하추는 몽고제국의 공신인 木華黎[무카리]의 자손으로서, 무카리가 칭기즈칸으로부터 興安嶺 방면의 鎭撫로 임명된 이후 父祖 대대로 요동방면의 지배를 맡아오던 인물이었다. 공민왕 11년부터는 瀋陽을 근거로 하여 行省丞相으로서 고려의 동북면에도 침입하는 등 어지러운 요동에서 가장 유력한 지배자가 되었다. 명도 그의 동향에 주목하며 招撫를 위하여 때때로 사자를 보내기도 하였으나 나하추는 이를 무시하고 가끔 남하하여 약탈을 자행하였으며, 공민왕 22년에는 牛家莊을 겁략하여 군량 10여만 석을 불태워 명 태조를 격분시킨 일도 있었다.

명은 나하추를 공략하기 전에 먼저 압록강·佟佳江·輝發河 상류 일대를 경략하여 고려와의 연결을 차단시키는 한편, 원의 잔여세력과 여진 각 부를 초무하여 나하추를 고립시키는 일에 주력하였다. 우왕 13년(1387) 명 태조는 나하추를 일거에 섬멸시킬 목적으로 풍승으로 하여금 20만 대군을 이끌고 金山으로 육박시켰고, 도저히 대적할 수 없음을 안 나하추는 드디어 항복하고 말았다. 나하추의 세력이 강성하였을 때는 북으로 북원과 연결하고 남으로는 고려와도 교통하여 명군이 요동으로 진출할 수 없었을 뿐 아니라, 명군이 북원의 주력을 토벌하는 데도 측면의 위협이 되었다. 나하추의 항복은 요동의 원나라 잔여세력이 철저히 무너졌음을 의미하며, 이로부터 명은 요동경략을 본격적으로 모색할 수 있게 되었다.

북원의 소종이 죽은 다음 그의 아들 脫古思帖木兒가 계위하였으며, 요동의 나하추가 명군에 항복할 때 따르지 않은 무리들이 모여들어 혼란상을 노정하고 있었다. 이 기회를 놓치지 않고 명 태조는 남옥으로 하여금 우왕 14년 탈고사첩목아의 본거지를 습격하게 하였다. 결국 탈고사첩목아와 天保奴 등 수십 기만이 도주하고 나머지 10만 가량이 포로가 되었다. 명 태조대의 북방원정은 대부분이 이러한 자기붕괴의 기회를 교묘히 활용한 원정으로서 그야말로 포로획득의 과정이라고 할 수 있었다. 그리하여 이후 몽고에는 "나머지 몽고인은 매우 적어 기병이 겨우 5천 가량으로서 가속과 합쳐 1만 인이었다"라고 일컬을 정도로 공허하게 되었다.[3]

원이 붕괴된 이후 명군의 추격 앞에 몽고인들이 무력적 저항을 끈질기게

3) 《明太祖實錄》 권 200, 洪武 23년 2월 갑진.

시도하였던 흔적은 의외로 찾아보기 어렵다. 몽고인들은 원을 회복시키기 위해서라도 일단 초원으로 돌아가서 유목생활로 먼저 복귀하는 일이 무엇보다도 바람직하였다고 할 수 있다. 그러나 소수의 황족을 제외한 대부분의 몽고인들은 성곽을 근거지로 삼고 있다가 명군이 박두해오면 저항 없이 항복한다든지 아예 자발적으로 집단 투항하는 경우도 적지 않았다. 이는 결국 몽고인의 거듭된 패퇴가 명군의 압도적인 무력에 의한 것이라기보다도, 오랜 세월에 걸쳐 정착생활에 젖어있던 몽고인 자신들이 다시 유목생활로 복귀하기가 너무 어려웠고, 중국사회와의 경제적 의존관계가 끊어지자 스스로 자기붕괴의 길을 걸었다고 보는 것이 옳을 것이다.[4]

(2) 타타르와 오이라트

원나라 멸망 후 몽고로 이동한 북원정권은 대부분이 명에 항복하여 세력이 크게 약화된 상태에서, 남옥군에 쫓겨 화림으로 향하던 탈고사첩목아 부자마저도 내분으로 말미암아 피살되자 원 직계의 유력한 후계자가 사라지게 되었다. 그리하여 북원세력의 나머지 몽고인 집단과 변두리에서 기회를 엿보던 몽고인 유력자들이 몽고의 주도권을 둘러싸고 치열한 쟁탈전을 벌이게 되었다. 이러한 상황을 《明實錄》은 "원의 운세가 다하고 順帝 이후 愛猷識里達臘에 傳位되고 나서, 坤帖木兒에 이르기까지 무릇 6대가 순식간에 바뀌었으나, 한 사람도 끝내 善終하였다는 말을 듣지 못하였다"[5]라고 기록하고 있다.

이름조차 알려지지 않은 유력자들의 10여 년간에 걸친 투쟁 끝에 새로운 지도자가 부상한 것은 조선 정종 2년(1400)경이었다. 이는 "황제가 韃靼可汗 坤帖木兒에게 勅書를 보내 招諭하였다"라는 기사를 보아 짐작할 수 있다.[6]

명에서「靖難의 役」이 한창 진행 중인 때에 새로운 몽고의 지배자가 '달단가한'의 이름으로 등장한 것이다. 지금까지 故元이라든지 북원이라는 원과 연관되는 명칭에서 벗어나, 이후 오랫동안 몽고집단의 호칭으로 사용되는「타타르」가 나타난 것이다. 곤첩목아가 죽은 다음에는 비원나라계로 알려진 鬼力赤이 달단가한으로 활약하였으며, 얼마 후 그도 원의 遺臣인 아노태에게

4) 荻原淳平,《明代蒙古史研究》(同朋舍, 1980), 2~20쪽.
5)《明太宗實錄》권 77, 永樂 6년 3월 신유.
6)《明太宗實錄》권 6, 永樂 2년 2월 계축.

피살되었다. 이렇게 혼란한 와중에 몽고로 진출하여 패권장악을 노리는 주변의 부족이 있었으니 그 대표가 오이라트부였다. 오이라트는 원대부터 몽고의 서북에 위치하여 몽고황실과 혼인관계를 맺어온 유력한 부족이었으나, 북원세력이 건재하였던 기간에는 뚜렷한 움직임을 보이지 않다가 이제야 몽고 쟁패전에 나서게 된 것이다.

당시 중앙아시아로부터 서아시아에 걸쳐 대제국을 건설하였던 티무르도 몽고제국의 재건을 꿈꾸며 東征에 나섰으나 도중에 병사함으로써 그의 몽고 진출은 좌절되었다. 그러나 티무르의 동정을 선도하던 원 황실의 일족 출신인 本雅失里는 일부의 部衆을 이끌고 몽고로 와서 타타르부와 합류하고 그 지도자로 추대되었다. 이로부터 몽고에서는 타타르부와 오이라트부가 대립하며 패권쟁탈전을 벌이는 상태가 오래 지속되게 되었다.

조선 태종 2년(1402)「정난의 역」이 끝나고 명 성조가 새로 즉위하자 주변의 여러 민족과 나라에 사신을 파견하고 조공을 촉구하며 활발한 대외교섭이 시도되었다. 북방민족 가운데 이에 가장 적극적으로 호응한 민족은 그 동안 명과 투쟁을 벌인 적이 없고 새로이 몽고 남부로 이동해온 오이라트였다. 명 성조는 당시 세 부족으로 나뉘어 부족연합체를 이루고 있던 오이라트의 馬哈木을 順寧王에, 太平을 賢義王에, 把禿孛羅를 安樂王에 봉하였고 이로써 명과 오이라트와의 관계가 급속하게 가까워졌다.

한편 본아실리를 새로 가한으로 추대한 타타르는 몽고의 통일을 노리며 마합목 등이 명으로부터 왕으로 봉해진 직후에 오이라트를 공격하였으나 실패하고, 본아실리와 아노태는 臚朐河 유역으로 피신하였다. 명 성조는 타타르를 회유하기 위해 사자를 파견하였으나, 본아실리는 이에 응하지 않고 오히려 사자를 살해하였다. 이에 격노한 명 성조는 조선 태종 9년 丘福에게 10만 병력을 이끌고 원정을 시켰으나 도리어 대패를 당하고 말았다.

명 성조는 대대적인 타타르정벌을 계획하여 스스로 50만 대군을 이끌고 북정에 나섰다. 본아실리는 대군을 피해 도망하던 도중 오이라트에 붙잡혀 죽임을 당하였다. 세력이 약화된 타타르의 아노태는 명에 사죄하는 사자를 파견하며 적극적으로 접근하여 명 성조로부터 和寧王에 봉함을 받을 정도로 관계가 개선되었다. 한편 차츰 세력이 강해진 오이라트의 마합목은 아노태를 공격하면서 명의 변경도 침략하기 시작하였다. 이번에는 명 성조가 다시 50만 대군을 이끌고 오이라트정벌에 나서서 격전을 벌였으나 결정적인 승패를 가름하지 못하고 끝났다.

이렇게 되자 다시 한번 입장이 바뀌어 오이라트가 명에 사죄의 사자를 보내며 조공을 하는 등 우호관계의 회복에 노력하였다. 마합목의 죽음으로 그의 아들 脫歡이 명으로부터 順寧王의 칭호를 받기도 하였다. 거꾸로 타타르의 아노태가 명의 변경을 자주 침입하여 약탈을 자행하자, 명 성조는 조선 세종 4년(1422) 3차 친정에 나서고 이후 2년 연속하여 타타르를 공격하였으나 뚜렷한 전과를 거두지 못한 채 5차 친정에서 귀환하던 도중 楡木川에서 병사하고 말았다. 그 이후부터 명이 몽고에 직접 군사적 개입을 하는 일은 사라지게 되었다.

명군의 대규모 정벌을 받으면서도 타타르와 오이라트의 패권쟁탈전은 끈질기게 지속되었고, 명 성조의 5차에 걸친 친정은 주로 타타르의 세력을 약화시켰으므로 오이라트에 보다 유리하게 작용하였다고 볼 수 있다. 그러나 명군의 위협이 사라지자 오이라트의 부족연합이 이완되어 격심한 내부항쟁을 거쳐 결국 순녕왕 마합목의 아들 탈환이 대두하였다. 탈환은 오랜 투쟁상대였던 타타르의 아노태를 먼저 공격하여 죽이고 그 部衆을 손에 넣는 한편, 오이라트의 부족연합체를 구성하고 있던 현의왕·안락왕의 두 부족마저 멸하여 사실상 몽고의 통일세력이 되었다. 탈환은 여세를 몰아 可汗의 지위에 오르고자 하였으나 부민들의 반대에 부딪쳐 포기하고, 원 황실의 후손인 脫脫不花를 맞아 가한으로 옹립하지 않을 수 없었다.

(3) 에센의 유목왕국

조선 세종 21년 탈환의 죽음에 따라 그의 아들 也先[에센]이 뒤를 이어「太師淮王」을 칭하였으나 이들 부자는 칭기즈칸의 후예인 이른바 黃金氏族이 아니었으므로 가한의 지위를 차지하는 데는 약점이 있었다. 그러므로 태태불화를 내세워 가한의 자리에 앉혔으나 명에 조공을 할 때는 각자가 사신을 따로 파견하는「主臣幷使」의 양상이었으며, 명도 양편을 함께 고려하지 않을 수 없었다. 태태불화는 단순히 꼭두각시 노릇에만 만족하지 않고 요동방면에까지 세력확대를 기도하며 자신의 즉위를 알리는 몽고문자로 된「몽고황제칙서」

를 여진과 조선에 보내기도 하였다. 또한 에센의 명 침입계획을 때로 견제하였으므로 양자는 표면상으로는 제휴관계이나 사실상은 격심한 대립관계에 있었다고 할 수 있다.

에센은 명이 당시 雲南 麓川의 반란을 진압하는 데 신경을 쓰고 있는 동안, 서북을 향하여 세력을 확장해 나가는 데 전력을 쏟아 드디어 명의 哈密[하미] 衛를 장악할 수 있게 되었다. 하미는 중앙아시아로 통하는 교통의 요충이었으므로 이로부터 명과 중앙아시아와의 교통은 저지 당하게 되고, 오이라트는 중앙아시아 여러 나라와의 隊商무역 또는 중계무역을 독점할 수 있게 되어 경제적 토대를 쌓을 수 있었다. 이에 그치지 않고 오이라트는 동쪽으로 몽고 우량하 3衛를 격파하고 요동의 일부 여진까지 영향하에 장악할 수 있는 정도가 되었다. 이 무렵 오이라트의 세력범위는 요동으로부터 오늘날의 新疆 靑海지방에 이르는 광대한 지역에 이르게 되었으며 북방 몽고의 통일세력이 되었다. 오이라트의 급격한 세력확장에 대해 명의 식견 있는 관료들은 에센이 앞으로 반드시 명으로 내침할 것이라고 상소하며 대비를 촉구하였으나, 오이라트로부터 뇌물을 받거나 밀무역을 통하여 사리를 추구하고 있던 환관 王振 일파로부터 도리어 탄압을 당할 뿐이었다.

오이라트의 하미장악으로 동서간에 대상무역이 활발해지고 동몽고의 제패에 따라 요동으로의 진출이 가능해지자, 오이라트는 명으로부터 무기나 식량을 비롯한 물자를 대량으로 교역해 들여와야 할 필요성이 더욱 증대되었다. 그리하여 종래에 규정된 조공무역의 틀을 크게 넘어서는 오이라트의 경제적 요구와 이를 제한하려는 명과의 사이에 심각한 갈등이 발생하였다. 조선 세종 31년 오이라트의 대거 남침에 명 영종은 관료들의 반대를 무릅쓰고 왕진의 권고에 따라 50만 대군을 이끌고 경솔하게 친정에 나섰다가, 土木堡에서 포위공격을 받아 참패를 당하고 명 영종마저 오이라트의 포로가 되는「土木의 變」이 일어나고 말았다.

「토목의 변」으로 엄청난 타격을 받은 명은 건국 이래 최대의 위기를 맞았으나, 에센은 우세한 군사력을 지니고 있으면서도 이러한 호기를 살려 중국으로 깊숙이 쳐 내려오지 않았다. 에센은 뜻하지 아니한 대승리가 명의 무모한 군사행동에서 기인하였다는 사실을 잘 알고 있었다. 명의 대패가 결코 예기치 못한 사태였던 점은, “에센은 車駕가 잡혀왔다는 말을 듣고도 놀라 믿지 않다가 막상 대면하게 되자 예를 다하기를 매우 공손히 하며 宣府 城南으로 받들어 모셨다”는《明實錄》의 기사를 보아도 알 수 있다.[7] 에센과 명 영종은 승자와 패자의 단순한 관계가 아니었다. 화의가 성립되어 북경으로 귀환하기까지 오이라트에 약 1년간 억류생활을 하는 기간에도 명 영종은 늘 융숭한 대접을 받았다.

결국 에센의 남침 목적은 명 영종을 포로로 사로잡기 위한 것이 아니었을 뿐 아니라 중국을 지배하는 정복왕조의 수립도 아니었다. 이는 에센이 단기간 내에 군대를 철수시키고 약 1년만에 명 영종을 간단히 송환시켜 준 데서도 알 수 있다. 에센은 바로 유목국가의 충실한 건설을 목표로 하고 있었으며, 이를 위해서도 가장 중요한 교역의 대상인 중국이 앞으로 재생산이 불가능해질 정도로 파괴되는 것을 원치 않았다고 볼 수 있다. 그리고 또한 태태불화를 이용하여 에센의 세력을 약화시키려는 의도를 갖고 있는 명의 환심을 사서, 태태불화와의 내부경쟁에서 우위에 서려는 에센의 계획도 작용하였을 것이다.

사실「토목의 변」이 끝난 후에 에센과 태태불화와의 대립이 격화되어 조선 문종 원년(1451) 마침내 에센이 태태불화를 패사시키고 완전한 승리를 확정지었다. 조선 단종 원년(1453)에 에센은 可汗으로 자립하여「大元田盛大可汗」으로 자칭하였다. 이 무렵이 곧 에센의 유목왕국의 전성기였으며,「토목의 변」이전을 능가하는 조공무역이 명과의 사이에 이루어졌다. 오이라트가 명에 바라는 것은 무역을 통해 경제적 욕구를 충족시키는 것이었고 명이 이를 제한시키려는 과정에서 전쟁이 일어났으며, 오이라트는 결코 군사적 해결에만 매달리지 않았음을「토목의 변」 전후처리과정에서 엿볼 수 있었다.

전성시대를 구가하던 오이라트에서 내분이 발생하여 조선 세조 원년(1455) 에센이 阿剌知院에게 피살당하였다. 아라지원은 다시 타타르의 孛來에게 타도됨으로써 오이라트는 분열과 쇠퇴의 길을 걷기 시작하고, 대신에 타타르가 다시 강성해지기 시작하였다. 패래는 태태불화의 아들 麻兒可兒를 일시적으로 옹립하여「小王子」로 호칭하였으나, 머지않아 곧 살해하고 다시 馬古可兒吉思를「小王子」로 옹립하는 등 타타르부의 실력자로 떠올랐다. 조선 세조 11년 패래와 소왕자 등은 部衆을 이끌고 속속 오르도스지역으로 진입하였다. 원래 타

7)《明英宗實錄》권 181, 正統 14년 8월 갑자.

타르는 요동으로부터 宣府·大同·寧夏·甘肅 등지를 왕래하였으나, 이 무렵 오르도스를 점령한 다음부터는 이 지역을 기지로 삼아 이후 명제국의 오랜 두통거리가 되었다.

(4) 여 진

여진이 분포하고 있는 지역을《大明一統志》에서는 "동쪽으로는 바다에 이르고 서쪽은 우량하에 접하였으며 남쪽으로는 조선과 이웃하고 북쪽으로는 奴兒干과 北海에 이른다"라고 기술하였다.8) 그러나 여기서 언급한 이 광활한 지역에서 사는 여진을 반드시 동일한 하나의 민족으로만 보기는 어렵다. 퉁구스어족·몽고어족·고아시아어족 등의 종족이 포괄된 여러 종족의 범칭으로 이해하여야 할 것이며, 그 가운데 후일 만주족으로 불리게 되는 퉁구스어족의 여진이 그 주류를 이루고 있었음은 확실하다.

명나라에서는 여진을 建州女眞·海西女眞·野人女眞으로 명확하게 구분하여 파악하였다.

> 무릇 女直에는 3종이 있다. 海西 등 처에 거하는 자들이 海西女直이고, 建州와 毛憐 등처에 거하는 자들이 建州女直이다. 각 衛所 외에 또 地面이 있고 站이 있으며 寨도 있어, 관리를 두고 칙서를 주었는데 3衛의 제도와 같았다. 동쪽 끝에는 野人女直이 있었다. 야인여직은 중국과 너무 멀리 떨어져 있어 조공이 일정치 않았으나, 해서와 건주는 해마다 한 차례 사람들을 보내 조공을 하였다 (《明會典》 권 107, 朝貢 3, 東北夷).

그러나《明會典》의 이러한 구분은 명이 여진의 분포와 이합집산에 따라 오랜 세월에 걸쳐 관리해온 경험이 축적된 결과로서 조선 중기 이후부터 자연스럽게 형성된 분류법이다.

조선 초기 동아시아를 움직이는 전체 북방민족의 동향 가운데 여진이 차지하는 비중은 몽고와는 비교할 수 없이 미약한 하나의 종속변수에 지나지 않았다. 왜냐하면 여진은 원대 내내 몽고인의 지배하에 놓여 있다가 원이 멸망한 다음에도 요동의 나하추가 명에 투항하기까지 20여 년간 원나라 잔여세력의 영향을 벗어나기 어려웠기 때문이다. 이후 명 태조는 鐵嶺衛와 三萬衛의 설치

8)《大明一統志》권 89, 女直.

를 통하여 요동진출을 시도하였으나 여의치 않자 잠시 위소의 증설을 미루고 요동경략의 기지로서 遼東都指揮使司의 건설에 주력하였다. 그러나 「정난의 역」 이후 명 성조가 몽고제압정책의 일환으로 여진초무에 적극적으로 나서자, 여진 각 부족은 명의 「羈縻」 衛所로서 그 지배체제에 차례로 편입되어 갔다.

명 성조의 여진초무는 두 방향으로 전개되었는 바, 하나는 동남방향으로 나아가 압록강·두만강 유역의 여진을 초무하는 것이고 또 하나는 북으로 올라가 海西지구를 거쳐 흑룡강 유역의 여진을 초무하는 것이었다. 이러한 여진초무의 결과 조선 태종 3년(1403)에 兀良哈[오랑캐]의 阿哈出(於虛出) 등이 來朝하자 建州衛가 설치되었으며, 忽刺溫의 西陽哈 등이 내조하자 兀者衛가 또한 설치되었다. 최초의 여진위소가 되는 이 두 衛는 그 후 각지에 산재하여 있는 여진을 초무하는 명의 전초기지 역할을 맡게 되었다. 이후 명은 여진 각 부가 속속 귀부함에 따라 차례로 기미위소를 설치해 나갔다. 그리하여 흑룡강 유역의 여진 각 부까지 초무하여 안정시킬 목적으로 遼東都司와 별도로 奴兒干都司를 설치하는 조선 태종 9년까지 115개의 여진위소를 설립하였다. 그러나 명 성조의 사후 명 선종대부터 명의 대외확장정책이 축소 조정되기 시작하고 오이라트의 내침이 잦아지자, 명의 세력이 미치지 못하게 된 노아간도사의 경영은 결국 명 영종대에 포기되었다.

여진인의 생업은 수렵과 어로가 중심이었으나 하천을 끼고 있는 평야지대에서는 농경과 목축도 이루어졌다. 당시 여진은 경제생활에서 목축이나 수렵·어로보다 농업생산의 비중이 날로 커지고 있었으며, 이러한 농업생산은 주로 약탈이나 매매에 의하여 획득한 노비들을 사역시키는 노예노동에 의존하고 있었다. 삼림과 하천에서 획득되는 고급모피나 약재·진주 등 사치품은 조공이나 互市를 통해 주로 중국과 교역되었다.

관문에 가까운 곳에 위치한 여진부족이 지리적으로 무역에 유리하여 차츰 세력이 강대해져 부족국가로 성장하게 되는 것은 자연스러운 일이었다. 開原의 동북방에 있는 鎭北關 밖의 葉赫, 동남방에 있는 廣順關 밖의 哈達 그리고 瀋陽의 동쪽 撫順關 밖의 建州左衛가 바로 그러하다. 그리고 이러한 관문과 오지를 연결하는 교통로의 요지에도 역시 부족국가가 성립되기 쉬운 조건이 마련되어 松花江변의 烏拉, 輝發河의 輝發 등이 흥기하였다. 엽혁·합달·오라·휘발은 해서여진으로서 扈倫 4部로 불리웠으며, 건주좌위의 동쪽 동가강 유역에는 건주위와 건주우위가 있었다. 이리하여 주로 중국과의 교역이 활성화되어 여진사회는 경제적 발전을 이루게 되고, 조선 중기부터는 해서여진의 호륜 4국과 건주여진의 건주 3위에 의한 새로운 질서가 나타나게 되었다.

3) 일본의 동향

(1) 실정막부

鎌倉幕府[가마꾸라 바꾸후]를 멸망시킨 將軍 足利尊氏가 京都를 제압하고 持明院統의 光明天皇을 내세워 大覺寺統의 後醍醐天皇에게 양위를 요구하자, 후제호천황은 남쪽의 吉野로 피신하여 황위의 정통성이 자신에게 있음을 주장하였다. 이로부터 길야의 조정과 京都의 조정이 둘로 나뉘어 별도의 연호를 사용하며 대립하는 南北朝시대가 시작되었다. 약 60년간 계속된 남북조의 동란도 족리존씨의 손자 足利義滿이 장군에 취임할 무렵부터 진정되기 시작하여, 조선 태조 원년(1392)에 남북조의 통합을 이루고 내란에도 종지부를 찍을 수 있게 되었다. 족리의만은 전국적인 통일정권으로서 막부를 확립시키고 경도의 室町에 장려한 저택을 지어 거기서 막부통치를 행하였으므로, 후일 이 막부는 室町幕府[무로마찌 바꾸후]로 불리게 되었다.

족리의만은 제국의 강력한 守護와 제휴하고 연합하려는 목표를 가지고 막부의 통치기구를 조직하였다. 겸창막부의 執權에 해당하는 管領을 두어 수호에 대한 장군의 명령도 관령을 통하여 시달되었다. 이들 관령에는 足利氏 일족의 유력한 수호인 細川·斯波·畠山 3씨가 임명되었다. 관령 아래에서 경도의 경비와 재판을 담당하는 侍所에는 赤松·山名·一色·京極의 4씨를 임명하는 것이 관례가 되었다.

또한 실정막부는 장군의 권력을 지켜주는 군사력의 형성에도 힘써 족리씨의 가신이나 수호의 일족 또는 지방무사를 모아 奉公衆이라고 불리는 직할군을 편성하였다. 봉공중은 보통 경도에서 장군을 호위하는 일을 맡았으나, 제국에 흩어져 있는 御料所라는 장군의 직할령을 관리하며 수호의 동향을 감시하는 역할을 수행하였다. 이렇게 막부의 통치체제가 점차 자리잡아 가자 족리의만은 남북조 동란기에 지나치게 강대해진 수호의 통제에 착수하여 「明德의 亂」과 「應永의 亂」을 통해 山名氏와 大內氏를 각각 토벌하기도 하였다. 전성기를 맞이한 족리의만은 화려한 별장인 金閣을 완성시켰고, 명에 보낸 國書에서 「日本國王臣源」이라고 칭하였다.

막부는 주요한 지방기관으로서 鎌倉府와 九州探題 등을 설치하였다. 원래 족리존씨는 겸창막부가 있었던 關東을 특히 중요시하여 겸창부를 열고, 그의 아들 足利基氏를 鎌倉公方으로서 관동 8국 외에 伊豆와 甲斐를 합친 10개국을 맡겼다. 이후 겸창공방은 족리기씨의 자손이 세습하게 되었고, 겸창공방을 보좌하는 關東管領은 上杉氏가 세습해 나가게 되었다. 겸창부의 조직은 막부와 비슷하였고 권력도 상당히 컸으므로, 머지않아 장군에 대해 반항하는 일도 나타나 때때로 막부와 충돌하였다.

실정막부의 재정적 기초는 어료소로부터의 수입이었으나, 이것이 전국에 산재하여 있는 데다 수호의 독립적인 경향이 커짐에 따라 수입은 감소하여 갔다. 그러므로 畿內나 近國의 寺社本所領에 대해 임시로 부과하는 段錢 등을 중요한 재원으로 삼지 않으면 안되었으나, 이는 莊園領主의 반발을 초래할 뿐 아니라 농민의 격렬한 저항을 불러일으키기 일쑤였다. 그 밖에 경도에서 고리대업으로 큰 수입을 올리고 있던 土倉이나 酒屋에 과세하는 土倉役과 酒屋役, 중요한 교통로에 설치된 關所에서 거두는 關錢 등이 주된 세원으로 되었다. 또 동아시아 정세가 안정됨에 따라 명과의 조공무역에서 얻는 이익도 결코 무시할 수 없었다.

(2) 해외무역

실정막부가 확립되기 이전 남북조동란기부터 왜구라고 불리는 일본인 해적집단이 한반도와 중국 연해지방을 침략하는 일이 잦았다. 왜구의 피해를 입은 고려는 물론 명에서도 일본에 사신을 파견하여 왜구의 금압을 요청하였으나, 당시 일본은 내란 중이었으므로 아무런 효과를 거둘 수 없었다. 국내의 통일을 이룩한 족리의만이 조선 태종 원년(1401) 비로소 구주탐제에게 왜구의 단속을 지시하는 한편, 사신을 명에 보내어 왜구가 붙잡아 온 다수의 중국인을 송환시켜 주었다. 이에 응답한 칙서에서 명조는 족리의만을 「일본국왕」으로 불렀으며, 족리의만도 다음해 명 성조의 즉위를 축하하는 表文에서 「日本國王臣源」으로 자처하였다.

이리하여 명과 일본 사이에는 조공관계가 성립되고 왜구의 약탈행위를 대신하는 조공무역이 활발히 이루어지게 되었다. 명과의 무역에는 명으로부터 교부된 「勘合符」라는 증명서를 반드시 지참하는 것이 의무화되어 있었으므로 흔히 「勘合貿易」으로도 불린다. 이후 감합무역은 조공형식에 반대한 4대 장군 足利義持에 의해 일시적으로 중단되었으나 조선 세종 16년(1434) 6대 장군 足利義政에 의해 다시 부활되었다.

조공무역에서 체재비나 운반비 등은 모조리 명에서 부담하였으므로 일본의 이익이 컸다. 특히 대량으로 수입된 동전은 일본의 화폐유통에 큰 영향을 주었다. 일본의 수출품은 도검·창 등 무기류와 부채·병풍 등 공예품 또는 동·유황 등 광산물이었고, 명으로부터의 수입품은 동전 외에 생사·고급직물·서적·서화 등이었다. 15세기 후반 막부권력의 쇠퇴와 더불어 감합무역의 실권은 차츰 堺商人과 연결된 細川氏와 博多商人과 연결된 大內氏의 손으로 넘어갔다.

고려에서는 왜구를 격퇴시킨 무장으로도 유명한 이성계가 조선왕조를 창건하였다. 조선은 왜구의 금압을 중시하고 일본과의 평화적인 통상을 위해 사절을 파견하였으며, 태조 7년(1398)부터 실정막부도 조선과의 수교에 성의를 보이기 시작하였다. 조선과의 무역은 명과의 감합무역과는 달리 처음부터 막부뿐만이 아니라 守護大名·호족·상인 등도 참여하여 다양하게 전개되었으므로 조선은 대마도의 宗氏를 통해 통상제도를 정하고 통제를 가하기도 하였다.

이후 대조선무역에 적극적이던 대마도의 宗貞茂가 죽고 왜구의 활동이 재개되자, 세종 원년 조선군이 왜구의 본거지인 대마도를 공격함으로써 양국의 무역이 일시적으로 중단되었으나, 얼마 후 교역이 회복되어 더욱 활발하게 전개되었다. 일본의 수출품은 동·유황 등 광산물과 공예품 외에 琉球무역에서 들여온 염료와 향료 등이었고, 조선으로부터의 수입품은 주로 직물류로서 특히 목면은 당시 일본에서 생산되지 않았으므로 수요가 많아 대량으로 수입되었다.

유구에서는 이 무렵 北山·中山·南山 세 지방으로 정치세력이 나뉘어져 서로 싸우다가 조선 세종 11년(1429) 尙氏가 이를 통일시켜 유구왕국을 세웠다. 琉球船은 명·일본·조선뿐 아니라 남방의 타이·쟈바·스마트라 등 동남아시아까지 활동범위를 넓혀 중계무역에서 활약하였으므로 那覇는 당시 동아시아에서 중요한 교역시장 중 하나가 되었다. 일본상인은 蘇木·胡椒·丹木·象牙와 같은 동남아시아의 특산물을 유구에서 사들여 명과 조선에 전매하기도 하였고, 왜구가 약탈해 온 조선인을 유구에 팔기도 하였다. 薩摩의 島津氏가 유구무역의 특권을 쥐고 있었으나 대마도의 宗氏나 博多의 僧 道安도 유구무역에서 활약하였다.

이상과 같은 일본의 해외무역은 주로 실정막부와 대륙국가의 통제에 의해 전개되었으므로 결코 자유무역이 아니었으며, 오히려 자생적인 사무역을 압살하는 성격을 지니고 있었다. 무역으로부터 획득되는 이익은 막부·수호대명·社寺 등에 집중되었다. 그러나 한편 이들 세력과 밀접한 관계가 있는 堺상인과 박다상인들은 막대한 자본을 축적하여 일본의 상업발달에 커다란 자극을 주었다고 볼 수 있다.

(3) 도잇끼

겸창막부시대 후기에 近畿지방에 나타나기 시작한 새로운 형태의 농촌은 남북조·실정막부시대에 들어서면 확실하게 변모된 모습을 드러내며 각 지방으로 퍼져갔다. 이들 농촌은 지주가 되어가고 있던 名主들과 새로이 성장한 소농민을 그 구성원으로 하여 神社의 제사나 농업의 공동작업을 통해 지연적 결합을 강화시켜 나가는 특징을 갖고 있었다. 마을의 운영은 寄合이라는 村人회의의 결정에 따라 「오또나」 또는 「沙汰人」으로 불리는 지도자에 의해 이루어지고, 촌인이 지켜야 할 규약인 總掟을 정한다든지, 촌내의 질서를 스스로 유지하기 위해 경찰권을 행사하는 일도 있었다. 總村으로 불리던 이러한 자치적인 촌에서는 관개용수의 관리도 자기들 손으로 하지만, 領主에게 바치는 年貢도 촌단위로 한꺼번에 청부받기도 하였다.

이렇게 강한 연대의식으로 맺어진 총촌의 농민은 불법을 일삼는 代官의 면직이나 자연재해에 따른 연공의 감면을 요구하기 위해 일치단결하였다. 그들은 영주에게 「強訴」 한다든지 요구가 받아들여지지 않을 때는 모두가 경작을 방기하고 「逃散」해버리는 실력행사에 돌입하기도 하였다. 이 시대의 「강소」나 「도산」은 강한 농민결합을 전제로 하고 있다는 점에서 이전의 도망 등과는 근본적으로 달랐다. 즉 농민은 생존권을 걸고 영주와 투쟁하였으며, 강소와 도산은 영주에 대한 강한 압력인 동시에 나아가서는 부근의 농민과 제휴한 폭동인 一揆[잇끼]로 발전할 수 있는 가능성을 내포하고 있었다.

족리의만의 뒤를 이은 장군 足利義持대는 장군과 유력한 대명 사이에 세력균형이 이루어져 막부정치가 비교적 안정되었다. 그러나 6대 장군에 취임한 足利義教가 수호대명의 통제를 엄격히 하며 장군권력의 강화를 노리자 막부와 겸창부 사이에 충돌이 발생하였다. 조선 세종 20년 족리의교는 토벌군을 관동으로 보내 겸창공방인 足利持氏를 멸망시켰다. 전제정치가 강화되고 정치불안이 고조되어 가자, 조선 세종 23년 마침내 숙청을 두려워한 수호 赤松滿祐에 의해 족리의교가 암살되는 사건이 일어나고 말았다. 적송씨는 막부군에 의해 곧 토벌되었으나 이후 장군의 권위가 크게 하락하였음은 물론이다.

그런데 바로 족리의교의 치세에 앞으로 격동의 시대가 닥쳐올 것임을 예고하는 대규모 민중봉기가 잇따라 발생하였다. 조선 태종 18년(1418) 이미 경도에서는 馬借로 불리는 운수노동자들이 집단으로 봉기하여 목적을 달성한 이래 德政을 요구하는 잇끼가 해마다 일어나고 있었다. 족리의교가 장군이 될 것이 결정된 조선 세종 10년에는 近江의 馬借를 선두로 경도의 시민이 주변의 총촌과 결합한 대규모 土一揆[도잇끼]가 일어났다. 그들은 덕정을 요구하며 酒屋과 土倉을 습격하고 약탈을 자행하며 차용서를 모조리 파기하였다. 大乘院의 尋尊僧正은 "무릇 망국의 기초로서 이보다 더한 일이 없을 것이다. 일본의 개벽이래 土民의 봉기는 이것이 처음일 것이다"[9]라고 탄식하였다.

正長년간의 도잇끼는 경도에서는 管領 畠山滿家의 군대에 의해 진압되었고 德政令은 발포되지 않았다. 이와 같은 잇끼는 이후 근기지방과 그 주변에 확대되어 각지에서 이른바 「德政一揆」가 빈발하였다. 족리의교의 뒤를 이어 足利義勝이 장군이 되는 것으로 결정된 조선 세종 23년에 또 다시 도잇끼가 「代始의 덕정」을 요구하며 폭발하였다. 수천의 민중이 경도를 점령하고 덕정을

9) 《大乘院日記目錄》 正長 원년 9월.

요구하였으므로 막부는 덕정령을 발포하지 않을 수 없었다. 이후에도 도잇끼는 덕정을 요구하며 각지에서 수시로 폭발하였음은 말할 나위가 없다.

이들 도잇끼는 도시와 농촌의 민중투쟁이 강소나 도산의 단계로부터 무장하여 봉기하는 단계로 비약하였음을 보여주고 있다. 도잇끼는 한 사람의 영주나 한 사람의 代官의 압박에 대한 저항이 아니고, 상업과 고리대의 착취와 연결된 지배계층에 대한 투쟁에 민중이 결집하기 시작하였음을 극명하게 나타내주는 역사적 사건이라고 할 수 있다.

도잇끼가 일어난 지역의 농민은 영주와 막부로부터 이중부담에 시달리고 있었으며, 화폐경제가 발달하였어도 그 이익은 영주나 名主에게 돌아가고 농민은 토지를 팔거나 전당잡히는 일이 많았다. 고리대업인 土倉은 이에 의하여 부를 축적하였고, 酒屋이나 米屋 등의 富商은 영업을 독점하거나 매점에 의한 미가조작에 의해 농민·하층무사·도시빈민을 곤궁으로 몰아 넣었다. 막부는 이를 단속하기는커녕 오히려 고리대나 부상에 대한 과세를 통해 재원의 확보를 노렸다. 따라서 종래 장원영주나 地頭의 수탈에 대해 총촌의 단결로서 대항해오던 농민은 삼위일체인 막부·장원영주·고리대업의 새로운 상대에게 잇끼로서 대응하지 않을 수 없었던 것이다.

(4) 「응인의 난」

족리의승이 불과 2년만에 병사하고 동생인 足利義政이 3세의 나이로 장군이 되니, 막부는 수립 이래 최대의 위기에 직면하여 연발하는 도잇끼에 대처할 정책이나 수단을 갖고 있지 못하였다. 실정막부는 이러한 잇끼와 싸우는 것이 아니라 오히려 이를 이용하여 기생하고자 하는 경향을 보였다. 예를 들면 享德의 덕정령에서 채무를 파기할 때 막부의 승인을 받도록 하고 이를 위해 채무의 1/10을 막부에 납부하게 한 규정을 들 수 있다. 이후의 덕정령에는 늘 이 규정이 들어가게 되었으므로 족리의정에게는 민중반란이 오히려 하나의 재원으로 파악된 셈이었다.

도잇끼의 주체는 원래 농민·도시빈민과 在地武士·名主 등의 연합이었으나 잇끼가 발전하면서 재지무사들이 자신들의 이익을 관철시키기 위해 잇끼를 이용하기 시작하였다. 재지무사가 주도하는 도잇끼는 고리대나 寺社 등에 대해서는 공격하였지만 막부권력과는 정면으로 충돌하지 않았으므로, 부패한 족리의정정권이 그런 대로 명맥을 유지할 수 있었다. 따라서 도잇끼의 발전과 함께 농민에 대한 봉건적 지배는 오히려 강화되고 武家세력 내부에서 하극상과 같은 내분과 전쟁이 일어나는 경향이 생기게 되었다.

장군 족리의정이 여자들과 근신들에 둘러싸여 정무를 내던지고 있는 동안에 관령 細川勝元과 侍所 山名持豊과의 대립이 표면화되었다. 게다가 족리의정의 동생 義規와 아들 義尙 사이에 장군직 계승분쟁이 연결되고, 나아가 斯波·畠山家의 家督분쟁까지 얽혀 諸國의 수호대명들이 두 세력 중 어느 한편에 가담하는 형세가 만들어졌다. 조선 세조 13년(1467) 드디어 세천승원과 산명지풍의 두 세력이 정면으로 충돌하여「應仁의 亂」이 시작되었다. 이 전쟁에 동원된 병력은 東軍인 세천승원측이 24개국 16만, 西軍인 산명지풍측이 20개국 11만이었다. 이 전쟁으로 경도는 황폐화되고, 상대방의 領國 교란작전으로 말미암아 전란이 지방까지 파급되었다. 조선 성종 8년(1477) 양군 사이에 화의가 일단 이루어져 경도의 전투는 종식되었으나 지방의 전란이 계속되어 그대로 군웅할거의 시대로 연결되었다.

「응인의 난」을 계기로 낡은 권위와 전통이 실력에 의해 부정되고 하극상의 풍조가 급속하게 전파되었다. 수호들이 경도에서 전쟁에 전력을 쏟고 있는 동안 각 領國에서는 守護代나 호족이 國衆을 기반으로 모반하여 하극상을 일으키고 실권을 장악하였다. 이미 도잇끼를 통해 무력함을 여지없이 드러내었던 실정막부는「응인의 난」을 통해 정치적 생명을 사실상 잃게 되었고, 足利義尙 이후 몇몇 장군도 모두 경도를 떠나 객사하였다. 公卿·승려 등도 황폐된 경도를 떠나 대명에게 의지하기 위해 지방으로 떠나갔다. 역사의 무대는 고대이래 전통적 수도였던 경도를 떠나 지방으로 옮겨가고, 이후 이들 대명들에 의한 전국시대가 약 1세기에 걸쳐 전개되었다.

4) 동아시아 3국의 관계

(1) 왜 구

倭寇란 조선인과 중국인이 일본의 해적집단을 가리키는 용어이다. 15세기 동아시아 3국간의 복잡하고 착종하는 국제관계를 체계적으로 이해하기 위해서는 무엇보다도 우선 왜구를 주제로 삼아 서술해야 할 것이다. 왜구의 활동에 따른 양국의 대응에 의해 3국간의 국제관계가 규정된 측면이 강하기 때문이며, 이는 동아시아 3국의 국제관계에서 일본이 주도권을 행사하였다는 뜻과는 다르다.

왜구는 활동시기와 성격에 의해 보통 둘로 나눌 수 있다. 14세기 중기부터 15세기 전기에 이르기까지 활동한 전기왜구와 16세기 중기에 대두하여 수 십년 간 격렬한 활동을 벌인 후기왜구가 바로 그것이다. 전기왜구의 주체는 글자 그대로 일본인으로, 한반도 및 중국대륙 북부의 연해지방을 침략의 대상으로 삼았다. 이에 반해 후기왜구의 주체는 일본인보다는 오히려 중국인으로서, 침략의 대상도 중국대륙 동남의 연해지방에 집중하여 조선은 이미 왜구의 활동무대에서 벗어나 있었다. 여기서는 15세기에 활동한 전기왜구만을 대상으로 서술하고자 한다.

왜구는 충정왕 2년(1350) 경부터 본격적으로 활동하기 시작한 것으로 보인다.[10] 이 때는 아직 중국에서 명이 수립되기 이전으로서 원나라 말기에 해당된다.

고려와 명에서는 왜구를 단순히 일본인 해적집단으로만 생각하였으나, 그 집단의 구성원은 실로 다양하였다. 물론 악당화한 무사도 있었지만 국내의 名主·莊官·地頭나 무장상인, 농·어민 등도 포함되어 있었다. 당시 일본은 남북조의 동란기였으므로 왜구의 활동은 거의 단속 받지 않았을 뿐 아니라, 남조측은 오히려 왜구를 통해 재원을 조달 받고 있는 측면도 있었다. 왜구의 규모는 배 2, 3척의 소집단으로부터 4백여 척에 3천여 명의 병력을 거느린 대집단에 이르기까지 여러 종류가 있었다. 왜구는 주로 미곡 등 생활필수품의 획득을 노려 고려의 조운선이나 식량창고를 습격하였다.

왜구는 처음 고려의 연해지방을 습격하다가 차츰 행동반경을 넓혀 경기지방까지 침략하였다. 당시 중국대륙의 원말 동란과 연동하여 고려도 내우외환에 시달렸으나, 사신을 몇 차례 일본에 파견하여 왜구의 금압을 요청한 적도 있었다. 외교적 방법으로 왜구를 금압하는 것이 사실상 불가능하다는 실정을

10) 《高麗史》 권 37, 世家 37, 충정왕 2년 2월.

간파한 고려는 우왕 이래 격화된 왜구의 침입을 군사력으로 적극 퇴치하기로 하였다. 해군을 거느린 鄭地 등이 왜구토벌에 분전하였으며, 창왕 원년(1389)에는 朴葳가 병선 백여 척을 거느리고 대마도를 습격하기도 하였다. 3년 후 고려가 무너지고 이성계 등에 의해 조선왕조가 개창되자, 조선 태조는 기본적으로 고려시대의 정책을 계승하면서 자신의 경험에 입각하여 더욱 海防태세를 갖추는데 힘썼다.

왜구의 침략이 중국대륙의 연해지방까지 확산되어 나가자 명 태조도 征西將軍 懷良親王에게 직접 사신을 보내 왜구를 금압시키고 명에 조공하도록 요구하였으나 역시 실효를 거두지 못하였다. 명은 일본이 남북조로 분열되어 있고 북조를 옹호하는 장군 足利氏가 실권을 장악하고 있다는 사실을 파악하고 경도의 족리씨에게 교섭을 시도하였다. 족리씨의 室町幕府는 명과의 정상적인 무역을 간절히 바라고 있었으므로 왜구를 금압할 의지는 있었으나, 당시 九州지방은 남조측의 세력범위였기 때문에 유효한 수단을 강구할 수 없었다.

이 무렵 왜구는 고려와 명에 대한 침략을 되풀이하였지만, 고려에 대한 침략이 격화될 때는 명에 대한 침략이 감소하고, 반대로 명에 대한 침략이 격화될 때는 고려에 대한 침입이 줄어드는 상관관계를 나타내었다. 중국에서 피해가 컸던 곳은 주로 山東반도 일대였으나, 피해 범위가 江蘇·浙江·福建·廣東지방으로까지 차츰 넓어져 갔으며 미곡과 인민의 약탈이 목표가 된 것도 고려와 마찬가지였다. 명 태조는 對日斷交를 결심하고 연해지방을 따라 75개 성을 쌓는 등 해방태세를 강화하는 데 주력하였다. 그리고 중국인의 해외 渡航을 엄금하고 외국선박도 조공선 이외에는 중국 항구에 입항하는 것을 금지시키는 엄격한 海禁정책을 펴게 되었다.

그런데 일본의 足利義滿이 장군이 되고 나서 남북조의 통합을 이루고 명과의 조공무역을 위해 왜구의 단속을 강화시켜 나가자, 한때 극성을 부렸던 왜구의 활동도 쇠퇴의 길을 걷기 시작하였다. 왜구가 결정적인 타격을 받게 된 것은 조선 세종 원년(1419) 30여 척의 왜구가 요동반도의 望海堝에서 명군에게 전멸에 가까운 패배를 당한데다가, 같은 해에 이루어진 조선의 대마도 정벌에 의해 왜구의 본거지가 소탕되었기 때문이다. 이로부터 이른바 전기왜구의 활동은 사실상 내리막길을 걷게 되었다.

(3) 일본의 명에 대한 조공무역

남북조의 통합에는 성공하였으나 막부재정의 고갈에 고심하던 족리의만에게 대명무역이 큰 이익을 가져다 줄 수 있다고 권유한 사람은 博多商人들이었다. 족리의만은 조선 태종 원년(1401) 僧 祖阿를 명에 파견하여 방물을 바치고 중국인을 송환시켜 주었다. 당시 明惠帝는 이를 받아들이고 다음해 일본사절이 귀국하는 편에 明使를 동행시키며 「日本國王源道義」 앞으로 답서를 보냄으로써 일본의 조공을 정식으로 인정하고 받아들였다. 명사의 일본체류 중에 명에서는 「靖難의 役」이 끝나고 명 성조가 즉위하였다는 소식이 일본에 전달되었다. 족리의만은 신속하게 天龍寺의 僧 堅中圭密을 보내 명사를 호송시키고 명 성조의 즉위를 축하하였다. 명 성조는 다음해에 답례 사절을 보내 「日本國王之印」이라는 金印과 冠服 등을 하사하는 동시에, 「永樂勘合符」 100道를 주어 앞으로 감합부를 가진 선박만을 조공선으로 인정하고 나머지는 왕래를 금지한다는 뜻을 통고하였다.

족리의만이 비굴하다는 국내의 일부 비난을 무릅쓰고 대명 조공관계의 수립에 열중한 것은 조공무역에 따른 막대한 이익이 막부재정에 절대적으로 긴요하다는 사실을 간파하였기 때문이다. 이익이 보장되는 조공무역 외에 사절을 수행하는 승려와 상인들이 휴대해간 상품을 교역할 수도 있었으므로 일본에게는 대명무역이 대단히 매력적인 교역이 아닐 수 없었다. 더욱이 당시 일본에서는 화폐경제가 발달하였으나 동전을 주조할 수 없었으므로, 명에서 수입되는 대량의 동전은 일본의 주요한 통화로서 기능하기도 하였다.

그러나 족리의만의 뒤를 이어 장군이 된 足利義持는 종래부터 부친의 대명정책에 불만을 지니고 있던 터이라 조선 태종 11년부터 명사의 입국을 거절하고 대명 조공무역을 중단시켰다. 이 무렵에 왜구의 활동이 일시적으로 재개되었으며, 망해과전투가 일어난 것도 바로 이 기간이었다. 명 태조는 두 차례에 걸쳐 사신을 파견하며 일본으로 하여금 조공을 재개하도록 종용하였으나 족리의지는 끝내 강경한 태도를 누그러뜨리지 않았다. 그렇지만 족리의지의 뒤를 이어 동생인 義教가 실정막부의 새로운 장군이 되자 명과의 조공무역을 곧 정상적으로 회복시켰다.

일본과 명과의 조공무역은 흔히 「勘合貿易」으로도 불린다. 勘合符는 그 사절이 공식사절임을 확인하는 증명서이다. 감합을 발급하는 기관은 명의 예부로서 황제가 바뀔 때마다 100도씩 발급되었다. 일본에 주어지는 감합은 「일본」의 글자를 나누어 日字 감합 100도와 本字 감합 100도가 만들어지고, 그 밖에 日字號 底簿 2扇과 本字號 저부 2선이 별도로 만들어졌다. 명에서는 浙江·福建·廣東市舶司 가운데 寧波에 있는 절강시박사가 일본과의 무역을 관장하였다. 일본으로부터 오는 조공선박이 영파에 입항하면 감합을 가지고 절강시박사와 예부에 있는 저부와 맞추어 본 다음에야 비로소 上京과 교역이 허락되었으며, 교역이 끝나면 감합은 즉시 명에 회수되었다. 황제가 바뀌면 신감합이 발행되어 구감합은 무효화되었는데, 일본에 감합이 부여된 때는 명 성조·선종·경종·헌종·孝宗·武宗의 6회에 달한다.

감합무역은 족리의교 때 부활되면서 조선 세종 16년(1434)에 1회가 파견된 이래, 조선 명종 2년(1547)까지 11회에 걸쳐 이루어졌다. 그 사이 조선 세조 14년(1468)부터는 명의 요청에 따라 10년 1공에 선박 3척, 인원 300명으로 제한되었다. 제한되기 전에는 무역선의 수가 이보다 훨씬 많아 조선 문종 원년(1451)의 경우에는 天龍寺船 3척, 九州探題船 1척, 伊勢國法樂寺船 2척, 大和多武峯船 1척, 島津船 1척, 大友船 1척, 大內船 1척으로 모두 10척이나 되었다. 이러한 대명무역은 주로 大社寺나 西國의 호족이 경영하였는데, 무역선이 귀국할 때에는 상인으로 하여금 수입가격을 정해 그 1/10을 抽分錢으로 납부시켰다. 수출품은 도검·동·유황·부채·병풍·칠기 등이었고, 수입품은 동전과 생사를 비롯하여 주로 장군·대명·社寺 등이 좋아하는 사치품이었다.

(3) 조선의 일본통제정책

태조는 고려말부터 계획된 군비를 확장시키며 壹岐·對馬·肥前·松浦 등에 특사를 파견하여 왜구의 진압을 요구하고, 때로는 무력행사를 기획한 일도 있었으나, 기본적으로는 회유정책에 중점을 두었다. 왜구의 두목들에게 투항을 권고하고 투항해온 일본인들에게 田地와 家財를 내려주어 안주할 수 있게 한 것도 회유정책의 일환이었다. 따라서 태조말부터 생활고 때문에 귀화하는 「降倭」라는 일본의 邊民들이 속출하였다. 投化倭 또는 向化倭로도 불리던 이들 가운데 특수한 기능을 가지거나 공로가 있는 자는 관직까지 부여받고 우대되었다. 이와 같은 授職제도는 여진인에 대한 회유정책과 근본적으로 궤도를 같이 하는 것이었다.

원래 왜구의 활동은 경제적 이익을 얻기 위해 약탈적인 수단을 마다하지 않았던 것이나, 조선이 연해지방에 浦所를 두어 근해어로와 교역을 허락하며 식량마저 때때로 급여하는 등 우대정책을 펴자 왜구의 활동은 진정되었다. 조선에서는 일기도·대마도인을 島倭로, 기타 지방의 일본인을 諸鎭倭人·深遠處倭人으로 불렀다. 使者로서 도항해 오는 일본인을 客倭 또는 使送倭人으로, 교역을 위해 오는 자를 商倭·販賣倭人·興利倭人 등으로 구별하여 불렀다. 그러나 대부분이 원래 왜구로서 활동하던 자들이었으므로, 태조의 회유정책은 바로 왜구를 객왜 또는 상왜로 변모시키는 일이었다고 할 수 있다. 이러한 회유정책이 성공을 거둘수록 왜구의 활동은 현저히 감소되어 갔으나, 경상도지방의 향화왜인만도 2천 명에 달하는 등 조선의 부담이 크게 늘어나게 되었다.

태종은 왜선이 정박할 수 있는 포소를 富山浦와 薺浦로 한정하고 興利船에게는 도항증명서인 文引을 지참하도록 통제를 가하기 시작하였다. 그리고는 使送船도 室町幕府·九州探題·대마도·大內氏 등 10개 처 이외에는 통교정지를 요구하기로 하고, 이를 대마도주 宗貞茂에게 알려 일본 각지에 전달하도록 하였다. 이는 조선이 대마도의 특수한 지위에 주목하여 일본과의 교류통제에 이용한 것으로서, 이후 19세기 중기까지 대마도주 종씨가 일본과의 교섭에서 특수한 지위를 차지하게 되는 단초가 되었다. 대마도는 조선과 일본간의 교통의 요충으로서, 흥리선의 行狀을 다수 발급하고 있었던 島主 종정무에 대한 조선의 기대와 신뢰가 상당히 컸음은 물론이다.

그런데 대마도의 종정무가 죽고 어린 아들 宗貞盛이 계위하자 도내의 실권을 왜구의 두목인 左衛門太郞 등이 장악하게 되었다. 이 무렵 조선에서도 태종이 세종에게 왕위를 물려주었으나 上王으로서 군사적 실권만은 확고하게 장악하고 있었다. 마침 대마도에서는 기근 때문에 도민들이 다시 왜구활동에 나서 대거 명으로 향하는 도중에 먼저 조선의 연해지방을 약탈하였다. 이 보고를 들은 태종은 왜구가 출동한 허를 찔러 대마도를 습격하고, 나아가 왜구의 귀로를 차단하여 전멸시킬 계획을 세웠다. 세종은 병선의 준비부족 등을 이유로 육지에서의 방어를 주장하며 소극적인 자세를 견지하였는데 우의정 李原, 예조판서 許稠가 동조하였다. 그러나 좌의정 朴訔과 병조판서 趙末生 등이 상왕의 의견에 찬동하여 원정이 단행되었다.

세종 원년(1419)에 단행된 대마도정벌을, 조선에서는 「己亥東征」으로 불렀으나 일본에서는 「應永의 外寇」로 일컬어졌다. 三道都統使 柳廷顯과 3軍都體察使 李從茂가 병선 227척에 1만 7천여 명의 대군을 이끌고 豆地浦에 상륙하여 가옥을 불사르고 도민을 살륙하는 등 소탕작전을 벌이다가 복병을 만나 전사자를 내기도 하였다. 조선군이 거제도로 철수한 다음 명으로부터 돌아오던 왜구들이 조선의 서해안에 다시 출몰하였으므로 대마도 재정벌의 논의가 일어났으나, 왜구의 주력이 이미 金州衛의 望海堝에서 명에 대파되었다는 정보를 듣고서야 그만두게 되었다.11)

조선은 대마도 재정벌계획을 중지하고 화평교섭을 시도하던 중 몇 년만에 실정막부 장군 족리의지가 직접 보내온 사신을 맞이하게 되었다. 일본의 정사인 僧 亮倪는 구주탐제의 사자를 거느리고 대마도의 조선인 포로를 송환하며 대마도정벌의 진상을 확인하고자 하였다. 조선은 양예가 귀국하는 편에 回禮使 宋希璟을 파견하며 대장경을 보내주는 한편, 일본에 있는 조선표류민과 왜구에 약탈되어간 被虜人들을 송환시켜 주도록 요구하였다. 송희경은 대마도로 건너가 바다를 거쳐 경도에 도착하였고 귀로에도 같은 경로로 돌아오면서 일본국정의 복잡함에 놀라고, 대마도의 종씨와 구주탐제, 그리고 막부장군과의 상호관계를 이해하기 시작하였다.

조선에서는 대마도정벌의 논의가 일어날 때부터 예조판서 허주와 우의정 이원이 온건론을 펼쳐왔으며, 세종도 일본인의 접대와 의례에 개혁할 점이 있음을 인정하면서도 대마도 정벌 자체에는 반대하였다. 그러나 상왕의 강경론에 밀려 양보하지 않을 수 없었다. 그러나 상왕인 태종의 죽음으로 대일정책을 전환시킬 수 있는 계기가 마련되었다. 세종은 대마도 정벌을 통해 알게 된 일본국정을 검토하여 착실한 방어태세를 갖추는 한편, 평화적인 우호관계를 확립하

11) 中村榮孝, 〈朝鮮世宗己亥の對馬征伐〉(《日鮮關係史の硏究》 上, 吉川弘文館, 1965), 243~265쪽.

는 데 진력하였다. 일본으로부터의 渡來者에게는 여러 가지 우대정책을 펴면서도 제한을 가하는 규정을 차례로 만들어 통제를 강화시켜 나갔다. 그 결과 왜구의 침략은 사라지고 무역질서가 바로잡혀 교린체제가 확립되기 시작하였다.

세종대에 많은 규정이 만들어졌고, 세조대에 종래의 규정이 한층 정비되어 엄격하게 시행되었다. 세조의 신임을 받으며 오랜 기간 외교를 담당해 오던 申叔舟는 오랜 경험에 입각하여 성종대에 대일관계의 여러 제도를 정비하고 보완하여 새로운 제도를 마련하였다. 또한 신숙주는 《海東諸國紀》를 편찬하여 대일관계의 연혁과 현행의 규정을 계통적으로 정리함으로써 세종대부터 시작된 일본통제정책을 완성시켰다. 銅印授給, 書契發行權, 對馬島主文引, 歲遣船約定, 通信符制 등을 통해 도래자의 통제를 가하며, 浦所의 한정, 上京道路의 지정, 諸使應接의 定例를 통해 기강을 확립시켰던 것이다.

조선은 태조 이래 고려시대의 예에 따라 九州探題나 大內氏 등 일본 변경의 유력자에 대해 사신을 보내 왜구의 금압과 피로인의 송환을 요구하여 왔다. 이러한 경향은 실정막부와 직접 교통할 수 있게 된 이후에도 지속되었다. 명은 足利將軍 외에는 일체 통교를 금지시켰으나, 조선은 장군 외에도 管領·구주탐제·대내씨·島津氏·宗氏 등 중앙과 지방의 유력자뿐 아니라 박다상인에 이르기까지 통상하고 왕래할 수 있도록 인정하였다. 이러한 점에서 조선의 대일관계는 명의 대일관계와 상당한 차이가 있었음을 알 수 있다.

(4) 명의 조선견제정책

명조가 수립되자 명 태조와 고려 공민왕은 새로운 冊封관계를 신속하게 성립시켰다. 원을 타도하고 배척하려는 목표가 일치되었던 만큼 공동의 이익을 위해 동아시아의 정세변화에 적극적인 자세로 대처하였던 것이다. 그러나 요동의 원나라 잔여세력인 나하추를 소탕하려는 과정에서 명 태조가 나하추와 고려의 통모 가능성을 의심하면서 불신이 싹트기 시작하였다. 더욱이 명 태조가 신임하였던 공민왕이 암살되고 명사 피살사건까지 계기적으로 일어난 데다 고려가 북원과도 통교를 계속하고 있다는 사실이 확인되자, 명 태조는 고려에 대한 불신과 의혹을 감추려하지 않았으며 양국관계는 급속하게 냉각되어 갔다.

명 태조는 이후 고려에 대해 왕위의 계승을 인정하려 하지 않는다든지 무리한 歲貢을 요구하여 성의를 시험하려 들기도 하고, 貢路를 폐쇄시켜 조공을 못오게 한다든지, 대군을 동원하여 무력으로 정벌하겠다고 위협하는 등 고압적인 정책을 구사하며 고려를 견제하였다. 요동의 나하추를 평정하자 철령위설치를 시도하여 고려와 여진의 연결가능성에 쐐기를 박고자 하기도 하였다. 명 태조의 이러한 위압정책은 고려를 이은 조선왕조에도 그대로 지속되어 명 태조가 사망하는 조선 태조 7년(1398)까지 30년간 본질적으로 변함이 없었다. 명 태조는 조선의 「聲敎自由」를 확인하며 내정에는 간섭하지 않을 의사를 분명히 하였으나, 조선의 여진유인과 요동진출에는 극도로 민감한 대응을 하였다. 당시 왜구의 침입으로 골머리를 앓던 명 태조는 일부 조선해적의 활동 때문에 더욱 조선을 의심하게 되었던 것이다.

명 태조는 조선이 요동으로 군사적 진출을 감행할지도 모르며 그 계획의 중심인물이 鄭道傳이라고 파악하고 있었으므로, 때마침 발생한 表箋問題를 구실로 조선을 위협하며 정도전을 명으로 불러들여 제거하고자 기도하였다. 이 무렵 명 태조는 기회가 있을 때마다 조선을 정벌하겠노라고 공갈하였으나, 실제로 그러한 의도나 준비는 전혀 없었으며 다만 조선이 요동으로 먼저 진출하지 못하도록 위협하기 위함이었다. 이렇게 조선을 불신하고 위협하던 명 태조는 조선 태조 7년에 사망하고, 잇따라 조선에서는 요동정벌을 주도하던 정도전·南誾 등의 세력이 「왕자의 난」으로 몰락하였다. 명과 조선 양국에서 서로를 혐오하며 첨예하게 대립하던 세력이 동시에 사라짐으로써 양국관계는 새로운 국면을 맞이하게 되었다.

명 태조를 이어 황제가 된 명 혜제는 관대한 문인정치를 지향하였으나, 중앙집권에 이미 위협적인 존재가 된 諸王세력을 삭감시키기 위해 削藩정책을 시도하다가 숙부인 燕王의 반란에 직면하게 되었다. 이 3년간의 「靖難의 役」기간에 조선은 명 혜제나 연왕의 어느 한편에 적극 협력하지 않고 정세를 관망하면서, 입장이 현저히 약화된 명 혜제로부터 몇 가지 외교적 성과를 획득할 수 있었다. 즉 조선왕조 창건 이래 명 태조로부터는 받지 못하고 있던 조선국왕의 誥命과 印信을 받게 됨으로써, 조선왕조 수립의 형식적 완결과 태종즉위의 합법성을 확인 받게 된 셈이었다. 오랜 기간에 걸쳐 명 태조의 고압정책에 시달려오던 조선에게는 「정난의 역」이 다소 불안한 요소이기는 했지만, 오히려 그 기간에 명 혜제의 회유정책으로 잠시 고무되었다. 그러나 이는 명의 일관된 조선견제정책에서 극히 짧은 예외에 지나지 않았다.

「정난의 역」으로 제위에 오른 명 성조는 적극적인 대외확장정책을 추구하였으며, 그 가운데 요동의 여진을 초무하는 과정에서 조선과의 사이에 다시 긴장관계가 조성되기 시작하였다. 내란에 의해 제위에 오름으로써 정통성에 약점이 있는 명 성조에게 기민하게 賀登極使를 파견하여 순탄한 관계수립에 성공한 조선으로서는 새로운 도전이 시작된 셈이었다. 조선은 조선에 복속되어 있다고 생각해온 일부 여진부족에 대한 명 성조의 초무에 대하여 내심으로 크게 반발하였다. 이러한 정세의 추이를 일찍이 간파한 權近은 태종에게 다음과 같이 경고하였다.

> 전하께서 온갖 충성을 다해 사대하는 정성으로 황제의 특별한 대우를 믿고 계시지만 황제는 동쪽 변두리에 建州衛를 설치하였으니, 이는 우리의 목을 조르고 오른 팔꿈치를 잡아당기는 셈입니다. 밖으로는 雄藩을 세워 우리 인민을 유인하고, 안으로는 남다른 은총을 베풀어 우리의 방비를 늦추고 있으니 그 뜻을 진실로 헤아리기 어렵습니다(《太宗實錄》 권 12, 태종 6년 8월 경술).

당시 鳳州부근에 거주하던 오랑캐의 於虛出(阿哈出)이 명의 羈縻衛所로서 설치된 건주위의 도지휘사가 되어 명의 요동경략에 협력하기 시작하자, 조선은 吾音會(會寧)에 있던 吾都里 부족을 계속 조선의 세력권에 묶어두기 위해 온갖 공작을 시도하였다. 그러나 후일 淸나라 황실의 직계 조상이 되는 오도리의 童猛哥帖木兒[퉁멍거티무르]는 결국 명 성조의 집요한 공략에 굴복하여 명에 입조하고 말았다. 두만강 유역의 여진관할을 둘러싼 명과 조선의 암투는 요동진출과 같은 성질의 분쟁은 아니었지만 명의 견제정책에 조선은 다시 한번 좌절을 맛보게 되었다. 명 성조의 요구에 따라 「정난의 역」 기간에 조선으로 피난 온 漫散軍民조차 모조리 송환시켜 주지 않을 수 없었다.

몽고친정에 나섰던 명 성조의 사후 인종이 즉위하였지만 불과 10개월만에 병사하고 그의 아들 선종이 계위하였다. 명 인종과 선종의 재위기간은 모두 10년 남짓이었으나 정치 및 사회경제적 안정을 이룩하여 이른바 「仁宣의 治」를 연출하였다. 이는 그 동안의 대외정책에 대한 반성을 기초로 하여 이루어진 확장정책의 축소조정에 따라, 국가재정의 막대한 지출을 감소시킬 수 있었다는 점도 크게 작용하였다. 명 성조 이래 직접 통치해 오던 安南을 방기하였고 대규모의 「西洋出使」와 몽고정벌을 중지하였으며, 흑룡강 일대에 설치된 奴兒干都司의 경영도 느슨하여졌다. 말하자면 명 성조시대 대외정책의 일대 전환이 이루어지기 시작하였으며, 이는 요동의 여진에 대한 장악력이 쇠퇴함을 의미하는 동시에 조선에 대한 견제정책도 약화되어 감을 의미하는 것이었다.

명 선종과 그의 뒤를 이은 명 영종대는 바로 조선의 세종대에 해당한다. 세종은 바로 명의 여진장악력이 약화되어 가는 배경 속에서 여진의 閭延침략에 대한 응징을 이유로 세종 15년(1433) 압록강을 넘어 婆猪江(佟佳江) 일대에 거주하고 있는 건주위의 李滿住를 토벌하였다. 아무리 女眞衛所라 할지라도 명의 지배체제에 편입되어 있는 건주위를 명에 예고도 없이 토벌을 감행한다는 일은 명 성조대 같으면 상상할 수도 없는 일이었다. 조선의 건주위 토벌에 분개한 요동총병관 巫凱가 명 선종에게 조선을 문책하자고 주장하였으나, 명 선종은 "遠夷가 다투고 싸우는데 시비가 분명치 않으니 어찌 한 쪽의 주장만을 들을수 있겠는가"라는 말로 이를 기각하였다.[12] 명 성조가 여진을 독점적·배타적으로 확실히 장악하려 했던 데 비해, 명 선종이 지녔던 소극적인 자세가 잘 드러나고 있는 대목이다.

잇따라 발생한 여진의 내분으로 建州左衛의 퉁멍거티무르 부자가 함께 피살되고 오도리의 건주좌위가 존망의 기로에 서게 되자, 세종은 이를 천재일우의 좋은 기회로 생각하고 두만강유역의 6진개척에 나서게 되었다. 세종은 동왕 19년 다시 한 차례 파저강 일대의 건주위 이만주의 토벌을 단행하여 압록강 방면에 4군을 설치함으로써 두만강과 압록강까지 이르는 강역을 확정지을 수 있게 되었다. 조선의 이러한 점진적인 북방개척을 가능케 해준 것은 조선의 국력충실에도 기인하지만, 명의 대외정책 전환에 따른 요동에서의 명세력 쇠퇴에 힘입은 바가 컸다는 사실을 부인하기 어렵다.

오이라트의 세력이 흥기하고 「土木의 變」으로 명이 남경천도까지 고려할 만큼 큰 타격을 받게 되자, 자연히 요동경영도 과거와 같은 박력을 찾아볼 수 없게 되었고 여진에 대한 통제력도 더욱 이완되어 갔다. 이러한 틈을 타서 建州女眞과 海西女眞이 명의 장악에서 벗어나려는 경향을 보이며 때때로 변경을

12) 《明宣宗實錄》 권 103, 宣德 8년 6월 계미.

침입하여 약탈을 감행하자, 명은 이제 스스로 자국의 위소로 편입되어 있는 여진을 토벌하는 일에 나서지 않을 수 없었다. 명은 이제 조선을 견제하기는 커녕 오히려 여진을 견제하는데 조선의 도움을 필요로 하게 되었던 것이다. 遼東都司가 군대를 내어 건주위를 토벌하던 세조 13년(1467) 명의 요청을 받은 조선에서도 군대를 출동시켜 이만주 부자를 잡아죽인 일은 매우 상징적인 사건이었다. 오랜 세월에 걸친 명의 조선견제정책은 이제 막을 내리고 우호적이고 정상적인 조공관계가 전개되어 나갔다. 이후 조선과 여진과는 거의 교통이 단절되다시피 관계가 소원하여졌으며, 여진내부에서는 치열한 내부항쟁을 거치며 차츰 건주여진의 패권이 확립되어 갔다.

5) 조선의 대외관

흔히 조선의 대외정책을 사대교린이란 말로 압축하여 표현한다. 사대교린이란 《孟子》에 처음 나오는 말이다. 齊宣王이 이웃 나라와의 교린의 도를 묻자 맹자가 “오직 仁者가 능히 大로써 小를 섬기니 이런 까닭에 湯이 葛을 섬겼고 文王이 昆夷를 섬겼습니다. 오직 智者만이 능히 小로써 大를 섬기니 太王이 獯鬻을 섬기고 勾踐이 吳를 섬겼습니다. 大로써 小를 섬기는 자는 天을 樂하는 자이고 小로써 大를 섬기는 자는 天을 畏하는 자이니, 天을 樂하는 자는 천하를 보전할 수 있고 天을 畏하는 자는 그 나라를 보전할 수 있습니다”라고 대답한 데서 유래한다. 맹자는 원래 교린의 도를 「仁者의 事小」와 「智者의 事大」로 나누었다는 것을 확인할 수 있다.

중국에 대해서는 誠으로써 사대외교를, 일본과 여진 등에 대하여는 信으로써 교린외교를 펴나간다는 것이 조선의 사대교린정책이다. 조선의 사대교린은 곧 《맹자》에 나오는 「지자의 사대」와 「교린의 도」를 결합시킨 용어이며, 「인자의 사소」라는 개념을 버리고 대신 「교린」의 일반적인 의미를 축소시켜 일본·여진 등에 적용시키고 있다는 것을 알 수 있다. 그러나 성종 16년(1485)에 반포된 《經國大典》의 禮典에는 「사대」의 항목 외에 「교린」이란 항목은 없고, 다만 「待使客」의 항목속에서 중국사신의 접대의례라든지, 일본·유구·여진에 대한 접대절차 등을 함께 간단히 규정해 놓았을 뿐이다. 그러므로 사대교린정책의 실질적 내용은 조선 초기부터 존재하였다고 할 지라도 법제화된 용어로 쓰이기 시작한 것은 조선 중기 이후의 일이었다고 할 수 있다.

근대적인 주권국가의 관념이 전혀 존재하지 않던 15세기의 동아시아세계에서는 중국을 중심으로 한 책봉체제가 당시의 국제질서를 규정하고 있었다. 원나라를 구축하고 등장한 새로운 漢族왕조인 명이 조공제도의 범위 내에서만 교류를 인정하는 책봉체제를 통해 중국 중심의 동아시아 국제질서를 강화시켜 나가려고 하였기 때문이었다. 당시 동아시아 각국이 중국이 요구하는 조공관계를 받아들이지 아니하는 경우에는 조공무역을 통한 경제적 이익을 획득할 수 없음은 물론 선진문물을 도입할 수 있는 길이 없을 뿐 아니라, 때로는 자국의 안보를 보장받지 못하는 일도 현실적으로 존재하였다. 그러므로 중국과의 교류를 바라는 동아시아 각국에게 조공제도는 거의 선택의 여지가 없는 국제질서로서 다가왔다고 할 수 있다.

당시 조선에게도 명제국은 동아시아에서 유일한 정치·군사대국이었으며, 또한 땅이 넓고 물자가 풍부한 경제대국으로서 가장 중요한 교역의 대상국이었음을 부인할 수 없었다. 뿐만 아니라 중국은 조선왕조의 지배이념이던 유교의 종주국이며 또한 과학기술을 비롯한 문화적 선진국이기도 하였으므로 중국을 중심으로 한 계층적인 동아시아 국제질서를 커다란 저항감 없이 수용할 수 있었다. 더욱이 당시 국제적인 대외교섭의 범위가 극히 한정되어 있던 조선에게 중국은 동아시아 밖의 외부 세계에 대한 지식을 간접적으로 전달해 주는 중요한 정보창구였음도 지적하지 않을 수 없다.

따라서 중국과 지리적으로 인접하여 있으며 한중관계의 오랜 역사 속에서 조공제도를 체험해 온 조선은 중국이 요구하는 조공제도에 적극적으로 참여함으로써, 명분적으로는 다소 굴욕적인 점을 감수하더라도 실리적으로는 자국의 이익을 추구하며 동시에 주체성을 상실하지 않으려고 노력하였다. 고려말이래 명에 대한 조공을 통한 사대외교는 "小로써 大를 섬김은 保國의 道로서 우리 나라는 삼국통일 이후 大를 섬기기를 부지런히 힘써 왔다"[13]는 유교적 가치로 정당화되고 합리화되었다.

이러한 사대조공의 관계에도 불구하고 조선 초기에는 조선 중기 이후와는

---

13) 《太祖實錄》 권 1, 總書 신우 14년.

달리 중국에 대해 조선의 자율성과 자존의식을 강조하는 주자학자들이 있었다는 사실은 주목할 만하다. 조선이 중국대륙의 부속물이 아니고 자기완결성을 지닌 하나의 세계로서 파악하는 五福太一信仰이 존재하였다든지, 조선왕조의 역성혁명을 천자인 명 태조의 승인보다 먼저 天命에 의해 이루어진 것이라고 설명하려는 노력이라든지, 고려시대부터 존재해오던 郊祀의 존속을 주장하는 움직임 등을 그 예로 들 수 있다. 물론 이러한 사상과 의식 자체가 모두 궁극적으로 중국문화의 소산임은 부정할 수 없다. 그러나 한편 중국적 발상을 빌리더라도 일부 주자학자들에 의해 조선의 자율성과 자존의식을 높이려는 시도가 이루어졌다는 점은 조선 중기 이후와는 다른 경향이 아닐 수 없으며, 주자학이 반드시 후일의 사대주의를 조장하는 기능만을 수행하였다고 단정할 수 없는 일면이 있다.[14]

조선의 사대외교를 펼치는 유일한 대상이 중국이었다고 한다면, 교린외교의 대상으로는 일본·유구·여진·南蠻 등이 있었다. 교린의 외교의례적 개념은「敵國抗禮」로서, 서로 필적할 만한 나라가 대등한 자격으로 교류한다는 뜻이 내포되어 있다. 물론 여기에는 중국을 중심으로 한 책봉체제 안에서 동아시아 각 국이 중국과 조공관계를 맺고 있다는 점이 전제되어 있다. 그러나 실제로 국가체제를 제대로 갖추고 있으며 동시에 명의 책봉을 받고 있던 나라는 일본과 유구, 그리고 동남아시아의 몇 나라이고, 여진은 명의 군정기관인 遼東都司의 관할 아래 衛所의 단위로 분할 관리되고 있을 따름이었다.

고려말 이래 조선과 일본과의 통교는 조선국왕과 일본국왕 즉 室町幕府 장군간의 관계뿐 아니라, 일본 내의 守護大名 등 지방의 유력한 호족들과도 다원적인 관계를 유지하여 왔다는 점에 두드러진 특징이 있다. 이는 실정막부의 장군이 무력한 천황을 제치고 외교권마저 장악하여 대외적으로는 일본 국왕으로 행세할 정도가 되었으나, 유력한 지방의 호족을 완벽하게 통어할 만한 중앙집권체제를 구축하지 못한 데서 기인하였다. 조선은 물론 이러한 다원적인 복잡한 관계를 바라지 않았으나, 일본의 실정을 파악하고 난 다음부터는 현실에 입각한 통교를 용인할 수밖에 없었다. 그러면서도 조선은 실정막부의 장군이 보낸 사절 이외에는 모두 대마도주 종씨의 통제를 받도록 조정하는 등 대일

14) 山內弘一, 〈李朝初期に於ける對明自尊意識〉(《朝鮮學報》 92, 1979).

외교의 일원화를 끊임없이 추구하여 나갔다.

그러나 조선이 완전히 대등한 관계로서 일본을 상대하였다고 보기 어려운 증거도 적지 않다. 이는 실정막부가 완전한 중앙집권체제를 이룩하지 못하여 지방호족을 효과적으로 제어할 만한 실력을 갖추지 못했다는 점 이외에도, 조선과의 교역을 통하여 경제적 욕구를 반드시 충족시켜야 되는 일본의 필요성, 그리고 조선의 유교적 가치관에 입각하여 볼 때 일본은 야만적인 풍속을 가진 나라로 인식되었다는 점 등에 기인하고 있었다. 그러므로 조선은 중국이 주변의 민족에게 그러했듯이 일본을 羈縻정책의 대상으로 간주하고 있었으며, 가장 밀접한 관계를 지닌 대마도주 종씨를 비롯한 일본의 지방호족들은 사실상 조공무역의 형식을 빌어 조선과 교류하였다. 이러한 점은 유구왕국의 경우에도 그다지 다를 바가 없었다.

조선 초기의 일본관을 이해하기 위해서는 신숙주가 왕명을 받아 성종 2년(1471)에 편찬한《해동제국기》를 빠뜨릴 수 없다.《해동제국기》는 일본통제정책의 결과 약정된 세종 25년(1443)의 癸亥約條 이후 조금씩 이완되어 간 통제를 다시 강화하기 위한 목적에서 편찬된 것이다. 일본의 지리·국정·풍속 외에도 交聘의 연혁이나 통상에 관한 규정을 모아 놓아, 조선 초기의 대일본인식을 정리하였으며 앞으로의 대일외교의 준칙을 마련한 셈이었다.

조선에 의해 일본인이 왜인으로 불린 것처럼 보통 野人으로 불리던 여진인들은 15세기에는 아직 국가를 형성하지 못한 채 부족단위로 수렵과 어로 또는 농경과 목축에 종사하고 있었다. 조선은 여진의 부족장들을 지역과 종족에 따라 부족단위로 일일이 상대하지 않을 수 없었다. 그러므로 비록 같은 교린관계라고 하더라도 조선과 여진의 관계가 국가체제를 갖추고 있는 일본과의 관계처럼 전개되기에는 어려운 점이 많았다. 여진은 조선으로부터 회유와 정벌을 함께 받는 존재였으며, 조선 초기는 바로 회유로부터 정벌로 정책이 차츰 전환되어 나가는 과정이었다고 볼 수 있다. 조선과 가장 깊은 관계를 지녔던 여진은 오도리와 오랑캐가 중심이 된 建州女眞이었다.

식량을 비롯한 생활필수품이 결핍된 여진은 進上肅拜라는 사실상의 조공을 통하여 조선의 후한 回賜品을 받거나, 무역소를 이용한 교역을 통해 경제적 욕구를 충족시켜 왔다. 그러나 자연재해로 기근이 발생하거나 전란 등으로 절박한 경제적 위기가 일어나는 경우, 여진은 돌연 조선의 변경을 침입하여 牛馬나 사람을 약탈하는 일을 서슴지 않았다. 조선은 이러한 여진인의 성품을 으레 「人面獸心」으로 요약하였다. "野人의 성품은 仁義가 부족하다. 그러므로 仁으로 어루만져도 은혜로 생각치 않고 도리어 豺狼의 마음을 품는다"라는 표현이 조선의 대표적인 여진관이라고 할 것이다.[15]

두만강과 압록강 일대의 여진을 조선에 점진적으로 동화시켜 나가려던 태조의 회유정책은 「왕자의 난」 및 「趙思義亂」과 오도리의 명나라 복속이라는 국내외적인 계기로 말미암아 태종 때부터 바뀌기 시작하여, 응징의 필요성이 있거나 적절한 기회가 있으면 조선은 무력행사도 마다하지 않게 되었다. 이로부터 '恩威並用'의 대여진정책이 구사되기 시작하였는데, 세종 때 6진을 개척한 咸吉道都節制使 金宗瑞의 다음과 같은 말은 여진에 대한 조선의 인식과 정책을 극명하게 표현하여 주고 있다.

> 儒者들이 한결같이 이르기를 夷狄을 상대하는 道란 오면 막지 아니하고 가면 붙들지 아니하여, 원한을 맺지 아니하고 분쟁을 일으키지 않도록 하는 것이라고 합니다. 또한 화친이 귀중하니 이를 이루는 자는 안전해지고, 이를 잃는 자는 위태해진다고 말합니다. 신도 역시 늘 상 이와 같이 말할 따름입니다. 신이 북쪽 변방으로 나와 지키며 오랑캐들과 섞여 지내면서 눈으로 보고 귀로 들어 그 사정을 알아차릴 수 있게 되었는 바, 胡人들은 천태만상으로서 어느 한 가지로 설명할 수가 없습니다. 恩이 없으면 그들의 마음을 기쁘게 할 수 없고, 威가 없으면 그들의 의지를 두렵게 만들 수 없습니다. 恩이 지나치게 되면 교만해지게 되고 威가 지나치게 되면 원한을 품게 됩니다. 그러나 원한으로 분란을 일으키려는 자라도 威가 두려워서 행동에 옮기지 못하는 수도 있고, 교만으로 골칫거리가 되는 자라도 가볍게 무시해버리면 독기를 내뿜는 수가 있으므로, 恩威는 어느 한 쪽을 버릴 수 없는 것입니다(《世宗實錄》 권 75, 세종 18년 11월 경자).

조선 초기의 교린정책은 여진과 일본에게 공통적으로 시행되었지만, 조선은 일본보다 오히려 여진을 상대하는 데 더욱 어려움을 느꼈다. "우리 나라는 남으로 島倭와 이웃하고 북으로는 野人과 접해 있는데, 모두 방어에는 가장 중요한 곳이다. 그런데 남방은 왜구들로서 복종을 해오기 때문에 방어를 조금 늦출 수가 있으나, 북방은 야인들로서 형세는 마치 투항해오는 것 같으

15) 《世宗實錄》 권 77, 세종 19년 4월 기사.

나 마음으로는 성심껏 복종하지 아니하니 방어가 제일 어렵다"는 말은, 일본과 같은 교린외교의 대상이면서도 미묘한 차이를 보이는 여진에 대한 조선의 인식과 평가를 잘 나타내 주고 있다.[16]

〈朴元熇〉

2. 명과의 관계

1) 대명정책

(1) 고려말의 대명관계

조선왕조가 수립된 해는 明太祖 洪武 25년(1392)에 해당되는데, 이 때는 명이 건국되어 고려와도 통교를 시작한 지 이미 4반세기가 지난 시점이었다. 그러므로 조선의 대명관계는 고려말 대명관계의 연장선 위에서 전개되는 것이 자연스러운 일이었다. 특히 고려말 우왕 14년(1388) 威化島回軍 이후에 확립된 대명정책의 틀이 사실상 조선에도 그대로 계승되었다고 볼 수 있다. 이렇게 대명관계에서 고려말과 조선초를 한 시대로 묶어 파악하게 되는 것은 고려 공민왕 17년(1368)으로부터 조선 태조 7년(1398)까지 31년간 지속되었던 명 태조 홍무정권의 존재와 떼어놓을 수 없는 관계가 있다.

고려와 명의 관계와 조선과 명의 관계는 대체로 모두 명 태조 홍무정권의 대외정책에 의해 주도되는 경향이 강하였다. 그러므로 조선 태조 재위 7년간의 대명관계는 그 이후의 대명관계보다도 오히려 그 이전인 고려 공민왕 17년 이래의 대명관계와 전개양상이 유사한 점이 많았다. 따라서 조선 초기의 대명관계와 대명정책을 제대로 이해하기 위해서는 먼저 고려말의 대명관계를 간략하게나마 반드시 살펴볼 필요가 있다.

고려가 명과 冊封관계를 성립시킨 것은 명조가 수립된 직후 동아시아의 국제질서가 재편되는 과정에서 이루어졌다. 공민왕 18년 명 태조가 符寶郎 偰斯를 고려에 파견하여 명조의 수립을 통고하였을 때 元末의 동란을 틈타 반원정

16) 《世宗實錄》 권 64, 세종 16년 6월 병오.

책을 점진적으로 추진하고 있던 공민왕은 이를 크게 환영하였다. 공민왕은 원의 「至正」 연호를 즉각 폐지하는 한편, 禮部尙書 洪尙載와 監門衛上護軍 李夏生을 賀登極使로 南京에 보내고 명 태조에게 封爵을 요청하였다. 이들을 맞은 명 태조 역시 크게 기뻐하며 공민왕을 고려왕에 봉한 다음, 다시 偰斯로 하여금 金印·誥文·大統曆을 고려에 전달하도록 하였다. 이를 받은 고려는 명의 「홍무」 연호를 쓰기 시작함으로써 명과 고려의 책봉관계가 정식으로 성립되었다. 원을 타도하고 배척하려는 공동의 목표를 지니고 있던 명과 고려 양국은 참으로 신속하고도 적극적으로 우호적인 양국관계를 성립시켰다.

공동이익과 상호신뢰에 바탕을 둔 초기의 이러한 우호관계는 명이 요동의 원나라 잔여세력을 몰아내고 요동을 경략하고자 기도하는 과정에서 바뀌어 고려와 명 사이에 틈이 생기기 시작하였다. 당시 요동에는 納哈出[나하추] 등 원의 잔여세력이 남아 있어 명의 요동진출에 대항하고 있었다. 나하추는 공민왕 21년(1372)에 요동진출을 위한 명의 군사보급기지이던 牛家莊을 습격하여 10만 석의 군량을 불지르는 등 명군에 막대한 타격을 가하였다. 명 태조는 나하추의 이 우가장 습격사건에 고려가 공모하였다고 확신하고, 노골적으로 고려를 비난하며 앞으로 조공을 3年 1使로 할 것과 사행도 요동을 경유하지 못하도록 엄중히 요구하였다. 설상가상으로 공민왕 23년에 명 태조의 신뢰를 받았던 공민왕이 암살되고, 귀국 도중의 명사 林密과 蔡斌을 호송하던 密直副使 金義가 채빈을 살해하고 임밀을 포로로 하여 나하추에게 망명하는 사건이 계기적으로 발생하였다. 더욱이 고려가 北元과도 통교를 계속하는 양면외교를 펴고 있다는 사실을 확인한 명 태조는 이로부터 고려에 대한 불신과 의혹을 오랫동안 떨치지 못하게 되었고 양국관계는 급속하게 냉각되어 갔다.

명 태조는 우왕의 습위를 승인하지 않으려고 하는가 하면, 무리한 歲貢을 요구하여 고려의 대응을 시험하려고 하였으며, 대군을 동원하여 고려를 정벌하겠다는 위협을 여러 차례 가하기도 하였다. 결국 12년이 지나서야 당초 貢額에 대한 명의 양보와 고려의 성의표시에 따라 5년간의 공액을 한꺼번에 보내는 방식으로 세공문제가 해결되면서 교착된 양국관계에 새로운 돌파구가 열리게 되었다. 명은 우왕의 습위를 승인하고 억류시켰던 고려사신을 송환하는가 하면, 공액도 삭감하니, 이로써 양국관계의 정상화가 이루어지게 되었다.

그런데 명은 왜 이 시점에 와서 고려에 대한 종전의 위압자세를 버리고 서둘러 관계를 개선하려고 하였을까. 이는 명의 요동경략과 관련지어 생각하지 않으면 안된다. 대체로 명의 대고려정책은 무엇 하나 요동의 정세와 관련되지 않는 것이 없다고 해도 지나친 말이 아니다. 명이 고려와 그 동안 불편했던 관계를 개선하려고 갑자기 서두르기 시작한 우왕 11년(1385)은 바로 명 태조가 나하추를 토벌하기 위해 대대적인 준비를 시작하는 때와 일치된다. 따라서 명 태조는 무엇보다도 먼저 고려와의 관계개선을 통해 고려의 명에 대한 적개심을 누그러뜨려 나하추와 연합할 가능성을 없애며, 나하추 정벌에 필요한 戰馬를 고려로부터 사들이기 위함이었던 것이다.

우왕 13년 명은 20만 대군을 동원하여 나하추를 평정하여 요동의 원나라 잔여세력을 일소시킴으로써, 이제는 고려와 국경이 부분적으로 맞닿을 수 있을 정도로 요동진출이 가능해졌다. 명 태조는 요동경략에 최대의 장애를 제거하고 나자 의욕적으로 요동진출을 도모하기 시작하였다. 명 태조는 지금까지 고려에 대한 유화적인 태도를 돌변시켜 앞으로 고려사신을 입국시키지 말도록 遼東都司에 명령을 내리는 동시에 鐵嶺衛 설치를 통고함으로써, 이미 反明의 분위기가 팽배해지고 있던 고려조정에 충격을 주었다. 명의 가중되는 압박에 대해 군사적 대응을 모색하여 오던 崔瑩은 요동정벌을 본격적으로 추진하기 시작하였다.

최영에게 설득 당한 우왕은 李成桂의 四不可論을 물리치고 최영을 八道都統使, 曺敏修를 左軍都統使, 이성계를 右軍都統使에 임명하고 요동정벌을 위한 出師를 단행하였다. 마지못해 군대를 거느리고 출동한 조민수와 이성계는 마침내 威化島에서 회군하여 우왕을 폐위시키고 창왕을 옹립하는 한편, 최영을 유배시킴으로써 고려의 정국을 일변시켰다. 요동정벌운동과 함께 중지시켰던 「홍무」연호가 회복되고 胡服의 착용이 다시 금지되었다. 이성계는 조민수를 실각시킨 후 창왕을 폐위시키고 공양왕을 옹립함으로써 사실상 고려의 대권을 장악하였다. 명의 철령위 설치기도가 고려에 정변을 불러일으키고 후일 조선왕조 개창의 길을 열어놓게 되는 하나의 단서가 된 것이었다. 이후 고려에서는 이성계 일파의 「化家爲國」의 기도를 좌절시키기 위해 명의 견제와 간섭을 끌어들이려는 李穡·鄭夢周 등의 노력이 있었으나, 명 태조의 냉담한 내정 불간섭정책으로 결국 실패하고 말았다.

(2) 태조 즉위의 승인과 국호개정

조선왕조가 수립되는 과정은 정치적으로 크게 3단계로 나누어 볼 수 있다. 첫 단계는 우왕 14년(1388) 위화도회군과 그에 따른 우왕의 폐위 및 최영의 축출이다. 둘째는 다음해 「廢假立眞」을 이유로 한 창왕의 폐위와 공양왕의 옹립이다. 셋째는 공양왕 4년(1392) 드디어 尹彝·李初 誣告사건을 빌어 마지막 반대세력을 숙청한 다음 공양왕을 폐위시키고 이성계가 즉위한 것이다. 우왕의 폐위로부터 불과 4년만에 창왕과 공양왕을 거쳐 이성계의 즉위가 이루어진 것이다. 즉위한 조선 태조 이성계는 고려라는 국호도 그대로 두고 儀章과 법제도 전과 같이 유지함으로써 민심의 격동을 최대한으로 억제하고자 하였다.

태조는 즉위한 다음날 都評議使司 및 대소신료와 閑良·耆老의 명의로 知密直司事 趙胖을 보내어 門下侍中 이성계를 국왕으로 추대한 사유를 조심스럽게 명의 禮部에 먼저 알렸다. 그리고 다음달에는 대동소이한 내용을 정식의 表文으로 작성하여, 權知高麗國事 이성계의 명의로 前密直使 趙琳을 명 태조에게 보내어 즉위의 승인을 요청하였다. 명의 즉위승인을 받는 일은 국제적으로 명과의 우호관계를 도모하고 국내적으로는 왕권을 확립하며 신왕조의 정통성을 수립하는 데 절대적으로 긴요하였다.

먼저 조반이 가지고 간 문서를 받은 명 예부는 이를 즉시 명 태조에게 보고하였다. 명 태조는 이성계가 일을 꾸민지 이미 여러 해가 되었는데 이제 확연하게 이루어지게 되었다고 하면서 어느 정도 예견하고 있었던 듯이 담담하게 받아들였다. 그리고 조선의 우려와는 달리 왕조교체를 다음과 같이 선선히 기정사실로 인정하여 주었다.

> 삼한의 신민이 이미 이씨를 높였는데 백성들에게는 兵禍가 일어나지 않으며 사람들마다 하늘의 즐거움을 즐길 수 있다면 그것이 곧 帝命인 것이다. 그렇지만 지금부터 封疆을 조심하여 지키도록 하고 거짓을 일삼지 않는다면 복이 더욱 많아질 것이다(《太祖實錄》 권 2, 태조 원년 10월 경오).

명 태조로부터 즉위승인을 받은 조선 태조가 時坐所로 돌아와 백관의 축하를 받았음은 물론이며, 태조는 곧 바로 門下侍郞贊成事 鄭道傳을 謝恩使로 명의 남경에 파견하였다.

한편 조반보다 한 달 늦게 권지고려국사 이성계 명의의 표문을 가지고 명에 갔던 조림에게, 명 태조는 심상치 않게 잦은 왕위교체의 이유를 짐작하지만 이에 간여할 의사가 전혀 없음을 분명히 밝혔다. 그리고 조림이 가지고 온 명 예부의 咨文에서 명 태조는 조선의 「聲敎自由」를 다시 한번 천명하였을 뿐 아니라, 한걸음 더 나아가 새로 바꿀 국호가 무엇인지 조속히 알려달라고 다음과 같이 당부하였다.

> 고려는 산이 경계를 이루고 바다가 가로막아 하늘이 만들어준 東夷이므로 우리 중국이 통치할 바는 아니다. 너희 예부에서는 회답하는 문서에 聲敎를 자유로이 할 것이며 과연 하늘의 뜻에 따르고 사람의 마음에 맞추어 동이의 백성을 편안하게 하며, 변방에서 釁端을 일으키지 않는다면 使節이 서로 왕래하게 될 것이니 이는 실로 그 나라의 복이 될 것이다. 문서가 도착하는 날에 국호를 어떻게 고칠 것인가 빨리 보고하도록 하라(《太祖實錄》 권 2, 태조 원년 11월 갑진).

예상했던 것보다 훨씬 순조로운 양국관계의 출발에 크게 고무된 조선 태조는 그대로 두었던 「고려」라는 국호를 고치기로 결심하고 기로와 백관을 도당에 모아 새로운 국호를 의논하였다. 그 결과 「朝鮮」과 태조가 출생한 永興의 옛이름인 「和寧」의 두 이름을 지었다. 그리고 藝文館學士 韓尙質을 보내어 명 태조에게 두 국호 가운데 하나를 선택하여 주기를 요청함으로써 더욱 겸양의 태도를 나타내었다. 명 태조는 "동이의 국호에 조선이란 이름이 아름답고 또 유래가 오래되었으니 그 이름을 이어받고, 하늘을 본받아 백성을 다스려서 후사를 영구히 번성하게 하라"고 「조선」이란 국호를 지정하여 주었다. 조선에서 국호의 선택까지 명에 의뢰한 것은 지나친 사대외교이며 자주성의 상실이라는 비난도 받을 수 있다. 그러나 공민왕이 죽은 이후 험악해진 양국관계나 왕조교체에 따른 난제를 풀어가기 위하여 우선 명과의 외교적 마찰을 최대한으로 회피할 필요성이 절실하였으므로 실리를 위한 명분의 양보를 보인 것이라고 볼 수 있다.[1)]

조선은 門下侍郎贊成事 崔永沚를 명에 보내어 사은하게 하는 동시에 政堂文學 李恬으로 하여금 명이 수립된 직후 공민왕이 명 태조로부터 받았던 金印을 반환하게 하였다. 그러나 최영지가 安州에 이르렀을 무렵 사은사의 임

---

1) 신석호, 〈조선왕조 개국 당시의 대명관계〉(《국사상의 제문제》 1, 국사편찬위원회, 1959), 104쪽.

무를 마치고 귀국 도중에 있던 정도전 일행과 만나게 되었다. 정도전은 최영지가 사신으로 명에 파견되는 것이 적절치 않다고 판단하고 잠시 머물러 있게 한 다음 개경으로 돌아와, 태조에게 최영지가 서북면에서 오랫동안 군사를 거느려 중국에 잘 알려져 있으므로 가벼이 보내지 않는 것이 좋다고 건의하였다. 태조는 정도전의 건의를 받아들여 최영지를 도중에 소환하고 이염에게 사은사의 임무를 겸하게 하였다.

최영지가 서북면에서 오랫동안 군사를 거느렸던 사실이 왜 명에 사신으로 파견되기에 적합하지 않은 조건이라고 정도전은 판단하였을까. 이는 최영지가 고려말 이래 서북면 일대에서 벌인 군사활동의 범위가 어쩌면 압록강을 넘어 비록 소규모일지라도 명군과도 몇 차례 충돌한 사실이 있거나, 적어도 명 태조가 극히 불쾌하게 생각하고 있는 여진유인에 관련이 있음을 시사하여 주고 있다. 따라서 정도전은 최영지의 이러한 과거의 군사활동을 염두에 두고, 자칫하면 명에 사신으로 잘못 갔다가 희생될지도 모른다고 우려하였던 것이다.

정도전은 이 使行의 귀로에서 처음으로 요동정벌의 가능성을 토로함으로써 명 태조로부터 주의해야 할 대상으로 지목되기 시작하였으며, 귀국하자마자 바로 判三司事에 임명되고 義興三軍府事를 겸임하여 군제개혁과 군비강화에 박차를 가하기 시작하였음을 주목할 필요가 있다. 이는 조선이 우호적인 양국관계의 정립을 위해 국호조차도 명 태조에게 선택하여 주기를 요청하는 사대외교의 뒷면에, 자주적으로 조선의 국운을 개척하려는 또 하나의 흐름이 있음을 보여주고 있는 것이다.

(3) 대명외교의 성격

조선왕조의 대명관계는 사대외교를 통해 전개된 것이 특징이다. 이는 조선이 명과 전근대 동아시아적 국제질서의 일환으로서 전형적인 조공관계를 맺고 있음으로써 나타나는 외교형태였다. 사대외교를 흔히 사대주의와 혼동하여 자주성이나 주체성과 대립되는 개념으로 이해하는 경우가 있으나, 사대외교는 어디까지나 민족보전을 위한 현실적 외교정책으로서 결코 자주성과 모순되지 않는다.[2] 조선 초기의 대명 사대외교는 역시 고려말 이른바 친명파

2) 韓永愚, 《鄭道傳思想의 硏究》(서울大 出版部, 1989), 181쪽.

의 논리에서 그 근원을 찾아볼 수 있다.

우왕 원년에 북원의 사신이 江界에 이르렀을 때, 이를 받아들일 것인가를 놓고 친원파와 친명파가 논쟁을 벌인 일이 있었다. 그 때 朴尙衷은 强을 등지고 弱을 향하는 것이 좋은 계책이 아니라고 하여 북원의 사신을 맞아들이는 것이 사리와 대세에 어긋남을 역설하였다. 우왕 14년(1388) 최영의 요동정벌을 반대하였던 이성계가 내세운 四不可論의 첫머리가「以小逆大」였으며, 이성계와 함께 위화도에서 군대를 돌이키기를 청원하였던 조민수도「以小事大 保國之道」라는 논리를 전개하였다. 이 당시의 대명 사대외교는 결국 국제정세를 통찰한 결과「保國之道」즉 국가안보를 지키기 위한 방편으로서 선택된 정책이었음을 알 수 있다.

고려말에는 적극적인 친명파였으며 조선왕조의 개국원훈이기도 한 정도전은 대명 사대외교에 앞장 선 인물로서 조선 태조 2년(1393)에는 사은사로 명에 다녀온 바도 있다. 그러나 정도전은 누구보다도 민족적 자존심과 주체성을 강조하며 조선의 부국강병을 추구하였고, 요동정벌을 추진할 때도 조선 태조에게 "지난날 外夷로서 중원에 들어가 왕이 되었던 자"들의 사례를 들어 설득하는 대담한 발상을 하고 있음이 특히 주목된다. 이는 정도전에게 의례적인 사대외교정책과 실질적인 부국강병정책이 전혀 모순되지 않았음을 알려주고 있는 좋은 사례라고 할 수 있다.

權近 또한 사대외교의 상징적 인물로서 간주될 수 있다. 表箋問題로 인한 갈등을 해소시킬 목적으로 자진하여 명에 간 권근은 文淵閣에서 늘 태조의「回軍之義」를 들어「事大之誠」을 강조하였다. 명 태조가 명제를 내어 짓게 한 시인「王京作古」·「李氏異居」·「出使」등 18수에서도 사대의 성의를 드러냄으로써 명 태조로 하여금 감탄을 금치 못하게 하였다.[3] 그러한 권근이 명에「靖難의 役」이 일어나 3년간의 내전에 휩싸였을 때, 요동의 定遼衛가 燕王軍에 패퇴하여 조선에 투항하여 올 경우를 가상하고 이를 절대로 받아들여서는 안된다고 정종에게 권고하였다. 그 이유는 지금 明惠帝에게 반기를 들고 싸우는 "연왕이 만약 난을 평정하고 천하를 차지하게 되면, 반드시 우리에게 죄를 물으려고 할 것인데 그 때는 어떻게 대응하겠는가"[4] 하는 것이

3) 權近,《陽村集》권 1, 應製詩.

었다. 그런데 바로 이 무렵은 조선왕조가 수립된 이래 그 때까지도 받지 못하고 있던 誥命과 印信을 명 혜제로부터 받아내어 책봉체제를 완결시키기 위해 노력하고 있던 시기임을 고려하면, 사대외교가 맹목적인 대국추종이 아님을 명백히 보여주고 있다.

「정난의 역」의 결과 연왕이 승리하여 새 황제로 즉위하였을 때, 태종은 기민하게 새로운 永樂政權을 대상으로 사대외교를 펴 명의 사신을 접견하는 모든 기회를 활용하여 영락정권의 성립과 明成祖의 즉위를 예찬하는 外交辭令을 남발하였다. 그러나 명 성조가 요동의 여진을 본격적으로 초무하기 위해 두만강유역까지 손길을 뻗쳐오자 명과 조선과의 사이에 긴장관계가 조성되었다. 조선은 두만강유역의 여진이 원래 조선에 속하여 있다는 인식이 있었으며, 특히 나라의 울타리로서 吾都里의 존재를 중시하고 있었다. 독자적으로 여진을 초무하는 데 한계에 부딪친 명 성조는 사신을 보내 조선의 협력을 완곡하게 요청하였다. 이 때 태종은 河崙·趙英茂에게 사신이 오는 것은 오직 童猛哥帖木兒[퉁멍거티무르]를 초무하기 위함인데 그는 동북면의 울타리이니 대책을 세우라고 하며 양보하지 않을 뜻을 분명히 밝혔다. 태종은 명에 대한 표면적인 사대외교와는 별도로 오도리 등 여진을 조선에 계속 붙들어 두기 위해 명 성조와 각축을 벌였던 것이다.

이상의 몇 가지 사례에서 살펴볼 수 있듯이 조선 초기의 사대외교는 적어도 중기 이후 주자학이 풍미하는 가운데 나타나는 慕華的 사대주의와는 거리가 있다는 사실을 확인할 수 있다. 전근대의 동아시아에서 중국은 유일한 강대국으로서 주변 국가들을 책봉체제에 편입시켜 중국적 세계질서를 형성하고 변방을 안정시킬 수 있었다. 한편 주변 국가들은 책봉체제에 편입되어 중국에 조공함으로써 자국의 국가안보를 보장받고 무역을 통해 필요한 물자를 획득하며 선진문물을 도입할 수 있었다. 따라서 이미 중국에 의해 책봉체제로 규정된 전근대 동아시아 국제질서 속에서, 조선은 불가피하게 현실적인 사대외교를 통해 실질적인 국가이익을 추구하는 대명정책을 폈다고 할 수 있다.

4)《定宗實錄》권 4, 정종 2년 5월 신사.

2) 사신의 왕래

(1) 조공횟수의 문제

조선왕조가 수립되고 나서도 명과의 조공관계는 그대로 지속되었으므로 양국 사이에는 여전히 빈번한 사신의 왕래가 이루어졌다. 특히 조선은 정치적 목적과 함께 경제적·문화적 이익을 위해 될 수 있는 대로 자주 사절을 파견하고자 하였다. 해마다 신년에는 賀正使, 황제의 생일에는 聖節使, 황태자의 생일에는 千秋使를 파견하는「一年 三使」가 정기적 사행이었다. 그 밖에도 각종 명목의 비정기적 사행이 있었으므로 사실상 조선은 매년 3회 이상의 사절을 명에 보낸 셈이었다.

그런데 태조 2년(1393)에 明使 黃永奇와 崔淵이 조선에 전달한 手詔 속에서 명 태조가 이른바「生釁」과「侮慢」 5개조를 열거하며, 조선측이 말썽을 일으키며 명을 업신여기고 있다고 책망하는 일이 일어났다. 태조는 즉각 中樞院學士 南在를 파견하여 이에 대해 해명하게 하였다. 뒤이어 성절사 金立堅과 사은사 尹思德 일행이 遼陽城 밖 白塔에서 명 태조가 이미 내린 명령에 의해 입국을 거절당하고 그냥 돌아왔다. 명 태조가 화를 낸 원인의 핵심이「여진유인」에 있다는 것을 알아차린 조선은 요동으로부터 도망하여 나온 여진인 400여 명을 李至로 하여금 압송하게 하였으나, 請通朝路表를 지닌 이지 역시 입국을 못한 채 헛되이 돌아왔다. 심지어 입국금지 조치가 내려지기 전에 명에 들어가 사명을 마치고 돌아오던 사은사 이염조차 요동에 이르러 역마의 지급을 받지 못하여 걸어서 귀국하는 형편이 되었다.

이 무렵「生釁」과「侮慢」을 해명하기 위해 奏聞使로 명에 갔던 남재가 귀국하여, "네가 돌아가거든 3年 1貢하도록 그에게 일러라. 너희들의 성의를 보아가며 내가 사람을 보내 너희를 부르도록 하겠다"라는 명 태조의 의사를 전하여 왔다.[5] 태조는 중추원학사 李稷을 사은사로 다시 파견하여 예전대로 조공할 수 있도록 해줄 것을 요청하였으나, 이직도 백탑에 이르러 입국하지 못하고 돌아왔다. 그리고 이직보다 먼저 출발하였던 천추사 朴永忠과 조금 늦게 출발

5)《太祖實錄》권 4, 태조 2년 9월 갑진.

한 하정사 慶儀도 모두 요동에서 입국하지 못하고 돌아오고 말았다. 조선의 1년 3사에 대하여 명은 3년 1사를 요구하는 이른바 「貢期」 문제가 발생한 것이다.

명 태조의 조선사신 입국금지는 여진유인과 더불어 퍼지고 있는 요동정벌에 관한 소문과 조선해적의 중국연안 침입사건 등 조선의 심상치 않은 움직임에 제동을 걸고자 하는 것이었다. 말하자면 보다 완전한 조선의 굴복을 확인하려는 목적으로서, 결코 국교단절을 의미하는 것은 아니었다. 이보다 21년 전인 공민왕 21년(1372)에도 명 태조는 고려가 요동의 원나라 잔여세력인 나하추와 내통하여 牛家莊의 명군 군량창고를 습격하였다는 의혹 등을 계기로 유사한 조치를 내린 적이 있었다. 명 태조는 고려에게 앞으로는 3년 1사를 하되 해로를 경유하여 오도록 요구하며 요동에서 고려사신의 입국을 일시적으로 막았던 것이다.[6] 결국 명 태조가 내린 사신의 입국 금지조치와 3년 1사 요구는 조선의 수상한 움직임에 대한 경계심에서 비롯된 것으로서, 어느 정도 응징의 의미와 함께 앞으로 보다 신뢰할 수 있는 자세를 촉구하는 조치였다고 볼 수 있다.

거의 1년간 단절되었던 양국관계는 태조 3년에 드디어 명 태조가 앞서 언급한 대로 명사 최연과 황영기를 잇따라 조선에 보냄으로써 해결의 실마리가 풀리게 되었다. 명은 말 1만 필을 보내줄 것과 조선 태조의 장남 또는 차남이 조선해적사건의 범인을 직접 압송하여 입조할 것을 요구하였다. 그 동안 사신의 입국금지로 크게 당황하였던 조선은 성의를 다하여 500필씩 또는 1,000필씩 馬匹을 요동으로 보내는 한편, 知中樞院事 조반과 參贊門下府事 남재를 동행시켜 靖安君 李芳遠을 명에 보내 해명케 함으로써 그 동안의 현안문제를 마무리지을 수 있게 되었다. 이방원이 출발하고 나서 謝許通朝路使 李茂, 하천추절사 鄭南晋, 하정사 閔霽, 사은사 이직이 같은 해에 잇따라 명에 입국함으로써 1년 3사를 바라는 조선의 희망이 관철되었음을 알 수 있다.

그러나 공기문제는 태조 6년에 세번째의 表箋事件이 일어나자, 다시 한 차례의 파동을 겪게 되었다. 명은 천추사 柳灝를 억류하고 표전의 작성자를 압송해 오도록 요구하는 한편, 앞으로 조공은 3년마다 한 차례만 보낼 것을 다시 요구하여 조선조정을 경악시켰다. 이 때도 명이 3년 1사를 요구하는 까닭

6) 末松保和, 〈麗末鮮初に於ける對明關係〉(《靑丘史草》 1, 笠井出版印刷社, 1965), 328~345쪽.

이 마치 표전문제에 있는 것처럼 보이고 있으나, 사실은 조선의 요동정벌계획이 추진되고 있던 시점이었다는 점을 주목할 필요가 있다.

그런데 조선과 명 사이의 공기문제는 의외로 쉽게 해결되었다. 태조 7년 5월에 명 태조가 죽고 손자 명 혜제가 즉위하였으며, 같은 해 8월에「왕자의 난」으로 정도전 일파의 몰락과 함께 태조가 퇴위하고 정종이 즉위하는 커다란 격변이 양국에서 동시에 발생하였기 때문이다. 조선은 태조의 퇴위를 알리고 정종의 즉위승인을 요청하기 위해 偰長壽를 計禀使로 삼아 명에 보냈다. 그리고 명 태조의 사망과 명 혜제의 즉위를 알리는 예부 자문의 도착에 따라 金士衡을 賀登極使로, 河崙을 陳慰進香使로 명에 파견하였다. 그런데 먼저 출발한 계품사 설장수는 遼東都司에서「3년 1사」를 이유로 통과시켜 주지 않자 일단 의주로 돌아와 사절의 명칭을 진향사로 바꾼 다음, 김사형·하륜과 합류하여 명에 입국하였다.

명 혜제는 이 때도 정종의 즉위만 승인하였지 1년 3사는 허락하지 않았던 듯하다. 왜냐하면 정종 원년(1399)에 하정사와 성절사가 파견된 기사가《朝鮮王朝實錄》에 보이지 않기 때문이다. 정종 2년 8월에 처음으로 성절사를 파견하고 9월에 하정사가 파견되었으며, 이후에 황태자가 아직 없어 보낼 필요가 없는 천추사를 제외하고 하정사와 성절사가 매년 파견되고 있는 것으로 보아, 태조 6년(1397) 이래의 3년 1사가 정종 2년부터 1년 3사로 다시 회복된 것을 알 수 있다. 이로부터 조선은 후일 중종 26년(1531)부터 冬至使가 추가되어 1년 4사가 되기까지 1년 3사의 정기적 사절을 중국에 보낼 수 있게 되었다. 이러한 전환에는 요동정벌을 추진하는 움직임이 완전히 사라진 조선에 대한 建文政權의 대응정책이 홍무정권과는 확연하게 구별될 정도로 달라진 점에 원인이 있다. 그러나 그뿐 아니라 정종 원년에 연왕이 이른바「정난의 역」을 일으켜 명 혜제에게 반기를 들고 공격하는 내전이 발발함으로써, 조선에 대한 건문정권의 입장이 상대적으로 약화된 데서도 그 원인을 찾을 수 있을 것이다.

(2) 조선사절의 왕래

명에 파견되는 조선사절에는 하정사·성절사·천추사의 정기적인 1년 3사 외에도 여러 명목의 비정기적인 사행이 있었다. 각종 보고나 해명할 일이 있을 때 보내는 사절을 奏聞使 또는 計禀使라고 하였고, 특별한 요청을 하기 위한 사신을 奏請使, 조선의 요청이 받아들여졌거나 황제에게 감사할 일이 있을 때 보내는 사신을 謝恩使라고 하였다. 명의 황실에 길흉사가 있을 때에도 사신을 파견하였는데, 새로운 황제의 등극이나 황태자책봉 등을 경하하기 위한 사신을 進賀使라고 하였다. 황제나 황후의 喪事가 있을 때는 陳慰使와 進香使를 보내 위로하고 조문하였다. 조선의 국왕이나 왕비가 서거하게 되면 告訃使를 보내 이를 알렸으며, 황제가 지방을 순행하거나 멀리 원정을 나갈 때는 欽問起居使를 파견하여 문안하였다.

정기사행에는 반드시 방물을 보냈으나 비정기 사행에는 사은사나 진하사의 경우에만 방물을 보냈으므로, 특별한 공물을 별도로 바칠 때에는 進獻使를 보냈다. 황제가 요구한 매나 種馬 등을 보낼 때는 進鷹使·進獻種馬使의 이름을 붙이게 되나, 이는 진헌사와 본질적으로 마찬가지이다. 명의 요구에 따라 마필을 대규모로 교역할 때는 押馬使가 요동도사까지 운송책임을 맡았다. 여진이나 왜구에 포로가 되었다가 풀려 나온 중국인을 송환하거나 죄인을 보낼 때에는 管送使나 管押使를 파견하였다.[7]

태조대로부터 성종대에 이르기까지 1년 3사의 정기사행을 제외한 비정기 사행만을 대상으로 사절의 종류와 횟수를 〈표 1〉로 나타내면, 1년 평균 3.3회의 비정기적 사절을 명에 보내어 1년 3사의 정기적 사절보다 오히려 더 자주 파견한 사실을 알 수 있다.

조선의 사절은 正使·副使·書狀官·通事·軍官·醫員 등의 正官과 馬夫·奴子 등의 從人으로 구성되었다. 조선 초기에는 정관이 보통 8, 9명 정도였으나 점차 늘어나는 경향이 있어 후에는 40여 명까지 증가되었다. 정사와 부사는 대개 2품 이상의 대신이 임명되었으며 주로 문관이었다. 사신일행을 감독하고 물화를 점검하며 기록을 담당하는 서장관은 6품 문관으로서 주로 사헌부의 감찰이 임명되었다. 통사는 사역원에서 파견 나온 漢語의 역관으로서 上通事·雜學通事·打角通事의 구별이 있었다. 군관은 5, 6인 정도로서 사신 일행을 호위하는 책임이 있었고, 그 외에 일행의 건강을 보살피는 의원이 2명 정도 있었다.

---

7) 《通文館志》 권 3, 事大 上, 赴京使行.

〈표 1〉 조선 초기 비정기 사절의 파견횟수

시대 / 재위 연수	태조 (1392~97)	정종 (1398~99)	태종 (1400~17)	세종 (1418~49)	문종 (1450~51)	단종 (1452~54)	세조 (1455~67)	예종 (1468)	성종 (1469~93)	합 계
사절종류	7	2	18	32	2	3	14	1	25	104
奏 聞 使	3 (1)		7 (2)	16 (2)	1	1	9		2	39 (5)
計 稟 使	2		6	3						11
奏 請 使	4 (1)		2 (1)	5 (1)	(2)	(2)	2 (2)	(1)	3 (1)	16 (11)
謝 恩 使	7 (1)		24 (1)	44 (3)	6	3 (2)	31 (2)	1	15 (2)	131 (11)
進 賀 使	(1)	1	10 (3)	19 (7)	1 (1)	1	6 (2)		6	44 (14)
陳 慰 使	1	1	(1)	1 (4)		1	(3)	(1)	1 (1)	5 (10)
進 香 使		1	2	4			3	1	1	12
告 訃 使			1	1	2			1	1	6
欽問起居使			4	2						6
進 獻 使	(1)		3 (1)	13 (1)			1			17 (3)
進 鷹 使				15 (9)	(1)		16 (8)			31 (18)
進獻種馬使	1		5 (1)	7	1	1	3		3	21 (1)
管 送 使	4	1								5
계	22 (5)	4	64 (10)	131 (27)	11 (4)	7 (4)	71 (17)	3 (2)	31 (4)	344 (73)
연 평 균	3.1	2	3.5	4.0	5.5	2.3	5.0	3	1.2	3.3

* ( )안의 숫자는 兼行을 가리킴.

정관 이외에 馬夫·奴子·廚子·引路 등 30명 정도의 종인들이 있었다. 정사와 부사는 각각 2명의 노자를, 서장관은 1명의 노자를 대동할 수 있었다. 이러한 종인까지를 모두 합치면 조선사절의 규모는 대략 70명 안팎에 달하였다. 이들 사절이 왕래할 때에는 평안도에서 차출된 250에서 400명 정도의 호송군이 의주로부터 遼陽의 요동도사까지의 구간에 사절을 호송하는 책임을 맡았다.

(3) 사행의 노정

조선사절은 주로 육로를 이용하여 명의 수도에 왕래하였으나, 시기에 따라서는 해로를 이용하기도 하였다. 대체로 요동과 요서지역의 정세가 평온하면 육로를 이용하지만 그렇지 못한 경우에는 해로를 선택하였다. 따라서 중국에서 원과 명의 왕조교체가 이루어진 다음에도 여전히 원의 잔여세력이 요동에 남아있던 14세기말과 여진족이 발흥하던 명말의 동란기에 해당하는 17세기 초에는 불가피하게 해로를 선택하지 않을 수 없었다. 또한 조선 세종 3년(1421)에 북경으로 천도할 때까지 명의 수도였던 남경에 왕래하는 데는 조난사고만 제외한다면 사실상 해로가 더욱 편리한 점이 많았다. 해로를 선택한다고 하더라도 일단 요동반도의 旅順口까지는 육로로 간 다음 배로 산동반도의 登州로 건너가서 다시 육로로 남경으로 가는 경로였다. 그러나 북경천도가 이루어지고 난 다음부터는 자연스럽게 육로가 기본적인 사행로가 되었다.

조선의 한양으로부터 육로로 명의 북경에 이르는 사행로는 크게 4단계로 나눌 수 있다.

1단계 : 漢 陽 ~ 義 州
2단계 : 義 州 ~ 遼 陽
3단계 : 遼 陽 ~ 山海關
4단계 : 山海關 ~ 北 京

한양으로부터 의주까지는 開城－黃州－平壤－安州－定州의 길로 갔으며, 의주에 도착하면 義州館에 여장을 풀고 며칠을 묵으며 입국준비를 하였다. 의주로부터 요동도사가 있는 요양까지는 鎭江城－湯站堡－鳳凰城－鎭東堡－鎭夷堡－連山關－甛水站－狼子山站의 이른바 東八站을 거치는 코스로서, 4단계 가운데 거리는 가장 짧지만 험난한 코스였다.

요양은 명이 요동을 경영하기 위한 정치적·군사적 중심으로서, 보통 약칭으로 요동도사로 불리는 遼東都指揮使司가 위치하여 25衛와 2州를 관할하였다. 요동도사의 우두머리인 요동도지휘사는 조선사신을 접견하여 연회를 베풀고, 千戶나 百戶를 伴送使로 임명하여 조선사절을 북경까지 안내하도록 하는 것이 상례였다.

요양으로부터 산해관에 이르는 길은 鞍山－海州－牛家莊－沙嶺－高平－盤山－廣寧－閭陽－十三山－小凌河－杏山－連山－曹莊－東關－沙河－高嶺을 거쳤다. 요양으로부터 광녕까지는 평원지대나, 광녕으로부터 산해관까지는 험준한 지형이었다. 산해관을 통과하면 深河驛－撫寧縣－永平府－七家領驛－豊潤驛－玉田縣－蘇州－三河縣－通州를 거쳐 북경에 도달하였다.

북경에 도착한 조선사절은 예부 主客淸吏司의 접대를 받고 會同館에 인도되어 대개 40여 일 정도 유숙하였다. 入館한 이튿날 조선사절은 공복을 갖추어 입고 예부로 나아가 禮部尙書에게 자문을 전달하고, 다시 儀制司로 가서 황제에게 바치는 표문을 전달하였다. 그리고 황제알현을 鴻臚寺에 요청하면 조회가 있는 날을 기다려 황제를 알현할 수 있는 기회가 주어졌다. 사신일행은 조회가 있는 당일에 홍로시의 안내를 받아 午門 밖에서 황제가 임어하기를 기다린 다음 오문으로 들어가 문무관원의 반렬 뒤에 서 있다가, 조회가 끝나면 앞으로 나아가 황제를 알현하고 使命을 말하였다.[8)]

(4) 명사의 왕래

보통 勅使라고 불리던 명의 사신은 조서나 칙서 또는 예부자문이나 요동도사자문을 가지고 조선에 왔다. 明使의 사명은 조선의 국왕·왕비·왕세자를 책봉하거나 誥命과 冊曆을 하사하기 위한 목적으로부터, 우마의 교역과 火者(고자)·처녀나 鷹犬의 진헌을 요구하거나 표류인·도망인의 송환을 요구하는 등 참으로 다양한 목적이 있었다.

명사는 朝官이 오는 경우도 있지만 대부분은 조선출신의 환관이 파견되어 왔다. 조관들이 대체로 조선에 와서 문학의 교류에 힘쓰는데 비하여, 조선출

8) 金九鎭, 〈朝鮮前期 韓中關係史의 試論〉(《弘益史學》 4, 1990).

신의 환관들은 황제권력을 배경으로 온갖 행패를 부리며 무리한 요구를 일삼는 경향이 많았다. 그 대표적인 인물로서 尹鳳은 자신의 친족에게 관작을 내려주도록 요구하는가 하면 고향인 瑞興에 새로운 저택을 지어주도록 요청하기도 하고 각종 뇌물을 끊임없이 요구하였다. 그러나 이들은 또한 명의 각종 정보를 조선에 알려주거나 조선의 이익을 위해 명의 황제를 설득하는 로비스트의 역할을 담당하기도 하였다.

조선 초기에 명사가 조선에 파견되는 횟수를 〈표 2〉로 나타내어 보면, 연평균 1.13회로서 명에 파견되는 조선사절의 횟수보다 1/6이 채 되지 않는다. 각종의 현안문제가 중첩되었던 태종 연간에는 연평균 2.77회로서 매년 거의 세 차례의 명사가 파견되어 왔으나, 세종 연간을 지난 다음부터는 연평균 1회 이하로 줄어들고 있는 점을 알 수 있다. 명에서 조선에 사신을 파견하지 않고 조선사절이 귀국하는 편에 그냥 문서만 보내는「順付」라는 형식이 있었는데, 이는 물론 명사의 파견횟수에 포함시키지 않았다.

〈표 2〉 조선 초기 明使의 파견횟수

시 대(재위연대)	재 위 연 수	사 절 횟 수	연 평 균
태 조(1392~1397)	7	9	1.28
정 종(1398~1399)	2	0	0
태 종(1400~1417)	18	50	2.77
세 종(1418~1449)	32	36	1.12
문 종(1450~1451)	2	2	1
단 종(1452~1454)	3	3	1
세 조(1455~1467)	14	9	0.64
예 종(1468)	1	1	1
성 종(1469~1493)	25	8	0.32
합 계	104	118	1.13

명사일행은 上使와 副使 외에 序班·頭目·軍官·醫員·寫字官·廚子 등으로 구성되었다. 서반은 會同館의 通事序班을 의미하며 통역의 일을 맡았다. 물화의 운반과 관리를 담당하는 두목은 대개 북경과 요동의 상인들로서 조선상인들과 교역을 하는 데 힘썼다. 요동도사에서 파견된 指揮는 보통 200명 정도의 병력을 이끌고 명사일행을 의주까지 호송하였다.

명사일행도 대개 조선사절과 같은 길로 왕래하였다. 명사가 의주에 도착하면 의주부윤이나 평안도병마사가 일행을 영접하였다. 의주부로부터 연락을 받은 조선조정은 즉시 2품 이상의 대신을 遠接使에 임명하여 의주로 보내 명사를 맞아 안내하게 하였으며, 돌아갈 때도 마찬가지로 의주까지 동행시켰다. 세종 32년(1450) 조선을 다녀간 명사 倪謙이 남긴 《朝鮮紀事》를 보면, 의주로부터 한양까지 다음과 같은 경로를 거쳤다.9)

> 義順館(義州)－所串館(定寧)－良策館(龍川)－車輦館(鐵山)－林畔館(定州)－雲興館(郭山)－新安館(隨川)－嘉平館(嘉山)－安興館(安州)－肅州館(肅州)－安定館(順安)－大同館(平壤)－生陽館(中和)－黃州－鳳山－劍水館－龍川館(瑞興)－安城館(平山)－寶山館(遂安)－金岩館(新溪)－興義館(瓮津)－金郊館(牛峰)－開城－東坡館(楊州)－原平－碧蹄館－慕華館－太平館.

명사일행은 의주로부터 한양에 이르는 도중에 설치되어 있는 驛館에 유숙하며 수령과 道伯이 베푸는 대접을 받았다. 조선은 명사가 의주·정주·안주·평양·황주·개성에 이르게 되면 특별히 2품 이상의 대신을 宣慰使로 보내 왕이 내려준 宣醞을 가져가 접대하게 하였다. 명사의 일행이 평양이나 개성에 이를 때도 마찬가지이지만 특히 한양에 도착하면 鼓樂·雜戲·鰲山·綵棚을 베풀어 열렬히 환영하였다. 한양에서 칙사를 맞이할 때는 왕이 왕세자 및 백관을 거느리고 모화관까지 행차하였으며, 궁궐에 이르면 茶禮를 행한 다음 황제가 내린 조서나 칙서를 받았다.

칙사일행이 태평관에 이르러 여장을 풀면 왕이 몸소 태평관에 거둥하여 下馬宴을 베풀었고, 이튿날에는 翌日宴을, 5일이 지나면 溫斟宴을 베풀었다. 명사가 귀국하기 1, 2일 전에는 왕이 태평관에서 上馬宴을 베풀고, 떠나는 날은 역시 백관을 거느리고 모화관까지 전송하였다. 그 밖에도 거의 매일같이 크고 작은 연회를 열어 이른바「칙사대접」을 하였으며, 칙사의 접대를 위한 迎接都監이 별도로 설치되어 이를 관장하였다. 명사는 대개 한양에 20~25일 정도 머물렀으나 환관출신의 칙사는 보통 이보다 더 오래 머물며「人情物件」이라는 예물을 더 많이 요구하거나 교역을 요구하며 조선의 접반사

---

9) 倪謙,《朝鮮紀事》景泰 원년 정월 갑오~윤 정월 병오.

를 괴롭히는 일이 많았다.[10]

3) 무 역

(1) 교역의 형태

조선과 명 사이의 무역도 양국관계를 규정짓고 있는 기본적 질서인 朝貢관계의 틀을 벗어날 수 없었다. 조공관계는 중국을 중심으로 한 동아시아 세계의 정치적 관계뿐 아니라 경제적·문화적 관계까지도 포괄하는 국제질서였기 때문이다. 원래 조공이란 중국의 황제로부터 책봉을 받은 주위의 민족이나 국가가 사신을 보내 일정한 공물을 바치면, 중국의 황제는 回賜品 또는 賞賜品을 내려주는 경제적 행위를 핵심으로 하고 있는 것이다. 그러므로 주위의 국가들은 조공관계의 수립을 통해 땅이 크고 물자가 풍부한 중국으로부터 필수물자를 획득하고 선진문물을 도입하는 데 힘쓰게 되었다.

중국의 대외관계가 모든 시대에 걸쳐 조공관계로만 일관되지는 않았으나 명대에 조선과의 사이에서는 전형적인 조공관계가 성립되었다.[11] 따라서 이 시대에 양국간의 무역도 조공관계를 축으로 하여 전개되는 조공무역이 중심이 될 수박에 없었다. 진헌과 회사를 통해 이루어지는 조공무역은 엄밀한 의미에서 볼 때 근대적인 국제무역과는 물론 성격이 다르지만, 조공관계라고 하는 특수한 동아시아 국제질서 속에서 발생하는 물자의 교역이라는 점에서, 국가와 국가 사이에 이루어지는 일종의 공무역이라고 간주할 수 있다.

조선과 명의 공무역도 다른 분야와 마찬가지로 고려말의 대명관계에서 비롯된 양국관계의 전개양상을 이어받고 있다. 고려말과 조선초에 걸쳐 존재하였던 홍무정권과의 갈등관계가 명 태조의 사망과 건문정권의 등장으로 어느 정도 해소되면서 양국의 공무역도 비로소 궤도에 진입하기 시작하였다. 조공을 1년 3사로 할 것인가 아니면 3년 1사로 할 것인가의 이른바 貢期문제가 정종 2년(1400) 조선의 희망대로 1년 3사로 낙착된 것도 양국관계의 해빙을 나타내 주는 하나의 지표였다. 다음해에는 명 혜제로부터 고명과 인신을 부여

10) 李鉉淙, 〈明使接待考〉(《鄕土서울》 12, 1961).
11) 全海宗, 《韓中關係硏究》(一潮閣, 1970), 50~54쪽.

받음으로써 책봉관계의 형식적인 완결이 이루어지며 조선의 대명무역도 더욱 뒷받침받을 수 있게 되었다. 더욱이 세종 11년(1429)에는 양국간의 오랜 현안 문제 가운데 하나였던 金銀歲貢이 면제되고 다른 품목으로 대체할 수 있게 됨으로써 조선의 대명무역은 완전히 정상적인 궤도에 오를 수 있게 되었다.

조공무역이라는 일종의 공무역 이외에 사무역과 밀무역도 무역의 한 형태로서 존재하였다. 공인되지 않은 밀무역은 조선 후기에 비하여 그다지 활발하게 이루어지지도 않았으며 자료도 남아있지 않아 이를 고찰하기는 어려운 실정이다. 그렇지만 사무역의 경우는 기본적으로 대명사행을 통하여 이루어지기 때문에 조공관계에 의해 규정되고 있는 점은 공무역과 마찬가지로서 어느 정도 고찰이 가능하다.

조선 중기인 16세기가 되면 상업의 발달로 말미암아 새로이 성장한 富商大賈들이 宮禁·權臣들과 결탁하거나 역관·군관으로 가장하는 특권무역의 형태로 공무역체제를 내부로부터 해체시키기 시작하였다. 17세기 중엽에 이르면 상인들에 의한 사무역이 공인되면서, 그 동안의 특권세력에 기생하는 형태를 벗어나 八包貿易이나 柵門貿易 등으로 발전해 나가게 된다.[12] 그러나 이보다 앞선 조선 초기인 15세기에는 상인들의 자본축적이 아직 미흡한데다 자유로운 사무역이 법제로서 엄금되고 있었기 때문에 조공사절에 부수되는 미미한 형태로 이루어질 수밖에 없었다.

조선 초기에 명에 가는 사신이 개인적으로 潛商의 성격을 띠거나, 상인이 사신의 노비로 가장하여 교역할 물화를 가지고 가다가 발각되어 처벌되고 있는 것을 보면, 이 시기 사무역의 존재양상을 짐작할 수 있다. 공조참의 李揚은 세종 5년 명에 사신으로 갈 때 규정된 이상의 물품을 가지고 가다가 적발되었는데, 소지한 상품이 苧布·麻布 44필과 貂皮 60장이었다. 이양은 상인 孫錫을 자신의 종으로 가장시켜 데리고 갔는데, 손석은 저포·마포 237필, 초피 200장, 인삼 12근, 진주 2냥을 소지하였다. 또한 留後司에 소속된 상인 朴獨大도 종으로 가장하여 적지 않은 상품을 가지고 갔는데, 이들에게 개인적인 교역을 위촉한 사람들이 다수의 권신들임이 드러나고 있는 것을 보아, 손석과 박독대를 종으로 가장시킨 행위가 이양의 단독행위가 아니었음

12) 韓相權, 〈16世紀 對中國 私貿易의 展開〉(《金哲埈博士華甲紀念 史學論叢》, 1983).

을 추측할 수 있다.[13]

16세기 이후가 되어 보편화되는 이러한 형태의 사무역은 당시만 하더라도 "謀利하는 마음이 장사꾼과 같아 염치를 땅에 떨어뜨렸고 士風을 더럽게 물들였다"고 비판받고 처벌되었다. 뿐만 아니라 사헌부에서는 이를 감독할 책임이 있는 평안도감사·首領官·의주목사·판관·감찰 등을 함께 처벌해야 한다고 주장할 정도였다. 이러한 예를 통하여 이 시기 사무역의 존재양상을 짐작할 수 있으며, 조선 초기의 대명무역은 역시 공무역 중심이었음을 알 수 있다.

(2) 교역의 품목

조선 초기의 대명무역은 1년 3사의 정기사절과 그보다 더 자주 파견된 비정기사절을 통하여 이루어졌다. 정기사절은 물론 공물을 진헌하지만 비정기사절도 각각 조금씩 다른 수량의 공물을 바쳤다. 《大明會典》에 의하면 조선의 공물은 金銀器皿·螺鈿梳函·白綿紬·各色苧布·龍文簾席·各色細花席·貂皮·獺皮·黃毛筆·白綿紙·인삼·종마 매 3년 50필로 규정되어 있었다.[14] 그 가운데 생산량이 극히 적은 금·은을 계속 진헌하는 것이 큰 부담이 되었으므로, 조선은 여러 차례 면제해 주기를 요청하였고 그 결과 세종 11년(1429)에 비로소 明宣宗으로부터 免貢을 허락 받고 마필·布子로 대체시킬 수 있게 되었다.

양국의 사신왕래를 통하여 이루어지는 공무역의 실상을 이해하기 위하여 구체적인 예를 들어 살펴보고자 한다. 세종 11년 조선에 나온 명사 昌盛과 尹鳳편에 명 선종은 세종에게 백금 300냥, 紵絲 30필, 羅 10필, 紗 10필, 綵絹 30필, 白磁羚羊茶鍾 30개, 白磁吧茶瓶 15개를 하사하였다. 그리고 창성은 개인적으로 세종에게 段子·紗羅 21필, 중궁에게 16필, 동궁에게 20필의 예물을 바쳤으며, 晋平大君·安平大君·臨瀛大君에게도 각각 단자·사 3필과 紗帽 1개씩을 바쳤다. 윤봉은 세종과 중궁·동궁에게 각각 단자 2필씩을 바쳤다.

한편 명사 창성은 조선이 진헌해 주기를 바라는 품목을 제시하였다. 그 내용은 어린 내시 8명, 가무를 할 줄 아는 어린 계집아이 5명, 甜食을 만드

13) 《世宗實錄》 권 22, 세종 5년 10월 을축·병자.
14) 《大明會典》 권 105, 禮部 63, 朝貢 1, 朝鮮國.

는 큰 계집아이 20명, 소주 10병, 잣술 15병, 黃酒 15병, 梨花酒 15병, 石燈盞 10개, 큰 개 50마리, 皂鷹 6연, 籠鴉骨 10연, 새끼 鴉骨 10연, 鴉骨 10연, 籠黃鷹 30연, 새끼 黃鷹 30연, 羅黃鷹 40연, 잣 50석, 여러 가지 海采·海魚·魚醢 등이었다. 이러한 진헌품목에 대해, 세종이 "내 생각으로는 이 무리들이 황제의 의사를 엿보아 스스로 자기의 공을 세우려고만 한다. 물산과 어린 계집아이를 많이 거두어 가서, 아래로 여러 요로에 과시하고 위로는 황제에게 아첨하려는 것이다"[15]라고 단정하고 있는 것을 보면, 제시된 진헌품목이 황제의 뜻이라기 보다 사신으로 나온 환관들에 의해 조종되고 있음을 느낄 수 있다.

이러한 진헌품목 외에도 명사가 개인적으로 증여 받거나 또는 求請을 통하여 얻어 가는 품목이 아주 다양하였다. 다음은 명사 윤봉이 귀국할 때의 모습을 전하고 있는 기록이다.

> 윤봉이 요구한 물건이 200여 궤나 되었다. 궤짝 1개를 메고 가려면 8명을 써야 하는데, 태평관에서부터 沙峴에 이르기까지 궤짝 메는 사람들의 행렬이 잇따라 끊어지지 않았다. 사신의 물품요구가 많은 것이 이 때보다 심한 적이 없었다(《世宗實錄》 권 45, 세종 11년 7월 경신).

조선 사신이 명에 가서 바친 공물이거나 또는 명사가 조선에서 받아간 물건을 모두 수출품으로 간주할 수 있다면, 이러한 수출품은 金銀·動物·稻種·果物·海物·紬·布·皮·方席·衣冠·靴·紙·文房具·函器·佛具·書畵軸 등 다양하였다. 명사가 조선에 출사할 때 가지고 나오는 물품이나 조선사신이 명으로부터 귀환할 때 가지고 나오는 물품도 다양하였으나, 대체로 왕실의 권위향상에 필요한 예식용품이거나 견직물·자기·서책·약재 등이 주종을 이루었다. 약재 가운데는 중국산도 있지만 동남아시아산이 중국을 경유하여 다시 조선에 유입되는 경우도 있었다.

(3) 특수한 교역

일반적인 사신왕래를 통하여 이루어지는 통상적인 교역 이외에, 양국간에는

---

15) 《世宗實錄》 권 44, 세종 11년 5월 정미·무신.

어느 일방의 필요에 의해 때때로 특수한 교역이 이루어졌는데, 이것도 물론 공무역의 범주에 포함된다. 양국은 정치·군사적 또는 경제·문화적으로 절실한 필요성이 발생하면, 따로 특수한 사명을 띤 사신을 파견하여 상대국에 교역을 요청하는 수가 있었다. 이러한 교역에는 명의 마필·耕牛교역과 조선의 서책·약재교역이 있으나, 주로 마필교역과 서책교역을 중심으로 살펴보고자 한다.

마필교역은 일찍이 고려말 명과 耽羅문제를 해결하는 과정에서부터 진헌의 형식으로 시작되었다. 이후 명은 북원을 정벌하거나 요동의 나하추를 토벌하는 등 대규모 원정이 단행될 때마다 반드시 고려에 마필의 진헌을 요구하여왔다. 조선 초기에도 이러한 관례가 한동안 지속되었으며, 태조 6년(1397)부터 세종 11년(1429)까지 58,611필이 명에 진헌되었다.16)

조선 초기에 마필교역이 구체적으로 어떻게 이루어졌는가에 대해 태종년간의 예를 하나 들어보기로 한다. 명이 「정난의 역」으로 내전이 한창일 무렵 명 혜제는 반년 전에 조선을 다녀온 陸顒에게서 말이 생산되는 조선으로부터 綺絹으로 良馬를 산다면 전쟁에 대비할 수 있다는 건의를 받고 조선의 時價대로 교역을 하도록 하라고 지시하며 육옹과 祝孟獻을 다시 조선에 보냈다. 뒤이어 國子監生들이 말값으로 지불할 文綺絹·緜布 9만여 필과 약재 등을 우마 300마리가 끄는 수레 150량에 가득 싣고 개경에 도착하였다. 의정부는 다음 〈표 3〉과 같이 교역할 말값을 결정하였다.

〈표 3〉 말의 시세

大 馬	上 等 價	常五升布 500필
	中 等 價	常五升布 450필
	下 等 價	常五升布 400필
中 馬	上 等 價	常五升布 300필
	中 等 價	常五升布 250필
	下 等 價	常五升布 200필

그리고 명에서 보내온 段子의 교환비율을 다음 〈표 4〉와 같이 정한 다음 여러 가지 약재를 아울러 지급하게 하였다.

16) 南都泳, 〈麗末鮮初 馬政上으로 본 對明關係〉(《東國史學》 6, 1960), 55~56쪽.

〈표 4〉 단자의 교환비율

段子 上品 1필		常五升布 90필
中品 1필		常五升布 80필
下品 1필		常五升布 70필
官綃 1필		常五升布 30필
中綃 1필		常五升布 25필
緜布 1필		常五升布 20필

교역된 마필은 1천 필씩을 단위로 하여 요동도사로 운송되었으며, 남경이 연왕군에게 함락되기 한 달 전까지 모두 약 7천 필이 운송되어 갔다.17) 이러한 대규모의 마필교역은 조선의 마필이 현저히 줄어들고 명도 수요가 감소함에 따라 세조연간 이후에는 사라지게 되었다.

명의 절실한 필요에 따라 이루어지는 특수무역의 대표가 마필교역이라고 한다면, 서책교역은 조선의 필요에 의해 이루어지는 대명무역의 대표격이라고 할 수 있다. 특히 유교를 지도이념으로 하는 유교사회의 건설을 지향하는 조선으로서는 명으로부터 문물제도를 도입하여야 하는데, 여기에는 각종 서적을 수입하여 간행하는 일이 필수적이었다. 조선의 서책교역은 양국관계가 비교적 안정기에 접어드는 태종 연간부터 시작되고 있다. 명 성조는 「정난의 역」의 결과 새로 탄생한 영락정권을 가장 신속하게 인정하여 주고 조공을 바친 조선에 대하여 갖가지 호의를 베풀었다. 약재교역을 위해 조선사신이 가지고 온 布匹을 그냥 팔아 가도록 하고 약재 18종 82근 8냥을 무상으로 하사한 일도 있었다. 조선사신 成石璘이 冕服을 하사하여 주기를 요청하며 "우리 전하께서 성품이 본래 배우기를 좋아하고 元子가 또한 나이 10세여서 성균관에 입학하였는데 항상 서책이 적은 것을 걱정합니다"라고 하자 명 성조는 흔쾌히 사신 黃儼을 조선에 보내 태종의 면복과 태상왕의 表裏, 중궁의 冠服과 함께 원자가 읽을 여러 종류의 서책을 각 1부씩 보내 주었다.18)

17) 《太宗實錄》 권 2, 태종 원년 8월 기묘 · 9월 정해 · 10월 무오.
18) 《太宗實錄》 권 6, 태종 3년 8월 임신 · 10월 신미.
서책의 종류는 《元史》 · 《十八史略》 · 《山堂考索》 · 《諸臣奏議》 · 《大學衍義》 · 《春秋會通》 · 《眞西山讀書記》 · 《朱子成書》 등이었다.

이후 조선은 더욱 능동적으로 서책교역을 전개하기 시작하였다. 태종 4년(1404)에는 유교윤리를 확립시키는 데 필요한《古今烈女傳》110부를, 세종 8년(1426)에는 경서인 四書五經 및《性理大全》1부 120책,《通鑑綱目》1부 14책을 구입하였다. 세종 17년에는 南智를 성절사로 파견할 때 胡三省의 音注《資治通鑑》, 趙完璧의《源委》, 金履祥의《通鑑前編》, 陳桱의《歷代筆記》, 元 丞相 脫脫 撰集의《宋史》를 내려주도록 주청하였다. 또 이와 동시에 명 성조 때 찬집한《四書大全》·《五經大全》과《綱目》·《書法》·《國語》등 본국에 없는 사서들을 될 수 있는 대로 많이 구입하여 오도록 명하고 있는 것을 보면 서책교역의 범위가 점차 넓어지고 있음을 알 수 있다. 이 밖에 각종 의서나 지리서도 여러 가지 구입하였으며, 이렇게 구입된 서책은 당시 인쇄술의 발달에 힘입어 바로 간행되고 널리 보급되었다.

이러한 서책교역에는 주로 布匹이 교환수단으로 이용되었다. 세종 7년에《集成小學》100권을 사오게 할 때 그 값으로 濟用監의 苧麻布를 사신에게 지급하였다. 세종 22년 어느 요동사람이 호삼성의《贏蟲錄》과《大明集禮》를 팔려고 하는 것을 안 세종은 각각 마포 15필과 10필을 주어 사들이게 조치하였다. 때로는 白貼扇과 인삼 등으로 교역하는 수도 있었으나 16세기까지 여전히 쌀·면포가 중요한 교환수단이 되었다. 서책교역은 조선 중기에 들어서 연산군 연간에 한때 침체되었으나 중종 연간에는 다시 활발하게 회복되어 인쇄술의 발달을 촉진시키고 유교문화를 널리 보급시키는 등 민족문화의 창달에 크게 이바지하였다.[19]

4) 중요한 현안문제

(1)「생흔」과「모만」의 문제

태조의 즉위승인을 받는 일로 크게 긴장하였던 조선은 의외로 순조롭게 즉위승인은 물론 국호까지 개정할 수 있게 되자 일단 안도하였다. 그러나 태조 2년(1393) 5월 명 태조는 명사 黃永奇와 崔淵을 보내, 조선이 명을 업신여기며 분쟁을 일으키고 있다고 엄중히 책망하는 手詔를 전달하였고 이로써 앞으로

19) 李存熙,〈朝鮮前期 對明書冊貿易〉(《震檀學報》44, 1976).

대명관계가 순탄치 않을 것임이 예고되었다. 이른바「生釁」3개조와「侮慢」2개조의 내용은 대략 다음과 같다.[20)]

① 兩浙의 불량한 자가 중국의 소식을 조선에 전한 까닭에 이미 수십 가를 살륙하였으니 이것이 生釁의 제1이다.

② 사람을 요동에 보내서 行禮를 가장하고 布帛과 금은으로써 요동의 邊將을 유인하니 이것이 생흔의 제2이다.

③ 최근에 비밀 리 사람을 요동에 보내서 여진을 유인하여 그 가족 500여 명과 함께 압록강을 건너갔으니 이것이 생흔의 제3이다.

④ 입으로는 조공한다고 하면서 늘 작고 쓸 수 없는 말을 보내니 이것이 侮慢의 제1이다.

⑤ 국호를 개정하여 주었음에도 불구하고 아무 소식이 없으니 이것이 모만의 제2이다.

5개조의「생흔」과「모만」을 열거한 다음, 명 태조는 군대를 보내어 조선을 정벌함이 마땅하나 만약 유인한 여진인 전부를 송환한다면 정벌하지 않을 것이라고 언명하였다. 조선은 中樞院學士 南在를 명에 파견하여 갖가지의 오해와 억측에 대해 해명하는 한편, 문제의 핵심인 조선으로 도망쳐 나온 여진인과 본국인도 현재 요동의 軍籍에 올라 있으므로 모두 잡아 송환하는 성의를 보이고자 하였다.

이보다 앞서 태조 2년 4월에는 명사 脫歎不花가 와서 옛날 그의 관할하에 있던 인민을 추쇄해 간 일이 있었다. 탈탄불화는 원래 동북면에 살던 여진인으로서 공양왕 원년(1389)에 명으로 귀화한 자였다. 귀화할 때 그의 관할하의 여진인들을 인솔하여 갔는데, 그 때 그의 관할하의 사람 중에 따라가지 않은 사람들이 많았다. 조선은 이번 기회에 이들도 모두 함께 압송하겠다고 약속하였다. 그리하여 泥城·江界 등지에서 도망하여 나온 여진인 400여 명을 추쇄하여 李至로 하여금 압송케 하는 한편 요동으로부터 도망나온 조선인 朴龍 등 122호, 338명과 탈탄불화 관할하의 여진인 仇乙吐 등 25호, 116명을 曹彦으로 하여금 요동으로 압송케 하였다.

조선에 대한 명 태조의 의혹과 불만의 핵심은 조선이 요동의 邊將을 꾀어 여진인 500여 명을 유인해 갔다는 사실에 있음이 틀림없다. 요동도사가 명 태조에

---

20)《太祖實錄》권 3, 태조 2년 5월 정묘.

게 "근래에 조선이 변장을 보내어 여진인 500여 인을 초유해서 몰래 압록강을 건너갔으며, 앞으로 요동을 침략하려고 한다"[21]고 보고한 것으로 미루어 보면 명 태조는 조선의 여진유인을 요동정벌의 가능성과 연결지어 크게 우려하였던 것이다. 명 태조는 조선에 황영기를 보내 책망하는 동시에 요동도사로 하여금 조선사절의 입국을 금지시키는 조치를 취함으로써 貢期문제를 파생시켰다. 또한 명 태조는 左軍都督府에 명령을 내려 金州·復州·海州·盖州 등의 關隘를 증설하고 城隍을 수리하도록 하며 압록강까지 순찰을 내보내도록 하였다.[22]

그런데 설상가상으로 당시에 중국의 연해 각 지방을 3차에 걸쳐 침입한 조선 해적사건은 조선에 대한 명 태조의 경계심을 더욱 증폭시켜 주는 계기가 되었다. 그 첫째는 왜구로 가장하고 요동반도 金州衛 新市軍屯에 침입한 海州靑山千戶 哈都干의 무리이다. 둘째는 산동반도 寧海衛에 침입한 만호 金士彦의 무리이다. 셋째는 절강의 澉浦에 침임한 胡德의 무리이다. 이들이 명에서 자백한 바에 의하면 그들은 모두 중국의 소식을 정탐하기 위한 목적으로 조선의 왕이나 지방관이 파견하였다고 하였으나, 이는 조선의 해명과 맞추어 보면 믿기 어려운 점이 많다. 그러나 이들 조선 해적의 출현이 명 태조로 하여금 조선을 더욱 불신과 의혹의 눈초리로 바라보게 만든 것만은 확실하다. 명 태조가 조선에 대해 가지고 있는 의심과 불만을 「생흔」과 「모만」이라는 말로 압축하여 표시하였다고 보면, 명의 입장에서 볼 때 조선 해적사건은 바로 「생흔」의 연장인 셈이며 뒤이어 발생하는 표전문제는 「모만」의 확대라고 할 수 있을 것이다.

(2) 표전문제와 요동정벌계획

表箋문제란 조선이 명에 보낸 표전 속에 「譏侮」 또는 「戱侮」의 뜻이 있는 글자가 섞여있다고 하여, 명 태조가 조선사신을 억류시키는 동시에 표전을 지은 책임자를 압송해 오도록 요구한 사건이다. 표전문제가 양국간에 현안문제로 대두되기 이전부터 명 태조는 이미 여러 차례 조선의 표전에 대해 불만을 나타내었다. 처음은 조선이라는 국호를 결정해준 데 대한 조선의 사은표전 속에 '侵侮之辭'가 있다고 태조 2년(1393) 12월에 문제를 제기하였다. 태조

21) 《明太祖實錄》 권 334, 洪武 26년 6월 기축.
22) 《明太祖實錄》 권 335, 洪武 26년 7월 신해.

정안군 이방원이 명에 사신으로 갔을 때도, 명 태조는 조선에서 보낸 표문의 문구가 매우 괴상하므로 앞으로는 조공을 하며 進賀할 때 표문을 올리지 말도록 지시한 적이 있었다. 이렇게 내연하던 문제가 드디어 분규로 발전하여 3차에 걸친 표전문제가 일어났다.

제1차 표전문제는 태조 4년 10월에 大學士 柳珣와 漢城府君 鄭臣儀가 하정사로서 가지고 간 하정표문이 문제가 되었다. 명은 표문 속에 「輕薄戲侮」의 문구가 있다고 하여 유구 등을 억류시키고, 유구의 공술에 따라 撰文者인 정도전을 보내도록 요구하였다. 조선은 조선의 聲音과 언어가 중국과 다르고 학문이 천박하여 표전양식을 제대로 알지 못해 언사가 경박하게 된 것이지 고의로 戲侮의 뜻을 나타낸 것이 아니라고 해명하였다. 그리고 하정표문은 鄭擢이 쓰고 賀東宮箋文은 金若恒이 썼는데 정탁은 마침 풍질을 앓아 움직일 수 없으니 김약항만 보낸다고 하며 정도전의 管送요구에 대해서는 전혀 언급하지 않고 무시하여 버렸다.

제2차 표전문제는 같은 해 11월에 藝文春秋館 대학사 鄭摠을 보내 국왕의 고명과 인신을 요청한 奏請文으로 인하여 발생하였다. 명은 주청문 속에 「引用紂事」한 일, 즉 殷紂의 일을 인용한 점이 특히 무례하다고 하며 정총을 억류시키고 찬문자 및 교정자의 압송을 요구해 왔다. 이렇게 표전문제가 잇따라 발생하며 명이 정도전의 관송을 다시 재촉하여 오자, 조선은 하륜을 계품사로 삼아 표전작성에 관여한 예문춘추관 학사 권근과 우승지 정탁 및 교정자인 敬興府 舍人 盧仁度를 명에 보내며 여전히 개국원훈인 정도전은 제외시켰다. 결국 명에 보낸 사람 중에 정총·김약항·노인도의 3인만 오랫동안 귀국하지 못하고 나머지 사람들은 모두 바로 귀환하였다.

제3차 표전문제는 조선이 태조 6년 8월 前光州牧使 柳灝을 천추사로 명에 파견하였는데, 그 千秋啓本이 또 문제가 되어 찬문자를 보내올 때까지 사신을 억류하겠다고 통고하여 온 것이다. 조선은 통사 郭海龍으로 하여금 찬문자인 禮曹典書 曺庶를 관송하여 보냈다. 명은 곽해룡과 조서를 구류시키는 한편, 조서의 공술에 의해 啓本작성에 관여한 것으로 밝혀진 성균관사성 孔俯, 전 예조정랑 尹珪, 현 예조정랑 尹順 등 3인을 추가로 관송해오도록 요구하였다. 조선은 결국 소수의 반대의견에도 불구하고 3인을 보냈는데 이들이 요동에 이르렀을 때 마침 명 태조가 승하하고 황태손이 즉위하였다는 소식을 들었으며 바로 대사면을 얻어 도중에 조선으로 귀환하였다. 명 태조의 사망에 따라 3차에 걸친 표전문제는 완전히 결말이 지어지고, 명이 조선의 표전에 대해「譏侮」또는「戱侮」를 이유로 불만을 제기하는 일이 다시는 발생하지 않았다.

표전문제는 명초에 중국내에서 광범위하게 발생하였던 필화사건 즉「文字獄」의 일환이었다. 명초의 문자옥은 다른 시대의 문자옥과는 달리 대부분 명 태조의 열등의식에서 비롯되었다는 특징을 지니고 있다. 명 태조 주원장은 원말에 濠州 鍾離縣의 빈농가정에서 태어나 조실부모하고 매우 궁핍하게 자라났다. 원말의 동란기를 맞아 청소년기를 탁발승으로 유리걸식하는 생활로 보냈으며, 그 후 홍건적의 일파인 郭子興에게 투신함으로써 입신의 길이 시작되었다. 그러므로 주원장은 성장기에 제대로 교육받지 못하였고 皇覺寺에서 중노릇을 할 때 또는 홍건적의 대오 속에서도 배우고자 발분하였으나 기초가 부족하여 학식의 천박함을 벗어날 수 없었다. 이러한 출신과 학문에 대한 주원장의 열등의식은 대명제국의 황제가 된 후에도 뿌리깊게 남아 있어, 이른바 명초「문자옥」의 원인이 되었다.

명 태조는 지난날 자신의 궁핍했던 和尙노릇과 홍건적 출신임을 누군가가 반드시 몰래 조롱하고 있을 것이라는 악몽에 늘 시달렸다. 그래서 그러한 사실을 암시할 수도 있는 문자를 표전에 사용한 문인을 무수히 처형하였다. 문자상의 금기는 상당히 광범하여 중의 두발 없는 머리를 상징할 수 있는「光」·「禿」은 물론,「僧」및「僧」과 발음이 비슷한「生」도 포함되었다. 홍건적을 암시할 수 있는「賊」은 물론이고 이와 비슷한 발음인「則」도 기피되어야 했다. 단순히 뜻만이 해석하는 것이 아니라 비슷한 발음을 가진 다른 글자를 연상하여 제멋대로 억측하고 풀이한 다음, 작성자를 가려내어 이유도 설명하여 주지 않고 처형시켜 버렸던 것이다.[23)]

표전문제가 명초 문자옥의 일환이라는 점은 3차 표전문제가 발생하였을 때 명과 조선간에 왕래한 문서를 분석하여 보면 쉽게 수긍할 수 있다. 명의 禮部尙書 鄭沂가 글자의 발음이 비슷한 것으로 어구를 이루어 譏侮했다고 문책한데 대하여, 조선은 "또한 조정의 文字양식과 회피해야 할 글자를 몰라 이런

23) 趙翼,《二十二史箚記》권 32, 明祖行事多仿漢高.

착오를 일으켰으며 … 앞으로의 문서가 또 잘못될까 두려우니 마땅히 회피해야 할 글자들을 小邦에 내려주어 오래 준수하도록 하여 주시기 바랍니다"[24]라고 회답하였다. 우선 표전 문장의 발음까지 문제삼는 명 태조의 비정상적인 해독법이 드러나 있고, 표전문제가 발생하게 된 근본적인 까닭을 전혀 짐작도 못하던 조선도 명 태조에게 사용해서는 안될「회피하여야 할 글자」들이 있다는 사실을 눈치채게 되었던 것이다.[25]

표전문제로 말미암아 양국관계는 크게 악화되어 갔다. 표전문제가 아무리 명 태조 개인의 열등의식에 의해 발생한 문자옥의 일환이라고 하더라도, 명 태조의 입장에서 볼 때는 명에 대한 조선의 계속적인「모만」으로 받아들일 수밖에 없었다. 더욱이 표전문제가 한창 야기되고 있던 태조 2년(1393)으로부터 7년까지의 약 5년간 요동정벌을 준비하고 있는 듯한 조선의 움직임은 명 태조에게는 절대로 용납할 수 없는 조선의「生釁」이 아닐 수 없었다. 따라서 표전문제가 발생하자 명 태조는 이를 기화로 조선을 더욱 위압함으로써 조선이 감히 요동으로 진출할 엄두를 내지 못하도록 할 필요가 있었다.

사실 명 태조는 조선이 요동정벌을 감행할지도 모르며 그 계획의 중심인물이 정도전이라는 사실을 태조 2년경부터 이미 파악하고 있었다. 태조 원년에 정도전이 사은사로 명에 왔다가 귀국하는 길에 山海衛를 지나면서 사람들에게 조선과 명 사이의 관계가 잘 풀리면 좋지만 잘 풀리지 않으면 군대를 끌고 와서 한바탕 약탈할 것이라고 말한 내용을 보고 받은 후부터 정도전을 지목하고 있었던 것이다. 한편 정도전이 사은사의 임무를 마치고 귀국한 태조 2년에 三軍總制府를 義興三軍府로 개혁하고 重房을 혁파하는 군제개편이 단행되었다. 또 정도전은 門下侍郎贊成事로부터 判三司事에 임명되고 곧 이어 판의흥삼군부사를 겸임함으로써 군부의 우두머리가 되어 군정개혁과 군비강화에 힘쓴 것을 볼 수 있다.

그러므로 명 태조는 1차 표전문제가 발생하기 시작한 약 3년 전부터 정도전을 지목하고 있다가, 마침 하정표문이 문제화되고 하정사 유구의 공술을 통해 정도전도 표문작성에 관여한 인물로 밝혀지자 정도전의 관송을 끈질기

---

24)《太祖實錄》권 12, 태조 6년 12월 병오.
25) 朴元熇,〈明初 文字獄과 朝鮮表箋問題〉(《史學硏究》25, 1975).

게 요구하였다. 실제로 하정표문은 정탁이 짓고 권근이 수정하였으며 정도전은 형식적인 책임자로서 교정에도 전혀 관여하지 않았다. 그럼에도 불구하고 명 태조는 계품사 하륜에게 정도전이 오지 않은 것에 대해 힐문하는 등 정도전에게만 유별난 집착을 보이며 정탁과 권근은 쉽게 귀국시켜 주었다.

조선조정에서도 조준·하륜·李芳果 등은 태조에게 정도전을 명에 보내도록 진언하였다. 통사 楊添植은 누구의 사주를 받았는지 몰라도 조선에 와 있던 명사 楊木兒·牛牛에게 정도전을 꼭 데리고 가도록 적극적인 공작까지 벌임으로써 조정 내부의 암투를 노출시켰다. 고심하던 태조가 끝내 병을 이유로 정도전을 명에 보내지 않고 버티자 명 태조는 더 이상 관송요구를 하지는 않았지만, 조선사신을 접견하는 기회가 있을 때마다 정도전을 혐오하며 그를 감싸는 태조의 어리석음을 힐난하였다.

> 지금 조선국왕 이성계가 중용하고 있는 정도전이라는 자는 왕에게 무슨 도움을 준다는 말인가. 왕이 만약 깨닫지 못한다면 이 사람이 반드시 조선의 화근이 될 것이다. 이성계는 정도전이란 자를 잘 모른다. 그를 중용하여 무엇을 한다는 말인가. 네가 돌아가거든 왕에게 분규를 일으키지 말도록 일러라. 소인의 말을 듣고 함부로 도발하다가는 앞으로 모든 것을 망치게 될 것이다(《太祖實錄》 권 11, 태조 6년 4월 기해).

동시에 명은 조선이 요동을 정벌할 것이라는 풍설에 계속 신경을 날카롭게 곤두세우고 간첩을 보내 정탐시키기도 하였다. 표전문제가 야기되던 기간에 명 태조는 조선을 정벌하겠노라고 기회가 있을 때마다 위협을 가하였으나, 실제로 조선을 정벌하려는 의도나 준비는 전혀 없었다. 다만 조선이 요동으로 진출하려는 움직임에 쐐기를 박기 위한 목적으로 위협을 가하였을 따름이었다. 명 태조는 태조 4년(1395) 11월 遼王의 궁실공사를 중지시키며 武定侯 郭英에게 다음과 같이 말하였다.

> 그들은 國都로부터 압록강에 이르기까지의 요충지에 비축하는 군량이 역마다 1, 2만 석 또는 7, 8만 석, 10여만 석에 이르고, 사람을 보내 東寧府의 여진을 유인하여 넘어가고 있으니 반드시 깊은 음모가 있을 것이다 … 지금 요동은 군량이 모자라 군사들이 굶주리고 있는 바, 즉시 沙嶺倉의 식량을 내어 그들을 진제하지 않는다면 반드시 고려로 하여금 유인하고자 하는 마음을 일으키게 할 것이니 좋은 계책이 못된다. 만일 고려가 20만 군을 내어 쳐들어오면 우리 군

대가 어떻게 대응하겠는가(《明太祖實錄》 권 238, 洪武 28년 4월 신미).

조선정벌은커녕 오히려 방어태세를 갖추는 데 급급하였음을 알 수 있다.

태조 2년경부터 군정개혁·陣圖제작·군사훈련·훈련점검·병기제조 등 군비강화를 추진해 오던 정도전은 태조 6년 6월경에 요동정벌계획을 표면화시키고 태조를 설득하기 시작하였다. 정도전의 정치적 적대세력이었던 태종과 하륜 등에 의해 후일 일부가 왜곡된 《太祖實錄》에서는, 몇 군데에서 정도전이 요동정벌을 계획하게 된 동기가 당시 표전문제와 관련하여 자신이 명에 관송되어 가지 않기 위함이라고 앞뒤를 바꾸어 서술하고 있다. 그러나 이 무렵은 정도전에 대한 명의 관송요구가 끊어진 지 이미 만 1년이 지난 시점이었다.[26]

요동정벌계획은 조준 등이 군량부족·군사훈련결핍·민심불안을 내세워 완강하게 반대하여 일시적으로 보류되었다. 그러나 잠시 보류되었던 요동정벌계획은 1년이 지난 태조 7년 윤 5월경부터 다시 대두하여 태조의 영도하에 확고한 국가정책으로 추진되었다. 그해 8월에 대사헌 成石璐이 陣圖를 강습하지 않는 절제사 이하 大小員將 292인을 대량으로 탄핵함에 따라 태조가 이들을 책벌한 일이 있었다. 진도의 강습을 그렇게 서두르게 된 까닭에 대해《태조실록》에서는 "처음에 정도전과 南誾이 왕을 날마다 뵈옵고 요동을 공격하기를 권고한 까닭으로 진도를 익히게 한 것이 이같이 급하게 하였다"[27]라고 기록하고 있다. 진도강습을 비롯하여 이 무렵에 맹렬하게 전개된 군사훈련이 요동을 공격하기 위한 준비작업의 일환임을 명백히 하고 있는 것이다. 일단 보류되었던 요동정벌계획이 1년 후에 다시 부활하게 된 이유는 정도전 일파의 지속적인 설득과 공작의 탓도 있겠지만, 당시 표전문제로 인한 양국관계의 악화와 더불어 명의 가중되는 위압이 오히려 조선을 더욱 반발하게 만들어 준 데도 있었다.[28]

요동정벌계획은 태조 7년 8월에 일어난「왕자의 난」으로 정도전·남은 등이 살해당하고, 요동정벌계획을 추진하였던 태조가 선위하고 정종이 즉위함으로써 완전히 좌절되었다. 한편 조선에 대한 불신감과 경계심으로 끊임없이

26) 朴元熇, 〈明初朝鮮의 遼東攻伐計劃과 表箋問題〉(《白山學報》 19, 1975).
27) 《太祖實錄》 권 14, 태조 7년 8월 임자.
28) 朴元熇, 〈朝鮮初期의 遼東攻伐論爭〉(《韓國史硏究》 14, 1976).

고압정책을 펴던 명 태조가 같은 해 윤5월에 사망하고 황태손인 명 혜제가 즉위하였다는 소식이 알려졌다. 양국에서 서로를 혐오하며 첨예하게 대립하던 세력이 극적으로 동시에 사라진 것이다. 이는 명과 조선의 양국에 모두 한 시대의 마감을 의미하는 것으로 양국관계도 새로운 국면을 맞이하게 되었다.

(3) 고명·인신문제와 명의「정난의 역」

조선은 명으로부터 誥命과 印信을 받음으로써, 역성혁명에 의한 조선왕조의 수립에 정통성을 확인 받고 동시에 왕권의 안정을 도모하고자 하였다. 그리하여 태조 4년(1395)에 정총을 파견하여 고명과 인신을 요청하였으나, 도리어 그 주청문 때문에 2차 표전문제를 일으키고 말았으며 요청은 간단히 거절당하였다. 표전문제와 요동정벌계획으로 인한 양국의 갈등이 사라진 다음, 조선은 고명과 인신을 받기 위한 노력을 재개하게 되었다.

당시 명에서는 명 태조가 명제국의 창건자로서 절대적인 황제권력을 쌓아오고 행사하던 한 시대가 끝나고, 새로운 권력 구조를 형성하기 위한 개편과 조정작업이 진행되고 있었다. 명 혜제는 자신의 정권을 확립시키기 위해서 우선 이미 군사력이 너무 비대해져 중앙집권에 위협적인 존재가 되어버린 諸王세력에 대처하지 않으면 안되었다. 그리하여 명 혜제는 齊泰·黃子澄의 주장에 따라 과감하게 '削藩'정책을 펴나가기 시작하였다. 머지않아 자신에게 닥쳐올「삭번」을 눈앞에 둔 北平의 燕王은 드디어 태조 7년에 반란을 일으켜 명 혜제를 공격하기 시작하였다. 이로써 명은 3년간에 걸친「靖難의 役」이라는 내전에 휩쓸리게 되었다.

조선에서는 정종 2년(1400) 또 한 차례의「왕자의 난」이 발생하여 李芳幹이 숙청되고 이방원이 왕세자가 됨으로써 왕위획득에 또 한걸음 다가서고 있었다. 조선은 조선 나름대로 정국이 유동적인 가운데서도 명의 내전의 향배에 주의를 게을리 하지 않으며, 禹仁烈을 하정사로 보낼 때 다시 고명과 인신을 요청하였다. 그 무렵 명의 定遼衛人 12명이 조선으로 도망와서 황실이 크게 어지러우며 연왕이 승승장구하고 있다고 알려주었는데, 이 정보로써 조선은 명의 내전이 아주 심각한 양상으로 발전하고 있다는 사실을 깨닫게 되었을 것이다. 당시 정치권력의 실력자였던 이방원은 정종의 양위를 받아 즉위하여 태종이 되었으며 곧 李詹과 朴子安을 奏聞使로 명에 파견하여 정종의 양위와 자신의 습위사실을 보고하였다.

한편 眞定과 白溝河에서 연왕군으로부터 두 차례의 패배를 당한 명 혜제는 사태의 심각성을 깨닫기 시작하며 조선에 대해서도 회유의 자세를 뚜렷이 드러내기 시작하였다. 명사 陸顒과 林士英을 보내 조선에 전달한 조서 속에서 명 혜제는 사악함에 현혹되지 말고 거짓에 놀라지 말라고 당부하였다. 하정사 禹仁烈을 접견한 명 혜제는 명 태조가 조선을 제어하는 수단으로 끝까지 틀어쥐고 있던 고명과 인신을 선선히 허락하였다. 그러나 고명과 인신을 지닌 명사가 남경을 떠난 지 며칠 후 정종이 갑자기 풍질로서 시력과 청력에 장애를 일으켜 이미 이방원에게 왕위를 물려주었다는 보고를 받고 조선의 정세와 동향에 대해 크게 의심을 가지게 되었다. 그리하여 명은 당시 조선에 체류 중이던 명사 육옹과 임사영이 귀환하기를 기다려 조선의 정세를 확인한 다음 고명과 인신을 수여하기 위해 얼마 전에 조선으로 출발한 사신을 도로 불러들이었다.

명사 육옹과 임사영은 귀국할 때 조선의 사은사 일행과 함께 동행하였는데, 사은사는 이 때 또 한 번 고명과 인신을 내려주기를 요청하였다. 그런데 명사 육옹과 임사영이 돌아와 명 혜제에게 조선의 사정을 보고하기 전에 이미 명 혜제는 왕위계승의 당부를 애써 가리려고 하는 생각을 버리고 있었던 것으로 보인다. 그것은 바로 다음날 주문사 이첨과 박자안이 돌아올 때 가지고 온 예부 문서 속에서 명 혜제가 태종의 습위에 대해 천리와 인륜에 어긋나지 않는 일이라면 조선이 하는 대로 맡기라고 말하고 있는 데서 알 수 있다. 명 혜제는 중국이 내전의 와중에 빠져있는 지금 조선과 마찰을 일으키는 것이 조금도 현명한 처사가 되지 못하며 오히려 조선을 회유하지 않으면 안되겠다고 판단한 것이다. 이첨과 박자안이 가지고 온 예부자문을 받고 태종은 곧 判三司事 우인열을 명에 보내 사은하였다. 이어서 명 혜제가 보낸 명사 章謹과 端木禮가 조선에 도착하여 조선 국왕의 고명과 인신을 전달하였다.[29]

「정난의 역」에서 패색이 짙어져 감에 따라 명 혜제는 조선에 대해서도 초조한 기색을 감추지 않고 말 1만 필의 교역을 부탁하며, 이례적으로 조선 국왕과 태상왕 및 상왕을 비롯하여 陪臣 24명에게도 文綺絹 등의 후한 하사품

29) 朴元熇, 〈明「靖難의 役」時期의 朝鮮에 對한 政策〉(《釜山史學》 4, 1980).

을 보내왔다. 교역으로 보낸 마필들은 주로 요동의 관군에게 지급되어 연왕군과의 전투에 사용되었다. 그러나 이러한 사실을 근거로 하여 조선이 명 혜제를 적극적으로 지원하였다고 단정할 수는 없다. 명과 고려·조선과의 마필교역은 홍무연간에도 명의 요청에 따라 수시로 이루어져 왔다. 조선은 항상 중국의 현존하는 정통적 정권과의 조공관계를 중시하여 그 요청을 존중하였던 것이지「정난의 역」이라는 내전에서 어느 일방이 승리할 수 있도록 지원하는 외교적 모험을 감행한 것은 아니었다. 이러한 점은「정난의 역」의 결과 建文政權이 무너지고 永樂政權이 수립되고 나서 명 성조가 역시 마필교역을 요청하였을 때도 조선이 이에 부응하여 상당한 기간동안 교역이 진행된 사실을 보면 더욱 분명해진다

「정난의 역」의 확대에 따라 요동까지도 명 혜제군과 연왕군이 격돌하는 전장으로 바뀌자 피난민과 패잔병들이 전란을 피하여 조선으로 밀려드는 새로운 사태가 발생하였다. 조선으로 나온 이들 漫散軍民들은 거의 대부분이 원래 조선출신으로서 그 동안 요양 등지에서 살아오던 사람들이었다. 조선조정에서는 만산군민을 송환시켜 달라는 요동 總兵官의 요구에 대해 쉽게 결론을 내지 못하다가 결국 하륜 등의 의견을 좇아 받아들이기로 결정하였다. 조선이 몇 차례에 걸친 명의 송환요구를 묵살하면서까지 자기 방침을 강행하게 되는 데는 패망 직전에 와 있는 건문정권의 권위하락이 그 배경에 깔려 있었다. 조선은 이미 태종 2년(1402) 3월에 의주로 도망 온 요동군 朱景 등이 제공한 “2월 11일에 征燕軍이 도망가거나 흩어진 수가 셀 수 없고 민가를 침입하므로 본토로 도망 나왔다”는 정보에 의해 명 혜제군이 궤멸상태에 빠졌다는 것을 알고 있었다. 조선은 몰락이 임박한 건문정권의 송환요구를 묵살하고 2만에 가까운 만산군민을 받아들였다.

「정난의 역」은 태종 2년 6월에 이르러 남경이 연왕군에 함락당함으로써 막을 내렸다. 남경이 함락되어 명 혜제가 자살하고 연왕이 제위에 올랐다는 소식은 3개월이 지나서 비로소 조선에 알려졌다. 명의 새 황제인 명 성조가 보낸 사신 兪士吉과 汪泰 등이 조서를 지니고 입국하고 있다는 것을 알고 태종은 즉각「건문」연호의 사용을 정지시켰다. 이 때부터 조선은 내전의 결과 새로이 탄생된 영락정권에 대해 실로 기민하게 대처하기 시작하였는데, 명사

가 아직 개경에 도착하기도 전에 명 성조의 즉위를 축하하기 위해 보낼 賀登極使로 하륜을 선정해 놓았다. 명사일행이 개경에 도착하여 조서를 宣讀한 다음날부터 조선은 다시「홍무」연호를 쓰기 시작하였으며 하등극사 하륜을 하정사 趙璞 일행과 함께 즉각 남경으로 출발시켰다.

명사가 도착한 다음날 바로 축하사절을 파견한 조선의 민첩한 대응은 명 성조로 하여금 기쁨에 넘친 감탄을 금치 못하게 하였다. 하등극사 하륜은 하정사 조박과 현지에서 의논한 끝에 새로운 고명과 인신을 예부에 청구하였던 바, 명 성조는 그「識時通變」함을 가상히 여겨 조선사신일행을 더욱 후대하였다. 조선은「정난의 역」기간 건문정권과 가졌던 우호관계가 영락정권과의 새로운 관계수립에 장애가 되지 않을까 우려하고 있었던 반면, 명 성조는 과거 조선과 건문정권과의 유대에 대해서는 모든 것을 불문에 부쳤을 뿐 아니라 오히려 반란에 의해 정권을 획득한 자신의 약점을 엄폐하기에 더욱 급급하였다.

조선이 명의 영락정권과 대처해 나가는 과정에는「정난의 역」때 받아들인 만산군민문제가 필연적으로 다시 대두되기 마련이었다. 만산군민을 송환하라는 左軍都督府의 자문을 정식으로 받은 조선은 태종 3년 1월 3,649명을 우선 송환하고, 3월에는 黃居正을 명에 보내 나머지 만산군민을 송환하며 다음과 같은 인원수를 회보하였다.

〈표 5〉

총 계	13,641명
송환중	10,920명
도망중	2,225명
병 사	496명

태종은 만산군민문제로 영락정권과 갈등이 발생하는 것을 결코 원하지 않았기 때문에 모조리 송환시키겠다고 몇 차례 다짐하면서도, 결코 적극적으로 송환에 협조하지는 않았다. 따라서 송환에서 누락된 만산군민에 대해 이후에도 명이 집요하게 추가송환을 요구함에 따라 조선은 상당한 기간동안 소규모의 송환을 계속하지 않을 수 없었다.

조선은「정난의 역」이 본질적으로는 황실 내부의 권력투쟁이라는 점을 감안하여 명 혜제나 연왕의 어느 편에도 적극 협조하는 것을 삼가함으로써 후일 승리할 어느 일방으로부터 가해올 지도 모를 보복을 회피하였다. 조선은「정난의 역」을 전후하여 현저하게 입장이 약화되어 회유정책으로 일관한 건문정권과 내전으로 탄생된 영락정권으로부터 몇 가지 외교적 성과를 얻을 수 있었다. 조선은 왕조가 창건된 이래 명 태조로부터 받지 못하고 있던 조선국왕의 고명과 인신을 건문정권으로부터 비로소 받게 되었다. 태종이 명으로부터 고명과 인신을 받는다는 사실은 당시의 조선으로서는 커다란 정치적 의의가 있는 일이었다. 명의 황제가 부여하는 고명과 인신은 조선왕조 수립의 형식적 완결과 태종즉위의 합법성을 확인해 주는 의미에서, 당시 조선의 불안한 정치상황 속에서는 왕권확립에 불가결한 요소가 되었던 것이다.[30)]

사실 오랫동안 명 태조의 고압정책에 시달려오던 조선에게는 명의「정난의 역」이 다소 불안한 요소이기는 했지만, 그 기간에 명 혜제의 회유정책으로 말미암아 가장 순탄한 대명관계가 지속되었다고 볼 수 있다. 그러나 양국의 그러한 밀월관계는 그리 오래 지속되지 않았다. 영락정권이 탄생함으로써 다시 새로운 여진귀속문제가 대두하게 되어, 홍무정권기 양국간에 갈등과 분규의 초점이었던 요동문제가 다시 떠오르게 되었다.

(4) 여진귀속문제

「정난의 역」의 결과 제위에 오른 명 성조가 安南정벌·西洋出使·몽고친정·여진초무 등 대외팽창적인 정책을 폈음은 잘 알려진 일이다. 특히 적극적인 여진초무정책을 통한 요동지방으로의 진출은 필연적으로 조선과의 사이에 긴장관계를 유발시켰다. 명과 조선 사이에 끼어 문제가 되었던 여진부족은 吾都里·兀良哈[오랑캐]·兀狄哈[우디캐] 등으로서, 그 가운데 오도리는 후일 淸朝황실의 조상이 되는 부족으로서 가장 주목을 끈다. 명의 여진초무와 그에 따른 여진의 동향은 사실 명과 몽고와의 관계와 나누어서 생각할 수 없다. 명 성조 스스로가「五征漠北」을 단행한 데에서도 드러나듯이, 당시 명의 가장 중요한 대외문제는 몽고정복이었다. 몽고를 완전히 복속시키기 위해 명 성조는 오랜 세월에 걸쳐 심혈을 기울였으며, 몽고문제에 대처하기 위한 대책의 일환으로 명의 여진초무가 더욱 긴요해졌던 점도 간과할 수 없다.

태종 3년(1403) 11월 오랑캐의 於虛出이 來朝하자 명 성조는 建州衛를 설치하기로 하고 어허출을 지휘사에 임명하였으며, 13월에 忽剌溫의 西陽哈이 내조하였을 때 兀者衛를 설치하였다. 최초의 여진위소가 되는 이 두 위는 앞

30) 朴元熇, 〈明「靖難의 役」에 대한 朝鮮의 對應〉(《亞細亞硏究》 70, 1983).

으로 각지에 산재하여 있는 여진을 초무하는 명제국의 전초기지 역할을 맡게 된다. 이후 여진 각 부가 속속 귀부해 옴에 따라 위소를 차례로 설치해 나가게 되는 바, 태종 4년으로부터 奴兒干都司가 설립되는 태종 9년까지 모두115개의 위소를 설립하였다.[31)]

명의 여진을 초무하는 손길이 두만강유역까지 뻗쳐오자 조선조정은 아연 긴장하였다.

> 三府가 모여 여진의 일을 논의하였다. 황제가 여진 吾都里·兀良哈·兀狄哈 등을 초무하며 조공을 하도록 칙유하였는데, 여진 등은 본래 우리에게 속하였기 때문에 삼부가 모여 의논한 것이다. 그 칙유가 여진문자를 사용하여 알 수가 없었으므로 여진인으로 하여금 그 뜻을 풀어 번역하게 한 다음 의논하였다 (《太宗實錄》 권 5, 태종 3년 6월 신미).

두만강유역에 거주하고 있는 오도리·오랑캐·우디캐 등의 여진이 원래 조선에 속하여 있다는 인식이 있는 조선은 명의 여진초무에 민감한 반응을 보일 수밖에 없었다. 이러한 상황에서 오도리의 퉁멍거티무르 등이 조선으로 내조하여 오자, 태종은 그에게 上護軍의 관직을 내려주고 크게 환대하여 돌려보냈다. 여진을 초무하기 위한 목적으로 요동천호 王可仁이 곧 도착한다는 소식을 들은 태종은 먼저 사람을 보내 오랑캐의 把兒遜(波乙所) 등에게 衣布를 하사하는 한편, 명의 사신이 이르렀을 때 응대할 대책을 일러주었다. 그리고 명사 왕가인이 여진 땅을 향하여 떠난 다음, 태종은 하륜과 권근에게 고려 때 尹瓘이 동여진을 치고 비를 세운 사실을 史庫의 《睿宗實錄》에서 조사하도록 지시하는 등 명의 여진초무에 대한 대책을 마련하는 데 부심하였다.

동북면에서 초무에 성공하지 못하고 돌아온 왕가인이 명으로 귀환할 때, 태종은 김첨을 계품사로 남경에 파견하여 公嶮鎭 이남의 땅이 원래 조선영토로서 그 곳에 살고 있는 여진을 조선이 계속 관할할 수 있게 해주도록 요청하였다. 이는 명사 왕가인이 지니고 온 칙유 속에서 명이 오도리 등뿐만 아니라 공험진 이남 철령 이북에 살고 있는 10처의 여진인민까지 초유하려는 방침에 대응한 것이었다. 조선이 10처의 여진인민이 조선땅에 들어와 산 지가 오래고 또 조선인과 혼인하기도 하며 부역을 치르고 있다는 주장을 상세한 역사적 내력을 들

---

31) 孫進己, 《女眞史》(吉林文史出版社, 1987), 170쪽.

어가며 설명하자, 명 성조는 조선의 관할권을 인정하여 주지 않을 수 없었다. 그러면서도 두만강유역의 여진에 대한 명의 초무는 집요하게 계속되었다.

당시 鳳州 부근에 있던 오랑캐의 어허출은 명 성조가 연왕으로 있을 때 자신의 딸을 왕비로 바친 일도 있는 바, 건주위가 설치되자 都指揮使로서 명의 요동경략에 협력함과 동시에 여진 내부에서 자기의 세력확대를 기도하였다. 그러나 吾音會(會寧)에 있던 오도리의 퉁멍거티무르는 그렇지 않았다. 두만강유역의 여진을 초무하는 데 한계에 부딪친 명 성조는 드디어 명사 王敎化的을 보내어 태종의 협력을 완곡하게 요청하였다. 그러나 왕교화적이 도착하기 전부터 태종은 좌정승 하륜과 우정승 조영무에게 동북면의 울타리인 퉁멍거티무르를 지킬 대책을 세우라고 지시하여 명에 양보하지 않을 뜻을 분명히 밝혔다. 그리고는 왕교화적이 동북면을 향해 출발하기 전에 몰래 申商을 퉁멍거티무르에게 보내어 명사의 명령에 따르지 말라고 노골적으로 당부하였다. 조선은 명의 여진초무가 본격화될수록 동북면 일대에 커다란 위협을 느낄 수밖에 없었으므로 그동안 우디캐 등의 침입을 막아 주던 오도리를 계속 조선의 세력권 아래에 붙들어 두고자 하였다.

명의 집요한 초무에 직면한 오도리의 퉁멍거티무르는 왕교화적에게 조선을 섬긴 지 20여 년이나 되고 조선이 명과 친교하기를 형제와 같이 하므로 따로 명을 섬길 필요가 없다고 거절하였다. 把兒遜·着和·阿蘭 등 세 만호도 퉁멍거티무르와 함께 본래의 뜻을 변치 말고 조선을 우러러 섬기자고 언약하였다. 그러나 이 때 이미 퉁멍거티무르는 흔들리고 있었으며 어느 의미에서는 조선이 명에 대해 취하고 있는 것처럼 이중적인 자세를 갖고 있었다.

그동안 嫌眞우디캐와 骨看우디캐의 초유를 위해 또 왕가인을 파견하고, 毛憐의 오랑캐 만호 파아손·저화·答失 등을 초무하기 위해 다시 백호 金聲을 동북면으로 파견하는 등 명의 노력은 줄기차게 지속되었다. 왕교화적과 그를 지원하기 위해 추가로 파견된 徐元奇가 약 4개월 동안 머물며 끈질기게 회유한 결과, 가장 완강하게 버티던 퉁멍거티무르는 드디어 고집을 꺾고 명 성조의 칙서를 맞이하며 채단을 받고 말았다. 그런데 이러한 사실을 모르는 조선은 李行을 남경에 보내어 이들 여진이 최근에 허락받은 10처 인민의 범위 내에 있음을 상기시키고, 예전대로 편안히 생업에 종사할 수 있도록 배려해 줄 것을 요청하였다. 또한 대호군 李愉를 오음회에 보내 명의 초유에 응하지 말도록 다시 한번 종용하였다.

여진초무를 둘러싸고 명과 조선이 치열한 각축을 벌이던 태종 5년(1405) 3월부터 6월까지 조선은 실로 소나기처럼 여진 각 부에 하사품 공세를 폈다. 동북면에 갔던 이유가 8월에 돌아오면서 비로소 퉁멍거티무르가 명에 입조하려고 한다는 사실이 밝혀지자, 조선조정은 충격을 받고 이 문제를 심각하게 토의하였으나 마침내 포기하기에 이르렀다. 퉁멍거티무르는 왕교화적을 따라 명에 입조하며 만일 입조하지 않으면 어허출이 자신의 백성까지 차지할 것이므로 부득이 입조하지 않을 수 없다고 해명하였다. 오랑캐의 어허출과 경쟁관계에 있는 그로서는 능히 우려할 만한 일임에 틀림없었을 것이다.

한편 조선의 계품사일행이 남경에 이르자 명 성조는 퉁멍거티무르를 보내지 않은 일로 이들을 준열히 꾸짖었다. 퉁멍거티무르는 명에 입조하지 않을 뜻을 조선에 내비치면서도 명 성조에게는 곧 입조하겠다는 뜻을 알렸던 것이다.

퉁멍거티무르가 명에 입조하기로 한 결정은 당장 적지 않은 파급 효과를 불러 일으켰다. 오랑캐 만호 파아손 등 20여 명이 퉁멍거티무르의 입조 때와 비슷한 논리로 입조를 천명하고 나섬으로써 두만강유역 여진의 향배가 거의 결정되었다. 명은 주문사 李玄에게 조선이 퉁멍거티무르의 입조를 방해한 데 대해 질책하고, 마침 남경에 와 있던 일본사신보다 이현의 서열을 낮추어 버림으로써 조선에 대한 불신을 거침없이 드러냈다. 조선은 그 동안 여진이 소금·철·소·말을 교역해 오던 慶源교역을 중단함으로써 명의 초무에 응한 여진에 대해 불만을 간접적으로 나타내었고, 이에 분격한 우디캐의 金文乃 등이 건주위의 부추김 속에 경원으로 쳐들어왔다가 朴齡에게 격파당하는 일도 발생하였다.

퉁멍거티무르 등이 명에 입조하자 명 성조는 그에게 건주위도지휘사를 제수하고 어허출의 아들 金時家奴를 건주위지휘사로, 阿古車를 毛憐等處指揮僉使로 삼았다. 이에 따라 두만강유역의 여진초무를 둘러싼 명과 조선간의 경쟁은 대세가 완전히 기울게 되었다. 이 때부터 명은 조선에 漫散軍民의 송환을 재개할 것과 명의 초무에 응한 여진의 가속을 보내도록 요구하기 시작하였다. 영락정권이 수립되자마자 조선은 명의 요구에 따라 만산군민을 몇 차례 송환시켜 성의를 표시한 바 있었지만, 계속되는 명의 독촉에 따라 추가 송환을 재개하고 여진가속도 여러 차례에 걸쳐 보내지 않을 수 없었다.[32]

조선왕조 수립 이래 명과의 현안문제는 명 태조가 조선을 「生釁」과 「侮慢」을 이유로 질책한 데서 비롯되었다. 「생흔」과 「모만」의 핵심은 조선이 여진을 유인하고 있으며 요동정벌을 준비하고 있다는 것이었다. 여진귀속문제는 요동정벌과 같은 정면 충돌은 아니고 여진초무를 둘러싼 암투였지만, 결국 명의 힘에 굴복하여 물러설 수밖에 없었다. 결론적으로 고려말 이래 조선 초기에 걸쳐 대명관계에서 발생하는 모든 중요한 현안문제의 바탕에는 표면적인 현상과는 별도로 요동의 지배권을 확보하기 위한 양국의 치열한 각축이 하나의 흐름으로 존재하였다는 것을 알 수 있다.

5) 명과의 나머지 문제

(1) 금은세공의 면제

「정난의 역」이 진행되던 기간에 명에 보내는 조공사절을 1년 3사로 슬그머니 확정시켰던 조선은 공물 가운데 금은의 수량을 맞추기에 어려움을 겪기 시작하였다. 조선은 태종 9년(1409) 聖節使로 偰眉壽를 보내며 처음으로 다음과 같이 요청하였다.

> 금은은 원래 본국에서 나지 아니하고, 전에 원의 객상이 왕래하며 가져 온 약간의 금은이 있었으나 수십 년 사이에 모두 사용되었습니다. 앞으로는 절기를 맞을 때 본토에서 나지 아니하는 金銀器皿을 준비하기가 어려울 것 같으니, 바라건대 토산의 다른 물자로 진헌할 수 있도록 해 주십시오(《太宗實錄》 권 17, 태종 9년 정월 갑자).

그러나 명의 예부상서가 화를 내며 황제에게 직접 아뢰라고 하는 바람에 결국 명 성조에게 보고조차 되지 못하였다.

태종은 각지에 採訪使를 파견하여 금은채굴을 독려하거나, 명에 파견되는 통사를 시켜 採銀法을 알아 오게 하는 등 증산을 위해 힘썼다. 세종이 즉위

32) 朴元熇, 〈永樂年間 明과 朝鮮間의 女眞問題〉(《亞細亞硏究》 85, 1991).

하는 해에 상왕이 된 태종은 다시 금은 대신에 마필·布子로 대체시킬 수 있도록 사신을 파견해야 한다고 제의하였다. 세종 2년(1420) 예조참판 河演과 光祿寺少卿 韓確을 보내 厚紙 35,000장과 石燃盞 10벌을 바치며 금은 대신 다른 품목으로 낼 수 있도록 요청하였다. 그러나 이번에는 조선종이를 진상하는 상주문에 날짜를 적지 아니한 일로 황제가 진노하였으므로 역시 두 번째의 '請免金銀奏本'도 올리지 못하고 돌아왔다.

그 후 조선은 금은채굴에 힘쓰는 동시에 혁파한 佛寺로부터 銀佛器 1,231냥과 金小塔 1개 9냥 등을 공조로 하여금 거두어들이게 하였다. 또한 文科殿試의 策題로 '擬本國請免金銀方物表'를 내걸었으니 이 문제로 조선조정이 얼마나 고심하였던가를 짐작할 수 있다. 그리고 명에 파견되는 사신들로 하여금 금은의 매매여부와 가격 동향을 조사하게 한 것을 보면, 명으로부터 금을 사들일 생각도 있었음을 알 수 있다. 일본에서 금이 산출된다는 보고를 듣고 일본으로부터 금을 사들이려고 한 것을 보면, 당시 조선의 채굴기술로 貢額을 충족시키기가 지극히 어려웠음을 확인할 수 있다.

세종은 세번째로 금은세공의 면제를 명에 요청하기 위해 좌의정 黃喜, 우의정 孟思誠 등에게 표문제작·사신선택·代物선정을 신중하게 의논하도록 하였다. 그리고 세종 11년에 恭寧君 裀과 右軍都摠制 元閔生을 명에 보냈다. 이에 明宣宗은 다음과 같이 조선의 요청을 들어주었다.

> 조선은 먼 나라인데 조공사신은 여러 차례 온다. 공물은 금은을 보내오니 어찌 작은 나라가 늘 상 갖출 수 있겠는가. 국왕에게 칙유하노니 앞으로 貢獻함에 토물로써 성의를 보이면 족하다(《明宣宗實錄》 권 59, 宣德 4년 10월 신묘).

이로부터 조선은 마필과 포자로써 매년 황금 150냥과 백은 700냥의 공물을 대신할 수 있게 되었다. 태종 9년에 처음 금은세공의 면제를 명에 요청한 이래 20년만에 이루어진 일이었다. 금은세공의 면제는 금은의 산출이 많지 않은 조선에게 부담을 크게 덜어주는 일임에 틀림없었으나, 금은세공을 통해 금은채굴을 위한 탐사방법과 기술개발이 촉진되었던 것이 중단된 측면도 있었다.

(2) 엄인·처녀의 진헌

〈표 6〉

연　대	인 원
태조 3년(1394)	5명
태종 3년(1403)	35명
태종 4년(1404)	10명
태종 5년(1405)	8명
태종 7년(1407)	29명
태종 17년(1417)	10여 명

火者 등으로도 불리는 閹人과 처녀를 진헌하는 일은 고려시대에 원과의 관계에서부터 시작되어 명으로 이어졌다. 명 태조는 고려출신의 환관을 고려와의 교섭에 임할 사신으로 곧잘 내보냈고, 또한 새로운 고려출신 엄인을 보내주도록 요구하였다. 이러한 관례가 명과 조선 사이에도 그대로 답습되었다. 명의 요구에 따라 조선이 보낸 엄인은 옆의 〈표 6〉과 같다.

수적으로는 별로 많은 수가 아니었으나, 조선에 미치는 정치적·사회적 영향은 결코 작지 않았다. 고려·조선 출신의 환관이 주로 명사로 나와 조선과 교섭하는 과정에서 조선에 부린 횡포는 막심하였다.

명사로 나온 환관들이 자신의 친척들에게 관직을 주도록 압력을 넣는 일이 비일비재하였다. 태종 3년에 고명과 인신을 가지고 온 명사일행 중에 환관 朱允端이 자신의 친척 60여 명에게 관직을 내려주게 한 일이 있다. 또한 명사로 온 환관들이 자신의 고향을 승격시켜 달라고 요구하는 것도 보통 있는 일이었다. 고려말의 비슷한 예도 많지만 조선시대에는 태조 2년(1393) 명사 金淵의 요구로 그의 고향 稷山縣을 郡으로 승격시킨 것이 처음이다. 같은 해 명사 金仁甫의 요구로 密陽郡을 府로 승격시켰으며, 陳漢龍의 요구로 林州郡을 부로 승격시켰다. 태종 3년에는 韓帖木兒과 朱允端의 요구로 金堤縣을 군으로, 임주군을 부로 각각 승격시켰다. 이러한 관례는 조선의 지방행정제도를 문란시키는 결과를 초래하였으나, 세종 7년(1425)에도 尹鳳의 요구로 瑞興郡을 都護府로, 예종 원년(1469)에는 鄭同의 요구로 信川縣을 군으로 승격시키는 등 계속 이어졌다.

처녀를 진헌하는 일도 고려시대에 원과의 관계에서 비롯되어 명으로 이어졌다. 우선 명 태조에게는 16명의 딸이 있었는데 그 중 含山公主의 어머니는 高麗妃 韓氏였다. 함산공주가 고려 우왕 6년(1380)에 태어난 점을 헤아려 보면, 고려비 한씨는 적어도 그 이전에 진헌되었다는 것을 알 수 있다. 또 명 태조 후비 가운데 碩妃가 고려출신인데 후에 명 성조가 되는 연왕의 생모일

가능성이 높다는 설도 있다.

조선시대에도 고려를 답습하여 명의 요구에 따라 처녀를 진헌하였는데 태종 8년 명사 黃儼이 와서 미녀를 보내주도록 요청한 것이 처음이다. 태종은 즉각 전국의 혼인을 금지시키며 進獻色을 두어 처녀를 물색하기 시작하였다. 議政府贊成事 南在·知議政府事 咸傅霖·漢城府尹 孟思誠을 제조로 삼고 敬差官을 각 도에 나누어 보내, 공사천예·서인·노비가 없는 양반을 제외한 13세 이상 25세 이하의 여자를 고르도록 하였다. 태종과 명사는 3개월에 걸쳐 선발된 처녀 200명, 300명씩을 경복궁에서 몇 차례 간추려 마침내 5명을 뽑았다. 故典書 權執中의 딸을 비롯하여 前典書 任添年, 前知永州書 李文命, 司直 呂貴眞, 水原記官 崔得霏의 딸 등이었다. 임첨년에게는 仁寧府左司尹, 여귀진에게는 忠佐司領護軍, 이문명에게는 恭安府判官, 권집중의 아들에게는 中軍司正의 관직이 주어졌다. 명사는 병이 있는 임첨년을 제외한 나머지 네 사람을 押物로 삼아 5명의 처녀를 인솔하여 돌아갔다.

5명의 처녀는 명 성조로부터 권씨는 賢妃, 임씨는 順妃, 이씨는 昭義, 여씨는 婕好, 최씨는 美人으로 책립되었다. 또한 권씨의 오빠인 權永均은 명의 光祿寺卿, 임첨년은 鴻臚卿, 이문명과 여귀진은 光祿小臚, 최득비는 鴻臚小卿에 제수되었다.

다음해인 태종 9년에 명사 황엄 등이 다시 와서 한두 명의 처녀를 진헌하도록 요구하였다. 태종은 다시 진헌색을 두고, 처녀의 혼인을 금지시켰다. 13세 이상 17세 이하의 처녀를 각 도에서 고른 끝에 前知宜州事 鄭允厚 및 副司直 宋瓊의 딸을 선발하여 보냈다. 이후에도 처녀의 진헌요구가 있어 태종 10년에 전 지의주사 정윤후의 다른 딸을 보냈고, 태종 11년에는 故知淳昌郡事 韓永矴, 태종 17년에는 故副令 黃河信의 딸을 선발하여 보냈다.

세종 6년(1424) 명은 이제 皇妃로 삼을 처녀만이 아니고 侍婢로 삼을 여아를 요구해 왔다. 귀국하는 奏聞使 元閔生이 2명의 처녀를 비롯하여 造酒·造膳·澣衣를 잘하는 시비의 진헌을 요구하는 사명을 받아 가지고 온 것이다.

이후에도 비슷한 요구에 따라 진헌이 다음과 같이 잇따랐다.

세종 8년(1426) ; 처녀 5명, 炊飯婦 6명
세종 9년(1427) ; 처녀 7명, 執饌婢子 10명, 從婢 16명

세종 11년(1429) ; 歌舞女 8명, 執饌婢子 11명
세종 15년(1433) ; 執饌女 20명

그러나 처녀의 진헌은 세종 9년이 마지막이었고, 세종 17년에는 그 동안 명에 보냈던 시비와 집찬녀 등의 대부분인 53명이 송환되어 옴으로써 진헌이 일단락 지어졌다.

엄인·처녀의 진헌은 원이 고려에 요구하여 시작된 이래로 명에 답습되고 조선 초기까지 약 100년간 이어졌다. 명에 보낸 엄인과 처녀의 숫자는 그리 대단한 수는 아니었으나 조선사회에 미친 정치적·사회적 영향은 지대하였다. 조선출신의 환관이 명사의 신분으로 조선에 나와서 끼친 해독은 재언할 필요도 없지만, 처녀의 진헌도 조선사회에 조혼의 풍습을 형성시키는 요인으로 작용하였다.[33]

(3) 종계변무문제

이른바 宗系辨誣문제는 태조 3년(1394) 명사 黃永奇가 와서 조선해적사건을 힐책할 무렵에 문제가 드러나게 되었다. 명사 황영기는 左軍都督府 咨文과 함께 海岳山川의 신령에게 告祭하는 축문을 가지고 왔는데, 그 축문 속에서 태조 이성계를 李仁任의 아들로 간주하였다.[34] 이성계의 정적이었던 이인임을 그의 아버지로 간주하였으니 조선왕실로서는 견디기 어려운 굴욕이었다. 조선은 황영기가 돌아가는 편에 이성계가 고려 우왕 때의 권신인 이인임과 성은 같지만 같은 혈통이 아님을 역설하였다.

그러나 9년이 지난 태종 2년(1402)에 성절사 趙温이 귀국하여 祖訓 條章내에 조선국왕의 宗系가 李仁任의 후손으로 기록되어 있음을 보고하였다. 놀라운 보고를 받았으나 조선은 이를 해명하기 위해 사신을 즉각 파견하지 않았다. 당시는 바로 「정난의 역」으로 말미암아 요동도 전란에 휩싸여 있어 사행이 사실상 불가능하였기 때문이다. 「정난의 역」이 연왕의 승리로 끝나고 새로이 즉위한 명 성조로부터 새로운 고명과 인신 및 면복까지 받고 난 다음, 조선은 해명을 위한 시기가 성숙되었다고 판단한 듯 태종 3년 사은사 李彬과

33) 末松保和, 앞의 글, 462~478쪽.
34) 《太祖實錄》 권 6, 태조 3년 6월 갑신.

閔無恤 편에 종계를 바로잡기 위한 주본을 보냈다. 다음해 이면이 돌아와 조선 국왕의 말에 따라 개정하라는 명 성조의 지시를 전해 왔으므로, 조선은 종계 변무문제가 완전히 해결된 것으로 생각하고 하례까지 거행하였다.

그러나 명 태조가 제정한 皇明祖訓 자체는 절대로 개정할 수 없게 되어 있었다. 따라서 문제의 그 구절은 이후 《大明會典》에 다음과 같이 전재되어 명이 멸망할 때까지 명분상으로 조선을 괴롭히는 두통거리가 되었다.

> 조선국은 즉 고려로서 그 李仁人(任) 및 아들인 이성계 지금 이름 旦이라는 자는 홍무 6년으로부터 홍무 28년까지 전후로 왕씨의 네 왕을 시해하였다(《大明會典》 권 105, 禮部 63, 朝貢 1, 朝鮮國).

이성계가 이인임의 아들로 되어 있을 뿐 아니라 왕씨 네 왕을 차례로 죽인 것으로 기록되어 있는 것이다. 그러므로 종계변무문제는 이성계가 이인임의 아들이 아니라는 사실을 바로잡는 것과 동시에, 이성계가 고려말의 네 왕을 죽였다는 악명을 벗기는 데 목적이 있었다고 볼 수 있다.

《대명회전》이 중종 13년(1518) 조선에 전래되자 조선은 南袞을 宗系辨誣奏請使로 보내기 시작하여 실로 줄기찬 노력을 기울였다. 선조 20년(1587)에 이르러 《대명회전》을 중수할 무렵에 와서야 비로소 조선의 해명사실을 부기시키는 데 겨우 성공하였다. 사은사 兪泓이 萬曆重修本의 《대명회전》을 가지고 선조 21년에 귀국함으로써, 180여 년에 걸친 현안문제가 해결되었다.

〈朴元熇〉

3. 여진과의 관계

1) 대여진정책

(1) 회유정책

조선 초기의 대여진정책은 회유정책을 근본으로 삼았고 회유정책은 事大交隣의 원칙을 준용하였다. 조선은 明에 대하여 사대의 예를 행한 반면에, 북방 女眞族의 대소 추장들과 남방의 일본 室町幕府·領主들과는 교린관계를 유지하였다. 전자는 1대 1의 국가관계였으나 후자는 1대 다수, 즉 국가와 다수개인과의 관계였다. 왜냐하면 당시 여진사회가 통일되지 아니하고 나누어져 대소 추장들에 의하여 지배되고 있었으므로, 조선에서는 이러한 대소 추장들을 지역별로, 종족별로 나누어 그들의 상하 지배관계에 의하여 개별적으로 일일이 상대하지 않으면 안되었기 때문이다. 당시 일본의 형편도 이와 비슷하였다. 그러므로 교린관계는 사대관계보다 훨씬 복잡하고 어려웠다.

조선의 사대교린정책은 15세기 전반기 세종대에 완전히 정립되었다고 볼 수 있다. 이것은 朝貢을 근간으로 하는 상하관계인데, 세종은 조선에서 중국의 天子에게 조공하는 사대의 예를 북방의 여진족과 남방의 일본·유구에 대하여 그대로 적용하려 하였다. 말하자면, 조선을 중심으로 이중적 상하관계를 수립하고, 그 외교적 주역을 조선이 담당하려 하였다. 이리하여 세종대에 중국·일본·만주를 포함하는 동아시아의 국제관계는 조선이 주도하였다.[1)]

조선의 대여진 회유정책은 여진족의 대소 추장들에게 조선과 조공관계를 맺도록 하는 것을 목표로 하였다. 그러나 세종은 여진족의 대소 추장들에 대하여, "오면 막지 아니하고, 가면 붙잡지 아니한다"라는 소극적 태도를 취하였다. 그것은 조공관계가 처음의 정치적 의미보다 점차 경제적 이해를 중하게 여기는 쪽으로 바뀌었기 때문이다.

즉 세종대 사대교린정책을 완성하기 전까지는 만주에 살던 여진족의 대소 추장들을 招撫하여 조선에 복속시키려는 정치적 의미가 강하였으나, 명의 成祖(永樂帝)가 만주경략을 끝마치고 建州 3衛를 설치한 다음부터는 여진족 추장들이 조공하고 복속한다고 하더라도 조선에서 국토개척을 이룩하기는 어려운 상황이 되었던 것이다. 그러므로 여진족의 대소 추장들이 경제적 이익을 위하여 적극적으로 조공관계를 유지하려고 노력한 반면, 조선에서는 여진족의 조공을 도리어 제한하는 조치를 취하였다.

먼저 세종대 이전에 정치적 의미가 강하였던 대여진 회유정책의 조공관계를 살펴보면, 태조대와 태종대 사이에도 커다란 차이를 나타낸다. 태종 2년(1402) 趙思義亂을 계기로 태조대의 대여진 동화정책은 여진정벌과 복속정책으로 바뀌었다.

---

1) 中村榮孝,《日鮮關係史の硏究》(上)(吉川弘文館, 1965), 265~278쪽.

태조 李成桂는 東北面 출신이었다. 이성계가 고려 말엽 창궐하던 왜구를 물리치고 무공을 세울 수 있었던 것은 동북면 출신의 私兵에 힘입었기 때문이다.

이성계는 출신지가 동북면 永興이었으나, 본관은 全州 李氏였다. 처음에 고조부 李安社(穆祖)가 전주에서 170호를 거느리고 삼척을 거쳐 두만강 하류를 거슬러 올라가서, 元의 開元路에 소속된 南京부근(오늘날의 延吉)의 斡東[오동] 지역에서 자리를 잡았다. 이안사는 고종 41년(1254) 원으로부터 남경 등지를 지배하던 5千戶所의 首千戶 겸 達魯花赤[다루가치]의 직위를 받았다.[2] 그가 관할하던 지역은 오늘날 海蘭河·布爾合圖河 유역의 北間島 지역으로서 고려 때부터 東女眞의 斡朶里[오도리]족이 거주하던 지역이었다. 오동에 거주하던 이안사는 5천호 소의 여러 성을 왕래하면서 다루가치의 역할을 수행하였다.

그러나 그 아들 李行里(翼祖)는 다른 여진 천호들과 불화하여 오동의 기반을 상실하고 남하하여, 충렬왕 16년(1290) 雙城總管府의 登州(오늘날의 安邊)로 이주하였다. 이 때 오동에 살던 많은 백성들이 뒤따라 남하하여 咸州(함흥)평야에 자리잡았다. 함주의 歸州·草古臺·王巨山·雲天·松豆等·都連浦·阿赤郎耳 등지에 오동의 백성들이 많이 살았기 때문에 함주는 당시 '오동 逸彦'(ilgen)이라고 불렀다. '일언'이란 여진어로 백성을 뜻한다. 이리하여 이행리도 함주로 이주하여 이들을 관할하였는데, 충렬왕 26년 다시 원으로부터 장성 등지의 高麗軍民 다루가치에 임명되었다.

그 뒤를 이은 李椿-李子春-이성계는 원의 천호 겸 다루가치의 지위를 세습하여 함주·등주·和州(영흥)의 고려인과 여진인의 '오동 일언'을 지배하였다. 고려 말엽에 이성계가 거느렸던 사병이 바로 이러한 오동 백성으로 구성되었음은 말할 것도 없다. 오동이란 지명은 오도리족과 관계가 있는데 이성계의 사병은 대다수 이러한 여진족으로 조직되었을 것이라고 생각된다.[3]

고려 말엽에 동북면지역은 이와 같이 여진인과 고려인이 뒤섞여 살고 있었는데, 오히려 여진인들이 다수를 차지하고 있었다. 이씨 일가는 마천령 이남의 오늘날 함경남도 일대의 함주·등주·화주 등지를 그 세력기반으로 하는 동북

---

2) 《太祖實錄》 권 1, 總書.
3) 金九鎭, 〈吾音會의 斡朶里女眞에 대한 硏究〉(《史叢》 17·18, 高麗大, 1973), 98쪽.

면 대토호로 성장하여 쌍성총관부의 趙氏·卓氏 세력과 대립하였다. 이씨 일가는 공민왕 5년(1356) 고려의 군사를 불러들여 쌍성총관부를 함몰시키고, 조씨·탁씨 세력을 쫓아낸 다음에 마천령 이남의 모든 管下民戶를 차지하였다.

한편 마천령 이북의 오늘날 함경북도 일대를 장악한 여진족 대추장은 參散(오늘날의 北靑) 千戶 李之蘭(董豆蘭帖木兒 ; 퉁두란티무르)이었다. 북방의 대토호로서 마천령 이북의 여러 여진족들을 지배하던 이지란은 남방의 대토호 이성계의 집안과 세력다툼을 벌이다가, 마침내 이성계의 휘하로 들어왔다. 그 결과 이성계의 세력은 동북면 전체의 여진족을 지배하게 되었고, 그 군사도 동북면의 여러 여진족들의 추장과 그 관하 민호로 구성되었다.

당시 동북면 토호들에게 예속된 관하 민호를 家別抄(加別赤 ; gabechi)라고 불렀다. 이들은 추장에게 군역과 조세를 책임졌을 뿐만 아니라 잡역도 부담하였다. 가별초란 여진어로 활(gabe)을 쏘는 弓士를 의미한다. 이처럼 사병이 동북면의 가별초로 구성되었으므로, 이성계는 고려 말엽 왜구와 홍건적을 물리치는 데 여진의 궁술로써 커다란 전과를 거둘 수 있었다고 생각된다. 이씨 일가가 세전하던 동북면의 가별초 5백 호는 李芳蕃이 세습하였다가 「왕자의 난」 이후 李芳遠이 차지하였다. 이지란의 가별초는 그의 아들 李和英이 승계하였는데, 태종이 사병을 혁파할 때 이것을 모두 해체하여 국가의 編氓으로 편입시켰다.[4]

이성계가 사병을 거느리고 동서로 다니며 정벌할 때 牧丹江·松花江이 합류하는 만주의 三姓[이란] 지방에 있던 오도리·火兒阿[할아]·托溫[타온]의 3 萬戶府의 추장들은 활과 칼을 차고 그의 곁을 떠나지 아니하고 종군하였다고 한다.[5] 이 때 이성계를 따라 종군한 여진족의 대추장들을 보면, 오도리 만호 童猛哥帖木兒[퉁멍거티무르]·할아 만호 阿哈出(於虛出 ; 어허추)·타온 만호 卜兒閼[불어]·哈蘭[하란]·다루가치 阿朗哈[하란캐]·삼산 천호 이지란 등 두만강내외 지역에 살던 30여 명의 대추장들이었다.

이들을 종족별로 보면, 토착여진·오도리족·兀良哈[오랑캐]족·嫌眞兀狄哈[우디캐]족·南突우디캐족·骨看우디캐족을 총망라하였다. 지역별로 보면 두

4) 《太宗實錄》 권 21, 태종 11년 6월 병오.
5) 《太祖實錄》 권 8, 태조 4년 12월 계묘.

만강 이남의 함흥에서 두만강 하류까지, 두만강 이북의 목단강·綏芬河·송화강까지 동부 만주의 광범위한 지역을 포함하였다. 상하 세력관계를 보면, 퉁멍거티무르는 建州左衛의 開祖로서 淸을 세운 누르하치의 직계 조상이며, 어허추는 建州本衛의 개조로서 李滿住의 조부이며, 여러 우디캐는 野人女眞 가운데 최강의 종족들이었다.

종래 일본의 식민사학자들은 이러한 사실을 부정하고 《太祖實錄》을 편찬한 자들이 태조의 세력을 과시하려는 의도에서 고의적으로 날조한 것이라고 주장하였다. 그러나 이성계의 동북면 세력기반을 면밀히 분석하면, 이러한 기사가 사실인 것을 확인할 수 있다. 이성계의 세력이 강해지자, 동북면은 물론이고 만주 동북지역의 여러 여진족들도 이성계의 휘하에 들어와서 사병에 가담하였다. 당시 이성계의 사병은 만주 8旗兵과 같이 대소 추장과 그 관하 민호인 가별초로서 조직된 씨족 단위의 군대였다고 생각된다.

조선이 건국된 후 태조 2년(1393) 태조 이성계의 사병은 대부분 義興三軍府로 통합되었으나, 직계의 가별초는 각각 그대로 소유하고 있다가 태종 11년(1411) 사병을 혁파할 때에 이르러 완전히 없어졌다.

태조는 즉위하자마자, 이러한 대소 여진족의 추장들에게 만호와 천호의 직첩을 새로 주었다. 또 여진 출신의 개국공신 이지란을 동북면으로 보내어 여러 여진족들을 초무하여 미개한 예속을 바로잡고, 조선인과 여진족을 서로 혼인하게 하였으며, 服役과 납세의 의무를 부과하여 조선의 編戶와 다름없게 하였다. 그 결과 여진족들은 그 추장에게 부역하기를 부끄러워하고 모두 조선의 편호가 되기를 원하였다.[6] 이처럼 태조대에는 동북면의 여진족들을 조선인에 동화시키는 정책을 착실히 추진하였다. 이리하여 조선에서는 두만강 하류 孔州에서 상류 甲山에 이르기까지 邑과 鎭을 설치하여 민사를 다스리고 사졸을 훈련시킴으로써 동북면 1천 리의 땅을 모두 영토로 만들어 두만강을 경계로 삼게 되었다.[7]

이처럼 태조는 여진족 동화정책을 추진하여 조선과 여진의 관계가 매우

---

6) 위와 같음.
《龍飛御天歌》 권 7, 제53장.

7) 위와 같음.

원만하였다. 그러나 「왕자의 난」을 거치면서 神德왕후 康氏의 세력이 몰락하고 李芳遠이 등극하자, 태종 2년(1402)에 安邊府使 趙思義가 강씨와 이방번의 원수를 갚는다고 반란을 일으켰다. 이 반란은 여진과의 관계에 있어서 대단히 중요한 의미를 갖는다. 왜냐하면 조사의란에 동북면 일대의 이씨 가별초[8]뿐만 아니라 여진족의 오도리족·오랑캐족 세력들이 가담하였기 때문이다. 조사의 난은 곧 진압되었지만, 조선과 여진의 관계는 이를 계기로 악화되기 시작하였다.

태종은 여진에 대한 회유정책을 추진하여 두만강 중류유역의 吾音會(오늘날의 會寧)에 자리잡고 있던 오도리족의 대추장 퉁멍거티무르를 회유·복속시켰다. 태종 4년 3월 오도리의 퉁멍거티무르가 입조하자, 조선에서는 段衣와 銀帶를 하사하여 원대의 오도리 萬戶府의 지위를 보장하여 주고 후하게 대접하였다.[9] 두만강 내외지역에 중심세력을 형성하고 있던 오도리 만호부를 복속시킴으로써 이 지역의 여진족을 조선의 세력권 아래에 두려고 한 것이다. 퉁멍거티무르도 여진사회에서 그의 세력기반을 넓히기 위하여 조선의 배경을 필요로 하였다. 이처럼 조선에서는 오도리 만호부를 중심으로 두만강 일대와 만주 내지의 여진족들의 대소 추장을 입조시켜 관직을 주고 회유·복속시켰다.

그러나 태종 5년 9월에 오도리의 퉁멍거티무르가 명 성조의 초무를 받아들여 명에 입조하자[10] 조선에서는 이에 대한 보복으로 慶源에 설치하였던 貿易所를 폐쇄하여 버렸다. 그 결과 생필품을 구입할 길이 막혀버린 여진족이 격분하여 조선의 변경을 침입·약탈하였다. 태종 10년 2월에 우디캐가 경원에 침입하여 兵馬使 韓興寶를 살해한 사건이 발생하자, 조선에서는 그 다음달에 毛憐衛 정벌을 단행하였다. 이 때 퉁멍거티무르는 조선의 원정군을 피하여 오도리족을 이끌고 어허추의 건주본위가 있던 압록강 북쪽 鳳州로 이주하였다. 그 뒤 퉁멍거티무르는 명에 입조하여 건주좌위를 개설받아, 원대의 '오도리 만호부'를 대신하게 되었다.

태종이 죽은 뒤, 세종 5년(1423) 4월에 퉁멍거티무르는 조선의 허락을 받아

8) 이성계의 가별초는 처음에 韓氏 소생의 이방원이 차지하였다가 나중에 강씨 소생의 이방번에게로 다시 넘어갔다.

9) 《太宗實錄》 권 7, 태종 4년 3월 무신·정사.

10) 《太宗實錄》 권 10, 태종 5년 9월 임자.

13년만에 정군 1천 명과 부인·아이 도합 1천여 호, 6,500여 명의 오도리족을 거느리고 옛날 근거지인 오음회로 되돌아왔다.[11] 이 때 조선에서는 여진족이 양식을 구걸하여 오면 邊將으로 하여금 양식과 鹽醬을 제공하도록 하였다. 또 여진족의 대소 추장이 입조하면 관직을 제수하고 賞賜物을 차등있게 지급하였다. 세종은 다시 오도리족의 건주좌위를 통하여 두만강 내외지역의 여진족들을 복속시키려 하였다. 그러나 세종 15년 윤 8월에 퉁멍거티무르 부자가 楊木荅兀과 혐진우디캐의 습격을 받아 피살되고, 나머지 오도리족이 흩어져서 건주본위로 도망하는 사건이 발생하였다.[12] 그 후 세종은 종래의 소극적인 회유정책에서 벗어나 金宗瑞·李澄玉 등을 보내어 두만강 하류까지 국토를 개척하고 6鎭을 설치하게 하였다.

결국 태종 이후에 추진한 대여진 회유정책은 정치적으로 여진을 복속·입조시켜 관직을 주고 조선의 세력 아래 두려 한 것이었다. 경제적으로는 여진 추장들의 進上에 대한 回賜物을 지급하고 변경에 무역소를 설치하여 민간교역을 통하여 생필품을 구할 수 있는 길을 열어 주려는 것이었다. 이것은 어디까지나 羈縻政策이고 여진의 침략을 막으려는 미봉책에 지나지 아니하였다. 태조대처럼 여진족을 동화시켜 국토를 확대하려는 정책은 아니었다.

(2) 여진정벌

태종 2년 조사의란 이후에 조선은 여진을 근본적으로 불신하였다. 여진은 조선과 명의 양쪽에 입조하여 경제적 이익만을 추구하였으며 그들의 경제적 욕구가 충족되지 아니할 때에는 조선과 명의 변경을 침입하여 약탈을 자행하였다.

여진이 자주 침입하여 약탈하던 지역을 보면, 조선에서는 함길도의 두만강 연안과 평안도의 압록강 연안이었고, 명에서는 요동지방이었다. 그러므로 조선에서는 두만강·압록강 양강 연안에 行城을 쌓고 煙臺를 구축하고, 강물이 얕은 지역에는 木柵과 鹿角을 설치하여 방비하였다. 여진의 침입이 대개 겨울철에 많았던 것은 두 강이 얼었을 때에 강을 건너기가 쉬웠기 때문이다.

---

11) 《世宗實錄》 권 20, 세종 5년 4월 기해.
12) 《世宗實錄》 권 61, 세종 15년 윤8월 임신.

그러나 여진은 짐승의 털가죽으로 만든 樁皮船을 타고 가볍게 강을 건너 수시로 침입하였다. 여진의 침입을 방비하는 일은 조선 전기에 국방의 가장 중요한 과제였다. 이리하여 변방의 고을을 翼軍체제로 조직하여 여진이 침입하면, 각 고을의 병력을 中軍과 左·右軍으로 체제를 짜서 신속하게 서로 구원하고 적의 침입을 방비하였다.

명이 만리장성을 연장하여 요동지방 주위에 "ㄱ"자 모양의 遼東邊墻을 구축한 것은 여진의 침입을 막기 위해서였다. 요동변장은 遼東都司의 관할하에 있던 요동의 25衛 2所를 보호하기 위한 장성이었다.[13] 변장 바깥 建州女眞·海西女眞·野人女眞의 만주 내지에는 奴兒干[누르칸] 都司의 관할하에 女眞 184衛를 설치하였지만,[14] 명은 기미정책을 추진하여 여진의 추장이 명에 입조하면 打圍放牧을 허락하고 그들의 관하 민호에 대한 통제를 자유에 맡겼다. 따라서 사실상 만주의 여러 여진족들은 명의 통치권 밖에 있었다. 명은 요동지방 25위 2소에 軍政을 실시하고 그 거주민을 모두 軍戶로 편입하여 여진의 침입에 대비하였다.

조선과 명은 때때로 힘을 합하여 여진을 협공하였다. 세조 13년(1467) 9월에 조선과 명의 군사가 함께 건주위를 공격하여 李滿住 부자를 죽인「成化 3년의 役」은 그 대표적인 예이다. 그러나 명은 여진을 제대로 통제하지 못하여 결국 건주좌위 출신 누르하치에게 멸망당하는 비운을 겪게 되었다.

여진이 변경을 침입하여 약탈한 대상은 주로 牛馬와 사람이었다. 우마는 여진사회에서 가장 중요한 재산이었고, 사람은 농경생활을 시작한 여진사회에서 농경노예로서 매우 고가에 轉賣되었기 때문이다. 특히 여진의 사람약탈은 조선과 명을 자극하여 대규모의 여진정벌을 가져왔다. 조선에서는 여진의 침입을 많이 받았으나, 피해가 클 때에만 군사를 보내어 정벌을 단행하였다. 조선의 정벌군은 대개 함길도와 평안도의 현지 軍丁을 징발하여 투입하는 것이 상례였다. 명에서도 요동의 군정을 징발하여 원정군을 구성하였다.

태종대 조사의란 이후 선조대까지 여진족이 침입한 횟수를 보면, 도합 130

13) 李健才,《明代東北》(遼寧人民出版社, 1986).

14) 楊暘·袁閭琨·傅郎云,《明代奴兒干都司及其衛所硏究》(中國人民大學 淸史硏究所, 1982).

여 회나 되는데, 태종대에 8회, 세종대 30회, 세조대 19회, 성종대 22회, 연산군대 17회, 중종대 11회, 명종대 6회, 선조대 18회 등이었다.[15)]

조선은 여진족이 침입할 때마다 적절하게 대처하였다. 침입의 피해가 클 때에는 대규모의 군사를 동원하여 침입한 여진족을 즉각 응징하였다. 조선의 원정군은 두만강·압록강을 건너가서 그 본거지를 초토화하고 바로 군사를 돌이켰는데, 그 특징은 되도록 짧은 시간에 제한된 지역에서 행하여졌다는 점이다. 조선 전기에 단행된 대규모의 여진정벌은 모두 13차례나 있었다.

당시의 여진족의 종족 갈래를 보면, 양강 근경에 살던 오도리족·오랑캐족과 만주 내지에 살던 우디캐족으로 구분된다. 오도리족의 건주좌위는 조선에 비교적 우호적이었으나, 오랑캐족의 건주본위는 조선과 사이가 좋지 않았다. 그러므로 조선에 침입한 근경의 여진은 대부분 오랑캐족이었다. 특히 세종대 이후 세조대까지의 여진족의 침입은 당시 강력한 세력권을 형성하던 건주본위의 이만주가 직접·간접으로 간여한 것이었다. 세종 15년(1433)과 세종 19년의 압록강 중류 婆猪江(오늘날의 佟佳江) 야인정벌은 바로 이만주 세력의 본거지를 토벌한 것이었다. 명도 이만주의 세력에 불안을 느낀 나머지 조선에 원정군을 요청하여, 세조 13년(1467)에 건주여진의 본거지를 소탕하고, 이만주 부자를 살해하였다.

한편 두만강의 중류 毛憐(毛里安 ; 間島 海蘭河 일대)에는 건주본위 오랑캐족의 별종이 거주하였는데, 그들은 이 지역에 일찍부터 자리잡았던 건주좌위 오도리족 세력과 항상 대립하였다. 오도리족의 대추장 퉁멍거티무르가 죽은 뒤 오도리족의 세력은 분산되었다. 아우 童凡察(건주우위 開祖), 손자 童倉(건주좌위 계승)[16)] 등의 주류세력은 오랑캐족의 본거지로 합류하였으나, 또 다른 아우 童於虛里 등 다수 세력은 그대로 남아서 6진의 藩胡로서 조선에 충실히 복속하였다. 그리하여 조선에서는 모련의 오랑캐를 쳐서 건주위의 세력을 견제하였는데, 태종 10년(1410)과 세조 6년(1460)의 모련 정벌은 바로 별종 오랑캐를 토

15) 劉鳳榮, 〈朝鮮實錄에 나타난 李朝前期의 野人〉(《白山學報》 14, 1973), 95쪽.

16) 童凡察은 童猛哥帖木兒의 異父同母弟였다. 童猛哥帖木兒의 어머니 也吾巨는 처음에 揮厚와 결혼하여 童猛哥帖木兒를 낳고, 그 남편이 죽은 다음에 그 동생 包哥와 결혼하여 童於虛里·童凡察을 낳았다. 그러므로 그 管下民戶도 서로 나누어 거느렸기 때문에 결국 建州左衛와 右衛로 나누어졌던 것이다.

벌한 것이었다.

오랑캐·오도리족은 바로 근경 여진으로서 농경생활을 하였으나, 내지의 우디캐족은 삼림에서 수렵생활을 하였기 때문에 몹시 거칠고 사나웠다. 만주의 동부지역 목단강·수분하 일대에 살던 야인여진으로서 嫌眞우디캐(七姓우디캐)와 尼麻車우디캐·南訥우디캐 등은 호전성이 강하고 약탈을 좋아하여, 조선의 변경을 자주 침입·약탈하였다. 두만강 하류 연해주 일대에서 어업을 하던 骨看우디캐는 비교적 온건하여 조선에 복속하였고, 해서여진의 忽刺溫우디캐는 요동지방과 가까워서 명과 빈번한 접촉이 많았으나, 상대적으로 조선과는 교섭이 적었다. 조선에 침입·약탈한 여진은 주로 만주 동북지방의 사나운 야인여진이었는데, 성종 22년(1491)의 許琮과 成俊의 정벌은 鬱地[wedi][17]에 살던 니마거우디캐를 정벌한 것이다.

뒤에 興京에 자리잡은 건주 3위의 세력이 점차 강성하여지자, 두만강 유역의 藩胡들이 이에 복속하고 조선에 반항을 하였다. 명종 이후 선조대에는 이러한 번호들의 발호를 주로 토벌하였다. 조선 초기에 단행한 큰 규모의 여진 정벌을 살펴보면 다음과 같다.

태종 10년 3월에 모련 오랑캐를 정벌하였다.[18] 혐진우디캐가 경원부에 침입해서 병마사 韓興寶를 살해하자, 조선에서는 모련 오랑캐가 내지 우디캐와 작당한 것이라고 믿었다. 吉州道察理使 趙涓이 현지의 군사를 징발하여, 助戰節制使 辛有定·金重寶, 慶源兵馬使 郭承祐와 함께 군사를 나누어서 3월 9일에 豆門에 도착하여 毛憐衛를 정벌하였다. 이 때 모련위 指揮 把兒遜·阿古車·著和·千戶 下乙主 등 4인의 추장을 죽이고, 그 부족 수백 명을 소탕하고 가옥을 불태운 다음에 남녀 약간 명을 생포하여 돌아왔다. 군사 행동은 모련의 두문에 한정되었으므로 단 1일만에 끝났다. 이것이 태종대에 있었던 모련위정벌인데, 조선이 단행한 최초의 여진 정벌이었던 셈이다.

세종 15년(1433) 4월에는 파저강의 건주위 오랑캐를 정벌하였다. 파저강 오랑캐 林哈剌 등이 홀라온우디캐와 작당하여 4백여 騎가 압록강 閭延에 침입

17) wedi는 만주 동북지방 타이가(Taiga) 지대의 숲을 말하는데, 우디캐라는 말도 wedike로서 '숲속에 사는 사람'이란 뜻이다.

18) 《太宗實錄》 권 13, 태종 10년 3월 을해.

하여 조선 군민 53명을 죽이고 77명의 농민과 우마를 약탈하여 갔기 때문이다.[19] 4월 10일에 평안도도절제사 崔閏德은 평안도 馬·步 正軍 1만 명과 황해도 군마 5천 명을 江界府에 집결시켰다. 그리고 군사의 부서를 나누어 中軍節制使 李順蒙은 2,515명의 군사로써 오랑캐의 본거지 이만주의 寨里를, 左軍節制使 崔海山은 2,070명의 군사로써 車餘 등지를, 右軍節制使 李恪은 1,770명의 군사로써 馬遷 등지를, 助戰節制使 李澄石은 3,010명의 군사로써 兀剌 등지를, 金孝誠은 1,888명의 군사로써 林哈剌 부모의 채리를, 洪師錫은 군사 1,110명으로써 八里水 등지를, 최윤덕은 2,599명의 군사를 거느리고 바로 임합라의 채리를 각각 토벌하였다. 4월 19일까지 9일 동안 동가강·渾河 일대의 오랑캐 본거지를 유린하여 남녀 248명을 생포하고, 183명을 참살하고, 소 110두, 말 67필과 角弓·環刀 등 무기류 다수를 노획하는 전과를 올렸다. 사전에 조선에서는 파저강 오랑캐를 정벌하기 위한 계획을 치밀하게 세웠으나, 건주위 오랑캐들은 이를 미리 알고 대부분 부락을 버리고 도피하였기 때문에 건주위 도지휘첨사 이만주를 놓치고 말았다.[20]

세종 19년 7월에 평안도절제사 李蕆이 제2차로 파저강 야인을 정벌하였다.[21] 上護軍 李樺는 1,818인의 군사를 거느리고 兀剌山 남쪽 紅拖里를 정벌하고, 대호군 鄭德成은 1,203명의 군사를 거느리고 올라산 남쪽 阿間을 정벌하고, 이천은 여연절제사 洪師錫과 강계절제사 李震과 함께 4,772인의 군사를 거느리고 瓮村 吾自站, 吾彌府 등지를 정벌하였다. 9월 2일에서 16일까지 15일간에 걸쳐 이만주의 본거지 올라산을 정벌하였는데, 적 60명을 참살하는 전과를 거두었다.

세조 6년(1460) 浪孛兒汗의 아들 浪伊升巨가 阿比車에 호응하여 반란을 일으키자, 咸吉道都體察使 申叔舟를 보내어 모련의 東良北을 정벌하였다.[22] 吉州牧使 吳益昌이 步·騎 8백 명을 거느리고 鏡城을 출발하여 吾村嶺을 넘어 朴加非剌·上東良을 정벌하였고, 寧北鎭節制使 康純이 보·기 9백 명을 거느리고 富寧을 출발하여 虛水剌와 中東良을 정벌하였다. 郭連城은 보·기 6백

19) 《世宗實錄》 권 60, 세종 15년 4월 을유.
20) 《世宗實錄》 권 60, 세종 15년 5월 기미.
21) 《世宗實錄》 권 78, 세종 19년 7월 기유.
22) 《世祖實錄》 권 21, 세조 6년 9월 갑신.

명을 거느리고, 會寧鎭節制使 林得楨과 安邊府使 禹貢은 보·기 1,300명을 거느리고, 穩城鎭節制使 金處智는 보·기 6백 명을 거느리고, 모두 회령에 이르러 楊汀의 지휘 아래 회령을 출발하여 두만강 중류의 下東良 일대와 모련 일대를 정벌하였다. 신숙주는 보·기 4천 명을 거느리고 鐘城을 출발하여 두만강을 건너 愁州 일대를 공격하고, 北靑府使 趙邦霖은 기병 1천 명을 거느리고 常家下를 공격하였다. 강원도관찰사 金繼孫은 慶源節制使 金貴孫과 함께 기병 1천 명을 거느리고 甫伊下를 공격하였으며, 신숙주는 洪允成·李克培 등과 더불어 기병 2천 명을 거느리고 阿赤郎貴를 정벌하였다. 이 싸움의 전과로서 적 130여 급을 참획하고, 9백여 채의 가옥과 재산을 불태우고, 우마 1천여 두를 노획하였다.

세조 13년(1467) 명에서 건주위의 이만주를 정벌하였는데, 조선에서도 함께 출병하여 협공하였다.[23] 이듬해 10월에 主將 康純과 右軍大將 南怡 등이 군사를 거느리고 滿浦津에서 압록강을 건너 파저강의 오랑캐를 정벌하였다. 이것이 「成化 3년의 役」이다. 그 전과는 대단하여 이만주와 그 아들 古納哈 등 24인을 참살하고 이만주의 처자 등 부녀자 24명을 포로로 잡았을 뿐만 아니라 175명을 사살하고, 수많은 가옥과 쌓아둔 곡식을 불살랐다. 左軍大將 魚有沼는 高砂里에서 두만강을 넘어 이만주의 본거지인 兀彌府를 공격하여, 71명을 참살하고 수많은 병기와 우마를 노획하였다. 이 때 동원된 군사의 숫자는 기록에 남아 있지 않아 자세히 알 수 없다.

성종 10년(1479) 명의 요청으로 右贊成 어유소를 보내어 군사 1만 명을 거느리고 건주위를 다시 정벌하게 하였다.[24] 그러나 두만강의 물이 얼지 않아서 출병을 연기하였다가 尹弼商을 도원수로 임명하여 정벌을 단행하였다. 윤필상은 12월에 얼음이 언 압록강을 건너 李惇仁·李叔琦·曺幹 등에게 각각 精兵 1백여 기를 거느리게 하고, 부원수 金嶠는 遊軍 50기를 거느리게 하였다. 그 자신은 輕騎 3백 명을 거느리고 건주여진을 공격하여, 적 17명을 사살하고 漢人 7인과 야인 15명을 노획하고, 수많은 가축과 家舍를 불태웠다.

---

23) 《世祖實錄》 권 44, 세조 13년 10월 임인.
24) 《成宗實錄》 권 112, 성종 10년 12월 신미.

성종 22년 10월에는 내지 우디캐를 정벌하였다.[25] 永安道觀察使 許琮을 도원수로 삼고, 永安北道節度使 成俊을 부원수로 삼아, 군사 2만 명 중에서 4천 명을 골라서 9부대로 나누어 두만강을 건너 우디캐를 공격하였다. 그러나 강을 건너 니마거우디캐의 지역까지 이르렀을 때, 우디캐족이 이미 도망가서 산 속에 숨어 버렸기 때문에 그 전과는 그다지 크지 못하였다. 도중에서 맞닥뜨린 우디캐를 죽이거나 생포하는 정도에 그쳤다.

이와 같이 조선 초기에 대규모의 여진정벌이 있은 뒤 명종 9년(1554)에 李思曾의 정벌과 선조 16년(1583) 李濟臣의 정벌, 선조 20년에 李鎰의 정벌이 있었으나, 모두 소규모에 지나지 않았다.

조선 초기의 여진정벌은 일시적인 응징의 성격을 띠었다. 세종대에 4군과 6진을 개척한 것처럼 정복한 지역을 조선의 영토로 개척하지는 아니하였다. 말하자면 군사를 일시에 동원하여 압록강과 두만강을 건너 여진의 소굴을 공격하여 그 세력을 소탕한 다음 군사를 즉시 후퇴시켜 인명의 손실을 막았던 것이다.

(3) 국토개척

세종은 사대교린정책을 완성하였을 뿐만 아니라 압록강과 두만강까지 조선의 국토를 개척하였다. 처음에 세종은 국토개척의 목표를 당시 두만강 북쪽 7백 리 지점에 있다고 알려진 公嶮鎭 일대까지로 잡았다. 태종대에 명에 漫散軍民을 송환하면서 명 성조로부터 공험진 이남이 조선의 영토라는 확답을 얻어냈기 때문이다. 세종은 국토 개척에 있어서 한치의 땅도 양보할 수 없다는 강경한 입장을 가지고, 김종서로 하여금 고려 尹瓘의 9성의 유적을 찾아보게 하였다. 그리하여 두만강 북쪽 7백여 리 떨어진 지점에서 윤관이 공험진에 세운 비를 찾아냈다.[26] 이곳은 오늘날 綏芬河지역이라고 추측된다.

세종 15년(1433)에 건주위의 여진세력에 큰 변화가 일어났다. 즉 두만강 유역의 오음회에 자리잡았던 건주좌위 都指揮使 오도리족의 대추장 퉁멍거티무르가 楊木荅兀과 우디캐족의 침략을 받아 그 부자가 죽임을 당하고, 오도

---

25) 《成宗實錄》 권 258, 성종 22년 10월 병인 · 11월 임인.

26) 《世宗實錄》 권 86, 세종 21년 8월 임오.

리족의 본거지가 불타버리고, 오도리족의 다수가 우디캐에게 사로잡혀간 사건이 발생하였다. 세종은 이 시기야말로 동북면을 개척할 수 있는 좋은 기회라고 판단하고, 세종 15년(1433)부터 30년까지 김종서·이징옥 등을 보내어 동북면 일대를 개척하고 다음과 같이 6진을 설치하였다.27)

慶源都護府는 처음에 야인에게 점거되었다가, 태조 7년(1398)에 처음으로 孔州府를 설치하고 경원이라 이름하였다. 태종 9년(1409)에 경원부를 蘇多老燕基로 옮겼으나 태종 10년에 부사 한홍보가 야인의 침입을 받아 살해당하자, 그 땅을 비워 두었다가 태종 17년에 다시 도호부를 富居站에 설치하고 옛 이름을 회복하였다. 세종 15년에 퉁멍거티무르 부자가 우디캐족에게 피살당하자, 세종 16년에 옛 국토를 회복하기로 의논하고 소다노의 땅이 기름지고 적이 오가는 길의 요충지가 된다고 하여 會叱家의 땅에다 성벽을 설치하고 南道의 민호를 이주시켜, 경원부를 옮기고 石城으로 고쳐 쌓았다. 그리고 세종 24년에 鎭節制使를 두었다.

會寧都護府는 속칭 吾音會라 하는데 오랑캐 말로는 斡木河였다. 오음회의 會字를 취하여 會寧府라고 이름하였다고 한다. 퉁멍거티무르가 살다가 세종 15년에 우디캐족에게 침략을 받아 추장이 없어지자, 이듬해 봄에 石幕의 寧北鎭을 伯顔愁所로 옮기고, 이 지역이 여진과 인접하고 북쪽으로 敵路의 요충지라고 하여, 특별히 성벽을 설치하고 회령진절제사로 하여금 이를 겸하여 관할하게 하였다. 그러나 회령진이 영북진과 거리가 너무 떨어져 서로 구원할 수 없었기 때문에 따로 오음회에 진을 설치하였다가 도호부로 승격시켜 절제사로 하여금 이를 지키게 하였다.

鐘城都護府는 원래 야인들이 들어와 살면서 이름을 愁州라고 하였는데, 세종 16년 봄에 영북진을 백안수소로 옮기고 곧 따로 회령진을 알목하에 설치하고 영북진에다 僉節制使를 두었다. 세종 17년에 영북진에 鐘城郡을 설치하여 진절제사로 하여금 방어하게 하다가, 세종 22년에 수주가 적로의 요충지라고 하여, 옛 성을 도절제사의 行營으로 삼고 세종 23년에 도호부로 승격시켰다.

穩城都護府는 야인들이 차지하여 살던 多溫平인데, 溫字를 취하여 온성이

27) 《世宗實錄地理志》 권 155, 咸吉道 慶源·會寧·鐘城·穩城·慶興·富寧都護府.

라고 하였다 한다. 세종 22년에 처음으로 군을 설치하고 지금의 이름으로 고쳤으며, 세종 23년에 도호부로 승격시켰다

慶興都護府는 옛 孔州의 땅인데 태조 7년에 옛 도성 터에다 석성을 다시 쌓고 이름을 慶源府라고 고쳤다. 태종 10년에 야인의 침입으로 말미암아 이곳을 포기하였다가, 세종 16년에 다시 경원부를 회질가의 땅에 설치하였다. 그러나 공주와의 거리가 너무 멀어서 방어하기 어렵다고 하여 다시 그 성을 수축하고 만호를 임명하였으며, 세종 17년에 공주 근방에 3백 호를 이주시켜 孔城縣이라 일컫다가 세종 19년에 군으로 승격시켜 지금의 이름으로 고쳤고, 세종 25년에 도호부로 승격시켰다.

富寧都護府는 본래 鏡城郡 石幕 上平의 땅이었는데, 세종 14년에 이 땅이 東良北 야인이 왕래하는 요충지라고 하여 영북진을 설치하였다가, 세종 16년에 영북진을 백안수소로 옮기고, 석막의 옛 땅은 土官 千戶로서 방어하게 하다가, 세종 31년에 富居縣을 혁파하고 민호를 석막으로 옮긴 다음 지금의 이름으로 고치고 도호부로 승격시켰다.

이와 같이 세종은 집권 후반기 15~16년 동안 꾸준히 여진을 회유하거나 정복하여 6진을 설치함으로써 두만강 일대까지 국토를 개척하였다. 또 남도의 민호를 북방으로 꾸준히 이주시켜 여진보다도 조선 민호가 우세하도록 하였다.《世宗實錄地理志》에 의하여 6진을 개척하기 이전과 개척한 이후의 호구수를 비교하여 보면 다음 〈표 1〉·〈표 2〉와 같다.

이로 보아 5진이 개척된 이후 증가된 호구수는 3천 2백여 호, 2만 6천여 구 정도였다. 따라서 당시 정부에서 2만 8천여 호 정도를 사민하였다고 하나, 실제로 사민에 의하여 증가된 호수는 3천 2백여 호였음을 알 수 있다. 세종대에 이러한 사민은 삼남지역 등지에서 富戶를 차출하여 4차에 걸쳐 이

〈표 1〉 세종 14년(1432) 두만강 유역의 동북면 일대의 호구수

지 역	戶 數	口 數
慶 源	291	3,233
鏡 城	409	9,031
합 계	700戶	12,264口

〈표 2〉 단종 2년(1454) 5진의 호구 수

지 역	戶 數	口 數
會 寧	624	2,157
鍾 城	900	21,815
穩 城	800	3,637
慶 源	1,162	5,271
慶 興	402	5,058
합 계	3,888戶	37,938口

루어졌다.28)

4군 지역의 개척은 최윤덕과 이천을 보내어 파저강 유역의 오랑캐족을 정벌한 다음 압록강 중·상류 지역에 閭延·慈城·茂昌·虞芮郡을 설치하면서 이루어졌다.29)

여연군은 원래 갑산군 여연촌이었는데, 태종 16년(1416) 본군과의 거리가 멀기 때문에 여연군으로 만들어 평안도에 소속시켰다.

자성군은 본래 여연군의 慈作里였는데, 세종 6년(1424)에 이곳에 목책을 세우고 방어하였다. 세종 14년 파저강의 야인들이 몰래 들어와서 사람을 살육·약탈하였으므로, 자작리에 성을 쌓고 군을 설치하여 지금의 이름으로 고치고 강계부의 관할로 삼았다.

무창군은 여연군의 上無路堡인데, 세종 22년에 여연과 너무 멀리 떨어졌다 하여, 무창현을 설치하고 지금의 이름으로 고쳤다가, 세종 24년 무창군으로 승격시켜 강계부의 관할하에 두었다.

우예군은 본래 여연군의 虞芮口子인데, 처음에 萬戶를 두었다가 세종 25년 본군과의 거리가 멀리 떨어졌다고 하여 우예군을 설치하고 강계부의 관할로 삼았다.

세종 28년 4군과 6진 사이의 압록강과 두만강을 연결하는 지역을 보강하기 위하여 甲山郡 내에 三水郡을 설치하여 갑산군과 삼수군을 두었다. 그러나 개마고원의 산악지대에 있어서 교통이 불편하였으므로 그 유지가 대단히

28) 深谷敏鐵, 〈朝鮮世宗朝に於ける東北邊方への第1·2·3·4次徙民入居について〉(《朝鮮學報》 9, 12, 14, 21·22, 1956, 1958, 1959, 1961).

29) 《世宗實錄地理志》 권 154, 江界都護府.

힘들었다. 이리하여 4군을 철폐하자는 의논이 일어나 단종 3년(1455)에 4군 중에서 여연·무창·우예의 3군을 폐지하고 다시 세조 5년(1459) 자성군마저 폐지하였다. 그러나 이러한 폐4군은 영토를 포기한 것이 아니라, 그 군을 폐지하여 府로 옮긴 것에 지나지 않는다는 사실에 유의해야 한다.30)

한편 세종은 두만강과 압록강 연안을 따라 여진의 침입을 막기 위한 行城을 쌓았다. 행성은 대개 강물이 얕은 지역에 쌓아서 적의 침입을 막았다.

두만강 일대의 행성을 보면, 온성의 동쪽 立巖에서 시작하여 두만강변을 거슬러 올라가서 종성을 지나 회령부의 성 앞에까지 이르렀다. 높고 험한 곳에는 흙을 깎아 내리고 평지에는 돌로 쌓아 올리고 강물이 얕고 습한 곳에는 鹿角과 말뚝(弋木)을 설치하였는데, 도합 2백여 리가 되었다. 또 갑산군 池巷浦洞口의 東峯에서 시작하여 옛 군영터에 이르는 행성이 1리 249보였고 삼수군 魚面江 東部에서 桑木坪에 이르는 행성이 29리 239보였다.31)

압록강 지역의 행성은 義州행성이 邑城 북쪽으로부터 九龍淵에 이르는 것이 6,720步이었고, 定寧행성이 玉岡洞口로부터 獐項峯에 이르고, 碧潼행성이 小波兒 松林峴으로부터 非所里平에 이르기까지 15리 50보였다. 이밖에 碧團口子행성(23리), 昌城 昌洲口子행성(14리 150보), 理山행성(10리 240보), 渭原행성(4리 190보), 江界 滿浦口子행성(14리), 高山里口子행성(7리 3보), 慈城 池寧怪행성(1리 108보), 虞芮口子행성(6리 295보), 閭延 趙明干口子행성(31리 195보)이 있었다. 또 西解峴으로부터 時反江에 이르기까지와 泰日로부터 北邊洞口 암석에 이르기까지의 행성이 도합 11리 56보였다.32)

2) 사신의 왕래

(1) 건주 3위 여진

조선 전기 여진족은 지역적으로 나누면 建州여진·海西여진·野人여진으로 구분된다. 이 가운데 조선과 가장 밀접한 관계를 가졌던 것이 건주여진이었다. 종족적으로 나누면, 오도리족·오랑캐족(火兒阿족)·우디캐족으로 크게 구분되

30) 李仁榮, 〈鮮初廢四郡地理考(上·下)〉(《青丘學叢》 29·30, 1937·1938).
31) 《世宗實錄地理志》 권 155, 咸吉道.
32) 《世宗實錄地理志》 권 154, 平安道 및 권 155, 咸吉道.

는데, 건주여진은 오도리와 오랑캐였고, 해서여진과 야인여진은 우디캐족이었다. 우디캐족은 산림에서 살던 사람들을 통칭한 것이며, 조선과 명의 변경지역에 살던 여진족을 오랑캐라고 불렀다. 建州3衛를 이러한 종족에 의하여 구분하면, 建州本衛는 오랑캐세력으로서 압록강의 지류인 파저강(동가강) 일대에 주로 거주하였다. 建州左衛와 建州右衛는 오도리족으로서 두만강 중류 海蘭江과 목단강 상류 일대에 거주하였으나, 건주좌위 대추장 퉁멍거티무르가 세종 15년(1433)에 피살된 후 서쪽으로 옮겨가 건주본위의 거주지역으로 합쳐졌다.

건주3위의 오도리와 오랑캐는 고려 말엽의 토착 여진과는 구분되는데, 고려말엽의 건주3위 세력이 목단강을 따라 남하하여 두만강과 압록강 일대에 거주하게 되었던 것이다. 이들이 남하한 것은 원말 納哈出[나하추] 세력이 만주에 웅거하면서 동북면 일대의 여진인들을 대거 약탈하여 갔기 때문이다. 처음에 오도리 만호부는 두만강 중류 오음회 지역에 정착하여 조선에 복속하였다.[33] 태종은 오음회의 오도리 만호부의 대추장 퉁멍거티무르를 초무하여 관계를 돈독히 하였다. 오도리족을 동북지방의 변경지역에 묶어 두어 내지의 우디캐를 막아주는 울타리 역할을 맡게 하는 한편, 동북면 일대의 여진족을 오도리 만호부의 세력하에 묶어 두어 동북면 일대의 모든 여진족을 장악하려 한 것이다.

한편 오랑캐 세력은 압록강의 지류 파저강 일대에 자리잡고, 명 성조 5년(1407) 명에 입조하여 성조로부터 건주위를 설 립받았고 오랑캐 만호부의 대추장 阿哈出(於虛出)이 건주위지휘사로 임명되었다.[34] 명에서는 건주위의 오랑캐를 통하여 남만주 일대를 경략하려는 정책을 실시하였다. 이리하여 조선과 명이 남만주의 경략을 둘러싸고 대립하는 양상을 보였다.[35]

명 성조는 만주지역에서 활동하던 원의 나하추 세력을 항복시키고, 여러 여진족들을 초무하여 복속시킨 다음 衛所를 설치하였다. 명은 요동지역에 遼東邊墻을 쌓고 이 지역에 살던 한족과 고려인 및 여진족을 遼東都司의 관할 아래 25衛에 소속시켰고, 변장 바깥에 살던 여진족들이 명에 복속하면 그 지

33) 金九鎭, 앞의 글.
34) 《明太宗實錄》 권 24, 永樂 원년 11월 신축.
35) 和田淸, 〈明代滿洲の經略〉(《東亞史硏究》 滿洲篇, 東洋文庫, 1955).

역에 위소를 설치하였다. 명 태조대부터 성조대까지 설치한 위소는 184위 20소에 달하였다.[36] 일단 만주경략을 끝낸 성조는 명의 위소의 직위를 받은 여진인 추장들에게 조선에 입조하는 것을 원칙적으로 금지하였다. 그러나 조선 변경 가까이에 살던 여진족들은 조선에 입조하여 복속하고 조선의 관작을 받았다. 이것은 조공을 통하여 그들이 필요로 하던 생필품을 얻기 위해서였다. 명은 요동변장 밖의 만주 내지에 살던 여진족들을 지역적으로 건주·해서여진으로 구분하였지만, 여진족들은 실질적으로는 정치면에서 거의 자유로운 상태에 있었으며, 명과 조선 그 어느 쪽에도 완전한 복속관계에 놓여 있지 않았다. 명에서는 건주·해서·야인여진을 통할하기 위하여 명 성조 7년 윤 4월에 內官 亦失哈 등을 보내어 송화강·흑룡강이 합류하는 奴兒干[누르칸]에 누르칸 都司를 설치하여 184위와 20소를 이에 소속시켰다.[37] 그러나 실제로는 전혀 여진족을 통할하지 못하고 그 자치에 맡겼으며, 오로지 羈縻政策 아래 두었을 뿐이다. 기미정책이란 말뚝에 매어둔 소나 말이 고삐를 채운 범위 안에서 마음대로 행동할 수 있는 것처럼 여진족이 조공을 하는 한, 그 내부의 통치권이나 打圍放牧 등의 생활에 일체 간섭하지 않는 정책이었다. 그 후 명에서는 명 성조 11년 가을에 滿涇站의 언덕 왼쪽에다 永寧寺를 짓고 永寧寺碑를 세웠다.[38] 그러나 영령사는 곧 원주민인 여진족들의 반항으로 누르칸도사와 함께 없어지고 말았다.

압록강 유역에 자리잡은 오랑캐세력과 두만강 유역에 자리잡은 오도리세력은 각각 명과 조선에 복속하여, 남만주지역 일대에 살던 여진족들의 통솔권을 놓고 서로 대립하였다.

그러나 명에서는 천호 高時羅·사신 王敎化的 등을 보내어 오음회의 퉁명거티무르를 초무하여 결국 명에 입조시켰다. 퉁명거티무르는 태종 5년(1405) 9월에 명에 입조한 뒤 명으로부터 건주좌위라는 위소를 설립받았다. 세종 15년 오음회의 건주좌위 도지휘사 퉁명거티무르가 우디캐의 침입을 받아 횡사하자, 건주좌위의 오도리족은 흩어져 대부분 건주본위의 오랑캐세력에 합류

36) 楊暘·袁閭琨·傅郎云, 앞의 책.
37) 楊暘·袁閭琨·傅郎云, 위의 책, 54~63쪽.
38) 楊暘·袁閭琨·傅郎云, 위의 책, 勅修奴兒干永寧寺碑記.

하였다. 이러한 과정에서 건주좌위의 印信을 잃어버리자, 퉁명거티무르의 손자 童倉(童山)과 그 동생 童凡察이 건주좌위의 주도권을 놓고 서로 다투었다. 明 武宗 7년(1512) 2월에 명에서는 건주좌위를 나누어 건주우위를 새로 설치하고, 우위의 인신을 만들어 동범찰을 건주우위 都督同知로 임명하고,[39] 동창은 건주좌위를 맡게 하였다. 이리하여 이른바 건주3위시대가 열리게 되었다.

(2) 여진추장의 조공

여진은 명뿐만 아니라 조선에 대해서도 조공을 하였다. 지리적 관계로 건주여진이 조선과 빈번히 교섭을 가졌고 내지의 해서·야인여진도 끊임없이 조공하여 왔다. 특히 지리적으로 명보다는 조선과 교섭을 갖는 것이 유리하였던 야인여진이 조선에 입조하는 경우가 많았다.[40]

여진은 경제적인 이익을 얻기 위하여 명에 입조하여 위소를 설치받았고, 명의 관직과 勅書를 받은 대소 추장들은 조선에도 입조하였다. 두만강 일대에 거주하던 건주좌위와 모련위의 여진족들 중에는 조선에 복속하여 都萬戶, 萬戶 등의 관직을 받았으나, 명 성조의 초무를 받아 명에 복속하여 명의 관직과 칙서를 받은 자들도 있었다.

이처럼 대다수의 여진은 명과 조선의 양국에 입조하여 조공을 하고 관직을 받았다. 양국에 조공하면 그들이 필요로 하는 물화를 더 많이 획득할 수 있었기 때문이다.[41]

그러나 명은 원칙적으로 명에 복속한 여진족들과 조선간의 교통을 금지하였다. 다시 말하면 명의 관직을 받은 대소 여진의 추장이 조선에 입조하여 조선의 관직을 갖는 것을 기미정책에 위반되는 불복의 행위로 간주하였다. 명 태조 때 고려와 원의 세력이 결탁할 것을 몹시 두려워하였으며, 원의 세력이 몰락한 뒤에도 조선과 여진의 세력이 결합하는 것을 대단히 꺼려하였다. 만주지방의 여진족들 거의 모두가 명의 세력에 굴복하여 명의 조정에 입조하여 관직을 받기에 이르자, 명에서는 조선과의 교통을 엄격히 규제하였

---

39) 《明英宗實錄》 권 89, 正統 7년 2월 갑진.

40) 조선에 가장 많이 입조한 야인여진은 綏芬河 일대에 살던 尼麻車, 南訥(突), 都骨 등의 우디캐와 牧丹江과 松花江 하류에 살던 嫌眞우디캐였다.

41) 江島壽雄, 〈明代女直朝貢貿易の概觀〉(《史淵》 77, 1958).

다. 그러나 여진의 추장들은 이러한 규제에도 불구하고 조선에 조공을 하고 관직과 告身을 받았다.

명의 위소 가운데 조선에 입조하였던 위소는 《조선왕조실록》에 의하면 79위였다. 만주지방에 설치된 전체 184위의 약 43%가 조선과 관계를 가졌던 것이다. 여진의 대소 추장은 명의 위소와 관직을 숨기고 조선에 입조하는 사례가 많았기 때문에 실제는 이보다 훨씬 많은 숫자가 조선에 조공하였으리라 추측된다. 비록 중국에서 높은 벼슬을 받은 여진의 추장이라고 하더라도 조선에서는 조선과 여진의 관계에서 다시 평가하여 관직을 주었다. 중국에서 받은 관직을 조선에서 그대로 인정받은 것은 아니나, 세력에 따라 관직의 고하가 정해졌기 때문에 대개 명에서 제수 받은 관직에 상응하는 관직을 조선으로부터 받는 것이 상례였다. 여진이 명과 조선에 이중적으로 조공하는 관계를 가짐에 따라, 여진이 조선에 조공한 토산물 가운데 모피류는 다시 조선에서 명에 조공하는 결과를 가져오게 되었다. 여진이 조선에 조공하는 것은 명과 여진의 관계처럼 대소 여진의 추장이 개별적으로 교섭하는 이른바 「개별적 조공관계」였다. 여진족들이 조선에 입조한 횟수는 〈표 3〉과 같다.

〈표 3〉에서 보면, 건주여진의 兀良哈[오랑캐]과 斡朶里[오도리]족이 650여 회의 입조를 하였으나, 해서여진과 야인여진의 우디캐족은 430여 회의 입조를 하였다. 이로 보아 조선의 국경 가까이에 있었던 건주여진의 오랑캐가 가장 많은 교섭관계를 가졌던 것을 알 수 있다. 《明實錄》을 분석하면, 명과의 교섭관계를 가진 건주여진과 해서여진의 입조 횟수가 각각 369회와 836회였는데, 이로 보아 건주여진은 조선과 긴밀한 관계에 있었고 해서여진은 명과 긴밀한 관계를 가졌던 것을 알 수 있다. 다음 표에서 주목되는 점은 성종 연간을 마지막으로 건주여진의 조공이 단절되었다는 사실이다. 15세기까지 긴밀하였던 조선과 건주여진의 조공관계가 16세기에 들어와 악화된 것은 「成化 3년의 役」에서 건주여진의 대추장 이만주가 조선의 정벌군에게 죽임을 당한 이후 건주여진의 침입이 끊이지 않았던 사실과 관계가 있다고 생각된다. 내지에 살고 있었던 해서여진이나 야인여진의 조공도 연산군과 중종대를 거친 후 끊어져버리고 말았다. 반면에 건주여진과 해서여진의 명에 대한 조공은 16세기 명 말엽까지 꾸준히 계속되었다. 이는 여진사회에서의 조선의 물화에 대

〈표 3〉 여진이 조선에 입조한 횟수

전 거	土着女眞	兀良哈	斡朶里	諸種兀狄哈	계
《太祖實錄》		4	7		11
《定宗實錄》		1			1
《太宗實錄》		28	19	25	72
《世宗實錄》	2	117	102	128	349
《文宗實錄》		5	2		7
《端宗實錄》		7	6	3	16
《世祖實錄》	3	97	28	98	226
《睿宗實錄》		9	2	11	22
《成宗實錄》	11	142	74	144	371
《燕山君日記》				15	15
《中宗實錄》				7	7
《仁宗實錄》					0
《明宗實錄》					0
《宣祖實錄》					0
《光海君日記》					0
《仁祖實錄》					1
계	16회	411회	240회	431회	1,098회

한 욕구가 감퇴한 반면에 명의 물화, 특히 견직물에 대한 욕구가 증가하였기 때문이다.

여진인들이 조공을 하는 근본 목적은 그들이 필요로 하는 물화를 구하려는 데 있었다.[42] 그러므로 명과 마찬가지로 조선에서도 가능한 한 여진인들의 입조하는 인원수와 그 규모를 축소시키려고 노력하였다. 입조하는 야인의 규모가 많을 때는 50내지 60인이었으나 적을 때는 30여 인이었다.

입조한 여진의 대소 추장들을 접대하는 데에 경제적으로 부담을 느낀 조선에서는 변방의 節制使(節度使)에게 명하여 입조하는 야인의 인원수가 20여 인이 넘지 않도록 규제하게 하였다. 그러나 대소 추장이 끊임없이 입조하여 세종 9년(1427) 봄에 입조한 야인의 수가 160여 인에 이르렀다.[43] 이리하여 조

42) 《成宗實錄》 권 38, 성종 5년 정월 경술.
43) 《世宗實錄》 권 36, 세종 9년 4월 병자.

선에서는 여진의 입조하는 숫자를 종족별로 제한하는 구체적 정책을 취하였다. 세종 27년 11월에 매년 여진족들의 입조하는 횟수를 제한하여, 건주여진의 오랑캐는 10회씩, 骨看우디캐와 오도리족은 7회씩으로 각각 규정하고, 매번 추장이 입조할 때마다 正官 1명씩과 伴人 2~4명씩을 대동하게 하였다.[44] 그러므로 조선의 변경에 살던 건주여진의 오랑캐·오도리와 골간우디캐가 1년에 24회 입조할 수 있었다. 1회에 대동할 수 있는 정관과 반인이 5명 내지 3명이었으므로, 1년에 입조하는 인원수가 100명을 넘지 않았다.

그러나 15세기 후반 세조가 집권하자, 「李澄玉의 난」을 계기로 근경 여진족을 회유하기 위하여 수많은 대소 여진의 추장을 입조시켰다. 세조연간에 여진족들의 입조 횟수를 보면, 건주여진의 오랑캐가 97회, 오도리가 28회, 해서·야인여진의 여러 우디캐가 98회, 도합 226회였다. 그러나 전체 횟수를 따져보면, 역시 세종연간의 규정을 넘지 않고 있다.

또 세종 27년(1445) 11월에 내지 여진의 입조 횟수에 대한 규정을 보면, 忽刺溫우디캐가 1년에 입조하는 횟수를 5회로 규제하였으나,[45] 근경 여진이 홀라온우디캐라 사칭하고 입조하여 賞賜를 요구하는 자가 많았다. 또 수분하유역에 사는 尼麻車·兀未車·巨節·南訥·高說·高漆 등의 우디캐족들은 1년에 입조하는 횟수를 2회로 규제하였다. 건주여진에 비해서 해서여진의 입조 횟수는 상당히 적었으며, 야인여진의 입조도 그리 많지 않았던 듯하다. 특히 주의할 점은 여진의 입조가 回賜物을 얻는 데 목적이 있었기 때문에 추장이름을 사칭하고 입조하는 경우가 많았다는 사실이다. 이리하여 조공제도가 문란해지게 되었다.

여진의 대소 추장이 입조하려면 건주여진이나 해서여진의 중심 세력권을 형성하였던 대추장의 印信書契(印信文書)를[46] 발급받아야 하였다. 건주여진의 대추장 이만주는 조선에 인신서계를 발급할 수 있는 권리를 요구한 적도 있었다. 여진족들이 조선에 입조하려면, 오랑캐는 건주본위에서, 오도리족은 건주좌위나 건주우위에서 이러한 文印을 발급받았으며, 홀라온우디캐는 兀者衛에

---

44) 《世宗實錄》 권 110, 세종 27년 11월 임신.

45) 위와 같음.

46) 대추장의 都督掌印을 말하는데, 도독은 곧 건주위·해서위 도독으로서 頁勅, 또는 서계를 가지고 관하 인민의 입조를 직접 허가해주는 일을 맡은 사람이다.

서, 니마거·올미거·대소 거절·남눌·고열·고칠 등의 우디캐는 각각의 대추장에게서 문인을 발급 받았다. 그러나 조정의 입조 횟수의 제한으로 말미암아 입조시킬 수 없으면, 변방의 절제사가 추장이 使送한 문인을 받은 자를 경원 등의 5鎭에서 후하게 대접하여 그들이 요구하는 물건을 주어서 되돌려 보냈다.

여진이 입조한 貢路는 함경도의 5진을 거쳐 驛站을 따라 서울까지 들어왔다. 역참에서 입조하는 여진의 사절을 대접하였으며, 驛馬所에서 말을 지급하여 그들이 조공하는 짐바리를 운송하였다. 그러므로 역참 부근의 많은 농민들이 짐을 운송하는 데 동원되었다.[47] 이리하여 한꺼번에 여진의 사절이 입조하는 것을 되도록 막았으며, 또 농한기를 이용하여 상경하도록 권장하였다. 명에서도 마찬가지로 10월초에 상경하여 늦어도 12월에 돌아가게 규정하였다.

여진의 사절은 동대문 밖의 北平館에 머물렀다. 북평관은 처음에는 '野人館'이라고 불렀던 듯하며, 세종 20년(1438) 2월에 倭人의 東平館에 대하여 북평관이라 이름지었다. 여진인이 입조하는 편의를 위하여 지방에는 鄕通事가 있었으며, 중앙에는 女眞通事가 있었다.

여진의 사절이 조공하고 肅拜하는 일은 모두 예조에서 관장하였다. 입조한 여진은 북평관에서 유숙하여야 했고, 왕래할 때에도 역참의 여관에서 묵게 하여, 여염의 민가에서 묵는 것을 금하였다.[48]

조선에서는 입조한 여진의 대소 추장에게 관직을 하사하고 告身을 주었다. 조선에서 여진의 대소 추장에게 하사한 관직을 보면 〈표 4〉와 같다.

〈표 4〉에서 보는 바와 같이 여말 선초에는 입조하는 여진의 추장에게 만호의 관직을 주었다. 오도리의 대추장 퉁멍거티무르가 입조하자 그에게 都萬戶를 주었다.[49] 그러나 15세기에 들어와서 입조하는 여진의 대소 추장이 격증하자, 조선의 일반 무관직을 제수하여 정3품 上護軍에서부터 종7품 副司正까지의 관직을 그 세력의 강약에 따라 각각 내려 주었다. 여진의 사회에서는 이러한 관직이 곧 그 사회의 신분을 나타냈다. 여진의 신분을 4등급으로 분류하였는데, 그 관직과 신분이 반드시 일치되지는 않았으나 호군과 만호는

47) 《世宗實錄》 권 103, 세종 26년 정월 갑인.
48) 《經國大典》 권 3, 禮典.
49) 《太宗實錄》 권 9, 태종 5년 3월 기축.

〈표 4〉 조선이 여진에게 제수한 관직

職　名	品　階	비　고
都萬戶	從 3 品	여말 선초 관직
萬戶	正 4 品	
副萬戶	從 4 品	
上護軍	正 3 品	일반 관직명
大護軍	從 3 品	
萬戶	正 4 品	
護軍	正 4 品	
副護軍	從 4 品	
司直	正 5 品	
副司直	從 5 品	
司正	正 7 品	
副司正	從 7 品	
知事	正 2 品	中樞院 官職
同知事	從 2 品	
僉知事	正 3 品	

대개 제1, 2등급이었고, 사정은 제4등급이었으며, 2, 3등급은 그 사이의 관직을 가진 사람들이었다.50)

이처럼 조선이나 명에서 사급 받은 관직은 여진사회에서 그 신분을 형성하는 데 하나의 중요한 배경이 되었다. 바꾸어 말하면, 조선이나 명에서 여진의 세력의 강약에 따라 관직을 주었기 때문에 이러한 관직이 단순한 虛職이라고 하더라도, 당시 여진세력과 신분을 알 수 있는 중요한 근거가 되었던 것이다.

(3) 조선의 회사물

여진의 조공은 回賜物을 얻는 데 그 목적이 있었다고 할 만큼 경제적으로 중요한 의미를 가졌다. 여진이 조공하는 물건은 대개 수렵생활에서 얻어지는 毛皮가 주종을 이루었다. 여진이 모피를 바치면 조선이나 명에서는 면포와 鈔幣를 회사하였다.

여진의 조공에 대하여 사급하는 물품의 규례가 없어 그 양이 수시로 증감

50) 《端宗實錄》 권 13, 단종 3년 3월 기사.

되었으나 세종 28년(1446) 다음과 같은 건의에 의하여 규제를 정하였다.

> 議政府에서 禮曹의 보고에 의거하여 아뢰기를 '지금부터 여러 종족의 야인 중에서 族屬의 강약과 職秩의 고하를 구분하여 賜給하는 물건의 수량을 詳定하고, 이를 일정한 법식으로 삼게 하소서'라고 하였다(《世宗實錄》 권 111, 세종 28년 정월 무인).

이후 여진의 대소 추장이 물건의 수량이 적다고 원망하는 일도 많았다.

여진의 추장에게 하사한 회사물은 대략 〈표 5〉와 같다.

〈표 5〉 조선이 여진에게 하사한 回賜物

區分 \ 種類	衣服類	笠靴類	品帶類	生必品類	馬·武器類	기타
賞賜物品	衣	笠 靴	銀帶 條兒	綿布		
別賜物品	段衣 表裏 帖裏 裌衣 團領 直領 單褶兒 汗衫 汗帖裏	黑笠 草笠帽 具網巾	光銀帶 鈒花銀帶 起花銀帶 紅絲帶 香禾帶 細條兒 廣條兒	米 鹽 醬 苧布 麻布 綿紬 染紬	馬 鞍具馬 刀子 箭 磨箭	油紙席 胡床 玉環子 彩囊 酒 鞍籠 紙

* 전거 : 《太宗實錄》·《世宗實錄》·《世祖實錄》

賞賜는 주로 의복류·笠靴類·品帶類였으며, 그 관등에 따라 생필품류의 면포를 내려주었다. 조선 초기에는 미곡과 염장을 내려주기도 하였으나, 세종대 이후에는 주로 布貨인 면포를 하사하였다. 상사는 값을 따지지 않고 주었으나 回賜는 진상품의 값을 따져 지급하였다. 여진이 토산물인 모피류를 조공하면 그 시가에 따라 면포를 하사하였으므로, 면포는 회사물에 해당하였다. 土豹皮 1領을 바친 여진에게 면포 7필을 하사하였는데, 그것은 토표피에 대한 회사 3필과 관등에 따른 상사 4필을 합한 것이었다.[51] 여진에게 회사한 면포를 조사해 보면, 대개 최하 4, 5필에서 최고 90필 또는 149필에 이르고 있다.

51) 《成宗實錄》 권 14, 성종 3년 정월 을사.

조선과 명에서는 여진의 말이 필요하였다. 이에 건주여진은 369회의 조공에서 240차례 말을 명에 바쳤으며, 해서·야인여진은 836회의 입조에서 533차례 말을 명에 바쳤다. 이로 보아 여진이 중국에 입조할 때 말을 많이 조공한 것을 알 수 있다. 조선에서도 여진의 말을 구하려고 노력하였으나, 여진이 입조할 때 말을 바친 예는 드물다. 여진이 말을 바치면 실제 교역물가보다 훨씬 후한 값을 쳐서 布貨를 지급하였다.

당시 여진의 進馬者에게 회사한 면포의 수량은 〈표 6〉과 같다.

〈표 6〉 여진의 進貢馬에 대한 회사 면포의 수량

	上 等	中 等	下 等
大 馬	면포 45필	면포 40필	면포 35필
中 馬	면포 30필	면포 25필	면포 20필
小 馬	면포 15필	면포 10필	면포 6필

＊전거 : 《經國大典》 권 2, 戶典, 進獻 및 《世宗實錄》 권 31, 세종 8년 정월 임인.

당시 면포 30필이면 여진사회에서 건강한 노비 1구의 값이었고, 또 여진의 말 가운데 가장 좋은 상등 말의 값이었다. 이처럼 여진의 진헌에 대한 회사가 매우 후했던 것은 그 입조가 臣服하는 것을 뜻하기 때문이며, 따라서 회사물은 賞賜의 성격을 띠었다고 볼 수 있다. 그러므로 입조한 여진의 대추장이나 특별한 공훈을 세운 자에게는 상사 이외에 別賜 또는 特賜를 주는 경우가 많았다.

3) 무 역

(1) 무역소

여진인들은 조공을 통하여 회사물과 상사물을 받았으나, 이러한 조공무역을 통하여 여진사회에 부족한 생필품을 충당하기는 어려웠다. 물론 조공무역에서도 北平關에서 제한된 짧은 기간 안에 開市가 허락되었으나, 도저히 여진사회의 생필품에 대한 욕구를 충당할 수는 없었다. 이리하여 대소 추장의 관할하에 있던 여진인들이 끊임없이 변경을 침입하여 노략질하였으므로, 이것을 막기 위하여 변경에 무역소를 설치하여 여진이 필요로 하는 물화를 공급하였다. 이것을 고려시대에는「榷場」이라고 불렀고 조선시대에는「무역소」라고 불렀다. 이러한 무역소를 통하여 여진사회에서 필요로 하는 생필품을 공급하고, 여진사회에서 생산되는 토산물을 수입하였다.

고려시대에는 여진이 거주하던 동북면 일대에 각장을 설치하여 매매하였다. 고종 11년(1224)에 東眞國의 사신이 와서 여진지역의 靑州와 고려 동북면의 定州에다 각각 각장을 설치하자고 제안하였다.[52] 고려에서 이를 받아들임에 따라, 오늘날의 함경도 일대에서 여진인과 고려인간에 매매가 이루어졌다. 그런데 전례에 의하여 매매를 하자고 제안한 것을 보면, 그 이전에도 여진과 고려 사이에 교역이 행해졌음을 짐작할 수 있다.

여말 선초에도 이러한 교역이 꾸준히 계속되었다. 조선에서는 고려 때처럼 동북면 지역에 무역소를 설치하여 여진과 교역을 하였다. 태종 6년(1406)에 朴信의 주장에 의해 동북면의 경성과 경원 2군에 무역소를 설치하여 여진인들로 하여금 소금과 철 등의 생활 필수품을 구입할 수 있게 하였다.[53] 만약 여진인들의 출입을 금지하고 그 교역을 단절시키면, 생필품을 구하지 못한 여진인들이 노략질을 할 것이 분명하였기 때문에 무역소를 설치하여 그들이 필요로 하는 소금이나 철 등의 생필품을 공급하였던 것이다. 그런데 이 때 무역소가 설치되었다는 것은 고려 때부터 꾸준히 국경상에서 이루어진 교역장소를 경성과 경원의 2곳으로 한정하여 공식적인 互市를 허락했던 것을 말한다. 즉 실제 민간인들 사이에 국경상에서 사무역이 꾸준히 행해졌으나, 이에 따르는 여러 문제가 발생하였기 때문에 국가에서 관원의 감시하에 공무역을 허락하였던 것을 뜻한다. 그러나 국가의 통제가 약화되거나 여진과의 관계가 악화될 때에는 공무역이 수시로 폐지되었으며, 그 결과 사무역이 많이 행해졌다.

태종 6년에 박신에 의하여 경성·경원지역에 무역소를 설치하자는 주장이 나온 계기는 그 해 2월에 혐진우디캐 金文乃[乞文那] 등이 경원의 소다노에 침입한 데 있었다. 김문내의 침입은 조선에서 경원의 開市를 폐지하여 생필품을 구득할 수 있는 길을 막았기 때문에 일어났다.[54] 처음에 조선에 복속하

52)《高麗史》권 22, 世家 22, 고종 11년 정월 무신.
53)《太宗實錄》권 11, 태종 6년 5월 신축.
54)《太宗實錄》권 11, 태종 6년 2월 기묘.

던 동북면 지역의 오도리족과 모련오랑캐가 명에 입조하자, 조선에서는 이에 대한 보복으로 변경에서의 교역을 금지시켰다. 이러한 교역 금지로 실질적인 타격을 입은 것은 목단강 유역에 살던 혐진우디캐족이었다. 이리하여 혐진우디캐의 김문내·葛多介[可兒答哥] 등은 모련오랑캐와 오도리족의 일부 세력과 결탁하여 300여 기를 이끌고 경원부를 침략하여 병마사 한흥보를 살해하였다.[55] 조선에서는 태종 10년 趙涓에게 명하여 靑州(북청) 이북의 각 고을에서 군마 1,150필을 징발하여 모련위 여진을 정벌하였다.[56]

이처럼 조선의 모련위 정벌은 그 발단이 경원의 무역소를 폐지한 데 대한 여진의 반발에서 비롯된 것이었다. 그러나 평화로운 시대나 소강상태일 때에는 침략과 전쟁보다는 사적·공적 무역을 통하여 교역을 하는 것이 일반적인 상례였다.

경성과 경원의 무역소에 대한 기록은 15세기 중엽 5진이 설치된 이후에는 별로 보이지 않는다. 이것은 5진이 설치된 이후 5진의 부근에 살던 城底의 야인들이 항상 성안에 살던 조선인과 교역을 행하여 특별히 조선 초기처럼 무역소를 설치할 필요가 없었기 때문이라 생각된다. 성저 야인이 교역을 하던 5진을 중심으로 하여 성저의 교역이 활발히 행해졌으므로 이를 「5진의 성저무역소」라고 할 수 있다.

당시 5진은 두만강 유역에 설치되어 여진지역과 바로 접해 있었다. 5진은 세종이 金宗瑞·李澄玉 등을 보내어 함길도 지역을 개척하고 설치한 6진 가운데 會寧·鐘城·穩城·慶興·慶源의 5都護府를 말한다.[57] 富寧은 두만강에서 떨어져 내지에 있었기 때문에 이에서 제외되었다. 세종은 6진을 개척한 다음 4차례에 걸쳐 남방의 민호를 2,200여 호나 이 지역에 이주시켜 농토를 경작하게 하였고, 각 진의 부근의 땅에는 조선에 귀부한 여진족들을 살게 하였다. 회령 성저에는 오도리족이 살고, 경흥 성저에는 골간우디캐가 살고, 나머지 종성·온성·경원의 성저에는 오랑캐가 각기 거주하였다. 이들은 성내의 조선인과 수시로 만나 교역하였다.[58]

55) 《太宗實錄》 권 19, 태종 10년 2월 경자.
56) 《太宗實錄》 권 19, 태종 10년 2월 기미.
57) 《世宗實錄地理志》 권 155, 咸吉道.
58) 《成宗實錄》 권 254, 성종 22년 6월 계축.

야인들의 철제농구는 모두 성저 야인이 무역한 것이었다.59) 내지 우디캐 지역에서도 5성의 성저에서 교역을 하려고 여진이 왕래하였다.60) 성저 야인들은 조선인들과 사무역을 행하고, 다시 내지의 여진인들에게 물건을 轉賣하였다.

당시 조선에서는 원칙적으로 사무역을 인정하지 않았기 때문에 여진인의 이러한 사무역을 엄금하였다.61) 그러나 이러한 사무역은 後市로서 점점 성행하였으므로, 결국 淸代에 들어가 만주인의 압력으로 인조대에 會寧의 開市가 성립되어 互市로 공인되었다.

한편 명에서도 중국물화에 대한 여진사회의 욕구가 팽배하여지자, 이러한 욕구를 무역을 통하여 충족시키지 못할 경우 여진인들의 침입과 약탈이 일어날 것을 염려하여, 회유책으로서 요동 변방의 관문에 '馬市'라는 무역소를 설치하였다.62)

이러한 중국의 무역소를 '마시'라고 불렀던 것은 명에서 필요로 하는 북방의 胡馬를 주로 이 무역소를 통하여 사들였기 때문이다. 이로 보면 마시는 여진인측의 경제적 이익만을 위하여 설치된 것이 아니라, 명측에서도 군용으로 필요하였던 말을 교역하기 위한 목적도 있었음을 알 수 있다. 요동지방의 마시는 명 성조 3년(1405) 3월 廣寧과 開原에 임시로 설치되었다.63) 그 뒤 말을 팔러오는 자가 점점 많아지자, 다음해 3월에 정식으로 마시를 설립하고 여진과의 교역을 정례화시켰다.64) 그 결과 마시라는 공무역 시장이 개설되었는데, 이는 會同館의 개시와 아울러 명에서 공식적으로 인정한 무역소였다.

(2) 교역품

여진은 주로 모피류와 호마를 가지고 와서 그들이 필요로 하는 여러 가지 생필품으로 바꾸어 갔다. 명대 초기에는 여진사회에서 부족한 생필품인 곡물과 염장을 바꾸어 갔으나, 차차 농경이 발달하면서 농경에 필요한 耕牛와 철

59) 《成宗實錄》 권 269, 성종 23년 9월 을미.
60) 《成宗實錄》 권 49, 성종 5년 11월 신사.
61) 《經國大典》 권 5, 刑典, 禁制.
62) 《明史》 권 81, 食貨志, 市舶司.
63) 《明太宗實錄》 권 34, 永樂 3년 3월 계묘.
64) 《明太宗實錄》 권 41, 永樂 4년 3월 갑오.

제농구를 구입해 갔다.

조선으로 유입된 여진의 물화 가운데 조선사회에서 선호한 교역품은 말을 비롯하여 貂鼠皮·土豹皮 등이었다. 그 가운데 조선사회에서 가장 고가로 매매되었던 것은 초서피였다. 초서피는 조선의 사대부 관료층의 관복과 內命婦의 복식으로 널리 쓰였다.65) 뿐만 아니라 초서피는 상류사회의 일반 의복재료로도 널리 사용되었다. 궁중에서는 물론 민간에서도 수요가 급증하였는데, 그 결과 초서피 한 장의 값이 문종대에는 쌀 30말에 이르렀다고 한다. 그리하여 조정에서는 초서피를 민간에서 착용하는 것을 금지시키기까지 하였다.

조선초에는 초서피를 함길도·평안도지방에 貢賦로 바치도록 할당하였다. 세종 7년(1425) 8월에 호조에서 함길도·평안도에 초피와 서피를 공납하도록 규정하여, 도합 초피 2,065벌과 서피 4,490벌을 尙衣院에 바치도록 하고, 또 甲山郡에서도 초피 200벌을 사서 바치게 하였다.66) 상의원은 궁중의 복식을 제작하는 기관으로서 당시 초서피가 궁중에 어느 정도 사용되었는지를 짐작할 수 있다. 그러나 생산량이 한정되었으므로 5진의 주민들이 여진인과 교역하여 세공으로 바쳤기 때문에 여러 가지 폐단이 생겼다. 성종 2년(1471)에는 초서피와 토표피를 5진에 공물로 바치게 하였는데 5진의 주민들은 공물의 수량을 채우기 위하여 여진인과 무역하여 공납하였다.67) 성종 20년에는 초서피가 5진에서 생산되지 않았는데도 貢案에 기록되었기 때문에 5진의 백성들이 야인들과 교역하여 공납하였다고 한다.68)

조선에서는 여진의 말을 필요로 하였다. 당시 군사용에 사용되는 호마가 거의 멸종되는 단계에 이르렀는데, 여진에서 교역되는 말이 대개 駿馬였기 때문이다. 조선에서는 두만강 유역의 오도리와 오랑캐를 통하여 호마를 교역하려고 하였다.69) 그런데 호마는 여진에서 생산된 것이 아니라 몽고(韃靼)에서 생산되는 牡馬였다.

고려나 조선시대에는 호마를 대개 두만강 유역의 여진을 통하여 구입하였

65) 《經國大典》 권 3, 禮典, 各品 冠服.
66) 《世宗實錄》 권 29, 세종 7년 8월 계사.
67) 《成宗實錄》 권 22, 성종 2년 5월 신유.
68) 《成宗實錄》 권 225, 성종 20년 2월 병진.
69) 《世宗實錄》 권 48, 세종 12년 4월 정해.

다. 이리하여 두만강의 茂山 지방의 對岸인 東良北[동량뒤] 일대를 毛憐지방이라고 불렀는데, 모련이란 말도 여진어로 말을 가리키는 morin에서 나온 것이다.[70] 여진에서 교역하는 마필은 上馬가 면포 30필, 中馬가 면포 23필, 下馬가 면포 14필의 값이었다고 한다.[71] 당시 시세로 보아 대단히 고가였으므로 여진사회에서는 몽고의 마필을 조선에 수출하는 중계무역을 통하여 상당한 이익을 얻었을 것이다.

5진에서 필요로 하는 戰馬를 대량으로 구입하는 것은 무역소를 통하여 공적으로 이루어졌으나,[72] 사적으로 여진의 말을 교역하는 자도 많았다. 조정에서는 백성들이 원하는 대로 여진의 호마를 구입할 수 있게 하였다.[73] 그러나 말을 교역하면서 교역을 금지하는 물품까지 매매하여 여러 가지 폐단을 일으키자 성종대 후기에 사무역을 금지하였다.[74]

그 밖에도 여진은 토표피를 비롯하여 熊皮·兎皮·狸皮·海豹皮·海猪皮·海牛皮·海狗皮·紅鼠皮·靑鼠皮 등을 조선에 수출하였다. 토표피는 청서피 다음으로 비싼 모피물로서 조선 중기에는 토표피 1장 값이 말 1필의 값이었다. 토표피도 궁중에서 많이 소용되어 함길도의 5진지역에 공물로 배정하였는데, 청서피처럼 여진과 교역하여 공납하는 사례가 많았다.

한편 여진인이 교역을 통하여 조선에서 수입해 갔던 것은 첫째 미곡·염장과 같은 생필품과, 둘째 무기나 농구를 만드는 데 재료가 되는 철제류와, 셋째 농경에 필요한 耕牛였다.

조선 초기에 두만강 유역이나 압록강 유역으로 진출한 오도리족과 오랑캐는 조선에 대하여 부족한 생필품을 요구해 왔다. 그들은 농경을 시작하기 위해서 곡식 종자를 필요로 하였을 뿐만 아니라, 당장 식생활에 곤란을 겪고 있었기 때문에 떼를 지어 변경지역으로 몰려와 양식을 요구하였다. 조선에서는 그들이 요구하는 대로 곡식을 다 주지는 않았으나, 그들이 굶주리도록 내버려두면 약

---

70) morin은 여진어로서 '말'을 뜻하는데 그 어원이 우리말의 '말'과 같다. 명대 만주의 지명 가운데 모련, 穆陵(河) 등은 모두 말과 관계가 있는 지명이다.

71) 《世祖實錄》 권 33, 세조 10년 7월 경신.

72) 《世祖實錄》 권 39, 세조 12년 9월 기묘.

73) 《成宗實錄》 권 173, 성종 15년 12월 경신.

74) 《成宗實錄》 권 239, 성종 21년 4월 무술.

탈을 할 것이 분명하였으므로 그들의 요구를 어느 정도 들어주지 않을 수 없었다. 또 대소 여진들이 양식을 구걸할 때 토산물을 바치는 것이 상례였고, 조선에서는 곡식을 지급하였으므로 일종의 교역관계라고도 볼 수 있다. 여진사회의 교역의 목적은 이윤을 남기려는 것보다는 부족한 생필품을 충당하는 데 있었다.

15세기 후엽에 들어가면 여진사회의 耕牛와 농구의 수입량이 늘어난다. 여진인들은 6진으로 초서피와 토표피를 가지고 와서 조선의 우마나 철물과 교역하였다.[75] 조선의 상인들은 여진과 교역하기 위하여 北鎭을 두루 돌아다니면서 여진과의 교역에 필요한 철물과 우마를 사들인 다음, 다시 국경의 무역소에서 여진인의 모피물과 교역하였다.[76]

조선에서는 농구 등 철물의 유출에 대하여 소극적인 자세를 취하였다. 철기가 여진사회에 들어가서 농구로 사용되는 것은 상관이 없었으나, 철물을 다시 단련하여 무기로 만드는 것을 몹시 염려하였기 때문이었다. 여진사회에서는 자체 내에서 철물을 생산하는 기술이 없었으나, 무쇠(水鐵)로서 강철을 만드는 방법을 알고 있었던 것 같다.

철물은 원래 우마와 금은·珠玉 등의 보석류, 화약·軍器 등의 군수물자와 함께 거래가 금지된 물품이었으나,[77] 여진의 욕구를 어느 정도 충족해주지 않으면 결국 여진이 침입하여 약탈하는 결과를 가져오기 때문에 제한된 범위 안에서 교역이 묵인되었다. 단 철물 가운데 무쇠에 한하여 무역을 허락하여 수철로 만든 농구나 가마솥 같은 물건은 교역이 허용되었다.[78] 그러나 무기를 만들 가능성이 많은 시우쇠(正鐵)의 교역은 엄금했다. 여진사회는 수렵이나 유목생활을 하는 비농경 사회였으므로, 소보다는 말이 더 유용하여 소가 적었으나 농경사회로 이행되면 될수록 많은 양의 소가 필요하였다. 이리하여 마시를 통하여 명으로부터 막대한 양의 소를 수입하였으며, 조선과의 교역에서도 상당량의 소를 수입하였다. 특히 주목할 점은 여진이 침입하여 노략질하여 가는 약탈대상이 항상 소와 건실한 장정들이었다는 사실이다. 소와 장정(농부)은

75) 《成宗實錄》 권 250, 성종 22년 2월 신유.
76) 《燕山君日記》 권 29, 연산군 4년 4월 병술.
77) 《經國大典》 권 5, 刑典, 禁制.
78) 《成宗實錄》 권 225, 성종 20년 2월 경술.

모두 여진의 농경생활에 필요한 조건이었던 것이다.

여진사회에서는 우수한 種馬나 호마를 조선에 수출하는 반면에 조선사회에서 그다지 필요 없는 말들을 수입하였다. 조선에서는 이러한 우마의 교역을 원칙적으로 금지하였으나, 상인 등 민간인은 우마를 몰래 교역하였다. 사무역을 통하여 여진사회로 들어간 상당량의 우마와 철물은 여진사회가 농경사회로 넘어가는 데 커다란 촉매제가 되었다. 그 밖에도 16세기에 들어가면, 여진사회에서 생산되는 彩緞과 眞珠·白礬 등이 조선으로 수입되었다.[79)]

이와 같이 조선과 여진과의 교역은 상당히 광범위하게 이루어졌으며, 특히 여진사회는 이러한 교역을 통하여 상당한 발전을 이룩하였다. 조선에서 수입한 것은 일부 사치품목에 지나지 않았으나, 여진이 수입해 간 물품은 철물과 우마 등 그들의 농경생활에 필요 불가결한 물품들이었다. 이로 보아 두 사회간의 교역은 여진측에서 적극적이었고 조선측에서는 소극적인 태도를 취하였다고 생각된다.

(3) 서 계

명에서는 입조하는 여러 여진족들의 추장들에게 勅書(貢勅)를 주어 그들이 교역할 수 있는 권리를 인정하였다. 조선에서도 복속 입조하는 대소 여진의 추장에게 관직과 印信을 주었다. 이처럼 관직과 인신을 받은 추장이 그 관직과 입조의 권한을 조선으로부터 인정받은 증서가 書契인데, 명의 칙서와 같다.

조선에서 여진인 추장에게 준 인신과 서계가 여진사회에서 어느 정도 경제적 이권과 정치적 특권으로서 통용되었는지는 알 수 없다. 그러나 조선 초기에는 여진이 경성·경원 등지의 무역소를 통하여 활발히 거래하고, 조선에 입공하는 등 빈번하게 왕래하였던 사실로 미루어 보아, 조선에서 받은 서계는 무역과 조공의 이권을 인정받는 증서로서 상당한 가치를 가지고 있었을 것이다. 예를 들면 건주본위 이만주 관하인으로서 조선의 서계를 받은 여진의 대소 추장은 조선에서 조공과 교역의 이권을 보장받았다.[80)] 따라서 조선의 서계는 이

79)《成宗實錄》권 228, 성종 20년 5월 갑신.

80)《世祖實錄》권 32, 세조 10년 정월 임신.

권증서로서 여진사회에서 중요시되어 쟁탈대상이 되었던 것 같다.

조선은 건주여진의 오도리족 중 童凡察의 인신과 서계가 있는 확실한 신분이 아니면 입조하지 못하게 하였다.[81] 또 이만주의 관하에 있는 건주본위의 오랑캐가 조선에 입조할 때에도 이만주의 인신이 적힌 서계가 없으면 입조를 허락하지 않았고 이만주의 허락이 없이는 통상할 수 없도록 제한하였다.[82] 이로 보아 인신·서계는 입조와 매매를 할 수 있는 매우 중요한 증서였음을 알 수 있다.

조선에서 서계를 발행한 범위는 건주여진에 국한되지 않고 해서여진의 火剌溫우디캐나 야인여진의 嫌眞우디캐, 尼麻車우디캐 지역까지 확대되었다. 조선은 해서여진의 忽剌溫우디캐 지역에도 서계를 발급하여 인신과 서계가 없으면, 입조하지 못하게 규제하였다.[83] 또 추장이 使送한 사람은 물론이고 조선에 입조하려는 여진족들은 반드시 관할 대추장(掌印都督)이 발급하는 문인을 가져야만 입조할 수 있었다. 일종의 여행증명서인 文引을 발행할 수 있었던 대추장은 조선으로부터 그 세력을 인정받아 관직에 임명되고 서계를 받은 추장들이었다. 조공을 통하여 막대한 경제적 이권을 얻을 수 있었으므로, 이러한 문인을 발급할 수 있는 여진의 대추장은 여진사회에서 상당한 실력자였음은 두말할 것도 없다.

이처럼 조선으로부터 서계를 받고 문인을 발급할 수 있었던 여진의 대추장은 건주좌위 오도리족의 퉁멍거티무르와 오랑캐의 중심 세력을 형성하였던 압록강 유역의 건주위 오랑캐 어허추와 그 손자 이만주였으며, 그 밖에 骨看우디캐 추장 金豆稱改 등이 있었다. 퉁멍거티무르가 세종 15년(1433)에 혐진우디캐에게 피살당한 뒤에 그 아우 동범찰과 그 아들 童倉(童山) 등이 건주좌위·건주우위의 대추장이 되어 건주본위의 이만주와 함께 건주위 오도리족·오랑캐의 문인을 발급하는 실력자가 되었다. 그러나 조선의 만류에도 불구하고 동범찰과 동창이 건주본위 이만주의 鳳州地域으로 옮겨가자, 두만강 유역의 170여 호의 오도리족이 남게 되었다. 이들을 지배하게 된 추장은 퉁멍거티무르

81) 《世宗實錄》 권 98, 세종 24년 11월 갑자.
82) 《世宗實錄》 권 29, 세종 7년 7월 신미.
83) 《世祖實錄》 권 6, 세조 3년 2월 을미.

의 아우 童於虛里였다.

이 때 동어허리는 서계를 하사 받고 문인을 발급할 수 있는 권리와 그의 아들 童所老加茂의 권한을 실질적으로 인정하여 줄 것을 조선에 요청하였다.[84] 이것은 추장이 관하 민호를 統屬할 수 있는 근거를 확보하는 방법이었다. 조선에서는 두만강 유역에 남아있던 오도리의 잔존세력을 실제로 통솔하던 동어허리와 그 아들에게 서계를 발급할 수 있는 권리를 인정해주었고, 그 후 두만강 일대의 오도리족이 조선에 입조할 때에는 반드시 이들이 발급하는 문인을 가져오게 하였다.

조선과 사이가 나빴던 건주본위 이만주도 그의 관하인이 조선에 입조할 때 문인을 발급하였다. 조선에서는 이만주의 관하 여진으로서 입조하던 대소 여진 추장들에게 이만주가 발급한 문인을 소지해야만 그 입조를 공식으로 허락하였고, 그들이 문인을 가져오면 후하게 대접하고 회사물까지 지급하였다.[85] 이만주는 이러한 서계에 바탕을 두고 關文·批文의 공문서도 조선에 보냈다. 결국 이만주·동창·동소로가무 등은 서계를 가진 추장으로서 조선과의 교역관계에 실질적인 권한을 행사하던 대추장들이었다.

이로 보면 조선에서 발급한 서계는 명에서 사급한 칙서 같은 성격을 가졌다고 볼 수 있다. 조선에서는 여진뿐만 아니라 일본의 對馬島主에게도 이러한 권리를 주어서, 조선에 입공하던 왜인들에게 문인을 발급하게 하였다. 그 결과 대마도주는 역대에 걸쳐 조선과의 교역에 실질적인 권한을 행사하여 막대한 경제적 이익을 얻어 부를 축적하게 되었던 것이다. 이러한 서계를 가진 여진의 추장들은 경제적 이권을 통하여 실질적인 권력기반을 닦아나갔을 것으로 생각된다. 결국 명에서는 칙서와 勘合으로 주변의 조공국가를 통속하였으며, 조선에서는 서계로써 여진과 일본을 통속하였다. 이처럼 칙서와 서계는 조선과 명이 동아시아의 사대교린관계를 경제적으로 정립하는 실질적인 통제수단이 되었다고 할 수 있다.[86]

---

84) 《世宗實錄》 권 113, 세종 28년 7월 무자.
85) 《世宗實錄》 권 110, 세종 27년 11월 임신.
86) 中村榮孝, 앞의 책.

4) 향화야인과 피로인 송환문제

(1) 향화야인 문제

조선에서는 向化하여 侍衛하는 여진인에게 家舍와 田土를 하사하였을 뿐만 아니라 노비를 사급하여 생활하는 데 어려움이 없도록 하였다. 또한 그들에게 娶妻하도록 하였는데 대개 各司에 소속된 공노비 출신의 처녀나 함경도 일대의 토호의 딸을 여진인에게 시집 보내었다. 함경도지역에는 일찍부터 여진인과 조선인이 뒤섞여 살면서 서로 혼인하는 경우가 많았기 때문에 여진의 추장이 조선 여자와 결혼할 것을 요청해 오면, 함길도 지역의 土班 집안에서 처녀를 차출하여 시집을 보냈다.

조선은 이들 향화·시위하는 여진을 매달 6차례씩 예조에 모아 名簿를 파악하였고, 관직이 있는 자는 本衛에 出仕하여 考課를 받도록 하여 승진 또는 폐출시켰다. 그러나 일반 관원처럼 朝賀나 朝參에 참여할 필요는 없었으며, 守門 등의 雜事에도 차임되지 아니하였다. 또 가사나 노비를 지급받더라도 본인의 당대에는 마음대로 매매할 수 없었고, 그 자손대에 이르러서야 비로소 매매가 가능하도록 하였다.[87] 향화한 여진을 한 곳에 오래도록 안주 정착시키는 정책을 실시했던 것이다.

향화자나 시위자에 대한 후대는 조선에서 여진의 침입을 막기 위한 회유정책의 하나였다. 향화자란 조선에 투화하여 온 여진인을 말하는데, 조선에서는 이러한 향화자를 내지에 옮겨 가사와 전토를 지급하고 3년 동안 조세를 면제하여 주기도 하였다. 또한 입조한 여진인 가운데 유력한 대추장의 자제들에게는 서울에 머물러 조선에서 하사 받은 武官職에 봉직하도록 장려하였다. 이것을 「留京侍衛」 또는 「野人侍衛」라고 하였다. 이것은 일종의 質者의 성격을 가졌는데, 여진의 실력자가 조선에 복속하고 배반하지 못하게 하려는 정책이었다. 시위자는 여진인 가운데 무예가 뛰어난 자나, 실력을 갖춘 대추장의 자제 중에서 엄선하여 관직에 임명하였다. 대개 정2품이나 정3품의 中樞院의 관직을 주는 것이 상례였으나, 정1·2품에 해당하는 무관직을 주는 경우도 있었다.[88]

---

87) 《經國大典》 권 3, 禮典.

88) 女眞에게 官職을 준 것은 〈표 4〉를 참조할 것.

조선 초기에는 유경 시위자가 3, 4인 정도에 지나지 않았으나, 세종 5년(1423) 이후부터 자원 시위자가 많아져 20~30인에 이르렀다. 그 이유는 여진사회가 경제적으로 생활하기 어려워 여진 추장의 자제들이 생활의 안정을 구하려고 희망하였기 때문이다. 이리하여 조선에서는 유경 시위자를 20~30명까지 두었으나, 그 대우가 문제였다. 그래서 시위한 날짜가 얼마나 오래되는가 또는 생활이 얼마나 어려운가에 따라 그들을 대우하는 규정을 정하여 항상 그 숫자를 소수로 제한하였다.89)

이러한 조공과 유경 시위는 근본적으로 여진의 경제적 곤란과 생필품의 부족을 해소시켜 줌으로써 여진의 침입을 막으려는 회유정책에서 나온 것이다. 유경 시위자에게 지급한 물품은 〈표 7〉과 같다.

〈표 7〉 유경 시위자에게 지급한 물품

家 舍	奴 婢	馬具類	衣服類	곡식 종자 및 資財類	기 타
田 宅	奴 婢 (3口)	鞍 馬	帽 帶 衣 服 笠 靴	資 財(家財) 月 料(糧料) 口 糧	娶 妻

＊전거 : 《成宗實錄》 권 17, 성종 3년 4월 신사.

(2) 피로인 문제

被虜人이란 여진에 포로로 사로잡혀 노역에 종사하던 사람들을 말한다. 조선초에 여진에 사로잡혀 사역을 당한 사람들은 주로 중국인이나 조선인 출신의 포로들이었다. 이미 14세기부터 피로인 노예는 여진사회에서 일반화되었다. 당시의 여진사회는 이러한 노예 노동력이 그 경제생산의 중요한 기초를 형성하였던 것처럼 보인다.

명대 여진족은 요동지역에서 명의 요동 거주민을 약탈하는 한편, 조선의 두만강과 압록강 유역에서 거주하던 변방민을 약탈하였다. 피로인은 말할 것도 없이 농경기술을 가진 농민들이었다. 여진족이 변방을 침략하여 노략질해 간 피로인 숫자는 정확히 알 수 없다. 여러 갈래로 나누어진 여진의 여러 종족이 끊임없이 침입하여 약탈한 사실이 일일이 역사기록에 남아 있지 않기 때

89) 《世宗實錄》 권 107, 세종 27년 3월 기묘.

문이다. 더구나 변방의 방어를 맡은 책임자들은 그 침략과 약탈에 대한 책임을 회피하기 위하여 이러한 사실들을 가능한 한 숨기고 조정에 보고하지 아니하려 하였다. 그러므로 피해상황은 사실보다 축소되어 보고되는 수가 많았다.

《조선왕조실록》에는 그러한 내용이 어느 정도 자세히 기록되어 있으므로 이를 통하여 여진의 조선 침입사실을 알 수 있다. 조선 전기에 여진의 침입을 받은 횟수는 약 130여 회에 달하는데, 이러한 침입으로 인하여 변방지방의 수많은 건장한 남녀들이 여진에게 포로로 잡혀갔다. 물론 여진이 약탈해 간 것은 이러한 사람들뿐만 아니라 우마와 가재도구도 포함되었다. 여진사회에서 노예와 우마는 중요한 재산으로 간주되었기 때문이다.

이러한 피로인은 여진사회에서 예외 없이 노예로서 轉賣되었다. 여진에게 사로잡혀 가서 피로인 노예로서 사역당하던 피로인들이 그 고역을 견디지 못하여 도망쳐 오는 수가 많았다. 도망을 해오는 노예 가운데 명나라 출신 중국인은 모두 요동으로 송환되었다. 《조선왕조실록》에 의하면, 조선은 태조대부터 성종대까지 268회에 걸쳐 도합 37,908인을 중국으로 송환하였다.[90]

그런데 성종대를 마지막으로 도망노비가 없어진 것은 매우 흥미있는 현상이다. 이는 16세기에 들어가면서 여진사회 자체 내에서 계급분화가 일어나 여진족 노비가 생성되었기 때문이라고 생각한다. 또 여진인들도 농경기술을 터득하여 더 이상 외래 농경노예가 필요하지 않았으리라고 믿어진다.

〈金九鎭〉

4. 일본과의 관계

1) 대일외교의 성립

(1) 15세기 동아시아의 국제정세

조선 초기의 대일관계를 이해하기 위해서는 이 시기의 국제정세를 우선 알아야 할 필요가 있다.

---

90) 金九鎭, 《女眞族의 社會構造》(신서원, 1995), 204~216쪽.

14세기 후반 동북아시아의 국제정세는 크게 소용돌이쳤다. 중국대륙에서는 1368년 朱元璋이 明을 건국하였고 1391년에 이르러 北元이 멸망하였다. 이로써 북방민족의 중원지배가 끝나고 漢族에 의한 중국지배가 시작되었는데, 이것은 동아시아 국제질서에 있어서도 크나큰 변화요인이 되었다. 바로 다음해인 1392년 우리 나라에서는 고려왕조가 멸망하고 조선왕조가 창건되었으며, 일본에서는 장기간 내란상태였던 南北朝時代(1336~1392)가 끝나고 통일되었다. 거의 같은 시기에 동북아시아의 세 나라 모두 커다란 변화를 맞이하였던 것이다.

오랜 기간 동안의 이민족 지배에서 벗어나 통일정권을 구축한 명은 유교이념에 입각하여 專制政治를 강화하는 한편 대외적으로는 중국 중심의 세계질서를 지향하였다. 주원장은 명을 건국하자마자 '恢復中華'라는 기치 아래 대외정책의 기본을 朝貢制度의 재확립에 두고 주변국에게 入貢할 것을 요구하였다. 그리하여 1369년 고려·琉球·安南의 사신이, 1371년에는 일본·크메르·태국의 사절이 각각 入明하는 등 동아시아 제국은 일단 명을 중심으로 하는 국제질서에 편입하게 되었다. 그 결과 명대는 조공제도가 형식적으로 가장 잘 정비되었고, 조공제도의 전형이 이루어졌던 시기이기도 하였다.

이 시기에 있어 조선·중국·일본의 관계를 간단히 살펴보자. 그런데 당시 세 나라의 주요 외교 과제는 신정권간의 상호 승인과 관계 설정이 목표가 되겠지만 당장의 외교현안은 여진과 왜구문제였다.

조선과 중국과의 관계를 보면 太祖 李成桂는 고려말부터 친명정책을 주장해 崔瑩·李仁任과 대립하였고, 威化島回軍 이후에는 친명정책을 확고히 하였다. 그러나 건국 후 명의 조선에 대한 견제와 의혹으로 인해 갈등과 마찰이 없지 않았다. 명은 친여진정책을 취함으로써 북원의 잔재세력과 조선을 견제하려고 하였고, 조선도 여진인 회유정책을 썼는데, 이것이 명의 비위를 거슬렸던 것이다. 이로 인해 한 때는 鄭道傳을 중심으로 요동정벌계획이 추진되었고, 태조가 직접 陣圖訓練을 하는 등 위기상황도 있었다. 그러나 明太祖와 정도전이 죽은 후인 태종대부터 조선의 대명교섭은 순조롭게 진행되었다. 즉 태종 원년(1401)에 이르러 誥命과 印信의 문제가 해결되었고 사행의 횟수도 1年 3使制로 결정됨으로써 事大外交體制가 확립되었다.[1)]

---

1) 조선의 대명 사대정책의 성격에 대해서는 조공제도라는 형식적인 측면보다 당

중국과 일본간의 외교현안은 왜구문제였다. 명 태조는 1369년 이후 3차에 걸쳐 일본 九州 征西府의 懷良親王에게 사신을 보내 조공할 것을 요구하였는데, 이것은 당시 중국 연안을 노략질하였던 왜구를 억제하려는 목적에서 이루어졌다. 일본이 명에 사신을 파견한 후에도 왜구의 침략이 계속되자, 명 태조는 1380년 室町幕府[무로마찌 바꾸후]의 장군에게 詔書를 보내 왜구와 일본사신의 무례함을 책망하고 일본과 외교를 단절하였다.

그러나 1399년 「應永의 亂」을 진압하고 외교권을 전담하게 된 실정막부의 3대 將軍 足利義滿[아시까가 요시미쯔]은 1401년 중국에 사신을 보내 사대관계를 맺을 것을 요청하였다. 이에 明成祖는 1403년 족리의만을 「日本國王」에 봉하고 勘合貿易을 허락하였다. 족리의만이 명 중심의 책봉체제에 자진해서 들어간 이유는 국제적으로 외교권을 가진 통일정권으로서 인정받고, 그것을 바탕으로 국내의 제후들에게 정치적 권위를 과시하며 對明使行貿易을 독점하려는 데 있었다. 명은 막부장군에게 책봉의 상징인 金印과 함께 무역 인가장이라고 할 수 있는 勘合符 100통을 주었다. 감합무역은 막부의 대명무역의 독점권을 보장해 주는 것으로서 조공무역의 한 형태이다. 규정상으로는 10년 1貢에 使行員數는 200명, 배는 2척으로 제한하였으나, 막부는 초기에 거의 매년 무역선을 보냈다.[2] 족리의만의 아들인 4대 장군 足利義持[아시까가 요시모찌]에 이르러 公家側의 압력과 명분론에 의해 명에 대한 조공관계가 일시 중단되기도 하였다. 그러나 막부가 독점한 사행무역의 이익은 막부재정에서 큰 비중을 차지하였기 때문에 대명관계를 재개하지 않을 수 없었고, 이후 이 관계는 150여 년 동안 지속되었다.

(2) 조일국교의 재개

여말 선초 대일관계에 있어 가장 큰 문제는 왜구의 위협이었다. 따라서 대일교섭은 왜구 금압이 일차적인 목적이었으며 외교와 통상은 그것을 위한 수

시의 국제정세 속에서 사대외교의 실상을 이해해야 할 것이다. 국내적으로 보면 왕권의 대내적 지배력과 정통성 확보를 위해 취한 외교정책이라고 할 수 있겠지만, 조선은 이를 통해 국가의 안보를 확보하고 선진문물을 수입할 수 있었다.

2) 田中健夫, 〈中世における明・朝鮮・琉球との關係〉(《對外關係と文化交流》, 思文閣, 1982), 19쪽.

단에 불과하였다. 왜구문제는 당시 조선·명·일본 세 나라 신정권의 공통적인 외교과제였다. 조선과 명이 대일외교에 적극성을 띤 이유도 왜구의 금압과 被擄人의 송환문제가 그 바탕에 깔려 있었기 때문이다.

조선의 대일정책의 목표는 남쪽 변경의 평화였고, 기본방식은 왜구를 평화적인 통교자로 전환시키는 것이었다. 이를 위해 우선 태조 이성계는 즉위한 직후 실정막부에 승려 覺鎚를 보내 왜구의 금압, 피로인의 쇄환을 요구함과 동시에 修好할 것을 요청하였다.[3] 이에 대해 족리의만은 答使를 보내 피로인 100명을 송환하면서 조선측의 요구를 적극적으로 수용하겠다는 의사를 밝혔다. 그러나 이 시기에는 족리의만이 아직 자국의 외교권을 장악하지 못한 상태였다. 그래서 이 때 그가 보낸 답서는 相國寺의 승려 絶海中津의 명의로 하였고, 그 서계에서 자국의 將臣이 옛부터 외국과 通問한 일이 없다고 밝혔다. 이는 당시까지 막부장군이 외교권을 관장하지 못하였다는 사실을 의미한다.[4] 이 때까지는 九州探題인 今川了俊과 西國地域의 유력호족인 大內義弘이 대조선외교에 직접적으로 나서고 있었다. 예를 들면 1398년 족리의만이 답사로서 使僧 儔久와 함께 100여 명의 피로인을 송환한 직후에 금천요준은 천수백 명의 피로인을 송환하는 식이었다. 구주지역의 호족들도 조선정부의 정책에 호응해 앞다투어 피로인 송환에 나섰다.

이와 같이 조선정부가 실정막부와 함께 서국지역 호족들과도 교섭하는 형태와 방식은 고려말과 비슷하였다. 그러나 조선 초기 조선국왕과 막부와의 사절왕래를 계기로 점차 사적 교섭에서 공적 교섭으로 성격을 바꾸어가게 되었다. 일본의 외교사상 또 하나의 중요한 전기는 1399년이었다. 1388년 족리의만은 금천요준으로 하여금 일본의 대외교섭기관이었던 征西將軍府를 파괴시키도록 한 후 금천요준마저 방축하였고, 이어 1399년에는 대내의홍도 진압함으로써 구주지방을 막부의 세력권으로 편입시켰다. 이 때에 이르러 실정막부가

---

3) 태조는 7년간의 재위기간 동안 室町幕府 앞으로 3회, 九州探題·大內義弘·對馬島主 앞으로 4회 등 7회의 사절을 일본에 파견하였다. 이는 왜구진압 문제로 태조가 얼마나 고심하면서 대일교섭에 적극적이었나를 엿볼 수 있는 사실이다.

4) 이는 태조 7년(1398) 회례사 朴敦之가 일본에 갔을 때까지도 마찬가지였다. 이 당시 일본의 조정에서는 대외교섭을 포기한 상태였고, 대신 일본을 대표해서 대외교섭을 담당할 기관이 불확실한 상황이었다. 1366년 명이 대일교섭에 나섰을 때 막부가 아니고 征西府를 대상으로 선택한 것도 같은 이유에서였다.

일본의 통일정권임을 대외적으로 주장할 수 있게 되었으며, 왜구에 대한 통제력도 어느 정도 갖추게 되었다. 이로써 일본의 외교권을 장악하게 된 족리의만은 대명·대조선외교를 적극적으로 추진하였다.

1403년 족리의만이 명 중심의 책봉체제에 편입된 것을 계기로 조선과 일본의 관계도 급진전되고 체계화되었다. 족리의만은 명과의 책봉관계가 진전되는 과정에서 조선과의 통교에도 적극적으로 나섰다.[5)]

족리의만은 책봉체제에 편입된 이듬해인 1404년 使僧 周棠을 조선에 파견하였다. 이 사실이 《朝鮮王朝實錄》에는 태종 4년(1404) 7월에 "일본국왕 源道義의 사신이 와서 토산물을 바쳤다"라고 기술되어 있다.[6)] 그런데 이 사행에서 주목해야 할 사실은 실정막부가 종래 외교승의 명의로 서계를 보내는 방식을 그만두고 일본의 주권자로서 조선국왕에게 직접 서계를 보냈다는 점과 스스로 '일본국왕'을 칭하였다는 점이다. 이후부터 조선에서는 족리의만을 일본국왕으로서 접대하기로 하였고, 실정막부의 장군을 일본의 외교권의 주체로 인정하였다. 동시에 막부장군을 책봉체제 속의 일본국왕으로서 조선국왕과 동등한 자격으로 외교의례를 갖추도록 하였다.[7)]

1404년 족리의만이 '일본국왕'의 자격으로 조선국왕에게 國書를 보내고 조선이 이를 접수함으로써 양국 중앙정부간에 정식으로 국교가 체결되었다. 이로써 한·일 양국은 550여 년간에 걸친 국교단절 상태를 끝내고 국교를 재개하였다. 일본으로서는 9세기 중엽 통일신라와의 국교 단절, 遣唐使 파견 폐지, 발해와의 교섭 중지 이래 쇄국상태로 있다가 조선·명과 국교를 열게

5) 足利義滿이 얼마나 대조선외교에 적극적이었나 하는 점은 그가 1401년 조선측의 사신을 보기 위해 직접 兵庫浦까지 나간 것과 명의 사절을 접대하는 곳인 京都의 北山第에서 조선국왕사를 맞아들인 사실에서도 알 수 있다. 그는 집권시 조선쪽에 7회에 걸쳐 사절을 보냈다.

6) 《太宗實錄》 권 8, 태종 4년 7월 기사.

7) 그런데 실정막부 장군과 일본국왕이 반드시 일치하지는 않았다. 足利義滿이 일본국왕으로 책봉을 받았을 때의 막부장군은 足利義持이었고, 족리의만은 여전히 실권을 장악하고 있었지만 장군에서 물러나 准三后의 직을 갖고 있었다. 이러한 사례는 후에도 가끔 있었는데, 막부장군(征夷大將軍)과 '일본국왕'이 반드시 일치하지 않는 점이 실정막부 권력체계의 하나의 특징이었다. '일본국왕'은 '동아시아 국제사회에 있어서 일본의 중앙정권의 수령으로 인정받았던 인물'이었던 것이다(田中健夫, 〈足利將軍と日本國王號〉, 《日本前近代の國家と對外關係》, 吉川弘文館, 1987, 34~35쪽).

됨으로써 비로소 국제무대에 나오게 되었다.

그러나 조선국왕과 실정막부 장군이 교린국의 입장에서 국서를 교환했다고 해서 바로 조일외교체제가 완성된 것은 아니었다. 당시 일본과의 통교체제는 중앙정부간의 일원적 관계만이 아니라 다원적 통교형태를 띠고 있었고, 막부는 그것을 통괄하는 위치에 있지 못하였다. 따라서 통교체제의 정비가 필요하였으며 양국간 외교현안이었던 왜구문제 또한 과제로 남아 있었다.

조선 전기 대일관계를 성격에 따라 구분해 보면 3단계로 나눌 수 있다.

제1기는 태조 원년(1392)에서 세종 원년(1419)까지로 중앙정부간에 국교를 체결하고, 왜구진압정책에 진력한 시기이다. 또 조선정부의 적극적인 정책으로 왜구가 평화적 통교자로 전환되었는데 조일통교의 성립기 내지 준비기라고 할 수 있다.

제2기는 세종 2년(1420)에서 성종 2년(1471)까지이다. 이 시기는 대마도정벌 이후 文引制度 定約, 癸亥約條 체결 이래 각 통교자와의 歲遣船 定約, 朝聘應接規定의 완비 등이 이루어진 단계로 통교체제의 확립기라고 할 수 있다.

제3기는 성종 3년(1472)부터 선조 25년(1592) 임진왜란이 일어나기까지이다. 이 시기는 성종대 초기 확립된 통교체제의 모순이 드러나기 시작하여 三浦倭亂·蛇梁津倭變·乙卯倭變 등이 일어나고 그에 따라 壬申約條·丁未約條 등 조약의 개정이 이루어졌다. 16세기 중반 이후는 중앙정부간의 통교가 사실상 단절되었고, 대마도와의 무역만이 유지되었을 뿐이므로 대일통교의 변천기 내지 쇠퇴기라고 할 수 있다.

이하 이 순서에 따라 대일관계의 전개양상을 살펴보도록 하겠다.

2) 대왜구정책과 대마도 정벌

(1) 여말 선초의 왜구

신흥왕조인 조선의 대외적인 급선무는 주변국과의 우호관계 수립이었다. 그래서 조선정부는 대명관계는 물론 남쪽 변경의 안정을 위해서 일본과의 관계를 개선하고자 하였다. 그러나 대일관계에서 가장 문제가 되었던 것은 역시 왜구였고, 조선 초기의 대일교섭은 다원적인 형태로 전개될 수밖에 없었다. 대일관계의 역사적 추이는 왜구를 어떻게 진압하고 평화적인 통교자로 전환시키는가에 따라서 결정되었다고 볼 수 있다.

왜구는 13세기로부터 16세기에 걸쳐 한반도와 중국 연안에서 활동한 「일본의 해적집단」을 총칭한 것이다. 글자대로 풀이하면 '일본인의 침략행위'가 되겠지만 13세기부터 일본인들의 침탈 해적행위가 계속됨에 따라 당시부터 조선과 중국에서는 '일본인의 해적단'이란 뜻으로 숙어화되어 사용되었다.8) 왜구는 그 활동시기와 성격에 따라 두 종류로 나눌 수 있다. 첫째, 13~15세기에 걸쳐 활동한 집단은 전기왜구라고 하는데, 무역외적인 측면이 많았고 침략지역은 한반도와 중국 연안이 주된 대상이었다. 본고에서 말하는 왜구는 주로 이것을 가리킨다. 둘째, 15세기 후반에서 16세기말까지, 즉 일본의 「應仁의 亂」(1467~1477) 이후부터 임진왜란 이전까지의 왜구를 후기왜구라고 하는데, 이들은 주로 중국 및 동남아시아 연안에서 활동하였고 무역적인 요소가 강해 일본에서는 이들을 「武裝商人」이라고 부르기도 한다.

왜구의 근거지는 對馬島·壹岐島·松浦로서 요컨대 일본 西國지역의 도서가 중심이었다. 조선에서는 이들을 총칭하여 「三島倭」라고 하였는데, 이들은 지방영주들의 보호와 묵인하에 조직적으로 해적행위를 하였다. 3도왜는 남북조시대에 전란에서 패배한 北九州 武士團과 재지세력인 松浦黨 등 조직무장집단, 그리고 전쟁으로 인해 곤궁에 빠진 비조직적 영세민 등으로 구성되어 있었다.9)

왜구가 발생할 당시의 일본 국내사정을 살펴보면, 시대적 배경은 鎌倉幕府[가마꾸라 바꾸후]시대 말기와 남북조시대로서 정치적으로 매우 불안하고 중앙정부의 통제가 이루어지지 않은 시기였다. 이러한 상황에서 왜구의 활동이

---

8) 왜구에 관한 연구는 일본인에 의해 주도되면서 왜구의 활동과 영향에 대해 긍정적으로 평가하는 경향도 적지 않았다. 그들은 또 여말 선초의 왜구 속에 '僞倭'·'假倭'·'裝倭'라 불리는 비일본인의 도적집단이 상당수 있었다고 하면서 왜구가 곧 일본인 해적이라는 개념파악은 수정되어야 한다고 주장하였다(石原道博,《倭寇》, 吉川弘文館, 1964 및 田中健夫,《中世海外交渉史の硏究》, 東京大學出版會, 1959 및《倭寇－海の歷史－》, 敎育社, 1982). 그러나 조선인·중국인·포르투갈인이 왜구를 가장하거나 위장한 경우는 예외적으로 보아야 한다고 생각된다.

9) 田村洋幸,《中世日朝貿易の硏究》(三和書房, 1967).

집중적으로 나타났다. 몰락한 무사와 영세민이 중심이 된 왜구는 생활필수품을 얻기 위해 해적활동을 하게 되었던 만큼 주로 양곡 약탈과 인민의 노략을 목적으로 하였다.

한편 고려도 원간섭기에 정치적인 부담뿐만 아니라 麗元聯合軍의 일본정벌시 군사력 징발 등 막대한 경제적 부담으로 하여 국력이 쇠잔하였다. 또 고려말기에 이르면 원·명 교체와 紅巾賊의 침략 등 중국측 사정이 영향을 주었다. 공민왕의 개혁정치가 시행되었지만, 그의 사후 정치는 더욱 문란하고 국력은 쇠약해져 갔고 북방의 방비에 치중하다 보니 각 해안에 대한 방비는 소홀할 수밖에 없었다. 이러한 상황 속에서 왜구의 침구가 극성하게 되었던 것이다. 왜구발생의 경제적인 원인은 원종대 이후 일본에서 오는 進奉船의 제한과 그 후 대마도의 제한조치 위반에 따른 進奉貿易의 완전한 단절이라고 할 수 있다.

왜구의 침략이 본격화된 것은 충정왕 9년(1350)부터였다. 특히 고려말 우왕대에는 아주 심해서 이성계의 네 가지 요동정벌 불가론 중 세번째로 든 '거국적으로 원정을 하면 왜구가 그 허점을 노리게 된다'는 사항은 당시로서는 타당한 지적이었다. 하여튼 이 왜구의 침입은 홍건적과 함께 고려왕조를 몰락케 한 가장 큰 외적 요인이었다. 실제 임진왜란을 제외하고 일본인이 내륙지방까지 침입해 온 것은 이것이 처음이었으며 그 피해도 커서 한때는 왜구를 피하기 위해 遷都論이 제기될 정도였다.

(2) 왜구대책

고려말의 대왜구정책은 외교적 교섭과 군사적 대응, 그리고 회유책이었다. 고려정부는 왜구의 금지를 위해 일본측에 전후 8차에 걸쳐 사신을 파견하였다. 그러나 외교적 교섭은 일본국내 정치정세와 西國領主들의 소극적인 반응으로 실질적인 효과가 별로 없었다. 단지 今川了俊과 大內義弘이 왜구 진압에 약간 노력을 기울이고 피로인을 송환하는 등 성의를 표하는 정도였다. 왜구방지를 위한 외교적 노력이 별 실효를 거두지 못하자 고려는 적극적인 방어대책에 주력하였다. 왜구소탕의 대표적인 전투로는 우왕 2년(1376) 崔瑩의 鴻山大捷, 우왕 6년 羅世·崔茂宣의 鎭浦戰鬪와 이성계의 荒山大捷, 우왕 9년 鄭

地의 南海大捷 등을 들 수 있다. 이와 같은 군사적 대응이 성공함으로써 왜구의 대규모 침구는 점차 줄어들게 되었다. 고려정부는 대마도주에게 쌀을 지급하는 등 왜구를 진무하는 방책을 쓰기도 하였지만 본격적인 회유책은 태조 이성계에 의해서 시행되었다.

조선 초기의 왜구대책은 고려 말기의 정책을 계승하면서도 정치·경제·군사적인 측면을 교묘하게 배합해서 대응함으로써 성공적으로 진행되었다. 태조 이성계는 고려말 왜구 진압에 성공한 것을 계기로 권력을 잡아 조선왕조를 건국한 인물이었던 만큼 당시 일본의 상황과 왜구문제에 관해 제일의 전문가라고 할 수 있었다. 그의 왜구진압대책을 살펴보면 다음과 같다.

첫째 海防對策의 충실화이다. 태조는 고려 공민왕 22년(1373)에 창설된 수군을 보다 정비하고 병선을 개량하였으며, 연해 요처에 성을 쌓고 烽火를 설치하게 하여 침입해 오는 왜구를 토벌하도록 하였다. 그리하여 태조 6년(1397)에 이르면 "연해지역에 대한 수군의 방어에 의해 적이 감히 접근하지 못하게 되었다"[10]라는 보고가 올라올 정도가 되었다. 조선초의 수군강화책은 태종대에 이르러서 더욱 진전되어 태종 8년(1408)에는 병선이 613척, 수군병력 5만 5천 명에 달하게 되었다.[11] 이와 같은 군사적 방비책에 의해 왜구의 침략은 기세가 꺾이게 되었다.

둘째 외교적 노력이다. 태조는 즉위초 실정막부의 족리의만에게 사신을 보내 왜구 금지를 요청하고 왜구에게 영향력을 가진 서국지방의 호족들에 대해서도 왜구 진압을 요구하였다. 막부와 서국지역의 호족들은 왜구 진압에 노력하고 피로인의 송환에 적극적으로 호응하였다. 그리하여 태조 4년 九州探題 금천요준의 보고에 의하면 옛날 왜구의 10중 8~9가 감소하였으며, 피로인의 절반이 쇄환되었다고 하였다. 다소 과장된 표현이겠으나 외교적 교섭이 상당한 효과를 거두었음을 알 수 있다.

셋째 회유책이다. 태조는 왜구 진압과 피로인 송환에 적극적인 호족들에 대해서는 통교상의 특혜를 주고, 조선의 관직을 하사하는 授職制度를 활용하였다. 태조 5년 12월 60여 척의 배와 수백 명의 왜인을 이끌고 와 투항한 왜

10) 《太祖實錄》 권 11, 태조 6년 2월 갑오.
11) 瀨野馬熊, 〈倭寇と朝鮮の水軍〉(《史學雜誌》 26-1, 1915).

구수령에게 宣略將軍이라는 직함을 주어 왜구 방지에 주력하도록 하였는데 이것이 수직제도의 시초이다.[12] 授職人制는 일본에 거주하고 있는 수령급이나 피로인 송환에 적극 호응한 공로자와 항복한 일본인 중에서 왜구의 수령이나 왜구 진압에 공로를 세운 자, 조선술·의술·철공 등의 특기를 가진 자 등에게 조선의 관직을 주어 우대한 제도이다. 이 제도는 고려시대 여진인에 대한 회유책으로 행해진 것을 일본에게도 적용한 바로서 그 연원은 중국의 外夷羈縻策에서 찾아볼 수 있다.[13] 조선에서는 이들을 수직왜인이라고 불렀는데 성종대 초기에 만들어진 《海東諸國紀》에는 모두 26인이 기록되어 있다.

한편 왜구 중에서도 투화한 자에게는 토지·재물·집을 주고 조선에 살도록 해주었다. 이렇게 귀순한 일본인을 向化倭 혹은 投化倭·降倭라고 하였는데 해방대책이 성공하면서 향화왜인들이 급증하였다. 태종 9년에는 경상도에 정주하는 향화왜인이 2천 명에 달했다고 할 정도로 너무 많아지자 이들을 각 州郡에 분산시키고 연해가 아닌 곳으로 거주지를 옮기도록 하였다.[14] 또 태종 11년 3월에는 宣略將軍으로 임명되어 왜구 진압에 활약한 수직왜인 林溫을 대마도에 돌려보내 對馬島倭萬戶에 임명하기도 하였다.

태조의 대일정책의 기본은 南邊의 평화를 확보하는 데 있었다. 건국 초기에 대명관계도 안정되지 않았고, 북변의 여진에 대한 경략도 필요했던 만큼 그는 왜구대책 중에서도 외교책과 회유책을 중시하였다. 이러한 태조의 정책은 정종과 태종에게도 계승되어 태종대에 이르면 왜구는 거의 종식되어 갔다. 조선 초기의 성공적인 왜구대책으로 인해 왜구들은 분해되면서 대부분 평화적인 통교자로 변질되어 갔던 것이다. 왜구의 통교자로의 전환형태는 向化倭人·興利倭人·使送倭人의 세 가지로 나눌 수 있다. 향화왜인은 투항하거나 귀순

---

12) 일본의 본거지에 거주하는 일본인에게 조선의 관직을 하사한 최초의 사례는 세종 26년(1444) 6월에 보인다.

13) 中村榮孝, 〈室町時代の日鮮關係〉(《日鮮關係史の硏究》 上, 吉川弘文館, 1965), 164쪽.
조선정부는 이들에게 관직과 함께 사령장(告身)·관복·품대를 하사하였다. 일본내 거주자는 일년에 한 번씩 하사받은 관복을 입고 사령장을 지참하여 入朝하도록 하였으며 그에 상당하는 접대를 받고 교역을 할 수 있었다. 관직은 명예직이었고 전부 武散職이었다. 이는 조선의 변경을 지키는 관원이라는 의미로서 전형적인 외이기미책이며 양자의 관계는 조공관계이다.

14) 《太宗實錄》 권 18, 태종 9년 11월 임오.

한 왜구들로서 조선에 정주하였고, 흥리왜인은 조선연해에서 독립적으로 상업행위를 하는 일본인이며, 사송왜인(혹은 使送客人)은 장군 이하 서국지역 호족들의 대조선통교의 중개자로 활동하는 자로서 대조선무역에 참여하였다. 한편 왜구의 일부는 여전히 해적행위를 하면서 활동무대를 중국 산동반도 지역으로 옮기게 되었다.

(3) 대마도 정벌

조선 초기의 왜구제어책으로 왜구가 격감하였지만 완전히 없어진 것은 아니었다. 중국의 연안으로 활동무대를 옮긴 왜구들은 땔감과 물을 공급받을 중간기착지가 필요하였고, 약탈물자를 판매하여야 하는 등 조선과 절연된 것은 아니었다. 또 이들은 기회가 있으면 언제든지 조선의 연안을 침략하기도 하였다. 조선에서는 왜구의 본거지를 對馬·壹岐·松浦의 3도로 추정하고 있으며 그 중에서도 대마도를 가장 중시하였다. 그리하여 고려말 朴葳에 의한 토벌이래 태조대에도 대마도 정벌을 기획한 적이 있었다.15) 잔존한 왜구들에 대한 최후의 군사적 대응이 세종 원년(1419)의 대마도 정벌이었다. 조선에서는 「己亥東征」이라 하고 일본에서는 「應永의 外寇」라고 부르는 이 전투는 조선 초기 조일관계의 한 획을 긋는 사건이었다.

대마도 정벌의 직접적인 동기가 된 것은 그 해 5월 대마도인의 침략이었다. 태종 18년(1418) 대마도주 宗貞茂가 죽고 아들 宗貞盛이 어린 나이에 島主가 되자 내분이 일어났다. 이에 행정 통제가 허물어지고 생활이 어려워지자 대마도인들은 다시 왜구로 변하여 조선의 연안을 침입하게 되었다. 이들은 세종 원년 5월에 왜선 50여 척을 이끌고 충청도 庇仁縣에 침입하여 병선을 불태우는 등 노략질을 하고, 이어 황해도 延平島를 재차 침입한 후 요동반도로 진출하였다.

당시 대일강경책을 취하였던 上王(태종)은 대마도 정벌을 결심하게 되었다. 출병에 앞서 내린 상왕의 교서에는 국초 이래 조선정부의 후의를 저버리고 충청도와 황해도에 침입하여 약탈을 자행한 왜구의 근거지를 토벌하여 우환

---

15) 《太祖實錄》 권 10, 태조 5년 12월 정해.
《春官志》 권 3, 往征.

의 뿌리를 뽑겠다는 의지가 나타나 있다. 전술적으로는 왜구의 주력부대가 요동을 향한 기회를 이용하여 왜구의 본거지인 대마도를 치면 왜구를 근절할 수 있다는 계산도 있었다.

6월 19일 조선측은 三軍都體察使 李從茂 이하 병력 17,000여 명을 병선 227척에 싣고 거제도를 출발, 대마도로 향하였다. 이들은 20일 대마도의 淺茅灣을 공격하여 적선 130여 척을 나포하는 등 대승을 거두고 豆知浦에 정박하였다. 이어 이종무는 島主에게 諭書를 보냈으나 답서가 없자 26일 상륙, 병력을 좌우 양군으로 나누어 각지를 토벌하였다. 그런데 이 전투에서는 일기도와 上松의 원병과 함께 매복한 대마도군에게 朴實이 이끈 좌군이 패배하여 백수십 인이 전사하였다. 이후 이종무가 장기전 태세에 들어가려고 하자 당시 대마도의 실권자인 都都熊瓦는[16] 서계를 올려 군사의 철수와 수호를 간청하였다. 서계를 본 이종무는 태풍에 대한 우려도 고려하여 제재를 중단하고 7월 3일 거제도로 귀환하였다.

기해동정은 비록 짧은 기간이었지만 쌍방간에 3,800여 명의 사망자를 낸 격렬한 전투였다. 조선측은 이를 통해 왜구의 본거지에 큰 타격을 가하는 한편 많은 피로인을 쇄환하는 전과를 얻었다. 그러나 왜구의 주력부대가 도내에 없었던 만큼 왜구의 섬멸이라는 당초목표를 완전히 달성하지는 못한 셈이다. 그래서 다시 정벌하자는 논의도 나왔다. 태풍에 대한 우려 등 찬반논의가 조정에서 진행되는 가운데 7월 12일 김해에서 都督 劉江이 요동에서 돌아오던 왜구를 대파했다는 소식이 들어오자 태종도 다시 정벌하려는 뜻을 거두었다.

재정벌의 논의가 수그러지면서 조선정부는 7월 17일 병조판서 趙末生의 명의로 대마도주에게 招諭의 서계를 보내 항복을 하든지 아니면 일본 본주로 돌아가든지 둘 중의 하나를 선택하라는 강경한 입장을 전달하였다.[17] 이에 대해 도주는 9월 25일 항복을 청함과 동시에 印信을 줄 것을 요청하였다. 이는 대마도를 완전히 비우라는 조선정부의 요구에는 미치지 못하는 것이었다. 이후 반년에 걸친 교섭 결과 이듬해 정월 ① 대마도는 조선의 屬州로서 경상도의 관할하에 두며 경상관찰사를 통해 서계를 올릴 것 ② 요청한 印信

16) 左衛門太郎 혹은 早田萬戶라고도 하며 당시 島主의 숙부였다.
17) 中村榮孝, 〈朝鮮世宗己亥の對馬征伐〉(앞의 책, 上), 253쪽.

을 하사하되 ③ 앞으로 대마도로부터 오는 사절은 반드시 도주의 서계를 지참할 것 등으로 결말지어졌다.[18] 이로써 대마도주는 受圖書人이 되었고 도주에 의한 서계도 이 때부터 시작되었다.

그런데 대마도의 경상도 속주화문제는 조일간에 외교문제로 비화되었으며 조선정부와 실정막부간에 일시적 긴장상태를 초래하였다. 대마도 정벌의 소식이 전해지자 막부에서는 조선과 명이 연합하여 일본을 침공한다는 유언이 나도는 등 긴장하였고, 조선측의 진정한 의도가 무엇인지에 대해 의심하였다. 대마도와의 사이에 전후처리 교섭이 진행되던 세종 원년(1419) 11월 막부장군 足利義持가 보낸 使僧 梁倪와 구주탐제의 사절이 조정에 도착하였다. 표면적으로는 大藏經을 요청하는 것이었지만 대마도 정벌의 진상과 조선의 정세를 탐지하려는 목적에서 파견된 사절이었다. 이에 세종은 막부가 요청한 7천 軸의 대장경을 回賜함과 동시에 宋希璟을 回禮使로 보냈다. 송희경은 막부장군에게 대마도 정벌이 왜구 금압을 위한 것이었을 뿐 일본 본토를 침략할 의도가 아니었음을 밝히고, 긴장의 핵심이었던 대마도의 경상도 예속문제도 세종이 고집하지 않음으로써 원점으로 회귀하였다.

기해동정의 의의는 왜구의 근절과 함께 통교체제 확립의 계기가 되었다는 점이다. 비록 이 전투로써 대마도의 왜구를 완전 토벌하지는 못했지만 왜구의 본거지이자 경유지였던 대마도에 대한 직접적인 무력행사의 의지를 과시함으로써 왜구에게 결정적인 타격을 주었던 것이다. 이 사건 이후로 "己亥東征 이후 왜구가 복속하였다"라는 인식이 일반화되었고[19] 실제 왜구가 완전히 사라졌다. 이와 동시에 대마도가 조선의 요구에 순응해옴으로써 세종대의 각종 통교제한 정책의 실시가 가능해졌고, 조선이 외교적 주도권을 확립하는 계기가 되었다. 대마도 정벌 이후 대마도는 왜구로부터 완전히 이탈하였고, 조선과 일본간에 「兩屬關係」로서 일종의 중립화정책을 취하였다. 그 결과 대마도는 조일교역간에 중계보급기지로서 무역이익을 취하면서 양국외교의 안전판 역할을 하였던 것이다.

---

18) 《世宗實錄》 권 7, 세종 2년 윤 정월 임진.
19) 《世宗實錄》 권 48, 세종 12년 4월 신사.

3) 통교체제의 확립

조선 초기의 회유적인 왜구대책으로 인해 왜구들의 해적행위는 줄어들게 되었지만 대신 통교를 목적으로 하는 도항자가 급증하였다. 통교자의 급증과 도항 왜인들의 일방적인 商利 추구에 의해 정부의 재정부담이 늘어나자 통교를 규제하지 않을 수 없었다. 태종대에서 성종대 초기까지의 대일 통교체제 확립과정은 바로 통교제한 내지 긴축정책의 강화과정이라고도 할 수 있다.

조선정부가 통교체제를 정비하게 된 이유는 ① 일본인들의 무제한적인 도항에 따라 경제적 부담이 증가한 점이다. 세종 21년(1439)에는 한 해의 입국왜인이 1만 명에 가깝고 그들에 대한 지급미가 10만 석이나 되었다고 한다.[20] ② 대마도 정벌 이후 왜구의 위협이 현저하게 감소한 점이다. 대일통교의 가장 중요한 목적이었던 왜구의 진압이 이루어지자 일방적인 경제적 부담을 질 이유가 없어진 것이다. ③ 일본으로부터 수입되는 교역물자의 효용성과 교역과정상의 문제에 대한 비판이다. ④ 조선과 일본의 독자적인 통교가 명에게 의심을 사고 있었던 현실에서 명에 대한 고려이다. ⑤ 일본에 대한 인식의 확대를 들 수 있다. 조선 초기 대일 사행원들의 보고에 의해 일본국내의 정치상황, 제호족의 세력관계, 해적의 분포와 무역상인의 실체를 알게 되었다. 이에 따라 조선정부는 방만한 통교자들을 정리하여 大內殿과 대마도주를 중심으로 통제책을 취할 수 있었다. ⑥ 통교질서 유지와 관련하여 전반적인 사대교린체제 정비의 필요성 등을 들 수 있다.[21]

조선정부의 통제책의 골자는 대마도주에게 특수한 권한을 부여하여 통교체제 확립에 주요 역할을 맡기는 것과 무역에 대한 제한을 엄격히 하여 경제적 부담을 줄이자는 것이었다.

(1) 교역통제책

태종·세종대부터 본격화된 규제책으로는 도항자를 제한하는 방책으로서

20) 《世宗實錄》 권 87, 세종 21년 10월 병신.

21) 李鉉淙, 《朝鮮前期 對日交涉史硏究》(韓國硏究院, 1964), 212~216쪽.
田中健夫, 〈李氏世宗朝における日鮮交通の諸問題〉(《中世海外交涉史の硏究》, 東京大學出版會, 1959), 82~92쪽.

授圖書制, 浦所의 제한, 書契·行狀·文引에 의한 통제 등이 있고, 도항자에 대한 직접적인 통제방책으로서 접대규정 정비와 歲遣船 定約이 실시되었다. 이하 순서대로 살펴보도록 하겠다.

가. 수도서제

授圖書制는 통교상의 공로자나 조선에 복속하기를 희망하는 일본인들에 대한 회유책의 일환이었다. 도서는 그들에게 통교증명의 용도로 만들어 준 인감으로 세종 원년(1419) 美作州太守 淨存에게 준 것이 최초의 사례이다. 도서를 받은 일본인을 수도서인이라고 하는데 조선에 내조할 경우 서계에 이 도서를 찍어 증거로 삼았다. 수도서인은 공식적인 교역권을 인정받고 세견선도 정약받았으므로 신청자가 쇄도하였다. 조선정부는 이에 대해 엄격하게 선별하였지만 이후 계속 늘어나 성종 2년(1471)에는 수도서인이 32명이 되었다.[22] 그런데 조선정부의 긴축정책의 영향으로 수도서인도 대마도주의 文引에 의한 제약을 받게 됨에 이르러서는 사실상 통교상의 특권을 상실하게 되었다. 도서의 유효기간은 수도서인의 생존기간으로 한정하였으나 실질적으로는 세습이 허락되었다. 이 밖에도 도서의 이동과 위조 등으로 계속 문제가 되던 중 三浦倭亂을 계기로 조선정부는 대마도의 수도서인을 인정하지 않고 본토의 수도서인도 대폭 정리해 버렸다.

符驗이라는 면에서 도서와 비슷한 것으로 通信符가 있다. 통신부는 勘合符로서 조선과 일본측 통교자가 반쪽씩 나누어 갖고 있다가 접대시 맞추어 보고 확인하는 방식의 교역허가장이다. 태종 14년(1414) 使送船의 제한 이후 사송왜인들이 일본국왕사나 巨酋使를 사칭하는 사례가 있었기 때문에 이를 방지하기 위해 통신부를 주어 증명으로 삼았던 것이다. 대개 구리로 만들어졌는데 성종 5년에는 막부측의 요청에 따라 일본국왕사에게는 특별히 象牙符를 10개 만들어 주어 구별하였다. 도서와 통신부는 조공무역의 한 형식인데 실정막부가 이를 요청해 받았다는 사실은 조일통교의 경제적 성격을 잘 나타내주는 사례이다.

22) 《海東諸國紀》 日本國紀, 八道六十六州.

나. 개항장의 설치 및 포소의 제한

開港場 설치와 浦所 제한의 목적은 興利船을 통제하고 使送貿易을 규제하기 위해서이다. 국초에는 왜구 회유책의 일환으로 평화적인 통교자에 대해서는 남해안 지역의 어느 포소에서든지 자유로이 무역을 할 수 있었다. 그러나 이것이 조선측에 경제적 부담과 군사적 위협요인이 되자 태종 7년(1407) 興利倭人의 개항장을 富山浦·乃而浦의 2개 항으로 한정하였고, 이후 세종 8년(1426)에 鹽浦를 추가하여 3개 항을 개방하였다. 이것이 이른바 3포로서 각기 倭館을 설치하였으며, 서울에는 東平館을 두었다. 이후 포소는 다소 변경이 있기도 했지만 3포왜관은 일본인 도항자들의 渡泊處·接待處·貿易處로서의 구실을 하였으며 중종 5년(1510) 삼포왜란 때까지 지속되었다.

다. 서 계

書契는 일본인 통교자가 조선정부 앞으로 발송하는 일종의 외교문서이다. 그런데 己亥東征 이후 이것을 입국증명으로 간주함으로써 사송선에 대한 통제방식으로 실시하였던 것이다. 원칙적으로는 사송인 파견자가 서계를 작성해야 하겠지만 세종 2년부터 도항자의 제한과 통교체제의 일원화를 도모하려는 정부 방침에 따라 대마도인은 도주의 서계를, 구주지역의 사송인은 九州探題의 서계를 지참하도록 하였다.[23] 이 결과 대마도주나 구주탐제의 서계가 없으면 사송선으로서의 접대를 받지 못하게 되었다. 이후 모든 興利倭人들은 사송선에 동승하거나 서계의 지참을 요구받았기 때문에 대마도주와 구주탐제의 권한이 강화되었다. 조선측으로서는 이를 통해 도항자의 통제를 도모할 수 있었다. 그런데 서계를 위조하거나 개서하는 사례가 많아지자 이후에는 서계 외에 文引을 요구하게 되었다.

라. 행장·노인·문인

行狀은 도항왜인의 신분과 자격을 확인하기 위해 거주지의 호족이 발급한 것으로 일종의 신분증명서이다. 이 제도는 고려 중기 이래 여진인 통제책으로 사용되었는데 홍리왜인에 대한 통제방식의 일환으로 전용하게 된 것이다.

路引과 文引은 도항증명서로서 홍리 및 사송왜인에 대한 통제방식이다. 노

23) 《世宗實錄》 권 8, 세종 2년 7월 임신.

인은 본래 국내상인에게 징세 및 왕래 제약을 위해 발급한 것이다. 이를 일본인과 여진인 통교자에게 전용하여 입국증명으로 삼았는데, 후일 문인으로 통일되었다. 문인에는 선박의 대소, 使者와 船夫의 숫자 등이 적혀 있었고, 또 이것을 흥리선과 사송선에 모두 적용시켰기 때문에 효과적인 통제수단이 되었다. 문인제도는 세종 8년(1426) 대마도주 宗貞盛의 요청에 의해서 검토되었는데 본격적으로 실시된 것은 세종 20년 대마도주와 문인제도를 정약하면서부터였다. 조약의 주내용은 종래 제호족들에게도 허용되었던 문인발행권을 대마도주에게만 인정한다는 것이었다. 따라서 이후에는 상아부나 통신부를 가진 일본국왕사와 일부 巨酋使를 제외한 모든 통교자는 대마도주가 발급하는 문인을 가져야만 접대를 받고 교역할 수 있게 되었다.

조선근해에서 조업하는 일본어부들에 대한 통제책으로도 문인제도가 활용되었다. 세종 23년 조선정부는 대마도주와 孤草島釣魚禁約을 체결했는데, 이 조약에 의해 漁撈倭人들은 대마도주로부터 釣魚文引을 받아야만 고기잡이를 할 수 있게 되었다. 어로왜인들은 경남 통영군 知世浦(현 거제도)의 관아에 신고하고 문인을 맡긴 다음 知世浦萬戶가 발행한 고초도 往來文引을 받아 전남 남해안의 孤島와 草島 일대에서 어로를 하였다. 고기잡이를 마친 왜인들은 지세포에 현물로 어세를 내고 문인을 돌려 받은 후 돌아갔다.[24] 이 때 받은 어세는 경상감사 주관하에 입국왜인의 접대비용에 충당하기로 하였다. 그런데 왜인들이 어세를 내지 않고 도망가버리는 예가 많아 규정대로 잘 지켜지지 않았다. 하여튼 이 조약에 의해 대마도주에게는 또 하나의 이권이 주어진 셈이었고 지배권을 강화하는 데 도움이 되었다.

문인발행권의 단일화는 조선측으로서도 통교 일원화를 위한 효과적인 통제책이 되었다. 또 흥리왜인·販賣倭人·商倭 등으로 불리던 일본인 무역상인들은 서계·행장·문인 등의 규제책으로 인해 형식상 사송왜인으로 전환되었다. 그런데 사송선에 필요한 서계와 문인의 발행권을 대마도주에게 줌으로써 일원적인 통제가 가능해졌던 것이다. 한편 대마도주는 이를 이용하여 도내의 지배력을 장악하였고, 문인 발행에 따른 수수료의 수취, 교역물품에 대한 과세 등을 통해 대조선 통교무역의 독점적 권한과 이익을 향유하였다.

---

24) 《海東諸國紀》 朝聘應接紀, 釣魚禁約.

이상의 여러 규제책은 모두 입국왜인에 대한 평화적 통교자로서의 증명과 입국시의 통제·접대를 위한 것이었다. 이와 같은 다양한 제도가 사용된 이유는 일본인들의 위반이 그만큼 심했기 때문이다. 순서대로 보면 삼포왜란 전까지 서계·도서·행장·노인·문인을 순차적으로 사용하거나 혹은 혼용하였다. 그러다가 세종 22년(1440) 대마도주와의 문인제도 정약 이후 대체로 문인으로 일원화되었다.

(2) 세견선 정약과 접대규정의 정비

도항자에 대한 이상의 여러 통제책은 최종적으로는 대마도주에게 위탁하는 형식으로 되었기 때문에 운영상의 모순과 한계가 있었다. 결국 조선정부로서는 통교자의 도항횟수와 歲遣船數, 교역량을 직접 통제할 수밖에 없었다. 이것이 세견선수의 定約과 접대규정의 정비로 나타났다.

가. 계해약조의 체결과 세견선 정약

세견선의 시초는 세종 6년 구주탐제에게 봄·가을로 2회 허용한 것이었는데, 본격적으로 운용된 시기는 세종 25년 癸亥約條에 의해 대마도주의 세견선을 정하면서부터였다. 세견선의 정약이란 조선정부가 매년 도항하는 사송선의 수를 정하는 것이다. 이는 중국이 外夷에 대해 조공의 횟수와 시기, 선박수를 한정한 것과 상응하며, 고려시대에 일본 大宰府의 進奉船에 관해 정약한 것과 마찬가지이다.[25)]

계해약조는 대일통교체제 확립과정에 중요한 의미를 지니고 있으므로 그 내용을 조금 자세히 알아보자. 계해약조는 세종 25년(1443) 對馬島體察使 李藝를 파견하여 대마도주 宗貞盛과 島主歲遣船 등의 액수를 정한 것이었는데 일본에서는 嘉吉條約이라고 한다. 조약의 주요 내용은 다음과 같다.

> ① 대마도주에게는 매년 200석의 쌀과 콩을 하사한다.
> ② 대마도주는 매년 50척의 배를 보낼 수 있고, 부득이하게 보고할 일이 있을 경우 정해진 숫자 외에 特送船을 보낼 수 있다.

계해약조는 현재 위와 같이 2항목만 전해져 오고 있다. 그것만으로는 대

---

25) 中村榮孝, 〈歲遣船定約の成立〉(앞의 책, 下), 10쪽.

마도주와의 세견선·도주특송선·歲賜米豆를 약정한 것에 불과하지만 계해약조는 단순히 대마도주와의 관계만이 아니라 조선 초기 대일통교체제의 기본약조로서의 성격을 지니고 있다. 이 조약을 계기로 다른 통교자들과도 모두 세견선 정약을 하게 되었기 때문이다. 세조대에는 宗氏一族·受圖書人·受職人·일본본토 각지의 호족들의 사송선에 대한 정약이 이루어졌다. 그 결과 일본국왕사 6척, 諸巨酋使 20척, 구주탐제 30여 척, 수직인 27명에 27척, 수도서인 15명에 15척 등으로 세견선수가 정해졌다. 그런데 이 결과 사송선이 연간 400여 척에 이르게 되자 성종대 초기에 다시 정비하였다. 《해동제국기》와 《經國大典》에 규정된 것을 보면, 1년에 입국선박수가 220여 척이고, 입국왜인의 수가 5,500 내지 6,000여 명, 무역을 제외한 순수접대비용이 1만여 석에 달하였다.[26] 그런데 실제는 규정된 것보다 물론 많았다. 중종 4년(1509)의 경우를 예로 보면 한 해의 접대비용이 2만 2천 석에 달하였다고 한다.[27] 해마다 하사하는 쌀과 콩도 대마도주에게 주는 200석을 비롯하여 대마도에만 연간 350석을 지급하였다.

이로써 조선 초기 이래의 교린체제 확립과정이 일단락을 보게 되었다. 즉 세견선 정약을 축으로 사송선의 통제책이 계통적으로 운영되었고, 이에 따르는 여러 제도가 갖추어져 성종대 초기에는 일본국왕사 이하 모든 통교자가 통일적으로 체계화되어 통교체제가 확립되었던 것이다.[28] 계해약조 다음에도 삼포왜란 후 중종 7년(1512)에 체결된 壬申約條나 蛇梁津倭變 후 명종 2년(1547)에 약정된 丁未約條 등으로 내용이 바뀌기는 하지만 그것들은 모두 계해약조를 기본으로 하여 조정되었다. 이 점에서 계해약조는 조선 전기 대일통교체제의 기본적 조약이라고도 할 수 있다.

나. 접대규정 정비

세견선의 정약과 함께 승선인원수·체류기간·접대방식에 대해서도 세밀하게 규정하였다. 入國倭船의 숫자와 승선인을 제한한 이유는 그들의 횡포와 질서 문란을 규제하고, 또 접대 및 비용의 절감을 위한 것이었다. 이와 같은

26) 李鉉淙, 앞의 책, 107쪽.
27) 《中宗實錄》 권 8, 중종 4년 3월 갑인.
28) 中村榮孝, 〈歲遣船定約の成立〉(앞의 책, 下), 106쪽.

접대규정은 성종대 초기 예조판서였던 申叔舟에 의해 정비되었다.

《해동제국기》에 의하면 조선정부는 일본으로부터 오는 사송인을 ① 日本國王使 ② 巨酋使 ③ 九州探題使 및 對馬島主特送使 ④ 諸酋使의 4등급으로 나누어 접대하였다.[29] 일본국왕사는 실정막부의 장군이 보낸 사절이고, 거추사는 大內·小貳 등 서국지역의 대호족, 畠山·細川·斯波 등 막부의 3管領, 京極·山名 등 有力守護大名의 사절이 여기에 해당한다. 제추사는 일본본토와 대마도 등의 소호족, 수직인·수도서인의 사절과 흥리왜인들이 이에 포함되었다.[30] 성종대 초기 이루어진 통교체제의 개혁과 접대규정의 정비책에 의해 각 사절은 이 등급에 따라 분류되었고, 사송선의 숫자와 대소·급료·각종 접대연·日供·하사품·포소 정박기간 등 각종의 차등적인 응접규정이 29개 항목에 걸쳐 세밀하게 정비되었다.[31]

세견선수의 정약과 이에 따른 접대규정의 완비에 의해 비로소 조선 전기의 대일통교체제가 확립되었다고 할 수 있다.

(3) 조일통교체제의 구조와 성격

국초 이래 많은 과정을 거쳐 성종대 초기 확립된 대일통교체제의 구조와 특성을 정리해 보면 다음과 같다.

첫째, 조선 초기 조일교섭은 명과 관계없이 양국간에 독자적으로 전개되었지만 태종대부터는 명나라 중심의 책봉체제라는 동아시아 국제질서 속에 공통적으로 편입되면서 교린국으로서의 체계를 갖추게 되었다. 이에 따라 조선국왕과 일본 실정막부의 장군은 대등한 자격으로 수호하고 사절을 교환하였는데 이를 「敵禮關係交隣」이라고 한다.

둘째, 조선정부는 실정막부와의 일원적인 통교만이 아니라 관령·유력수호대명·서국지역의 호족·대마도주·수직인·수도서인 등 다양한 세력들과도 독자적인 통교관계를 가졌다. 이른바 「다원적인 통교체제」를 취하고 있었는데, 이들과의 통교형태는 조공무역이었다. 이를 「羈縻關係交隣」이라고 한다. 일본측 통교자들의 목적은 교역을 하는 것이었지만 조선정부는 모두 기미질서

29)《海東諸國紀》朝聘應接紀, 諸使定例.

30) 長正統, 〈中世日鮮關係における巨酋使の成立〉(《朝鮮學報》41, 1966), 55쪽.

31)《海東諸國紀》朝聘應接紀.

속에서의 외교의례와 조공무역의 형식을 취하도록 하였다.《해동제국기》朝聘應接紀에 의하면 일본국왕사 이외의 모든 통교자들은 사송선의 형식을 갖추어야했다. 그들은 圖書가 찍힌 서계와 대마도주의 文引을 지참하여야 했고, 포소에 도착한 후에는 조선국왕에 肅拜를 하도록 하였다. 서울까지 올라오는 거추사의 경우 지정된 도로를 통해 상경하여 국왕에게 숙배하고 토산품을 진상하는 조빙의례를 행한 후 회사품을 받아 가는 의식을 하도록 하였다. 조선정부는 그 대신 후한 하사품을 줌으로써 평화적인 대외관계를 유지하고자 하였다. 이는 중국의 조빙사대와 같은 방식이었다.

셋째, 조선정부는 대마도를 매개로 하여 제통교자들을 통제하려는 정책을 수립하였다. 대마도의 지리적 위치를 이용하여 통교체제의 일원화를 도모하고자 하였던 것이다. 대마도 정벌 이후 일본측의 정세를 파악한 세종은 조선측에 순응하는 대마도주의 정치적 입장을 옹호해 주면서 渡航倭人에 대한 관리자로서의 위치를 세워주었다. 세종 2년의 서계에 관한 약조 체결, 세종 20년의 문인제도 정약, 세종 23년의 孤草島釣魚禁約, 세종 25년에 체결된 계해약조 등을 통해 대마도주의 독점적 지위를 보장하여 대일 외교체제를 정비하였다. 이러한 조선정부의 의도에 따라 대마도주 宗氏는 도내의 통치권을 확립하였고 조일외교상의 중심적인 위치를 확보하였다.

넷째, 이러한 조선정부의 노력에 의해 조일통교체제는 고려말 이래의 다원적인 관계에서 중앙정부끼리의 적례관계교린과 대마도를 중심으로 하는 기타 세력과의 기미관계교린이라는 중층적 관계로 정비되어 갔다. 계해약조 이후 조선의 대일교린정책은 실정막부와의 적례교린과 대마도주와의 기미교린이라는 이원체제로 통합·운용하는 것이었다. 그러나 조선측의 의도와는 달리 일본에서는 계속 다양한 세력들이 사절을 파견해왔기 때문에 다원적인 통교형태가 유지되었다.

이상 조일통교체제의 구조를 정리해 보았는데, 그 개념과 성격에 대해 논쟁이 되고 있는 부분에 대해 조금 더 자세히 살펴보자.

우선「다원적 통교체제론」의 문제이다. 고려말 이래 조선 전기까지의 조일통교체제는 중앙정부간의 일원적인 관계만이 아니고 일본내의 다양한 세력들과도 통교하는「다원적 통교체제」였다. 국제관계의 상례에도 벗어나고,

조일양국의 역사에도 유례를 찾아볼 수 없는 이 기묘한 외교형태가 전개된 이유는 기본적으로 이를 통제할 수 없었던 실정막부의 권력구조에 기인한 것이었다. 실정막부는 서국지역 호족들의 독자적인 통교를 제한할 실력이 없었으며, 적극적으로 제어하지도 않았다. 이와 함께 여기에는 조선의 대일인식도 관련되어 있다. 세종대 초기의 대일사행원들은 공통적으로 실정막부의 취약성을 보고하였다. 이에 따라 조선정부는 왜구 통제와 통교무역에 실질적인 영향력을 가진 서국지역 호족들과 별도의 통교를 하는 체제를 용인하였던 것이다.

그러나 조선측은 통교체제의 정비과정에서 諸酋使의 일원화를 도모하였다. 즉 조선정부는 문인제도를 만들어 막부장군 이외의 사절은 모든 대마도주의 통제를 받도록 하였고, 계해약조 이후로는 막부장군과 대마도주 외에는 일체 사절을 보내지 않았다. 조선정부는 막부와 대마도주라는 두 개의 축을 중심으로 하는 이원적 내지 중층적 통교체제를 지향하였던 것이다.[32] 그러나 조선측의 의도와는 관계없이 일본에서는 이후에도 관령과 유력수호대명·지방호족 등이 별도로 사송선을 보내왔다. 실정막부의 약체화가 진전될수록 이러한 경향은 더 강해졌다. 조선측으로서는 통교일원화를 지향하였지만 기본적으로는 그것이 일본측의 권력구조에서 파생된 문제인 만큼 불가피하게 수용할 수밖에 없었다.

정리하면, 조선 전기 대일외교체제는 형태적으로는 다원적이고, 성격면에서는 적례관계교린과 기미관계교린의 중층적 체제였다. 이를 단순히 「다원적 통교체제」라고 하는 것은 형태만을 본 것으로 성격의 본질을 놓칠 우려가 있다.

다음으로 적례관계교린의 성격문제이다. 교린의 외교의례적 개념은 「敵國抗禮」이다. 교린국이란 서로 필적하는 나라로서 대등한 외교의례를 나누는 국가라는 뜻이다. 여기에는 책봉체제 안에서 중국에 대해 같은 제후국이라는 전제가 깔려 있다. 이에 따라 조선은 실정막부의 장군을 일본국왕으로 인정하여 조선국왕과 대등한 입장에서 사절을 교환하였다. 그러나 실제 운영면에서 보면 책봉체제라는 틀에 완전히 구속당하지는 않았다. 이러한 측면은 일

32) 이 점에서 볼 때 조선의 대일외교체제와 자세는 조선 전기와 후기에 변화가 없었다. 일본에서는 이 시기 室町幕府에서 德川幕府로 정권이 바뀌었고, 시대도 중세와 근세로 구분될 정도로서 외교체제에도 큰 변동이 있었다. 그러나 조선측의 입장에서는 일관되어 있었던 것이다. 1635년경 확립되는 조선 후기의 조일외교체제도 실은 조선 전기부터 조선정부가 지향하고 있었던 형태였다.

본도 마찬가지이다. 조선 초기 교린의 대상으로는 일본·琉球·여진·南蠻이 있었다. 이 중에서 책봉체제에 편입되어 敵禮의 대상이 된 것은 일본의 실정막부 장군과 유구국왕이었다. 그런데 적례관계를 바로 대등관계로 이해하는 것은 사실과 다르며 타당하지 않다.[33] 실제 조선 전기 실정막부에 대한 인식과 행례의식을 보면 대등관계라고 볼 수 없는 측면이 많다.

조선정부는 일본·유구뿐만 아니라 여진·남만도 교린의 대상으로서 모두 광의의 기미정책으로 다루었다. 우선 인식면에서 보면 막부장군에 대해 적례를 행해야 하는 상대자로서 대등하다는 인식이 있었지만 華夷觀에 입각하여 야만시하는 경향도 강하였다.[34] 일본국왕사에 대한 조선측의 접대의식도 결코 대등한 것이 아니었다. 조선정부는 일본국왕사를 항상 조정의 朝賀儀式에 참가시켰으며, 세종대까지는 조회시 受職人인 여진인 추장의 사절과 같이 3品班次에 배열하였다.[35] 또 일본국왕사와 거추사가 같이 조회에 참여하는가 하면 연회에도 동석하였다. 일본국왕사를 조하나 조회에 참석시키는 것은「적례」가 아니고「군신의 예」이다.[36] 조선측이 이러한「비적례적」 대우를 한 이유는 실정막부 장군이 일본을 완전히 통괄하지 못하는 '여러 통교자 중의 하나'로서 인식된 결과이다. 그 밖에 실정막부의 왜구금지 능력의 부족, 무례한 외교자세, 일본국왕사가 사행시 이익을 구하는 태도, 경제적 지원을 청할 때의 저자세 등도 멸시관을 초래한 요소이다. 이런 점에서 조선의 대일교린체제는 책봉체제 안에서의 교린국가로서 적례관계를 유지하기는 하였지만 완전한 대등외교라고 보기 어려운 점이 있다.

조선 초기 대일정책을 분석해 보면 漢代의 대외정책이 모범이 되었다고 생각된다. 한대에 개발된 외교정책론은 화친론·기미론·정벌론으로 나눌 수 있다. 그 가운데 기미론은 특히 後漢의 주된 외교정책으로 채택되었다.「기미」란 '말의 굴레와 소의 고삐'를 가리키는 것으로 견제 조정한다는 의미이다. 기

---

33) 孫承喆, 〈朝鮮의 事大交隣政策과 敵禮關係〉(《新實學의 탐구》, 열린 책들, 1993).
閔德基, 〈朝鮮朝前期の日本國王觀－'敵禮'的 觀點より〉(《朝鮮學報》 132, 1987).

34) 室町幕府 將軍을 '倭奴'·'倭王'이라고 칭한 예도 있었다(《太宗實錄》 권 14, 태종 7년 정월 갑술 및《世宗實錄》 권 52, 세종 13년 5월 경인).

35)《世宗實錄》 권 54, 세종 13년 11월 경오.

36) 閔德基, 앞의 글, 121쪽.

미론의 핵심은 '견제하면서 단절하지 않을 따름이다'에 함축되어 있다. 여기서 '단절하지 않을'이란 국교를 유지하면서 사절을 교환한다는 뜻이고, '따름이다'라는 것은 정복이나 지배와 같은 더 이상의 적극적인 조치를 취하지 않는다는 의미이다.[37] 그런데 조선 초기나 임진왜란 후 국교재개기 조정에서의 논의를 보면, 한대의 대흉노정책을 주로 인용하며 기미론을 주장하거나 정당화하고 있다.[38] 조선정부는 막부장군을 일본국왕으로 인정하여 대등한 의례를 거행하였지만 한대의 外夷기미책을 적용하는 넓은 의미에서 기미교린의 대상으로 인식하였던 것이다.[39] 15세기 후반기에 편찬된 《해동제국기》와 《西北諸蕃記》에서 보이는 국제인식에는 「조선중심의 국제질서」라는 구상 속에서 일본·유구·여진이 기미교린의 대상으로 자리매김되어 있다.[40] 그런데 이 차원에서의 기미론은 이념적으로는 華夷分別論에 바탕을 두고 있지만 현실적으로는 상호 독립과 적례를 바탕으로 성립하는 평화적인 관계를 지향하고 있다.

정리하면, 조선국왕은 실정막부 장군과 명 중심의 책봉체제 속에 같이 편입되어 적례의 외교의례를 행하였다. 그러나 인식상으로 보면 조선 중심의 국제질서 속에서 광의의 기미교린의 대상으로 파악하였으며, 외교의례상으로도 완전히 대등하게 접대하지는 않았다.

4) 대일관계의 변천

(1) 삼포왜란과 임신약조

중종 5년(1510)에 일어난 삼포왜란의 직접적인 요인은 성종대 이래의 엄격한 교역통제책과 연산군대 운영상의 모순에 대한 일본인 특히 대마도인들의 불만이었다. 즉 연산군의 실정에 의해 조선정부의 재정상태가 악화되자 통교

37) 金翰奎, 〈漢代의 天下思想과 羈縻之義〉(《中國의 天下思想》, 民音社, 1988), 86~99쪽.

38) 조선 후기 덕천막부와 국교를 재개하여 통신사행을 파견한 것도 기미책의 일환이라고 보았다(《增正交隣志》 권 5, 通信使行).

39) 조선정부의 대일정책이 宋의 對遼·對金政策과 유사하다는 지적도 있다(閔德基, 앞의 글, 137쪽).

40) 河宇鳳, 〈朝鮮初期 對日使行員의 日本認識〉(《國史館論叢》 14, 國史編纂委員會, 1990), 99쪽.

왜인에 대한 접대가 부실해졌고, 이와 함께 변방을 지키는 관리들의 횡포와 접대 위반 사례가 빈발하자 왜인들의 불만이 높아졌던 것이다. 이에 따라 연산군대에 이미 왜선의 해적행위와 3浦 恒居倭人에 의한 방화사건이 일어나고 있었다.[41] 중종 원년 정부는 통교와 접대를 계해약조대로 환원하도록 하였다. 그러나 재정상태 악화와 접대비용 과다로 인해 4년 후에는 다시 긴축정책을 시행하게 되었다. 조선측의 엄격한 통제에 따라 통교왜인들의 저항도 거세게 일어나 성종 5년(1474)에서 중종 4년(1509) 사이에 왜구에 의한 약탈사건이 12회나 발생하였다.[42] 조정에서는 왜인들의 법규위반과 침략행위를 규제하자는 논의도 있었으나 미봉책으로 대응하였다. 이와 같이 삼포왜란의 보다 근본적인 원인은 조선정부의 대일정책이 일관성과 엄격성을 결여했기 때문이다. 조선 초기 왜구 금지를 위해 통교자들에게 하사품을 후하게 주다가 긴축과 통제정책을 실시한 것이 일본측 통교자들의 불만을 샀다. 그러나 일단 약조를 맺었으면 규정대로 엄격하게 실시해야 했는데, 왜구 재발에 대한 의구심과 上國으로서의 대의명분과 관용 등이 혼합되어 기해동정을 제외하고는 문제가 생겼을 때마다 미봉책과 회유책으로 일관하였다. 이것이 통교왜인들의 버릇을 나쁘게 만들었고 결과적으로 삼포왜란을 부르게 되었던 것이다.

부수적인 요인으로는 3포 항거왜인들의 기동성과 무력을 겸비한 조직을 들 수 있다. 3포에 거주하는 왜인들의 실태를 보면, 태종 7년(1407) 포소를 개항하여 항거왜인의 거주를 허락한 이래 세종대 초기에는 3포 항거왜인을 모두 60호로 한정하였다. 그러나 항거왜인의 숫자는 이후에도 급속도로 증가하여 세조·성종대에는 400호를 넘었다. 조선정부는 주기적으로 송환을 하였으나 줄지 않고 계속 불어나자 결국「倭里」라는 거주지역을 설정하여 살도록 허락해 주었다. 그 중에서도 3포의 항거왜인은 각 포소마다 추장이 있고 그 위에 受職人인「三浦總治者」가 총책임자로 통제하는 행정적인 조직망을 유지하고 있었다. 이들은 조선정부로부터는 면세의 혜택을 받는 대신 이 조직을 통해 세금을 징수해 대마도로 보내는 등 대마도주와 밀접한 관계를 유지하고 있었다. 이들이 결국 삼포왜란을 일으켰는데, 거기에는 대마도의 조종과 3

41) 《燕山君日記》 권 36, 연산군 6년 정월 기묘.

42) 《續武定寶鑑》 권 4, 중종 5년 4월 기미.

포 항거왜인들의 조직력과 기동성이 발휘되었다.

중종 5년 4월 4일 薺浦 恒居倭酋와 대마도의 代官 宗盛親이 중심이 되어 대마도주의 전면적인 지원하에 군사 4, 5천 명이 거제도의 수군근거지를 공격하였다. 이들은 熊川城을 포위하여 분탕질을 함과 동시에 부산포와 염포에서도 항거왜인들이 합세하여 난을 일으켰다. 조선정부에서는 곧 5천여 명의 진압군을 보내어 대응하였다. 이에 왜인들은 부산첨사 李友曾을 살해한 뒤 각 포의 선박을 모두 불태우고 철수하는 한편 대마도주는 요구조건을 내걸고 和好를 요청하였다. 삼포왜란은 15일만에 진압되었지만 전투 결과 조선측 피살자 272명, 민가 800여 호가 불탔으며, 왜인측은 선박 5척과 300여 명이 참살되었다.

삼포왜란이 발생하자 조선정부는 즉시 대마도와의 통교를 중단시켰다. 난이 진압된 지 1년 후 막부측에서 국왕사 弸中을 파견하여 강화안을 제시하며 대마도와의 통교재개를 요청하였다. 조정에서는 대일통교 단절이라는 강경론도 나왔으나 결국 조건부로 화의 제의에 응하였다. 한편 붕중을 매개로 한 강화교섭 중 대마도주가 주모자의 斬首來獻, 피로인 송환 등 조선측의 요구조건을 이행하자 조선정부는 왜란 2년 후인 중종 7년(1512)에 壬申約條을 체결하여 교역의 재개를 허락하였다.

임신약조의 내용은 ① 3포에서의 왜인 거주 불허 ② 대마도주 세견선을 50척에서 25척으로 반감 ③ 도주 歲賜米豆를 200석에서 100석으로 반감 ④ 島主 特送船制의 폐지 ⑤ 도주일족과 수직·수도서인의 세견선·세사미두 폐지 ⑥ 도주파견 이외의 사송선은 敵倭로 간주 처단 ⑦ 일본 본토의 일본인 중 수직·수도서인 정리 ⑧ 포소와 海路의 제한 ⑨ 국왕사를 제외한 상경왜인의 무기휴대 금지 등 9개 조로 되어 있다.

왜란 전에 비해 대폭적인 제한을 가한 것으로 경제적인 요소와 질서유지라는 측면에서 조선측의 강경한 입장이 반영되었음을 알 수 있다. 이 조약의 실시에 의해 조선측의 접대비용이 경감되고 왜인들의 무역 이익이 감소되었지만 문제가 근본적으로 해결된 것은 아니었다. 삼포왜란은 계해약조 이후 지속되었던 조선 초기 이래의 대일통교체제의 모순이 폭발한 것이다. 조선정부는 일본 및 대마도와의 역사적·지리적 관계에 대한 고려와 북방야인들의 움직임에 대한 우려 때문에 통교단절은 하지 않았지만 삼포왜란은 조선 초기의 대일통교질서가 허물어지는 계기가 되었다.

(2) 사량진왜변과 정미약조

임신약조 이후 세견선 파견수를 보면 삼포왜란 이전의 210척에서 60척으로 줄어들었다. 그만큼 통제가 엄격해지고 교역규모가 축소되었음을 알 수 있다. 대마도주는 세견선을 늘려줄 것을 계속 요청하였으나 조선정부는 5척을 증가시켜 30척으로 해주었을 뿐 나머지 요구는 임신약조에 의거 허락하지 않았다. 이러한 상황에서 중종 39년(1544) 왜선단 20여 척에 200여 명의 대마도인이 蛇梁津(현 경남 통영군 사량면)을 침략 약탈해 간 사건이 일어났다.[43] 이것을 蛇梁津倭變이라고 하는데 삼포왜란과는 달리 조직적인 성격이 적은 왜구의 일종이었다. 왜변이 일어난 후 조선정부는 실정막부와 大內·小貳殿을 제외하고 대마도에 대해서는 일체의 통교를 단절하였다. 그러나 막부와 소이전의 거듭된 통교재개 요청과 대마도주의 간청에 의해 3년 후인 명종 2년(1547) 丁未約條를 체결하고 교역 재개를 허락하였다.

정미약조의 내용은 ① 세견선의 크기와 船夫數 규제 ② 대마도주의 세견선을 25척으로 줄이고 船上什物 지급제 일체 폐지 ③ 加德島 서쪽으로 접근하는 자는 적왜로 간주 처단 ④ 50년이 경과된 수도서·수직인 접대 폐지 ⑤ 潛商을 금지하고 지정범위 이외에서 행동하는 자는 영구히 접대치 않음 ⑥ 모든 약조는 鎭將의 명령에 복종할 것 등의 6개 조로 되어 있다. 임신약조의 내용보다 더 가혹하게 대마도주의 무역량을 제한하고 수직인·수도서인을 정리하였으며, 위반할 경우 벌칙까지 명시하였다. 정미약조의 체결로 가까스로 교역은 재개되었으나 이전과 같은 평화로운 통교관계는 더 어려워졌다.

이 시기 일본은 戰國時代(1467~1568)의 혼란하에 왜구가 다시 성행하고 있었다. 후기왜구로도 불리는 이들은 주로 명의 연안을 노략질하였지만 조선에도 출몰하였다. 사량진왜변 이후 명종 말년까지 대소 30여 회의 왜구침략이 있었는데, 그 중 가장 규모가 컸던 것이 명종 10년의 乙卯倭變이다. 이 왜변은 왜선 70여 척이 동원되어 達梁浦(현 전남 해남군 북평면)에 들어와 전라병

43) 《中宗實錄》 권 102, 중종 39년 4월 기유.

사와 장흥부사를 살해하고 영암까지 침입한 사건이었다.[44] 을묘왜변 이후 조선에서는 備邊司를 설치하여 대일경계를 강화하였다. 사송왜인들의 접대비 지급에 있어서도 비용을 감축하였고, 왜구에 대비하면서 생포된 왜인들도 기술자를 제외하고는 처단하는 강경조치를 취하였다.[45] 그리하여 명종대 말기부터 임진왜란이 일어나기 전까지는 교역과 왜구가 동시에 진행되는 비정상적인 상황이 되었다.

16세기에 들어서 동아시아의 통상권은 기존의 체제와 관계없이 해상에서의 활발한 무역활동에 의해 크게 변모해 가고 있었다. 그런데 조일간의 교린체제는 이에 적응하지 못하였다. 이에 따라 일본인들의 저항과 조선정부의 더욱 엄격한 통제라는 악순환을 반복하고 있었다. 비록 대마도가 대조선무역권을 유지하기 위해 충실한 체제수호자의 역할을 하여 그 자체가 무너지지는 않았지만 조일통교체제는 쇠퇴해 가고 있었다. 을묘왜변 이후에도 일본국왕사가 파견되어 오기는 하였지만 대마도주에 의한 僞使가 대부분이었다. 실정막부는 16세기 전반기 대명무역을 大內殿에게 넘겨주었고, 1549년 이후에는 후기왜구를 둘러싼 문제로 명과도 사실상 국교를 단절하였다.[46] 이 때는 실정막부가 이미 대외교섭능력과 의지를 상실한 상태였다. 이와 같이 16세기 중반 이후에는 통교관계의 명맥만 유지될 뿐 밀무역과 왜구가 성행하였고, 중앙정부간의 통상적인 외교관계는 단절되어 가는 상황에 있었다고 해도 과언이 아니다.

5) 경제적 교류

(1) 무역왜인의 종류

일본측의 교역상대자는 단순교역을 목적으로 하는 흥리왜인과 외교사절의 명목으로 오는 사송왜인으로 구분된다. 그런데 조선정부의 통제책에 의해 모든 통교자는 사송의 형식을 갖추게 되었다. 사송왜인의 종류는 다양하지만 그들의 주된 목적은 경제적 교역이었다. 따라서 일본측 통교자는 형태면에서

44)《明宗實錄》권 19, 명종 10년 5월 기유.
45)《明宗實錄》권 25, 명종 16년 6월 갑자 및 권 29, 명종 18년 8월 갑인.
46) 田中健夫, 앞의 책(1987), 30쪽.

는 사절이고 실제목적과 행위는 교역이라는 점에서「使送貿易人」이라 할 수 있다. 조선측으로부터 접대가 허용된 통교자는 일본국왕사·거추사·구주탐제사·대마도주사·수도서인·수직인과 기타 문인소지자로 한정되었다. 이전까지 자유롭게 도래하던 흥리왜인은 대마도주의 문인이 있어야 도항할 수 있게 되었다.

일본측 통교자의 교역 양상을 유형별로 나누어 살펴보면 다음과 같다.

첫째 유형은 일본국왕사와 거추사로서 이들은 경제적 교역 이외에 문화교류를 목적으로 하는 경우가 많았고, 동남아시아의 물산과 일본국내의 물품을 싣고 와서 조선의 佛典·麻布 등과 바꾸어 갔다.

둘째 유형은 제추사로서 각지의 소호족·대마도주 일족·수직인·수도서인들이다. 이들은 대개 왜구의 잔류집단에서 상인적 성격으로 변모해 갔던 세력들로서 쌀·콩·목면 등 생활필수품을 얻어 가는 것을 목적으로 하였다.

셋째 유형은 구주지방의 博多를 중심으로 하는 상인층이다. 이들은 태종말기 내지 세종대 초기에 성행한 세력으로서 단순히 생활필수품을 구해 가는 정도가 아니라 국제적인 교역을 목적으로 하고 있었다. 당시 박다상인 宗金과 그의 아들 宗茂 등은 대조선무역으로 대단한 부를 축적한「국제상인」이었다. 이 점에서 대마도의 대조선무역과는 성격이 다르며 통교시의 상품은 동남아시아에서 가져온 남방물산이 대부분이었다. 어떤 의미에서 보면 고려중기 이래의 進奉船貿易體制가 이들에 의해 계승되고 본격적인 궤도에 올라섰다고도 할 수 있다.

(2) 교역의 형태

교역의 유형은 크게 使行貿易·公貿易·私貿易·密貿易 등으로 구분할 수 있다.

사행무역은 외교사절 내지 사송왜인들의 경우에 해당되는 형태로서 진상과 회사라는 사행의례에 수반한 贈與貿易의 한 형태이다. 사송왜인들은 입항시 외교사절의 자격으로 경상도관찰사가 보내는 差使員의 접대를 받았으며, 상경이 허락되면 한양의 東平館에 도착한 후 조선국왕을 배알하고 진상과 회사의 절차에 의해 물품을 교환하였다. 이 경우 회사품은 '待遠人之道 厚饋'

라는 대의명분에 입각하여 후하게 주었기 때문에 이익이 매우 컸다.

공무역은 진상품 이외에 가지고 온 물건이나 과다한 진상물에 대해 해당 관청에서 구입해 주는 형식이다. 공무역은 세종대 초기 조선에서 생산되지 않는 銅·錫·蘇木·胡椒 등 국가긴급의 수요물에 한하여 허락되었다. 처음에는 사행무역에 부수되는 정도였으나 점차 수량이 많아져 이후로는 중심적인 교역형태가 되었다. 이 밖에 일본인 통교자가 가지고 온 물건이 처분되지 않고 너무 오래 체류하여 체재비용의 부담이 늘 경우, 해당지역 관청의 물화로써 우선 구매해 준 다음 富商이나 원하는 사람에게 팔아서 충당하는 방식도 있었다. 이를 官貿易이라 부르기도 했는데 공무역의 일환이다. 그런데 공무역의 경우 교환비율이 정해져 있기 때문에 일본측 교역자들이 그다지 폭리를 거둘 수는 없었다.

교역의 차이를 노리는 일본인들이 너무 많은 물건을 가지고 와서 공무역만으로는 감당하기 어려워지자 조선정부는 사무역을 허락하였다. 이에 따라 일본인들은 진상과는 별도의 물품을 가져와 개인차원에서 교역을 하였다. 사무역은 조선관리의 감독하에 포소와 서울의 동평관, 경상도 花園縣에 있는 倭物庫 등의 장소에서 조선상인과 개별적으로 거래하는 방식이다. 이것은 민간을 상대로 다양한 물건을 거래하는 순수한 형태의 무역이었고 시세에 따라 가격이 정해졌기 때문에 자연히 이익도 많았다. 이윤이 크자 내항자와 물품이 급증하였고, 교역장소가 분산되어 감독이 소홀해지면 禁制品에 대한 밀무역이 수반되는 등 폐단이 일어났다. 이에 세조 3년(1457)에는 사무역을 금지하고 공무역만을 허가하였다. 그러나 관청의 구매능력에 한계가 있었고 구매한 물품이 모두 관에서 소용되는 것이 아니었기 때문에 성종 16년(1485)에 사무역을 부활시켰다. 그러다가 사무역에 의한 폐해가 여전히 발생하자, 성종 25년 사무역을 다시 폐지하고 공무역으로 환원시키고 말았다.47)

밀무역은 潛商이라고도 하는데 양국간의 교역에 있어서 끊임없이 문제가 되었다. 밀무역품은 주로 금·은 등 禁制品이었는데, 사무역을 할 때나 혹은 포소 이외의 장소에서 몰래 행하는 형태로 이루어졌다. 공·사무역에 비교하면 이윤이 월등하였기 때문에 당국의 엄한 단속에도 불구하고 계속되었으며,

---

47) 金柄夏,《李朝前期 對日貿易 硏究》(韓國硏究院, 1969), 26~28쪽.

심지어는 중앙의 관리나 通事를 끼고 행해지는 경우도 있었다.

(3) 교역물품과 대일무역의 성격

일본산 물품으로서는 금·은·동·유황·납 등의 광산물, 칼(太刀·環刀)·부채·병풍 등의 공예품이 주종을 이루었다. 이외에 동남아시아 제국이나 南蠻産 등「남방물산」이 크게 환영을 받았는데, 蘇木(丹木)·朱紅 등 염료, 胡椒·甘草·樟腦·龍腦·藿香 등 약재, 沈香·白檀 등 향료, 물소뿔·무기·상아·공작·앵무새 등 군기품 내지 장식품 등이었다 이 가운데서도 특히 구리·유황·소목·호초 등이 중요 물품으로서 큰 비중을 차지하였다.

구리는 놋그릇·무기·화폐·활자 등의 제조에 소요되었던 만큼 수입품의 근간을 이루었고, 유황도 약재와 화약재로서 필요하였다. 소목은 심홍색의 고급염료로서 종묘의 채색과 관복의 염색에 필요하였으며, 호초도 약재 내지 조미료로서 귀족들의 수요가 높았다.

수입품 중에는 광산물과 소목·약재 등 국가적으로 꼭 필요한 제품도 있었지만 나머지는 향료 등 사치품이나 기호품이 많았다. 남방물산을 중심으로 한 이러한 물품들이 귀족들에게는 환영을 받았지만 국민생활에 필수 불가결한 것은 아니었다. 그래서《조선왕조실록》을 보면 진상품목 중 사치품 등은 가져오지 말라고 권유한 기사가 가끔 나타나며, 교역축소 논의가 자주 일어나고 있었다.

수출품으로서는 正布(麻布)·苧布(白苧布·黑苧布)·綿布·綿紬(靑木綿·紅紬·內紅紬)·의복 등 섬유제품, 花紋席·호랑이가죽·표범가죽 등 장식품, 인삼·꿀·오미자 등 약재, 대장경·서적·문방구 등 문화제품 등이 있었다. 수출품이라기보다는 回賜의 형식으로 지급되었던 것이 대부분이었다. 조선에서 수출된 품목을 보면 약재와 문화제품 등 귀족취향의 물건도 있었지만 전체적으로 일본인들의 의식생활에 꼭 필요한 생활필수품이 대부분이었다.

그 가운데서도 가장 중심적인 것은 마포·명주·목면을 중심으로 하는 섬유제품과 쌀·콩 등 곡물이었다. 각종 섬유제품 중에서도 특히 목면은 당시 일본에서 생산되지 않는 일본인들의 생활필수품이었다. 그리하여 계해약조 이후에는 목면이 조선측의 주된 대일수출품이 되었고, 일본인들의 요구에 따라 公木이란 이름으로 화폐적인 기능도 하였다. 15세기 중반 이후에는 매년 수만 필에서 수십만 필의 목면이 일본으로 수출되었는데, 성종 17년(1486)에는 한 해 유출된 목면량이 50만 필에 이르렀다고 한다. 이와 같이 일본으로 수출된 조선목면은 일본인의 의생활에 혁명을 일으켰다고 평가되어질 정도로 중시되었다.[48] 한편 식량이 부족한 지역에 대해서는 쌀과 콩도 지급되었다. 왜구침입의 주된 요인 중의 하나가 식량조달이었던 만큼 교역왜인들의 米豆지급 요청에 조선정부는 응해주었다. 그러나 재정부담이 늘어나고 쌀이 부족해지자 세종대 중기 이후에는 대마도·일기도에만 歲賜米豆의 형식으로 하사되었다.

조일무역의 일본측 담당자는 동남아 교통로를 장악하고 일본 국내시장과의 연계가 유리한 博多상인들이 중심이 되었다. 동남아－琉球－薩摩－博多－대마도－조선의 루트가 남방무역의 주요 통로였다.[49] 박다상인들이 일본·명·조선·유구를 연결하는 국제적 무역상이라면 대마도는 기생적인 성격이었다. 그러나 조선의 대마도 중시책으로 점차 대마도 상인들이 대조선교역의 중심이 되었다. 그리하여 16세기 후반에 이르면 圖書의 대부분을 대마도인이 가지게 되었고, 대조선 무역선 총수의 4분의 1 이상을 대마도주 종씨일족이 차지하게 되었다.[50]

조선 전기의 대일교역은 쌍무적인 무역이라기보다는 대체로 일본인들의 일방적인 요청에 의해 전개되었다. 일본측 통교자들은 사행의 명목에 관계없이 모두 교역에 적극적이었다. 이에 반해서 조선측은 순수한 사절이나 禁寇政策의 목적하에 정치적으로 필요하다고 인정되는 경우에만 부수적으로 교역을 하였다. 대일통교의 기본목적이 경제적 이익의 추구가 아니라 왜구금지와 정치적 복속에 있었기 때문이었다. 따라서 교역면에서 보면 조선은 수동적·소극적이었고 일본측은 능동적·적극적이었다.

조일무역에서 경제적 상호보완성이 전혀 없었던 것은 물론 아니다. 교역에 대한 양국의 관심과 비중에는 차이가 있었지만 경제적 교류는 양국간의 통교관계에 있어 결코 소홀히 할 수 없는 요소이다. 특히 광산물과 염료

---

48) 田中健夫, 〈中世東アジアにおける國際認識の形成〉(앞의 책, 1982), 187쪽.
49) 田中健夫, 《倭寇と勘合貿易》(至文堂, 1961), 173쪽.
50) 田中健夫, 〈中世日鮮交通における貿易權の推移〉(앞의 책, 1959), 196쪽.

등에 대한 조선측의 수요가 있었고 남방물산이 귀족층들에게 환영받았던 사실은 《조선왕조실록》의 기사를 보아도 알 수 있다. 사실 전혀 경제논리에 바탕을 두지 않은 일방적인 교역 내지 교류란 있을 수 없다. 그러나 전체적인 성격을 보면 부등가무역이었고 증여무역적인 측면이 강하였다.

6) 사절의 왕래와 문물교류

(1) 사절의 왕래

가. 조선측의 사절

조선 전기 일본에 파견한 사행의 횟수는 막부장군과 여러 호족, 대마도주 등에 대한 사절을 모두 포함하여 총 65회에 달한다. 이를 파견대상별로 구분해 보면 室町幕府 將軍 20회 · 九州探題 2회 · 大內殿 2회 · 對馬島主 32회 · 壹岐島主 4회 · 미상 5회이다. 이 가운데는 중복되는 경우도 있지만 중앙정부의 대표인 막부장군보다 대마도주를 비롯한 지방호족들에게 파견한 사절이 훨씬 더 많다는 사실이 주목된다. 이는 조선 전기의 대일외교가 막부장군과 일원적으로 전개된 것이 아니라 지방호족 등과도 통교하는 다원적인 체제로 진행되었기 때문이었다.

임진왜란 이전의 사절 파견양태를 《조선왕조실록》에 의하여 왕대별로 살펴보면 다음과 같다.

왕 대	태조	정종	태종	세종	문종	단종	세조	예종	성종	연산군	중종	인종	명종	선조	합계
재위연수	7	2	18	32	2	3	14	1	25	12	39	1	22	25	201
사절횟수	7	2	24	15	–	2	4	–	6	1	2	–	1	1	65

* 세조대와 중종대는 즉위년이 곧 원년으로 재위연수가 1년씩 많음.

65회 가운데 국초부터 세종대까지 48회의 사절이 파견되어 조선 초기에 집중되어 있음을 볼 수 있다. 특히 태종대가 재위연수 18년에 24회의 사행이, 세종대가 32년간에 15회의 사절 파견이 이루어져 이 시기 왜구를 금지시키고 통교체제를 정비하려는 조선의 적극적인 외교자세를 엿볼 수 있다. 그런데 왜구가 진압되고 통교체제가 확립된 후로는 조선은 사절 파견에 아주 소극적이었다. 조선정부는 계해약조가 체결된 세종 25년(1443) 이후로 막부장군과 대마도주 외에는 일체 사절을 파견하지 않았다.

이에 비해 일본은 시종 활발하게 사절을 보냈다. 접근동기가 달랐기 때문이다. 특히 16세기 이후로 조일간 통교가 상업적 성격으로 바뀌면서 조선은 통제적이었던 반면 일본은 더욱 적극적이었다. 조선에서 일본에 파견한 65회라는 사절의 횟수는 조선에 온 일본인 사행의 숫자와는 비교도 되지 않을 만큼 적다. 또 일본측 통교자들은 사행과 교역이라는 이중적인 역할을 하였으나 조선측 사절의 경우 외교적인 임무만을 수행하였다. 국왕사의 경우 使命이 전부 정치적인 것이었고 대의명분에 충실하고자 했던 만큼 사행시의 식량과 경비를 모두 가지고 갔다. 또 조선은 일찍부터 사행시 사적인 교역을 엄금하였으며 세종 21년에는 〈私貿易禁止事目〉이 입법화되었다. 이 점은 사명을 가리지 않고 교역을 하면서 사행경비도 조선측에 부담을 지웠던 일본사절과는 대조적이다. 또 조선의 경우 모든 사행이 정부에서 파견한 국가사절의 성격을 지니고 있을 뿐 개인자격으로 파견된 사절은 전혀 없다. 이 점에서도 국왕사 외에 거추사·제추사 등 다양한 통교자로 구성된 일본측과 대비된다.

사절의 파견목적은 왜구금지 교섭과 수호관계 수립 권유, 왜구금압과 피로인 송환에 대한 치사, 일본국왕사에 대한 報聘, 막부장군과 대마도주의 襲職 축하와 弔慰, 각종 조약의 체결과 규정엄수 요구, 규약위반에 대한 책망과 범죄단속 요구, 일본국정과 왜구정황에 대한 탐색 등 다양하였다.

대일사행의 종류도 다양하였다. 국왕사의 경우만 보더라도 명칭이 通信使·通信官·回禮使·回禮官·報聘使 등으로 조선 후기의 통신사만큼 정례화되지는 않았음을 알 수 있다. 사행의 형식은 국왕의 명의로 실정막부 장군에게 보내는 사절과 구주탐제와 대호족, 대마도주 등에게 파송하는 예조명의의 사절로 나뉘어진다. 횟수로는 대마도주에게 보내는 사절이 32회로 압도적인 다수를 차지하였다. 특히 대마도와 일기도에 보낸 사절의 명칭을 보면 敬差官·垂問使·體察使·招撫官 등 국내의 지방에 파견하는 官名과 같아 이들 지역을 속국시 내지 附傭國視하였음을 알 수 있다.

사행의 구성은 국왕사의 경우, 성종 10년(1479) 통신사를 파견하고자 했을 때 만든 〈日本國通信使事目〉을 보면 正使·副使·書狀官 각 1인, 通事 3인,

押物 2인, 醫員 1인, 領船 2인, 伴倘 5인, 樂工 3인, 指路倭 2~3인, 船匠 2인, 冶匠 2인, 火筒匠 2인, 吹螺匠 2,인, 軍官 약간 명, 螺匠 4인, 執饍官奴 2인, 船上慣熟 55인 등 90 내지 100명 정도의 인원으로 구성되었음을 알 수 있다.[51] 국왕사의 대표적인 정사는 정3품에서 종4품 품계 사이의 전직자 가운데서 선발되었다.

사행로정을 보면 국왕사의 경우, 이상의 인원이 大船 두 척에 나누어 타고 부산포를 출발하여 대마도－일기도－博多－赤間關－尾路關－兵庫－大阪을 거쳐 京都에 도착, 실정막부의 장군에게 국서를 전달하였다. 수로와 육로를 교대로 가는 험한 노정으로 왕복기간은 대개 9개월 내지 10개월이 소요되었다.

그런데 사절파견 양상과 관련하여 주목되는 현상이 있다. 통신사의 경우 성종대까지 파견을 시도한 경우는 있었지만 실질적으로 일본의 막부장군을 접견하여 국서를 전달하는 직능을 완수한 사행은 세종 25년 卞孝文 일행이 마지막이었다. 임란 직전 豊臣秀吉[도요토미 히데요시]의 강청에 의하여 파견된 통신사 黃允吉 일행을 성격상 예외로 친다면 조선 전기에 있어 실정막부에 파견된 사절은 세종대까지만 있었던 셈이다. 통신사 파견이 마지막으로 시도되었던 것은 성종 10년이었다. 그러나 이 사행은 대마도 체재 중 내란이 일어나 시간을 보내다가 정사 李亨元이 중병에 걸려 사명을 달성하지 못하고 귀국하고 말았다.[52] 이와 같이 15세기 후반 통신사 파견이 중단된 이유는 ① 통신사행의 안전이 보장되지 않는 점 ② 실정막부가 약체화하여 막부장군이 「일본국왕」으로서의 외교적 기능을 하지 못하고 있는 점 ③ 통교체제 확립에 의해 통제책이 나름대로 잘 기능하고 南邊의 안전이라는 외교목적이 달성되고 있었던 점 등을 들 수 있다. 이와는 대조적으로 실정막부는 조선에 사절을 파견하는 데 열심이었다. 8대 장군 足利義政[아시까가 요시마사]대(1449~1473)에는 17회의 일본국왕사 파견이 있었다. 그 이유는 조선정부와의 교섭이 막부의 권위유지에 도움이 되었고, 동시에 막부의 재정난을 해결하기 위한 수단이 되었기 때문이다.

---

51) 《成宗實錄》 권 100, 성종 10년 정월 정축.
52) 조선 전기 실정막부 장군 앞으로 파견한 사행은 20회였지만 京都까지 가서 使命을 완수한 것은 11회에 불과하다.

나. 일본측의 사절

조선 전기 일본으로부터 조선에 파견된 사절은 형식적으로 보면 도항왜인 전부가 포함된다고 할 수 있다. 비록 교역만을 목적으로 온 경우에도 반드시 외교적 절차를 요구받았기 때문이다. 이 경우 入國倭使의 숫자는 헤아릴 수 없이 많다.《조선왕조실록》에 나와 있는 기사만으로도 약 2,360여 회를 헤아린다.[53] 실정막부 장군이 조선국왕 앞으로 보낸 일본국왕사만도 60여 회에 달한다. 국초부터 구주지역의 호족을 비롯한 사절이 경쟁적으로 내도하였고, 諸酋使의 통교가 대마도주의 文引 통제로 일원화된 이후에도 사송왜인들이 계속 도항하여 절대수는 줄어들지 않았다. 경제적 실익이 그만큼 컸기 때문이다. 1460년대「應仁의 亂」이후 실정막부의 통제력이 더 약화되자 막부의 管領들도 독자적으로 사절을 파송하였다.

일본국왕사의 구성과 규모에 대해서는 이 시기 일본측의 자료에 실상이 기록되어 있지 않아 확실히 알 수 없다. 그런데 세종 6년(1424)에 온 일본국왕사 일행의 숫자가 523명이란 기사가 실록에 나오는 것으로 보아 경우에 따라서는 대규모의 사절단이 파견되어 왔음을 알 수 있다.[54] 일반 제추사의 구성을 보면 上官·副官·船主·船軍·伴從人·通事·客商·船夫 등으로 되어 있다. 사절단의 인원수는 사행의 종류와 사송선의 크기에 따라 각기 차이가 있었다. 즉 사송선은 네 종류로 나뉘어져 그 등급에 따라 승선인원이 규정되었는데 대선 40명, 중선 30명, 소선 20명, 소소선 10명으로 제한되었다.

일본국왕사의 정사는 대개 京都五山의 승려가 임명되었다. 당시 경도오산의 선승들은 그 이전까지 외교를 담당하였던 公家를 대신하는 교양집단으로서 실정막부의 외교에 필수불가결한 존재였다. 일본국왕사를 제외한 巨酋使 및 제추사의 사절들은 대부분 교역을 목적으로 하였지만 조선정부에서 반드시 외교적 절차를 요구하였기 때문에 상관·부관 등의 직책이 필요했으며, 그들이 서계를 바치고 조선국왕께 肅拜하는 등 사절로서의 역할을 하였다. 이는 어디까지나 제통교자들을 기미교린질서에 편입시킨다는 조선정부의 의

---

53) 有井智德,〈『李朝實錄』の日本關係史料の硏究〉(《靑丘學術論集》3, 1993), 324쪽.

54)《世宗實錄》권 23, 세종 6년 2월 기유.

도에서 나온 것이다.

일본국왕사의 파견목적은 국교 재개와 수호, 회례와 보빙, 조선왕실의 경조사에 대한 問慰, 명에 대한 통교주선 요청, 조선의 국정탐색 등 정치적인 것과 함께 대장경 증여 요청, 사원건립을 위한 재정지원 요구 등 문화·경제적인 것까지 다양하였다. 공식적인 사행목적으로 내세우지는 않았지만 일본국왕사의 경우에도 공무역을 통한 교역의 이익을 도모하고자 하였다. 거추사와 제추사의 경우 사행명목은 왜구진압 보고, 피로인 송환, 조약체결에 따른 교섭, 대장경 증여 요청 등이었지만 교역이 주목적이었음은 물론이다.

(2) 문물의 교류

양국간 사절의 활발한 왕래는 자연히 문물교류의 통로가 되었다. 문물교류면에서는 역시 수입보다는 수출이 많은데, 일본에 전수된 문물의 대표적인 것이 《高麗大藏經》을 비롯한 佛書·梵鐘·佛具 등 불교문화재였다. 그 밖에 일부 유교서적과 문집류 등도 요청에 의해 증여되었다.[55] 예를 들면 세조대에는 대마도주와 京都의 거추사의 요청에 따라 懶翁和尙의 영정·불상·불구와 함께 《論語》·《三體詩》·四書五經이 기증되었으며,[56] 성종대에는 일본국왕사의 요청에 의해 《논어》·《孟子》·《得效方》·《東坡》·《杜詩》·《黃山谷》·《詩學大成》 등의 유교서적과 시집이 賜給되었다.[57]

그 중에서도 가장 중요한 것은 대장경의 증여이다. 《고려대장경》은 佛典을 총망라한 가장 우수한 불경으로 유명하며 당시 일본에도 잘 알려져 있었다. 일본측에서 대장경을 요청한 것은 고려말부터이다. 즉 우왕 14년(1388) 日本國使 妙葩와 창왕 원년(1389) 구주탐제 今川了俊이 요청한 것을 비롯하여 공민왕대에는 실정막부에서도 요청하였다. 이후 조선시대에 들어와서 일본측은 대장경 요청에 더욱 적극적이었다. 조선 초기 일본국왕사가 올 적에

55) 李鉉淙, 앞의 책, 320~324쪽.

56) 《世祖實錄》 권 17, 세조 5년 8월 임신·권 32, 세조 10년 정월 임술 및 권 41, 세조 13년 정월 을해.

57) 《成宗實錄》 권 231, 성종 20년 8월 신해.
이러한 문물전파의 영향때문인지 대마도의 어린이들이 학습차 조선에 유학오는 사례도 있었다(《世宗實錄》 권 40, 세종 10년 6월 갑신 및 권 85, 세종 21년 4월 갑진).

는 거의 예외 없이 대장경을 요청하였다. 세종 원년(1419)에는 막부에서 한번에 7천축의 대장경을 요청하였고, 심지어는 대장경의 원판을 요구한 적도 있었다. 세종 25년의 통신사행에 대한 회례사를 막부에서는「請經使」라고 할 정도로 대장경 요청에 적극적이었다. 막부뿐만 아니라 호족들과 대마도주 등도 앞다투어 피로인을 송환하면서 대장경의 하사를 요청하였다.

《조선왕조실록》의 일본측 대장경 요구기사를 보면, 150여 년간에 걸쳐 총 82회의 요청이 있었다. 보다 구체적으로는 태조대에서부터 중종 34년(1539)까지 일본국왕사가 29회, 호족 등 제추사가 53회 요청하였다.[58] 시기적으로 보면 조선 초기와 세조대가 많았다. 태종대까지 26년간 27회의 요청이 있었으며 다음으로는 세조·성종대로서 19회에 달하였다. 세조는 특히 대장경 요청에 잘 응해 주어 일본에서는 '佛心의 天子'로 불리기도 하였다.[59] 조선으로서는 일본의 문화적 욕구를 충족시켜주고 평화적 통교자로 전환시키기 위해 초기에는 대장경 사급 요청을 잘 들어주었다. 그러나 일본측의 요구가 지나치고 대장경의 운반에 비용도 적지 않게 들자 선별적으로 하사하였다. 82회의 요청 가운데 조선측에서 요구를 들어준 것은 일본국왕사가 22회이고, 제추사는 24회였다. 일본국왕사에 대해서는 거의 들어주었지만 제추사의 경우 절반 이상은 거절한 셈이다.

일본에서 이렇게 극성스러울 정도로 대장경을 요청한 이유는 일본 불교계의 문화적 욕구와 정치적 동기에서 찾을 수 있다. 일본불교는 室町時代에 들어와 산간불교에서 민간불교로 변하여 많은 사찰들이 새롭게 건립되었고, 또 내란 중에 소실된 사찰을 재건하는 일이 많았다. 이 경우 그들은 새로운 사찰에 대장경이나 고려범종을 비치하고자 하였다.《고려대장경》에 대한 선망이라는 문화적 욕구 외에도《고려대장경》은 막부나 호족들의 권위확립에 하나의 상징으로서 기능하였다. 승려들이 막부의 외교문서를 기초하고 외교사절로서 활약한 것도 한 요인이 되었다고 여겨진다. 조선 전기 일본으로 전래된 불교문화재는 당시 발전도상에 있었던 일본 불교계의 동향에 깊은 영향을 끼

---

58) 羅鍾宇, 〈朝鮮前期 韓日文化交流에 대한 硏究－高麗大藏經의 日本傳授를 중심으로－〉(《龍巖車文燮敎授華甲紀念史學論叢》, 1989), 327쪽.

59) 中村榮孝, 〈室町時代の日鮮關係〉(앞의 책, 上), 181~182쪽.

쳤다고 평가되어진다.60)

그 밖에 사행원들이 일본에서 구입해 온 서적류로는 《經史類題》 20권, 《百編尙書》·《詩人玉屑》 등과 일본지도가 있었다.61) 또 이들 사행원들을 통해 동남아시아 제국에 대한 정보와 중국물화가 일본내에서 유통되는 사정도 알 수 있게 되었다. 또 사행무역을 통해 일본 물품 및 동남아 물품도 진상품으로 들어오게 되는 등 동남아 제국과의 문물교류의 한 통로가 되었다.

기술면에서도 교류가 상당히 활발하였다. 조선측에서는 사절파견시 기술자와 각종 재능인을 동행시켜 기술교류를 시도하였다. 즉 통신사의 일행 중에는 船匠·冶匠·火筒匠·吹螺匠 등 기술자와 재능인들이 포함되어 있었다. 이들을 일행에 참여시킨 목적이 기술도입을 위한 것인지 전파를 위한 것인지 확실하지 않으나, 이들을 중심으로 기술교류가 있었던 것은 충분히 짐작할 수 있다.62) 일본으로부터도 鐵工·吹鍊銅鐵者·石硫匠·黃採者·船匠·鐵匠 등의 기술자가 사행원과 같이 왔다. 또 향화왜인들 가운데도 기술자가 적지 않게 있었다.63) 이들이 조선에서 어떠한 방식으로 일을 했는지는 확실하지 않지만 관련된 기술이 이들을 통해 도입되었을 것으로 추측된다.

한편 사행원들을 통해서도 일본의 기술이 국내에 소개되었다. 예를 들면 일본의 水車利用法·造船法·造劍法·倭紙造作法·炒鐵法 등이다.64) 태종·세종대 대일교섭의 실무자로서 활약한 李藝는 일본의 火砲·兵船 및 倭水車의 장단점을 조선의 그것과 비교하면서 우수한 요소를 적극 수용할 것을 건의하였다. 통신사 朴瑞生도 사행 후 復命에서 일본의 시장 발달상과 화폐유통의 편리성을 소개하면서 당시 부진하였던 조선의 상업, 광공업의 후진성을 개선할 것을 주장하였다.65) 세종 18년에는 통사 尹仁甫·尹仁紹가 救慌對策으로서

60) 田中健夫, 〈中世東アジアにおける國際認識の形成〉(앞의 책, 1982), 188쪽.

61) 《世宗實錄》 권 22, 세종 5년 12월 임신·권 80, 세종 20년 2월 계유 및 권 41, 세종 10년 7월 신해.

62) 조정에서 우수한 기술자를 파견하는 것이 위험하다는 논의가 있었던 사실을 보면 기술 과시의 목적이 있었음을 알 수 있다(《成宗實錄》 권 101, 성종 10년 10월 계축).

63) 《世宗實錄》 권 1, 세종 원년 8월 신묘 및 권 84, 세종 21년 2월 을사. 《明宗實錄》 권 25, 명종 14년 6월 갑자.

64) 李鉉淙, 앞의 책, 325~329쪽.

일본인들의 葛根採食法을 소개하였다. 그런데 이와 같은 기술과 제도의 도입 건의는 유감스럽게도 대부분 소개에 머물고 채용 발전시킨 바는 거의 없었던 것 같다.[66]

7) 상호인식

(1) 조선측의 일본인식

고려말 이래 왜구에게 전국민이 시달리고 조선 초기에는 정식으로 국교를 재개한 만큼 조선의 일본에 대한 관심은 높았던 것 같다. 조선정부는 대일사행원은 물론 대마도주와 受職倭人·상인, 심지어는 일본사절들을 통해서도 정보를 수집하였다. 명에서《日本國考略》이란 서적이 나오자 바로 수입하여 복각할 정도로 일본에 관심을 기울였다. 그 중에서도 가장 중요한 정보통로는 대일사행원들이었다. 그들은 사행의 명목과 관계없이 대부분 일본정세 탐지라는 목적을 수행하였고, 그 정보를 귀국보고(復命)를 통해 조정에 전달하였다. 특히 세종대 초기 尹仁甫·李藝·朴瑞生·宋希璟 등의 보고는 대일정책의 수립과 일본인식 형성에 큰 영향을 끼쳤다. 이들의 복명을 통해 막부를 비롯한 일본정계의 권력구조, 구주탐제와 서국지역 호족들의 세력분포와 대마도와의 관계·해적의 분포·경제사정 등을 알 수 있게 되었고, 일본인 통교자들에 대한 다각도의 통제가 가능하게 되었다. 성종 2년(1471) 신숙주에 의해 편찬된《해동제국기》는 조선 초기 일본에 관한 지식과 인식의 집대성이라 할 수 있다.

이들 사행원들의 보고와《해동제국기》를 바탕으로 조선 초기 한국인들의 일본인식의 특징을 살펴보면 다음과 같다.

일반적으로 일본은「왜구의 소굴」이라는 이미지가 있었다. 조선의 지식인들은 유교적 세계관에 바탕을 둔 화이관에 입각하여 조선은 중국과 동등한 문화

---

65)《世宗實錄》권 46, 세종 11년 12월 을해.

66) 李鉉淙, 앞의 책, 329쪽.
李光麟,《李朝水利史研究》(韓國研究院, 1961), 92쪽.
姜萬吉,〈朝鮮前期 工匠考〉(《史學研究》12, 1961), 63쪽.

국(華)인 반면 일본은 유교문화를 갖추지 않은 오랑캐(夷)라고 하는 日本夷狄觀을 가지고 있었다. 그러나 조선 초기의 경우 일본이적관이 경직되지 않았고 실용적인 관점에서 일본의 문물을 인식하고 있었다. 대일사행원들은 일본의 경제와 기술 등을 긍정적으로 평가하면서 도입을 시도하였고, 조선에서 생산되지 않는 일본의 특산물 등에 대해서 깊은 관심을 표하기도 하였다. 또 일본의 문화나 풍속에 대해서 야만시하지 않고 문화적인 독자성을 인정하는 자세를 취하였다. 이러한 요소는 16세기 이후의 일본인식과는 상당히 대조적이다. 그러나 일본에 대한 관심이 주로 정치·군사·경제적인 측면에 집중되어 있다는 점에서는 공통적이다.

다음으로 일본인식도 시대에 따라 미묘한 변화가 있다는 점을 지적할 수 있다. 즉 건국 초기와 15세기 후반 이후의 일본관에 상당한 차이가 있음을 알 수 있다. 15세기 후반에 이르러 양국의 국내정세의 변화에 따라 조일통교의 양상도 변하게 된다. 이 시기 조선으로 보면 통치체제가 정비되고 대내외적 상황이 안정되어 갔는데 비해, 일본측은 「應仁의 亂」 등으로 실정막부의 약체화현상이 두드러졌다. 특히 세조대 말기와 성종대 초기에 이르러서는 막부장군 스스로가 조선정부에 군사원조를 요구하고 통신부를 요청하는가 하면, 막부의 管領들도 독자적으로 사절을 보내 사원건립자금 등의 경제적 지원을 요구하였다. 심지어 사행시 가져온 물품에 대해 값을 낮게 쳐준다고 따지기도 하고 회사품이 적다고 항의하였다. 중종대 이후로는 일본국왕사가 와서 공공연히 상행위를 하기도 하였다.[67]

한편 막부를 비롯해 이 시기의 일본측 통교자들은 사행시의 서계에 朝鮮上國觀 내지 朝鮮大國觀을 표시하였다.[68] 이는 실정막부의 8대 장군 足利義政代의 서계에서 더욱 두드러지게 나타났다. 즉 조선을 '上國'이라고 하였고, 조선의 국왕에 대해서도 '殿下' 대신에 '陛下' 혹은 '황제폐하'를 사용하였다. 또 일본국왕사의 서계에 '臣僧'이라고 하면서 조선을 '皇華의 나라'라고 부르기도 하였으며,[69] 당시 일본 각지의 사신들은 세조에 대해 '불심의 천자'라

67) 金柄夏, 앞의 책, 89쪽.

68) 高橋公明, 〈朝鮮遣使ブ一ムと世祖の王權〉(《日本前近代の國家と對外關係》, 吉川弘文館, 1987), 361~364쪽.

고 칭하였다.

세조 12년(1466)에서 성종 2년(1471) 사이에 집중적으로 나타나는 실정막부와 기타 통교자들의 이러한「조선대국관」이 당시 일본이 처한 절박했던 상황을 고려해 볼 때 액면 그대로 받아들이기는 어려울지 모르지만 조선측의 일본인식에 중요한 영향을 주었을 것임은 상상하기에 어렵지 않다. 외교적 상례를 벗어나 경제적 지원을 요청하는 행위와 그 과정에서 정치적으로 저자세를 취하면서 대등국으로서는 사용하지 않는 용어를 쓰는 등의 태도는 대일멸시관을 자연스럽게 형성시켰으리라 여겨진다. 그 결과 성종대 초기에 확립된 대일통교체제와《해동제국기》를 보면 막부를 포함한 일본을「조선적 국제질서」속에서 편입시켜 파악하고 있으며 일본이적관이 보다 체계화되어 감을 알 수 있다.[70]

16세기 이후로는 이와 같은 일본이적관이 더욱 심화되어 가는 양상을 보여준다. 15세기 중반 조선측에서 통신사 파견이 중지됨에 따라 일본의 국내정세와 변화상에 대한 정보가 부족해졌고, 변방이 안정되면서 대일 무관심의 경향은 더욱 촉진되었다. 중종대 이후로는 대일정책에 있어서도 통제와 긴축일변도로 나가 새로운 변화에 대처하지 못하는 측면이 없지 않았다. 즉 조선 초기와 같이 일본에 대한 적극적인 정보 수집을 바탕으로 한 능동적인 대일정책 대신 경제적인 교류를 전혀 도외시하는 명분론과 고식적인 대응책에 집착하는 소극성이 두드러진다. 일본인식에 있어서도 실용성과 문화상대주의적 인식에 근거한 신축적인 일본이해가 결여되는 반면 일본이적관이 심화, 경직화되어갔을 뿐이다.

(2) 일본측의 조선인식

이 시기 일본인의 조선인식을 보면 전통적인 조선관을 계승하는 측면과 새로운 변화상이 혼합되어 있었다. 또 朝廷·公家와 武家幕府, 서국지역의 호족과 상인 간에도 일정한 차이가 있음을 알 수 있다.

특징으로서는 우선 일본지배층의 국제인식의 빈약성을 들 수 있다. 이 점 특히 조정과 공가 등 귀족지배층에 강하게 나타나고 있다. 842년 통일신라와

---

69)《成宗實錄》권 7, 성종 원년 8월 경오.

70) 河宇鳳, 앞의 글, 99쪽.

의 국교 단절과 894년 遣唐使 파견 중지에 의해 일본은 동아시아 국제사회로부터 고립된 채 14세기말까지 쇄국상태를 계속하였다. 당연히 폐쇄적 국제인식 속에 외국에 대한 관심과 지식이 결핍되었다.[71] 이 시기 일본은 神國思想에 바탕을 둔 일본형 小中華意識을 강화하면서 조선에 대해서는 「神功王后의 三韓征伐」이라는 설화에 연유한 《日本書紀》 이래의 대조선우월관념을 침전시켜 갔다.

빈약한 국제인식에서 파생되는 특성은 해외에 대한 무관심과 무지 그리고 공포심으로 표출되었다.[72] 구체적인 보기를 한두 개 들어보자. 세종 원년(1419) 대마도 정벌에 대한 소식이 2개월 뒤에 조정에 보고되었는데 그 내용은 "몽고·고려가 연합하여 병선 500여 척으로 대마도에 밀어닥쳤다"라는 것이었다.[73] 그런데 몽고와 고려는 당시 존재하지도 않는 나라이며, 병선 수도 과장되어 있다. 이미 망하고 없어진 고려와 원에 대한 공포심, 국제정세에 대한 당시 귀족층의 무지를 상징적으로 보여주고 있는 사례이다. 또 세종 25년 통신사 卞孝文 일행이 일본에 갔을 때 접대역을 맡았던 中原康富의 경우 이들을 고려의 사절로 오인하였고, 심지어는 고려를 고구려로 착각하고 있을 정도였다. 이 때 조정에서의 논의는 당연히 조선은 三韓 이래의 조공국이라는 조선멸시관도 표출되어 있었다.[74] 당시 외교실무 담당자와 조정의 대표적인 지식인으로서 외교자문 역할을 하였던 사람들의 인식이 이런 수준이었다.

이상과 같이 중세 일본인의 대조선인식은 무관심과 공포심에 바탕을 둔 무지와 독선적 이해라고 요약할 수 있다. 그것의 가장 두드러진 보기가 豊臣秀吉의 국제인식과 조선관이었다. 임진왜란은 일본의 국제인식의 빈약성이 빚은 처절한 실패의 교훈이기도 하다.

조정과 공가들에 비해 실정막부를 비롯한 武家들은 상대적으로 해외에 대해 유연한 자세를 가지고 교섭에도 적극적이었다. 足利義滿은 새롭게 전개되는 국

---

71) 이 시기 일본인의 국제인식은 '島嶼孤立型'으로도 분류되고, 특징은 '정보에의 대응이 대체로 수동적이고 판단은 부정확하며 독선적·자의적인 경우가 적지 않다'고 지적된다(田中健夫, 〈中世東アジアにおける國際認識の形成〉, 앞의 책, 1982, 182쪽).

72) 田中健夫, 〈中世日本人の高麗·朝鮮觀〉(위의 책), 334~336쪽.

73) 《看聞御記》 8월 13일 畏言 上.

74) 三宅英利, 《역사적으로 본 일본인의 한국관》(河宇鳳 譯, 풀빛, 1990), 50쪽.

제정세에 대한 이해를 바탕으로 자진하여 명 중심의 책봉체제에 들어갔으며 조선에 대해서도 수호할 것을 요청하는 등 적극외교를 전개하였다. 그 후 足利義持가 대의명분론과 공가들의 압력에 의해 일시 책봉체제를 거부하고 조선에 보내는 서계에 일본연호를 사용하기도 하였다. 이는 막부의 외교권의 박약성과 대외인식상의 갈등이 드러난 사례이다. 그러나 실정막부 후기에 이르러서는 경제적 이익과 대장경 수입을 위해 조선에 대해 저자세외교를 하였으며 서계에 조선상국관을 나타내기도 하였다.

당시 국제정세에 대한 지식과 현실감각이 뛰어난 집단은 서국지역의 호족과 상인들이었다. 이들이 대조선통교에 가장 적극적이었다. 그러나 이들의 풍부한 지식은 중앙정부와 지배계층의 인식으로 정착되지는 않았던 것 같다. 실정막부시대의 대외관계에 대한 사료는 매우 빈약하다. 《善隣國寶記》를 제외하고는 공가와 승려들의 일기 정도가 있을 뿐으로 《조선왕조실록》이나 《해동제국기》에 비하면 사료적 가치와 수준이 낮은 편이다.

〈河宇鳳〉

5. 유구와의 관계

1) 통교관계의 성립

(1) 유구의 역사

조선 초기 중국·일본·여진 다음으로 많은 교류를 가진 나라가 琉球였다. 유구는 19세기말 일본에게 멸망하여 지금은 없어졌지만 14~15세기까지는 중국의 책봉체제에 편입하면서 국제무대에 등장하였고, 또 활발한 해외활동으로 남방무역을 주도하였던 나라였다. 유구는 조선 전기 조선에 50여 회에 걸쳐 사신을 파견하였고, 임란시에는 명군에 합류하여 내원군으로 도와주는 등 조선과 우호적인 관계를 유지하였다. 조선 전기 대유구관계를 이해하기 위해 유구의 역사에 대해 간략히 살펴볼 필요가 있다.

유구는 현재 일본의 국토로 소속되어 있는 오키나와군도 지역에 있었던 나라로 유구라는 국명이 정착된 것은 明代 이래이다. 대체로 8~9세기에 농업이 발달하면서 계급사회로 이행하였고, 11~12세기에 按司라고 불리는 호족들이 등장하여 쟁란을 계속하다가 14세기 초반에 이르러 유구에는 中山·山南·山北이라는 세 개의 소국가가 정립하였다. 이 시기를 琉球史에서는 三山시대라고 한다. 이 중 중산의 浦添按司였던 察度가 1372년 명에 入貢하였고, 뒤이어 산남과 산북도 각기 명에 입공하면서 유구는 국제사회에 모습을 드러냈다. 삼산은 각각 명으로부터 왕호와 함께 銀印·관복을 하사받았다. 세 나라 가운데서 중산이 가장 대외교섭에 활발하였고 나라도 부강하였다. 중산왕 찰도는 2대 70여 년간에 걸쳐 찰도왕통시대(1350~1422)를 열었는데, 고려말과 조선 초기에 사신을 보낸 것도 찰도였다.

1406년 중산의 패자 尙巴志가 중산왕 武寧을 멸망시키고 이어 1416년에는 산북을, 1429년에는 산남을 공략하여 삼산시대를 마감하고 유구본도의 통일을 완성하였다. 상파지는 통일 후 수도를 浦添에서 首里(현 那覇市)로 옮기고 이후 7대 60여 년간의 상파지왕통시대(1406~1469 ; 第一尙氏王朝)를 열었다. 그는 해외무역을 통해 國富를 축적하였으며 國芬寺와 같은 큰 절을 건립하는 등 유구를 크게 발전시킨 중흥의 군주였다. 때마침 중국상인들의 해외상업활동을 금지시킨 명의 海禁令(1368~1567)은 결과적으로 신흥왕조인 유구에게 해상무역의 길을 열어주게 되었다. 그래서 당시의 수리는 중국·조선·동남아시아 제국 및 일본상인이 모여 교역을 하였던 국제도시로서의 면모를 지니고 있었다.

상파지왕통도 후기에 이르러 지방호족(家督)들이 서로 분열하여 왕위계승전을 거듭하다 몰락하고, 1470년 해외무역을 주관하던 尙圓이 왕으로 추대되어 상원왕통시대(1470~1879 ; 第二尙氏王朝)를 열었다. 특히 상원왕통시대의 3대왕 尙眞(1477~1526)은 신분제를 확립하고 按司制를 폐지하는 등 중앙집권체제를 확립하여 황금시대를 구가하였다.[1)]

그러나 16세기에 들어서면서 유구도 국제정치의 흐름속에서 쇠퇴하기 시작하였다. 16세기 중반 이후 명의 해금령 해제에 따른 중국상인들의 남방 진출과 포르투갈을 비롯한 유럽상인들의 내항으로 유구의 중계무역은 크게 타격을 입었다. 일본 국내정세의 변화와 작용에도 영향을 받았다. 임진왜란시 유구는 豊臣秀吉의 명령을 무시하고 오히려 명군에 가담하였고, 임란 후 德川家康의

---

1) 東恩納寬惇, 《琉球の歷史》(至文堂, 1957), 59~66쪽.

來聘 요구에도 응하지 않다가 1609년에는 薩摩州에 의해 정복당하였다. 이후에도 중국에 대한 조공과 進貢貿易은 지속되었지만 유구의 교역권은 사실상 살마주의 수중에 들어가 쇠퇴의 길을 걷게 되었다.[2)]

1609년 이래 유구는 중국과 책봉관계를 맺는 한편 일본 살마주의 간섭을 받는 등 이중적 관계를 유지하였다. 그러나 1872년 일본 明治政府는 「廢藩置縣」정책에 의해 유구왕국을 해체하고 유구현으로 편입시켰다. 이 조치는 유구와 淸國의 격렬한 항의를 받았지만 1879년 일본은 다시 유구현을 오키나와현(沖繩縣)으로 바꾸었다. 이 문제는 그 후에도 일본과 청의 외교절충이 이어지다가 1894년 청일전쟁 후 일본에 귀속하는 것으로 확정되었다.

(2) 대유구 통교의 기원

유구에서 우리 나라에 처음 사절을 파견한 것은 고려말이었다. 《高麗史》에 의하면 창왕 원년(1389) 8월 유구의 중산왕 찰도가 사신 玉之를 보내어 表文과 예물을 진헌하였다고 한다. 찰도는 표문에서 스스로 신하로 칭하였고, 왜구에게 붙잡혀 간 被擄人을 송환하는 동시에 유황 300근, 호초 300근, 蘇木 60근, 甲具 20부 등의 물품을 바쳤다. 피로인의 송환과 남방물산의 진헌이라는 이 두 가지 사실은 이후 우리 나라와 유구의 관계를 이해하는 데 매우 중요한 요소이다. 이 두 가지는 고려로서 필요한 바였고, 동시에 유구의 대고려 통교에 필요한 명분과 실리의 양면이기도 했다.

유구가 고려에 통교를 요청한 목적은 기본적으로 무역의 이익을 얻으려는 데 있었다. 유구는 1372년 명에 입공한 이래 남방물산을 구입해 중국에 팔고 또 중국 물산을 일본과 동남아제국에 파는 중계무역을 통해 이익을 취하고 있었던 만큼, 고려에 대해서도 같은 동기가 있었다고 할 수 있다. 특히 이 시기에 유구가 사신을 보낸 것은 무역상의 동기 외에 정치·군사적인 원인도 있었다고 보여진다. 즉 이 해 2월 慶尙都元帥 朴葳가 병선 200척을 이끌고 대마도를 정벌하였는데, 이 소식이 유구에 전해졌다는 것이다. 당시 유구는 왜구들에게 잡힌 고려인 포로들이 轉賣되어 모이는 곳이었던 만큼 고려의 대마도정벌

2) 田中健夫, 〈中世における明・朝鮮・琉球の關係〉(《對外關係と文化交流》, 思文閣, 1982), 47~50쪽.

소식은 유구에게도 위협이 되었을 것이다. 이에 유구는 고려를 강국으로 재인식하게 되었으며 국교의 성립과 관계개선을 위해 사신을 보냈다고 여겨진다.[3)]

처음으로 유구의 사신을 맞이한 고려에서는 의구심을 품었고, 접대문제를 둘러싸고 都堂會議에서 많은 논란을 벌였다. 일부에서는 접대거부안이 나오기도 했으나 결국 멀리서 온 사신을 박대하는 것은 예의가 아니라는 명분론과 피로인을 송환해 준 데 대한 답례로 후하게 접대하였고, 유구사신 일행의 귀환길에는 典客令 金允厚·副令 金仁用을 답례로 보내었다. 이 報聘使 일행은 유구까지 가서 피로인 37명을 송환해 왔는데, 이 때 유구는 다시 옥지를 고려까지 함께 동행케 하였다. 이렇게 우호적으로 시작된 고려와 유구의 통교관계는 조선왕조에 와서도 그대로 이어졌다.

2) 대유구관계의 전개

(1) 사절의 왕래

조선시대 유구와의 통교관계는 거의 일방적으로 유구사절의 내빙에 의해 이루어졌다. 유구사절의 내빙을 《朝鮮王朝實錄》·《海東諸國紀》, 유구의 《歷代寶案》 등의 사료에 의해 살펴보면, 태조 원년(1392) 8월 중산왕 찰도가 사신을 보낸 이래 중종 19년(1524)에 이르기까지 130여 년 동안 48차례에 달한다. 이 횟수는 평균해서 3년에 한 번꼴로 상당히 활발한 편이었다. 내빙 횟수는 세조대와 성종대가 가장 많고, 빈도수도 세조대가 거의 1년에 한 번꼴로 가장 높다. 그러나 이 가운데는 대마도나 九州 등지의 일본상인들이 유구사절로 위장하여 온 가짜사신이 상당수 포함되어 있어 이 숫자를 그대로 믿을 수는 없다.

이 시기 유구사신의 내빙양상을 왕대별로 정리해 보면 다음과 같다. 조선전기 유구에서 조선에 보낸 사절이 48회인데 비해 조선측이 사절을 보낸 것은 3회밖에 되지 않으며 그것도 세종대 이후에는 없다. 그 중에서도 태종 16년(1416) 琉球通信官으로 李藝를 파견한 것이 유일하게 격식을 차린 사례이고, 나머지 2회는 모두 通事를 파견하였기 때문에 정식사절로 볼 수 있을지 의문이다. 고려시대에는 유구의 내빙에 대해 바로 보빙사를 파견한 것에 비해 조

3) 《高麗史》 권 137, 列傳 50, 辛禑.

〈표 1〉 왕대별 유구사신 내빙상황

왕 대	재위연수	횟 수	연 도
태 조	7	5	원년(2회), 3·6·7년
정 종	2	1	2년
태 종	18	2	9·10년
세 종	32	5	원년(2회), 5·12·13년
문 종	2	1	원년
단 종	3	1	원년
세 조	14	15	원년, 3·4(4회)·5(2회)·7(2회)·12·13(2회)·14년(2회)
성 종	25	13	원년, 2(2회)·3·8·10·11(2회)·14·22·24(2회)·25년
연 산 군	12	2	6·11년
중 종	39	3	4·14·19년

＊전거 :《朝鮮王朝實錄》·《海東諸國紀》·《歷代寶案》

선시대에는 그러한 사례가 없었다. 따라서 조선정부에서는 회답서계와 예물을 유구사신을 통해 전하였다. 특히 단종대 이후로는 일본인 대리사절에게 답서를 위탁하게 됨에 따라 가짜사절을 유발하는 한 요인이 되었다. 이와 같이 조선과 유구의 통교관계를 보면 유구측이 아주 적극적이었던 반면 조선은 소극적이었음이 대조된다.

(2) 위사의 성행과 조유 관계의 추이

조선 전기 유구관계에서 가짜사절의 문제는 朝琉通交의 성격을 이해하는데 아주 중요한 부분이다. 세종대부터 시작되는 일본세력의 방해와 간섭에 이은 대리사절, 나아가 僞使로까지 발전하는 과정이야말로 조유관계의 변천상을 그대로 반영하는 것이었다. 조선 전기 총 48회의 유구사절 가운데 위사 및 위사의 의혹이 있는 경우가 20여 회에 달하며 위사가 가장 성행한 시기는 성종대였다.[4]

그러면 이렇게 위사가 성행한 이유는 무엇일까. 전체적인 배경으로서는 유

4) 위사의 양태와 성격에 대해서는 河宇鳳,〈朝鮮前期의 對琉球關係〉(《國史館論叢》59, 1994) 참조.

구사정에 대한 조선정부의 무지와 조유통교에 대한 일본세력의 방해를 들 수 있다. 보다 직접적으로는 유구사절에 대한 후대와 조선정부의 미온적 대책 때문이었다.5)

위사의 성행은 조유통교체제를 근본적으로 무너뜨리는 것이었다. 이전단계에서 이미 일본인들의 방해에 의해 조유직접통교의 마비상태가 지속되었고, 유구의 尙眞시대에 와서는 대조선통교의 의욕도 감퇴되었다. 조선측으로서도 위사의 만연상이 판명되자 유구사절에 대해 보다 엄격히 통제하게 되었다. 결국 위사는 파행적이었던 조유관계를 일층 악화시키고 결국 해로를 통한 직접통교와 교역을 단절시키기에 이르렀다.

중종 19년(1524) 이후에는 위사에 의한 통교마저 단절되었다. 유구와의 사신왕래를 통한 직접적인 통교는 중종 19년 유구국사 等悶意의 내빙을 마지막으로 끝나고 그 후에는 명을 통한 간접통교라는 방식으로 진행되었다. 즉 조선과 유구의 사절들은 북경의 會同館에서 만나 표류민 송환 등 양국의 현안을 처리하였다. 북경에서의 회동은 비록 장소가 제3국이었지만 양국 사신이 직접 만나 교류하였다는 점에서 위사에 의한 통교보다는 오히려 나아졌다고 할 수 있다. 여기에서는 교역적인 측면이 없어지는 대신 현안의 해결과 일본에 대한 정보교환 등 외교의 본질적인 요소가 중심이 되었다는 사실도 시사적이다.

이상 사절왕래를 중심으로 한 조선과 유구간의 통교사는 통교주체와 사행형태면을 기준으로 대체로 4단계로 나누어 볼 수 있다. 제1기는 태조대에서 세종 12년(1430)까지로 직접통교시기, 제2기는 세종 13년부터 세조대까지로 일본인에 의한 통교중계시기, 제3기는 성종대부터 중종대까지로 위사의 시기, 제4기는 명종 원년(1546) 이후의 명을 통한 간접통교시기이다.6)

(3) 조유통교체제의 구조와 성격

조유통교체제의 성격을 알기 위해 유구사절에 대한 접대형식과 유구의 국서양식을 살펴 볼 필요가 있다.

---

5) 《成宗實錄》 권 279, 성종 24년 6월 기축 및 권 288, 성종 25년 3월 신해.

6) 이러한 구분은 대체적인 경향을 나타내기 위한 편의적인 방식이다. 따라서 중간에 예외적인 사례도 있다. 예컨대 제3기 위사의 시기 안에서도 연산군 6년의 梁廣 일행은 확실한 유구국왕사이다.

조선시대 유구사신은 태조 원년(1392) 8월 중산왕 찰도가 보낸 사례가 최초이다. 이 때 찰도는 고려말과 마찬가지로 신하로 자칭하면서 국서를 올렸다. 이 해 9월 유구국사가 여진의 사신과 함께 조회에 참여하였는데, 유구사신을 東班 5품하에, 여진사신을 西班 4품하에 배열하도록 하였다.[7] 즉 유구국사가 稱臣奉表하자 조선은 조공사절과 같은 방식으로 대하면서 여진보다 더 하위의 반열에 서게 하였던 것이다. 그러나 시간이 지나면서 대우가 점차 향상되었다. 유구국사에 대한 접대방식이 격식화되는 것은 세종대에 들어서였다. 유구가 명의 황제로부터 책봉을 받은 사실이 알려지고 유구 내의 三山時代가 통일된 후 보낸 세종 13년의 유구국왕사에 대한 접대부터 그 형식이 달라졌다.

세종 13년(1431) 11월 유구국왕사 夏禮久 일행이 와서 東平館에 머물고 있었을 때, 그 접대방식을 둘러싸고 조정에서 논의가 있었다. 그 결과 敵禮國의 사신인 만큼 일본국왕사와 마찬가지로 행례하도록 결정되었고, 이에 유구국사는 서반 3품의 반열에 서서 세종을 배알하였다. 이 때부터 유구를 명의 책봉을 받은 적례국으로서 여진이나 일본의 巨酋使 이하의 사절보다는 격을 높여 일본국왕사와 동격으로 인정한 것이다. 유구국왕에 대한 회답서계의 형식도 바뀌었다. 이 때 조선의 회답서계는 《세종실록》과 유구의 《역대보안》에 같이 나오는데 그 형식을 보면, 교린국으로서 일본 室町幕府의 장군에 보낸 그것과 동일하였다. 세종 13년의 접대형식은 그 후의 전례가 되었다. 단종 원년(1453) 유구국왕사 道安이 왔을 때도 夏禮久의 전례를 따르도록 하였고, 그 전해에 온 일본국왕사의 접대형식과 같이 하도록 하였다.[8]

《經國大典》에도 유구국왕사에 대해서는 일본국왕사와 같은 대우로서 3품 朝官을 보내어 迎送하도록 하였고,[9] 유구국사절이 귀국할 때 해상에서 필요한 過海糧의 지급량도 일본국왕사와 동등하게 하도록 규정되었다.

한편 유구국의 국서를 보면 그 격식이 일정하지 않았지만 시기에 따라 일정한 경향성이 있음을 알 수 있다. 그 변화양상을 살펴보면, 태조 원년 중산왕 찰도가 보낸 서계는 「表」, 태조 3년과 정종 2년(1400) 찰도와 왕세자 무녕

7) 《太祖實錄》 권 2, 태조 원년 9월 기축.
8) 《端宗實錄》 권 4, 단종 원년 3월 무진.
9) 《經國大典》 권 3, 禮典, 待使客.

이 보낸 서계는 「箋」이었다. 태종 9년(1409) 중산왕 思紹가 보낸 서계부터 「咨文」으로 바뀌어 이후 세조대까지 지속되었다. 그러다가 성종 2년(1471)부터 중종대까지는 「書契」로 바뀌어졌다.[10]

表→箋→咨文→書契로 바꾸어지는 유구의 국서양식의 변화를 볼 때 유구의 대조선통교의 성격이 처음 조공국의 자세에서 점차 향상되어 성종대부터는 대등국간의 통교로 바뀌어졌음을 알 수 있다. 이는 조선의 대유구 통교의 체제화와 시기적으로 조웅하며 조선정부의 책봉체제에 대한 경직화 경향과도 일치하는 것이었다.

이상 조유통교체제의 구조와 성격을 정리해 보면 다음과 같다. 조선은 건국초기에는 유구를 羈縻交隣의 상대국으로 대우하였다. 그러나 세종 13년 이후에는 유구를 책봉관계를 축으로 하는 동아시아 외교질서 속에서 敵禮交隣의 상대국으로서 인정하였다. 즉 사대교린이라는 조선의 기본적인 외교정책의 테두리 속에 유구를 편입시켰던 것이다. 한편 조유통교체제는 중앙정부간의 교섭이 중심이었다. 이 점은 일본과의 통교체제가 다원적이고 중층성을 띠고 있는 것과 대조된다. 그러나 유구의 국내정치적 상황과 일본세력의 개입에 의해 성종대 이후 「통교체제의 일원성」이 철저하게 관철되지는 못하고 파행적으로 전개되었다.

조선의 유구에 대한 정책은 한마디로 '소극적이지만 거부하지 않는' 것이었다. 조선은 유구와 큰 이해관계가 없었기 때문에 적극적인 외교자세를 취하지는 않았지만, 그들이 적극적으로 접근해 오는 데 대해 거부하지 않았다. 그들로부터 피로인의 송환, 남방물산의 수입, 해외정보의 수집이라는 이점을 얻을 수 있었기 때문이었다. 또 일본에 대한 견제의도도 있었던 것으로 보여진다. 조선에 있어서 남방의 안전이라는 것은 매우 중요한 외교목표였다. 대일정책의 기본이 왜구의 평화적 통교자로의 전환이라고 한다면, 또 하나의 해양국가인 유구에 대해서도 평화적인 관계를 유지해야 하는 것은 당연하였다. 이 점은 유구사신에 대해 이례적으로 호의적인 접대를 한 데서도 나타난다. 일본의 통교자들에 대해서는 통교억제책을 강화해 갔지만 유구국왕사에 대해서는

10) 국서양식의 성격에 대해서는 高橋公明, 〈外交文書, '書' '咨'について〉(《年報中世史研究》 7, 1982) 참조.

그런 통제책을 거의 쓰지 않았고, 그 국세에 비해 일본국왕사와 동등한 대우를 했다는 것은 나름대로 상당한 우호정책의 성격을 띠고 있는 것이었다.

3) 통교무역

(1) 무역형태

조선과 유구의 통교사에 있어 경제적 측면이 차지하는 비중은 크다. 유구와의 교역 형태는 기본적으로 사행무역이었다. 즉 유구사신이 진상품을 보내오면 조선측이 이에 대해 回賜하는 형식으로 교역하는 것이다. 대개 이 진상과 회사는 의례적인 성격이 강하였으므로 수량이 많지 않았지만, 때로는 아주 많아 문제가 되었던 경우도 있었다. 그러나 유구는 본래 목적이 경제적 교역이었던 만큼 사행무역에 부수된 형태의 사무역을 추구하였다. 사무역의 규모가 어느 정도였는지 명확하게 알 수 없다. 그러나 세조 원년(1455)의 기록을 보면 유구의 진상물품이 너무 많아 浦所에서는 그에 상당한 물품을 교역할 富商이 없으므로 서울로 운반하여 민간상인들로 하여금 교역하도록 했다고 한다.[11] 진상품이라고 하나 민간상인이 교역하게 한 것으로 보아 무역품이었을 것이다. 이로 보아 사행무역에 수반해서 상당한 규모의 실질적인 교역이 진행되었음을 알 수 있다. 조정에서도 유구사절의 경우 일본의 통교자처럼 그 숫자가 많지 않았기 때문에 규제를 하지 않았다. 이 점이 후에 위사가 성행하게 된 원인이 되었지만 대체로 관대하게 대해 주었다.

한편 조선의 상인 중에서도 대유구무역에 나서 활동한 자들이 있었다. 조선의 상인으로 유구에 기착하여 머문 자도 많았으며, 세종 13년(1431) 당시에는 유구인과 함께 남해무역에 종사하여 고려의 와전인 '꼬레스'란 이름을 남방에 전파하기도 하였다.[12] 세종대에 수차례 유구를 왕래하면서 피로인을 송환해오는 등 활약한 倭通事 金源珍도 조선·구주·유구를 연결하는 선상에서 무역활동을 한 상인적 성격을 띤 인물이었다.[13]

11) 《世祖實錄》 권 2, 세조 원년 9월 무인.
12) 崔南善, 《故事通》(三中堂書店, 1943), 134~136쪽.
13) 田中健夫, 〈日鮮貿易における博多商人の活動〉(《中世海外交涉史の硏究, 東京大學

(2) 교역물품

유구에서 조선에 바친 진상품 혹은 교역품을 보면 대부분 남방물산으로 蘇木·香木·檀香·丁香·沈香·木香·紫檀木 등 향료·염료류와 납철·유황·주석 등 광산물, 호초·술·사탕·감초 등 기호품과 약재류, 그 밖에 청자·청자향로·種樹器·상아·물소뿔·앵무새·공작날개 등의 특산물이었다.

이상과 같은 남방물산은 조선으로서는 생활필수품은 아니었으나 귀족들의 기호에 들어맞아 상당히 환영을 받았던 것 같다. 따라서 남방물산이 유행하는 폐단을 지적하는 상소가 나오기도 했다. 즉 조선에서는 필수품이 수출되는 대신 수입되는 것은 기호·사치품목으로 나라의 기반을 허물고 사치풍조를 만연시킨다는 것이었다.[14] 그러나 유구에서 들어온 약재류 중 일부는 국내 재배에 성공하여 鄕藥化하기도 하였다.

조선에서 유구로 간 회사품 내지 교역품을 보면 苧布·麻布·綿紬 등의 직물류와 彩花席 등 돗자리·종이·문방구류·인삼·虎豹皮 등 조선의 특산물이었다. 그 밖에 大藏經·佛典·梵鐘 등 불교와 관련된 물품도 있었다. 당시 조선은 섬유대국으로 인식되었으며, 유구 및 남방국가들의 주된 요구품목도 직물류였다. 그런데 동시기 일본 교역인들의 그것과 비교해 보면, 일본의 경우 면포와 함께 쌀과 콩이 주된 요구품목이었는데 비해 유구의 경우 식량의 요구가 없다. 이 점은 일본과 유구의 교역구조의 차이를 나타내주는 것이다. 일본의 경우 대부분의 통교자가 왜구에서 전환되었고 식량문제 해결을 우선시했는데 비해, 유구는 처음부터 중계무역을 목적으로 한 순수한 교역관계로 출발하였다는 점에서 차이가 난다.[15]

4) 피로인과 표류민의 송환

(1) 피로인 송환

고려말 이래 조선 초기 유구의 사절들은 내빙시 거의 공통적으로 남방물산

出版會, 1959), 61쪽.

14) 《中宗實錄》 권 96, 중종 36년 11월 경술.

15) 孫承喆, 〈朝鮮前期 對琉球 交隣體制의 構造와 性格〉(《趙恒來敎授回甲紀念論叢》, 1992), 233쪽.

을 진헌함과 동시에 피로인을 송환해 왔다. 특히 피로인 송환은 조선에서 대단한 우호의 표시로 받아들여졌고, 조선과 유구간의 통교를 잇는 명분이 되었다. 남방물산의 교역은 일본상인이나 동남아제국에 의해 대행될 수도 있었지만 피로인 문제는 유구와의 관계가 그 후에도 지속될 수 있었던 끈이 되었다. 이 점은 동시기 일본의 여러 세력들이 조선인 포로들을 송환하면서 조선과의 통교를 확보해 나갔던 사실과 일맥상통하는 측면이다. 그들도 피로인 송환의 대가로 면포나 대장경을 요구하였고, 교역을 허가 받았던 것이다. 조선에서는 피로인 송환을 정치적으로 매우 중시하였다. 세종대의 기록에 의하면 피로인 한 사람을 송환해 오는 대가로 면포 10필을 지급하였다고 한다.[16)]

당시 유구는 왜구들에 의해 납치된 조선인 포로들이 전매되어 모이는 집산지로 일종의 노예시장이었다. 유구는 이 피로인들을 대조선 통교무역에 이용하였다. 유구에 의한 피로인의 송환은 고려말 찰도에서부터 시작하여 태종 10년(1410) 思紹代에 이르기까지 모두 7회에 걸쳐 이루어졌다. 송환방식은 모두 유구사절과 동행하는 형식이었다. 한편 조선정부가 직접 사절을 파견해 피로인을 쇄환해 오기도 하였다. 최초의 사례는 태종 16년 이예를 유구국통신관이란 직함으로 유구에 파견해 44명의 피로인을 쇄환해 왔고, 세종 19년(1437)에는 왜통사 김원진을 보내 6명의 피로인을 데려왔다.

(2) 표류민 송환

세종대 이후에는 왜구가 급격히 줄어들면서 피로인도 점차 없어지게 되었고 대신 표류민의 송환이 중심이 되었다. 이 양상은 15세기 중반을 기점으로 선명하게 구분이 된다. 유구에서 피로인을 송환한 마지막 해는 세종 19년이고 표류민의 송환이 본격적으로 시작되는 시점은 단종 원년(1453)이다. 조선 전기 유구에 의한 조선 표류민 송환은 모두 12회에 달한다. 송환방식은 유구사절에 동행케 하는 것이 일반적이었으나 일본인의 방해와 위사의 성행에 따라 명종 원년(1546)부터는 중국을 경유하여 송환되었다. 유구의 進貢使와 조선의 冬至使가 북경의 회동관에서 만나 표류민을 인도하는 방식이었다. 이것은 중종 25년(1530) 조선에서 표착유구인을 중국을 통해 송환한 이래 상례

16) 《世宗實錄》 권 35, 세종 9년 2월 경신.

화되었다.

한편 조선에서도 표착한 유구인을 성의있게 송환하였다. 조선의 유구표류민 송환은 세종 11년 강원도 울진에 표착한 15인을 송환하여 준 이래 선조 22년(1589) 전라도 진도에 표착한 유구상인 30명을 송환하기까지 모두 5차례에 걸쳐 이루어졌다.

표류민에 대한 양국간의 송환체제는 순조롭게 진행되었으며 조선과 유구 정부의 태도도 매우 우호적이었다. 이와 같이 피로인과 표류민의 송환이야말로 양국간의 통교에 있어서 일차적인 명분이었으며 그것을 지속시킨 유대이기도 하였다.

5) 문물의 교류와 상호인식

(1) 대장경의 구청과 하사

1429년 유구를 통일한 尙巴志로부터 尙圓王統時期의 尙眞에 이르기까지 유구왕실은 중국의 정치제도를 수입함과 동시에 통일왕조의 사상적 구심점으로 삼고자 불교를 적극적으로 장려하였다. 그 결과 유구의 불교는 흥융하였고, 圓覺寺를 비롯한 많은 사찰이 건립되었다. 이들에게 조선의 대장경 등 불교문화재는 큰 매력이었다.[17] 세종대 이래 유구사신들은 조선의 불교문화를 흠모하여 전수해 주길 요청하였고, 이것이 대조선통교의 주요 목적이 되었다.

유구가 대장경을 求請한 것은 세조대부터이다. 세조 원년(1455) 8월 유구국사 道安이 대장경을 요청한 이래 연산군 6년(1500) 11월 유구국왕사 梁廣, 梁椿에 이르기까지의 유구사신들은 대부분 대장경의 하사를 요청하였다. 《조선왕조실록》에 기록된 바에 의하면 총 9회에 이른다. 이 중 대장경의 사급이 허락된 것이 6회이고, 한 번은 다른 불경으로 대체해 지급하였다. 대장경 구청이 활발했던 이 시기의 상당수 사절들이 博多상인이나 대마도인 등에 의한 위사일 가능성이 높은 것은 사실이나, 유구인들도 조선에 대장경을 간절히 요청하였다. 조선으로부터 받은 대장경 및 불전은 유구의 주요사찰에 모셔졌으며, 불교문화의 발전에 큰 기여를 하였다. 이 때 받은 조선의 범종은 국보로서 首

17) 秋山謙藏, 〈琉球王國の勃興と佛敎〉(《日支交涉史話》, 1935), 181쪽.

里의 波上宮에 보관되어 있으며, 浦添의 國芬寺와 수리에서도 '高麗瓦匠'이라고 새겨진 기와가 출토되었다고 한다.[18] 이 밖에 유구사신들은 대장경이나 불전 이외의 서적에 대해서도 그 정교함에 감탄하면서 '만세자손의 이익이 될 것'이라며 받아갔다.[19]

(2) 기술의 교류

기술교류의 측면을 보면 조선으로부터 불교문화를 비롯해 사원축조기술이 유구로 전해졌다. 또 조선의 면직물과 문방구류·화문석 등도 유구인들에게는 선진적 문물로서 일정한 자극이 되었을 것으로 추측된다.

한편 유구로부터 기술이 전래되기도 하였다. 세종 15년(1433) 유구의 船匠 두 사람을 조선으로 초빙하였다. 그들은 세종의 명에 의해 유구선을 만들었고 한강에서 국왕 친림하에 조선의 배와 競漕를 해서 이겼다고 한다. 당시의 유구선은 조선의 배보다 훨씬 가벼워 속도면에서 뛰어나다는 평가를 받았다. 그래서 그 모형을 全道에 돌려 왜구방어선을 건조하도록 하였다. 이들 유구 기술자들에 대해 조선정부는 조선인 여자와 결혼시켜 영주를 허락하였고, 下賜米와 월급을 주어 생활을 안정시켜주는 등 후한 대접을 하였다. 그 밖에 성벽축조기술도 전해졌다. 이러한 기술들은 모두 왜구에 대한 방비책과 관련되어 있는 것이 공통점이다.

(3) 상호인식

조선 전기 나름대로 활발한 교류를 하였던 조선과 유구 양국의 상호인식은 어떠했을까. 유구의 조선에 대한 인식은 우호적이었던 것 같다. 광해군 3년(1611) 북경에서 李晬光과 만난 琉球進貢使 蔡堅은 유구가 어느 나라와 가장 가까운지를 묻는 이수광의 질문에 대해 "중국이 가장 가깝고 다음이 조선이다. 지난번 귀국에서 표류인을 송환해 주었는데 그 사람들은 지금도 北山에 살아 있다"라고 하면서 우호적인 감정을 나타냈다.[20] 유구인에게 비친 조선은 자국의 표류인을 성의있게 송환시켜주는 인도적인 나라로 보여졌던 것 같다. 그들

18) 東恩納寬惇, 앞의 책, 71쪽.
19) 《世祖實錄》 권 27, 세조 8년 2월 계사.
20) 李晬光, 《芝峰先生集》 권 9, 琉球使臣贈答錄.

또한 조선 전기 이래 자국에 표착한 조선인에 대해 후하게 대접하고 송환해 주었다.

보다 구체적으로 조선 전기 유구의 대조선인식을 정리해 보면, 우선 물자가 풍부한 대국으로 인식하였다. 유구에게 있어서 조선은 남방물산을 선호하는 대신 섬유와 문방구류 등 유구가 선호하는 물산이 풍부한 나라로서 통교무역의 좋은 대상국이었다. 다음으로는 문화선진국, 특히 불교문화의 선진국으로 존숭하였다. 이와 같은 이유로 양국이 비록 명의 책봉국가였지만, 유구는 조선을 정치·경제·문화적으로 우위에 있는 상위국가로 인식하였다. 그래서 초기에는 신하로 자칭하면서 조공의 예를 갖추었던 것이다. 한편 조선은 山南王 등 유구 망명자들의 도피처로 이용되기도 하였다. 이에 관해서는 태조 3년(1394) 조선에 도망한 산남왕자 承察度의 인도 요청과 태조 7년 산남왕 溫沙道의 망명 등 두 사례가 있다. 이 점도 유구의 조선인식 내지 양국간의 관계에 있어서 상당히 흥미있는 요소이다.

한편 조선에서는 유구를 동남아제국과 비슷하게 보면서도 그와는 약간 다른 독특한 인식을 가지고 있었던 것 같다. 건국 초기와 세종대 이후에 걸쳐 접대방식이 크게 달라짐은 앞서 본 바와 같다. 조선에서 유구에 대한 정보는 유구에 파견된 사신이나 표류민들의 직접적인 견문이 일차적이었고, 다음으로는 宣慰使의 접대시나 왕의 인견시 유구사신과의 문답을 통해서 얻었다. 《조선왕조실록》에는 유구사신을 접대한 선위사들의 〈聞見事目〉이 수록되어 있으며, 특히 3차에 걸쳐 유구국왕사로 왔던 일본승 道安을 통해 전래된 바가 많았다. 조선 전기 유구에 대한 지식과 인식이 집대성되어 있는 것으로는 《海東諸國紀》를 들 수 있다. 《해동제국기》에는 〈琉球國紀〉와 〈琉球國圖〉가 있고, 또 연산군 7년(1501) 유구국왕사가 왔을 때 선위사 成希顔이 문답한 후 기록한 〈琉球國〉이 말미에 부록으로 첨부되어 있다. 〈유구국기〉는 國王代序·國都·國俗·道路里數의 네 항목으로 구성되어 있는데 각기 유구국왕의 이름과 차례, 대조선 내빙현황, 수도의 위치와 물산, 풍속, 조선과의 교통로와 거리 등이 간단히 서술되어 있다.

신숙주의 유구인식은 《해동제국기》에 유구를 포함시켜 저술한 사실에서 보듯이 유구를 나름대로 중시하였으나, 사신의 '來朝', '方物의 헌상' 등의 용어에 보이듯이 조공국시하였다. 이러한 인식은 신숙주뿐만 아니라 당시의 조선관인들의 일반적인 입장이었다. 즉 세조 13년(1467) 梁誠之는 유구국사에 대한 예물의 과다함을 비판하면서 올린 상소에서 "유구는 작은 나라이며 멀리 떨어져 있는 나라이다. 비상시 구원에 도움이 되지 않고 만일 절교하더라도 잃을 바가 없다. 이웃 나라이면서 대국인 일본과의 균형문제도 있으니 과다한 지출은 불요부당하다"고 하였다.[21] 이와 같이 비록 유구를 외교의례상 敵禮國으로 인정하고 있었지만 일본과는 구별하여 보는 시각이 일반적이었다. 한편 유구의 의복제도와 관제는 중국의 것을 모방하였지만 문화와 풍속에 대해서는 일본과 비슷하다고 보았다.

6) 임진왜란 이후의 대유구관계

선조 22년(1589)에 유구 표류인을 송환한 사실을 계기로 양국간의 통교는 간접적인 형태나마 상당히 우호적으로 지속되었다. 임진왜란 기간 중 유구는 병력과 군량을 조달하라는 豊臣秀吉의 명을 뿌리치고 오히려 명군에 합류하여 조선에 원군을 파견하였고,[22] 임란 이후에도 명을 통한 간접통교 방식은 그대로 이어졌다. 즉 자국에 경사가 있거나 긴급한 사정이 있으면 유구에서는 진공사편을 통해 국서와 예물을 보냈고, 조선은 이에 대해 回咨와 회례품을 보냈던 것이다. 이러한 교류는 병자호란으로 인해 단절될 때까지 10여 회에 걸쳐 이루어졌는데, 구체적인 사례를 정리해 보면 다음과 같다.

선조 32년 3월 유구는 진공사를 통해 조선의 동지사에게 풍신수길의 죽음을 알리고 축하한다는 내용을 담은 서계를 전하였다. 이에 대해 조선은 선조 34년 동지사를 보내 회답서계와 예물을 유구 진공사에게 전하면서 왜국에 대한 정보가 있으면 완급을 가리지 말고 바로 알려달라고 요청하였다.[23] 17세기에 와서도 광해군 원년(1609) 유구국왕 尙寧이 명의 책봉을 받은 사실을 조선에게 알리면서 '兄弟의 禮'로써 우호를 유지하자는 뜻의 국서를 보내왔

21) 《世祖實錄》 권 43, 세조 13년 8월 기해·경술.
22) 李鉉淙, 〈壬辰倭亂時 琉球·東南亞人의 來援〉(《日本學報》 2, 韓國日本學會, 1974).
23) 《歷代寶案》 권 39, 萬曆 29년 8월 초 7일.

고, 이에 대해 광해군도 자신의 즉위와 책봉 받은 사실을 유구국왕에게 알렸다.[24] 그런데 1609년 유구가 일본의 薩摩州에 의해 침략을 받아 정세가 일변하였다. 그 후에도 유구는 명에 진공사를 계속 보냈지만「10년 1공」만 허락받았기 때문에 조선 사신과 만나기가 아주 어려워졌다. 그러나 광해군 13년 尙寧이 죽자 세자 尙豊의 명의로 진공사를 통해 조선에 알렸으며, 인조 원년(1623)에도 유구에서 국서를 보내왔다. 이 때의 유구국서는 조선에 전달되지 못하였으나 인조 3년 상풍이 책봉을 받으면서 다시 국서를 보냈고, 이 국서와 예물은 이듬해 聖節使 金尙憲이 받아 가져왔다. 이어 인조 9년 다시 유구에서 자문과 예물을 보내자, 조선에서는 인조 12년 回咨와 예물을 보냈다. 인조 14년에도 상풍이 국서를 보냈으나, 이 해 봄 조선은 병자호란을 당하여 유구국서가 제대로 수령되었는지 여부가 불확실하다. 병자호란 후 조선은 명에 사절을 파견하지 못하게 되었고, 명의 북경 회동관을 통해 이어져왔던 유구와의 통교는 이로써 단절되고 말았다.

〈河宇鳳〉

6. 동남아시아국가와의 관계

1) 통교관계의 성립과 전개

(1) 통교의 기원

전근대 동양사회에서는 오늘날 동남아시아에 해당하는 국가들을 총칭하여「南蠻」이라 불렀다. 이는 아마 중국에서 남만이라 불렀던 명칭에 영향을 받았던 것으로 보여진다. 그런데 남만의 개념도 시대에 따라 변하였다. 고대 중국에서는 華夷思想에 입각하여 중국 남부지역의 부족을 남만이라고 불렀는데, 그 후 태국·루손·자바 등 남부해양에 있는 여러 나라를 총칭하는 말이 되었다. 한편 唐·宋代에는 아라비아[大食國]도 포함되었고, 明代에 이르러서는 포르

24) 小葉田淳,〈琉球·朝鮮の關係について〉(《田山方南華甲紀念論文集》, 1963), 246~249쪽.

투갈·스페인 이탈리아 등 서양국가들에 대해서도 남만이라고 불렀다. 그것은 그들이 동남아시아국가들을 경유해서 내항하거나 무역을 했기 때문일 것이다. 조선에서는 「남만」이라는 말 이외에 「南蕃」이라는 용어도 사용하였다.[1] 임진왜란을 전후하여서는 포르투갈·스페인 등에 대해서도 남만이라 불렀다.

14세기 후반 동아시아의 정치적 상황은 중국에서는 元과 명의 교체기였고, 일본은 남북조시대였다. 이러한 혼란기를 틈타 동아시아에는 해양세력들이 성장하였으며 동남아시아의 해상교통은 활기를 띠었다. 왜구가 극성을 부렸던 것도 이 시기였다. 동남아국가들과 유구의 상인들은 명의 海禁政策이라는 조건하에 중국·조선·일본에 남방물산을 교역하거나 혹은 중계무역을 하면서 많은 이익을 얻을 수 있었다. 고려말 조선 초기에 해당하는 이 시기에 그들은 적극적으로 우리 나라에 접근하면서 통교를 제의하기도 하였다.

동남아국가들이 조선으로 오는 通航路를 보면, 해류와 바람에 순응하여 각기 본국으로부터 安南－남지나해－香山澳(현 마카오)·廣東·泉州 혹은 대만－대만해협－澎湖島－유구의 首里－일본의 博多라는 코스를 거쳐 조선에 이르렀다.[2] 그런데 당시 동남아국가들의 항해기술이나 배의 성능을 고려할 때 직접 조선까지 오는 경우보다는 유구나 일본의 박다를 경유하면서 그들을 통해 중개무역을 하는 방법이 더 일반적이었다. 이것은 당시 《조선왕조실록》 등 사서를 통해서도 확인된다.

기록상 동남아국가 사절이 최초로 내빙한 것은 고려말이었다. 고려 공양왕 3년(1391) 暹羅斛國에서 正使 奈工 일행 8명이 와서 국서와 토산물을 진헌하였다. 그런데 이 때의 국서에는 성명과 封印이 없어 진위에 대한 의심이 있었다. 그래서 국서는 접수하지 않고 사신의 인견만을 허락하였다. 3중의 통역을 거쳐 겨우 의사소통이 되었는데, 태국의 사신은 3년 전에 왕명을 받아 출발하여 일본에 1년간 체류하다 조선에 도착하였다고 하였다.

동남아국가 사절의 내빙은 이것이 최초이지만 그보다 훨씬 이전에 고려에서는 동남아국가에 대해서 나름대로의 정보와 인식을 가지고 있었다. 고려 중기부터 송나라 상인들과 아라비아상인들을 통해 인도산 목면·사탕·물소뿔·상

1) 《太宗實錄》 권 12, 태종 6년 8월 정유.
2) 崔南善, 《故事通》(三中堂書店, 1943), 135쪽.

아·침향·소목·호초·유황 등 남방물산이 수입되었다. 또 충숙왕 때에는 남만인 王三錫이 상선을 타고 원에 와 있다가 충숙왕을 따라 고려에 귀화하였다.[3] 충렬왕 24년(1298)에는 馬八國[Mobar] 왕자 孛哈里가 사자를 보내어 銀絲帽, 金繡手箔, 沈香 5근 13량, 土布 2필을 진헌한 사실이 있다.[4] 마팔국은 인도 동해의 코로만델(Coromandel) 해안에 있는 소국인데 면포의 산지로 유명한 곳이다.

(2) 조선 초기의 통교

고려말 이래 시작된 동남아시아국가들의 통교요청은 조선 초기에 와서도 이어졌다. 그런데 조선시대는 전반적으로 볼 때 동남아시아국가와 활발한 정치적 관계나 교역·문화적 교류를 갖지는 않았다. 《조선왕조실록》을 비롯한 사서에도 동남아국가와의 교류기사는 아주 소략하다. 조선 초기 조선에 내빙한 동남아국가는 暹羅斛國·爪蛙國·久邊國 등 세 나라였다.

조선 초기 제일 먼저 사신을 보낸 나라는 지금의 태국인 섬라곡국이었다. 태조 2년(1393) 6월 섬라곡국의 사신 張思道 일행 20인이 와서 蘇木 1,000근, 束香 1,000근과 土人 두 사람을 진헌하였다. 조선정부는 이들 일행이 머무르는 동안 후한 접대를 하였으며, 장사도에게는 禮賓卿, 동행한 爪蛙國人 陳彦祥에게는 書雲副正 등 종3품에 해당하는 관직을 주었다.[5] 동남아에서 온 이 최초의 손님에 대해 조선에서는 回禮使로 禮賓少卿 裵厚와 通事 李子英을 보냈다. 섬라곡국에서는 태조 5년 조선의 회례사를 환송하면서 다시 사신 林得章을 함께 파견하였다. 배후와 임득장 일행은 귀국하던 중 전라도 나주 앞바다에서 왜구를 만나 습격당하였고, 통사 이자영은 일본에 잡혀가는 사건이 발생하였다.[6] 태조 6년 4월에는 조선에서 돌아가던 섬라곡국 사신 임득장 일행이 다시 왜구에게 피습당하였다. 예물을 약탈당하고 일행 중 6명만이 살아 돌아오게 되자 조선에서는 의복 등을 주면서 위로하였다고 한다.[7] 당시 태

3) 《高麗史》 권 124, 列傳 37, 王三錫.
4) 《高麗史》 권 31, 世家 31, 충렬왕 24년 6월 을축.
5) 《太祖實錄》 권 6, 태조 3년 8월 갑술.
6) 《太祖實錄》 권 10, 태조 5년 7월 병인.
7) 《太祖實錄》 권 11, 태조 6년 4월 을사.

국사신들이 조선에 올 때는 직항로보다 주로 일본을 경유하였던 것 같은데 왜구의 약탈이 심했던 탓인지 이 두 번의 사절 이후에는 내빙했다는 기사가 보이지 않는다.

태종대에는 지금의 쟈바인 爪蛙國의 사절이 내빙하였다. 당시의 쟈바는 마자바히트왕조시대로 국세가 융성하던 때이며 해외무역도 활발하였다. 무역의 중심지는 수마트라섬 동남부에 있는 팔렘방(Palembang ; 三佛齊)이었는데 동서교통의 요충지로 유명하였다.

태종 6년(1406) 8월 조와국 사신 陳彦祥 일행이 왔다. 그런데 그들은 조선으로 오던 도중 군산부근의 해안에서 왜구의 습격으로 가지고 오던 예물인 타조[火鷄]·공작·앵무새·잉꼬[鸚哥]·沈香·龍腦·호초·소목·향 등 약재와 蕃布 등을 약탈당하였으며, 일행 중 21인이 전사하고 60여 명이 사로잡힌 채 남녀 40인만 전라도 군산에 도착하였다. 이들에 대해 조선에서는 17명은 상경시켜서 접대하고 배 위에 남아있는 자들에게는 의복 등을 지급하면서 보호해 주었다. 이들이 가지고 온 국서를 보면 본국의 왕을 '蒙國王', 스스로를 '蕃人'으로 자칭하며 통교를 요청하였다. 진언상은 태조 3년에는 태국사신과 동행하여 수직했던 인물인데, 그의 행적으로 보아 조와국인인 것은 사실이지만 동남아시아에서 일본을 경유하여 중개무역을 전문으로 하는 국제무역상일 가능성도 있다.[8] 이들 일행이 귀환할 때 태종은 의복과 양식을 지급하는 등 후하게 대접하여 보냈다.[9] 조와국은 이 때의 약속대로 6년 후인 태종 12년 다시 사신을 파견해 국서와 토산물을 진헌하였다. 이들이 돌아갈 때 일본의 宇多殿 사절과 동행하게 되자 일본인들에게 다시 약탈당할 것을 두려워해 조선에 병선으로 호위해 줄 것을 요청하기도 하였다. 조와국의 경우도 조선과의 통교에 적극적이었지만 계속 왜구에게 침탈당하자 이후에는 사절파견을 중단하였던 것 같다.

성종대에는 유구보다 더 아래쪽에 있다는 久邊國의 사신이 내빙하였다. 성종 9년(1478) 9월 久邊國主 李獲이 사신 閔富를 파견하여 국서와 토산물을

8) 李鉉淙, 〈南洋諸國人의 往來貿易에 對하여〉(《史學硏究》 18, 韓國史學會, 1964), 266쪽.

9) 《太宗實錄》 권 12, 태종 6년 9월 임신.

진헌하였다. 이 국서에는 조선에 사신을 파견한 경위와 구변국에 대한 소개가 기술되어 있는데, 구변국은 유구의 아래쪽에 위치한 남해의 벽지로 일찍부터 명에 조공하였으며 유구·남만과 통교하고 있어 남방물산을 쉽게 구할 수가 있다고 하였다. 또 佛寺를 창건하는 데 필요하다며 대장경의 사여를 요청하면서 호초·유황·단목을 각각 5근씩 진헌하였다. 이들은 이전에도 여러 번 내빙을 시도하였으나 뜻을 이루지 못하다가 자국에 살고 있는 薩摩州人을 통해 뱃길을 알게 되고 그를 길잡이 삼아 올 수 있었다고 하였다.[10] 조정에서는 구변국에 대해 전혀 아는 바 없어서 그 國主의 가계와 국토·언어·사신의 복장 등에 대해 알아보게 한 후 접대하도록 결정하였다. 조선은 이들이 귀환할 때 예조명의의 회답서계와 함께 正布 7필, 면포 3필과 특별 하사품으로 白苧布 3필, 黑麻布 3필, 虎皮 1장을 보냈다. 대장경은 이미 일본의 諸酋들이 구해 가서 거의 없기 때문에 요청에 응할 수 없다고 하였다.[11] 성종 13년 2월에도 구변국주가 보냈다는 中務衛 일행이 왔으나, 僞使 여부에 대한 의구심이 있어 조정에서는 접대를 하지 않았다.[12] 같은 해 8월 다시 구변국의 사신이 와서 지난번에 보낸 조선의 회사물에 대해 감사를 표시한 다음 대장경의 하사를 또 한번 간절히 요청하였다.[13] 조선정부는 구변국에 대해서 '오랑캐가 義를 사모하여 來朝하는데 물리치고 받지 않으면 大國이 아니다'라는 명분에 입각하여 접대하기는 하였지만 일본 살마주의 작용과 가짜 사절 여부에 대한 의구심도 있어 소극적으로 대처하였다.

2) 접대형식과 외교체제

동남아국가들이 조선에 남방물산을 가지고 와서 적극적으로 통교를 시도한 반면 조선측은 동남아국가들에 대해 소극적이었다. 조선에게 있어서 동남아국가는 일본·여진과는 달리 정치적·군사적 영향도, 또 경제적 교역이나 문화적 교류에도 별 매력이 없었기 때문이다. 그렇다고 해서 그 나라들이 사신을

10) 《成宗實錄》 권 98, 성종 9년 11월 경신.
11) 《成宗實錄》 권 99, 성종 9년 12월 무자.
12) 《成宗實錄》 권 138, 성종 13년 2월 병오.
13) 《成宗實錄》 권 145, 성종 13년 윤 8월 경진.

보내 교역과 통교를 요청할 경우 결코 물리치거나 하는 폐쇄적인 태도를 취하지는 않았다. 그 나라들은 좁은 의미의 事大交隣의 틀 속에 포함되어 있는 나라는 아니었지만, 넓은 의미에서의 교린의 대상으로 삼을 수도 있었기 때문이었다. 이런 입장에서 섬라곡국에 대해서는 회례사를 보냈으며, 조와국과 구변국에 대해서도 예조명의의 회답서계와 예물을 갖춰 보냈다. 일본인 통교자들의 빈번한 내왕에 골머리를 앓아 통제책을 강화해 나갔던 데 비해 동남아국가의 사절들에 대해서는 오히려 후하게 대접한 편이었다. 이 점은 유구국사신의 경우와 마찬가지였다.

그런데 이 교린의 성격은 대등교린보다는 기미교린의 의미가 강하였다. 즉 조선은 동남아제국에 대해 '멀리서 오는 자는 후하게 대접한다'라는 전통적인 명분에 입각해 일정한 접대를 하는 한편, 그 사신들이 서울에 머무는 동안 조선의 명예관직을 수여하는 방책을 취하였다. '遠人'이란 본래 화이적 의식 속에서 나온 것으로 夷狄視하는 용어이고, 授職制도 대마도나 여진인에 대해 이를 활용하여 그들을 조종하였듯이 본래 오랑캐를 기미하는 제도적 장치의 하나였다.

동남아국가들이 사절을 통해 조선에 보낸 국서의 내용을 보면, 上國에 대한 예를 갖추고 있다. 특히 조와국과 구변국의 경우는 더욱 심하였다. 조와국의 경우 스스로를 '蕃人'이라고 자칭하였으며, 구변국주는 국서에서 "우리들은 폐하의 백성"이라고 하였다. 이들의 통교방식도 조공의 형식을 갖춘 것이었다.

동남아국가의 사절에 대한 접대의 형식이 어떠했는지는 기록이 거의 없다. 다만 섬라곡국의 사신에 대해 서반 8품의 반열에 서게 하였다는 기사가 있을 뿐이다.[14] 이는 유구나 여진의 사신보다 훨씬 낮추어 대접한 것인데, 아마 조선 초기 태조대에 섬라곡국에 대한 지식이 부족했기 때문에 그러했다고 보여진다.

동남아국가들에 대한 정보와 지식이 부족하였기 때문에 동남아국가의 사절들의 위사 여부 문제가 계속 논의된 것도 유구의 경우와 비슷하다. 동남아국가나 일본의 무역상인들이 위사로 꾸며 접대를 받고자 하는 사례가 있었기 때문이다.

한편 민간인들의 교류도 전혀 없지는 않았다. 워낙 거리가 멀고 특별한

14) 《太祖實錄》 권 11, 태조 6년 4월 무신.

관계가 없었던 만큼 유구와 비교해서 흔하지는 않았으나 조선인이 포로로 남만에 팔려간 경우도 있고[15] 남만인 중 조선에 귀화한 사람도 있었다. 세종 8년 귀화한 남만인 禹信에 대해서는 면포와 정포를 각 2필씩 주고 결혼까지 시켜주었다.[16]

3) 경제적 교역

동남아국가들과 교역하는 형태는 기본적으로 사행무역이었다. 그들이 토산물을 진헌하면 조선이 회사하는 조공무역의 형식을 갖추었으며, 내용적으로는 그들의 진상에 대해 조선이 후하게 보상해 주는 증여무역이었다. 그러나 사행무역에 수반하여 사신일행이 서울에서 개별적으로 물건을 매매한 기사도 있는 것으로 보아[17] 사무역도 행해졌음을 알 수 있다.

교역물품을 보면 남방물산이 중심이었다. 구변국주 李獲이 국서에서 "弊邑이 비록 별다른 물산은 없으나 商船이 남만과 왕래하여 끊이지 않으니 沈香과 藥種은 尊命이 있으면 그들에게 구하여 보내드리도록 하겠다"고 한 것처럼[18] 남방물산이야말로 동남아국가들의 대조선 통교에 있어서 자산이자 무기였다.

그들이 가져온 진상물의 품목을 보면 약재·향료·염색재·유황·蕃布·무기류·타조·앵무새 등의 특산물이었다. 약재와 호초 등의 향료, 염색재료인 蘇木은 조선측의 수요가 높았던 품목으로 반드시 포함되었다. 그 밖의 물건들도 조선에서 생산되지 않았던 것으로 귀족들의 취향에 맞는 사치품목들이었다. 이에 따라 중종 36년(1541)에는 대사헌 宋麟壽가 상소를 올려 "우리나라의 생활필수품으로 이방의 무익한 물품을 사서 사치풍조를 일으키고 민생을 어렵게 하니 그 피해가 天災보다 더 심하다"[19]고 지적하기까지 하였다.

조선정부에서 보내는 회사물의 품목은 구변국주에 대한 회사물에서 보이듯이 정포·면포·백정포·흑마포 등 당시의 섬유대국답게 포목이 주된 물품이었다.

---

15) 《宣祖實錄》 권 22, 선조 21년 5월 무오.
16) 《世宗實錄》 권 33, 세종 8년 9월 임자.
17) 《太宗實錄》 권 23, 태종 12년 5월 계사.
18) 《成宗實錄》 권 98, 성종 9년 11월 경오.
19) 《中宗實錄》 권 96, 중종 36년 11월 경술.

4) 문화교류와 상호인식

(1) 문화교류

조선 초기 동남아국가와의 통교 가운데 문화나 기술교류는 거의 없었던 것 같다. 동남아국가로부터 물자 이외에 문화적인 것이나 기술이 조선으로 전래되었다는 기사는 없다. 단지 왜구방지책을 논의하는 가운데 "강남·유구·남만·일본 등의 배는 모두 쇠못을 사용하여 만드는데 견고하면서도 경쾌하고, 몇 달을 바다에 떠있어도 새지 않으며 태풍에도 훼상당하지 않고 20~30년 견딘다"[20]는 기사가 있어 그들의 선박 제조기술이 조선의 이목을 끌었다는 정도이다. 한편 조선에서 동남아 국가로 전수한 바도 기록에 보이지 않는다. 단지 구변국에서 조선에 대해 불교의 선진국으로서 칭송하면서 대장경의 증여를 요청하고 있는 정도인데, 조선에서는 그들의 요구를 들어주지 않았다.

(2) 상호인식

동남아국가들에 대한 인식은 다소 막연하나마 고려시대부터 형성되어 있었다. 그것은 주로 남방물산과 원을 통해 얻을 수 있었던 정보에 바탕을 둔 것이었다. 조선 초기에도 동남아국가에 대한 지식은 그들 사신과의 문답을 통해 얻는 바를 제외하고는 명을 통한 것이 대부분이었다. 즉 명에 가는 사신들은 동남아국가의 사신들과 만나 직접 교류를 나누기도 하였고, 또 외국에 대한 명의 접대방식을 통해서 간접적이나마 일정한 인식을 가질 수 있었다. 예컨대 명에서 조선과 安南·琉球를 '禮義之邦'이라고 하면서도 그 중에 조선을 가장 우대하였다는 사실로써[21] 동남아국가에 대해 상대적인 우월의식을 가졌던 것이다. 그런 인식 속에서 그들에 대해 「남만」 혹은 「남번」이라고 불렀던 것 같다.

조와국에 대해서 「유구의 별종」이라고 했듯이, 동남아국가들에 대해 조선은 대체로 유구와 비슷하게 인식하였던 것 같다. 그 이유는 그들이 대부분 남방무역을 하였고 또 유구를 통해 오는 경우가 많았기 때문이라고 여겨진다.

---

20)《世宗實錄》 권 48, 세종 12년 5월 무오.
21)《中宗實錄》 권 63, 중종 23년 10월 무신.

동남아국가에 대한 저술로 특기할 만한 것은 李睟光의 《芝峰類說》이다. 이 책의 諸國部 〈外國〉에는 안남 등 동남아제국 7, 8개국과 西域 및 유럽제국에 이르기까지 약 40여 개 나라가 소개되어 있는데, 특히 유구와 섬라·안남에 대해서는 상세하게 서술되어 있다. 이수광은 또 선조 30년(1597) 안남사신과, 광해군 3년(1611)에는 유구 및 섬라사신을 북경에서 만나 필담을 나누었고 그 문답한 바를 별도의 기록으로 남겼다. 동남아국가에 대한 이수광의 인식과 이해수준은 주목할 만한데, 이것은 《吾學編》 등 중국의 지리서를 참고한 결과이기도 하지만, 고려말 이래 유구 및 동남아제국과의 교류를 통해 축적된 지식이 바탕이 되었다고 할 수 있다.

한편 동남아국가들이 대조선인식은 어떠하였을까. 조선 초기에 통교를 요청해오던 동남아국가들은 조선을 물자가 아주 풍부한 경제대국으로[22] 보았다. 또 구변국의 경우 대장경의 하사를 요청하였듯이 불교문화가 발전한 나라로 인식하였던 것 같다.

5) 임진왜란 이후의 관계

(1) 임란시 동남아국가의 참전

선조 25년(1592) 임진왜란이 발발하여 초반전투에서 일본군에게 밀리게 되자 조선정부는 5월 12일 李德馨을 請援使로 명에 보내 원군을 요청하였고, 명은 수차의 논의 끝에 원군을 파견하게 되었다. 그런데 흥미로운 사실은 이때의 명의 원군 속에 유구와 동남아국인이 포함되었다는 사실이다. 명은 원군파병 요청을 받은 직후인 6월 유구와 섬라국을 선유해서 장병 수십만을 모아 일본을 바로 공격하도록 명하였다. 선조 26년 4월에는 다시 유구와 섬라국에게 수군 20만의 동원령을 내렸다고 하나, 이러한 명 황제의 명령은 무리한 것으로 지켜지지 못하였다. 그러나 동남아제국인을 명군에 편입시키는 연합군형성론은 그 후에도 계속되었으며 실제 이루어졌다. 동남아국인들이 실제 참전하게 되는 시기는 개전 1년 후인 이듬해 4월경이었던 것 같다. 즉 이

22) 《成宗實錄》 권 145, 성종 13년 윤 8월 경진.

때 의주에 온 명의 장수 劉綎이 예조판서 尹根壽에게 자신의 부대에 섬라국인들이 포함되어 있다고 대답한 사실이 있다. 또 같은 시기에 병조판서 李恒福이 명의 宋經略 부대를 방문한 후 올린 보고에 의하면, "명군이 각종의 군기를 보여줌과 함께, 거느리고 있는 暹羅·都蠻·小西·天竺·六番得·楞國·苗子·西番·三塞緬國·播州·鏜鈀 등의 投順人을 좌우에 열지어 세워놓고 차례로 그들의 기예를 보여주었는데 종일토록 사열했다"고 하였다.[23] 이것으로 볼 때 섬라국을 비롯한 동남아국가와 중국 남부지방에 사는 종족들의 투항자 및 군인들이 명군에 합류하여 조선에 파견되었음을 알 수 있다.

동남아시아 사람들이 임진왜란에 참전하게 된 동기는 조선의 요청에 의한 것이 아니라 명 황제의 명령과 관련된 것이었지만, 여말 선초 이래 조선과 통교관계를 갖거나 무역을 해온 이들이 연합군을 형성하여 일본의 침략에 공동 대응하였다는 사실은 중요한 의미를 지니고 있다. 비록 동남아국가들이 국가적 차원에서 교전을 선포하며 참전하지 않았다 하더라도 동원령에 의해 명의 군대에 합류하여 국제연합군을 형성한 것은 사실이다. 이 점은 임란이 지닌 국제전적인 성격을 더 확실히 하는 것으로 그 의미가 결코 적지 않다고 하겠다.[24]

(2) 조선 후기의 교류상황

조선 초기에 비교적 활발하였던 동남아국가의 내빙도 조선 후기에 와서는 거의 없어졌다. 그 이유는 조선의 대중·대일관계의 변화와도 연관이 있으리라고 본다. 조선 전기에 비해 볼 때 1630년대 중반 이후는 대외관계가 단순화·안정화되는 것이 특징이다. 대중국관계에 있어서 조선은 明代보다 더 엄격한 통제를 받는 입장이어서 동남아국가와의 통교는 소극적일 수밖에 없었다. 대일관계에서도 마찬가지였다. 즉 조선 전기에는 다원적인 통교체제 속에서 일본국왕뿐만 아니라 지방의 호족인 大名이나 막부의 관료들까지 각기 조선과 통교하는 것이 가능했으나, 조선 후기에 오면 德川幕府와 막부의 감독을 받는 대마도와의 관계로 일원화되었다. 왜구도 없어지게 되었으며 경제적인

23) 《宣祖實錄》 권 37, 선조 26년 4월 갑오.

24) 李鉉淙, 〈壬辰倭亂時 琉球·東南亞人의 來援〉(《日本學報》 2, 1974).

교역은 대마도와의 사이에, 그것도 부산의 왜관에서만 가능하게 되었다. 이러한 변화는 그 동안 다원적인 통교체제 속에서 가능했던 동남아국가들의 남해무역이 더 이상 자리잡기 힘들게 되었음을 의미하는 것이다.

이리하여 조선 후기에 와서는 직접적인 통교차 왕래한 동남아국가는 없었다. 주로 중국을 통해 사신들끼리 만나 필담을 나누는 형식의 간접적인 접촉뿐이었다. 조선의 사신들은 그들과의 대화와 북경에서 보고들은 바를 조정에 보고하였는데, 그 결과 동남아의 사정에 대해 제한적이나마 정보를 얻을 수 있었다. 그 밖에 임란 때 포로로 일본에 잡혀갔던 趙完璧이 안남에 가서 무역을 한 사실이 흥미롭고, 표류해 온 동남아사람들의 기사가 간혹 보일 뿐이다.[25)]

〈河宇鳳〉

---

25) 《光海君日記》 권 50, 광해군 4년 2월 을해.
《孝宗實錄》 권 14, 효종 6년 5월 기묘.

집 필 자

개 요 ·· 최승희

Ⅰ. 양반관료국가의 성립

1. 개국초 왕권의 강화와 국정운영체제 ········· 최승희
2. 유교정치의 진전 ·· 최승희
3. 왕권의 재확립과 제도의 완성 ··················· 한충희
4. 4군 6진의 개척
   1) 개척 이전의 개황 ······························· 방동인
   2) 압록강 중상류방면 영토개척 ················ 방동인
   3) 두만강 하류방면 영토개척 ···················· 방동인
   4) 함길·평안도에의 사민입거 ···················· 차용걸
   5) 행성·읍성·진성의 축조 ························ 차용걸
5. 《경국대전》의 편찬과 계승 ······················ 박병호

Ⅱ. 조선 초기의 대외관계

1. 15세기 동아시아 정세 ································ 박원호
2. 명과의 관계 ·· 박원호
3. 여진과의 관계 ·· 김구진
4. 일본과의 관계 ·· 하우봉
5. 유구와의 관계 ·· 하우봉
6. 동남아시아국가와의 관계 ···························· 하우봉

한국사 22

조선왕조의 성립

편찬간행 **국사편찬위원회**

초판1쇄 2003년 11월 30일
2쇄 2013년 6월 4일

번각발행 **탐구당**

등록일 1950년 11월 1일
등록번호 서울 제 03-00993 호

주소 서울특별시 용산구 한강대로 62 나길 6
전화 (02) 3785-2211(대표)
팩스 (02) 3785-2272
홈페이지 www.tamgudang.co.kr
전자우편 tamgudang@paran.com

ISBN 978-89-8236-588-1
978-89-8236-566-9(세트)

값 18,000 원